# 中国城市绿色全要素生产率测度方法与应用研究

程开明 等 著

科学出版社

北京

## 内 容 简 介

经济高质量发展、新质生产力均以全要素生产率大幅提升为核心标志，城市在经济社会发展中的作用日显突出，故需要开展城市绿色全要素生产率测度方法的改进及应用。本书首先系统梳理城市绿色全要素生产率测度方法，开展基于数据包络分析的城市绿色全要素生产率增长测算与分解方法改进，并检验新方法效果；其次，利用改进的测算与分解方法，结合其他特色方法，多视角开展中国城市绿色全要素生产率增长态势、地区差异及空间特征的测算与分析；再次，拓展城市绿色全要素生产率测算结果的应用领域，考察城市典型特征影响绿色全要素生产率的机制及效应；最后，依据分析结论，得到提升城市绿色全要素生产率的对策措施，展望未来研究方向。

本书可供经济统计学、经济实证分析、城市经济学、经济地理、管理学等领域的科研工作者、研究生和本科生参考。

---

**图书在版编目(CIP)数据**

中国城市绿色全要素生产率测度方法与应用研究 / 程开明等著. -- 北京：科学出版社, 2024.12. -- ISBN 978-7-03-079628-8

Ⅰ. F299.21

中国国家版本馆CIP数据核字第2024SA6363号

责任编辑：魏如萍 / 责任校对：姜丽策
责任印制：张　伟 / 封面设计：有道设计

科学出版社 出版
北京东黄城根北街16号
邮政编码：100717
http://www.sciencep.com

北京厚诚则铭印刷科技有限公司印刷
科学出版社发行　各地新华书店经销
*
2024年12月第 一 版　开本：720×1000 1/16
2024年12月第一次印刷　印张：26
字数：520 000

**定价：298.00 元**
（如有印装质量问题，我社负责调换）

# 前　言

全要素生产率(total factor productivity，TFP)是判断经济发展质量和增长潜力的一个主要指标，新质生产力以全要素生产率大幅提升为核心标志，科学测算全要素生产率及其变动是经济统计研究面临的一个重要现实问题。

过去一段时期，高投入、高消耗和高污染是中国经济高速增长的伴随特征，当前我国经济由高速增长阶段转向高质量发展阶段，正着力于把经济增长源泉从依靠要素投入的模式转向依靠技术进步、生产率提高的新模式(蔡昉，2018)，需大力推动经济发展质量变革、效率变革、动力变革，提高全要素生产率。伴随着我国快速城镇化进程，城市在经济社会中的作用日益突出，同时资源短缺、环境污染等问题更为凸显，故提升城市绿色全要素生产率(green total factor productivity，GTFP)成为提高整体全要素生产率的关键，也是推动经济高质量发展的必然路径。

近年来，有关 GTFP 测算与应用的文献大量涌现，但很多针对同一对象的测算结果存在较大差异，甚至出现测度方法的误用、滥用。如果不能准确测算 GTFP 及其增长，依之得到结论及政策建议容易误导有关决策，而准确测算的前提是所采用测度方法的科学、有效。这要求在测算城市 GTFP 及其增长的过程中，对环境污染等非期望产出的处理具有针对性，同时考虑到方向性距离函数(directional distance function，DDF)与松弛变量的结合及有效决策单元(decision making unit，DMU)的区分度，对"资本存量""劳动投入"等指标的估算需更加规范。

本书把资源环境因素纳入全要素生产率测度框架，改进城市 GTFP 测算与分解方法，探析中国城市 GTFP 增长态势及来源构成，开展城市 GTFP 的应用拓展，明晰提升城市 GTFP 的路径与对策。当前，我国新型城镇化快速推进，资源约束日益增强，城市环境问题依然突出，全国上下以新质生产力大力推动经济高质量发展和中国式现代化，如此背景下本书采用更具针对性的测度模型与方法，通过规范的指标及数据处理，开展中国城市 GTFP 测算、分解及应用研究，无疑具有重要的学术价值和实践意义。

围绕"中国城市 GTFP 测度方法与应用"这一主题，本书首先系统梳理城市 GTFP 测度方法体系及进展，开展基于数据包络分析(data envelopment analysis，DEA)的城市 GTFP 增长测算与分解方法改进，并检验新方法的效果；其次利用改进的测算与分解方法，结合其他特色方法，多视角开展中国城市 GTFP 增长态势、地区差异及空间特征的测算与分析；接着拓展城市 GTFP 测算结果的应用领域，考察城市典型特征影响 GTFP 的机制及效应；最后依据分析结论，得到提升城市 GTFP 的对策措施，展望未来研究方向。

研究内容方面，本书的主体内容按照"理论与方法→测算与解析→应用与拓展"的逻辑框架加以组织。"理论与方法"篇，开展城市 GTFP 测度与分解方法的系统梳理、改进创新和模拟检验；"测算与解析"篇，利用改进的测度方法和其他特色方法，开展中国地级及以上城市 GTFP 增长的实际测算与分解，多角度分析城市 GTFP 增长的动态演进、地区差异、空间非均衡性、来源构成等具体表现；"应用与拓展"篇，从城市经济密度、城市蔓延、城市人口集聚度、环境规制和土地供给错配五大视角，考察城市典型特征影响 GTFP 的内在机制及现实效应。

研究方法上，无论是对随机前沿分析（stochastic frontier analysis，SFA）、DEA和随机非参数数据包络（stochastic nonparametric envelopment of data，StoNED）等测度模型与方法进行系统解析，构造两种新测度方法——两期环境广义龙伯格-希克斯-穆尔斯廷（Luenberger-Hicks-Moorsteen）生产率指标和聚合环境广义 Luenberger-Hicks-Moorsteen 生产率指标，并开展两种新指标的效果检验，还是基于两期环境广义 Luenberger-Hicks-Moorsteen 生产率指标和聚合环境广义 Luenberger-Hicks-Moorsteen 生产率指标等开展中国城市 GTFP 变动的完全分解，特别是能够有效分解出结构效率，都体现出方法上的创新性。

本书的一个突出特色是研究过程中注重理论、方法与应用相结合，既开展城市 GTFP 的理论内涵解析，对城市 GTFP 测度方法进行系统梳理与改进创新，又利用地级以上城市数据开展我国城市 GTFP 增长态势、地区差异、空间分异、来源构成等方面的实际测算以及城市典型特征影响 GTFP 的应用拓展，有利于明晰我国城市 GTFP 增长、演进及影响因素，明确提升城市 GTFP 的策略。

此外，本书在探析城市典型特征对 GTFP 的影响效应时，综合运用多种方法开展计量分析。当解释变量存在内生性问题时，使用广义矩估计（generalized method of moments，GMM）、工具变量法等进行模型估计，得到一致有效的估计量；考虑到城市之间的空间依赖性，利用莫兰指数探析城市 GTFP 增长的空间自相关特征，运用达古姆（Dagum）基尼系数考察城市 GTFP 增长的空间非均衡程度及其来源，构建空间面板杜宾模型分析变量的空间溢出效应。

概括起来，本书的学术价值在于：①开展 GTFP 测度方法的系统梳理，有利于明晰各类方法的演进脉络、内在逻辑及改进方向；②开展 GTFP 测度方法创新，构造两期环境广义 Luenberger-Hicks-Moorsteen 生产率指标和聚合特性的 DDF，有利于丰富 GTFP 测度方法体系；③构造聚合环境广义 Luenberger-Hicks-Moorsteen 生产率指标，开展多角度的完全分解，有利于明晰城市 GTFP 增长的动力来源。

实践意义主要包括：①将改进的测算与分解方法应用于我国城市 GTFP 的测算实践，有利于客观认识我国城市 GTFP 增长演进特征及其主要动力来源；②解析八大经济区、四大地区和南方北方城市 GTFP 增长的空间分异特征并探究差异来源，对于推进城市与区域协调发展、实现共同富裕具有参考价值；③有效识别大城市的 GTFP 增长优势，探析其来源构成，为充分发挥大城市优势和促进大中小城市协调发展提供有借鉴意义的思路；④解析城市典型特征影响 GTFP 的机制及效应，有利于明晰城市 GTFP 的提升路径，采取措施切实提高城市全要素生产率，推进城市节能减排，加快形成新质生产力。

当然，本书在研究内容方面仍存在一定的改进与拓展空间。譬如，加强最新 DEA 模型与已有生产率指数的结合研究；开展希克斯-穆尔斯廷-比尤雷克（Hicks-Moorsteen-Bjurek）生产率指数和 Luenberger-Hicks-Moorsteen 生产率指标生产前沿面构建方法的拓展；基于 SFA 方法对马姆奎斯特-龙伯格（Malmquist-Luenberger）生产率指数（简称 ML 指数）、Luenberger 生产率指标（简称 L 指标）及其他拓展指数进行测算与分解；开展多重生产前沿模型的理论探讨与实证检验；结合新方法对非期望产出的影子价格进行估计；对资本存量和劳动力投入进行更加精细的估算。这些都有待于未来研究加以深入探析。

# 目 录

## 第一章 绪论 ... 1
- 第一节 研究背景与意义 ... 1
- 第二节 文献综述 ... 6
- 第三节 研究目标及研究内容 ... 26
- 第四节 研究方法与技术路线 ... 31
- 第五节 创新之处 ... 33

### 第一篇 理论与方法

## 第二章 城市 GTFP 测度基本问题 ... 37
- 第一节 GTFP 的理论内涵 ... 37
- 第二节 全要素生产率测度方法框架 ... 46
- 第三节 非期望产出处理方法与技术 ... 62
- 第四节 本章小结 ... 83

## 第三章 城市 GTFP 测度的典型方法 ... 85
- 第一节 基于 SFA 的城市 GTFP 增长测度方法 ... 85
- 第二节 基于 DEA 的城市 GTFP 增长测度方法 ... 88
- 第三节 两种典型的城市 GTFP 指数(指标)比较 ... 106
- 第四节 基于 StoNED 的城市 GTFP 测度方法 ... 115
- 第五节 本章小结 ... 120

## 第四章 两类环境广义 LHM 指标的构造与检验 ... 122
- 第一节 引言 ... 122
- 第二节 两期环境广义 LHM 指标的构造与分解 ... 124
- 第三节 BNEGLHM 指标测算效果的模拟实验 ... 132
- 第四节 聚合环境广义 LHM 指标的构造与分解 ... 139
- 第五节 AEGLHM 指标测算效果的模拟实验及比较分析 ... 143
- 第六节 本章小结 ... 151

### 第二篇 测算与解析

## 第五章 中国城市 GTFP 增长：差异、演进及收敛特征 ... 155
- 第一节 问题提出 ... 155

第二节　中国城市 GTFP 增长差异 ·················································· 156
　　第三节　中国城市 GTFP 增长的动态演进 ······································· 166
　　第四节　不同规模城市 GTFP 增长的收敛特征 ······························ 169
　　第五节　本章小结 ·············································································· 172

**第六章　中国城市 GTFP 增长空间分异及来源解析** ························ 174
　　第一节　问题提出 ·············································································· 174
　　第二节　研究方法与数据处理 ·························································· 175
　　第三节　中国城市 GTFP 增长的空间分异特征 ······························ 181
　　第四节　中国城市 GTFP 增长空间分异的来源解析 ······················ 184
　　第五节　本章小结 ·············································································· 189

**第七章　大型城市的 GTFP 优势及其来源** ········································ 190
　　第一节　问题提出 ·············································································· 190
　　第二节　城市 GTFP 增长测度与分解方法 ····································· 191
　　第三节　指标处理及数据说明 ·························································· 195
　　第四节　大型城市 GTFP 增长优势及来源构成 ······························ 197
　　第五节　大型城市生产率优势的计量模型检验 ······························ 202
　　第六节　本章小结 ·············································································· 206

**第八章　城市聚合视角的八大经济区 GTFP 增长测算与分解** ······· 208
　　第一节　问题提出 ·············································································· 208
　　第二节　测度方法与指标说明 ·························································· 210
　　第三节　八大经济区 GTFP 增长及构成 ·········································· 214
　　第四节　八大经济区 GTFP 增长差距的成因解释 ·························· 220
　　第五节　本章小结 ·············································································· 222

**第九章　中国城市 GTFP 增长的时空特征与收敛性：基于 SBM-GML 指数** ··· 224
　　第一节　问题提出 ·············································································· 224
　　第二节　测算模型与指标说明 ·························································· 225
　　第三节　中国城市 GTFP 指数的时空演进 ····································· 228
　　第四节　中国城市 GTFP 增长的收敛性分析 ·································· 235
　　第五节　本章小结 ·············································································· 237

**第十章　长三角城市 GTFP 测算与时空特征：基于 StoNED 模型** ··· 239
　　第一节　问题提出 ·············································································· 239
　　第二节　城市 GTFP 测算模型与指标选择 ····································· 240
　　第三节　长三角城市 GTFP 测算结果分析 ····································· 243
　　第四节　长三角城市 GTFP 的时空特征解析 ·································· 248

第五节　本章小结……………………………………………………………252

## 第三篇　应用与拓展

**第十一章　城市经济密度与 GTFP 的关系检验**……………………………257
　第一节　问题提出……………………………………………………………257
　第二节　理论机制及影响路径………………………………………………258
　第三节　计量模型设定与指标选择…………………………………………262
　第四节　城市经济密度与 GTFP 的关系检验结果…………………………269
　第五节　城市规模的调节效应考察…………………………………………273
　第六节　本章小结……………………………………………………………276

**第十二章　城市蔓延影响 GTFP 的机制及效应**……………………………278
　第一节　问题提出……………………………………………………………278
　第二节　城市蔓延影响 GTFP 的理论机制…………………………………279
　第三节　城市蔓延影响 GTFP 的实证设计…………………………………282
　第四节　城市蔓延的数据预处理及测度结果………………………………285
　第五节　空间面板模型的估计结果分析……………………………………288
　第六节　本章小结……………………………………………………………298

**第十三章　城市人口集聚度对 GTFP 的影响效应**…………………………300
　第一节　问题提出……………………………………………………………300
　第二节　城市人口集聚度影响 GTFP 的机制及模型………………………301
　第三节　指标测算与实证模型………………………………………………304
　第四节　实证结果分析………………………………………………………306
　第五节　本章小结……………………………………………………………315

**第十四章　环境规制影响城市 GTFP 的效应考察**…………………………317
　第一节　问题提出……………………………………………………………317
　第二节　环境规制影响城市 GTFP 的理论机制……………………………318
　第三节　环境规制影响城市 GTFP 的实证设计……………………………320
　第四节　环境规制影响城市 GTFP 的实证结果……………………………325
　第五节　本章小结……………………………………………………………330

**第十五章　土地供给错配与城市 GTFP 损失**………………………………332
　第一节　问题提出……………………………………………………………332
　第二节　城市土地供给错配影响 GTFP 的理论框架………………………334
　第三节　中国城市土地供给错配指数及特征分析…………………………336
　第四节　城市土地供给错配对 GTFP 的影响效应…………………………341

第五节　城市土地供给错配影响 GTFP 的路径检验 ……………… 347
　　第六节　本章小结 …………………………………………………… 349
**第十六章　迈向新质生产力：启示与展望** ………………………………… 351
　　第一节　主要结论 …………………………………………………… 351
　　第二节　政策启示 …………………………………………………… 355
　　第三节　未来展望 …………………………………………………… 359
**参考文献** ………………………………………………………………………… 363
**后记** ……………………………………………………………………………… 403

# 第一章 绪 论

## 第一节 研究背景与意义

### 一、研究背景

生产率是经济增长分析的核心指标之一，自罗伯特·索洛(R. Solow)因全要素生产率(total factor productivity，TFP)方面的研究获得诺贝尔经济学奖以来，测度全要素对经济增长的影响成为一个持久不衰的课题。宏观上，全要素生产率是在考虑全部投入要素(包括劳动、资本、能源等)的条件下，经济发展过程中总投入转化为产出的效率，是一个国家或地区经济发展质量、管理能力与效率的综合体现。全要素生产率增长则是剔除资本、劳动等投入要素的作用后，其他所有因素带来的产出增长率，通常归因于科技进步与技术效率改进(罗良清和胡晓琳，2019)，已成为判断经济增长质量和增长潜力的主要指标。克鲁格曼(1994)指出："生产率并不是一切，但从长远看，生产率几乎就是一切。"因此，科学测算全要素生产率及其变化是宏观经济统计的一项重要任务(雷钦礼，2022)。

#### (一)传统高消耗、高污染经济发展模式亟待转变

自改革开放至今，中国经济持续快速增长，GDP 保持年均 10%的增速，明显高于同期世界经济的平均增速。第一阶段，我国 GDP 从 1978 年的 3678.7 亿元增加到 2008 年的 312 924.46 亿元，年均增速为 10.02%(用可比价 GDP 计算)；人均 GDP 从 1978 年的 385 元增加到 2008 年的 24 100 元，年均增速为 8.83%(用可比价 GDP 计算)。第二阶段，2008 年后受美国次贷危机的影响，国内接连出现特大自然灾害和经济周期性调整，尤其是 2020 年以来受新冠疫情影响，2008~2020 年我国 GDP 和人均 GDP 年均增速分别为 7.37%和 6.83%，增速虽有所下降，但仍明显高于世界经济平均增速；从经济总量来看，自 2010 年我国 GDP 超越日本后，一直位居世界第二位。

中国经济快速增长的同时，资源短缺、环境污染等问题日益凸显，高投入、高消耗和高污染在一段时期内成为我国经济高速增长的伴随特征。整体而言，我国工业废气排放总量、工业固体废物产生量、废水排放总量均呈现出增长态势，"三废"排放绝对量仍然较大，面临的环境污染问题仍较为突出，节能减排任重而道远。

高投入、高消耗、高排放的"三高"经济增长模式不仅使我国资源能源和生态环境难以支撑,也使经济增长的内在矛盾不断积累,可持续性受到挑战。中央相继提出科学发展观、新发展理念,力图建设资源节约型、环境友好型社会,加快转变经济发展方式,大力推进高质量发展,并把节能减排目标纳入国民经济和社会发展中长期发展规划,"十二五"、"十三五"和"十四五"规划中都把节能减排摆到前所未有的战略高度。中国经济经历30多年高速增长后进入"新常态",正着力于把经济增长源泉从依靠要素投入的模式转向依靠技术进步、生产率提高的新模式(蔡昉,2018)。

### (二)经济高质量发展需要准确测算并大力提升全要素生产率

党的十九大报告指出,"我国经济已由高速增长阶段转向高质量发展阶段,正处在转变发展方式、优化经济结构、转换增长动力的攻关期,建设现代化经济体系是跨越关口的迫切要求和我国发展的战略目标。必须坚持质量第一、效益优先,以供给侧结构性改革为主线,推动经济发展质量变革、效率变革、动力变革,提高全要素生产率"[1]。

随着经济系统的日益复杂,经济增长中哪种生产要素更为重要已难以识别,单要素生产率和多要素生产率均难以全面反映经济生产的总体效率(李军,2021)。只有考察生产过程中的全要素投入,测算全要素生产率及其变动,才能准确反映总体经济效率和经济高质量发展态势。

现代经济生产过程中各种技术逐步融合,各类要素有机配合,生产效率提升需要全部要素发挥其应有的功效。此时,对单要素生产率如劳动生产率、资本生产率等进行测算,实际上仅是从特定要素角度考察某一要素的单位投入所对应的产出数量,并不能反映总体生产率状况,只有全要素生产率才是评判经济高质量发展的适宜指标。

通过对全要素生产率的测度,分析与把握国家、地区、城市和行业等层面的产出增长源泉、增长质量和技术进步等问题,对于政策制定和推动经济高质量发展至关重要(李军,2021),这也是全要素生产率测度广受学界和政府部门关注的原因。

### (三)提升城市GTFP成为推动经济高质量发展的必然路径

传统全要素生产率测算对于生产过程中的环境污染等非期望产出未予以充分考虑,像污染治理投入、绿色研发投入等带来的非期望产出减少也较少体现,往

---

[1]《习近平:决胜全面建成小康社会 夺取新时代中国特色社会主义伟大胜利——在中国共产党第十九次全国代表大会上的报告》,https://www.gov.cn/zhuanti/2017-10/27/content_5234876.htm,2017年10月27日。

往难以客观评价全要素生产率真实变化。

绿色转型由一种发展理念逐步演变为全球行动，我国新发展理念之一的"绿色发展"强调经济发展的同时充分重视资源环境承载能力，推动生态文明建设（朱启贵，2016）。在资源环境日益成为经济增长硬性约束的背景下，将环境污染作为非期望产出引入全要素生产率测度模型、测算绿色全要素生产率（green total factor productivity，GTFP）以反映经济发展质量显然更为科学。

伴随着经济发展，中国城镇化快速推进，城镇化水平从1978年的17.8%提升到2020年的63.89%，平均每年提高1个多百分点。作为人口、经济、创新等要素集聚的中心，城市在经济社会发展中的作用日益突出，使得城市全要素生产率成为提升总体全要素生产率的关键。与此同时，城市资源短缺、环境污染问题更为突出，有效提升GTFP受到社会的普遍关注，这不仅是对新发展理念的响应，也是推动经济高质量发展的必然路径。

### （四）准确测算城市GTFP的关键在于测度方法的创新及应用

测算GTFP的方法非常丰富，按是否需要预设生产函数形式可大致分为参数方法、非参数方法和半参数方法。参数方法简明直接，但生产函数形式的设定直接影响到测算结果的准确性；非参数方法不存在由函数形式误设而导致的误差，但需要选择恰当的指数形式；半参数方法能够充分利用数据信息，但不同方案测算结果的精度不稳定。总体来看，GTFP测算方法呈现出从非生产前沿分析向生产前沿分析发展、从参数方法向非参数方法逐步演进的态势。

反映GTFP增长的指数类型也很多，一些传统指数因需要要素价格信息而在包含环境污染等非期望产出的GTFP分解中难以应用，马姆奎斯特（Malmquist）指数分解由于优势突出而得到快速发展与广泛应用，新兴的Hicks-Moorsteen指数分解还需在实际应用中逐步加以完善。伴随着近年来有关GTFP增长测算的文献大量涌现，很多针对同一对象的测算结果存在较大差异，甚至出现测度方法的误用、滥用，如果不能科学准确地测度GTFP及其增长，依之得到的结论或政策建议容易误导有关决策。

在科学测算城市GTFP及其增长的过程中，对环境污染等非期望产出的处理需增强针对性、合理性，同时考虑到方向性距离函数（directional distance function，DDF）与松弛变量的结合及有效决策单元（decision making unit，DMU）的区分度，对"资本存量""劳动投入"等指标的估算需更加规范。因此，准确测算城市GTFP及其增长的关键在于采用适当的测度与分解方法，这一方面需要对现有测度方法进行系统梳理，开展GTFP测度方法的拓展及创新，另一方面需要选择重点领域开展测度方法的应用探讨，在检验方法效果的同时得到更为客观真实的结论。

## 二、研究意义

以往有关 GTFP 的研究多关注国家、省域及行业层面，对城市层面的 GTFP 重视不够。在当前我国城镇化快速推进、资源约束日益突出、城市环境问题凸显的背景下，采用更具针对性的测度模型与方法，通过规范化的指标及数据处理，开展中国城市 GTFP 测算、分解及应用研究，无疑具有十分重要的理论意义和现实价值。

### (一) 理论意义

(1) 开展 GTFP 测度方法的系统梳理，有利于明晰各类方法的演进脉络、内在逻辑及改进方向。

全面系统地梳理测度全要素生产率的参数方法、非参数方法和半参数方法，特别是从投入产出要素、生产前沿面构建、效率测度模型、指数(指标)构造与分解角度考察基于数据包络分析(data envelopment analysis, DEA)的 GTFP 指数(指标)演进脉络及内在联系，从同一生产前沿面和不同生产前沿面视角开展各类 GTFP 指数(指标)性质及特点的比较分析，有利于丰富、拓展和深化同类研究的框架体系，增强 GTFP 测度的科学性。

(2) 开展 GTFP 测度方法创新，构造两期环境广义龙伯格-希克斯-穆尔斯廷(Luenberger-Hicks-Moorsteen) 生产率指标(简称两期环境广义 LHM 指标或 BNEGLHM[①]指标)和聚合特性的 DDF，有利于丰富 GTFP 测度方法体系。

采用非径向方向性距离函数(non-radial directional distance function, NDDF)构造基于两期 DEA 的 BNEGLHM 指标，一方面将非期望产出纳入测度框架，允许投入、产出要素非成比例增长，具有理想的数学性质；另一方面可避免线性规划无可行解问题，使测算结果更具稳健性，能够完整衡量城市 GTFP 增长。此外，基于所有区域(群组)的总投入产出构造聚合 DDF，使得区域(群组)内 DMU 选择相同的方向向量，测算的 GTFP 指标及分解子项可跨群组比较，对 GTFP 指标进行加减运算或算术平均具有实际意义，丰富了 GTFP 测度方法。

(3) 构造聚合环境广义 Luenberger-Hicks-Moorsteen 生产率指标(简称聚合环境广义 LHM 指标或 AEGLHM[②]指标)，开展多角度的完全分解，有利于明晰城市 GTFP 增长的动力来源。

鉴于 NDDF 与环境广义 Luenberger-Hicks-Moorsteen 生产率指标(简称 EGLHM[③]指标)均具有可加性，基于个体和群组层面构造聚合环境广义 LHM 指标，

---

① BNEGLHM 表示 biennial environment generalized Luenberger-Hicks-Moorsteen。
② AEGLHM 表示 aggregated environment generalized Luenberger-Hicks-Moorsteen。
③ EGLHM 表示 environment generalized Luenberger-Hicks-Moorsteen。

相对于已有的聚合 Luenberger 生产率指标(简称 AL[①]指标)等具有明显优势,既可基于技术角度完全分解为技术进步、技术效率变化、结构效率变化及残余效率变化,其中结构效率变化又可分解为混合效率变化和规模效率变化,还可基于要素角度进行分解;既能识别区域内城市间投入与产出变化对 GTFP 增长的贡献,又能识别一个区域的要素效率变化对 GTFP 增长的贡献。

(二)现实价值

(1)有利于客观认识中国城市 GTFP 增长演进特征及其主要动力来源。

鉴于当前 GTFP 测算多集中于国家、地区或行业层面,本书改进城市 GTFP 测算与分解方法,通过蒙特卡罗模拟检验新方法的可行性和优越性,并将之应用于中国城市 GTFP 的测算实践,能够准确反映我国城市 GTFP 增长特征及其来源构成,对于分析与评价资源环境约束下我国城市全要素生产率增长具有较强的实践价值,所得结论对贯彻落实绿色发展理念,推动城市可持续发展和经济高质量发展具有指导意义。

(2)为我国逐步缩小地区发展差距和实现共同富裕提供有价值的参考。

受自然资源、产业结构及区域政策等因素的影响,城市 GTFP 增长往往呈现出差异性特征。在推进高质量发展、实现共同富裕和社会主义现代化的征途中,一个基本要求是城市与区域的协调发展。解决城市与区域发展的不均衡问题,首先需认清城市与区域发展的差异程度及主要动因。本书在测算我国城市 GTFP 增长的基础上,进一步识别八大经济区、四大地区和南方北方城市 GTFP 增长的空间分异特征并探究差异来源,所得结论与对策建议对于推进城市与区域协调发展、实现共同富裕具有明显的参考价值。

(3)对于充分发挥大城市优势和促进大中小城市协调发展具有重要意义。

城市 GTFP 增长与城市规模之间呈现出正相关性,人口密度大、经济活动密集的大城市的综合效率和企业生产效率更高,这种正相关性被称为大城市生产率优势。本书根据中国地级及以上城市的面板数据开展城市 GTFP 增长测算,结合达古姆(Dagum)基尼系数揭示大城市与中小城市之间的 GTFP 增长差异,有效识别大城市的 GTFP 增长优势;利用子项分解探析大城市 GTFP 增长优势的来源构成,通过计量模型实证检验大城市的 GTFP 增长优势,均为充分发挥大城市优势和促进大中小城市协调发展提供了具有借鉴意义的思路。

(4)解析城市典型特征影响 GTFP 的机制及效应,有利于明晰城市 GTFP 的提升路径。

影响城市 GTFP 的因素很多,本书选择城市经济密度、城市蔓延、城市人口

---

[①] AL 表示 aggregated Luenberger。

集聚度、环境规制和土地供给错配等五大视角,考察这些城市典型特征影响 GTFP 的理论机制及实际效应,以明晰提升城市 GTFP 的方向及路径,给出更有针对性的对策措施,切实推进城市节能减排,提升全要素生产率,推动经济高质量发展,顺利达成碳达峰、碳中和目标。

## 第二节 文献综述

面对资源约束和日益严重的环境污染,可持续发展理念深入人心,相较于仅考虑期望产出的全要素生产率,将环境污染等非期望产出纳入测算框架的 GTFP 更为客观。随着国内外研究的不断深入与完善,有关城市 GTFP 的文献日益丰富,以下从全要素生产率的内涵演进、测度方法、分解方法、非期望产出处理方法、全要素生产率测算与应用以及城市 GTFP 测算与应用等方面开展文献综述。

### 一、全要素生产率的内涵演进

经济发展源于投入要素的增加和生产率的提升,受边际收益递减规律的影响,实现长期经济增长显然无法完全依赖要素投入,更需要依靠技术创新带动生产率提升。随着经济增长理论的发展,生产率理论内涵也在不断丰富。依发展历程来看,从最初仅局限于劳动生产率这一单要素生产率逐渐扩展至全要素生产率,而随着绿色发展理念的提出,纳入资源环境因素的 GTFP 逐渐成为各界关注的热点(李军,2021)。

生产率的概念最初源于劳动生产率,属于单要素生产率范畴,因为当时的社会经济状况决定着劳动者自身是最主要的生产要素。1926 年,美国劳工统计局采用"人时产出量"作为度量各产业部门的生产率指标,事实上直到第二次世界大战前,生产率的内涵一直局限于劳动生产率范畴。第二次世界大战结束后,世界经济快速增长,科学技术日新月异,经济生产过程及形态日益复杂,生产要素投入对效率的作用更趋综合化,单一要素生产率难以全面反映生产的总体技术水平,促使生产率测算逐步从单要素生产率转向全要素生产率。

全要素生产率概念由首届诺贝尔经济学奖获得者荷兰经济学家丁伯根(Timberger)于 1942 年提出,当时仅考虑了资本与劳动两大投入要素,未考虑教育与训练、研究与开发(research and development, R&D)等无形要素的投入。随后,肯德里克认为,只有综合考察产出与所有投入要素之间的关系即全要素生产率,才能认清生产率及其变动(Kendrick,1961)。1954 年,戴维斯首次明确全要素生产率的内涵,指出全要素生产率测算应考虑资本、劳动力、原材料和能源等投入要素(Davis,1955)。随着全要素生产率研究的不断深化,如何解释全要素生产率成为一个备受关注的领域。索洛开创性地分析了投入要素增长、产出增长与全要素生产率增长的关系问题,认为全要素生产率增长率是去除各种生产投入要素(如资本、劳动、资源等)贡献后,由技术进步、技术效率、规模效益等引致的产出增长(Solow,1957),由此全要素生产率增长率也被称为"索洛剩余"。此后,丹尼森(Denison)发展了余值的测算方法,在劳动投入中考虑就业工作时间、劳动者教育、性别和年龄等因素,然后利用权数合成总投入指数(Denison,1967)。进入20世纪70年代后,在生产率理论与测度方法方面成就最为突出的是经济学家乔根森等,他们提出了超越对数生产函数,用以探究技术进步的影响。

随着经济的快速增长,大量资源消耗带来资源存量的锐减,引致的生态环境恶化问题逐渐引起广泛关注,人们意识到不考虑资源环境代价的经济增长方式不可持续且不符合绿色发展理念。以往那些忽略资源环境因素的全要素生产率测度结果,可能存在明显的偏差,从而对政府部门的相关决策产生误导(李军,2021)。因此,在资源约束突出、环境污染日益凸显的背景下,学者尝试将资源环境要素纳入全要素生产率测度框架,以反映GTFP及其增长。

Pittman(1983)在对美国威斯康星州造纸厂的效率进行测度时,用治理污染成本作为非期望产出价格的代理指标,尝试在生产率测算中引入非期望产出。随后人们普遍把环境污染指标作为非期望产出,Chung等(1997)在测算瑞典浆纸厂的全要素生产率时采用了马姆奎斯特-龙伯格(Malmquist-Luenberger)生产率指数(简称ML指数),这可以看作第一次对GTFP的测度。此后,众多学者将资源环境因素纳入全要素生产率的测度模型,开启了GTFP的研究热潮(王兵等,2008)。概括起来,大量研究主要沿着两条路线展开:一是将环境污染变量作为一种投入纳入测度模型,如Berg等(1992)、Hailu和Veeman(2001)等;二是将环境污染变量作为具有弱可处置性(weak disposability,WD)的非期望产出纳入,如Chung等(1997)、Färe等(2001)等。以此为基础,很多学者采用参数方法、非参数方法和半参数方法对考虑非期望产出的全要素生产率进行测算,并称之为GTFP(谭政,2016)或环境全要素生产率(罗良清和胡晓琳,2019)。

## 二、全要素生产率测度方法研究

作为判断经济增长质量和增长潜力的主要指标,全要素生产率的测度方法在不断拓展中日益丰富。对全要素生产率测度方法的研究重点关注对产出和投入进行加权时的权重选择,综合考虑产出指数和投入指数计算得到全要素生产率及其增长(杨浩然,2020)。按是否需要预设生产函数形式,通常将全要素生产率测度方法分为参数方法、非参数方法和半参数方法。

(一)参数方法研究

全要素生产率测度的参数方法主要包括增长核算法和随机前沿分析

(stochastic frontier analysis，SFA)两种。一是增长核算法。索洛提出生产函数形式的生产率测度公式(Solow，1957)，实际测算全要素生产率时首先需要确定投入要素的产出弹性，而产出弹性通常根据先验知识假定为某一固定常数，或利用柯布-道格拉斯(Cobb-Douglas，C-D)生产函数(Cobb and Douglas，1928)、超越对数生产函数(Christensen et al.，1973)回归估计得到(曾五一，1994；张军，2002；张军和施少华，2003；曹吉云，2007；金戈，2016；盛来运等，2018)。另外，美国、日本等发达国家的权威机构及亚洲生产力组织(Asian Productivity Organization，APO)等国际组织在测算全要素生产率时也主要使用索洛余值模型(刘云霞等，2021)。雷钦礼(2022)将产出指数分解为投入指数和全要素生产率指数，采用标准化要素增强型技术生产函数，构建了一个经济增长核算模型，发现技术进步偏向对要素边际报酬递减存在着一定的补偿机制。由于不限定生产函数的具体形式，增长核算法在早期文献中具有广泛应用，但其要求市场完全竞争、规模效益不变和希克斯(Hicks)中性三大假设，这在现实中往往难以满足。可见，增长核算法应用的条件约束性较强，使得实际全要素生产率测算可能出现偏误。另外，增长核算法将除劳动、资本投入以外的所有其他因素的作用均归为技术进步，并将全要素生产率增长完全归于技术进步的贡献，没有考虑到生产者技术与前沿面的效率差距等问题(吴军，2009)。此外，增长核算法只能处理多种投入和单一产出的情形，不能处理同时存在期望产出和非期望产出的情形(陈诗一，2009)。

二是SFA。SFA由美国、比利时和澳大利亚的几位学者于1977年分别提出，不能用于处理多投入多产出情形，主要用于开展截面数据分析。之后，被拓展用以处理面板数据，且能够对技术无效率函数和前沿函数的参数进行估计(Battese and Coelli，1992)；接着谢泼德距离函数(Shephard's distance function，Shephard-DF)被引入，使得SFA可以处理多投入多产出问题(Zhou et al.，2012)。根据前沿生产函数形式的不同，SFA的常用模型包含C-D生产函数随机前沿模型(何枫和陈荣，2004；侯强等，2008；陈青青和龙志和，2011)和超越对数随机前沿模型(戴永安，2010；章韬，2013；陈立泰和梁超，2014)等。韩仁月等(2022)构建了潜类别随机前沿模型，以几种典型的税率式减税和税基式减税为条件类别变量，解析减税方式的不同对全要素生产率带来的差异化影响。SFA方法虽然考虑了相对技术效率对全要素生产率的影响，一定程度上避免了随机扰动项的干扰作用，并能够对全要素生产率增长进行分解，但需要明确假定生产函数的具体分布与形式，具有较强的条件约束限制。

(二)非参数方法研究

全要素生产率测度的非参数方法主要包括指数法和DEA。一是指数法。指数法由Kendrick(1961)和Denison(1962)提出，经Jorgenson和Griliches(1967)的发展而逐步成熟。指数法是根据全要素生产率的基本定义,力图使异质性的产出与投入之间具有可比性,一个重要的问题是选择合适的指数公式(陈诗一,2010a)。最初的全要素生产率指数形式主要包括拉斯贝尔(Laspeyre)指数、帕舍(Paasche)指数和费希尔(Fisher)理想指数,随后迪维西亚(Divisia)指数(Richter,1966)、托恩奎斯特(Törnqvist)指数(Christensen and Jorgenson,1969)、马姆奎斯特(Malmquist)指数(M指数)(Caves et al.,1982a)等相继提出与应用。指数法直观体现了全要素生产率增长的内涵,但暗含着资本和劳动力之间完全可替代、边际生产率恒定等假设,难以反映真实的生产过程。此外,指数法通常需要投入产出的价格信息,而环境污染物的价格信息在测算中往往难以获得(Caves et al.,1982a)。

二是DEA。最早应用于全要素生产率测算的DEA模型是基于当期DEA的M指数。1953年瑞典统计学家Sten Malmquist(斯滕·马姆奎斯特)提出M指数,在此基础上Caves等(1982b)通过Shephard-DF构造出理论上的M指数。到1994年,费雷(Färe)等将DEA和非参数线性规划相结合来度量距离函数,进而计算M指数,并用于全要素生产率增长测算与分析。

采用Shephard-DF构建基于当期DEA的M指数虽然丰富了人们对全要素生产率增长的认识,但仅考虑资本、劳动投入和期望产出而忽略资源环境因素的影响,得到的结论不够全面。因此,以M指数为基础,Pittman(1983)将非期望产出纳入生产率测算中,此后Chung等(1997)将DDF引入生产率测算框架,构建Malmquist-Luenberger生产率指数(简称ML指数),以适用于包含非期望产出的全要素生产率测算。然而,M指数和ML指数均基于比率形式来测算,适合于考察全要素生产率的变化情况,难以反映"差值"变量,且当变量等于或接近零时,生产率指数变得不确定。因此,有学者引入基于差异的Luenberger生产率指标(简称L指标)。Managi和Kaneko(2006)、Fujii等(2009)将其扩展用以衡量考虑环境因素的全要素生产率增长。然而,采用DDF模型虽然能将非期望产出纳入生产率测算框架,符合实际生产过程,但该方法仍存在径向和角度选择问题,未考虑投入和产出的松弛问题。因而,Tone(2001)、Morita等(2005)、Zhou等(2006)提出基于松弛的测度(slack-based measure,SBM)模型。Fukuyama和Weber(2009)则提出基于松弛量的效率损失(slack-based inefficiency,SBI)测算方法。Färe和Grosskopf(2010)针对SBM模型中投入与产出数据均不能出现0的问题,提出一种基于DDF的广义SBM模型。然而Zhou等(2012)指出,虽然上述研究是用以计算基于方向松弛的无效率度量,但没有给出函数本身的正式定义。鉴于此,Zhou等(2012)进一步提出与DDF所遵循的效率度量公理化方法更为一致,且具有某些理想数学性质的NDDF来代替SBM方法以避免径向与角度问题。

基于当期DEA的M指数、ML指数及L指标虽相对于传统指数/指标具有无须设定生产函数形式、无需提供价格信息等优点,但不具有循环性,衡量跨期DDF

可能面临虚假技术回归和线性规划无可行解等问题。因此，众多学者选择通过改变生产前沿面来解决这些问题，运用序列 DEA、全局 DEA 和两期 DEA 模型对 M 指数、ML 指数与 L 指标进行拓展(程开明和李泗娥，2022a)。

过去的 DEA 模型利用可测的投入、产出指标数据测算全要素生产率，没有揭示生产过程的运行机制，也未考虑 DMU 的同质性要求以及随机因素带来的影响，不能开展统计检验与推断，结果的可靠性也难以判断(周五七，2015)。因而，很多研究者对全要素生产率测度模型进行不同视角的改进和拓展，提出如 RAM-DEA[①]模型(Sueyoshi and Goto，2012；李涛，2013)、网络 DEA 模型(Tone and Tsutsui，2009；王兵和罗佑军，2015)和 bootstrap-DEA[②]模型(Simar and Wilson，1999；雷明等，2014；Zhang et al.，2015)，推动了 DEA 测度方法的发展。Fried 等(2002)提出三阶段 DEA 方法，巧妙地将 SFA 方法嵌入 DEA 模型，有效剔除了外部环境和随机误差的异质性影响，能够实现多投入多产出情境下的真实全要素生产率估计(白俊红和蒋伏心，2011)。基于三阶段 DEA 模型并结合 M 指数、L 指标以及 Denison-Luenberger 指数则为考察全要素生产率增长及其动态演化提供了新思路(孙亚男和杨名彦，2020)。马占新和苏日古嘎(2022)应用广义 DEA 方法的基本原理，将 DEA-Malmquist 指数的理论基础从"自评体系"拓展到"他评体系"，给出一种修正的 DEA-Malmquist 指数方法，并应用于 2005~2018 年中国西部地区经济全要素生产率测算，发现该方法有效消除了数据缺失对 M 指数测算的影响，在非平衡面板数据全要素生产率测算方面更具合理性和稳定性。

基于不同生产前沿面构建的全要素生产率指数解决了早期指数的部分问题，但仍存在一些悬而未决的问题，譬如角度选择较随意，分解过程中遗漏分解子项导致分解不完整等。针对这些问题，希克斯-穆尔斯廷-比尤雷克(Hicks-Moorsteen-Bjurek)生产率指数(简称 HMB 指数)(Bjurek，1996；Hicks，1961；Moorsteen，1961)、Luenberger-Hicks-Moorsteen 生产率指标(简称 LHM 指标)(Briec and Kerstens，2004)以及 EGLHM 指标(Abad，2015)等相继被提出，但应用还不广泛。程开明和李泗娥(2022b)构造聚合环境广义 LHM 指标及分解子项，利用蒙特卡罗模拟检验了该指标测算结果的有效性，发现其相对于聚合 L 指标更具优势，并应用于八大经济区的 GTFP 增长及动力来源的测算。

现有文献多注重测算省域或城市(个体)层面的 GTFP 增长及分解子项，对于区域(群组)层面的 GTFP 增长则由区域内各省区市或城市 GTFP 增长的均值来表征，较少直接评估区域(群组)层面的 GTFP 增长。为了既能直接测算区域(群组)层面的 GTFP 增长，又可以反映群组内个体资源分配结构差异而引起的生产率变

---

① RAM 表示 range-adjusted measure(范围调整测度)。
② bootstrap 表示自助法。

动，有必要构造基于群组层面的聚合指标来开展分析(程开明和李泗娥，2022b)。聚合概念源于 Debreu(1951)对资源利用系数的分析，用以衡量一个经济体的整体效率，此后 Farrell(1957)提出通过"行业内企业(个体层面)的绩效"来衡量"一个行业(群组层面)的生产效率"，得到的行业(群组层面)技术效率被称为结构效率。随后在 Koopmans(1957)的基础上，进一步提出根据一个行业的总体效率与该行业内所有企业的技术效率之和来推断该行业结构效率或分配效率的思路，具体以给定价格向量的 DDF 来表示(Briec et al.，2003)。

将结构效率理念与 M 指数相结合能够构造出聚合 M 指数(Zelenyuk，2006)，Färe 和 Primont(2003)进一步提出聚合 L 指标。为利用 HMB 指数的优势，Mayer 和 Zelenyuk(2014)依据同样的思路构造了聚合 HMB 指数。然而，实际应用中要素价格信息尤其是非期望产出的价格信息难以获取，因此 Ferrie 等(2010)基于给定向量的 DDF 来测度效率，将效率分解为技术效率和结构效率。Boussemart 等(2015)和 Boussemart 等(2020)则以给定向量的 DDF 构造 AL 指标，开展生产率变动的实际测算，并分解出由投入或产出再分配而导致的结构效率变动部分。

(三)半参数方法研究

为充分利用数据信息，参照半参数回归模型的形式，可建立测度全要素生产率增长的半参数模型(金剑，2007)。按照时间先后顺序，可将半参数模型估计方法分为半参数估计欧利-佩克斯(Olley-Pakes，OP)方法(Olley and Pakes，1996)、半参数估计 LP(Levinsohn-Petrin，莱文森-珀丁)方法(Levinsohn and Petrin，2003；Petrin and Sivadasan，2013)、半参数估计 ACF 方法(Ackerberg et al.，2005)、半参数估计与工具变量估计方法(Wooldridge，2009；de Loecker，2011)、半参数估计与柔性产出的估计方法(de Loecker，2011)等。

伴随着微观企业数据库的可得性日益增强和企业异质性理论的发展，对于全要素生产率的测度重心逐步由宏观层面转向微观层面，部分文献采用半参数方法来测算企业全要素生产率。张杰等(2009)采用半参数 OP 方法基于 1999~2003 年工业企业数据估计出企业全要素生产率。余淼杰(2010)使用类似方法和数据估计了企业全要素生产率。鲁晓东和连玉君(2012)基于中国工业企业数据，利用 OP 方法、LP 方法等半参数方法测算我国工业企业的全要素生产率。杨汝岱(2015)同样利用半参数方法详细考察了中国制造业企业全要素生产率的动态变迁。张倩肖和李丹丹(2016)采用 LP 半参数方法系统分析和测算全部国有与规模以上非国有工业企业层面的全要素生产率。部分文献基于半参数方法计算了食品工业企业的全要素生产率，反映食品企业全要素生产率的变动及异质性表现(朱灵君和王学君，2017)。

目前，多数学者采用 OP 方法和 LP 方法进行微观企业全要素生产率增长测度，而相较于普遍采用的 OP 方法和 LP 方法而言，逐步利用新提出的 ACF 估计法、GNR(Gandhi, Navarro and Rivers，甘地、纳瓦罗和里弗斯)模型和 de Loecker 模型更有利于提高参数估计的一致性与有效性。

此外，将 SFA 模型与 DEA 模型相结合的随机非参数数据包络(stochastic nonparametric envelopment of data，StoNED)模型，也可算作半参数方法。Kuosmanen 和 Kortelainen(2007)首先提出 StoNED 模型，随后部分学者对 StoNED 模型进行拓展与应用研究。Kuosmanen T 和 Kuosmanen N(2010)将生产技术的公理化、非参数化建模和对效率低下与噪声的随机概率处理相结合，对模型进行改进。Kuosmanen(2012)利用 StoNED 模型改进芬兰电力分配监管机构的监管方法，发现该模型能更好地适应企业运营环境。Kuosmanen 等(2013)使用芬兰数据比较了 DEA 模型、SFA 模型和 StoNED 模型的测算效果，发现随着样本量的增加，StoNED 模型的均方根误差精度不断提高，而 DEA 模型的均方根误差的性能有所下降，SFA 模型受错误的功能形式和多重共线性影响而导致性能不佳。Eskelinen 和 Kuosmanen(2013)使用 StoNED 模型利用面板数据估计跨期销售前沿，分析了银行分支网络中销售团队随时间变化的效率与绩效的变化。

### 三、全要素生产率增长分解方法研究

通过参数方法(如 SFA)、非参数方法(如 DEA)估计生产前沿变动得到全要素生产率增长，往往无法识别不同要素对全要素生产率的影响及贡献，为探求全要素生产率增长背后的动力因素，需进一步开展全要素生产率指数分解(Nemoto and Goto，2005)。

经济增长理论把全要素生产率增长看作除了资本与劳动投入之外，对国家或地区经济增长起决定性作用的因素。全要素生产率增长包含技术进步和资源配置效率改善两个方面，而资源配置效率改善又包括技术水平发展进步、要素配置效率改进和规模效应提升。借助历史统计资料，通过增长核算法可实现对全要素生产率增长的分解，大致分解框架见图1-1。

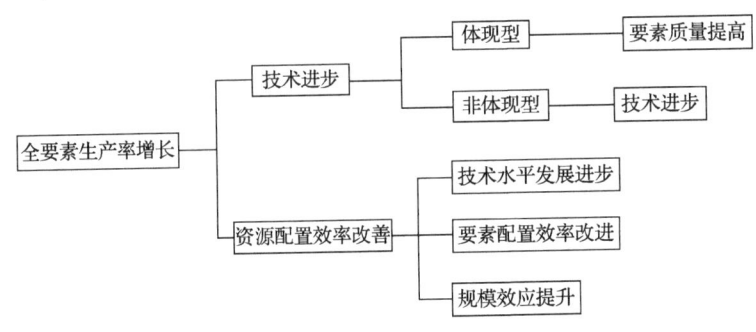

图 1-1　全要素生产率增长的传统分解

Denison(1979)给出的全要素生产率分解框架是一个相对全面的分解,之后关于全要素生产率分解的探讨多沿着这一框架进行拓展。关于全要素生产率的研究最初从生产函数开始,而生产函数具有相对固定的形式,其分解更多地体现在经验性分析方面。

(一)基于 SFA 的分解

Nishimizu 和 Page(1982)首次提出采用随机前沿生产函数的测度框架,将全要素生产率增长分解为前沿技术变化和技术效率变化两部分。Kumbhakar 和 Lovell(2000)将基于 SFA 的全要素生产率增长进一步分解为前沿技术进步、技术效率提高、规模经济提升及要素配置效率改进四个部分。前沿技术是前沿生产函数中投入与产出之间的关系,通常指一定投入条件下能够实现产出最大化的技术水平;技术效率反映了一定技术水平条件下,要素投入组合取得的实际产出与前沿技术产出水平之间的差距;规模经济是指要素的规模报酬对生产率增长的效应;配置效率是指要素投入结构变化对生产率增长的效应。之后,大量文献利用 SFA 模型开展了全要素生产率增长分解的实证分析。

(二)基于 DEA 的分解

基于 DEA 的分解主要指全要素生产率指数分解方法,具体包括 Divisia 指数分解、Törnqvist 指数分解和 M 指数分解等十多种分解方法(Färe et al.,1994a;Lovell,2003;Diewert and Fox,2018),其中以不需要价格信息的 M 指数应用最为广泛。对于 M 指数的分解,Färe 等(1994a)首先将其分解为技术变化和技术效率变化两部分;Färe 等(1993b)指出技术效率变化在规模报酬不变(constant return to scale,CRS)的情况下,可进一步分解为纯技术效率变化和规模效率变化。因此,Färe、格罗斯科普夫(Grosskopf)、诺里斯(Norris)和张(Zhang)(简称 FGNZ)将生产率增长分解为技术变化、纯技术效率变化和规模效率变化。此后,Ray 和 Desli(简称 RD)在 CRS 条件下将 M 指数分解为规模报酬可变(variable returns on scale,VRS)条件下的 M 指数和规模变化,即技术变化、纯技术效率变化和规模变化(Ray and Desli,1997);Simar 和 Wilson(1998)将 RD 分解中的规模变化进一步分解为规模效率变化和规模技术变化,即 M 指数可分解为技术变化、纯技术效率变化、规模效率变化和规模技术变化。

总体来说,采用 Shephard-DF 的当期 DEA-M 指数包括 Färe 等(1994b)、FGNZ(Färe et al.,1994b)、RD(Ray and Desli,1997)、SW(Simar and Wilson,1998)和 ZL(Zofio and Lovell,1998)等分解方法。采用 DDF 构建的当期 DEA-ML 指数与当期 DEA-L 指标具有类似分解思路,而采用 Shephard-DF 构建的当期 DEA-HMB 指数(当期 DEA-EGLHM 指标)满足乘法(加法)完备性,分解子项中除

了包含技术变化、技术效率变化和规模效率变化外，还考虑了残余混合效率变化、混合效率变化、残余规模效率变化和规模混合效率变化等，分解较为完全(O'Donnell，2010)。值得注意的是，非径向非角度的 SBM-DDF 及 NDDF 具有可加性结构，且 L 指标与 EGLHM 指标均为可加性指标，因此采用非径向非角度的 SBM-DDF 或基于 NDDF 构建的当期 DEA-L 指标、当期 DEA-EGLHM 指标不仅可基于上述技术角度分解，还能够基于要素角度进行分解，更全面地探究全要素生产率增长的潜在来源。

(三) 半参数方法的分解

利用半参数方法对全要素生产率增长进行动态分解，主要有五种不同的分解方法，包括早期的贝利-霍特恩-坎贝尔(Baily-Hulten-Campbell，BHC)模型、格里利奇斯-雷格夫(Griliches-Regev，GR)模型、福斯特-哈尔蒂旺格-克里赞(Foster-Haltiwanger-Krizan，FHK)模型和鲍德温-古(Baldwin-Gu，BG)模型等生产率分解方法和近期的 OP 方法(郭晓丹等，2019)。

①微观企业生产率增长的分解始于 Baily 等(1992)的开创性研究——BHC 模型，即将企业生产率变化分解成四个部分——企业内部生产率变动、市场份额变动、进入企业生产率变动和退出企业生产率变动。②BHC 模型存在两方面的缺陷，随后研究人员对其进行修正，GR 模型被提出并采用初期与末期生产率的均值作为衡量企业进入和退出对行业全要素生产率变化贡献的标准，同时以加权的方式来缓解基期选择问题(Griliches and Regev，1995)。③Foster 等(2001)提出 FHK 模型，引入初期加总生产率水平作为参照系，进一步改善了企业进入和退出的衡量偏误。④Baldwin 和 Gu(2006)认为新进入企业更倾向于退出企业竞争，进入企业对退出企业形成替代效应，可以用进入企业与退出企业的生产率差额来衡量净进入效应。

以上四种分解方法的不足之处在于企业的生产率变动与其市场份额之间往往会相互影响，且不一样的变换方法使得结果存在较大的差异。为了避免这一情形，可依据企业异质性理论开展组间效应的分解(Olley and Pakes，1996)或更详细地反映企业进入和退出情况，对生产率分解方法进行完善(Melitz and Polanec，2015)，以更加准确地考察不同效应对生产率变动的影响。

**四、非期望产出处理方法研究**

传统全要素生产率测算未考虑到资源环境因素，不能系统反映经济增长的全局性情况，GTFP 测度则将环境污染纳入全要素生产率测度框架(李小胜，2018)。随着 GTFP 测度方法的发展，现有文献对非期望产出的处理方法与技术主要包括参数处理和非参数处理两类方法，其中非参数处理方法是主流。

参数处理方法主要包括两种方式：一是将非期望产出排放量视为与资本、劳动等相类似的投入要素纳入生产函数中，代表性文献包括 Mohtadi(1996)、陈诗一(2009)、杜克锐和邹楚沅(2011)等。二是将污染物视作 WD 产出，通过具体生产函数加以处理(Vardanyan and Noh,2006；Park and Lim,2009)；Lin 和 Du(2015)、闫明喆等(2018)采用超越对数函数形式刻画距离函数，参数估计则分别采用面板固定效应 SFA 和 SFA-贝叶斯(SFA-Bayes)方法。

非参数处理方法无须设定生产函数形式，具有较大的灵活性，因而受到众多研究者的青睐。目前，国内外学者使用非参数方法对非期望产出进行处理的技术主要包括六种(程开明等，2021)：①将非期望产出作为强可处置性投入(Baumol and Oates, 1988；Reinhard et al., 1999；Hailu and Veeman, 2001；王波等，2002；Mahlberg et al., 2011)；②通过数据转换将非期望产出转换为期望产出(Lovell et al., 1995；Scheel, 2001；Sahoo et al., 2011)；③基于 WD 假设的联合生产技术(Färe et al., 1986；Färe and Grosskopf, 2009, 2010)；④基于弱 G-可处置性(weak G disposability, WGD)和物质平衡原理(material balance principle, MBP)的方法(Ayres and Kneese, 1969)；⑤副产品生产技术(by-products production, BP)；⑥自然和管理可处置性(nature and management disposibility, NMD)下的非径向效率测算方法。

**五、全要素生产率测算与应用研究**

最初，多数学者采用增长核算法来进行全要素生产率测算，实际测算中期望产出指标通常采用可比价 GDP 或地区生产总值(宋马林等，2016)，而对资本、劳动投入指标的处理存在着不同方法。①资本存量测算。多数文献认为永续盘存法是较为科学可行的固定资本存量测算方法(Kinoshita, 2000；张军等, 2004)，并对初始资本存量、固定资产投资价格、当年投资、折旧率等指标处理方法进行了广泛讨论(Ker, 2014；单豪杰, 2008；曾五一和任涛, 2016；王亚菲和王春云，2018)，但未形成一致结论。②劳动投入测算。总工时数是最合适的劳动投入量(Mitter and Skolka,1984；汪茂泰和钱龙，2010)，但实际中难以统计，通常采用替代方法(宋旭光和席玮，2011)，包括直接使用就业人员总量或劳动年龄人口数的简单方法，以及根据教育年限、收入等进行调整的复杂方法(盛来运等，2018)。

自 Malmquist(1953)关于 M 指数的开创性研究后，Caves 等(1982a)提出 M 指数的计算方法，Färe 等(1994a)用线性规划方法测算与分解 M 指数。随后，全要素生产率指数的相关文献如雨后春笋般迅速涌现，涉及当期 DEA、序列 DEA、全局 DEA、共同前沿 DEA 的 M 指数、ML 指数和 L 指标以及 HMB 指数、LHM 指标、费雷-普里蒙特(Färe-Primont，FP)指数等各类指数方法及应用。全要素生产率在中国的应用研究主要是利用各种指数方法对全国、省域的全要素生产率变化进行测算与分解，进而解析各子项的贡献及经济增长的可持续性等。

(一) 不考虑非期望产出的全要素生产率测算与应用

我国在全要素生产率测算初期，多将投入和期望产出纳入全要素生产率测度框架，利用 DEA 与 M 指数等相结合开展全国及省域全要素生产率测算与分解。孟令杰和李静 (2004)、赵伟等 (2005) 以及章祥荪和贵斌威 (2008) 运用 DEA-M 指数测算了改革开放前后我国省域全要素生产率变动及其组成，分阶段得到全国与区域全要素生产率变动及分解子项，结果显示我国全要素生产率显现出阶段性增长、波动较大，增长主要得益于技术进步；相对于中西部地区，东部地区以技术进步为主导的全要素生产率增长速度较快，进而推动中国生产函数的前沿面上移。此外，颜鹏飞和王兵 (2004)、郑京海和胡鞍钢 (2005)、郭庆旺等 (2005) 等利用 DEA-M 指数从不同角度估算与分解全国及省域全要素生产率指数，发现省域全要素生产率增长差异主要是由技术进步水平差异所致。

尽管 DEA-M 指数具有很多优点，但仍然存在不少缺陷。江春等 (2010) 利用当期 DEA 方法测算与分解了 2000~2008 年的中国 M 指数，也使用序列 DEA 方法测算 M 指数，对可能出现的生产前沿倒退予以修正；将测算的序列马姆奎斯特 (sequential-Malmquist, SM) 指数与 M 指数进行对比，显示 M 指数普遍低于 SM 指数，显然这种差异是由两种方法采用不同的生产前沿造成。序列 DEA 把当期信息与历史信息一同考虑，构建了更加稳健的生产边界，避免出现技术退步的情形，效果比当期 DEA 更好，得到的结论更符合实际。

由于全局马姆奎斯特 (global-Malmquist, GM) 指数表示为单一指标时具有传递性，杜江 (2015) 利用 GM 指数对 1978~2011 年中国省域种植业全要素生产率增长及其构成变动进行分析，结果显示省域种植业全要素生产率呈现稳步上涨趋势，增长主要源于技术进步，同时技术效率呈现出下降趋势。基于共同前沿可以比较拥有不同技术的生产单元，Chen 等 (2009) 运用共同前沿马姆奎斯特 (metafrontier-Malmquist, MM) 指数分析 1996~2004 年中国生产率动态变动情况，发现沿海地区的全要素生产率增长快于非沿海地区，东部地区全要素生产率增长快于中部地区，中部地区快于西部地区。

HMB 指数与 FP 指数均克服了 M 指数投入与产出角度选择的随意性等缺陷，Laurenceson 和 O'Donnell (2014) 利用 HMB 指数和 FP 指数测算中国省域全要素生产率，发现全要素生产率增长主要归因于技术进步和技术效率的提高，但利用 HMB 指数计算得到的省域全要素生产率增长较为平缓，后半期增长速度略有加快，而利用 FP 指数计算的全要素生产率呈现快速增长态势。洪兴建和罗刚飞 (2014)、黄祎等 (2015) 阐述了利用 FP 指数测算全要素生产率的优势，并采用 FP 指数测算了我国省域全要素生产率及其构成部分，对各省域的全要素生产率变化进行加总平均获得四大地区及全国全要素生产率变动情况，发现全国全要素生产率小幅上升后大幅下降，总体呈现下降趋势，上升主要源于技术进步，下降则主要源于技术效率下降。刘云霞等(2021)对全要素生产率与广义技术进步之间的联系及区别进行了理论上的阐明，利用实证分析探寻了两个指标之间存在差异的原因，发现全要素生产率提升对我国经济增长产生了重要的推动作用。

(二)资源环境约束下的全要素生产率测算与应用

关于我国及省域全要素生产率的测算与应用得到很多有价值的结论，但仅考虑期望产出而忽略资源环境因素对经济增长质量的影响，得出的结论可能不够全面。因此，在全要素生产率测度框架中引入资源环境因素测算 GTFP，可为经济高质量发展提供更有价值的启示(宋长青等，2014)。

叶祥松和彭良燕(2011)运用 ML 指数测度 1999～2008 年我国各省域在无环境规制、弱环境规制、中环境规制以及强环境规制条件下的全要素生产率变动，结果表明环境规制会提高全要素生产率增长率。Zhang 等(2011)、宋长青等(2014)认为不考虑资源环境因素往往会高估全要素生产率，更可能对我国经济增长质量做出较为乐观的判断。此外，吴军(2009)、孙传旺等(2010)从不同角度测算中国省域 ML 指数及分项指数，发现 GTFP 增长得益于技术进步而非技术效率改善。

由于序列 DEA 能够避免技术退步现象，田银华等(2011)采用当期 DEA 和序列 DEA 方法得到 ML 指数，分析环境约束下 1998～2008 年我国省级全要素生产率变动情况，将其分解为技术效率变化和技术进步两部分，发现基于当期 DEA 计算的省级 ML 指数普遍低于基于序列 DEA 计算的 ML 指数，这与江春等(2010)计算的 SM 指数与 M 指数结论相一致。程云鹤等(2012)、尤建新等(2012)、何颖和齐亚伟(2014)以及仇娟东(2015)也从不同角度运用序列 ML(sequential-Malmquist-Luenberger，SML)指数估算中国省域环境约束下的全要素生产率变化情况。

陶长琪和齐亚伟(2012)运用全局 ML(global-Malmquist-Luenberger，GML)指数测算环境约束下我国 29 个省区市 2000～2009 年的全要素生产率增长及技术进步、技术效率变动和规模效率变动，与利用 ML 指数及不考虑非期望产出时 M 指数得到的结论进行对比分析，结果表明 ML 指数及其分项指数普遍低于 GML 指数及分项指数，这种差异是由全局生产技术下的生产前沿持续向外扩展造成的。Choi 等(2015)运用共同前沿 ML(metafrontier-Malmquist-Luenberger，MML)指数衡量中国 2001～2010 年 30 个省区市的环境敏感性全要素生产率，开展区域生产率增长的分解，结果表明尽管 2001～2010 年这十年实现了 GDP 的快速增长，但环境敏感性全要素生产率却相对较低，全要素生产率增长主要源于技术创新驱动，东部地区生产率增长最快，而中西部地区生产率有所下降。刘华军(2016)构建序列 DEA-Malmquist 生产率指数，对资源环境约束下中国分省及区域全要素生产率增长进行测度，综合运用多种空间差异研究方法，从差异测度、分布动态和收敛性等方面全面揭示资源环境约束下中国全要素生产率增长的空间差异性及演变规律。李小胜(2018)对资源环境约束下的全要素生产率测度方法进行了多方面的拓展研究，开展了系列应用分析。

(三)基于差异的全要素生产率指标测算与应用

基于比率的全要素生产指数适合考察总产出的变动情况，但难以反映诸如利润等"差值"变量，因此有学者引入基于差异的 L 指标，与非径向和非角度 SBM-DDF 相结合来衡量考虑环境因素的全要素生产率变化。王兵等(2010)运用 SBM-DDF 和 L 指标相结合的方法，开展资源环境约束下我国全要素生产率增长分析，发现 GTFP 增长减缓，主要源于纯技术进步和规模效率的恶化。胡建辉等(2016)运用类似方法测算 2005～2013 年我国省域层面的环境全要素生产率，发现其增长率都低于传统全要素生产率的平均增长，验证了宋长青等(2014)使用 ML 指数测算环境全要素生产率所得到的结论。由于 L 指标是基于差分结构的测度，计算全要素生产率的同时可计算单个投入要素效率的变化情况，一方面能够考察地区全要素生产率增长差距主要是源于技术效率还是技术进步，另一方面可以分析不同地区全要素生产率增长差异究竟是来源于要素投入、期望产出，还是非期望产出，探究各要素生产率的差距在多大程度上导致全要素生产率增长的地区差异(刘华军和李超，2018)。

张少华和蒋伟杰(2014)采用基于投入冗余的全要素生产率指数(input slack-based total factor producitivity index，ISP 指数)重新测算与分解中国 1985～2009 年的全要素生产率，结果表明总体上各省在样本期内都实现了全要素生产率提升，中国经济增长建立在真实的技术进步基础之上但技术效率较低，劳动生产率是经济高增长的主要驱动力量，资本生产率贡献度较低。刘瑞翔和安同良(2012)运用 global-Luenberger 生产率指标(简称 GL 指标)、李兰冰和刘秉镰(2015)运用 sequential-Luenberger 生产率指标(简称 SL 指标)基于要素角度和技术角度分析了中国 GTFP 增长。王兵和黄人杰(2014)运用参数化共同边界与 L 指标相结合的方法，分析环境约束下 2000～2010 年中国区域 GTFP 增长，总体上东部地区 GTFP 是正增长，而中西部地区却表现出负增长。另外，Wang 和 He(2017)运用 GL 指标从技术效率变化和技术变化角度考察能源强度降低潜力的变化及其来源；刘华军和李超(2018)运用 GL 指标并基于要素角度和技术角度分析了 2000～2015 年我国 GTFP 的地区差距。

(四)基于 SFA 的全要素生产率指数测算与应用

全要素生产率指数测算大多是利用基于 DEA 的非参数方法，也有部分文献基于以 SFA 为代表的参数方法，将 SFA 与 M 指数相结合来开展全要素生产率指数的测度与分解。王奇等(2012)运用 SFA-M 指数测算中国省域及三大地区农业 1992~2010 年的 GTFP 并与传统全要素生产率进行对比分析，发现样本期内虽然绿色农业全要素生产率与传统农业全要素生产率增长速度基本相等，但地区间差异较大。张丽峰(2013)同样利用 SFA-M 指数测算 1995~2010 年中国省域、东部、中部、西部及全国碳排放约束下的全要素生产率，将其分解为技术进步和技术效率指数。史常亮等(2017)基于 SFA-M 指数方法测算并分解了 2004~2015 年我国林业全要素生产率，结果表明除北京外几乎所有样本省域都实现了全要素生产率正增长，技术进步是全要素生产率增长的主要动力，而技术效率起到一定的抑制作用。

采用处于学术前沿的 KLEMS 方法以及与之相匹配的数据测算中国经济全要素生产率的增长状况，开展中国全要素生产率与美国和日本的全要素生产率比较分析，对于理解全要素生产率在我国经济增长中所起的作用具有重要参考意义(李展，2021)。邢宏洋等(2021)对空间(spatial)随机前沿分析(简称 S-SFA)模型进行估计，得到投入要素和环境变量对生产前沿的边际影响效应，发现国际吸收效应对全要素生产率的影响与要素投入的对外依存度和行业特征密切相关，国际吸收效应对我国服务业发展及其全要素生产率变动的贡献有待进一步增强。

(五)全要素生产率及其增长的影响因素探究

大量实证分析表明，经济发展水平、产业结构、要素禀赋、能源结构、政府干预、公众环保意识等因素对全要素生产率产生显著影响(王兵等，2010；田银华等，2011；刘华军，2016；曹跃群等，2019)。张静晓等(2022)进一步将影响全要素生产率的因素概括为三大核心范畴：技术因素、经济因素和政府因素，其中技术因素主要包括技术进步、技术效率等，经济因素主要包括经济发展水平、产业结构、对外开放度、金融发展、数字经济与市场因素等，政府因素包括财政分权、政府干预程度、环境规制、知识产权保护等。

在 Hicks 中性技术进步条件下，全要素生产率就是技术进步，可见所有影响全要素生产率的因素中技术因素具有突出作用(刘华军，2016)。常见用以反映技术因素的变量包括研究与开发投入(石风光，2012；屈小娥，2012)、人力资本(李连友等，2014；刘建国和张文忠，2014)等。考察经济发展水平与全要素生产率增长之间的关系时，王兵等(2010)、田银华等(2011)、郑凌霄和赵敏静(2012)等发现经济发展水平对全要素生产率具有正向促进效应，而张可云等(2013)的研究结论则相反。不同产业具有不同的性质与特点，行业管理效率及技术水平也存在差异，必然对全要素生产率增长产生差异化影响(王兵等，2010；郑丽琳和朱启贵，2013)。Xu 和 Deng(2022)利用 SBM-DDF-ML 指数反映 2003~2018 年中国城市 GTFP 增长，发现存在明显的时间、区域和城市规模异质性；在新结构经济学框架下对城市 GTFP 增长的影响因素进行分析，发现产业结构不仅导致宏观经济增长差异，也是 GTFP 增长差异的关键原因。

对外开放可以引进国外先进技术、资金和管理经验，扩大产品出口和提升产品竞争力，对全要素生产率增长产生推动作用(王志刚等，2006；张可云等，2013；郑丽琳和朱启贵，2013)。冯严超等(2021)利用空间计量模型系统分析外国直接投资(foreign direct investment，FDI)、对外直接投资(outward foreign direct investment，OFDI)及其交互项对中国 GTFP 的影响，发现 FDI 对中国 GTFP 的影响在统计上不显著,OFDI 对 GTFP 具有一定的促进作用。Yu 等(2021)基于 2003～2017 年中国 285 个城市的数据，通过空间杜宾模型(spatial Dubin model，SDM)分析 FDI 对中国城市 GTFP 的影响,发现 FDI 在高-高和高-低集群城市中对 GTFP 起到积极的促进作用，促使 GTFP 在自身和周边城市的升级与集聚。

绿色创新能够提升 GTFP，但绿色创新对 GTFP 的影响效应存在异质性，在一定程度上取决于企业的专利类型和特征(Wu et al.，2022)。Li 等(2022)基于中国 276 个地级城市的面板数据，使用空间双重差分和空间三重差分模型实证检验了高铁开通对城市全要素生产率的影响，结果表明高铁通过外部效应和协同效应提升了开通城市的全要素生产率，并通过空间溢出效应和协同作用提升周边城市的全要素生产率。Lin 和 Jia(2022)通过双重差分模型，发现高铁的开通显著提高了中国城市全要素碳生产率。刘伟江等(2022)利用 SBM 模型测算中国 2003～2018 年制造业分行业 GTFP，采用面板回归模型实证检验环境规制对 GTFP 和技术进步及其分解项的影响效应，发现环境规制与 GTFP、技术进步呈现倒"U"形关系，目前环境规制强度的提升有助于促进我国制造业 GTFP 和技术进步的增长。

近几年，众多文献关注数字经济发展对全要素生产率的影响效应。Pan 等(2022)采用混合回归方法计算省级全要素生产率，并检验数字经济对全要素生产率的驱动效应，发现数字经济是全要素生产率持续发展的驱动力。张圆(2022)构建空间计量模型实证分析我国地级及以上城市数字经济影响 GTFP 的空间效应，发现城市数字经济发展与 GTFP 存在显著的空间相关性，数字经济的蓬勃发展对 GTFP 产生积极促进作用。Gu 等(2022)使用动态 SDM 探究社会领域数字化对 GTFP 的影响，发现社会领域数字经济发展对 GTFP 增长产生积极影响，并存在空间溢出效应。Wang 等(2022)使用从 DDF 导出的 L 指标测算城市 GTFP，使用双重差分模型发现智慧城市政策显著促进 GTFP 增长且有着积极的空间溢出效应。

## 六、城市 GTFP 测算与应用研究

(一)城市全要素生产率增长测算

从表 1-1 中可以看出，关于我国城市全要素生产率增长的研究较为丰富，从

城市全要素生产率的测算结果看,结论也基本一致,即东部城市全要素生产率好于中西部城市,技术进步推动了全要素生产率的提升(刘建翠,2022)。城市是一个地区经济发展的领头者,经济发展对周边地区影响较大。与影响省级全要素生产率的因素不同,影响城市全要素生产率的因素主要包括基础设施、人口密度、城市规模、经济密度等与城市特征密切相关的因素(王永培和袁平红,2011;张浩然和衣保中,2012;王桂新和章韬,2012;董旭和吴传清,2017)。当然,选择指标、测算时间及测度方法不同,对影响因素效应的分析结论难免存在差异。上述成果大多未考虑环境因素等非期望产出的影响,而考虑到资源环境要素在测度城市 GTFP 增长中的影响,才能更加深刻地体现新时代中国经济高质量发展的内在要求。

表 1-1 中国城市全要素生产率增长的代表性文献

| 类别 | 研究者 | 研究方法 | 研究对象 | 研究时间 |
| --- | --- | --- | --- | --- |
| 城市全要素生产率增长测算动态变化和空间分异 | 金相郁(2006) | DEA-M 指数 | 国内 41 个主要城市(设立国家级经济技术开发区) | 1990~2003 年 |
| | 高春亮(2007) | DEA-M 指数 | 国内 216 个地级及以上城市 | 1998~2003 年 |
| | 刘秉镰和李清彬(2009) | DEA-M 指数 | 国内 196 个主要城市 | 1996~2006 年 |
| | 郭腾云等(2009) | DEA-M 指数 | 国内 31 个特大城市 | 1990 年、2000 年、2006 年 |
| | 邵军和徐康宁(2010) | DEA-M 指数 | 国内 191 个地级及以上城市 | 1999~2006 年 |
| | 方创琳和关兴良(2011) | bootstrap-DEA-M 指数 | 国内 23 个城市群 | 2002 年、2007 年 |
| | 管驰明和李春(2013) | 增长核算法 | 上海市 | 1979~2011 年 |
| | 马晓龙(2014) | DEA-M 指数 | 国内 58 个主要城市(省会城市和著名风景旅游城市) | 2000~2011 年 |
| | 张自然(2014) | DEA-M 指数 | 国内 264 个地级及以上城市 | 1990~2011 年 |
| | 李静等(2016) | 超越对数 SFA 模型 | 国内 285 个地级及以上城市 | 2005~2012 年 |
| | 邵明伟等(2018) | DEA-M 指数 | 国内 19 个城市群的 224 个城市 | 2000~2014 年 |
| 城市全要素生产率增长的空间关联和影响因素 | 李郇等(2005) | 增长核算法 | 国内 202 个地级及以上城市 | 1990~2000 年 |
| | 戴永安(2010) | 超越对数 SFA 模型 | 国内 266 个地级及以上城市 | 2001~2007 年 |
| | 张浩然和衣保中(2012) | 增长核算法 | 国内 266 个地级及以上城市 | 2003~2009 年 |
| | 章韬和王桂新(2012) | 超越对数 SFA 模型 | 国内 285 个地级及以上城市 | 1990~2008 年 |

续表

| 类别 | 研究者 | 研究方法 | 研究对象 | 研究时间 |
|---|---|---|---|---|
| 城市全要素生产率增长的空间关联和影响因素 | 章韬(2013) | 超越对数 SFA 模型 | 国内地级及以上城市 | 1994~2008 年 |
| | 姚震寰和纪明辉(2015) | DEA-M 指数 | 东北三省 34 个城市 | 2003~2012 年 |
| | 冯云廷等(2016) | DEA-M 指数 | 国内 281 个地级及以上城市 | 2003~2013 年 |
| | 王艺明等(2016) | SFA、DEA-M 指数 | 国内 255 个地级及以上城市 | 2000~2013 年 |
| | 董旭和吴传清(2017) | DEA-M 指数 | 国内 35 个主要城市（直辖市、副省级城市和省会城市） | 2000~2014 年 |
| | 刘浩等(2020) | DEA-M 指数 | 国内县级及以上城市 | 2000~2016 年 |
| | 保永文和丁君涛(2021) | DEA-M 指数 | 湖北省 13 个城市 | 2009~2017 年 |

(二)城市 GTFP 增长测算与分析

很多学者尝试将城市的资源环境约束与经济增长纳入一个统一的分析框架，测算城市 GTFP 增长。部分文献对局部城市的 GTFP 进行测算与分析，如王兵和肖海林(2011)、张建升(2018)、Zhang 和 Tan(2016)、Tao 等(2017)、卢丽文等(2017)、李平(2017)、李汝资等(2018)、陈阳和唐晓华(2019)、舒扬和孔凡邦(2019)、陈晓峰和周晶晶(2020)等；另外，肖攀等(2013)、张建升(2018)、程中华(2015)、吴建新和黄蒙蒙(2016)、王凯风和吴超林(2017)、李卫兵和涂蕾(2017)、陈阳和唐晓华(2019)以及邵汉华和夏海波(2020)等开展了中国地级及以上城市 GTFP 的测算(表 1-2)。

表 1-2　中国城市 GTFP 增长的代表性文献

| 研究者 | 研究方法 | 研究对象 | 研究时间 | 研究主要内容 |
|---|---|---|---|---|
| 王兵和肖海林(2011) | DEA-MML 指数 | 长三角、珠三角城市群 25 个城市 | 1998~2008 年 | 测度了环境约束下全要素生产率及其成分并分析其影响因素 |
| 肖攀等(2013) | DEA-ML 指数 | 国内 286 个地级及以上城市 | 2003~2010 年 | 中国城市环境全要素生产率及其影响因素分析 |
| 程中华(2015) | DEA-ML 指数 | 国内 285 个地级及以上城市 | 2003~2012 年 | 集聚经济对城市 GTFP 影响的空间溢出效应 |
| 吴建新和黄蒙蒙(2016) | SBM-GL 指数 | 国内 286 个地级及以上城市 | 2002~2011 年 | 环境全要素生产率及其无效率来源测度，分析影响城市绿色转型的因素 |
| 李卫兵和涂蕾(2017) | SBM-GML 指数 | 国内 274 个地级及以上城市 | 2003~2014 年 | 中国城市 GTFP 的空间差异与收敛性分析 |

续表

| 研究者 | 研究方法 | 研究对象 | 研究时间 | 研究主要内容 |
| --- | --- | --- | --- | --- |
| 王凯风和吴超林(2017) | DEA-GML 指数 | 国内 285 个地级及以上城市 | 2003~2014 年 | 中国城市 GTFP 的时空演进规律 |
| 张豪等(2017) | SBM-ML 指数 | 国内 48 个主要城市 | 2003~2012 年 | 中国主要城市 GTFP 的空间溢出效应 |
| 卢丽文等(2017) | DEA-ML 指数 | 长江经济带 108 个城市 | 2003~2013 年 | GTFP 测度 |
| 李平(2017) | SBM-L 指数 | 长三角和珠三角城市群 25 个城市 | 2000~2010 年 | 测度和分析长三角及珠三角城市群环境经济绩效的区域差异 |
| 李汝资等(2018) | DEA-ML 指数 | 长江经济带 108 个城市 | 2003~2014 年 | 城市 GTFP 时空分异及区域问题识别 |
| 张建升(2018) | DEA-ML 指数 | 国内长江流域沿岸 24 个地级市 | 2003~2012 年 | 考虑环境因素和不考虑环境因素两种情形下的城市全要素生产率测度 |
| 陈阳和唐晓华(2019) | DEA-ML 指数 | 国内 285 个地级及以上城市 | 2004~2015 年 | 制造业集聚对城市 GTFP 的空间溢出效应 |
| 舒扬和孔凡邦(2019) | SBM-GML 指数 | 长江经济带 108 个城市 | 2003~2017 年 | 内生视角下环境规制、产业集聚与城市 GTFP 的关系 |
| 陈晓峰和周晶晶(2020) | SBM-ML 指数 | 长三角城市群 26 个城市 | 2006~2017 年 | 生产性服务业集聚对绿色全要素生产率的影响 |
| 邵汉华和夏海波(2020) | DEA-GML 指数 | 国内 285 个地级及以上城市 | 2004~2017 年 | 中国城市蔓延对绿色全要素生产率的影响 |
| 张圆(2022) | SBM-ML 指数 | 254 个地级及以上城市 | 2011~2020 年 | 考察城市数字经济对绿色全要素生产率的影响效应 |

近几年开展城市 GTFP 测度的研究大量涌现，除表 1-2 中的研究外，还有不少代表性的研究。陈浩等(2020)以中国 280 个城市为样本，利用 SBM-Luenberger 生产率指数测算城市 GTFP 增长，进而解析 GTFP 增长来源、时空特征、驱动因素等。余奕杉和卫平(2021)采用 GML 指数测算中国 283 个城市的 GTFP，结果显示城市 GTFP、技术效率和技术进步都呈现出增长态势；规模大、行政等级高的城市的 GTFP 增长具有领先优势。李慧和余东升(2022)同样采用 GML 指数测算 2003~2017 年中国 285 个城市的 GTFP，发现城市 GTFP 呈现增长趋势，总体呈现出"南—北"空间格局，标准差椭圆有向西北方向发生偏移的趋势，技术进步对于提升中国城市 GTFP 发挥着主要作用。

城市群的 GTFP 也是关注的一个重点领域，比较长三角、珠三角和京津冀三大城市群的 GTFP，发现 GTFP 增长波动较为频繁，技术变化和效率变化对城市群的 GTFP 贡献存在较大差异(刘斯敖，2020)。蔺鹏和孟娜娜(2021)运用三阶段超效率 SBM-DEA-ML 指数模型对我国六大城市群真实 GTFP 增长及其演化进行测度，进而探究六大城市群 GTFP 增长的时空分异特征及空间收敛性，发现六大城市群的真实 GTFP 增长均主要源于技术效率变化，技术进步的核心驱动作用未能有效发挥；六大城市群 GTFP 增长的总体区域差异主要源自超变密度和组间差异，表现出较强的空间 $\beta$ 条件收敛性和俱乐部趋同特征。

也有部分文献考察了一些主要因素对城市 GTFP 的影响效应。邵军等（2020）使用动态 SBM 模型测算城市 GTFP，进而检验进口贸易对城市 GTFP 的影响效应，发现进口贸易对城市 GTFP 的影响效应在东部和中部地区较为明显。数字普惠金融也对城市 GTFP 产生一定的影响，基于中国地级及以上城市数据的实证分析显示，数字普惠金融对城市 GTFP 增长具有显著的正向促进效应（惠献波，2021）。李博等（2022）以地级资源型城市为对象，分析产业转型升级与 GTFP 提升的演化特征及互动关系，资源型城市的 GTFP 受到产业结构合理化的负向冲击，产业结构高级化不仅对自身产生正向冲击作用，还有利于促进 GTFP 提升。

总体来看，测算城市 GTFP 的文献对城市非期望产出的处理较少考虑变量松弛问题，DEA 模型应用也少有考虑跨期比较、技术退步及有效 DMU 区分等问题，测算方法方面存在着进一步改进的空间。

## 七、文献评述

从已有文献的回顾不难看出，现有研究运用各种方法对中国城市全要素生产率和 GTFP 增长进行了多角度的测算与分析，测度方法非常丰富，既有比率方法，又有差异方法；既有基于 DEA 的方法，又有基于 SFA 的方法；既有只考虑期望产出的方法，又有将非期望产出纳入测算框架的方法；既有当期 DEA 指数方法，又有序列 DEA、窗口 DEA、全局 DEA、共同前沿 DEA 和两期 DEA 指数方法等。在全要素生产率指数分解方面，自 Nishimizu 和 Page（1982）提出动态分解方法后，学者相继给出全要素生产率指数的各种乘法、加法分解形式以及不同分解子项，当然这也引发了一些争论。

（一）现有研究的不足

已有研究成果存在以下几个方面的局限性有待未来加以改进。

1）基于 DEA 的城市 GTFP 增长测算方法仍存在不足且考虑需更加全面

通过梳理基于 DEA 的指数方法体系可知，构建一个测度全要素生产率或 GTFP 增长的 DEA 指数模型需要考虑五大方面，即投入产出要素、距离函数选择、生产前沿面构建、指数（指标）形式、指数（指标）分解。多数研究仍然基于 DDF 构建基于当期 DEA 的 M 指数和 ML 指数，对城市全要素生产率或 GTFP 增长进行测度分析，忽略了 DDF 仍存在径向与角度问题、当期 DEA 应用中易出现无可行解现象，M 指数与 ML 指数不满足乘法完备性与可加性、从技术角度分解不完全且不能基于要素角度进行分解等。在构建 DEA 指数模型时，对城市非期望产出的处理较少考虑非径向非角度的 SBM 模型与 NDDF 模型，也较少考虑不同生产前沿面的构建方法如序列 DEA、全局 DEA 和两期 DEA 等，以及很少采用更具有全要素生产率本质特性的 HMB 指数与 LHM 指标等。

2) 现有研究多注重城市个体层面的 GTFP 指数(指标)测算与分解，相对忽视聚合层面(群组层面)的城市 GTFP 变化

目前对城市全要素生产率增长与 GTFP 增长的测度主要集中于城市个体层面，而缺少利用城市聚合数据测算区域或城市群(群组)的城市全要素生产率增长；已有研究多强调生产率变动取决于个体的技术水平及技术应用效率变动，相对忽略一组个体在群组层面由内部资源再分配的结构差异引起的生产率变化。

3) 新兴 Hicks-Moorsteen 指数分解方法的实际应用还有待加强

反映全要素生产率或 GTFP 增长的指数很多，一些传统指数由于需要价格信息而在包含环境污染等非期望产出的指数分解中难以应用；M 指数分解方法由于优势突出而得到快速发展与广泛应用，但 M 指数只在不变规模报酬下估计才无偏，且存在投入/产出角度选择具有不确定性及分解中遗漏投入产出混合效应等不足，部分学者针对这些不足提出 HMB 指数和 LHM 指标，但实际应用还较少。

4) 城市 GTFP 测算、分解与应用分析过程中的指标选择及数据处理有待进一步规范

学者对于城市 GTFP 测算、分解及应用开展了大量有意义的理论探讨与实证分析，为后续研究奠定良好基础，但城市 GTFP 测算模型与方法选择特别是对环境污染等非期望产出处理还有待增强其针对性、合理性，考虑 DDF 与松弛变量的结合以及有效 DMU 的区分度，对于"城市资本存量"、"城市劳动投入"、非期望产出指标的数据来源与估算细节需要更加规范、清晰，以避免利用错误数据得到错误结论的情况。

(二)改进与拓展方向

针对现有研究的不足，本书试图从以下方面对现有文献进行拓展与创新性探讨。

1) 改进基于 DEA 的城市 GTFP 增长测度方法

测度 GTFP 增长的 DEA 指数方法不断演进是通过在测度框架中对投入产出要素、距离函数选择、生产前沿面构建、指数(指标)形式、指数(指标)分解五大方面不断改进与拓展的结果，但至今仍缺乏同时考虑这五大方面的城市 GTFP 测度方法。因此，为同时解决上述五大方面的问题，将提出 DEA 指数模型的改进设想：结合 NDDF、两期 DEA 模型和 EGLHM 指标的特点，构造一种新型 GTFP 测度指

标，即采用 NDDF 构建两期 EGLHM 指标。

2) 构造聚合型 GTFP 增长测度指标

鉴于由个体数据开展群组层面的 GTFP 增长测算，若群组内每个对象的方向向量不相同，测算结果不能跨群组比较，为此提出一种显示聚合特性的 NDDF，构造聚合 NDDF 使得群组内 DMU 选择相同的方向向量，测算的生产率指标及分解子项可跨群组比较，进行加减运算或算术平均也有意义。基于聚合层面构造聚合环境广义 LHM 指标，能够分解出可以体现由投入或产出再分配而导致的结构效率增长部分。

3) 完善 LHM 指标的分解方法及子项构成

目前文献中使用 M 指数、ML 指数和 FP 指数来测算全要素生产率增长的研究较多，指数分解也较为细致，而对于 HMB 指数、L 指标、LHM 指标的理论探讨与应用分析相对较少，指数分解还不够完善，特别是对 LHM 指标的分解仅限于技术效率变化、技术变化和规模变化。实际上，LHM 指标是一个具有乘法完备性的差异指标，既可类似于 HMB 指数从技术角度进行完全分解，也可以依照 L 指标从要素角度进行完全分解，本书将对具体分解方法及子项构成开展进一步完善。

总体来看，城市 GTFP 测度方法众多，方法选择存在较大空间，每一 GTFP 指数(指标)都具有自身独特的适用条件、理论基础、优缺点及分解方式，一些研究没有充分考虑到方法的适用条件及方法之间的逻辑关系，导致研究结论出现偏差。所以，在实际应用过程中，需结合具体的研究场景、对象特点，选择一种或多种方法相结合来有效开展城市 GTFP 增长的测算与分解。

## 第三节　研究目标及研究内容

### 一、研究目标

本书的总体目标如下：将资源环境因素纳入全要素生产率测度框架，创新城市 GTFP 测算与分解方法，探析中国城市 GTFP 增长态势及来源构成，开展城市 GTFP 的应用拓展，明晰提升城市 GTFP 的路径与对策。

具体研究目标包括以下方面。

(1) 基于非参数 DEA 方法在多投入多产出情形下测度全要素生产率增长的优势，依托现有测度方法的系统性梳理，开展城市 GTFP 指数(指标)改进，创新性地构造新型城市 GTFP 测度指标，并通过蒙特卡罗模拟实验检验新方法的效果。

(2) 依据地级及以上城市的投入产出指标数据，运用新构造的 BNEGLHM 指标、AEGLHM 指标及其他方法多角度测算我国城市 GTFP 增长及其动力来源，明晰中国城市 GTFP 增长的演进态势、动力来源、地区差异、空间非均衡性以及收敛特征。

(3)在测算个体城市 GTFP 增长特征的基础上,拓展城市 GTFP 的应用领域,考察城市典型特征,如城市经济密度、城市蔓延、城市人口集聚度、环境规制、土地供给错配等影响 GTFP 的内在机制及实际效应,明晰城市 GTFP 的提升路径。

(4)根据城市 GTFP 测算与分解结果、影响城市 GTFP 增长的主要因素及城市 GTFP 的提升路径,结合我国节能减排要求及碳达峰、碳中和目标,给出提高城市 GTFP 的对策措施,助推经济高质量发展。

## 二、研究内容

围绕"中国城市 GTFP 测算、分解及应用研究"这一主题,除绪论外,本书首先系统梳理城市 GTFP 测度方法,开展基于 DEA 的城市 GTFP 增长测算与分解方法改进,并检验新方法效果;其次,利用改进的测算与分解方法,结合其他特色方法,多视角开展中国城市 GTFP 增长态势、地区差异及空间特征的测算与分析;再次,拓展城市 GTFP 测算结果的应用领域,考察城市典型特征影响 GTFP 的机制及效应;最后,依据分析结论,得到提升城市 GTFP 的对策措施,展望未来研究方向。

遵循以上思路,具体包括以下内容。

第一章为绪论。立足于研究主题的宏观背景,从理论与现实层面阐述研究意义;从全要素生产率的内涵、全要素生产率测度方法、全要素生产率增长分解方法、非期望产出处理方法、全要素生产率测算与应用、城市 GTFP 测算与应用等六个方面开展国内外文献综述;提出研究的主要目标,概括主要研究内容,给出研究方法与技术路线,提炼主要创新之处。

第二章为城市 GTFP 测度基本问题。基于从关注经济增长到重视资源环境约束并逐步转向高质量发展这一现实背景,界定全要素生产率、GTFP 及其增长的内涵;系统梳理测度全要素生产率的参数方法、非参数方法和半参数方法,明确各类方法的适用条件及优缺点;从参数和非参数角度概括各种非期望产出处理方法与技术,开展不同处理方法的比较分析,明晰处理方法的演进逻辑。

第三章为城市 GTFP 测度的典型方法。概括基于 SFA 的城市 GTFP 增长测度方法,包括生产函数选择、基本假设及指数构造原理;从模型选择、生产前沿面构建等方面阐述基于 DEA 的全要素生产率指数(指标)方法原理及演进逻辑;针对基于 DEA 的城市 GTFP 指数(指标)的五大方面问题,开展不同指数(指标)的比较以及基于 DEA 与 SFA 的两类方法对比分析;阐明结合 DEA 和 SFA 特点的 StoNED 模型的基本假设、构建步骤和突出优势。

第四章为两类环境广义 LHM 指标的构造与检验。针对现有城市 GTFP 指数

（指标）存在的不足，创新性地提出采用 NDDF 构建两期环境广义 LHM 指标（BNEGLHM 指标），给出技术与要素角度的分解子项，开展 BNEGLHM 指标测算效果的模拟实验；构建聚合环境广义 LHM 指标（AEGLHM 指标）及分解子项，采用蒙特卡罗模拟实验评估 AEGLHM 指标相对于 AL 指标在测算总体 GTFP 增长方面的效果，开展八大经济区 GTFP 增长不同指标测算结果的比较分析。

第五章为中国城市 GTFP 增长：差异、演进及收敛特征。鉴于 BNEGLHM 指标存在三大优势，采用该测度指标，根据 2003~2019 年中国地级及以上城市数据，测算全国及不同规模城市 GTFP 增长及其动力构成；利用 Dagum 基尼系数对全国及不同规模城市 GTFP 增长的差异进行测算与分解，运用核密度函数法刻画全国及不同规模城市 GTFP 增长分布的动态演进特征，检验不同规模城市 GTFP 增长的 $\sigma$ 收敛、绝对 $\beta$ 收敛、条件 $\beta$ 收敛特征。

第六章为中国城市 GTFP 增长空间分异及来源解析。针对我国城市 GTFP 增长差异日益突出的现实，对城市 GTFP 增长空间分异及其来源的研究视角进行拓展。基于 BNEGLHM 指标对城市 GTFP 增长进行实际测算，从技术角度和要素角度开展城市 GTFP 增长的双重分解；采用全局趋势分析与聚类分析法探究样本期内中国城市 GTFP 增长的时空演化特征和空间格局演变规律，利用 Dagum 基尼系数和地理探测器从区域差异、内部构成差异和外部驱动差异三重视角探究城市 GTFP 增长空间分异程度及其来源构成。

第七章为大型城市的 GTFP 优势及其来源。采用 NDDF 构造的两期环境广义 LHM 指标（BNEGLHM 指标），对城市 GTFP 增长进行完全分解；根据中国地级及以上城市的面板数据开展城市 GTFP 增长测算，结合 Dagum 基尼系数揭示大城市与中小城市之间的 GTFP 增长差异，有效识别大城市的 GTFP 增长优势；利用子项分解探析大城市 GTFP 增长优势的来源构成，通过计量模型开展实证检验，全面考察大城市的 GTFP 增长优势。

第八章为城市聚合视角的八大经济区 GTFP 增长测算与分解。从区域（群组）层面构造一种新型 GTFP 指标——聚合环境广义 LHM 指标（AEGLHM 指标），并基于技术角度和要素角度开展分解，利用城市聚合数据来测算我国八大经济区的 GTFP 增长；进而采用方差分解法分别从技术与要素角度考察八大经济区各分解子项的差距对 GTFP 增长差距的贡献，探寻 GTFP 增长差距的主要成因，全面揭示中国八大经济区 GTFP 的增长及动力来源。

第九章为中国城市 GTFP 增长的时空特征与收敛性：基于 SBM-GML 指数。以非径向非角度的 SBM 模型与 GML 指数相结合，对 2003~2017 年我国地级及以上城市 GTFP 增长进行测算与分解，运用核密度函数方法考察城市 GTFP 增长分布的动态演变，比较四大地区城市 GTFP 增长的差异，开展城市 GTFP 增长的

$\sigma$ 收敛、绝对 $\beta$ 收敛与条件 $\beta$ 收敛分析。

第十章为长三角城市 GTFP 测算与时空特征：基于 StoNED 模型。依据结合参数方法 SFA 和非参数方法 DEA 优点的 StoNED 模型，利用 GAMS 软件测算 2003~2018 年我国长三角地区 41 个地级及以上城市 GTFP，比较不同规模城市 GTFP 差异，开展城市 GTFP 的位序等级钟分析以揭示城市位序变动态势，进行长三角城市 GTFP 的 $\sigma$ 收敛和 $\beta$ 收敛分析，考察其收敛特征。

第十一章为城市经济密度与 GTFP 的关系检验。依据新经济地理学理论构建城市生产率的一般均衡分析模型，以规模经济带来的正外部性和拥挤效应造成的负外部性刻画城市经济密度对 GTFP 的影响机制及路径，提出城市经济密度与生产效率之间存在倒"U"形关系的假设；利用 2009~2019 年地级及以上城市的面板数据实证检验城市经济密度与 GTFP 之间的倒"U"形关系，开展内生性问题处理和稳健性检验，估计 GTFP 由升转降的经济密度门槛；进而考察城市规模在两者关系中起到的调节效应，解析调节效应的内在机制。

第十二章为城市蔓延影响 GTFP 的机制及效应。引入反映集聚正外部性的借用规模和反映集聚负外部性的集聚阴影来解释不同城市区块之间的影响效应，解析城市蔓延影响 GTFP 的内在机制；整合 2001~2013 年美国国防气象卫星计划（Defense Meteorological Satellite Program，DMSP）/线性扫描业务系统（Operational Linescan System，OLS）夜间灯光数据、2014~2018 年国家卫星系统（National Polar-orbiting Partnership，NPP）/可见光红外成像辐射仪（Visible Infrared Imaging Radiometer Suite，VIIRS）夜间灯光月度数据和 LandScan 全球人口动态统计数据库，测算我国地级及以上城市 2001~2018 年的蔓延指数，采用 SDM 解析城市蔓延对 GTFP 的影响效应，考察直接效应和间接效应的规模差异。

第十三章为城市人口集聚度对 GTFP 的影响效应。结合城市人口集聚影响 GTFP 的集聚效应和蔓延效应，构建一个典型的双边随机前沿模型来加以测度；利用 DMSP 和 Flint 夜间灯光数据、LandScan 全球人口动态统计数据，构造用以衡量城市人口集聚度的"城市人口集聚指数"，以年均人口集聚指数作为分组变量，将地级及以上城市划分为五种类型；根据 2004~2018 年地级及以上城市的面板数据，利用双边随机前沿模型测算城市人口集聚度变动对 GTFP 增长产生的集聚效应、蔓延效应及净效应，进而开展效应的异质性分析。

第十四章为环境规制影响城市 GTFP 的效应考察。从不同区域和城市规模角度对环境规制影响 GTFP 的作用机制及异质性进行分析，以识别不同类型环境法规在不同规模城市和不同区域对 GTFP 的作用机制；基于 2003~2019 年中国地级及以上城市的面板数据，利用超效率 SBM 模型测度 GTFP 增长，采用两步系统广义矩估计（generalized method of moments，GMM）方法实证分析异质型环境规制对城市 GTFP 增长的影响效应；考虑产业结构高级化和合理化的中介作用，利用中介效应模型检验异质型环境规制对城市 GTFP 增长的作用机制。

第十五章为土地供给错配与城市 GTFP 损失。立足于中国建设用地指标配置的制度背景，从土地配置不足与土地配置过度的双重视角解析其影响城市 GTFP 的内在机制；依托空间一般均衡模型构建城市土地供给错配指数，根据地级及以上城市的土地供给错配指数测算结果，从城市规模、地区分布和人口流动视角考察城市土地供给错配的典型特征，利用 2004~2019 年的面板数据进行实证分析和中介效应检验，解析城市土地供给错配通过创新创业发展和产业结构优化双重路径对 GTFP 产生的影响效应。

第十六章为迈向新质生产力：启示与展望。在理论分析与实证检验的基础上，对得到的主要结论进行总结，并根据分析结论和现实背景，提出针对性的对策措施。对本书的不足及未来拓展方向进行展望。

### 三、总体框架

除第一章"绪论"和第十六章"迈向新质生产力：启示与展望"外，其余十四章内容大致分为三大篇。第一篇为理论与方法，开展城市 GTFP 测度与分解方法的系统梳理、改进创新和模拟检验，具体包括第二章至第四章共三章内容。第二篇为测算与解析，利用改进的测度方法和其他特色方法，开展中国地级及以上城市 GTFP 增长的实际测算与分解，多角度分析城市 GTFP 增长的动态演进、地区差异、空间非均衡性、来源构成等特征，具体包括第五章至第十章共六章内容。第三篇为应用与拓展，从城市经济密度、城市蔓延、城市人口集聚度、环境规制和土地供给错配五大视角，考察城市典型特征影响 GTFP 的内在机制及实际效应，具体包括第十一章至第十五章共五章内容。研究的总体框架如图 1-2 所示。

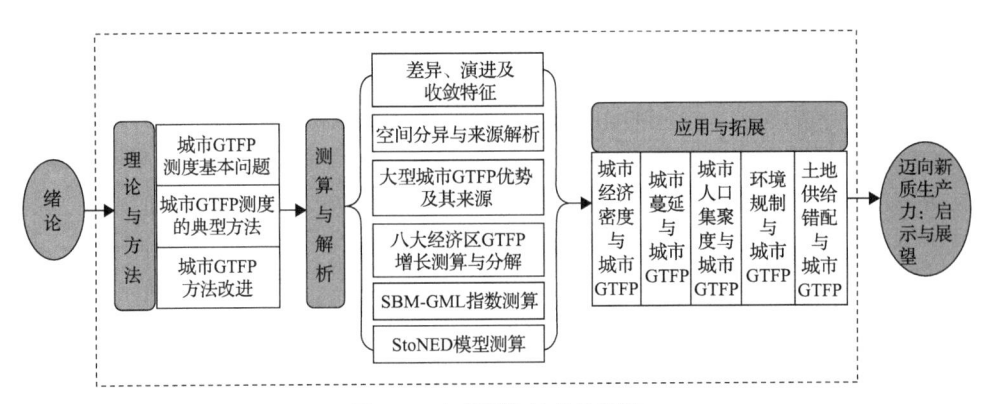

图 1-2 本书研究的总体框架

## 第四节 研究方法与技术路线

### 一、研究方法

本书在梳理国内外相关文献的基础上,围绕"中国城市 GTFP 测算、分解与应用"主题,以经济增长理论、生产率理论、绿色发展理论、统计学、计量经济学等理论为指导,运用以下具体方法开展城市 GTFP 的有关研究。

(1) 文献归纳法。对国内外文献进行概括、归类是保证研究前沿性的必要前提,通过中外文献数据库、世界银行网站、经济合作与发展组织(Organization for Economic Co-operation and Development,OECD)网站、联合国相关部门网站、IDEAS 网站(https://ideas.repec.org/n/)等多渠道搜集国内外相关主题的学术文献、研究报告等,对涉及全要素生产率测算与分解方法、影响因素等方面的中外文献进行系统整理、比较分析,准确把握该领域的最新进展,确保理论与方法的先进性。

(2) 系统分析法。系统分析是认识、描述、模拟和评价客观对象的常用方法,在涉及目标确定、研究内容、方法选择、实证分析、政策建议等方面均需要使用系统分析方法进行全方位的通盘考虑。在本书中,系统分析法主要贯穿于城市 GTFP 的内涵界定、测度方法、分解方法及应用拓展等整个研究过程。

(3) GTFP 测算方法。将城市 GTFP 看作具有多投入与多产出(含非期望产出)之间的相对有效性,在对基于 SFA、基于 DEA 和基于 StoNED 的 GTFP 测度方法进行系统解析的基础上,有针对性地加以改进,提出两期环境广义 LHM 指标和聚合环境广义 LHM 指标,开展新指标的效果检验,进行城市 GTFP 实际测算,准确反映城市 GTFP 增长态势。

(4) 指数分解方法。将一个综合指数(指标)按照加法或乘法法则进行分解,可以解析各个因素的具体贡献。以城市 GTFP 测算结果为前提,在利用已有指数(指标)分解出技术进步、技术效率及规模效率的基础上,基于改进的两期环境广义 LHM 指标和聚合环境广义 LHM 指标等开展中国城市 GTFP 变动分解,以有效分解出结构效率等,增强测算结果的合理性和实证分析的准确性。

(5) 计量模型分析。计量经济模型主要用于分析变量之间的关系,探析城市典型特征如城市经济密度、城市蔓延、城市人口集聚度、环境规制和土地供给错配等对 GTFP 的影响效应时,综合运用地级及以上城市数据开展面板计量分析。当解释变量存在内生性问题时,使用 GMM、工具变量法等进行模型估计,得到一致有效的估计量,评估城市典型特征影响 GTFP 的实际效应。此外,考虑到城市之间的空间自相关性，利用莫兰指数探析城市 GTFP 增长的空间自相关性，运用 Dagum 基尼系数考察城市 GTFP 增长的空间非均衡程度及其来源，构建 SDM 分析变量的空间溢出效应。

(6)理论、方法与应用的结合。研究过程中注重理论、方法与应用相结合，既对城市 GTFP 的理论内涵进行解析，对城市 GTFP 测度方法进行系统梳理与改进创新，又利用地级及以上城市数据开展我国城市 GTFP 增长态势、地区差异、空间分异、来源构成等方面的实际测算以及城市典型特征影响 GTFP 的应用拓展，有利于明晰我国城市 GTFP 增长、演进及影响因素，明确提升城市 GTFP 的策略，推动经济高质量发展。

## 二、研究思路与技术路线

开展研究的总体思路是：紧扣"中国城市 GTFP 测算、分解与应用"这一主题，遵循"理论内涵解析→测度方法创新→子项分解检验→实际测算实践→应用拓展分析→结论对策展望"的基本逻辑，开展方法改进、实际测算及应用拓展。

第一，基于经济增长理论、生产率理论和绿色发展理论等，概括从经济增长到经济高质量发展的现实需求，提出城市 GTFP 的内涵与测度逻辑。

第二，在系统梳理 GTFP 测度方法体系的基础上，根据城市 GTFP 测度要求改进测算方法，构建两期环境广义 LHM 指标和聚合环境广义 LHM 指标，开展蒙特卡罗模拟以检验其有效性。

第三，从技术和要素角度，开展测算城市 GTFP 增长的两期环境广义 LHM 指标和聚合环境广义 LHM 指标构成分解，有效分解出技术进步、技术效率、规模效率及结构效率等子项，明晰城市 GTFP 增长的来源构成。

第四，在规范城市产出、投入指标数据处理的基础上，利用两期环境广义 LHM 指标和聚合环境广义 LHM 指标，并引入 SBM-GML 指数和 StoNED 模型，开展全国城市、八大经济区及长三角城市 GTFP 测算与结果分析。

第五，开展城市 GTFP 的应用拓展，选择城市典型特征，如城市经济密度、城市蔓延、城市人口集聚度、环境规制和土地供给错配等，解析其影响城市 GTFP 的机制及效应，明晰城市 GTFP 的主要影响因素及提升路径。

第六，根据测算、分解及应用分析得到的主要结论，结合我国节能减排要求及碳达峰、碳中和目标，给出提升城市 GTFP 的策略及对策措施，展望未来研究方向。

研究的技术路线具体如图 1-3 所示。

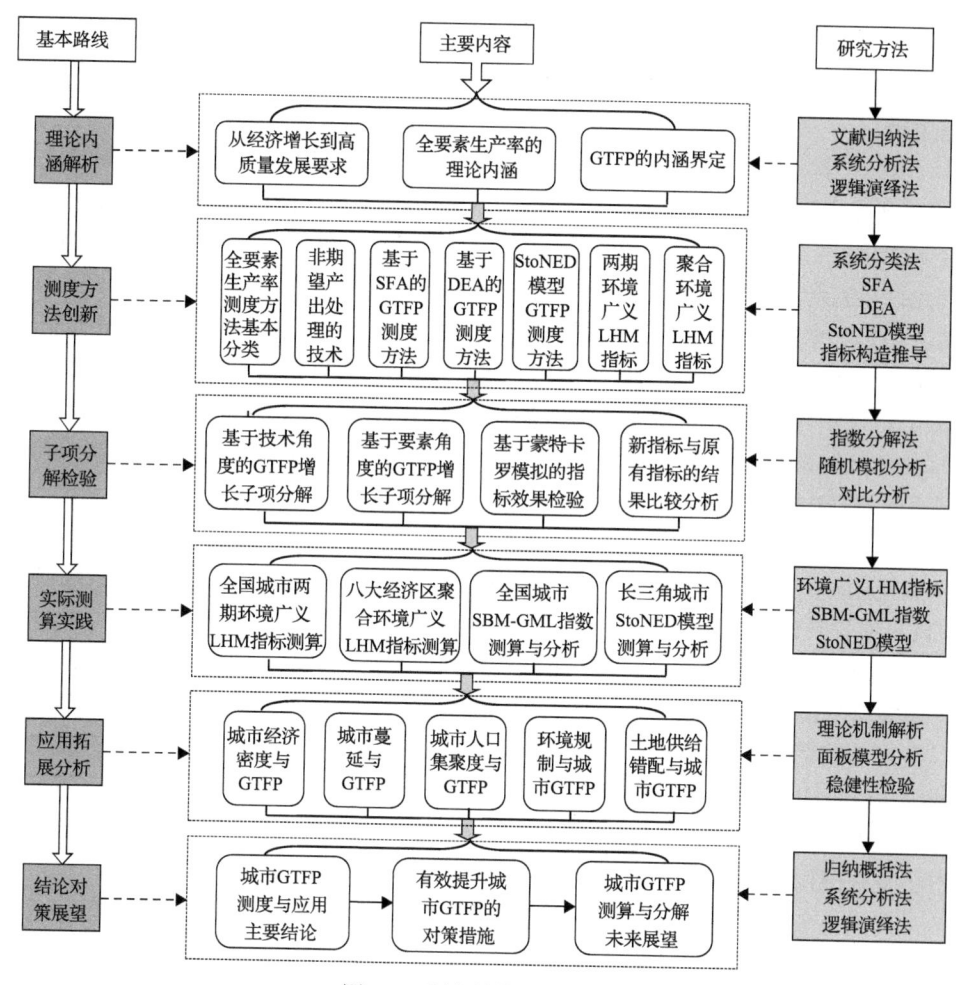

图 1-3 研究的技术路线图

## 第五节 创 新 之 处

依据研究目标,结合拟解决的关键问题,形成本书的创新之处。

其一,全面系统地梳理全要素生产率测度方法,明晰不同测度方法的演进脉络与内在逻辑。从基于 DEA 的指数方法和基于 SFA 的指数方法两大视角,全面、系统地总结测度全要素生产率增长的指数方法,阐明结合 SFA 和 DEA 特点的 StoNED 模型基本原理;从投入产出要素、距离函数选择、生产前沿面构建、指数(指标)形式、指数(指标)分解五大方面,梳理出基于 DEA 的全要素生产率指数演进脉络及内在联系;从同一生产前沿面和不同生产前沿面角度,开展各类全要素生产率指数性质及特点的比较。此外，多角度开展非期望产出处理方法与技术的比较分析，清晰概括出处理非期望产出方法的三个发展阶段、三种类型及其演进逻辑。

其二，构造新型 GTFP 测度指标——两期环境广义 LHM 指标（BNEGLHM 指标），开展指标有效性的蒙特卡罗模拟检验和中国城市 GTFP 增长的实证解析。结合 NDDF、两期 DEA 模型和 EGLHM 指标的优势，构造两期环境广义 LHM 指标，既允许投入和产出要素不成比例增长、避免线性规划无可行解的问题，还能够对城市 GTFP 增长进行完全分解，蒙特卡罗模拟检验显示其相对于 EGLHM 指标具有明显优势。基于该指标测算我国地级及以上城市 GTFP 增长，能够清晰地呈现城市 GTFP 增长的空间格局，探寻城市 GTFP 增长空间分异的主要来源；结合 Dagum 基尼系数能够揭示大城市与中小城市之间的 GTFP 增长差异，有效识别大城市的 GTFP 增长优势及来源构成。

其三，提出一种显示聚合特性的 DDF，构造聚合环境广义 LHM 指标（AEGLHM 指标），开展指标效果的蒙特卡罗模拟检验，全面揭示中国八大经济区 GTFP 增长及动力来源。基于所有群组的总投入产出构造聚合 DDF，使得群组内 DMU 选择相同的方向向量，测算的全要素生产率指标及分解子项可跨群组比较，进而完全分解出以产出与投入双导向的技术进步、技术效率变化、结构效率变化以及残余效率变化，其中结构效率变化又分解为混合效率变化和规模效率变化。利用 AEGLHM 指标，根据 2003~2019 年全国地级及以上城市面板数据，多角度开展八大经济区 GTFP 增长的实际测算与分解，明晰八大经济区的 GTFP 的增长态势及来源构成。

其四，多视角解析城市典型特征影响 GTFP 的机制及效应，为明晰提升城市 GTFP 的具体路径与针对性举措提供有价值的启示。结合城市发展所呈现出的典型特征和 GTFP 的主要影响因素，分别从城市经济密度、城市蔓延、城市人口集聚度、环境规制和土地供给错配五大视角，解析五大城市典型特征影响 GTFP 的内在机制，并利用中国地级及以上城市的面板数据实证检验具体影响效应，这有利于明晰提升城市 GTFP 的有效路径，给出有针对性的对策措施，大力推动城市绿色效率提升，推进经济高质量发展。

# 第一篇　理论与方法

# 第二章  城市 GTFP 测度基本问题

## 第一节  GTFP 的理论内涵

经济增长理论对要素投入推动经济增长的机制进行了广泛探讨，但对于扣除要素贡献后的剩余产出，却难以给出合理解释，使得生产率理论得到长足发展，以解析经济增长动力中的效率因素，并逐步由单要素生产率发展为全要素生产率。单要素生产率中包含其他要素投入的贡献，对整体经济生产率的提高无法进行客观反映，因此全要素生产率受到广泛关注，对应的测度理论与方法也得到快速发展与完善。

**一、从经济增长到高质量发展**

（一）经济增长理论

经济增长理论是解释经济增长动力源泉、运行机制及影响因素的系列理论。经济增长理论包含的流派众多，通常分为古典经济增长理论和现代经济增长理论。古典经济增长理论主要以斯密、马尔萨斯、李嘉图、穆勒等的经济增长学说为代表；现代经济增长理论是近代以来以经济模型为主要研究工具，分析经济增长机制的有关经济理论，包括哈罗德-多马模型、新古典经济增长理论、新剑桥经济增长模型、新经济增长理论、结构主义理论和制度学派等(李军，2021)。

古典经济增长理论中，亚当·斯密认为经济增长是指国民财富的增长，实现经济增长主要通过增加劳动数量和提高劳动效率两条基本途径。这一观点符合当时经济发展水平和要素作用的特点，因为当时劳动要素是决定生产能力与技术水平的主要因素。亚当·斯密认为通过自由贸易能够促进国际分工和各国劳动生产率的发展，进而促进经济增长。马尔萨斯强调人口与经济增长的关系，认为人口增长既是一国或地区经济增长的动力源泉，也是制约经济发展的重要约束条件，并认为经济增长受人口等因素制约而存在极限。大卫·李嘉图认为国民财富是一国所生产的商品总量，财富增长可以通过增加劳动者人数和提高劳动生产率而实现，这与亚当·斯密的理论大致一致；同时大卫·李嘉图认为对外贸易是促进经济增长的发动机，通过自由贸易开拓世界市场可在更大的市场范围内实现稀缺与相对丰富的资源交换，由此提高经济增长的有效性。穆勒认为资本积累、人口增长、自然资源和技术进步是推动经济增长的主要生产要素，经济繁荣不仅是财富的大量生产,而且意味着财富的良好分配。

现代经济增长理论试图探寻影响经济增长的关键与本质性因素,以略去相对不重要、非关键性的因素。英国经济学家哈罗德与美国学者多马几乎同时提出各自的经济增长模型,由于两人的模型在形式上非常相似,后人称该模型为哈罗德-多马模型。两个模型的主要区别是哈罗德模型以凯恩斯的储蓄-投资分析方法为基础,多马模型则以凯恩斯的有效需求原理为基础,然而两个模型得出的结论基本相同。哈罗德-多马模型实际上是探寻一国长期内实现稳定而均衡的经济增长所需要的条件(李军,2021)。

新古典经济增长理论是罗伯特·索洛以哈罗德的经济增长理论为基础,假设生产函数 CRS、技术外生、资本边际收益递减,在完全竞争均衡条件下可得出劳动力增加、资本积累和技术进步是经济增长的动力的结论(Solow,1956)。同时,新古典经济增长理论对技术进步为何是外生的原因未给出进一步的解释。

新剑桥经济增长模型是在哈罗德-多马经济增长模型上发展起来的,主要倡导者是琼·罗宾逊、卡尔多和帕西内蒂。该理论的一个重要特点是把经济增长与收入分配问题结合起来考察,一方面阐述如何通过收入分配的变化来实现经济稳定增长,另一方面力图阐明经济增长过程中收入分配的变动趋势。

为克服新古典经济增长理论存在的局限性,罗默(Romer,1986)和卢卡斯(Lucas,1988)等经济学家将技术进步内生化,建立以人力资本为核心的技术进步方程,对经济增长的内生机制做出解释,提出新经济增长理论(安立仁,2003)。

针对新古典经济增长理论和新经济增长理论对经济增长中结构因素的忽视,结构主义理论通过建立多部门模型将劳动力结构与需求结构变量引入,认为产业结构、需求结构与经济增长之间相互作用、相互牵制(安立仁,2003)。制度学派则认为制度变迁是经济增长的根本原因,资本积累、技术进步等是经济增长的表现,经济增长的决定因素是有效而确定的产权制度。

在探寻经济增长动力源泉的过程中,经济学家逐步发现全要素生产率是影响经济增长的重要因素,譬如索洛就认为长期的经济增长主要依靠全要素生产率增长。由于全要素生产率度量的是总体技术水平,索洛经济增长模型的现实指导意义在于:长期经济增长需要持续的技术进步来实现,因而全要素生产率问题应受到广泛重视。全要素生产率及其增长成为评判经济增长方式、增长质量的重要指标,对指导现实经济增长具有重要意义。

实际上,由于现实经济系统中影响经济增长的因素广泛而复杂,不同时期、不同国家(地区)和不同发展阶段,影响经济增长的主要机制及因素都不尽相同,因此经济增长理论始终处于发展变化之中。特别是随着人类社会赖以生存的资源环境状况出现前所未有的压力时,经济增长理论亟待出现创新性发展,绿色发展和高质量发展理论顺势而生。

## (二) 绿色发展需求

伴随着中国经济快速增长，资源环境问题日益突出，2003年党的十六届三中全会提出"坚持以人为本，树立全面、协调、可持续的发展观，促进经济社会和人的全面发展"[①]。2011年，中央政府在《国民经济和社会发展第十二个五年规划纲要》中首次专门用一篇内容就"绿色发展 建设资源节约型、环境友好型社会"进行全面阐述，绿色发展上升为国家战略。

随着中国经济发展进入新常态，生态环境问题日益突出，在制约经济增长的同时，也使得人民对美好生活的需要与优质生态环境供给能力不足之间的矛盾日益突出(陈诗一，2016)。为此，党中央从生态文明建设的高度对经济发展方式提出总体要求，即大力推动绿色低碳发展。党的十八大进一步将绿色发展和生态文明建设放到更为突出的地位。随着《关于加快推进生态文明建设的意见》的发布，生态文明建设与绿色发展一起成为中国的长期发展战略，为应对资源环境问题、实现可持续发展奠定了坚实的制度基础。

2015年的十八届五中全会和2016年的"十三五"规划中，均提到"创新、协调、绿色、开放、共享"(新发展理念)，其中绿色发展占据极为重要的地位。党的十九大报告进一步强调"推进绿色发展。加快建立绿色生产和消费的法律制度和政策导向，建立健全绿色低碳循环发展的经济体系"[②]，绿色发展成为时代的必然。

《中华人民共和国国民经济和社会发展第十四个五年规划和2035年远景目标纲要》在第十一篇"推动绿色发展 促进人与自然和谐共生"中提出：坚持绿水青山就是金山银山理念，坚持尊重自然、顺应自然、保护自然，实施可持续发展战略，完善生态文明领域统筹协调机制，构建生态文明体系，推动经济社会发展全面绿色转型，建设美丽中国。可见，绿色发展已成为中国经济社会发展的常态、要求和普遍共识。

## (三) 高质量发展理论

习近平强调："现阶段，我国经济发展的基本特征就是由高速增长阶段转向高质量发展阶段。"[③]这是对我国经济发展阶段历史性变化的重大判断，是当前和今后一个时期明确发展思路、制定经济政策、实施宏观调控的基本依据。

---

[①]《中国共产党第十六届中央委员会第三次全体会议公报》，https://www.gov.cn/test/2008-08/13/content_1071056.htm，2008年8月13日。

[②]《习近平：决胜全面建成小康社会 夺取新时代中国特色社会主义伟大胜利——在中国共产党第十九次全国代表大会上的报告》，https://www.gov.cn/zhuanti/2017-10/27/content_5234876.htm，2017年10月27日。

[③]《中共中央召开党外人士座谈会 征求对经济工作的意见和建议》，http://jhsjk.people.cn/article/29695905，2017年12月9日。

党的十八大以来，我们对经济发展阶段性特征的认识不断深化。2013年，党中央作出判断，我国经济发展正处于增长速度换挡期、结构调整阵痛期和前期刺激政策消化期"三期叠加"阶段。2014年，提出我国经济发展进入新常态。在新常态下，我国经济发展的环境、条件、任务、要求等都发生了新的变化，增长速度要从高速转向中高速，发展方式要从规模速度型转向质量效率型，经济结构调整要从增量扩能为主转向调整存量、做优增量并举，发展动力要从主要依靠资源和低成本劳动力等要素投入转向创新驱动。[①]

党的十九大明确提出：我国经济已由高速增长阶段转向高质量发展阶段，以供给侧结构性改革为主线，推动经济发展质量变革、效率变革、动力变革，提高全要素生产率[②]。党的十九届五中全会进一步指出，"十四五"时期经济社会发展要以推动高质量发展为主题，坚定不移贯彻新发展理念，以深化供给侧结构性改革为主线，坚持质量第一、效益优先，切实转变发展方式，推动质量变革、效率变革、动力变革。

从经济增长到经济高质量发展，是发展理论与实践的一次飞跃。经济增长强调经济总量的扩张，而经济高质量发展则不仅注重量的增长，而且包括质的提升、结构的改善和人民生活水平的提高。在特定条件下经济可以实现或长或短的高速增长，但达到一定水平后，受资源、环境等因素的制约，不可能持续高速增长，高质量发展就成为符合客观规律的要求。高质量发展不仅强调经济的增长，同时也强调经济与政治、文化、社会、环境的协调发展，特别强调人民对美好生活的追求和质量的提高，是"十四五"乃至更长时期全面建设社会主义现代化国家进程中经济社会发展的主题。

高质量发展是能够很好满足人民日益增长的美好生活需要的发展，是体现新发展理念的发展，是创新成为第一动力、协调成为内生特点、绿色成为普遍形态、开放成为必由之路、共享成为根本目的的发展（中共中央宣传部，2021）。高质量发展需要不断提高劳动效率、资本效率、土地效率、环境效率，不断提升科技进步贡献率，不断提高全要素生产率。

## 二、全要素生产率的内涵

### （一）生产率

生产率概念的出现，源于人们在生产活动中对技术水平的度量需要。马克思

---

[①]《"五位一体"谱华章（习近平新时代中国特色社会主义思想学习问答（27））——关于中国特色社会主义事业总体布局》，http://paper.people.com.cn/rmrb/html/2021-08/24/nw.D110000renmrb_20210824_1-05.htm，2021年8月24日。

[②]《习近平：决胜全面建成小康社会 夺取新时代中国特色社会主义伟大胜利——在中国共产党第十九次全国代表大会上的报告》，https://www.gov.cn/zhuanti/2017-10/27/content_5234876.htm，2017年10月27日。

在《资本论》第一卷中指出，生产率是"生产活动在一定时间内的效率"。进行生产活动就必须有投入，包括一定的人、财、物等，产出是投入的成果，将投入转化为产出的方式、手段等则属于技术水平的范畴(李军，2021)。

那么，如何描述与测度技术水平便成为经济学的一个重要议题。既然技术水平决定着投入与产出的关系，那么产出作为投入的结果本身就是技术水平的一种反映。故而，同一数量的要素投入所对应的产出数量，可作为评价技术水平的一种尺度(李军，2021)，即单位投入所对应的产出数量成为度量技术水平的重要指标，这便是生产率。

在经济学中，生产率一般是指投入要素(资本、劳动等)开发利用的效率。从效率角度考察，生产率等同于一定时间内总产出与各种要素总投入的比值。生产率这一指标的用途广泛，可以反映资源配置状况、生产手段的技术水平、劳动者的素质、生产对象的变化、生产组织管理水平，以及经济制度和社会因素对生产活动的影响程度(李京文和钟学义，1998)。

由此，生产率通常被定义为一定生产的产出数量与投入数量之比。设 $Y$ 代表一定生产的产出数量，$Z$ 代表生产 $Y$ 所需的要素投入数量，$A$ 表示 $Y$ 与 $Z$ 之比，即

$$A = \frac{Y}{Z} \tag{2-1}$$

则称 $A$ 为要素投入 $Z$ 的生产率。变量 $Z$ 表示要素投入的数量，不同种类的要素投入可用不同的变量来表示。譬如，某一生产中的资本投入可用 $K$ 表示，劳动投入可用 $L$ 表示；对应地，$A_K = Y/K$ 代表产出与资本投入之比，一般称为资本生产率；$A_L = Y/L$ 代表产出与劳动投入之比，一般称为劳动生产率。

现实中，根据投入与产出的具体情况，可将生产率分为不同的类别。①按要素投入的种类可将生产率分为单要素生产率和多要素生产率。如果生产率中的投入是由单一种类的要素构成的，则称之为单要素生产率，如劳动生产率、资本生产率都属于单要素生产率；如果投入项是由多于一种的多要素构成的，则称之为多要素生产率(李军，2021)。②按产出的情况可将生产率分为总量生产率、行业生产率、企业生产率等。如果产出是一个国家或地区的总产出，对应的生产率为总量生产率；如果产出是行业总产出或企业总产出，对应的生产率则为行业生产率或企业生产率。

(二)全要素生产率

1. 全要素生产率的含义

单要素生产率是总产出与单一要素投入如劳动、资本等投入量之比，未考虑其他要素的作用，具有一定的片面性，因而全要素生产率逐步引起大家的重视。

全要素生产率(TFP)是考虑全部投入要素(包括劳动、资本、能源等)条件下,全面反映经济发展过程中总投入转化为产出的效率,是一个国家或地区经济发展质量、管理能力与效率的综合体现。这一定义主要是从宏观角度来考虑,当然也可考察行业全要素生产率、企业全要素生产率。

全要素生产率一直是经济学家关注的核心概念之一。早期学者将全要素生产率定义为产出数量指数与所有投入要素加权指数的比率,直观体现出全要素生产率的内涵,但其暗含着资本和劳动力之间完全可替代且边际生产率是恒定的,这显然不尽合理(郭庆旺和贾俊雪,2005)。1957年索洛提出生产函数法来测算全要素生产率,先估算总量生产函数,然后采用产出增长率扣除各投入要素增长率得到的残差作为全要素生产率增长,这被称为索洛余值法。正因如此,全要素生产率通常被认为是一个经济体增加的产出中不能用生产要素投入增加所解释的部分,即产出增长率减去要素投入增长率的剩余部分。可见,全要素生产率度量的不是单一要素对增长的贡献,而是所有投入要素组合的贡献(魏旭和高冠中,2017)。

索洛余值法建立在完全竞争、CRS 和 Hicks 中性技术的基础上,在现实中这些约束条件往往难以满足。该方法测算了不能由投入增长来解释的那部分增长并将之视为技术进步的贡献,但这些增长也可能来源于其他方面,如制度和政策因素(郑玉歆,1999)。此外,用所谓的"残差"来度量全要素生产率,通常无法剔除掉测算误差的影响(郭庆旺和贾俊雪,2005)。无论如何,索洛余值法提供了一个实证测度全要素生产率增长的思路,开创经济增长源泉分析的先河,是新古典增长理论的一个重要贡献(Lucas,1988)。基于索洛余值法,大量文献围绕全要素生产率增长进行了测度与分析。

2. 全要素生产率与全要素生产率增长

鉴于实际应用中经常出现将全要素生产率与全要素生产率增长混为一谈的现象,在此基于公式推导来进一步说明全要素生产率与全要素生产率增长的不同之处。假设 $A$ 表示全要素生产率,某生产 DMU 基于总投入 $X$ 生产出的总产出为 $Y$,则 $A$ 的表达式为

$$A = \frac{Y}{X} \tag{2-2}$$

假如上述 $Y$、$X$、$A$ 的对数都存在,即各变量数值均大于 0,且均关于时间 $T$ 可导,则式(2-2)可以转换为 $Y = AX$,两边同时取对数并关于时间 $T$ 求导得:

$$\frac{\mathrm{d}\ln Y}{\mathrm{d}T} = \frac{\mathrm{d}\ln A}{\mathrm{d}T} + \frac{\mathrm{d}\ln X}{\mathrm{d}T} \tag{2-3}$$

其中，$\dfrac{\mathrm{d}\ln Y}{\mathrm{d}T}$、$\dfrac{\mathrm{d}\ln A}{\mathrm{d}T}$、$\dfrac{\mathrm{d}\ln X}{\mathrm{d}T}$ 分别表示总产出增长率、全要素生产率增长率与总投入增长率，总产出增长率在宏观经济层面即为经济增长率，故式(2-3)的经济含义表现为经济增长率是全要素生产率增长率与总投入增长率之和，可表示为式(2-4)：

$$经济增长率 = 全要素生产率增长率 + 总投入增长率 \qquad (2\text{-}4)$$

式(2-4)表明全要素生产率增长率是经济增长率的直接组成部分，即全要素生产率增长率的变动直接影响经济增长率的变化。可将式(2-4)转写为

$$\dfrac{全要素生产率增长率}{经济增长率} + \dfrac{总投入增长率}{经济增长率} = 1 \qquad (2\text{-}5)$$

式(2-5)表明全要素生产率增长率对经济增长的贡献与总投入增长率对经济增长的贡献率之和为 1，意味着由生产方面决定的经济增长率最终来源于全要素生产率增长的贡献与总投入增长率的贡献，也说明全要素生产率和要素投入是经济增长的根源。事实上，正是基于式(2-3)～式(2-5)所表明的经济关系，全要素生产率增长成为衡量经济增长质量的重要指标。

可见，全要素生产率是一种比率，不是"余值"，索洛余值是有关全要素生产率增长的问题，两者不能混为一谈。全要素生产率增长是剔除资本、劳动等投入要素的作用以外，其他所有因素带来的产出增长率(罗良清和胡晓琳，2019)，已成为判断经济增长质量和增长潜力的主要指标。宏观经济层面的全要素生产率增长与经济增长之间有着直接的关系，所以通常测度全要素生产率增长，而不是全要素生产率的绝对水平，这成为生产率研究的一个核心问题(李军，2021)。

3. 全要素生产率与技术进步

经济增长通常不能完全用要素投入来解释，两者的差异就是众所周知的"增长余值"。索洛把增长余值归结为技术进步，揭开了经济增长理论的新篇章，也引发了关于"索洛余值"的众多讨论(李京文和钟学义，1998)。

新古典经济学、后凯恩斯经济学等经济学流派一直没有把技术进步的分析放到应有的位置，直到约瑟夫·熊彼特力图将技术进步作为其理论体系的核心，用"创新"这一概念来解释资本主义的经济发展和周期波动(李京文和钟学义，1998)。此后，对技术进步的研究逐渐扩展与深化，成为现代经济增长理论的重要组成部分，而生产率则是技术进步理论的核心。

很多学者认为全要素生产率增长率就是除劳动与资本等要素数量增长以外，所有其他因素对经济增长的综合影响，即广义技术进步率。这种广义技术进步率

综合反映了资源配置变动、狭义技术进步和其他因素对经济增长的影响效应(刘云霞等,2021)。

狭义的技术进步率又称为纯技术变化率,是与全要素生产率增长率不同的一个概念(李军,2021)。设 $A$ 表示一定生产的全要素生产率,$K$、$L$ 分别表示资本投入和劳动投入,$T$ 表示时间,$A$ 可以表示为式(2-6)的形式:

$$A = A[K(T), L(T), T] \tag{2-6}$$

假定 $A$ 的对数关于时间 $T$ 可导,对式(2-6)两边取对数,然后再对两边关于时间 $T$ 求导,得到的关系式如式(2-7)所示:

$$\frac{d\ln A}{dT} = \frac{\partial \ln A}{\partial \ln K}\frac{d\ln K}{dT} + \frac{\partial \ln A}{\partial \ln L}\frac{d\ln L}{dT} + \frac{\partial \ln A}{\partial T} \tag{2-7}$$

其中,$\frac{\partial \ln A}{\partial \ln K}\frac{d\ln K}{dT} + \frac{\partial \ln A}{\partial \ln L}\frac{d\ln L}{dT}$ 体现了资本和劳动要素的效应,$\frac{\partial \ln A}{\partial T}$ 体现了纯技术因素的效应。

显然,$\frac{d\ln A}{dT}$ 和 $\frac{\partial \ln A}{\partial T}$ 这两项的含义是全然不同的,前者为全导数,后者为偏导数。$\frac{d\ln A}{dT}$ 即为全要素生产率增长率,是一种广义的技术进步率;$\frac{\partial \ln A}{\partial T}$ 通常称为纯技术进步率,代表纯技术因素对全要素生产率增长率的影响,是一种狭义的技术进步率。

### 三、GTFP 及其增长

#### (一)GTFP 的内涵

迄今为止,环境污染物仍是经济发展尤其是工业生产不可分离的副产品和坏产出,经济增长过程中不可避免会出现环境污染物排放。实现经济绿色可持续增长,需要兼顾经济增长和环境保护,降低环境污染物排放,提高环境效率。过去我国经济增长模式存在一定的不可持续性,推动经济高质量发展关键在于改变原有高投入、高污染、高排放的经济发展模式,转向低消耗、低污染、高附加值和高生产率的绿色发展模式,提升 GTFP,实现经济高质量发展。

早期全要素生产率测度主要考虑资本、劳动力等要素,而较少考虑能源、矿产等自然资源消耗,也未考虑经济增长带来的环境污染等。随着资源环境压力的日益凸显,绿色与可持续发展理念引起人们的关注,资源环境因素不再只是影响经济增长的内生变量,更是成为限制经济增长的刚性约束。过去一段时期,随着中国经济迅猛增长,环境污染突出、资源约束趋紧等问题日益突出,绿色发展的重要性也逐渐深入人心，鉴于此，一些学者把资源环境因素纳入全要素生产率的测度框架，进而提出了 GTFP 的概念(陈诗一，2010b)。

传统全要素生产率测算对生产过程中环境污染等非期望产出未予以充分考虑，像污染治理投入、绿色研发投入等带来的非期望产出减少也少有体现，这显然不能客观评价 TFP 的真实变化。GTFP 与传统全要素生产率的最大差异在于将资源环境因素纳入测度框架，本质上是考虑资源环境约束下，扣除经济增长中资本、劳动等投入要素的贡献，把经济增长归因于绿色技术进步、绿色技术效率的改进等(罗良清和胡晓琳，2019)。在生产函数中，投入要素包括劳动、资本和能源消耗，产出则包括期望产出与非期望产出，由此得到的全要素生产率即为 GTFP(Ahmed，2012；李兰冰和刘秉镰，2015)。与传统未纳入资源环境因素的全要素生产率相比，GTFP 及其增长更能准确反映真实的经济增长绩效及变动。

测度 GTFP 及其增长的根本目的在于实现经济发展与生态环境的可持续，基本特征是依靠绿色技术创新、环境治理技术、生态观念改变等达到生态效益与经济效益的统一(谭政，2016)。通过绿色生产技术和管理技术的改进，以及能源技术进步，促进可再生资源逐步替代不可再生资源，提高资源环境利用效率，减少资源消耗、环境污染与生态破坏。解决当前面临的能源危机、环境污染，要大力提升 GTFP，推动经济绿色发展，实现碳达峰、碳中和目标(刘鸿燕和姚倩文，2020)。

(二)资源环境因素的处理

GTFP 测度与传统全要素生产率测算的本质区别在于是否纳入资源环境因素。能源是生产过程中产生环境负外部性的重要因素，Jorgenson 和 Stiroh(2000)在生产函数中将能源与劳动、资本一样作为投入要素，测算了第二次世界大战后美国的全要素生产率。随后学者普遍把能源作为一个重要的投入要素纳入全要素生产率测算模型，也有部分学者把土地资源作为投入要素纳入测度模型。学术界更为关注环境因素的处理，并对环境因素的处理与指标选择问题开展了广泛讨论(胡晓琳，2016)，部分学者主张把环境污染作为投入要素处理，一些学者则认为应该把环境污染作为非期望产出指标加以处理；至于环境污染指标的选择，具体包括单因素指标、多因素指标和综合性指数等。

1. 将环境污染作为投入要素

已有文献中，把环境污染作为投入要素进行处理的并不多，通常是将单一或综合性的环境污染物总量作为投入要素。之所以把环境污染物作为投入要素，是因为初期的环境污染被认为是一种生态资本，污染排放有利于促进经济增长，但污染排放增加也会导致社会总资本下降，引起经济增长的下滑，保持经济增长当然希望环境污染越少越好(胡晓琳，2016)。总体来看，将环境污染作为投入要素来加以处理,虽考虑到生产过程中的资源环境因素,但这一处理不太符合实际,不能真实反映投入产出之间的关系,容易导致 GTFP 测算结果产生偏误。

2. 将环境因素作为产出指标

从产出角度看,环境污染显著是一种非期望产出,若将其与期望产出一起纳入生产函数中,可利用污染物的弱处理性,构建一种基于 DDF 的 SFA 模型来对GTFP 加以测度。鉴于研究对象的差异,对环境污染指标的选择与处理也存在不同,大致分为单污染排放指标、多污染排放指标和环境污染综合指标三种(胡晓琳,2016)。

(1)单污染排放指标。环境污染排放物包括水污染物、大气污染物、固体污染废弃物等,其中每一类又包含多种细分的污染物。较多文献选择二氧化碳排放量作为非期望产出,考察碳排放约束下的全要素生产率(罗良清和胡晓琳,2019),因为"温室效应"使得全球对最主要的大气污染排放物二氧化碳排放问题日益重视,当然二氧化硫也是重点关注对象。王佳和盛鹏飞(2015)、肖挺和戴伟(2015)等以二氧化碳或二氧化硫作为非期望产出,对 GTFP 进行了测算。

(2)多污染排放指标。单一污染指标显然难以全面反映环境污染状况,很多学者进而利用多投入多产出的 DEA 模型,以工业废气排放量、工业废水排放量和工业固体废物排放量等多种污染排放指标作为非期望产出,开展 GTFP 及其增长测算(胡晓琳,2016)。宋长青等(2014)选择工业废气、废水和工业固体废物作为非期望产出,分别采用基于 M 指数和 ML 指数对我国 GTFP 增长进行测算。陶长琪和周璇(2015)选择二氧化硫和二氧化碳排放量代表非期望产出,运用 SBM-global M 指数模型测算中国 30 个省区市的 GTFP 增长。

(3)环境污染综合指标。部分研究利用环境污染综合指数来代表污染排放指标,作为非期望产出引入全要素生产率测度模型中。譬如采用熵值法将资源消耗指标和环境污染指标加以整合,构建"资源与环境损耗综合指数"(丁黎黎等,2015),以此来代表非期望产出;有的运用熵值法将工业废水、废气及工业固体废物排放量等综合为环境污染综合指数来代表非期望产出(刘玉凤和高良谋,2019)。当然,也可采用主成分分析法对多个环境污染排放指标进行分析,构造出一个综合指数来代表非期望产出。

## 第二节 全要素生产率测度方法框架

经典的全要素生产率测算从估计生产函数开始,按是否需要预设生产函数形式将测度全要素生产率的方法分为参数方法、非参数方法和半参数方法(Brandt et al.,2012),具体见表 2-1。同时,也可将全要素生产率测度方法划分为宏观方法和微观方法，前者关注国家、地区及产业层面的全要素生产率及其增长，后者则主要考察企业层面的全要素生产率及其增长，而宏观全要素生产率通常不能简单理解为微观全要素生产率的线性加总。当然，很多方法既适用于宏观层面的全要素生产率测度，又适用于微观层面的全要素生产率测度，实际测算时应根据需要选择合适的方法。

表 2-1　全要素生产率测度方法分类与比较

| 方法类型 | 具体方法 | 优点 | 缺点 |
| --- | --- | --- | --- |
| 参数方法 | 增长核算法 | 不限定生产函数的具体形式 | 假设严格且全要素生产率包含内容宽泛；适用于单一产出情形 |
| 参数方法 | SFA | 避免结果受测量误差或其他随机性误差的冲击、对模型参数及模型本身进行检验，结论更接近于事实 | 存在生产函数设定具有主观性，需假定统计误差及技术无效率误差的分布情况等 |
| 非参数方法 | 指数法 | 直观地体现了全要素生产率的内涵 | 假设严格且测算全要素生产率需要要素价格信息，忽略非期望产出 |
| 非参数方法 | DEA | 避开设定生产函数具体形式和选择随机变量分布假设的问题，不存在价格体系不合理等问题，可同时处理多投入多产出情形 | 无法排除随机因素的干扰，也不能开展统计检验 |
| 半参数方法 | StoNED 模型 | 结合 DEA 和 SFA 的特点，无须设定具体的生产函数形式，引入随机干扰项 | 需假定随机误差的分布形式，分析软件还不多 |
| 半参数方法 | OP 模型 | 减轻内生性和样本选择的问题 | 稳健性取决于投资与生产率的关系，很多发展中国家企业投资为负 |
| 半参数方法 | LP 模型 | 在 OP 模型基础上，减少投资变量数值为负以及可能与生产率关系不敏感的问题 | 要求能够获得中间投入品数据，需要中间投入与残差项无关的假定、未考虑企业退出问题 |
| 半参数方法 | ACF 模型 | 放松企业作为自由变量的假设，并解决了多重共线性问题 | 忽略企业的退出问题 |
| 半参数方法 | de Loecker 模型 | 改进 LP 方法，解决生产要素参数估计的产品价格遗漏偏误等 | 仅考虑生产单一产品，涉及多产品时，对不同种类产品的需求可能导致产出结构出现内生性问题 |

对全要素生产率的测算早期主要关注国家、区域、产业等宏观层面，注重全要素生产率增长在经济增长中的作用，揭示国家、区域、产业之间的差异，这一分析始于索洛的经济增长理论，主要采用参数方法、DEA 方法等。微观层面的估计方法主要从企业生产决策本身入手，认为企业技术水平事前已知，企业可根据已知的技术水平选择合适的要素投入，使得很多适用于宏观全要素生产率测度的方法不再适用(鲁晓东和连玉君，2012)，激发了一系列非参数和半参数的微观全

要素生产率测度方法。

## 一、参数方法

### (一) 增长核算法

全要素生产率测度的增长核算法是美国经济学家索洛提出用以计算全要素生产率的可操作模型，将技术进步引入生产函数中，能够定量测算全要素生产率增长率、各要素生产率增长率和整体生产效率(Solow，1957)。索洛模型的数学表达式为 $Y = AF(K,L)$，$Y$、$K$ 和 $L$ 依次代表总产出、资本要素和劳动要素的数量，$F(\cdot)$ 为任意形式的可微函数，$A$ 则代表技术水平。

等式两边对时间求全微分，得到索洛余值计算式：

$$\frac{\dot{A}}{A} = \frac{\dot{Y}}{Y} - \frac{\partial Y}{\partial K} \cdot \frac{K}{Y} \cdot \frac{\dot{K}}{K} - \frac{\partial Y}{\partial L} \cdot \frac{L}{Y} \cdot \frac{\dot{L}}{L} \tag{2-8}$$

假定在完全竞争市场下，以生产要素的边际产量支付其报酬，则 $\frac{\partial Y}{\partial K} \cdot \frac{K}{Y}$ 代表资本报酬占社会总产出的比例，$\frac{\partial Y}{\partial L} \cdot \frac{L}{Y}$ 代表劳动报酬占社会总产出的比例。同时，假设 CRS，那么劳动报酬与资本报酬之和等于总产出，此时知道其中一个比例可推算出另一个比例(高伟，2009)。因而，利用宏观经济指标数据可计算出 $\frac{\dot{A}}{A}$ 的值，即为索洛余值(全要素生产率增长率)，可以反映除资本和劳动要素的贡献外，所有其他因素对经济增长的贡献。

在此基础上，肯德里克认为产出与劳动或资本要素之比是局部生产率，难以全面反映生产效率，生产要素之间配合比例的改变也对全要素生产率产生影响(Kendrick，1961)。由此，肯德里克定义的增长方程为

$$\frac{\dot{A}}{A} = \frac{\dot{Y}}{Y} - \left[ \theta \cdot \frac{\dot{K}}{K} - (1-\theta) \cdot \frac{\dot{L}}{L} \right] \tag{2-9}$$

其中，$\theta$ 表示资本分配率。此外，丹尼森在索洛模型的基础上，不仅将投入要素划分为资本与劳动，而且将全要素生产率进一步细分为技术进步、资源再配置和规模经济(Denison，1967)。他认为造成经济增长的诸多因素中仅有技术进步无法直接估计，只能用类似索洛余值的方法进行间接估计，因此丹尼森定义的技术进步增长方程为

$$\frac{\dot{A}}{A} = \frac{\dot{Y}}{Y} - \left[ \frac{\partial Y}{\partial K} \cdot \frac{K}{Y} \cdot \frac{\dot{K}}{K} + \frac{\partial Y}{\partial L} \cdot \frac{L}{Y} \cdot \frac{\dot{L}}{L} \right] - (\gamma_1 + \gamma_2) \tag{2-10}$$

其中，$\gamma_1$ 和 $\gamma_2$ 分别表示资源配置改善和规模经济性带来的产出增长率。可见，丹尼森增长模型实际上运用了两次余值法，估算结果更为精确。

运用增长核算法首先要对投入要素的产出弹性进行估计，通常采用计量经济法、经验估计法和收入份额法加以估计（胡晓琳，2016）。计量经济模型通常是利用生产函数估计出资本和劳动的产出弹性，具体函数形式包括 C-D 生产函数、超越对数生产函数等。经验估计法是根据先验知识将投入要素的产出弹性假定为一个固定常数，这显然较为主观，可能与实际情况不相符。收入份额法是先利用资本报酬、劳动报酬占净产出的比例估计对资本和劳动的产出弹性，然后根据 C-D 生产函数、超越对数生产函数等对 TFP 进行测算。

由于不限定生产函数的具体形式，增长核算法在早期研究中得到广泛应用，但具体分析时规模效益不变、Hicks 中性及完全竞争市场的假设条件通常难以满足，故而全要素生产率测算结果往往存在偏误。此外，增长核算法将除资本、劳动投入以外的其他因素引起的产出增加都归为技术进步，而将全要素生产率增长视作技术进步的贡献，并没有考虑到生产者技术与前沿面的效率差距问题（许宪春等，2020）。此外，增长核算法只能处理多种投入和单一产出的情形，不适合处理同时存在期望产出和非期望产出的情形（陈诗一，2010a）。

（二）SFA

SFA 由美国学者 Aigner 等（1977）、比利时学者 Meeusen 和 van den Broeck（1977）及澳大利亚学者 Battese 和 Corra（1977）分别提出，早期模型只针对横截面数据进行分析，不能处理多投入多产出问题。之后，Battese 和 Coelli（1992）等将其拓展为适用于面板数据且能对前沿函数与技术无效率函数的参数进行估计的随机前沿生产函数模型；Zhou 等（2012）将 Shephard-DF 与随机前沿生产函数模型相结合，使得 SFA 能够同时处理多投入多产出问题，模型的具体形式及原理详见第三章第一节。

假设在 $t(t=1, 2, \cdots, T)$ 时期，共有 $i=1, 2, \cdots, I$ 个 DMU，使用 $N$ 种投入 $x_{it} = (x_{it}^1, x_{it}^2, \cdots, x_{it}^N) \in R_+^N$，生产 $M$ 种期望产出 $y_{it} = (y_{it}^1, y_{it}^2, \cdots, y_{it}^M) \in R_+^M$，此时 SFA 模型的一般形式为

$$y_{it} = f(x_{it}, t, \beta) \cdot \exp(v_{it} - u_{it}), \ i=1,2,\cdots,I, \ t=1,2,\cdots,T \tag{2-11}$$

其中，$f(x_{it}, t, \beta)$ 表示特定函数形式，包括 C-D 生产函数、超越对数生产函数等；$\beta$ 表示待估计的投入向量参数；$v_{it}$ 表示随机统计误差，假定其服从正态分布，$v_{it} \sim N(0, \sigma_v^2)$；$u_{it}$ 表示由技术非效率所引起的误差，假定其服从截断正态分布，$u_{it} \sim \left| N(\mu, \sigma_u^2) \right|$；$v_{it}$ 与 $u_{it}$ 相互独立。对数形式的表达式为

$$\ln y_{it} = \ln f(x_{it}, t, \beta) + (v_{it} - u_{it}) \tag{2-12}$$

利用极大似然估计方法可以确定函数中的参数，得到每个 DMU 各时期的距离函数（技术效率值），技术效率以实际期望产出与生产前沿面产出期望的比值来表示。

实际应用中，各种外在影响因素如管理不当、技术水平限制等都会导致整个生产不能达到某种完美的水平，使得投入量不能完全转化为产出量，或产生一定的非合意产出。无效率损失项只考虑了数据本身测算时的误差，没有考虑外在因素对投入产出的影响，所以如果仅仅考虑无效率项，将导致最终效率值的低估、测算结果不够准确的情形；而随机误差项从外部条件加以考虑，是对无效率损失项的补充。因此，SFA 模型将两者相结合，使得误差项更为精确，测算结果更具科学性，这也是该方法的优势所在。

SFA 考虑了相对技术效率对全要素生产率的影响，一定程度上避免随机扰动项的干扰作用，且能够对全要素生产率增长进行分解，但该方法须明确假定生产函数的具体分布与形式，具有较强的理论约束限制。

## 二、非参数方法

（一）指数法

指数法由肯德里克（Kendrick，1961）和丹尼森（Denison，1962）提出，经乔根森和格里利克斯（Jorgenson and Griliches，1967）等的发展而逐步成熟。指数法是根据全要素生产率的基本定义来进行估算，依据全要素生产率的定义，得到 $\text{DMU}_j$ 第 $t$ 期全要素生产率的表达式：$\text{TFP}_t = Y_t/X_t$。其中，$Y_t \equiv Y(y_t)$ 是产出加总函数；$X_t \equiv X(x_t)$ 是投入要素的加总函数，且 $Y(\cdot)$ 和 $X(\cdot)$ 均是非递减、非负且线性齐次的函数。全要素生产率变动可以表示成加总产出指数与加总投入指数之比。因此，$\text{DMU}_k$ 第 $t$ 期与第 $t+1$ 期的全要素生产率之比可以写成：

$$\text{TFP}_{t,t+1} \equiv \frac{\text{TFP}_{t+1}}{\text{TFP}_t} = \frac{Y_{t+1}/X_{t+1}}{Y_t/X_t} = \frac{Y_{t,t+1}}{X_{t,t+1}} \tag{2-13}$$

其中，$Y_{t,t+1} = Y_{t+1}/Y_t$、$X_{t,t+1} = X_{t+1}/X_t$ 分别表示 $\text{DMU}_k$ 从第 $t$ 期到 $t+1$ 期的产出加总、投入加总的数量变动，即产出总指数和投入总指数。

采用指数形式是为了使异质性的产出和投入能够可比，故而存在指数公式的选择问题（陈诗一，2010b）。最初测度全要素生产率的指数法主要包括 Laspeyre 指数、Paasche 指数和 Fisher 理想指数，随后 Divisia 指数、Törnqvist 指数等相继被提出。几种指数法的产出数量指数与投入数量指数分别定义为式(2-14)～式(2-18)，将各产出数量指数与投入数量指数相对比即可测算出全要素生产率变动。

1. Laspeyre 指数

Laspeyre 产出数量指数与投入数量指数分别定义为

$$Q_o^L = \frac{\sum_{m=1}^{M} p_{mt} y_{m(t+1)}}{\sum_{m=1}^{M} p_{mt} y_{mt}} = \sum_{m=1}^{M} \frac{y_{m(t+1)}}{y_{mt}} \cdot r_{mt}, Q_i^L = \frac{\sum_{n=1}^{N} w_{nt} x_{n(t+1)}}{\sum_{n=1}^{N} w_{nt} x_{nt}} = \sum_{n=1}^{N} \frac{x_{n(t+1)}}{x_{nt}} \cdot s_{nt} \quad (2\text{-}14)$$

2. Paasche 指数

Paasche 产出数量指数与投入数量指数分别定义为

$$Q_o^P = \frac{\sum_{m=1}^{M} p_{m(t+1)} y_{m(t+1)}}{\sum_{m=1}^{M} p_{m(t+1)} y_{mt}} = \frac{1}{\sum_{m=1}^{M} \frac{y_{mt}}{y_{m(t+1)}} \cdot r_{m(t+1)}}, Q_i^P = \frac{\sum_{n=1}^{N} w_{n(t+1)} x_{n(t+1)}}{\sum_{n=1}^{N} w_{n(t+1)} x_{nt}} = \frac{1}{\sum_{n=1}^{N} \frac{x_{nt}}{x_{n(t+1)}} \cdot s_{n(t+1)}}$$

$$(2\text{-}15)$$

3. Fisher 理想指数

Fisher 产出数量指数与投入数量指数分别定义为

$$Q_o^F = \left[ \frac{\sum_{m=1}^{M} p_{mt} y_{m(t+1)}}{\sum_{m=1}^{M} p_{mt} y_{mt}} \cdot \frac{\sum_{m=1}^{M} p_{m(t+1)} y_{m(t+1)}}{\sum_{m=1}^{M} p_{m(t+1)} y_{mt}} \right]^{1/2}, Q_i^F = \left[ \frac{\sum_{n=1}^{N} w_{nt} x_{n(t+1)}}{\sum_{n=1}^{N} w_{nt} x_{nt}} \cdot \frac{\sum_{n=1}^{N} w_{n(t+1)} x_{n(t+1)}}{\sum_{n=1}^{N} w_{n(t+1)} x_{nt}} \right]^{1/2}$$

$$(2\text{-}16)$$

4. Törnqvist 指数

Törnqvist 产出数量指数与投入数量指数分别定义为

$$Q_o^T = \prod_{m=1}^{M} \left[ \frac{y_{m(t+1)}}{y_{mt}} \right]^{\frac{r_{mt}+r_{m(t+1)}}{2}}, \quad Q_i^T = \prod_{n=1}^{N} \left[ \frac{y_{nt}}{y_{n(t+1)}} \right]^{\frac{s_{nt}+s_{n(t+1)}}{2}} \quad (\text{乘法形式}) \quad (2\text{-}17)$$

$$\ln Q_{\mathrm{o}}^{\mathrm{T}} = \sum_{m=1}^{M}\left[\ln y_{m(t+1)} - \ln y_{mt}\right]^{\left(\frac{r_{mt}+r_{m(t+1)}}{2}\right)} \quad (\text{加法形式}) \quad (2\text{-}18)$$

$$\ln Q_{\mathrm{i}}^{\mathrm{T}} = \sum_{n=1}^{N}\left[\ln x_{n(t+1)} - \ln x_{nt}\right]^{\left(\frac{s_{nt}+s_{n(t+1)}}{2}\right)}$$

式(2-14)~式(2-18)中，$p_{mt}$ 和 $p_{m(t+1)}$ 分别表示第 $m$ 种产出在时期 $t$ 和时期 $t+1$ 的价格；$w_{nt}$ 和 $w_{n(t+1)}$ 分别表示第 $n$ 种投入在时期 $t$ 和时期 $t+1$ 的价格。$r_{mt} = p_{mt}y_{mt} \Big/ \sum_{m=1}^{M} p_{mt}y_{mt}$ 和 $r_{m(t+1)} = p_{m(t+1)}y_{m(t+1)} \Big/ \sum_{m=1}^{M} p_{m(t+1)}y_{m(t+1)}$ 分别表示第 $m$ 种产出在时期 $t$ 和时期 $t+1$ 的价值份额；$s_{nt} = w_{nt}x_{nt} \Big/ \sum_{n=1}^{N} w_{nt}x_{nt}$ 和 $s_{n(t+1)} = w_{n(t+1)}x_{n(t+1)} \Big/ \sum_{n=1}^{N} w_{n(t+1)}x_{n(t+1)}$ 分别表示第 $n$ 种投入在时期 $t$ 和时期 $t+1$ 的投入成本份额。

指数法直观体现了全要素生产率的内涵，但暗含着资本和劳动力之间完全可替代、边际生产率恒定等假设，难以反映真实的生产过程。此外，指数法测算需要投入产出的价格信息，而作为非期望产出的环境污染物价格信息在实际中往往难以获得。

### (二) DEA

作为效率评价的重要工具，DEA 不仅可以实现对 DMU 生产效率的有效分析，还能够通过分解来识别造成 DMU 非效率的原因。查恩斯(Charnes)、库珀(Cooper) 和罗兹(Rhodes)利用运筹学的线性规划方法，提出测算"相对效率"的 CCR(Charnes, Cooper and Rhodes)模型(Charnes et al.，1978)，通过保持 DMU 的投入或产出不变，以线性规划和对偶原理确定生产前沿面，然后比较 DMU 偏离生产前沿面的程度来确定其相对有效性，开启了 DEA 模型研究与应用的序幕。效率测度是基于 DEA 进行全要素生产率测算的基础，效率测度模型的选择决定了测度结果是否准确，从而决定了全要素生产率测算的精度。传统 DEA 模型只能对截面数据进行效率分析，为弥补这一不足，国内外学者数十年来不断对 DEA 模型进行改进及创新，衍生出一系列角度各异、功能繁多的 DEA 模型。

最早应用于全要素生产率变动测度的 DEA 指数模型是基于当期 DEA 的 M 指数(简称当期 DEA-M 指数)。M 指数由瑞典经济学家和统计学家 Sten Malmquist 于 1953 年提出，Caves 等(1982a)通过 Shephard-DF 构造出理论上的 M 指数。直到 1994 年，Färe 等将 DEA 和非参数线性规划法相结合来度量距离函数，进而计算 M 指数，并用于全要素生产率增长测算与分析。

采用 Shephard-DF 构建基于当期 DEA 的 M 指数虽然丰富了人们对全要素生产率变动的认识，但仅考虑资本、劳动投入和期望产出而忽略资源环境因素的影响，得到的结论不够全面。因此，Pittman(1983)基于 M 指数的理论基础，尝试在生产率测算中纳入非期望产出，此后 Chung 等(1997)将 DDF 引入生产率测算框架，构建 ML 指数，以适用于包含非期望产出的生产率测算。然而，M 指数和 ML 指数均基于比率形式来测算，适合于考察全要素生产率的变动，而难以反映"差值"变量，且当变量等于或接近零时，基于比率的生产率指数变得不确定。因此，有学者引入基于差异形式的 L 指标，Managi 和 Kaneko(2006)、Fujii 等(2009)对其进行扩展以衡量考虑环境因素的全要素生产率变动。然而，采用 DDF 模型虽然将非期望产出纳入生产率测算框架，较符合实际生产过程，但该方法仍存在径向和角度选择问题，未考虑到投入和产出的松弛问题。因而，Tone(2001)、Morita 等(2005)、Zhou 等(2006)进一步提出基于松弛测度的生产率评价模型即 SBM 模型，Fukuyama 和 Weber(2009)则提出 SBI 测算方法，Färe 和 Grosskopf(2010)针对 SBM 模型中投入和产出数据均不能出现 0 的问题，给出一种基于 DDF 的广义 SBM 模型。Zhou 等(2012)指出，虽然上述研究是用以计算基于方向松弛的无效率度量，但并没有正式定义函数本身，故而进一步提出与 DDF 所遵循的效率度量公理化方法更为一致，且具有某些理想数学性质的 NDDF 来代替 SBM 方法，以避免径向与角度问题。

基于当期 DEA 的 M 指数、ML 指数及 L 指标虽相对于传统指数具有无需设定生产函数形式、无需提供价格信息等优点，但不具有循环性，在衡量跨期 DDF 时可能面临虚假技术回归和线性规划无可行解等问题。因此，众多学者选择通过改变生产前沿面来解决这些问题，运用序列 DEA、全局 DEA 和两期 DEA 等模型对 M 指数、ML 指数和 L 指标进行拓展，具体见表 2-2[①]。

表 2-2 基于 DEA 的全要素生产率指数(指标)分类

| 生产率度量的表现形式 | 距离函数 | 生产前沿面构建方法 ||||||
|---|---|---|---|---|---|---|---|
| | | 当期 DEA | 序列 DEA | 窗口 DEA | 全局 DEA | 共同前沿 DEA | 两期 DEA |
| 基于比率的指数 | Shephard | M 指数 | SM 指数 | WM 指数 | GM 指数 | MM 指数 | BM 指数 |
| | DDF | ML 指数 | SML 指数 | | GML 指数 | MML 指数 | BML 指数 |
| 基于差异的指标 | SBM-DDF | L 指标 | SL 指标 | | GL 指标 | MFL 指标 | BL 指标 |

注：几个改进指数均可基于各类生产前沿面来计算，故未在表中列出；序列 DEA 下相关指数或指标前加"S"(sequential)；窗口 DEA 下相关指数或指标前加"W"(windows)；全局 DEA 下相关指数或指标前加"G"(global)；共同前沿 DEA 下相关指数或指标前加"M"(metafrontier)；两期 DEA 下相关指数或指标前加"B"(biennial)

---

① 基于 DEA 模型的各类指数公式将在第三章具体给出，在此仅梳理各类指数的演进逻辑。

基于不同生产前沿面构建方法的全要素生产率指数解决了早期生产率指数存在的部分问题，但仍面临一些悬而未决的问题，譬如角度选择较为随意，分解过程中遗漏分解项而导致分解不完整等。针对这些问题，HMB 指数(Bjurek，1996；Hicks，1961；Moorsteen，1961)、LHM 指标(Briec and Kerstens，2004)以及 EGLHM 指标(Abad，2015)等相继被提出，但尚未得到广泛应用。

在测算全要素生产率指数的基础上，很多时候需要对全要素生产率指数进行适当分解，以探寻全要素生产率变动的来源构成。对于采用 Shephard-DF 构建的当期 DEA-M 指数，Färe 等(1994b)在 CRS 条件下将 M 指数分解为两部分：测度相邻两时期技术前沿移动的技术变化和代表相邻时期生产 DMU 到有效生产前沿面追赶程度的技术效率变化。随后，Färe，Grosskopf，Norris 和 Zhang(简称 FGNZ)指出技术效率变化可进一步分解为纯技术效率变化和规模效率变化(Färe et al.，1994b)。接着，Ray 和 Desli(简称 RD)在 CRS 条件下将 M 指数分解为 VRS 条件下的 M 指数和规模变化，即技术变化、纯技术效率变化和规模变化(Ray and Desli，1997)；Simar 和 Wilson(简称 SW)以及 Zofio 和 Lovell(简称 ZL)将 RD 分解中的规模变化进一步分解为规模技术变化和规模效率变化，即 M 指数可分解为技术变化、纯技术效率变化、规模效率变化和规模技术变化(Zofio and Lovell，1998；Simar and Wilson，1998)。

总体来说，采用 Shephard-DF 的当期 DEA-M 指数包括 Färe 等(1994a)、FGNZ、RD、SW 和 ZL 等分解方法。采用 DDF 构建的当期 DEA-ML 指数与当期 DEA-L 指标具有类似分解思路，而采用 Shephard-DF 构建的当期 DEA-HMB 指数(当期 DEA-EGLHM 指标)满足乘法(加法)完备性，分解子项中除了包含技术进步、技术效率变化和规模效率变化外，还可考虑残余混合效率变化、混合效率变化、残余规模效率变化和规模混合效率变化等，分解更为完全(O'Donnell，2014)。值得注意的是，非径向非角度的 SBM-DDF 及 NDDF 均有可加性结构，且 L 指标与 EGLHM 指标均为可加性指标，因而采用非径向非角度的 SBM-DDF 或 NDDF 构建的当期 DEA-L 指标或当期 DEA-EGLHM 指标不仅可以基于上述技术角度进行分解，还可以基于要素角度进行分解，以更全面地探究全要素生产率变动的来源构成。

### 三、半参数方法

传统全要素生产率测度大多采用参数方法或非参数方法，考虑到参数方法和非参数方法仍存在一些问题，Olley 和 Pakes(1996)尝试应用半参数方法对美国电信设备行业重组背景下的生产率动态变动进行探讨，开创了生产率测度的半参数方法。

企业作为生产经营决策的主体，科学测算其生产效率有助于为经济高质量发展提供参考。企业行为和决策结构决定着企业层面的数据产生过程，同时全要素生产率估计中利用企业行为和决策结构的信息越充分，估计结果越准确可靠。非参数方法中，DEA 是一种确定性方法，个别企业的测量误差会影响所有企业的测算结果，即 DEA 方法对随机误差和异常值较为敏感，指数方法也将测量误差等异质性混入全要素生产率的估计结果中；参数方法虽然可以明确引入随机扰动，处理各种误差，但采用普通最小二乘(ordinary least square method, OLS)估计面临着较为严重的内生性问题。解决内生性问题以及对企业行为与决策结构的讨论，推动着企业全要素生产率估计的半参数方法不断发展。

(一) 微观企业生产函数估计

早期通常采用 OLS 估算索洛余值来测度企业全要素生产率，实质上反映的是企业产出实际观察值和估计值之间的差额。

假定企业的生产函数为柯布-道格拉斯形式，即 C-D 生产函数：

$$Y_{jt} = A_{jt} F\left(K_{jt}, L_{jt}, M_{jt}\right) = A_{jt} K_{jt}^{\beta_k} L_{jt}^{\beta_l} M_{jt}^{\beta_m} \tag{2-19}$$

其中，$Y$ 表示经济产出；$K$、$L$、$M$ 分别表示资本投入、劳动投入和中间投入；$A$ 表示全要素生产率，将式(2-19)对数化，得到线性表达式为

$$y_{jt} = \beta_0 + \beta_k k_{jt} + \beta_l l_{jt} + \beta_m m_{jt} + \varepsilon_{jt} \tag{2-20}$$

其中，$k$、$l$、$m$ 分别表示 $K$、$L$、$M$ 的对数形式，$\beta_k$、$\beta_l$、$\beta_m$ 分别表示资本投入、劳动投入、中间投入的产出弹性。$\ln\left(A_{jt}\right) = \beta_0 + \varepsilon_{jt}$，$\beta_0$ 表示企业的平均生产率。$\varepsilon_{jt}$ 表示误差项，代表企业 $j$ 的生产率与平均生产率的偏离程度，由两部分构成，即 $\varepsilon_{jt} = w_{jt} + u_{jt}$。其中，$u_{jt}$ 表示随机扰动，与投入要素不相关；$w_{jt}$ 表示企业 $j$ 在 $t$ 时刻的生产率，代表未观测到的部分。式(2-20)可进一步表示为

$$y_{jt} = \beta_0 + \beta_k k_{jt} + \beta_l l_{jt} + \beta_m m_{jt} + w_{jt} + u_{jt} \tag{2-21}$$

从式(2-21)可知，$w_{jt}$ 的估计值 $\hat{w}_{jt}$ 可以表示为

$$\hat{w}_{jt} = y_{jt} - \hat{\beta}_k k_{jt} - \hat{\beta}_l l_{jt} - \hat{\beta}_m m_{jt} \tag{2-22}$$

因此，第 $j$ 个企业在 $t$ 年的全要素生产率可以表示为 $\text{TFP} = \exp\left(\hat{w}_{jt}\right)$

鉴于企业异质性及相关数据获取的限制，采用 OLS 估算索洛余值以测度企业全要素生产率往往不精确且存在偏差，通常会遇到内生性、样本选择偏误、价格指数影响效应、多产品与单一产品等导致的参数识别问题(刘方和赵彦云，2020)。

为了克服这些问题，学者逐步引入固定效应模型、工具变量法、动态面板模型和结构模型等来测算企业全要素生产率及其增长率(张志强，2015)。

囿于上述方法估计参数时都利用生产过程中的企业行为信息，而企业决策结果通常会对生产活动产生显著影响，在测算过程中若纳入这些信息将使结果更加可靠。故而，Olley 和 Pakes(1996)在测算企业生产率的过程中尝试考虑企业决策行为，以打开企业生产经营的黑箱，这种方法通常被称为OP模型。OP模型及以其为基础的系列改进模型被称为结构模型，是当前测算企业全要素生产率的主流方法。

(二) OP 模型

为解决内生性问题，OP模型使用可观测的企业投资作为全要素生产率的代理变量；同时采用企业价值最大化的贝尔曼(Bellman)方程和生存概率来确定企业的退出准则，以解决样本选择偏误问题(刘方和赵彦云，2020)。

OP模型设定生产函数的对数线性形式为

$$y_{jt} = \beta_k k_{jt} + \beta_l l_{jt} + \beta_g g_{jt} + w_{jt} + u_{jt} \tag{2-23}$$

OP 模型包含的假定如下。①劳动要素 $l_{jt}$ 是自由变量，随时可调整，投入量受到当期 $w_{jt}$ 的影响，但与当期资本投入 $k_{jt}$ 无关。②市场结构由企业状态变量决定，资本要素 $k_{jt}$、企业年龄 $g_{jt}$ 及 $w_{jt}$ 为状态变量，其中 $w_{jt}$ 服从外生的一阶马尔可夫过程：$(w_{jt}|l_{it-1}) = p(w_{jt}|w_{jt-1})$；$k_{jt}$ 和 $g_{jt}$ 受 $E[w_{jt}|I_{j,t-1}]$ 和 $w_{j,t-\tau}$ ($\tau=1$, 2, …)的影响，其中 $I_{j,t-1}$ 为 $t-1$ 期的信息，包括企业的要素投入与生产率等。③当期资本存在由上期资本存在和投资额决定：$k_{jt} = (1-\delta)k_{jt-1} + i_{jt-1}$。④企业投资为 $w_{jt}$ 与其他观测指标(不包括劳动)的函数，投资与 $w_{jt}$ 单调递增：$i_{jt} = f_t(k_{jt}, w_{jt}, g_{jt})$。⑤企业的退出决策取决于其生产率水平，即当企业生产率不低于某一门槛水平时，企业保持持续经营，否则退出。

基于以上假设，构建最优投资函数，$i_{jt} = f_t(k_{jt}, w_{jt}, g_{jt})$，构建最优投资的反函数，$w_{jt} = f_t^{-1}(i_{jt}, k_{jt}, g_{jt})$。故生产函数式(2-23)可改写为

$$y_{jt} = \beta_k k_{jt} + \beta_l l_{jt} + \beta_g g_{jt} + f_t^{-1}(k_{it}, i_{it}) + u_{it} \tag{2-24}$$

令 $\phi_{jt} = \beta_k k_{jt} + f_t^{-1}(i_{jt}, k_{jt}, g_{jt})$，得

$$y_{jt} = \beta_l l_{jt} + \phi_{jt} + u_{jt} \tag{2-25}$$

同时，Olley 和 Pakes(1996)考虑到企业的退出行为，基于假设⑤而在生产率变动过程中加入对企业持续经营的概率预测值，以解决由企业退出市场而造成的样本选择问题。在实际处理中，常用的用于预测企业生存的信息集包括企业的资本、劳动和企业年龄等，即 $P_{jt}=P(\text{survive}=1)=p\left(I_{j,t-1},K_{j,t-1}\right)$，此时生产函数变为

$$y_{it}=\beta_{k}k_{jt}+\beta_{l}l_{jt}+\beta_{g}g_{jt}+h\left(P_{jt-1},\phi_{jt}-\beta_{k}k_{jt}\right)+\xi_{jt}+u_{jt} \tag{2-26}$$

其中，$\xi_{jt}=w_{jt}-E\left(w_{jt}|w_{j,t-1},\text{survive}=1\right)=w_{jt}-h\left(w_{j,t-1},\text{survive}=1\right)$ 为时期 $t$ 企业全要素生产率受到的随机冲击，与企业 $t$ 期的状态变量不相关，即 $E(\xi_{it}k_{it})=0$。

OP 模型的参数估计过程分为三阶段。第一阶段估计劳动系数 $\beta_l$，具体包括两种方式：一是假定 $f_t^{-1}$ 可以由一个包含投资额和资本存量对数值的多项式表示（一般设定为二次），通过 OLS 估计劳动的一致估计量 $\hat{\beta}_l$ 以及 $\hat{\phi}_{jt}$。二是不设定 $f_t^{-1}$ 具体形式，使用核估计或级数估计等非参数方法逼近 $\phi_{jt}$，得到 $\hat{\phi}_{jt}$ 并将其代入生产函数，进而对生产函数 $y_{jt}=\beta_l l_{jt}+\phi_{jt}+u_{jt}$ 进行 OLS 估计，得到 $\beta_l$ 的估计值。第二阶段结合企业的生存概率，运用 Probit 模型估计得到 $\hat{P}_{jt}$。第三阶段估计资本系数，对于给定的初值 $\beta_k$ 和 $\beta_g$，有 $\hat{w}_{jt}=\hat{\phi}_{jt}-\beta_k k_{jt}-\beta_g g_{jt}$，将 $\hat{w}_{jt}$ 对 $\hat{w}_{j,t-1}$ 和 $\hat{P}_{j,t}$ 进行非参数回归得到 $\hat{\xi}_{jt}=\hat{w}_{jt}-g\left(w_{j,t-1},\hat{P}_{j,t}\right)=w_{jt}-E\left(w_{jt}|w_{j,t-1},\hat{P}_{j,t}\right)$，基于矩条件 $E(\xi_{jt}k_{jt})=0$ 对生产函数 $y_{jt}=\beta_k k_{jt}+\beta_l l_{jt}+\beta_g g_{jt}+h\left(P_{jt-1},\phi_{jt}-\beta_k k_{jt}\right)+\xi_{jt}+u_{jt}$ 进行 GMM 得到 $\beta_k$ 的估计值。估计出 OP 模型的所有参数后，可进一步测算得到企业全要素生产率：

$$\text{TFP}^{\text{OP}}=\exp\left(y_{jt}-\beta_k k_{jt}-\beta_l l_{jt}-\beta_g g_{jt}\right) \tag{2-27}$$

(三)基于 OP 模型的改进模型

1. LP 模型

OP 模型中利用投资作为代理变量存在两方面的问题(Levinsohn and Petrin, 2003)：一是企业存在调整成本导致很多企业的投资为零，只将投资为零的样本全部剔除后，才能使用 OP 模型测算企业全要素生产率，这将造成较大的信息损失；二是企业存在非凸性调整成本，使得误差项与投资产生相关性，从而不能完全响应生产率的冲击。鉴于此，LP 模型在 OP 模型的基础上进行改进，核心思想是：选择以中间投入 $M_{jt}$ 作为生产率的代理变量，中间品投入数据更易获得，且损失

较少的样本量，有效解决内生性问题，得到一致有效性估计。

LP 模型使得研究者能够根据可获得的数据灵活选择代理变量，参数估计过程与 OP 模型基本一致，不同之处在于：一是鉴于中间投入为代理变量，首先估计劳动投入系数，随后估计得到中间投入与资本投入系数；二是在面对样本选择问题时，OP 模型考虑了企业的生存概率，而 LP 模型没有考虑企业的退出问题。

2. ACF 模型

Ackerberg 等（2005）指出，OP 模型和 LP 模型均认为劳动要素是自由变量，可随时调整，但实际上企业劳动调整成本很高，将企业劳动投入作为自由变量过于严格（刘方和赵彦云，2020）。ACF 模型则假定劳动投入是资本、投资、中间投入及全要素生产率的函数，即 $l_{jt} = f\left(w_{jt}\left(i_{jt}, k_{jt}\right), k_{jt}\right)$，或 $l_{jt} = f\left(w_{jt}\left(m_{jt}, k_{jt}\right), k_{jt}\right)$。

LP 模型将中间投入视作代理变量，参数估计过程中可能出现多重共线性问题，需要进一步加以改进。类似于 OP 模型与 LP 模型，ACF 模型还需要做一些假定。①残差 $u_{jt}$ 与信息集 $I_{jt}$（包括当期与过去所有的信息，不包括未来的信息）无关：$E\left(u_{jt} | I_{jt}\right) = 0$。② $w_{jt}$ 服从外生的一阶马尔可夫过程：$p\left(w_{jt} | l_{jt-1}\right) = p\left(w_{jt} | w_{jt-1}\right)$。③当期资本由上期资本和投资决定，与当期无关：$k_{jt} = (1-\delta)k_{jt-1} + i_{jt-1}$。④中间投入（或投资）为 $w_{jt}$ 与其他观测指标（包括劳动）的函数，中间投入（或投资）与 $w_{jt}$ 单调递增：$m_{jt} = m\left(k_{jt}, l_{jt}, w_{jt}\right)$，$i_{jt} = i\left(k_{jt}, l_{jt}, w_{jt}\right)$。⑤根据企业投入决策的顺序结构解决共线性问题：资本由 $t-1$ 期决定，中间投入由 $t$ 期决定，劳动由 $t-1$ 期与 $t$ 期中的某个时点 $t-b$ ($0<b<1$) 决定。

鉴于 ACF 模型也未考虑企业退出的问题，采用两个阶段加以处理。第一阶段为避免共线性，不估计任何参数弹性，只用非参数方法逼近 $\phi_{jt}$，以实现 $w_{jt}$ 与 $u_{jt}$ 的分离。具体做法是基于假设④得到中间投入（或投资）决策函数的反函数——$w_{jt} = f_t^{-1}\left(k_{jt}, l_{jt}, m_{jt}\right)$，故生产函数可改写为

$$y_{jt} = \beta_k k_{jt} + \beta_l l_{jt} + f_t^{-1}\left(m_{jt}, k_{jt}, l_{jt}\right) + u_{jt} \tag{2-28}$$

令 $\phi_{jt} = \beta_k k_{jt} + \beta_l l_{jt} + f_t^{-1}\left(m_{jt}, k_{jt}, l_{jt}\right)$，与 LP 模型不同的是此时 $\phi_{it}$ 包含了 $\beta_l l_{jt}$，即 $y_{jt} = \phi_{jt} + u_{jt}$。

此处，ACF 模型改进了 LP 模型的方法，假设 $l_{jt} = f\left(w_{jt}\left(m_{jt}, k_{jt}\right), k_{jt}\right)$，无需估计 $\beta_l$，而采用非参数方法对式（2-28）进行拟合，得到无偏估计 $\phi_{jt}$，生产率可以表示为 $\hat{w}_{it} = \hat{\phi}_{jt} - \beta_k k_{jt} - \beta_l l_{jt}$，避免了多重共线性对参数估计的影响。

第二阶段估计劳动与资本弹性系数。具体做法是基于假设②，$w_{jt}$ 服从一阶马尔可夫过程：$w_{jt} = E(w_{jt}|I_{j,t-1}) + \xi_{jt} = E(w_{jt}|w_{j,t-1}) + \xi_{jt} = g(w_{j,t-1}) + \xi_{jt}$，其中 $\xi_{jt}$ 是生产率水平 $w_{jt}$ 在 $t$ 时期的新增信息，满足 $E(\xi_{jt}|I_{jt-1}) = 0$。将 $w_{jt} = g(w_{j,t-1}) + \xi_{jt}$ 代入 $\phi_{jt}$，即 $\phi_{jt} = \beta_k k_{jt} + \beta_l l_{jt} + g(w_{j,t-1}) + \xi_{jt}$，进一步得到：

$$\phi_{jt} = \beta_k k_{jt} + \beta_l l_{jt} + g(\phi_{j,t-1} - \beta_k k_{j,t-1} - \beta_l l_{j,t-1}) + \xi_{jt} \tag{2-29}$$

其中，函数 $g(\cdot)$ 表示一个包含 $w$、$k$、$l$ 的滞后项的函数，可利用 $w_{j,t-1}$、$k_{j,t-1}$、$l_{j,t-1}$ 的高阶多项式对其进行逼近。

在式(2-29)中，由于劳动投入与生产率信息存在相关性 $(E(\xi_{jt}|l_{jt}) \neq 0)$，直接利用 OLS 估计会使估计结果有偏，故使用 GMM 方法进行估计。基于假设③，有 $E(\xi_{jt}|k_{jt}) = 0$；此外，$w_{j,t-1}$、$l_{j,t-1}$ 均属于信息集 $I_{jt-1}$，故 $E(\xi_{jt}|l_{jt-1}) = 0$。联立以上两个矩条件，使用 GMM 方法计算劳动和资本的弹性系数，测算企业全要素生产率。

3. Wooldrige 模型

实际测算过程中，上述模型估计参数时均采用多阶段 GMM 方法，借助 bootstrap 方法得到参数的标准差和检验统计量，使得企业层面全要素生产率测算的工作量大大增加。为进一步做出改进，Wooldridge(2009)尝试将上述多个阶段同步进行，保留了 OP 模型、LP 模型和 ACF 模型将生产函数取对数的做法和一些假定，构造两个方程来共同识别生产函数中的参数。

第一个方程基于中间投入为 $w_{jt}$ 与其他观测指标(不包括劳动)的函数，中间投入与 $w_{jt}$ 单调递增的假设，有 $w_{jt} = f_t^{-1}(k_{jt}, m_{jt})$，故原生产函数可写成

$$y_{jt} = \beta_k k_{jt} + \beta_l l_{jt} + f_t^{-1}(k_{jt}, m_{jt}) + u_{jt} \tag{2-30}$$

第二个方程基于 $w_{jt}$ 服从外生的一阶马尔可夫过程的假设，有 $w_{jt} = g(w_{j,t-1}) + \xi_{jt}$，进一步得到 $w_{it} = g[f^{-1}(k_{j,t-1}, m_{j,t-1})] + \xi_{jt}$，故原生产函数写为

$$y_{it} = \beta_k k_{jt} + \beta_l l_{jt} + g[f^{-1}(k_{j,t-1}, m_{j,t-1})] + \xi_{jt} + u_{it} \tag{2-31}$$

将式(2-30)和式(2-31)联立，选择与生产过程中的随机扰动和生产率变动过程中的随机扰动都不相关的企业投入决策变量做工具，运用 GMM 方法可以得到生产函数参数和全要素生产率的更有效估计。

### 4. GNR 模型

与 ACF 模型不同，Gandhi 等（2012）从另外一个角度尝试解决 LP 模型的多重共线性问题，提出 GNR 模型。GNR 模型适当变换企业成本最小化的一阶条件，发现中间投入与名义总产值之比的对数是资本、劳动和中间投入的函数（刘方和赵彦云，2020）。

GNR 的参数估计分为以下三步（张志强，2015）。

第一步，根据支出份额方程，采用非参数方法识别弹性 $e_{jt}$ 和误差项 $u_{jt}$。以 $S_{jt}$ 代表中间投入占总销售收入的比重，$S_{jt} = g(k_{jt}, l_{jt}, w_{jt}) - u_{jt}$，其中 $g(k_{jt}, l_{jt}, w_{jt})$ 为对数中间投入的产出弹性，$\ln e_{jt} = g(k_{jt}, l_{jt}, w_{jt})$。非参数的识别柔性产出函数，若是超越对数函数则可以表示为 $y_{jt} = \partial_k k_{jt} + \partial_l l_{jt} + \partial_m m_{jt} + \partial_{kk} k_{jt}^2 + \partial_{ll} l_{jt}^2 + \partial_{mm} m_{jt}^2 + \partial_{kl} k_{jt} l_{jt} + \partial_{lm} l_{jt} m_{jt} + \partial_{km} k_{jt} m_{jt} + w_{jt} + \varepsilon_{jt}$。该生产函数估计中存在的主要问题是代表中间投入的相关参数识别，在此以 $\theta_1 = (\partial_m, \partial_{mm}, \partial_{km}, \partial_{lm})$ 表示。

第二步，依据得到的弹性 $e_{it}$ 与中间投入有关的弹性向量 $\theta_1$。中间投入的产出弹性为 $e_{it}(\theta_1) = \partial_m + 2\partial_{mm} m_{it} + \partial_{km} k_{it} + \partial_{lm} l_{it}$，显然其与参数 $\theta_1$ 有关，可利用 $\min\limits_{\partial, m} \sum (\xi_{it} - e_{it}(\theta_1))^2$ 这一最小化条件得到参数的有效估计量。

第三步，利用所有与劳动、资本投入产出弹性有关的向量，以 $\theta_2 = (\partial_l, \partial_k, \partial_{kk}, \partial_{ll}, \partial_{kl})$ 表示，结合第一步和第二步，可以识别柔性产出条件下企业层面的 $w_{jt}$，即

$$w_{jt}(\theta_2) = y_{jt} - \partial_k k_{jt} - \partial_l l_{jt} - \partial_m m_{jt} - \partial_{kk} k_{jt}^2 - \partial_{ll} l_{jt}^2 - \partial_{mm} m_{jt}^2 \\ - \partial_{kl} k_{jt} l_{jt} - \partial_{lm} l_{jt} m_{jt} - \partial_{km} k_{jt} m_{jt} - \eta_{jt} \tag{2-32}$$

利用 GMM 方法将 $w_{jt}(\theta_2)$ 对 $w_{jt-1}(\theta_2)$ 回归，得到残差项 $\eta_{jt}(\theta_2)$，其是劳动、资本产出系数的函数。结合 GNR 的正交条件——$\eta_{jt} \perp k_{jt}$、$\eta_{jt} \perp l_{jt}$、$\eta_{jt} \perp k_{jt}^2$、$\eta_{jt} \perp l_{jt}^2$、$\eta_{jt} \perp k_{jt} l_{jt}$，即在 $E(\varepsilon_{jt} | k_{jt}) = 0$、$E(\varepsilon_{jt} | l_{jt}) = 0$ 的矩条件下，估计 $\partial_l, \partial_k, \partial_{kk}, \partial_{ll}, \partial_{kl}$。至此，所有参数均估计得到，进而可计算企业全要素生产率。

### 5. de Loecker 模型

在不完全竞争市场条件下，企业产品价格与要素投入密切相关，利用生产要素参数估计得到的产品价格存在遗漏偏误（Klette and Griliches，1996）。de Loecker（2011）利用企业生产单一产品的需求函数，对 LP 模型进行改进，以解决不完全竞争市场中的产品价格遗漏偏误（刘方和赵彦云，2020）。在该系统中每个公司生产一种产品，面临以下需求：

$$Q_{jt} = Q_{Jt}\left(\frac{P_{jt}}{P_{Jt}}\right)^{\eta} \exp\left(u_{jt}^d + \xi_{jt}\right) \tag{2-33}$$

其中，$Q_{jt}$ 表示企业 $j$ 在 $t$ 时期的产品需求；$Q_{Jt}$ 表示行业加总的需求，可认为是时间 $t$ 上的行业产出；$P_{jt}/P_{Jt}$ 表示企业 $j$ 相对于行业平均价格的相对价格；$u_{jt}^d$ 表示企业 $j$ 特有的特殊冲击；$\xi_{jt}$ 表示不可观测的需求冲击；$\eta$ 表示行业中不同产品之间的替代弹性 ($-\infty<\eta<-1$)。

对需求函数式 (2-33) 两边取对数得：

$$p_{jt} = \frac{1}{\eta}\left(q_{jt} - q_{Jt} - u_{jt}^d - \xi_{jt}\right) + p_{Jt} \tag{2-34}$$

典型的企业级数据集没有关于每个企业实际产出和价格的信息，通常只能观察到收入，使用行业层面的平减指数进行缩减。在估计生产函数时，用观察到的收入替代真实的产出，如式 (2-35) 所示：

$$\begin{aligned}\tilde{r}_{jt} &= r_{jt} - p_{Jt} = q_{jt} + p_{jt} - p_{Jt} = \left(\frac{1}{\eta}\left(q_{jt} - q_{Jt} - u_{jt}^d - \xi_{jt}\right) + p_{Jt}\right) + q_{jt} - p_{Jt} \\ &= \left(\frac{\eta+1}{\eta}\right)q_{jt} - \frac{1}{\eta}q_{Jt} - \frac{1}{\eta}\left(u_{jt}^d + \xi_{jt}\right)\end{aligned} \tag{2-35}$$

将式 (2-34) 代入式 (2-35)，得到一个包含需求、供给及参数的创收生产函数：

$$\begin{aligned}\tilde{r}_{jt} &= \left(\frac{\eta+1}{\eta}\right)(\beta_0 + \beta_l l_{jt} + \beta_m m_{jt} + \beta_k k_{jt}) - \frac{1}{\eta}q_{It} + \left(\frac{\eta+1}{\eta}\right)(w_{jt} + u_{jt}^q) - \frac{1}{\eta}\left(u_{jt}^d + \xi_{jt}\right) \\ &= \gamma_0 + \gamma_l l_{jt} + \gamma_m m_{jt} + \gamma_k k_{jt} + \gamma_\eta q_{It} + \left(w_{jt}^* + \xi_{jt}^*\right) + u_{jt}\end{aligned}$$

$$\tag{2-36}$$

其中，$\gamma_h = ((\eta+1)/\eta)\beta_h, h=l,m,k$；$\gamma_\eta = -\eta^{-1}$；$w_{jt}^* = ((\eta+1)/\eta)w_{jt}$；$\xi_{jt}^* = -\eta^{-1}\xi_{jt}$；$u_{jt} = ((\eta+1)/\eta)u_{jt}^q - \eta^{-1}u_{jt}^d$。估计上述方程时，重新得到控制省略价格变量和偏差的生产函数系数 ($\beta_l, \beta_m, \beta_k$) 和规模报酬参数 ($\alpha$) 以及对替代弹性 $\eta$ 的估计。事实上，为了获得真实的生产函数系数 ($\beta$) 与企业生产率 $\hat{w}_{jt}$，必须将估计的简化形式参数 ($\gamma$) 乘以 $\eta/(\eta+1)$。

经过上述各种半参数方法计算出的是企业全要素生产率的对数值，将计算结果指数化即可得到企业全要素生产率，而企业全要素生产率增长为相邻两期企业全要素生产率的对数值之差。

## 第三节 非期望产出处理方法与技术

GTFP 与全要素生产率的区别在于是否将环境因素纳入测度框架，而对于环境因素的指标选择与处理以及如何将其纳入测度模型等问题还存在一定的争议。部分学者认为可将环境因素视作投入要素处理，一些学者则主张将环境因素作为非期望产出进行处理。环境污染变量的选择包括单一指标和多指标，对于多指标可进行综合后纳入，也可直接纳入。随着效率评价方法与全要素生产率测度方法的发展，对于非期望产出的处理主要包括参数方法和非参数方法两种，其中非参数方法是主流方法。

### 一、基于参数方法的非期望产出处理技术

处理非期望产出的参数方法是利用生产函数形式描述生产前沿面，基于参数估计获得生产前沿面，进而开展 GTFP 测度。基于参数方法对非期望产出的处理具体包括两种思路：一是将非期望产出视为投入要素纳入生产函数；二是利用参数形式刻画 DDF。

#### （一）将非期望产出视为投入要素

将非期望产出视为投入要素的基本原理是：将非期望产出指标视为与资本、劳动等一样的投入要素纳入生产函数中，代表性文献包括 Mohtadi(1996)、陈诗一(2009)、杜克锐和邹楚沅(2011)等。生产函数的具体形式为

$$y_{jt} = \beta_0 + \beta_k k_{jt} + \beta_l l_{jt} + \beta_b b_{jt} + \beta_{kk} k_{jt}^2 + \beta_{ll} l_{jt}^2 + \beta_{bb} b_{jt}^2 \\ + \beta_{kl} k_{jt} l_{jt} + \beta_{lb} l_{jt} b_{jt} + \beta_{kb} k_{jt} b_{jt} + v_{jt} - u_{jt} \tag{2-37}$$

其中，$y$、$k$、$l$、$b$ 分别为总产出 $Y$、资本 $K$、劳动 $L$ 与非期望产出 $B$ 的对数形式。

这种处理非期望产出的方法虽然在一定程度上解决了测算的实际问题，但不符合实际生产过程特征，故应用该方法的研究并不多。

#### （二）利用参数形式刻画 DDF

另一种处理方式是将污染物视作 WD 产出，通过设定具体函数形式如超越对数函数、二次型函数等，将 DDF 参数化，再引入收益函数刻画 DMU 追求利润最大化的行为，在最优解处采用包络定理得到各参数的估计值，进而计算 GTFP。Färe 等(2005)采用二次型函数对 DDF 进行识别并将其转换成可估计的 SFA 模型，再利用极大似然估计方法对方程的参数进行估计，Vardanyan 和 Noh(2006)、Murty

等(2006)、Park 和 Lim(2009)也采用了类似方法。Lin 和 Du(2015)、闫明喆等(2018)采用超越对数函数形式刻画距离函数,参数估计则分别采用面板固定效应的 SFA 模型和 SFA-Bayes 方法。

在此以 Färe 等(2005)的做法为例进行说明,对于投入产出组合 $(x,y,b)$、方向向量 $g=(g_y,-g_b)$,方向性产出距离函数可表述为

$$\vec{D}_0(x,y,b;g_y,g_b)=\max\{\beta:(x,y+\beta g_y,b-\beta g_b)\in P(x)\} \qquad (2\text{-}38)$$

设定方向向量 $g=(g_y,-g_b)=(1,-1)$,假设在 $t=1,2,\cdots,T$ 时期,有 $j=1,2,\cdots,J$ 个 DMU,使用 $N$ 种投入 $x_{nj}^t$ ($n=1,2,\cdots,N$)生产 $M$ 种期望产出 $y_{mj}^t$ ($m=1,2,\cdots,M$)和 $U$ 种非期望产出 $b_{uj}^t$ ($u=1,2,\cdots,U$),则第 $j$ 个 DMU 第 $t$ 期的二次型方向性产出距离函数为

$$\begin{aligned}\vec{D}_0^t(x_j^t,y_j^t,b_j^t;1,-1)=&\alpha_0+\sum_{n=1}^N\alpha_n x_{nj}^t+\sum_{m=1}^M\beta_m y_{mj}^t+\sum_{u=1}^U\gamma_u b_{uj}^t\\&+\frac{1}{2}\sum_{n=1}^N\sum_{n'=1}^N\alpha_{nn'}x_{nj}^t x_{n'j}^t+\frac{1}{2}\sum_{m=1}^M\sum_{m'=1}^M\beta_{mm'}y_{mj}^t y_{m'j}^t+\frac{1}{2}\sum_{u=1}^U\sum_{u'=1}^U\gamma_{uu'}b_{uj}^t b_{u'j}^t\\&+\sum_{n=1}^N\sum_{m=1}^M\delta_{nm}x_{nj}^t y_{mj}^t+\sum_{n=1}^N\sum_{u=1}^U\eta_{nu}x_{nj}^t b_{uj}^t+\sum_{m=1}^M\sum_{u=1}^U\mu_{mu}y_{mj}^t b_{uj}^t\end{aligned}$$

(2-39)

为了估计 $\vec{D}_0^t(x_j^t,y_j^t,b_j^t;1,-1)$ 和相应的参数值,借助确定性线性规划方程,利用各生产单元的实际无效率值 $\vec{D}_0^t(x_j^t,y_j^t,b_j^t;1,-1)$ 与边界值 $\vec{D}_0^*(x^*,y^*,b^*;1,-1)=0$ 之间的偏差之和最小化条件来进行估算。

总体来看,对非期望产出进行处理的参数方法虽需预设生产前沿的函数表达式,但优势在于不仅考虑了随机误差对效率估计的影响,能够对模型进行统计检验,还可以对函数表达式进行微分和代数处理。

## 二、基于非参数方法的非期望产出处理技术

### (一)非期望产出处理的指数法

Pittman(1983)拓展了 Caves 等(1982a)的超越对数多边最佳指数,首次将非期望产出纳入效率评价体系,基于非期望产出的影子价格计算收益份额,以构造 Törnqvist-超越对数产出指数和投入指数开展生产率测度。

指数法直观体现了 GTFP 的内涵,计算也较为简单,但面临处理多投入多产出的问题时需将不同类型的投入与产出进行加总,此时需要各投入产出的价格信息,而在实际测算中非期望产出的价格信息往往难以获取。

### (二)非期望产出处理的 DEA 方法

处理非期望产出的非参数方法无须设定生产函数形式,具有较大的灵活性,因而受到众多研究者的青睐。能源消耗引致的环境污染日益突出,在 DEA 模型的产出端加入非期望产出极为必要且符合节能减排的现实要求,但破坏了 DEA 模型关于产出最大化的假设,须作相应处理以便将非期望产出纳入全要素生产率测度框架。

目前,国内外学者对非期望产出进行处理的 DEA 方法主要包括以下六种。

#### 1. 将非期望产出视为强可处置的投入要素

将非期望产出视为强可处置投入要素的代表性文献包括 Baumol 和 Oates(1988)、Reinhard 等(1999)、Korhonen 和 Luptacik(2004)、Mahlberg 等(2011)等,通常将非期望产出与投入要素以相同的约束方式进行处理。此方法的核心观点基于三个方面:一是认为期望产出(好产出)和非期望产出(坏产出)之间为正向相关关系,非期望产出和投入一样给企业带来成本(Baumol and Oates, 1988; Cropper and Oates, 1992),因为生产者需要将部分投入从生产期望产出转移到降低排放中来,以便使企业符合环境规制(Mahlberg and Sahoo, 2011);二是将非期望产出看作对环境容纳能力的使用(Färe and Grosskopf, 1998; Considine and Larson, 2006),因而把非期望产出当作投入以较好地解释自然资源消耗;三是将非期望产出视为"不可避免"的残余,认为它们是产生污染的投入子集(Haynes et al., 1993)。

将非期望产出作为投入的处理方式简便易行,且符合非期望产出如同投入一样会给生产带来成本的直觉,但这种处理方式偏离了物理定律(Färe and Grosskopf, 2003)和物质平衡原理(Ayres, 1995),因而受到广泛质疑。严格来说,非期望产出显然不是投入,将其当作额外的投入并不能反映真实的生产过程(Seiford and Zhu, 2002)。Scheel(2001)指出,当污染被视为一种投入时,"人们就从潜在的投入产出结构中抽象出来,而潜在的投入产出结构通常是由生产过程的性质所定义的"。此外,若非期望产出具有强可处置性,则可能出现有限投入产生无限非期望产出的异常情况,从而违反质量/能量守恒定律(Podinovski and Kuosmanen, 2011)。总体来看,批评意见认为将非期望产出视为额外投入的模型不贴合实际生产过程,应当尽量避免使用。

#### 2. 基于数据变换将非期望产出转换为期望产出

将非期望产出进行数据转换后,作为期望产出纳入 GTFP 测度模型的代表性文献包括 Lovell 等(1995)、Scheel(2001)、Mahlberg 和 Sahoo(2011)等。由于非期望产出对环境产生负面影响,应尽量减少非期望产出,很自然的反应是利用一些变换方法将其转换为期望产出,主要包括以下几种。

(1) $f(U) = -U$。通过负数转换将非期望投入或产出转换为期望投入或产出(Koopmans, 1951),但缺点是非期望产出数据会变成负数,而为负数定义效率分数并不容易。

(2) $f(U) = -U + \beta$。利用平移不变性,在负数转换后的非期望产出前面添加一个大的标量或向量(Ali and Seiford, 1990; Scheel, 2001),以避免产生负产出数据,但是效率评价结果在一定程度上依赖于 $\beta$。

(3) $f(U) = 1/U$。将非期望产出的倒数作为产出(Lovell et al., 1995)。

此外,Cherchye 等(2007)还提出基于标准化程序的测量标度转换,将产出转换为 0~1 的指标,由于转换过程可能导致信息丢失,因而该方法在 DEA 中并不常用。

3. 基于 WD 假设的联合生产技术

研究者对非期望产出处理方法的共识是应当区别对待期望产出与非期望产出,而将非期望产出视为投入或转换为期望产出的方法实质上扭曲了现实生产过程,且受到很多质疑。部分学者转而将非期望产出视为生产函数中的产出,并扩展 Shephard(1970)的产出强可处置性假设,提出非期望产出具有 WD 和零结合性(Färe and Grosskopf, 2009),这种基于 WD 假设和零结合性假设的方法应用较为广泛。

WD 是指期望产出和非期望产出水平紧密相关,要减少非期望产出,则期望产出也必然以某种比例同时减少,需放弃一些收益或将资源从生产期望产出的投入中转移、重新分配用于减少非期望产出(Färe and Grosskopf, 2003)。因此,任何旨在将非期望产出的影响内部化的监管措施都不可避免地导致经济损失。零结合性则是指如果非期望产出为 0,则期望产出也为 0。

非期望产出在强可处置性和 WD 假设下,获得的生产可能性集合如图 2-1 所示。若非期望产出具有强可处置性(即减少非期望产出的成本很低),产出集为 *OEBCDO* 表示的区域,其中虚线 *EB* 表示在允许期望产出水平不变的情况下所减少的非期望产出,体现了非期望产出的强可处置性。若非期望产出具有 WD,产出集分为两种情况:一种是非期望产出与期望产出具有对称零结合性,即如果非期望产出为零,期望产出也为零,反之亦然。此时产出集为 *OABCO* 表示的区域(Färe et al., 1986)。另一种是非期望产出与期望产出具有非对称零结合性,即非期望产出为零时,期望产出也为零,而期望产出为零时非期望产出却不一定为零,此时产出集为 *OABCDO* 表示的区域。非对称的零结合性体现了期望产出仍然具有强可处置性,表现为 *CD* 部分(Färe et al., 1989)。

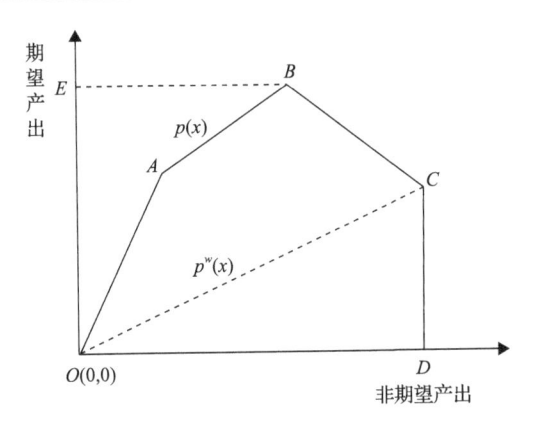

图 2-1 非期望产出的弱可处置和强可处置生产可能性集合
资料来源：根据 Färe 等(1986)绘制

考虑一个生产过程，利用 $K$ 种投入 $x \in \mathbb{R}_+^K$ 生产出 $Q$ 种期望产出 $y \in \mathbb{R}_+^Q$ 和 $R$ 种非期望产出 $b \in \mathbb{R}_+^R$，用生产可能性集合 $\Psi=[(x,y,b) \in \mathbb{R}_+^{K+Q+R} : x$ 能生产 $(y,b)]$ 表示该生产过程中所有可行的投入产出组合，产出集为 $P(x) = [(y,b):(x,y,b) \in \Psi]$。假设投入与期望产出仍满足生产理论中的标准公理假设(Shephard，1970)，非期望产出具有 WD 和零结合性(Varian，1984；Chambers，1988；Färe et al.，1989；Färe and Primont，1995)。①给定投入集，可以不作为 $(x,0,0) \in \Psi$。②没有免费的午餐：如果 $(y,b) \geqslant (0,0)$，则 $(0,y,b) \notin \Psi$。③生产可能性集合满足凸性：如果 $(x,y,b) \in \Psi$ 且 $(\tilde{x},\tilde{y},\tilde{b}) \in \Psi$，那么 $k(x,y,b) + (1-k)(\tilde{x},\tilde{y},\tilde{b}) \in \Psi$，$k \in [0,1]$。④投入的强可处置性：如果 $(x,y,b) \in \Psi$ 且 $\tilde{x} \geqslant x$，那么 $(\tilde{x},y,b) \in \Psi$。⑤期望产出的强可处置性：如果 $(x,y,b) \in \Psi$ 且 $\tilde{y} \leqslant y$，那么 $(x,\tilde{y},b) \in \Psi$。⑥生产可能性集合 $\Psi$ 是有界闭集。⑦非期望产出具有 WD：如果要减少非期望产出，那么期望产出也必然以某种比例同时减少。⑧期望产出和非期望产出具有零结合性：如果 $b=0$，则 $y=0$。

随着 DEA 方法的发展，学界针对如何实现非期望产出的 WD 而提出了不同的环境生产技术模型，依照各类环境生产技术的产生时序与基本特征，大致分为以下几类。

(1)CCR 环境生产技术(产出导向)。Färe 等(1989)首次使用非参数方法处理非期望产出，在 CCR 模型基础上引入非期望产出，并区分了产出的强可处置性和 WD，将非期望产出设置为 WD，构建一个非参数分段线性生产技术：

$$\Psi_{\text{weak}} = \left[ (x,y,b) \in \mathbb{R}_+^{K+Q+R} \middle| y \leqslant \theta \sum_{i=1}^{N} \gamma_i Y_i; b = \theta \sum_{i=1}^{N} \gamma_i B_i; x \geqslant \sum_{i=1}^{N} \gamma_i X_i; \right. \\ \left. \gamma_i \geqslant 0; 0 \leqslant \theta \leqslant 1; i = 1,2\cdots,N \right] \tag{2-40}$$

其中，$(x,y,b)$ 表示 DMU 的投入要素、期望产出和非期望产出；$(X,Y,B)$ 表示参考集的投入、期望产出和非期望产出；$\gamma_i$ 表示强度变量，代表参考 DMU 的权重。

同时，Färe 等(1989)基于 WD 假设提出了增强的(考虑非期望产出的)双曲效率测度，用以测算环境绩效，允许按照同一径向缩减因子，同时等比例扩张期望产出和缩减非期望产出。

(2) BCC[①]环境生产技术(产出导向)。考虑到生产规模对生产效率的影响，Färe 和 Grosskopf(2003)基于 BCC 模型将 Färe 等(1989)的模型扩展到 VRS 情形，得到如下生产技术：

$$\Psi_{\text{BCC}}^{\text{weak}} = \left[ (x,y,b) \in \mathbb{R}_+^{K+Q+R} \middle| y \leqslant \theta \sum_{i=1}^N \gamma_i Y_i ; b = \theta \sum_{i=1}^N \gamma_i B_i ; x \geqslant \sum_{i=1}^N \gamma_i X_i ; \right. \\ \left. \sum_{i=1}^N \gamma_i = 1 ; \gamma_i \geqslant 0 ; 0 \leqslant \theta \leqslant 1 ; i = 1,2\cdots,N \right] \quad (2\text{-}41)$$

其中各符号含义类似于式(2-40)，$\sum_{i=1}^N \gamma_i = 1$ 表示 VRS。

(3) 基于 DDF 的环境生产技术。Chung 等(1997)提出的 DDF 是考虑非期望产出效率评价最常用的距离测度方法之一，可看作 Shephard-DF 的一般化。DDF 方法基于一个选定的方向向量 $\vec{g}$，同时寻求期望产出最大化和非期望产出最小化，表达式为

$$\vec{D}(x,y,b;\vec{g}) = \sup[\phi : (x, y + \phi \vec{g}_y, b - \phi \vec{g}_b) \in \Psi_{\text{weak}}] \quad (2\text{-}42)$$

采用 DDF 模型表示的生产技术为

$$\Psi_{\text{DDF}}^{\text{weak}} = \max \left[ (x,y,b) \in \mathbb{R}_+^{K+Q+R} \middle| y + \phi \vec{g}_y \leqslant \theta \sum_{i=1}^N \gamma_i Y_i ; b - \phi \vec{g}_b = \theta \sum_{i=1}^N \gamma_i B_i ; \right. \\ \left. x \geqslant \sum_{i=1}^N \gamma_i X_i ; \sum_{i=1}^N \gamma_i = 1 ; \gamma_i \geqslant 0 ; i = 1,2\cdots,N ; 0 \leqslant \theta \leqslant 1 \right] \quad (2\text{-}43)$$

Chung 等(1997)推荐使用方向向量 $\vec{g} = (y,-b)$。

(4) 不同 DMU 具有非均匀缩减因子的环境生产技术。上述模型均假设对于任何一种产出所有 DMU 具有相同的缩减因子，Kuosmanen(2005)认为这与通常的环境经济学智慧是不一致的，即人们应当在那些减排成本最低的公司中集中精力

---

① BCC 表示 Banker(班克)、Charnes(查恩斯)和 Cooper(库珀)。

减排；此外，Kuosmanen 和 Podinovski(2009)研究发现式(2-43)定义的生产技术集 $\Psi^{\text{weak}}$ 没有验证完整的凸性，这可能导致技术效率被高估。因此，Kuosmanen(2005)扩展了 Färe 和 Grosskopf(2003)的生产技术模型，允许不同 DMU 具有不同的非期望产出缩减因子。采用不同缩减因子的生产技术为

$$\Psi_{\text{Kuos}}^{\text{weak}} = \left[ (x,y,b) \in \mathbb{R}_+^{K+Q+R} \middle| y \leqslant \sum_{i=1}^{N} \theta_i \gamma_i Y_i; b = \sum_{i=1}^{N} \theta_i \gamma_i B_i; x \geqslant \sum_{i=1}^{N} \gamma_i X_i; \right.$$
$$\left. \sum_{i=1}^{N} \gamma_i = 1; \gamma_i \geqslant 0; i = 1,2\cdots,N; 0 \leqslant \theta_i \leqslant 1 \right] \quad (2\text{-}44)$$

该模型是非线性的，Kuosmanen(2005)建议采用分解 $\gamma_i = \mu_i + \tau_i$ 将其转换为线性模型，其中 $\tau_i = (1-\theta_i\gamma_i)$ 是通过减少生产活动而减少的产量，$\mu_i = \theta_i\gamma_i$ 是当前生产活动的剩余产量，$\theta_i = \mu_i/(\mu_i+\tau_i)$。生产可能性集合表示为

$$\Psi_{\text{Kuos}}^{\text{weak}} = \left[ (x,y,b) \in \mathbb{R}_+^{K+Q+R} \middle| y \leqslant \sum_{i=1}^{N} \mu_i Y_i; b = \sum_{i=1}^{N} \mu_i B_i; x \geqslant \sum_{i=1}^{N} (\mu_i+\tau_i) X_i; \right.$$
$$\left. \sum_{i=1}^{N} (\mu_i+\tau_i) = 1; \mu_i, \tau_i \geqslant 0; i = 1,2\cdots,N \right] \quad (2\text{-}45)$$

Kuosmanen 和 Podinovski(2009)证明了 $\Psi_{\text{Kuos}}^{\text{weak}}$ 是从投入产出数据 $(x,y,b)$ 出发获得的最小凸性参考技术集，该方法为 Berre 等(2013)所应用。

(5) 基于产出技术特征的环境生产技术。不同于 Kuosmanen(2005)对不同 DMU 设置不一样的缩减因子，部分学者认为不同产出之间的缩减(扩张)速度也可能不一样，其中 Yang 和 Pollitt(2010)提出根据非期望产出的技术特征设置可处置性。以产生 $CO_2$ 和 $SO_2$ 的燃煤电厂为例，由于现有技术无法降低 $CO_2$ 排放量，任何减少 $CO_2$ 的措施都将导致发电量的减少，因而这类气体适用 WD 假设；而 $SO_2$ 可通过投资脱硫设备减少 90%以上的排放量，违反了 WD 假设和零结合性假设，因此应考虑将 $SO_2$ 作为强可处置性的非期望产出来处理。Roshdi 等(2018)则认为期望产出与非期望产出之间、不同非期望产出之间的缩减因子可能不一样，为了反映期望产出和非期望产出缩减因子的三种不同类型(相同、大于或者小于)而提出了广义弱可处置性(generalized weak disposability, GWD)概念。

如果 $(x,y,b) \in P(x)$，那么 $(\Theta y, \Theta b) \in P(x)$，其中 $\Theta y$ 和 $\Theta b$ 是非负的缩减因子向量，与其相应的每一个函数(记为 $\theta_q(y)$ 和 $\theta_r(b)$，$q=1,2\cdots,Q$，$r=1,2\cdots,R$)都是连续且对每一个分量递减的。其中，如果 $\theta_q(y) = \theta y_q$，$\theta_r(b) = \theta b_r$（$q=1,2\cdots,Q$，

$r=1,2\cdots,R$），那么 GWD 退化为传统的比例型 WD。设置 $\theta_q(y) = y_q^\theta$（$q=1,2\cdots,Q$），$\theta_r(b) = b_r^\theta$，（$r=1,2\cdots,R$），推导出指数型弱可处置性（exponential weak disposability, EWD），即如果 $(y,b) \in P(x)$，那么对 $\forall \theta \in [0,1]$，$(y^\theta, b^\theta) \in P(x)$，据此提出了分段 C-D 环境生产技术：

$$\Psi_{\text{CD}}^{\text{GWD}} = \left[ (x,y,b) \in R_+^{M+N} \middle| \prod_{i=1}^N (x_k^i)^{z^i} \leqslant x_k, \quad k=1,\cdots,K; \quad \prod_{i=1}^N (b_r^i)^{\theta^i z^i} = b_r, \quad r=1,\cdots,R; \right.$$
$$\left. \prod_{i=1}^N (y_q^i)^{\theta^i z^i} \geqslant y_q, \quad q=1,\cdots,Q; \quad \sum_{i=1}^N z^i = 1; \quad 0 \leqslant \theta^i \leqslant 1, z^i \geqslant 0, \quad i=1\cdots,N \right]$$

(2-46)

其中，假设 $x$、$y$ 和 $b$ 都大于 1，以避免对取数后出现负值。

分段 C-D 环境技术允许所有三种边际产品设定，即递增、递减和不变，从而能够捕获三种类型的生产结构（即凸性、线性和凹性），比分段线性环境技术（Kuosmanen，2005）具有更大的技术灵活性。为了衡量生产单元在分段 C-D 环境技术下的绩效，Roshdi 等（2018）提出方向双曲距离函数和广义方向双曲距离函数，表达式分别如式（2-47）和式（2-48）所示：

$$\vec{D}_H(x,y,b;g_x,g_y,g_b) = \text{Sup}\left[ \beta \middle| (\beta^{-g_x}x, \beta^{g_y}y, \beta^{-g_b}b) \in \Psi_{\text{CD}}^{\text{GWD}} \right]$$ (2-47)

双曲距离函数 $(x,y,b)$ 投影到 $\Psi_{\text{CD}}^{\text{GWD}}$ 的边界上，并允许投入与非期望产出缩减的同时期望产出增加。值得注意的是，Färe 等（1989）提出增强的双曲距离函数，Cuesta（2009）提出的距离函数以及 Shephard-DF 都是双曲距离函数的特例。

$$\vec{G}_H(x,y,b;g_x,g_y,g_b)$$
$$= \text{Sup}\left[ \left(\prod_{k=1}^K \beta_{kx}\right)^{\frac{1}{K}} \left(\prod_{q=1}^Q \beta_{qy}\right)^{\frac{1}{Q}} \left(\prod_{r=1}^R \beta_{rb}\right)^{\frac{1}{R}} \middle| (\beta_{1x}^{-g_{1x}}x_1,\cdots,\beta_{Kx}^{-g_{Kx}}x_K, \beta_{1y}^{-g_{1y}}y_1, \right.$$
$$\cdots, \beta_{Qy}^{-g_{Qy}}y_Q, \beta_{1b}^{-g_{1b}}b_1,\cdots,\beta_{Rb}^{-g_{Rb}}b_R) \in \Psi_{\text{CD}}^{\text{GWD}}$$
$$\beta_{kx} \geqslant 1, \beta_{qy} \geqslant 1, \beta_{rb} \geqslant 1,$$
$$\left. k=1,\cdots,K, q=1,\cdots,Q, r=1,\cdots,R \right]$$

(2-48)

其中，$\beta_{kx}$、$\beta_{qy}$ 和 $\beta_{rb}$ 分别表示第 $k$ 种投入、第 $q$ 种期望产出和第 $r$ 种非期望产出，其倒数分别可以看作 DMU 的投入、期望和非期望产出效率。

4. 基于弱 G-可处置性和物质平衡原理的方法

基于热力学第一定律，Lauwers 等（2003）提出一种基于物质平衡原理的生产理论。Coelli 等（2005）首次在环境绩效评价中引入物质平衡原理，但仅仅关注物质投入，认为使用较少物质投入的 DMU 是环境有效的，忽略了物质投入和非物质投入之间可能存在的相互作用。此外，Hoang 和 Prasada Rao（2010）认为缺乏用以反映各种物质投入重要性的权重，且相关的物质平衡研究往往忽略热力学第二定律。

物质平衡原理方法基于质量守恒定律，认为所有用于经济生产的物质流产生重量相等的新物质流，很好地描述了热力学第一定律：在生产中投入物质的量等于嵌入产出中物质的量加上残余（非期望产出）（Ayres and Kneese，1969）。具体可表示为

$$b = W'x - H'y \tag{2-49}$$

其中，$x$ 和 $y$ 分别表示物质投入和产出向量；$b$ 表示残余；$W$ 表示 $K \times R$ 维投入排放因子矩阵，代表投入中包含的物质投入量比例；$H$ 表示 $Q \times R$ 维复原因子矩阵，代表期望产出中包含的物质投入量比例（如家具中的木头含量），一单位期望产出包含的物质投入量越大，产生的非期望产出量就越低。由于投入和产出的不均匀性以及一些外部因素的作用，每个 DMU 的两个物质流动系数向量可能有所不同。

基于物质平衡原理约束，Hampf 和 Rødseth（2015）在 Färe 等（1989）联合生产技术的一般性质中增加以下假设，提出一种新的物质平衡生产技术集 $\Psi_{MB}$：①非期望产出存在的必然性。非期望产出为 0，产生污染的投入必然为 0。②没有免费午餐。若存在非期望产出，必然需要投入。③投入和产出的弱-G 可处置性：$(x, y, b) \in \Psi_{MB}$ 且 $W'g_x + H'g_y - g_b = 0$，那么 $(x+g_x, y-g_y, b+g_b) \in \Psi_{MB}$，其中 $G = (g_x, g_y, g_b)$ 为方向向量，分别表示投入和产出的处置方向。

假设①和假设②表示不可能将产生污染的投入完全转化为期望产出，从而保证生产技术满足热力学第二定律，假设③意味着由投入增加（$W'g_x$）和期望产出减少（$H'g_y$）造成的污染增加必须等于在处理投入和产出时非期望产出的增加（$g_b$）。

与 WD 模型相比，物质平衡原理方法的投入不是强可处置的。在 WD 假设下，投入的强处置性意味着对于给定的投入产出组合，较高的投入有可能产生相同数量的产出，而这种情形在物质平衡原理生产技术下是不可行的。用投入和产出的松弛向量 $S_x, S_y, S_b$ 取代方向向量 $g_x, g_y, g_b$，物质平衡原理技术集可定义为

$$\Psi_{\mathrm{MB}} = \left[ (x,y,b) \in \mathbb{R}_+^{K+Q+R} \middle| y + S_y = \sum_{i=1}^N \gamma_i Y_i; b - S_b = \sum_{i=1}^N \gamma_i B_i; x - S_x = \sum_{i=1}^N \gamma_i X_i; \right.$$

$$\left. W'S_x + H'S_y - S_b = 0; \sum_{i=1}^N \gamma_i = 1; \gamma_i \geqslant 0; i = 1,\cdots, N \right]$$

(2-50)

尽管该方法能够满足热力学两大定律，但仍存在一些问题需要解决：第一，$W'g_x + H'g_y - g_b = 0$ 的约束条件意味着固定投入水平下 $H'g_y = g_b$，非期望产出的处置方向受制于期望产出的处置方向和复原因子，这大大降低了生产者在减少非期望产出方面的灵活性。通俗地讲，要想维持物质平衡原理，减少非期望产出的空间受到较大限制。第二，物质平衡原理框架的一个重要限制是需要了解排放和复原因子（即 $W$ 和 $H$），而这在实际当中往往并不容易满足。第三，式(2-50)的物质平衡方程并未明确规定残余（非期望产出）是如何产生的，仅描述了残余如何与物质投入的使用相关联。在此基础上，Førsund（2009）指出引入物质平衡原理会对生产关系"方程组的导数"产生限制，从而导致一些违背直觉的结果，譬如用额外的投入可为 DMU 带来额外的收入，而实际上投入消耗会引致成本增加。第四，物质平衡原理的恒等式［式(2-50)］要求所有变量都采用统一的单位来测量，且假设一个质量单位物质投入的边际期望产出处于 0 和 1 之间（即一个质量单位投入产生不足一个质量单位的期望产出，多余部分是残余），但实际上存在一些无法采用统一单位来测量期望产出和物质投入的情况，或者研究者认为某些产品的无害排出无关紧要的情况，这会导致物质平衡原理得不到满足（Murty et al.，2012）。

此外，Hampf 和 Rødseth（2015）的研究表明在一定条件下（如 CRS），可自由选择期望产出、非期望产出和产生污染的投入，此时该模型退化为 WD 假设模型。

5. 副产品生产技术

非期望产出的经典处理方法和物质平衡原理方法都无一例外地采用单一生产系统建模，Murty（2012）应用隐函数存在定理指出污染产生技术的单一生产系统建模方法违背物质平衡原理和常识，不足以捕获投入、期望产出和非期望产出之间的平衡关系，解决该问题的方法是在生产技术中显性地描述非期望产出的生成机制。非期望产出是在生产期望产出时伴随着一系列物理和化学反应自然产生的"不可避免的"副产品，这一产生机制决定了期望产出与非期望产出之间的正向关联性，即期望产出的生产规模越大，产生污染的投入使用越多，相应产生的非期望产出也越多。给定某些投入和期望产出水平，存在一个该生产技术下副产品产出的最低水平，而管理不善可能造成生产过程效率低下，使得非期望产出超出最低水平。

建立污染产生技术模型应关注两个关键问题：①产生污染的生产技术不能满足副产品的自由处置性，即如果投入和期望产出保持不变，产生的非期望产出水平不能低于前述的最低水平；②在生产技术中，投入、期望产出的变化与非期望产出之间存在相互依存的关系。

遵循 Frisch(1964)的思路，Murty 等(2012)提出基于多个生产关系的副产品生产模型。该模型建立了两套生产技术：期望产出生产技术和副产品生产技术，将投入向量 $x$ 分成两个投入子向量 $x_1$ 和 $x_2$，其中 $x_1$ 表示不引起污染的投入向量，$x_2$ 表示引起污染的投入子向量，整体生产技术 $\Psi$ 可表示为

$$\Psi = \Psi_1 \cap \Psi_2 \tag{2-51}$$

$$\Psi_1 = \left[ (x_1, x_2, y, b, y^a) \in \mathbb{R}_+^{K_1+K_2+Q+R+Q^a} \,\middle|\, f(x_1, x_2, y, y^a) \leqslant 0 \right] \tag{2-52}$$

$$\Psi_2 = \left[ (x_1, x_2, y, b, y^a) \in \mathbb{R}_+^{K_1+K_2+Q+R+Q^a} \,\middle|\, b \geqslant g(x_2, y^a) \right] \tag{2-53}$$

生产技术集 $\Psi_1$ 是一个标准的技术集，反映投入转化为期望产出的过程，其投入 $x_1$ 和期望产出 $y$ 及减排 $y^a$ 具有强可处置性，即

$$\begin{aligned}
&f_k(x_1, x_2, y, y^a) \leqslant 0, \quad k=1,\cdots,K_1+K_2 \\
&f_q(x_1, x_2, y, y^a) \geqslant 0, \quad q=1,\cdots,Q \\
&f_a(x_1, x_2, y, y^a) \geqslant 0
\end{aligned} \tag{2-54}$$

其中，函数 $f$ 的下标表示偏导数。生产技术 $\Psi_2$ 反映副产品的产生机制，且假设副产品不具备强可处置性，而具备成本可处置性，即

$$g_j(x_2, y^a) > 0, \quad j=1,\cdots,K_2, \quad g_a(x_2, y^a) < 0 \tag{2-55}$$

$$(x_1, x_2, y, b, y^a) \in \Psi \wedge \bar{b} \geqslant b \wedge \bar{x}_2 \leqslant x_2 \wedge \bar{y}^a \geqslant y^a \Rightarrow (x_1, \bar{x}_2, y, \bar{b}, \bar{y}^a) \in \Psi \tag{2-56}$$

这一假设意味着，固定 $x_2$ 水平下副产品可能存在产出低效率（Murty，2012）。副产品生产技术模型可应用于 DMU 的技术效率测度：

$$\begin{aligned}
\Psi_1 = \bigg[ (x_1, x_2, y, b) \in \mathbb{R}_+^{K_1+K_2+Q+R} \,\bigg|\, & y \leqslant \sum_{i=1}^N v_i Y_i, \, x_1 \geqslant \sum_{i=1}^N v_i X_{i1}; \\
& x_2 \geqslant \sum_{i=1}^N v_i X_{i2}; \sum_{i=1}^N v_i = 1; v_i \geqslant 0; i=1,\cdots,N \bigg]
\end{aligned} \tag{2-57}$$

$$\Psi_2 = \left[ (x_1, x_2, y, b) \in \mathbb{R}_+^{K_1+K_2+Q+R} \,\middle|\, x_2 \leqslant \sum_{i=1}^N \xi_i X_{i2} \,; b \geqslant \sum_{i=1}^N \xi_i B_i \,;\right.$$
$$\left. \sum_{i=1}^N \xi_i = 1; \xi_i \geqslant 0; i=1,\cdots,N \right] \tag{2-58}$$

式(2-58)中第一个不等式反映引起污染的投入的成本可处置性，第二个不等式反映副产品产出的成本可处置性，由 $\Psi_1 \cap \Psi_2$ 构成的整体生产技术集如式(2-59)所示：

$$\Psi = \left[ (x_1, x_2, y, b) \in \mathbb{R}_+^{K_1+K_2+Q+R} \,\middle|\, y \leqslant \sum_{i=1}^N v_i Y_i, x_1 \geqslant \sum_{i=1}^N v_i X_{i1} \,;\right.$$
$$x_2 \geqslant \sum_{i=1}^N v_i X_{i2} \,; x_2 \leqslant \sum_{i=1}^N \xi_i X_{i2} \,; b \geqslant \sum_{i=1}^N \xi_i B_i \,;$$
$$\left. \sum_{i=1}^N v_i = 1; \sum_{i=1}^N \xi_i = 1; v_i, \xi_i \geqslant 0; i=1,\cdots,N \right] \tag{2-59}$$

其中，$v_i$ 和 $\xi_i$ 分别表示两个子技术集的强度系数。

作为拉塞尔(Russell)指数(Färe and Lovell, 1978)的扩展，Murty(2012)采用期望产出和非期望产出扩张(缩减)量的最小算术平均值作为效率得分，即

$$\mathrm{EFF}_{by}(x, y, b; \Psi) = \frac{1}{2} \min_{\phi, \omega} \left[ \frac{\sum_q \phi_q}{Q} + \frac{\sum_r \omega_r}{R} \,\middle|\, (x, y/\phi, \phi b) \in \Psi \right] \tag{2-60}$$

其中，$y/\phi = (y_1/\phi_1, \cdots, y_Q/\phi_Q)$，$\omega b = (w_1 b_1, \cdots, w_R b_R)$，$1/\phi_q (\geqslant 1)$ 为期望产出的潜在增加量，$w_r (\leqslant 1)$ 为非期望产出达到最低产出量 $r$ 的潜在减少量。在物质平衡条件下，效率得分可分解为期望产出的效率得分和非期望产出的效率得分两部分，即

$$\mathrm{EFF}_{by}(x, y, b; \Psi) = \frac{1}{2} \min_{\phi} \left[ \frac{\sum_q \phi_q}{Q} \,\middle|\, (x, y/\phi, b) \in \Psi_1 \right] + \frac{1}{2} \min_{\omega} \left[ \frac{\sum_r \omega_r}{R} \,\middle|\, (x, y, \omega b) \in \Psi_2 \right]$$
$$\tag{2-61}$$

副产品生产技术仍遵循热力学定律，因而接近于物质平衡原理方法，只是物质平衡原理方法需要一些因子($W'$ 和 $H'$)来将模型的投入和期望产出聚合到共同的质量单位中，而副产品生产技术能够帮助克服这一要求。

将副产品生产技术视为两种子生产技术的交集，具体见式(2-61)，可为污染产生技术的建模提供强有力的理论依据。相比联合生产技术，副产品生产技术力

求真实地还原生产过程,反映生产子系统之间的内部结构,因而是体现物质平衡的更好方法(Førsund,2009),也是污染产生技术建模中最有前景的方法之一(Dakpo et al.,2016)。

理论上,MRL 模型[①]假设期望产出子技术 $\Psi_1$ 与非期望产出子技术 $\Psi_2$ 之间相互独立,在效率评价时对每个子技术进行单独求解,无法体现投入产出要素在系统"运营效率"(生产期望产出的效率)与"环境效率"之间的权衡,更有可能导致两个子技术下求解的参考标杆不一致,因而受到部分学者的质疑。部分学者认为两个子生产技术在同一综合系统下运行,相互之间必然存在内在联系,并针对如何建立子技术间的连接关系相继提出不同的解决方案和改进模型。Dakpo 等(2016)提出三种解决方案:一是对每种非期望产出分别引入物质平衡方程;二是对子技术之间施加若干连接约束,使得两个子技术下获得的参考标杆保持一致;三是对两个子技术之间的耦合关系进行直接估计。在此基础上,后续研究主要围绕子技术间的"连接活动"和"连接关系"两个焦点展开探讨。副产品相关扩展模型研究进展及应用见表 2-3。

**表 2-3 副产品相关扩展模型研究进展及应用**

| 文献 | 主要研究进展 |
| --- | --- |
| Dakpo 等(2016) | 针对 MRL 模型子技术间连接关系提出建立三种解决方案,并将方案二与 MPL 模型进行实证对比分析,得出 MRL 独立性假设导致 DMU 无效率高估的结论 |
| Førsund(2018) | 引入 Førsund(2009)"因子带"(factor band)和"产品耦合"(production coupling)概念,分别表述两个子技术投入之间的关系和产出之间的关系,将非污染投入纳入非期望产出生产子技术中 |
| Dakpo 和 Lansink(2019) | 引入生产要素的跨期调整成本连接约束,将静态副产品模型扩展到动态背景下,并与静态模型进行比较分析 |
| Dakpo 等(2020) | 在 Førsund(2018)的基础上向非污染投入引入连接约束,通过蒙特卡罗模拟对 MRL 模型及其扩展模型进行对比分析 |
| Fang(2020) | 通过子技术间的连接活动(污染投入和减排)引入自由连接和固定连接两种连接约束,分别表示 DMU 可以/无法自由选择连接活动水平的情况,应用于中国火电行业的实证分析,获得不同情景下的节能减排措施 |
| Aparicio 等(2020) | 在 Dakpo 等(2016)的基础上引入市场价格和净利润目标函数,应用扩展的副产品模型考察美国各州的农业经济效率 |

尽管现有扩展模型尝试克服 MRL 模型的独立性假设缺陷,但开展效率评估之前仍需要将投入分离为污染性和非污染性投入两类,而实际中可能难以判断某些投入究竟是污染性还是非污染性,对于子技术间连接约束的设定依据和原则也

---

① MRL 模型是指 Murty(默蒂)、Ressell(罗素)和 Levkoff(莱考夫)三人 2012 年提出的副产品模型。

缺乏系统的研究。

6. 自然和管理可处置性下的非径向方法

在多边界评估框架下，Sueyoshi 等(2010)提出与上述子技术系统相关的新效率测度模型：运营效率模型(与 $\Psi_1$ 相关)和环境效率模型(与 $\Psi_2$ 相关)。这些模型采用非径向距离调整测度，提出自然可处置性与管理可处置性的概念，用来描述 DMU 在减轻污染方面的适应潜力。①自然可处置性(或负适应性)。投入的减少意味着期望产出与非期望产出的同时减少，这种可处置性也被称为"自然减少"污染，自然处置意味着通过简单降低(污染)投入物的水平来减少污染而不需要管理上的努力。②管理可处置性(或正适应性)。DMU 增加投入以提高期望产出水平，同时降低非期望产出的水平，这一目标可通过提高企业管理水平来实现，如使用高质量的投入或减少污染的新技术。管理可处置性概念与 Porter 和 van der Linde(1995)等学者的观点相符，认为在环境约束下企业有机会实施与环境及经济相兼容的技术创新，且需要通过管理上的努力来实现。

Sueyoshi 和 Goto(2011a)利用期望产出前沿对 DMU 的运营效率进行评估，见图 2-2 中的上半部分，而利用非期望产出前沿对 DMU 的环境效率进行评估，见图 2-2 中的下半部分。自然可处置性由所有指向图左下部分的投影来表示，这些投影是沿着由点 $G$、$H$、$D$ 定义的线段；管理可处置性的定义是投入的潜在增长，因而由指向图右下部分的所有投影表示，这些投影沿着由点 $D$、$E$、$F$ 定义的线段移动。分别取点 $A$、$B$、$C$ 作为参照，可对 $DMU_n$ 的运营效率进行评价，环境效率则以点 $D$、$E$、$F$ 为参照点进行评价。

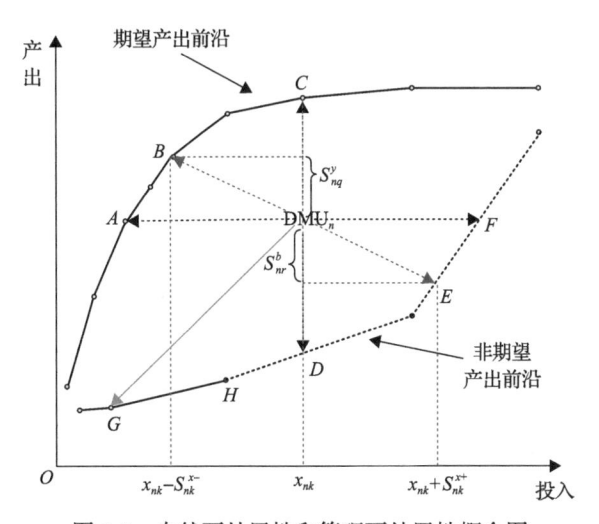

图 2-2 自然可处置性和管理可处置性概念图

资料来源：Dakpo 等(2016)根据 Sueyoshi 和 Goto(2011a)改进绘制

在生产活动分析中，自然可处置性的概念由式(2-62)得到：

$$\max \frac{1}{K+Q+R}\left[\sum_q \frac{S_{nq}^y}{\text{RAN}_q^y} + \sum_k \frac{S_{nk}^x}{\text{RAN}_k^x} + \sum_r \frac{S_{nr}^b}{\text{RAN}_r^b}\right]$$

s.t.

$$x_{nk} - S_{nk}^x = \sum_{i=1}^N \gamma_i X_{ik}, k = 1,\cdots,K$$

$$y_{nq} + S_{nq}^y = \sum_{i=1}^N \gamma_i Y_{iq}, q = 1,\cdots,Q \quad (2\text{-}62)$$

$$b_{nr} - S_{nr}^b = \sum_{i=1}^N \gamma_i B_{ir}, r = 1,\cdots,R$$

$$\sum_{i=1}^N \gamma_i = 1; \ \gamma_i, S_{nk}^x, S_{nq}^y, S_{nr}^b \geqslant 0, \forall i,k,q,r$$

管理可处置性的概念则由式(2-63)得到：

$$\max \frac{1}{K+Q+R}\left[\sum_q \frac{S_{nq}^y}{\text{RAN}_q^y} + \sum_k \frac{S_{nk}^x}{\text{RAN}_k^x} + \sum_r \frac{S_{nr}^b}{\text{RAN}_r^b}\right]$$

s.t.

$$x_{nk} + S_{nk}^x = \sum_{i=1}^N \gamma_i X_{ik}, k = 1,\cdots,K$$

$$y_{nq} + S_{nq}^y = \sum_{i=1}^N \gamma_i Y_{iq}, q = 1,\cdots,Q \quad (2\text{-}63)$$

$$b_{nr} - S_{nr}^b = \sum_{i=1}^N \gamma_i B_{ir}, r = 1,\cdots,R$$

$$\sum_{i=1}^N \gamma_i = 1; \ \gamma_i, S_{nk}^x, S_{nq}^y, S_{nr}^b \geqslant 0, \ \forall i,k,q,r$$

其中，$\text{RAN}_q^y = \bar{y}_q - \underline{y}_q, \bar{y}_q = \max[y_q], \underline{y}_q = \min[y_q], q = 1,\cdots,Q$；$\text{RAN}_k^x = \bar{x}_k - \underline{x}_k, \bar{x}_k = \max[x_k], \underline{x}_k = \min[x_k], k = 1,\cdots,K$；$\text{RAN}_r^b = \bar{b}_r - \underline{b}_r, \bar{b}_r = \max[b_r], \underline{b}_r = \min[b_r], r = 1,\cdots,R$。

效率得分 $\Theta$ 可表示为

$$\Theta = 1 - \frac{\sum_q \frac{S_{nq}^y}{\text{RAN}_q^y} + \sum_k \frac{S_{nk}^x}{\text{RAN}_k^x} + \sum_r \frac{S_{nr}^b}{\text{RAN}_r^b}}{K+Q+R} \quad (2\text{-}64)$$

尽管两种新的可处置性概念呈现出一些积极的适用性特征,但自然可处置性下将非期望产出作为投入来建立模型,会导致对全局生产技术的错误认识;管理可处置性下把投入看作期望产出是违反直觉的,因为投入的消耗会使 DMU 的生产过程增加成本。此外,使用单一强度变量($\gamma_i$)表示两种不同的子生产技术可能并不准确。

为在生产技术中同时考虑非期望产出的管理可处置性和自然可处置性,Sueyoshi 和 Goto(2011a)把投入松弛量分解为正、负两部分,提出统一的技术框架:

$$\max \frac{1}{K+Q+R}\left[\sum_q \frac{S_{nq}^y}{\text{RAN}_q^y} + \sum_k \frac{S_{nk}^{x+} + S_{nk}^{x-}}{\text{RAN}_k^x} + \sum_r \frac{S_{nr}^b}{\text{RAN}_r^b}\right]$$

s.t.

$$\begin{aligned}
& x_{nk} - S_{nk}^{x-} + S_{nk}^{x+} = \sum_{i=1}^N \gamma_i X_{ik}, k=1,\cdots,K \\
& y_{nq} + S_{nq}^y = \sum_{i=1}^N \gamma_i Y_{iq}, q=1,\cdots,Q \\
& b_{nr} - S_{nr}^b = \sum_{i=1}^N \gamma_i B_{ir}, r=1,\cdots,R \\
& \sum_{i=1}^N \gamma_i = 1; \ \gamma_i, S_{nk}^{x+}, S_{nk}^{x-}, S_{nq}^y, S_{nr}^b \geq 0, \forall i,k,q,r
\end{aligned} \quad (2\text{-}65)$$

为避免现实不可行的情形,式(2-65)的估计要求两个投入松弛量必须互斥,即 $S_{nk}^{x+} \times S_{nk}^{x-} = 0$,这意味着 $S_{nk}^{x+}$ 和 $S_{nk}^{x-}$ 不可能同时出现。式(2-65)可用两种方法来估计:通过增加约束 $S_{nk}^{x+} \times S_{nk}^{x-} = 0$ 估计非线性规划;将模型转化为混合整数线性规划模型并附加以下约束,$S_{nk}^{x+} \leq Lz_{nk}^+$,$S_{nk}^{x-} \leq Lz_{nk}^-$,$z_{nk}^+ + z_{nk}^- \leq 1$,$k=1,2,\cdots,K$,其中 $z_{nk}^+$ 和 $z_{nk}^-$ 为 1 或 0,$L$ 是需要设置的非常大的数。但正如 Manello(2012)所指出的,在统一框架下引入非线性规划可能使得一些占主导地位的 DMU 被识别为有效 DMU,且式(2-65)的对偶模型如果不使用二阶锥规划则难以推导出来(Sueyoshi and Goto,2011a)。对一个投入非有效的 DMU,考虑到投入松弛量的互斥特性,要么 $S_{nk}^{x+}$ 会上升,要么 $S_{nk}^{x-}$ 会上升,式(2-65)的解在 $S_{nk}^{x-}$ 条件下得到式(2-62)的线性规划,在 $S_{nk}^{x+}$ 条件下得到式(2-63)的线性规划,而这些模型所固有的局限性前述已经提到，这里不再赘述。

### 三、非期望产出处理方法的比较及演进逻辑

为加深对各类非期望产出处理方法的理论基础、优势及不足的全面认识，接下来进一步开展各类方法特征的比较分析，解析非期望产出处理方法的发展脉络与内在联系，以把握非期望产出处理方法的演进逻辑。

(一)几类非参数方法的比较分析

根据所依托的生产理论发展，非期望产出的非参数处理方法发展又可划分为标准公理假设的单一前沿方法、拓展标准公理假设的单一前沿方法和拓展标准公理假设的多重前沿方法三个阶段。第一阶段是适应 Shephard(1970)等提出的传统生产理论标准假设下的单一前沿方法，具体包括将非期望产出作为强可处置投入和将非期望产出转换为期望产出两种方法，以满足对投入和产出强可处置性的假设。第二阶段是拓展生产理论标准假设下的单一前沿方法，主要包括基于 WD 假设的联合生产技术和基于弱-G 可处置性及物质平衡原理的生产技术两种方法，这些方法得到广泛认同及应用。第三阶段是拓展生产理论标准假设下的多重前沿方法，进一步扩展单一生产系统假设，构建期望产出与非期望产出的双重生产前沿，以充分反映非期望产出的生成机制。

从各种方法对非期望产出的处理效果来看，第一阶段的两种方法仅形式上将非期望产出转换为投入或期望产出，虽在一定程度上能够衡量非期望产出造成的社会成本，但效率测度过程中并没有考虑非期望产出的实际缩减。这两种方法所采用的生产技术对所有投入和产出仍假定为强可处置性，完全符合 Shephard(1970)等提出的传统生产理论假设，因此可归为传统生产技术。第二、第三阶段的处理方法从非期望产出的特征出发，在测度投入与期望产出效率的同时考虑非期望产出的减少，可据此单独测算环境效率，开展绿色能源效率、GTFP 等领域的交叉应用，因而可归为环境生产技术。其中，基于 WD 假设的联合生产技术是应用最为广泛的经典处理方法，基于弱-G 可处置性及物质平衡原理的生产技术、副产品生产技术以及基于自然与管理可处置性生产技术的提出相对新近，相关的经验研究尚不多，因而可视为新型的非期望产出处理方法。

为进一步清晰阐释各种非期望产出处理方法的特征与内在联系，依据各类方法是否贴合实际生产过程、是否满足热力学定律、是单一前沿还是多重前沿等特征开展比较分析，剖析各种处理方法的优缺点以及测度模型，具体见表2-4。

1. 传统的非期望产出处理方法

将非期望产出作为强可处置性投入或将非期望产出转换为期望产出意味着不

表 2-4  各类处理非期望产出的非参数方法特征比较

| 类型 | 非期望产出处理方法 | 贴合实际 | 热力学第一定律 | 热力学第二定律 | 单一前沿/多重前沿 | 体现非期望产出的生成机制 | 常用效率测度模型 |
|---|---|---|---|---|---|---|---|
| 传统 | 视为强可处置投入 |  |  |  | 单一 |  | CCR、BCC |
|  | 转换为期望产出 |  |  |  | 单一 |  |  |
| 经典 | 联合生产技术（WD） | √ |  |  | 单一 |  | CCR、BCC、SBM、DDF+SBM 等 |
| 新型 | 基于弱 G-可处置性和物质平衡原理的方法（WGD-MBP） | √ | √ |  | 单一 |  | DDF+SBM |
|  | 副产品生产技术（BP） | √ | √ | √ | 多重 |  | BCC |
|  | 自然可处置性与管理可处置性非径向方法（NMD） | √ | √ | √ | 多重 |  | RAM |

需要任何代价就能够减少非期望产出，此类传统处理方法显然扭曲了实际生产过程，因而相当一部分学者认为其不合理而应尽量避免采用。此外，这两种处理方法均采用单一生产前沿，由于非期望产出已转化为投入或期望产出，效率测度时所采用的模型主要为 CCR 模型和 BCC 模型，也未考虑到非期望产出的生成机制以及生产过程应满足的热力学定律要求。

2. 经典的 WD 假设联合生产技术

基于 WD 假设的联合生产技术符合减少非期望产出会导致成本增加的基本观点，通过非期望产出的 WD 约束来解释环境规制造成的社会成本，较符合生产实际，因而在文献中得到广泛应用，相应的效率测度方法也较丰富。从早期纳入非期望产出的 CCR 模型、BCC 模型到考虑非期望产出的 DDF 模型、SBM 模型及 SBM+DDF 模型等，其中非期望产出的缩减因子从统一缩减因子到不同 DMU 非均匀缩减因子，再到基于不同产出特征的缩减因子等，该类非期望产出处理方法的演进有赖于效率测度方法的发展，同时如何将非期望产出合理纳入 DEA 模型，也刺激着效率测度方法的逐步完善。

尽管很多研究者青睐于此类方法，但也有研究者对一些情况下 WD 假设方法的应用价值及意义提出了质疑。第一，WD 假设将污染物视为中性，既非产出也非投入，通常以等式约束表示，但这种等式约束下可能得到负影子价格和有偏误的效率值 (Hailu and Veeman, 2000)。Färe 和 Grosskopf (2003) 认为使用产出导向的 DDF 能够获得非期望产出影子价格的正确符号。Leleu (2013) 则认为根据方向向量的不同，影子价格仍可能获得不正确的符号，并提出一种新方法以确保非期望产出影子价格的符号正确，然而该方法要求非期望产出具有强可处置性。第二，

WD 假设意味着投入水平不变的情况下期望产出和非期望产出能够按比例同时增加或减少，这与质量/能量守恒定律不相符。基于这一考虑，Coelli 等(2007)证明在 WD 假设下模型生成的解决方案不可行。Yang 等(2010)认为 WD 只有在存在逆向产出(即较高数值代表较低的投入消耗或较低产出)的情况下才能运用。Murty(2012)发现 WD 假设下双曲效率测度和 DDF 会产生不一致的结果，违背物质平衡原理，说明残余物产生的必然性[①]。Sueyoshi 和 Goto(2011b)指出产生不一致结果的原因在于对生产可能性集合的单侧投影(即单一生产前沿)，在其他投影方式下则得到不同的生产可能性集合。第三，WD 假设期望产出和非期望产出的零结合性以及非零投入可能产生零污染，违背热力学第二定律(Ebert and Welsch, 2007)。根据热力学第二定律，产生污染的那部分投入不能完全转化为期望产出，即产生污染的投入非零，则非期望产出也非零。Murty(2012)认为，在减排技术存在的情况下某些生产过程产生零水平的非期望产出是可能的，这显然违反了 WD 假设引入的零结合性假定。第四，WD 假设采用单一方程的简化形式(即单一生产前沿)刻画非期望产出的生成过程，这可能与实际生产过程的特征不符。Murty(2012)在 WD 假设下得到产生污染的投入和非期望产出呈负相关性这一与现实不符的结论，Levkoff(2011)强调存在多种非期望产出情况下，采用单一前沿可能出现与事实不一致的折中处理方法：一些特定的投入只能生成特定的非期望产出，而不能生成所有的非期望产出。这些质疑和争议还有待在后续研究中进一步加以探讨和明晰。

3. 新型的非期望产出处理方法

针对传统非期望产出处理方法和经典 WD 生产技术的局限性，学者引入物质平衡原理对经典 WD 模型进行修正，采用多重前沿生产技术分别反映期望产出和非期望产出生产技术的不同生成机制，以捕捉期望产出和非期望产出的不同权衡。当然，这些处理非期望产出的新方法依然存在一些不足之处：①基于物质平衡原理的方法受制于期望产出的处置方向和排放、复原因子，使得非期望产出的减少空间受到较大限制；②副产品生产技术将投入分为污染性和非污染性两种，而在实际中产生期望产出和非期望产出的投入往往难以割离开来；③自然与管理可处置性虽然基于两种不同的减排思路对非期望产出构建起多重前沿，但在自然可处置性假定下将非期望产出作为投入建模，容易导致对全局生产技术的错误识别，在管理可处置性假定下把投入看作期望产出也不尽合理，因为投入消耗往往使 DMU 增加成本。

---

[①] Hampf 和 Rødseth(2015)及 Rødseth(2014)认为，在末端技术(是指懒惰的污染者不希望简单地改变生产过程，宁愿采用回收等其他方法来减轻产生的污染)存在的情况下，WD 和零结合性假设可以与物质平衡原理相兼容，但在多数情况下末端设备在技术上无法实现或者经济上负担不起。

在现有文献中,部分学者开展针对上述几类非参数方法的实证效果检验与比较(表2-5)。其中,Hua和Bian(2007)及Chen和Delmas(2012)对经典的WD方法与传统生产技术下的视为强可处置投入、转换为期望产出方法进行实证比较,发现WD方法提供了更为稳健的效率测度。然而,由于效率测度时存在模型假设条件、测度方法及效率得分的取值范围不同等问题,测度结果缺乏可比性。针对上述缺陷,Hampf(2018)统一采用DDF效率测度方法进一步对包括WGD-MBP在内的四种方法进行比较,发现WD和视为强可处置投入方法的测度误差没有明显差异,而转换为期望产出方法误差较大,WGD-MBP方法最为准确。针对新型非期望产出处理方法,Murty(2012)将MRL副产品模型与WD模型进行比较,发现WD方法识别的部分有效DMU在MRL副产品模型下为弱有效,WD模型更易高估DMU的效率。Dakpo等(2020)在Hampf(2018)的基础上采用蒙特卡罗模拟进一步对WGD-MBP模型、BP模型和NMD模型进行比较,发现与WGD-MBP模型和NMD模型相比,副产品模型及其扩展模型的效果较好,但无法有效区分各个副产品模型的表现。Cui(2021)基于航空公司数据对五种非参数方法进行全面比较,通过有效DMU数、效率得分标准差和排名相关性等指标考察模型效果,发现多重前沿模型尤其是NMD模型能够更为准确地反映非期望产出在识别无效率DMU中的作用,而在DMU效率得分的区分能力和有效DMU识别的合理性方面,BP方法和NMD方法表现最优,视为强可处置投入和WD方法的效果不相上下,WGD-MBP方法表现最差。

**表2-5 对几类非参数方法实证效果进行比较的代表性文献**

| 文献 | 传统 | | 环境生产技术 | | | | 研究模式 | 效率测度方法 | 模型性能比较指标 |
| --- | --- | --- | --- | --- | --- | --- | --- | --- | --- |
| | 视为强可处置投入 | 转换为期望产出 | WD | WGD-MBP | BP | NMD | | | |
| Hua和Bian(2007) | √ | √ | √ | | | | 实证研究 | HEM、SBM、DDF | 有效DMU数 |
| Chen和Delmas(2012) | √ | √ | √ | | | | 蒙特卡罗模拟 | HEM、DDF | 相关系数和错误率 |
| Hampf(2018) | √ | √ | √ | √ | | | 实证研究+蒙特卡罗模拟 | DDF | 平均绝对误差 |
| Murty(2012) | | | √ | | √ | | 实证研究 | Russell | 等级相关系数 |
| Dakpo等(2020) | | | √ | √* | √ | | 蒙特卡罗模拟 | SBM、RAM | 多项指标 |
| Cui(2021) | √ | | √ | √ | √ | √ | 实证研究 | RAM | 多项指标 |

注:HEM表示hyperbolic efficiency measure(双曲效率测度)
*表示包含MRL副产品模型的各类扩展模型

不难发现，现有经验研究的结论倾向于表明在环境生产技术下新型非期望产出处理方法相对于经典的 WD 方法和传统生产技术所具有的优势，但并未对各类非期望产出处理方法的关键特征、内在联系及演进逻辑进行透彻分析，且在技术操作层面仍存在一些问题。一是不同模型往往采用不同的效率测度方法，无法确认技术模型的选择对效率测度结果的影响。二是缺乏数据异质性处理和测度结果的稳健性检验。除 Hampf(2018)采用技术同质性数据集建模外，其他研究均未考虑数据异质性对真实生产率刻画带来的偏差和结果的稳健性检验。三是部分模型的效率测度效果难以有效区分，原因在于理论模型本身的区别度不高抑或假设条件和数据生成过程的结构参数设置不当。这些问题有待于未来研究进一步加以明确。

(二)非参数方法的演进逻辑

非期望产出本质上是生产过程的一部分，与投入要素、期望产出之间存在着密切的内在联系与交互作用。因此，对非期望产出的处理方法也遵循着纳入非期望产出的生产理论发展脉络而不断演进，具体体现为三个阶段。

为适应传统生产理论对投入和产出强可处置性的假设，第一阶段的非参数方法是将非期望产出作为强可处置投入或将非期望产出转换为期望产出，属于标准假设下的单一前沿方法，不足之处在于未充分考虑到非期望产出、期望产出与投入的内在联系以及生产技术模型的经济意义。为克服第一阶段方法的局限性，对生产理论标准假设进行拓展，得到基于 WD 假设的联合生产技术和基于弱-G 可处置性及物质平衡原理生产技术两种处理方法，更加贴合实际生产过程和非期望产出的产出特性，且得到广泛认同及实际应用，这构成非期望产出处理方法发展的第二阶段，具体见图 2-3。第三阶段的方法则是将单一前沿拓展为多重前沿，构建起期望产出与非期望产出双重生产前沿以有效反映非期望产出的生成机制，具体包括副产品生产技术和基于自然可处理性与管理可处理性的生产技术。

从各种方法的演进路径来看，非期望产出处理方法之间既保有延续性又适当的跳跃性，新方法往往是规避已有方法某方面的缺陷而提出，但可能又面临新的问题。早期的处理方法将非期望产出作为强可处置性投入或转换为期望产出，这显然不符合现实生产过程。为使处理方法更符合实际，研究者针对非期望产出提出 WD 假设和零结合性假设，解决了非期望产出不可自由处置的问题，使 WD 假设成为文献中最常用的方法，但因其违反物质平衡原理和热力学定律而遭到部分学者的质疑，故而 Coelli 等(2007)、Hampf 和 Rødseth(2015)在 WD 假设的基础上纳入物质平衡原理约束而提出相应的处理方法。基于物质平衡原理的非期望产出处理方法虽然满足热力学两大定律，但其在应用过程中仍存在一些违背直觉的问题，原因在于仅将物质平衡原理作为会计恒等式引入并不能真正反映非期望

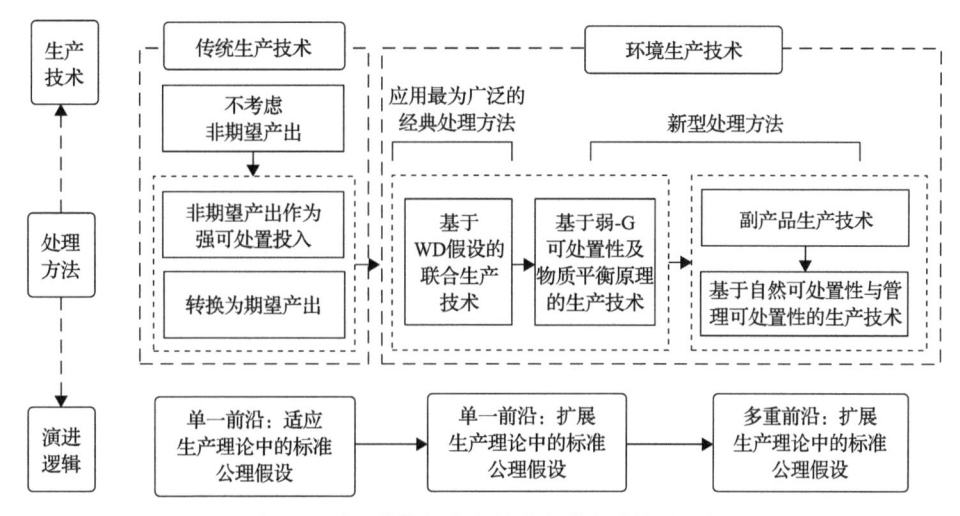

图 2-3　处理非期望产出的非参数方法演进逻辑

产出的生成机制，单一生产系统难以充分捕获投入、期望产出和非期望产出之间的平衡关系。从这一点出发，Murty（2012）另辟蹊径提出副产品生产技术为表述污染产生的内在机制提供了一种新思路。

整体来看，对期望产出和非期望产出的非对称处理思想贯穿于处理非期望产出的非参数方法发展过程的始终，从传统生产技术到环境生产技术，从单一生产系统到多重生产系统，对生产技术的假设条件考虑渐趋全面、合理，模型复杂度也越来越高，生产技术理论日益贴近实际生产过程，逐渐打开生产过程的"黑箱"，为决策者提供更加准确的决策信息。

## 第四节　本章小结

从 20 世纪开始，生产率的概念逐渐规范化，相关学术活动更加国际化，生产率理论也日益系统化，最终演变为当代的全要素生产率理论。传统全要素生产率测度对生产过程中环境污染等非期望产出未充分考虑，像污染治理投入、绿色研发投入等带来的非期望产出减少也没有体现，不能客观反映全要素生产率的真实变化。GTFP 与传统全要素生产率的最大差异在于将资源环境因素纳入测度框架，将能源作为与劳动、资本并列的投入要素，污染排放物作为非期望产出纳入全要素生产率测度框架。

经典的全要素生产率测度是从估计生产函数开始的，按是否需要预设生产函数形式将测度方法大致分为参数方法、非参数方法和半参数方法。参数方法主要包括增长核算法、SFA；非参数方法主要包括指数法和 DEA；半参数方法主要包括 StoNED 模型、OP 模型、LP 模型、ACF 模型和 de Loecker 模型等。

生产过程中非期望产出对效率测度造成重要影响，如何科学处理非期望产出是环境效率、能源效率和 GTFP 测算等领域所面临的共同问题。1990 年以来，处理非期望产出的非参数方法经历了作为强可处置性投入、数据转换的简单处理到贴近产出特性的 WD 假设方法，再到符合物质平衡原理及热力学定律、体现非期望产出生成机制新方法的发展过程；生产系统从单一前沿到多重前沿，研究思路从单纯将非期望产出纳入生产系统，到深入探究生产过程中的每一个子系统。总体来看，处理方法的理论基础愈加扎实，处理技术不断精细，研究层次逐步深入。值得注意的是，每种方法都有其产生的独特背景、适用条件及优缺点，实际应用中仍需结合具体的问题背景、产出特征和非期望产出生成机制来开展处理方法的选择。通过对非参数框架下非期望产出处理方法的比较分析及演进解析可知，各种方法都存在着自身的优势与不足，有关非期望产出处理新方法的实际应用还不多，未来一些领域和方向需要持续关注，并开展创新性的拓展研究与实证检验。

# 第三章　城市 GTFP 测度的典型方法

## 第一节　基于 SFA 的城市 GTFP 增长测度方法

### 一、SFA 及生产函数选择

(一)随机前沿模型

Meeusen 和 van den Broeck(1977)、Aigner 等(1977)以及 Battese 和 Corra(1977)这三篇关于 SFA 的学术论文的发表,标志着 SFA 方法的正式诞生(陶长琪和王志平,2011)。SFA 生产函数形式为

$$y_i = f(x_i,\beta)\exp(v_i - u_i) = f(x_i,\beta)\exp(v_i) \times \exp(-u_i) \qquad (3\text{-}1)$$

其中,$y_i$ 表示产出向量;$x_i$ 表示投入向量;$\beta$ 表示技术参数;第一个误差项 $v_i \sim N(0,\sigma_V^2)$ 表示随机误差项,代表各种随机因素对前沿面的影响,具有不可控制性,譬如不可预测的消耗、观测误差等;第二个误差项 $u_i \geqslant 0$ 表示单边误差项,用来衡量技术非有效性,包括可控制的影响因素,譬如技术落后、低效资源配置等;$f(x_i,\beta)$ 表示生产函数,$f(x_i,\beta)\exp(v_i)$ 表示随机前沿标准线;若 $u_i = 0$,表示反映生产者状况的点落在前沿面上;若 $u_i > 0$,则表示反映生产者状况的点落在前沿面以内。

(二)生产函数选择

随机前沿模型估计可使用的生产函数形式一般包括 C-D 生产函数、超越对数生产函数、线性生产函数、里昂惕夫生产函数和固定替代弹性(constant elasticity of substitution,CES)生产函数等,其中 C-D 生产函数和超越对数生产函数形式是最常用的函数形式(陈龙,2017)。

### 二、技术无效性检验与误差项分布假设

(一)技术无效性检验

为阐述 SFA 所涉及的一些基本问题,以 C-D 生产函数形式的随机前沿模型为例,对 C-D 生产函数的方程式两边取对数得:

$$\ln y = \beta_0 + \sum_{n=1}^{N} \beta_n \ln x_n \tag{3-2}$$

在 SFA 模型中,复合残差项 $\varepsilon_i = v_i - u_i$,为了方便说明上述 C-D 生产函数随机前沿模型,先限定只有唯一的投入 $x_i$ 获得产出 $q_i$,在这一前提下的 C-D 随机前沿模型可表示为

$$\ln q_i = \beta_0 + \beta_1 \ln x_i + v_i - u_i$$

或

$$\begin{aligned} q_i &= \exp(\beta_0 + \beta_1 \ln x_i + v_i - u_i) \\ &= \exp(\beta_0 + \beta_1 \ln x_i) \times \exp(v_i) \times \exp(-u_i) \end{aligned} \tag{3-3}$$

其中,$\exp(\beta_0 + \beta_1 \ln x_i)$ 表示确定部分;$\exp(v_i)$ 表示随机误差项部分;$u_i$ 表示无效率部分。

故而,技术效率测度方法是计算观测产出与相应随机前沿面产出的比值,即

$$\mathrm{TE}_i = \frac{q_i}{\exp(\beta_0 + \beta_1 \ln x_i + v_i)} = \frac{\exp(\beta_0 + \beta_1 \ln x_i + v_i - u_i)}{\exp(\beta_0 + \beta_1 \ln x_i + v_i)} = \exp(-u_i) \tag{3-4}$$

因为 $u_i \geq 0$,所以 $\exp(-u_i) \in [0,1]$,即技术效率取值范围为 $[0,1]$。

开展技术无效性检验,首先,需对单边误差项 $u_i$ 进行似然比(likelihood ratio,LR)检验,检验模型的误差项是否存在包含随机误差项和单边误差项的复合结构;其次,估计方差参数 $\gamma = \sigma_u^2 / (\sigma_u^2 + \sigma_v^2)$,$\gamma$ 越接近 1,表明技术无效性越显著,即随机前沿生产函数的误差主要来源于技术无效率部分,这意味着采用随机前沿技术对生产函数的估计是合适的。

(二)误差项分布假设

运用 SFA 的目的是得到 $f(x_i, \beta)$ 中的生产技术参数 $\beta$ 和各生产 DMU 技术有效性的估计值;而要得到生产 DMU 的技术有效性,须对 SFA 模型中的复合残差项 $\varepsilon_i = v_i - u_i$ 进行分解;实现复合残差项的分解,则需对随机误差项 $v_i$ 和单边误差项 $u_i$ 的分布做出假设。通常假定 $v_i$ 和 $u_i$ 独立分布,且与自变量不相关;$v_i$ 沿用传统假设,即 $v_i \sim \mathrm{iid}\, N(0, \sigma_V^2)$;对于 $u_i$ 的分布,常见假设包括以下几种情况:① $u_i$ 服从独立同分布的指数分布;② $u_i$ 服从半正态分布 $u_i \sim N^+(0, \sigma_u^2)$;③ $u_i$ 服从截断正态分布 $u_i \sim N^+(\mu, \sigma_u^2)$;④ $u_i$ 服从独立同分布的伽马(Gamma)分布等(陶长琪和王志平,2011)。

## 三、基于 SFA 的城市 GTFP 指数（指标）

以上讨论的 SFA 模型主要是针对截面数据，可将 SFA 模型扩展为面板数据形式。与截面数据相比，面板数据能够反映每个生产 DMU 一段时间内的连续表现，包含更多的观测点，可提供更加精确的信息。对应式(3-1)，面板数据形式的随机前沿面生产函数可表示为

$$Y_{it} = f(X_{it}, \beta) \times \exp(v_{it} - u_{it}) \tag{3-5}$$

Zhou 等(2012)将 Shephard-DF 与随机前沿生产函数相结合，使得 SFA 模型能够同时处理多投入多产出问题，故可将非期望产出纳入，以测度城市 GTFP。面板数据的 SFA 模型一般形式为

$$\begin{aligned} &Y_{jt} = f(X_{jt}, t, \beta) \times \exp(v_{jt} - u_{jt}), \ j=1,2,\cdots,J; t=1,2,\cdots,T \\ &v_{jt} \sim N\left(0, \sigma_v^2\right); u_{jt} \sim \left|N\left(\mu, \sigma_u^2\right)\right| \end{aligned} \tag{3-6}$$

其中，$Y_{jt}$ 表示第 $j$ 个 DMU 在 $t$ 时期的产出（包括期望产出、非期望产出或两者合成）；$X_{jt}$ 表示第 $j$ 个决策单位 $t$ 时期的投入向量；$t$ 表示时间，反映技术进步；$f(X_{jt}, t, \beta)$ 表示特定函数形式，包括 C-D 生产函数和超越对数生产函数等；$\beta$ 表示待估计的投入向量参数；$v_{jt}$ 表示随机统计误差，假定其服从正态分布；$u_{jt}$ 表示由技术非效率所引起的误差，假定其服从截断正态分布；$v_{jt}$ 与 $u_{jt}$ 相互独立。模型的对数形式为

$$\ln Y_{jt} = \ln f(X_{jt}, t, \beta) + (v_{jt} - u_{jt}) \tag{3-7}$$

利用极大似然估计方法可以确定函数中的参数，得到每个 DMU 各时期的距离函数（技术效率值）。技术效率(TE)以实际期望产出与生产前沿面产出期望的比值表示，则第 $j$ 个 DMU 在 $t$ 时期的技术效率可定义为

$$\text{TE}_j^t = \frac{\exp\left(Y_{jt} | u_{jt}, X_{jt}\right)}{\exp\left(Y_{jt} | u_{jt}=0, X_{jt}\right)} = \exp(-u_{jt}) = d_o^t(X_{jt}, Y_{jt}) \tag{3-8}$$

若 $u_{it}=0$，则 $\text{TE}_j^t=1$，该个体恰好在生产前沿面上，处于技术有效状态；若 $u_{it}>0$，则 $\text{TE}_j^t \in (0,1)$，该个体位于生产前沿面之下，处于非技术效率状态。从时期 $t$ 到时期 $t+1$ 第 $j$ 个 DMU 技术效率变化(TEC)的计算公式为

$$\text{TEC}_j^{t,t+1} = \frac{\text{TE}_j^{t+1}}{\text{TE}_j^t} = \frac{d_o^{t+1}(X_{j(t+1)}, Y_{j(t+1)})}{d_o^t(X_{jt}, Y_{jt})} \tag{3-9}$$

第 $j$ 个 DMU 从时期 $t$ 到时期 $t+1$ 的技术进步,可通过对随机前沿函数的参数直接求时期 $t$ 的偏导数而计算得到。当技术进步非中性时,技术进步值随着投入向量的不同而有所不同,因而相邻时期 $t$ 和时期 $t+1$ 的技术进步值应为几何平均值,即有:

$$\text{TC}_j^{t,t+1} = \left\{ \left[ 1 + \frac{\partial f(f(x_{j(t+1)}, t+1, \beta))}{\partial t} \right] \times \left[ 1 + \frac{\partial f(f(x_{jt}, t, \beta))}{\partial t} \right] \right\}^{1/2} \quad (3-10)$$

基于 SFA 计算的 M 指数可表示为技术效率变化与技术进步的乘积。与 DEA 相比,SFA 通过随机前沿模型将随机因素的影响分离出来,避免结果受测量误差或其他随机性误差的冲击,能够较好地克服确定性模型由随机偏误带来的影响,使结论更接近于事实。当然,SFA 存在着生产函数设定具有主观性、需假定统计误差与技术无效率误差的分布形式等不足。

## 第二节 基于 DEA 的城市 GTFP 增长测度方法

相较于 SFA 等方法,DEA 能够避开设定生产函数具体形式和选择随机变量分布假设的问题,不存在价格体系不合理等非技术因素问题,且可同时处理多投入多产出情形,应用更为广泛。传统 DEA 模型只能对截面数据进行效率分析,为弥补这一不足,国内外学者数十年来努力将 DEA 模型与生产率指数相结合不断进行改进与创新,衍生出角度各异、功能繁多的 DEA 生产率指数模型,可用以开展城市层面面板数据的 GTFP 增长测算。

### 一、DEA 生产率测度模型选择

(一)基础 CCR 模型与 BCC 模型

DEA 的基本模型为 CCR 模型,基于 CRS 的假设,其又称为 CRS 模型。如果对 CCR 模型放松 CRS 假设,可得到 BCC 模型(Banker et al., 1984),也称为 VRS 模型。

假设在 $t(t=1, 2, \cdots, T)$ 时期,共有 $j=1, 2, \cdots, J$ 个 DMU,使用 $N$ 种投入 $x_{jt}^n \in R_+^N$,生产 $M$ 种期望产出 $y_{jt}^m \in R_+^M$,生产可能性集合为 $P^t = \{(x^t, y^t) |$ 在 $t$ 期,$x^t$ 可以生产 $y^t\}$,假设 $P^t$ 满足闭集与有界集、产出和投入可自由处置等公理性条件[①]。按照 Shephard(1970)的方法,产出距离函数定义为

---

① 以下所有指数的生产可能性集合均需要满足这些基本的公理条件。

$$d_o^t(x,y) = \inf\left\{\theta \mid (x, y/\theta) \in P^t\right\} = \left(\sup\left\{\varphi \mid (x, \varphi y) \in P^t\right\}\right)^{-1} \quad (3\text{-}11)$$

其中，下标 o 表示距离函数是基于产出角度定义的[①]。在经验研究中，根据观测到的 DMU 来生成生产可能性集合，由观测到的 DMU 构造的 $t$ 期 CRS 的生产可能性集合 $P^t(C)$ 见式(3-12)，加上约束 $\sum_{j=1}^{J}\lambda_{jt}=1$，可得 $t$ 期 VRS 的生产可能性集合 $P^t(V)$ 为式(3-13)。

$$P^t(C) = \left\{(x^t, y^t) \middle| \sum_{j=1}^{J}\lambda_{jt}x_{jt} \leqslant x_t; \sum_{j=1}^{J}\lambda_{jt}y_{jt} \geqslant y_t; \lambda_{jt} \geqslant 0, j=1,\cdots,J\right\} \quad (3\text{-}12)$$

$$P^t(V) = \left\{(x^t, y^t) \middle| \sum_{j=1}^{J}\lambda_{jt}x_{jt} \leqslant x_t; \sum_{j=1}^{J}\lambda_{jt}y_{jt} \geqslant y_t; \lambda_{jt} \geqslant 0, \sum_{j=1}^{J}\lambda_{jt}=1, j=1,\cdots,J\right\} \quad (3\text{-}13)$$

基于两种生产可能性集合 $P^t(C)$ 和 $P^t(V)$，第 $j'$ ($j'=1,2,\cdots,J$) 个 DMU 的距离函数 $d_o^t(x_{j't}, y_{j't})$ 由 CCR 模型与 BCC 模型最优值的倒数来表示：

$$(\text{CCR})\begin{cases} \max \varphi = 1/d_o^t(x_{j't}, y_{j't}) \\ \text{s.t.} \quad \sum_{j=1}^{J}\lambda_{jt}x_{jt}^n \leqslant x_{j't}^n, \quad n=1,\cdots,N \\ \quad \sum_{j=1}^{J}\lambda_{jt}y_{jt}^m \geqslant \varphi y_{j't}^m, \quad m=1,\cdots,M \\ \quad \lambda_{jt} \geqslant 0, \quad j=1,2,\cdots,J \end{cases} \quad (3\text{-}14)$$

$$(\text{BCC})\begin{cases} \max \varphi = 1/d_o^t(x_{j't}, y_{j't}) \\ \text{s.t.} \quad \sum_{j=1}^{J}\lambda_{jt}x_{jt}^n \leqslant x_{j't}^n, \quad n=1,\cdots,N \\ \quad \sum_{j=1}^{J}\lambda_{jt}y_{jt}^m \geqslant \varphi y_{j't}^m, \quad m=1,\cdots,M \\ \quad \sum_{j=1}^{J}\lambda_{jt}=1, \quad \lambda_{jt} \geqslant 0, \quad j=1,2,\cdots,J \end{cases} \quad (3\text{-}15)$$

根据式(3-15)可求得模型的最优解，假定最优解为 $\varphi^*$。在 DMU 投入不变的

---

[①] 定义基于投入角度的距离函数为 $d_i^t(x,y) = \sup\left\{\lambda \mid (x/\lambda, y) \in P^t\right\}$。

条件下，产出扩张的最大比例为 $\varphi^*-1$，可见 $\varphi^*$ 越大意味着产出的增长幅度越大，对应的效率则越低。由于 $\varphi^* \geq 1$，通常采用 $1/\varphi^*$ 来表示生产效率值。

## (二) 非径向距离函数模型

囿于 CCR 模型与 BCC 模型对无效 DMU 的改进方式是所有投入(产出)等比例缩减(增加)，且需要基于产出不变或投入不变的假设，故被称为径向和角度 DEA 模型。当存在投入过度或产出不足时，径向距离函数方法会高估 DMU 的效率(Zhou et al., 2006)，而角度距离函数方法的效率测度由于忽视投入或产出，测算结果也不准确(Färe and Lovell, 1978)。因此，DEA 效率测度模型的构建需要从径向和角度距离函数方法转向非径向非角度方法，如 DDF、至前沿最远距离函数(SBM 模型)、NDDF、混合距离函数等。

### 1. DDF

DDF 是对径向 DEA 模型的一般化表达(Chung et al., 1997)，线性规划表达式[①]为

$$\begin{aligned} \max \beta &= 1 - \vec{d}^t(x_{j't}, y_{j't}; g_{j't}) \\ \text{s.t.} \quad & \sum_{j=1}^{J} \lambda_{jt} x_{jt}^n + \beta g_x \leq x_{j't}^n, n=1,\cdots,N \\ & \sum_{j=1}^{J} \lambda_{jt} y_{jt}^m - \beta g_y \geq y_{j't}^m, m=1,\cdots,M \\ & \lambda_{jt} \geq 0, j=1,2,\cdots,J \end{aligned} \quad (3\text{-}16)$$

其中，$g_x$ 和 $g_y$ 分别表示投入与产出的方向向量。最优解为 $\beta^*$，表示被评价 DMU 的无效率程度，一般采用 $1-\beta^*$ 表示效率值。

若考虑存在非期望产出的情况，生产过程中产生的 $U$ 种非期望产出 $b_{jt}^u \in R_+^U$，相应的非期望产出向量为 $g_b$。此时，$t$ 期 CRS 的生产可能性集合 $P^t$ 为

$$S = \left\{ (x,y,b) \middle| x_{j't}^n \geq \sum_{j=1}^{J} \lambda_{jt} x_{jt}^n, y_{j't}^m \leq \sum_{j=1}^{J} \lambda_{jt} y_{jt}^m, b_{j't}^u \geq \sum_{j=1}^{J} \lambda_{jt} b_{jt}^u \right\} \quad (3\text{-}17)$$

因此，存在非期望产出的 DDF 模型[②]表示为

---

① 该模型为 CRS 模型，在此基础上增加约束条件 $\sum_{j=1}^{J} \lambda_{jt} = 1 (\lambda_{jt} > 0)$ 即为 VRS 模型，以下模型同。

② 该模型中期望产出满足强可处置性、非期望产出满足 WD 和零结合性定理。

$$\begin{aligned}&\max \beta\\&\text{s.t.}\ \sum_{j=1}^{J}\lambda_{jt}x_{jt}^{n}+\beta g_{x}\leqslant x_{j't}^{n},n=1,\cdots,N\\&\quad\sum_{j=1}^{J}\lambda_{jt}y_{jt}^{m}-\beta g_{y}\geqslant y_{j't}^{m},m=1,\cdots,M\\&\quad\sum_{j=1}^{J}\lambda_{jt}b_{jt}^{u}+\beta g_{b}=b_{j't}^{u},u=1,\cdots,U\\&\quad\lambda_{jt}\geqslant 0,\ j=1,2,\cdots,J\end{aligned}$$ (3-18)

DDF 模型是对径向 DEA 模型的扩展，当方向向量取 DMU 的投入、产出值时，两者相同。此时，DDF 模型中的 $\beta^*$ 与投入导向径向 DEA 模型效率值 $\theta^*$ 的关系为 $\beta^*=1-\theta^*$，与产出导向径向 DEA 模型效率值 $1/\varphi^*$ 的关系为 $1/\varphi^*=1/(1+\beta^*)$。所以，DDF 模型中的效率值应表示为 $1-\beta^*$。

2. 至前沿最远距离函数（SBM 模型）

径向 DEA 模型对无效率的测度仅以所有投入或产出等比例缩减或增加的比例来表示。其实，无效率 DMU 的实际值与目标值之间的距离除了等比例改进的部分之外，还应纳入松弛改进部分，而这一部分在测度过程中并没有加以体现。出于这样的考虑，Tone(2001) 提出 SBM 模型。

$$\begin{aligned}&\min\rho=\frac{1-\frac{1}{N}\sum_{n=1}^{N}s_{n}^{-}/x_{jt}^{n}}{1+\frac{1}{M}\sum_{m=1}^{M}s_{m}^{+}/y_{jt}^{m}}\\&\text{s.t.}\ \sum_{j=1}^{J}\lambda_{jt}x_{jt}^{n}+s_{n}^{-}=x_{j't}^{n},s_{n}^{-}\geqslant 0,n=1,\cdots,N\\&\quad\sum_{j=1}^{J}\lambda_{jt}y_{jt}^{m}-s_{m}^{+}=y_{j't}^{m},s_{m}^{+}\geqslant 0,m=1,\cdots,M\\&\quad\lambda_{jt}\geqslant 0,\ j=1,2,\cdots,J\end{aligned}$$ (3-19)

SBM 模型以 $\rho^*$ 表示 DMU 的效率值，对效率的测度过程中可考虑投入和产出两个不同的角度，也称为非导向(non-oriented)模型。其中，投入的无效率体现为 $\frac{1}{N}\sum_{n=1}^{N}s_{n}^{-}x_{jt}^{n}$，产出的无效率体现为 $\frac{1}{M}\sum_{m=1}^{M}s_{m}^{+}y_{jt}^{m}$，模型中的投入和产出指标均不能出现 0。

SBM 模型的优势在于解决了径向模型对无效率测度不包含松弛变量的问题，

但也存在明显的不足。SBM 模型的目标函数是使效率值 $\rho$ 最小化，即使投入和产出的无效率值最大化，而根据距离函数知 DMU 的投影点是前沿面上距离 DMU 最远的点，这构成 SBM 模型不合理之处。因为 DMU 通常希望以最短的路径到达前沿面，而 SBM 模型给出的目标值与此并不相符。

如果存在非期望产出的情况，SBM 模型的线性规划表达式为

$$\min \rho = \frac{1 - \frac{1}{N}\sum_{n=1}^{N} s_n^- / x_{jt}^n}{1 + \frac{1}{M}\sum_{m=1}^{M} s_m^+ / y_{jt}^m + \frac{1}{U}\sum_{u=1}^{U} s_u^- / b_{jt}^u}$$

$$\text{s.t.} \quad \sum_{j=1}^{J} \lambda_{jt} x_{jt}^n + s_n^- = x_{j't}^n, s_n^- \geq 0, n = 1, \cdots, N$$

$$\sum_{j=1}^{J} \lambda_{jt} y_{jt}^m - s_m^+ = y_{j't}^m, s_m^+ \geq 0, m = 1, \cdots, M \quad (3\text{-}20)$$

$$\sum_{j=1}^{J} \lambda_{jt} b_{jt}^u + s_u^b = b_{j't}^u, s_u^b \geq 0, u = 1, \cdots, U$$

$$\lambda_{jt} \geq 0, j = 1, 2, \cdots, J$$

### 3. NDDF

Zhou 等 (2012) 指出，虽然 SBM 模型可用于计算基于方向松弛的无效率度量，但并没有正式定义函数本身。因此，Zhou 等 (2012) 提出与 DDF 所遵循的效率度量公理化方法更为一致，且具有某些理想数学性质的 NDDF 来代替 SBM 模型以避免传统 DEA 方法的径向与角度问题。NDDF 模型的线性规划表示为

$$\text{Max } \beta = \frac{1}{2}\left(\frac{1}{N}\sum_{n=1}^{N} \beta_{jt}^n + \frac{1}{M}\sum_{m=1}^{M} \beta_{jt}^m\right)$$

$$\text{s.t} \quad \sum_{j=1}^{J} \lambda_{jt} x_{jt}^n \leq x_{jt}^n - \beta_{jt}^n g_x, n = 1, 2, \cdots, N \quad (3\text{-}21)$$

$$\sum_{j=1}^{J} \lambda_{jt} y_{jt}^m \geq y_{jt}^m + \beta_{jt}^m g_y, m = 1, 2, \cdots, M$$

$$\lambda_{jt} \geq 0, j = 1, 2, \cdots, J; \beta_{jt}^n \geq 0, \beta_{jt}^m \geq 0$$

如果存在坏产出的情况，NDDF 模型的线性规划表达式为

$$\text{Max } \beta = \frac{1}{3}\left(\frac{1}{N}\sum_{n=1}^{N}\beta_{jt}^{n} + \frac{1}{M}\sum_{m=1}^{M}\beta_{jt}^{m} + \frac{1}{U}\sum_{u=1}^{U}\beta_{jt}^{u}\right)$$

$$\text{s.t} \quad \sum_{j=1}^{J}\lambda_{jt}x_{jt}^{n} \leqslant x_{jt}^{n} - \beta_{jt}^{n}x_{jt}^{n}, n=1,2,\cdots,N$$

$$\sum_{j=1}^{J}\lambda_{jt}y_{jt}^{m} \geqslant y_{jt}^{m} + \beta_{jt}^{m}y_{jt}^{m}, m=1,2,\cdots,M \quad (3\text{-}22)$$

$$\sum_{j=1}^{J}\lambda_{jt}b_{jt}^{u} = b_{jt}^{u} - \beta_{jt}^{u}b_{jt}^{u}, u=1,2,\cdots,U$$

$$\lambda_{jt} \geqslant 0, j=1,2,\cdots,J; \beta_{jt}^{n} \geqslant 0, \beta_{jt}^{m} \geqslant 0, \beta_{jt}^{u} \geqslant 0$$

与 DDF 一样，NDDF 模型中的效率值应表示为 $1-\beta^{*}$，此外 $1-\beta_{jt}^{n*}$、$1-\beta_{jt}^{m*}$ 和 $1-\beta_{jt}^{u*}$ 分别为各投入、期望产出和非期望产出的效率值。

4. 混合距离函数

混合距离函数是指同一模型中包含多种距离函数，主要分为两类：一类是包含径向与 SBM 两类距离函数的混合模型(Tone and Tsutsui, 2010)，模型中使用了 ε 参数，为基于艾普西隆的测度(Epsilon-based measure, EBM)模型；另一类也由 Tone(2004)提出，在模型中认为部分投入产出指标保持等比例改进，采用径向距离形式，其余投入产出指标则采用 SBM 距离，所以被称为 Hybrid(混合)模型。

(1) EBM 模型。在此以投入导向 CRS 模型为例，展现 EBM 模型的计算过程，即投入导向 CRS 下 EBM 模型的线性规划表达式为

$$\min \theta - \varepsilon^{-}\left(\sum_{n=1}^{N}\frac{w_{n}^{-}s_{n}^{-}}{x_{jt}^{n}} \bigg/ \sum_{n=1}^{N}w_{n}^{-}\right)$$

$$\text{s.t.} \quad \sum_{j=1}^{J}\lambda_{jt}x_{jt}^{n} + s_{n}^{-} = \theta x_{j't}^{n}, s_{n}^{-} \geqslant 0, n=1,\cdots,N \quad (3\text{-}23)$$

$$\sum_{j=1}^{J}\lambda_{jt}y_{jt}^{m} \geqslant y_{j't}^{m}, m=1,\cdots,M$$

$$\lambda_{jt} \geqslant 0, j=1,2,\cdots,J$$

被评价 DMU 的效率值为目标函数的最优解，即

$$\theta^{*} - \varepsilon^{-}\sum_{n=1}^{N}\frac{w_{n}^{-}s_{n}^{-*}}{x_{jt}^{n}} \quad (3\text{-}24)$$

模型中有 $m+1$ 个参数；$w_n^-$ 表示投入指标的相对重要性；$\varepsilon^-$ 代表效率值的计算过程中非径向部分的重要程度，取值范围为 [0,1]，其取 0 时等同于径向模型，取 1 时等同于 SBM 模型。

(2) Hybrid 模型。在实际生产过程中，当投入产出要素较多时，部分投入要素需保持相对固定的比例，而有些要素之间可相互替代。在这种情况下，DEA 模型中可将投入(产出)要素分为两类：一类为径向指标，另一类为非径向指标。

Hybrid 模型的规划表达式为

$$\min \rho = \frac{1 - \frac{N_1}{N}(1-\theta) - \frac{1}{N}\left(\sum_{n=1}^{N_2} \frac{s_n^{\mathrm{NR}-}}{x_{jt}^{n\,\mathrm{NR}}}\right)}{1 + \frac{M_1}{M}(\varphi-1) + \frac{1}{M}\left(\sum_{m=1}^{M_2} \frac{s_m^{\mathrm{NR}+}}{y_{jt}^{m\,\mathrm{NR}}}\right)}$$

$$\begin{aligned}
\text{s.t.} \quad & \sum_{j=1}^{J} \lambda_{jt} x_{jt}^{n\mathrm{R}} + s_n^{\mathrm{R}-} = \theta x_{j't}^{n\mathrm{R}}, s_n^{\mathrm{R}-} \geqslant 0, n=1,\cdots,N \\
& \sum_{j=1}^{J} \lambda_{jt} x_{jt}^{n\,\mathrm{NR}} + s_n^{\mathrm{NR}-} = x_{j't}^{n\,\mathrm{NR}}, s_n^{\mathrm{NR}-} \geqslant 0 \\
& \sum_{j=1}^{J} \lambda_{jt} y_{jt}^{m\mathrm{R}} - s_m^{\mathrm{R}+} = \varphi y_{j't}^{m\mathrm{R}}, s_m^{\mathrm{R}+} \geqslant 0, \ m=1,\cdots,M \\
& \sum_{j=1}^{J} \lambda_{jt} y_{jt}^{m\,\mathrm{NR}} - s_m^{\mathrm{NR}+} = y_{j't}^{m\,\mathrm{NR}}, s_m^{\mathrm{NR}+} \geqslant 0, \ m=1,\cdots,M \\
& \lambda_{jt} \geqslant 0, j=1,2,\cdots,J
\end{aligned} \tag{3-25}$$

其中，上标 R 表示径向指标，NR 表示非径向指标；$M$ 为产出指标数量，其中 $M_1$ 为径向指标数量，$M_2$ 为非径向指标数量；$N$ 为投入指标数量，其中 $N_1$ 为径向指标数量，$N_2$ 为非径向指标数量。

Hybrid 模型中的无效率值可按投入、产出、径向和非径向进行分解，得到投入径向无效率、投入非径向无效率、产出径向无效率、产出非径向无效率分别为

$$\frac{N_1}{N}(1-\theta) \tag{3-26}$$

$$\frac{1}{N}\left(\sum_{n=1}^{N_2} \frac{s_n^{\mathrm{NR}-}}{x_{jt}^{n\,\mathrm{NR}}}\right) \tag{3-27}$$

$$\frac{M_1}{M}(\varphi-1) \tag{3-28}$$

$$\frac{1}{M}\left(\sum_{m=1}^{M_2}\frac{s_m^{\mathrm{NR}+}}{y_{jt}^{m\,\mathrm{NR}}}\right) \tag{3-29}$$

## 二、生产前沿面构建方法

DEA 模型是一种确定性生产前沿方法，根据 DMU 的投入和产出数据构建生产前沿面。除了当期 DEA 外，还包括序列 DEA、窗口 DEA、全局 DEA、共同前沿 DEA 和两期 DEA 等。当期 DEA 基于当期截面数据构建生产前沿面，通常难以避免外生性冲击对 GTFP 测算结果的影响，使得不同时期的生产前沿面和技术进步不连续，易得出技术退步的反常结论，而在正常生产情况下技术进步是累进的（周五七，2015）。因而，利用 DEA 模型测度 GTFP 时，也可运用序列 DEA、窗口 DEA、全局 DEA、共同前沿 DEA 和两期 DEA 来构建生产前沿面。接下来以投入导向的 CCR 模型为例，解析基于不同生产前沿的 DEA 模型。

### （一）序列 DEA

序列 DEA 利用当期与前面所有时期的投入、产出数据来确定参考技术集（Tulkens and van den Eeckaut，1995），每一期的参考技术集构建都包含过去所有时期的投入、产出信息（周五七，2015）。序列生产可能性集合表示为 $\bar{P}^t(x_t)=P^1\cup P^2\cup\cdots\cup P^t(1\leqslant t\leqslant T)$，其中 $P^t$ 表示各期生产技术集。在 CCR 模型基础上构建投入导向的序列 DEA 模型为

$$\begin{aligned}&\min\theta_S\\&\text{s.t.}\ \sum_{\tau}^{t}\sum_{j=1}^{J}\lambda_{j\tau}x_{j\tau}^n\leqslant\theta_S x_{j't}^n,\ n=1,\cdots,N\\&\quad\sum_{\tau}^{t}\sum_{j=1}^{I}\lambda_{j\tau}y_{j\tau}^m\geqslant y_{j't}^m,\ m=1,\cdots,M\\&\quad\lambda_{j\tau}\geqslant 0,\ j=1,2,\cdots,J,\ j'=1,2,\cdots,J,\ \tau=1,2,\cdots t,\ t=1,2,\cdots,T\end{aligned} \tag{3-30}$$

基于序列 DEA 模型计算城市 GTFP 能够实现"过去掌握的技术不会遗忘"这一假定，避免出现虚假的"技术退步"以及由此引致的技术效率"被动提高"等不合理现象，同时有利于减少混合期线性规划无可行解的情形，但并不能彻底消除无可行解的问题。此外，序列 DEA 方法产生一个更稳定的边界，对样本中特定观察值的存在与否不太敏感，使得测算结果更为可信。然而，基于序列 DEA 的不同时期生产前沿面构建方法往往不能保持一致。

## (二) 窗口 DEA

传统 DEA 用于同一时期多个 DMU 的效率评价,针对其忽略时间因素的缺陷,Charnes 等(1984)用类似平滑系数的方法进行改进,提出窗口 DEA 方法。窗口 DEA 的基本思想是按一定宽度将研究期限划分为多个窗口,各窗口下的同一 DMU 被视为多个不同的 DMU,从而有效扩充 DMU 数量,改善传统 DEA 在 DMU 数量较少或指标数量较多情形下出现多个 DMU 效率为 1 和相对效率辨识度不高的弊端。

在 CCR 模型基础上构建投入导向的窗口 DEA 模型,对于任意的第 $j'$ 个 DMU 在第 $s$ 个窗口下第 $w$ 个时间点的效率值 $\theta_{sw}$,可通过以下线性规划获得[①]:

$$
\begin{aligned}
&\min \theta_{sw} \\
&\text{s.t.} \sum_{j=1}^{J \times w} \lambda_{jsw} x_{jsw}^n \leq \theta_{sw} x_{j't}^n, \quad n = 1, \cdots, N \\
&\quad \sum_{j=1}^{J \times w} \lambda_{jsw} y_{jsw}^m \geq y_{j't}^m, \quad m = 1, \cdots, M \\
&\quad \lambda_{jsw} \geq 0, \quad j = 1, 2, \cdots, J \times w, \quad j' = 1, 2, \cdots, J \times w \\
&\quad s = 1, 2, \cdots, T-w+1, \quad w = 1, 2, \cdots, W, \quad t = 1, 2, \cdots, T
\end{aligned}
\tag{3-31}
$$

窗口 DEA 采用窗口期内的数据构建生产前沿面,随着旧数据从窗口中退出,新数据不断进入窗口,避免了基于当期 DEA 可能出现的技术退步问题,有利于构建光滑的生产前沿面,减少无可行解情形。窗口 DEA 的主要缺点是对窗口宽度的设定没有客观标准,一般根据不同研究对象和研究期限而设置。

## (三) 全局 DEA

全局 DEA 是由 Pastor 和 Lovell(2005)首先提出的,以所有时期的投入产出数据构造不同时期的共同参照技术集,将所有观察值在统一边界下进行效率评价,全局 GTFP 指数(指标)则可根据相邻时期观察值技术效率的差异而得到。全局生产可能性集合为 $P^G = \cup_{t=1}^{T} P^t = P^1 \cup P^2 \cup \cdots \cup P^T$,其中 $P^t$ 表示各期生产技术集。

---

[①] 假定在研究期限 $T(t=1, 2, \cdots, T)$ 个时期中,有 $J(j=1, 2, \cdots, J)$ 个 DMU。窗口宽度设定为 $w$,研究期限 $T$ 则被划分为 $T-w+1$ 个相互重叠的时间窗,每个 DMU 在第 $s(s=1, 2, \cdots, T-w+1)$ 个窗口下都可算得 $w$ 个效率值。第 $s$ 个窗口下第 $j$ 个 DMU 的投入矩阵为

$$X = (x_{1s}, x_{2s}, \cdots, x_{js}, x_{1(s+1)}, x_{2(s+1)}, \cdots, x_{j(s+1)}, \cdots, x_{1(s+w-1)}, x_{2(s+w-1)}, \cdots, x_{j(s+w-1)})$$

相应的产出矩阵为

$$Y = (y_{1s}, y_{2s}, \cdots, y_{js}, y_{1(s+1)}, y_{2(s+1)}, \cdots, y_{j(s+1)}, \cdots, y_{1(s+w-1)}, y_{2(s+w-1)}, \cdots, y_{j(s+w-1)})$$

在 CCR 模型的基础上构建投入导向的全局 DEA 模型：

$$\begin{aligned}
&\min \theta_G \\
&\text{s.t.} \quad \sum_{\tau}^{T}\sum_{j=1}^{J} \lambda_{j\tau} x_{j\tau}^n \leqslant \theta_G x_{j't}^n, \quad n=1,\cdots,N \\
&\quad \sum_{\tau}^{T}\sum_{j=1}^{J} \lambda_{j\tau} y_{j\tau}^m \geqslant y_{j't}^m, \quad m=1,\cdots,M \\
&\quad \lambda_{j\tau} \geqslant 0, \, j=1,2,\cdots,J, \, j'=1,2,\cdots,J, \, \tau=1,2,\cdots,T, \, t=1,2,\cdots,T
\end{aligned} \quad (3\text{-}32)$$

全局 DEA 的优点在于待评估的样本点必然包含在技术边界之内，这有效避免了无可行解的问题。其主要缺点在于：根据样本中的所有观察值确定生产前沿面，对向数据集中添加额外数据（DMU 或时间段）比较敏感，一旦加入新的数据即需要重新计算，结果可能发生明显改变，故全局 DEA 受到研究期限的限制，相对缺乏稳健性。

（四）共同前沿 DEA

由于 GTFP 测度往往假设所有评价对象具有相同的技术水平，即处于共同生产前沿下，现实中由于内部特性或外部环境的差异，评价对象存在异质性。为了解决有效评价多群体效率和生产率的问题，Hayami（1969）最早提出共同前沿模型，其中共同前沿被认为是所有可能来自异质单元前沿的包络。在诸多研究的基础上，Battese 等（2004）提出采用技术落差比例来衡量不同技术下的单一群组在整个产业潜在效率中的地位，至此共同前沿模型基本形成。Rambaldi 等（2007）运用距离函数表达共同前沿生产函数，提出共同前沿 DEA 模型。

共同前沿 DEA 的核心思想是将各 DMU 按生产技术条件划分成不同的群组，对全体与各群组分别构建生产前沿面，能够考虑不同技术条件下群组之间的技术差异性对群组生产率的影响。为了定义和分解这种影响，还需要区分当期参考技术、跨期参考技术和共同参考技术。群组 $k$ 构造了一个 $t$ 期的参考生产集，该集合由群组 $k$ 中所有 DMU 在 $t$ 期的生产技术所构造（Tulkens and van den Eeckaut, 1995），生产可能性集合定义为 $P_k^t = \{y_t : x_t \text{能生产出} y_t\}$。群组 $k$ 的跨期参考集则由群组 $k$ 所有 DMU 在整个考察期的生产技术而构造，包络群组 $k$ 的所有当期参考技术。一个群组有一个跨期技术，所有样本共有 $K$ 个跨期技术，生产可能性集合为 $P_k^I(x) = P_k^1 \cup P_k^3 \cup \cdots \cup P_k^T$。此外，还假定一个跨期参考技术下的 DMU 难以接近其他群组的跨期参考技术。共同参考技术则由所有群组的 DMU 在整个考察期的生产情况所构造，包络所有的跨期技术，生产可能性集合为 $P^* = P_1^I \cup P_2^I \cup \cdots \cup P_k^I$。为了便于比较分析，假定各个 DMU 在理论和实践上可以达到技术的共同前沿(Oh and Lee, 2010)。在 CCR 模型的基础上构建投入导向的共同前沿 DEA 模型：

$$\begin{aligned}&\min \theta_M\\&\text{s.t.} \sum_{k}^{K}\sum_{\tau}^{T}\sum_{j=1}^{J}\lambda_{j\tau k}x_{j\tau k}^n \leqslant \theta_M x_{j't}^n, n=1,\cdots,N\\&\quad\quad \sum_{k}^{K}\sum_{\tau}^{T}\sum_{j=1}^{I}\lambda_{j\tau k}y_{j\tau k}^m \geqslant y_{j't}^m, m=1,\cdots,M\\&\quad\quad \lambda_{j\tau}\geqslant 0, j=1,\cdots,J, \ j'=1,\cdots,J, \ \tau=1,\cdots,T, \ t=1,\cdots,T, \ k=1,2,\cdots,K\end{aligned}$$

(3-33)

共同前沿 DEA 模型是基于所有不同群体所有时期的观测值构建生产前沿面，涉及群组的当期、跨期和全局参考技术，因而基于共同前沿 DEA 的 GTFP 指数(指标)不仅具有全局全要素生产率指数的所有优点，还可以解决不同技术条件下多群体效率、生产率评价的问题。

(五) 两期 DEA

为了弥补序列 DEA、窗口 DEA 和全局 DEA 在处理无可行解问题和排除技术退步问题方面存在的不足，Pastor 等(2011)基于两期生产可能性集合提出两期 DEA 模型。两期生产可能性集合为 $P^B=P^t \cup P^{t+1}$，因而在 CCR 模型的基础上构建投入导向的两期 DEA 模型：

$$\begin{aligned}&\min \theta_B\\&\text{s.t.} \sum_{j=1}^{J}\lambda_{jt}x_{jt}^n + \sum_{j=1}^{J}\lambda_{j(t+1)}x_{j(t+1)}^n \leqslant \theta_B x_{j't}^n, n=1,\cdots,N\\&\quad\quad \sum_{j=1}^{J}\lambda_{jt}y_{jt}^m + \sum_{j=1}^{J}\lambda_{j(t+1)}y_{j(t+1)}^m \geqslant y_{j't}^m, \ m=1,\cdots,M\\&\quad\quad \lambda_{jt}\geqslant 0, j=1,2,\cdots,J, \ j'=1,2,\cdots,J, \ t=1,\cdots,T\end{aligned}$$

(3-34)

两期 DEA 模型不仅避免了无可行解的问题，还能够衡量技术变动，在数据集增加新的时间段时能够保持先前计算的效率；缺点是不具有全局 DEA 所具备的传递性和循环性，也不能与窗口 DEA 一样解决小样本问题。

### 三、GTFP 指数(指标)与分解方法

(一) 不考虑非期望产出的指数模型

1. Malmquist 指数

Malmquist 指数由瑞典经济学家和统计学家 Malmquist 于 1953 年提出，利用

缩放因子之比构造消费数量指数。受 Malmquist 消费指数的启发，Caves 等(1982a)通过距离函数构造出理论上的 Malmquist 指数，并首度用于生产率增长分析。直到 1994 年，Färe、Grosskopf、Norris 和 Zhang 将 DEA 与非参数线性规划法相结合来度量距离函数(技术效率)，且将 Malmquist 指数(M 指数)定义为相邻两时期 Malmquist 指数的几何平均数，随后广泛应用于全要素生产率测算。M 指数的表达式为

$$\text{TFP}(M) = M^{t,t+1}(x_{jt}, y_{jt}, x_{j(t+1)}, y_{j(t+1)})$$
$$= \left[ M^t(x_{jt}, y_{jt}, x_{j(t+1)}, y_{j(t+1)}) \times M^{t+1}(x_{jt}, y_{jt}, x_{j(t+1)}, y_{j(t+1)}) \right]^{1/2} \quad (3\text{-}35)$$
$$= \left[ \frac{D^t(x_{j(t+1)}, y_{j(t+1)})}{D^t(x_{jt}, y_{jt})} \times \frac{D^{t+1}(x_{j(t+1)}, y_{j(t+1)})}{D^{t+1}(x_{jt}, y_{jt})} \right]^{1/2}$$

将根据线性规划计算得到的距离函数值($D(x,y)$)代入式(3-35)，可计算出基于当期 DEA 的 M 指数。M 指数可以分解为测度相邻两时期技术前沿移动的技术进步(记为 TC)和代表相邻时期生产 DMU 到有效生产前沿面追赶程度的技术效率变化(记为 TEC)(Nishimizu and Page，1982)，即

$$\text{TC} = \left[ \frac{D^t(x_{jt}, y_{jt})}{D^{t+1}(x_{jt}, y_{jt})} \times \frac{D^t(x_{j(t+1)}, y_{j(t+1)})}{D^{t+1}(x_{j(t+1)}, y_{j(t+1)})} \right]^{1/2} \quad (3\text{-}36)$$

$$\text{TEC} = \frac{D^{t+1}(x_{j(t+1)}, y_{j(t+1)})}{D^t(x_{jt}, y_{jt})} \quad (3\text{-}37)$$

根据测算结果，M 指数、TC 和 TEC 大于(小于)0，分别表明全要素生产率增长(下降)、技术进步(退步)以及技术效率改善(恶化)。

2. M 指数的改进——HMB 指数

M 指数的构造从投入或产出角度来定义，但两个角度计算得到的结果有所不同，这造成 M 指数的两个弊端：投入角度与产出角度选择的随意性以及不同角度计算结果的不可比。另外，M 指数在 VRS 下只是衡量局部技术进步，不能衡量总体全要素生产率变化，在 CRS 下其测算与分解虽较为恰当，但分解过程中存在由于子项遗漏而分解不完全的问题(Grifell-Tatjé and Lovell，1995)。为克服上述缺陷，Bjurek(1996)在 Hicks(1961)和 Moorsteen(1961)的基础上，采用产出角度与投入角度的 M 指数比率作为一个可行的解决办法，得到 HMB 指数，其具体表达式为

$$\text{TFP(HMB)} = \frac{M_O^{t,t+1}(x_{jt}, y_{jt}, x_{j(t+1)}, y_{j(t+1)})}{M_I^{t,t+1}(x_{jt}, y_{jt}, x_{j(t+1)}, y_{j(t+1)})} = \frac{\left[\dfrac{D_O^t(x_{jt}, y_{j(t+1)})}{D_O^t(x_{jt}, y_{jt})} \times \dfrac{D_O^{t+1}(x_{j(t+1)}, y_{j(t+1)})}{D_O^{t+1}(x_{j(t+1)}, y_{jt})}\right]^{1/2}}{\left[\dfrac{D_I^t(x_{jt}, y_{j(t+1)})}{D_I^t(x_{jt}, y_{jt})} \times \dfrac{D_I^{t+1}(x_{j(t+1)}, y_{j(t+1)})}{D_I^{t+1}(x_{j(t+1)}, y_{jt})}\right]^{1/2}}$$

(3-38)

HMB 指数除了上述优点以外，还可分别基于产出导向或投入导向进行分解，最终分解指标值被定义为基于产出导向分解值与基于投入导向分解值的算术平均值。HMB 指数可完全分解为三个部分，即技术进步（记为 TC）、技术效率变化（记为 TEC）和规模效率变化（记为 SCALEEC）。基于产出导向的分解子项分别见式（3-39）～式（3-41）[①]：

$$\text{TC}^O = \left[\frac{D_O^t(x_{jt}, y_{jt})}{D_O^{t+1}(x_{jt}, y_{jt})} \times \frac{D_O^t(x_{j(t+1)}, y_{j(t+1)})}{D_O^{t+1}(x_{j(t+1)}, y_{j(t+1)})}\right]^{1/2} \quad (3\text{-}39)$$

$$\text{TEC}^O = \frac{D_O^{t+1}(x_{j(t+1)}, y_{j(t+1)})}{D_O^t(x_{jt}, y_{jt})} \quad (3\text{-}40)$$

$$\text{SCALEEC}^O = \frac{\left[\dfrac{D_O^t(x_{jt}, y_{j(t+1)})}{D_O^t(x_{j(t+1)}, y_{j(t+1)})} \times \dfrac{D_O^{t+1}(x_t, y_t)}{D_O^{t+1}(x_{jt}, y_{jt})}\right]^{1/2}}{\left[\dfrac{D_I^t(x_{jt}, y_{j(t+1)})}{D_I^t(x_{jt}, y_{jt})} \times \dfrac{D_I^{t+1}(x_{j(t+1)}, y_{j(t+1)})}{D_I^{t+1}(x_{jt}, y_{jt})}\right]^{1/2}} \quad (3\text{-}41)$$

3. FP 指数

FP 指数由 Färe 和 Primont（1995）提出，其具体表达式为

$$\text{TFP(FP)} = \frac{Y_{j(t+1)} / X_{j(t+1)}}{Y_{jt} / X_{jt}} = \frac{\dfrac{D_O^{t_0}(x_0, y_{j(t+1)})}{D_O^{t_0}(x_0, y_{jt})}}{\dfrac{D_I^{t_0}(x_{j(t+1)}, y_0)}{D_I^{t_0}(x_{jt}, y_0)}} \quad (3\text{-}42)$$

其中，$X_{jt}$ 和 $X_{j(t+1)}$ 分别表示第 $j$ 个 DMU 在 $t$ 时期和 $t+1$ 时期加总投入；$Y_{jt}$ 和 $Y_{j(t+1)}$

---

① 基于产出导向与基于投入导向的分解相类似，在此仅列出基于产出导向的分解。

分别表示第 $j$ 个 DMU 在 $t$ 时期和 $t+1$ 时期的加总产出；$t_0$ 表示事先确定的参考期为 $t_0$ 期；$x_0$ 和 $y_0$ 表示 $t_0$ 时期第 $j$ 个 DMU 的投入向量和产出向量，它们均为有限非零向量。

因 FP 指数表示为产出指数与投入指数的比值，不需要对角度进行选择，满足包括传递性检验在内的一系列指数公理，具有乘法完备性，能够完全分解且分解过程中不需要对技术、企业行为及市场结构进行任何假设。因此，在测算全要素生产率及其构成时，FP 指数相对于 M 指数和 HMB 指数更为可靠。

与 HMB 指数类似，FP 指数也可以分解为三部分，即技术进步（TC）、技术效率变化（TEC）以及残余规模混合效率变化（RSMEC），表达式分别见式（3-43）~式（3-45）：

$$\text{TC} = \frac{Y^*_{j(t+1)}/X^*_{j(t+1)}}{Y^*_{jt}/X^*_{jt}} \tag{3-43}$$

$$\text{TEC} = \frac{\dfrac{Y_{j(t+1)}/X_{j(t+1)}}{Y_{j(t+1)}/\bar{X}_{j(t+1)}}}{\dfrac{Y_{jt}/X_{jt}}{Y_{jt}/\bar{X}_{jt}}} = \frac{\dfrac{\bar{X}_{j(t+1)}}{X_{j(t+1)}}}{\dfrac{\bar{X}_{jt}}{X_{jt}}} \tag{3-44}$$

$$\text{RSMEC} = \frac{\dfrac{Y_{j(t+1)}/\bar{X}_{j(t+1)}}{Y^*_{j(t+1)}/X^*_{j(t+1)}}}{\dfrac{Y_{jt}/\bar{X}_{jt}}{Y^*_{jt}/X^*_{jt}}} \tag{3-45}$$

其中，$X^*_{jt}$ 和 $X^*_{j(t+1)}$ 分别表示第 $j$ 个 DMU 在 $t$ 时期和 $t+1$ 时期 TFP 最大时的投入；$Y^*_{jt}$ 和 $Y^*_{j(t+1)}$ 分别表示第 $j$ 个 DMU 在 $t$ 时期和 $t+1$ 时期 TFP 最大时的产出；$\bar{X}_{jt}$ 和 $\bar{X}_{j(t+1)}$ 分别表示第 $j$ 个 DMU 在 $t$ 时期和 $t+1$ 时期得到产出 $Y_{jt}$ 和 $Y_{j(t+1)}$ 时的最小总投入。

(二)考虑非期望产出的指数模型

1. ML 指数

由于 M 指数是基于 Shephard-DF 计算的，存在一个缺陷：在测度全要素生产率的过程中仅关注期望产出而忽视非期望产出的影响，这在一定程度上造成对全要素生产率变化的不科学评价。为弥补这一不足，学者提出基于 DDF 的 ML 指数。

Pittman（1983）首次尝试在生产率测算中引入非期望产出，将环境因素纳入生产率分析框架时通常面临以下问题：①如何对期望产出和非期望产出的联合生产问题进行建模，鉴于技术因素的制约，扩大期望产出的同时非期望产出往往也随之增加；②如何将非期望产出的减少作为一种效率提升而纳入整体分析框架(张少华和蒋伟杰，2014)。针对上述问题，Chung 等(1997)将 DDF $\vec{d} = (x, y, b; g) = \sup\{\beta : (y, b) + \beta g \in P(x)\}$ 引入生产率测算框架，以此为基础构建了 ML 指数，其具体表达式为

$$\text{TFP(ML)} = \left[ \frac{1 + \vec{D}^t(x_{jt}, y_{jt}, b_{jt}; g_{jt})}{1 + \vec{D}^t(x_{j(t+1)}, y_{j(t+1)}, b_{j(t+1)}; g_{j(t+1)})} \times \frac{1 + \vec{D}^{t+1}(x_{jt}, y_{jt}, b_{jt}; g_{jt})}{1 + \vec{D}^{t+1}(x_{j(t+1)}, y_{j(t+1)}, b_{j(t+1)}; g_{j(t+1)})} \right]^{1/2}$$

(3-46)

ML 指数与 M 指数的主要区别在于前者引入了方向向量且考虑非期望产出，ML 指数的分解思路与 M 指数分解思路基本相同，同样可以分解为技术进步指数(TC)与技术效率变化指数(TEC)，如式(3-47)和式(3-48)所示：

$$\text{TC} = \left\{ \left[ \frac{1 + \vec{D}^{t+1}(x_{jt}, y_{jt}, b_{jt}; g_{jt})}{1 + \vec{D}^t(x_{jt}, y_{jt}, b_{jt}; g_{jt})} \right] \times \left[ \frac{1 + \vec{D}^{t+1}(x_{j(t+1)}, y_{j(t+1)}, b_{j(t+1)}; g_{j(t+1)})}{1 + \vec{D}^t(x_{j(t+1)}, y_{j(t+1)}, b_{j(t+1)}; g_{j(t+1)})} \right] \right\}^{1/2}$$

(3-47)

$$\text{TEC} = \frac{\left[ 1 + \vec{D}^t(x_{jt}, y_{jt}, b_{jt}; g_{jt}) \right]}{\left[ 1 + \vec{D}^{t+1}(x_{jt}, y_{jt}, b_{jt}; g_{jt}) \right]}$$

(3-48)

2. L 指标

无论是 M 指数还是 ML 指数，均是基于比率的测算方法，适合考察全要素生产率的变动情况，对于诸如利润等变量的"差值"则难以反映(董敏杰等，2012)；且当一个或多个变量等于或接近零时，基于比率的生产率指数是不确定的(Boussemart et al., 2003)。因此，在很多场合下需要讨论基于差异的生产率指标[①]。

有学者引入 L 指标，其表达式为

$$\text{TFP(L)} = \frac{1}{2} \left\{ \left[ \vec{D}^t(x_{jt}, y_{jt}, b_{jt}; g_{jt}) - \vec{D}^t(x_{j(t+1)}, y_{j(t+1)}, b_{j(t+1)}; g_{j(t+1)}) \right] + \left[ \vec{D}^{t+1}(x_{jt}, y_{jt}, b_{jt}; g_{jt}) - \vec{D}^{t+1}(x_{j(t+1)}, y_{j(t+1)}, b_{j(t+1)}; g_{j(t+1)}) \right] \right\}$$

(3-49)

类似于 ML 指数的分解，L 指标也可以分解成技术进步(TC)与技术效率变化

---

① Diewert(2005)从检验及经济角度对指数理论的比率和差异形式进行了比较，称基于比率的生产率度量为"指数"，基于差异的生产率度量为"指标"。

(TEC),它们分别为

$$\text{TC} = \frac{1}{2}\left\{\left[\vec{D}^{t+1}\left(x_{jt}, y_{jt}, b_{jt}; g_{jt}\right) - \vec{D}^{t}_{\text{VRS}}\left(x_{jt}, y_{jt}, b_{jt}; g_{jt}\right)\right]\right.$$
$$\left.+ \left[\vec{D}^{t+1}\left(x_{j(t+1)}, y_{j(t+1)}, b_{j(t+1)}; g_{j(t+1)}\right) - \vec{D}^{t}\left(x_{j(t+1)}, y_{j(t+1)}, b_{j(t+1)}; g_{j(t+1)}\right)\right]\right\}$$
(3-50)

$$\text{TEC} = \vec{D}^{t}(x_{jt}, y_{jt}, b_{jt}; g_{jt}) - \vec{D}^{t+1}(x_{j(t+1)}, y_{j(t+1)}, b_{j(t+1)}; g_{j(t+1)}) \quad (3\text{-}51)$$

3. L 指标的改进——LHM 指标

相对于 M 指数而言，L 指标既可以同时考虑期望产出与非期望产出，也能够从技术和要素两个角度进行分解，但 L 指标与 M 指数一样不满足乘法完备性等优良特性。因此，Briec 和 Kerstens(2004)在 HMB 指数的基础上引入基于差异变化的 LHM 指标，将其定义为 L 产出指标与 L 投入指标的差值。为将 LHM 指标应用于纳入资源环境因素的 GTFP 变动测算，Abad(2015)进一步引入 EGLHM 指标，其表达式为

$$\text{EGLHM}^{I,O}_{t,t+1}$$
$$= \frac{1}{2}\Big(\text{EGLHM}^{I,O}_{t}\left(x_{jt}, y_{jt}, b_{jt}, x_{j(t+1)}, y_{j(t+1)}, b_{j(t+1)}; g_{jt}, g_{j(t+1)}\right)$$
$$+ \text{EGLHM}^{I,O}_{t+1}\left(x_{jt}, y_{jt}, b_{jt}, x_{j(t+1)}, y_{j(t+1)}, b_{j(t+1)}; g_{jt}, g_{j(t+1)}\right)\Big)$$
$$= \frac{1}{2}\Big\{\left[\vec{D}^{t}\left(x_{jt}, y_{jt}, b_{jt}; 0, g^{y}_{jt}, 0\right) - \vec{D}^{t}\left(x_{jt}, y_{j(t+1)}, b_{jt}; 0, g^{y}_{j(t+1)}, 0\right)\right]$$
$$- \left[\vec{D}^{t}\left(x_{j(t+1)}, y_{jt}, b_{j(t+1)}; g^{x}_{j(t+1)}, 0, g^{b}_{j(t+1)}\right) - \vec{D}^{t}\left(x_{jt}, y_{jt}, b_{jt}; g^{x}_{jt}, 0, g^{b}_{jt}\right)\right]$$
$$+ \left[\vec{D}^{t+1}\left(x_{j(t+1)}, y_{jt}, b_{j(t+1)}; 0, g^{y}_{jt}, 0\right) - \vec{D}^{t+1}\left(x_{j(t+1)}, y_{j(t+1)}, b_{j(t+1)}; 0, g^{y}_{j(t+1)}, 0\right)\right]$$
$$- \left[\vec{D}^{t+1}\left(x_{j(t+1)}, y_{j(t+1)}, b_{j(t+1)}; g^{x}_{j(t+1)}, 0, g^{b}_{j(t+1)}\right) - \vec{D}^{t+1}\left(x_{jt}, y_{j(t+1)}, b_{jt}; g^{x}_{jt}, 0, g^{b}_{jt}\right)\right]\Big\}$$
(3-52)

类似于 HMB 指数，EGLHM 指标同样可以分别基于产出角度和投入角度分解为技术进步(TC)、技术效率变化(TEC)以及规模效率变化(SCALEEC)。基于产出导向的分解子项表达式分别为[①]

---

① EGLHM 指标基于产出导向与基于投入导向的分解相类似，在此仅列出产出导向的分解。

$$\begin{aligned}&\text{TC}^O\\&=\frac{1}{2}\left\{\left[\vec{D}^{t+1}\left(x_{jt},y_{jt},b_{jt};0,g_{jt}^y,0\right)-\vec{D}^t\left(x_{jt},y_{jt},b_{jt};0,g_{jt}^y,0\right)\right]\right.\\&\left.+\left[\vec{D}^{t+1}\left(x_{j(t+1)},y_{j(t+1)},b_{j(t+1)};0,g_{j(t+1)}^y,0\right)-\vec{D}^t\left(x_{j(t+1)},y_{j(t+1)},b_{j(t+1)};0,g_{j(t+1)}^y,0\right)\right]\right\}\end{aligned}$$

(3-53)

$$\text{TEC}^O=\vec{D}^t(x_{jt},y_{jt},b_{jt};0,g_{jt}^y,0)-\vec{D}^{t+1}(x_{j(t+1)},y_{j(t+1)},b_{j(t+1)};0,g_{j(t+1)}^y,0) \quad (3\text{-}54)$$

$$\begin{aligned}&\text{SCALEEC}^O\\&=\frac{1}{2}\left\{\left[\vec{D}^t\left(x_{j(t+1)},y_{j(t+1)},b_{j(t+1)};0,g_{j(t+1)}^y,0\right)-\vec{D}^t\left(x_{jt},y_{j(t+1)},b_{jt};0,g_{jt}^y,0\right)\right]\right.\\&\left.-\left[\vec{D}^t\left(x_{j(t+1)},y_{jt},b_{jt};g_{j(t+1)}^x,0,g_{j(t+1)}^b\right)-\vec{D}^t\left(x_{jt},y_{jt},b_{jt};g_{jt}^x,0,g_{jt}^b\right)\right]\right\}\\&+\frac{1}{2}\left\{\left[\vec{D}^{t+1}\left(x_{j(t+1)},y_{jt},b_{j(t+1)};0,g_{jt}^y,0\right)-\vec{D}^{t+1}\left(x_{jt},y_{jt},b_{jt};0,gk_{jt}^y,0\right)\right]\right.\\&\left.-\left[\vec{D}^{t+1}\left(x_{j(t+1)},y_{j(t+1)},b_{j(t+1)};g_{j(t+1)}^x,0,g_{j(t+1)}^b\right)-\vec{D}^{t+1}\left(x_{jt},y_{j(t+1)},b_{jt};g_{jt}^x,0,g_{jt}^b\right)\right]\right\}\end{aligned}$$

(3-55)

以上不考虑非期望产出的指数均由当期径向距离函数构建，而考虑非期望产出的指数均是由当期 DDF 构建的。然而，在选择 DEA 模型与生产率指数结合开展实际城市 GTFP 测度时，可选择 SBM 模型、NDDF 模型等替代径向距离函数或 DDF 以避免径向问题导致的测度结果不准确问题；也可选择不同生产前沿如全局 DEA 模型、两期 DEA 模型等以避免当期 DEA 模型在测度过程中易出现无可行解的问题；亦可选择超效率模型对有效 DMU 进行测度。此外，还可以选择避免了主观设定模型参数的 RAM-DEA 模型、揭示生产过程"黑箱"的网络 DEA 模型和修正了样本估计结果存在偏差的 bootstrap-DEA 模型来进行实际测算。

### 四、DEA 指数模型的演进脉络

综上，测度 GTFP 增长的 DEA 指数方法不断演进，这一演进是通过在测度框架中对投入产出要素、距离函数选择、生产前沿面构建、指数（指标）形式、指数（指标）分解五大方面不断发展与改进的结果。图 3-1 给出了测度 GTFP 增长 DEA 指数模型的大致演进脉络。

从以上 GTFP 增长测度方法的演进脉络来看，学者分别从五个方面对采用 Shephard-DF 构建的当期 DEA-M 指数进行改进。具体表现如下：一是在生产率测度框架中纳入资源与环境要素，以避免效率评价的虚假或有偏结果；二是利用两

第三章 城市 GTFP 测度的典型方法

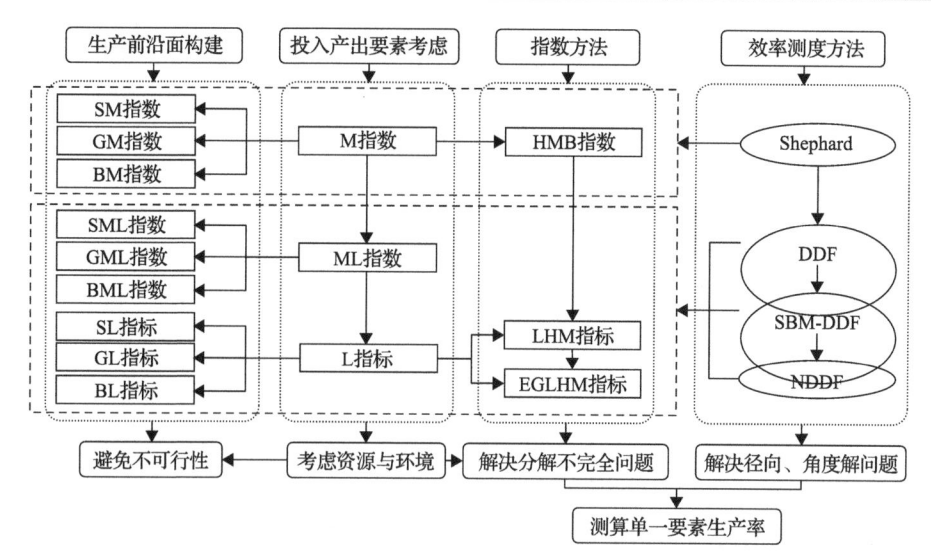

图 3-1 基于 DEA 的 GTFP 增长测度方法演进脉络

期环境技术构建生产前沿面以避免测度过程中出现无可行解的问题，同时可衡量技术退步情形；三是采用具有良好数学特性的 NDDF 代替 SBM 方法以避免 DDF 存在的径向与角度问题而导致效率测度结果不准确问题；四是 EGLHM 指标同时考虑了投入与产出角度，可以准确测度 GTFP 增长且具有加法完备性，能够将 GTFP 增长从技术层面完全分解；五是结合 NDDF 与 EGLHM 指标的可加性特征，采用 NDDF-EGLHM 指标基于要素角度对 GTFP 增长进行分解，探究各投入产出因素对 GTFP 增长的影响。

此外，也有学者为同时解决上述某几个问题而提出相应的解决方法，但仍缺乏同时解决所有问题的方法，如董敏杰等（2012）和 Wen 等（2018）基于 SBI 与 L 指标分别测算我国工业及北京市环境全要素生产率增长，并按照投入与产出要素进行分解，Chang 等（2012）利用 ISP 指数探究我国银行生产率增长的来源，均未能解决测算过程中可能出现的技术退步和无可行解的问题。

刘华军和李超（2018）基于 SBI 模型与全局 L 指标测算我国省域 GTFP 变动，从技术和要素角度分别分析各地区 GTFP 差异的来源，虽然解决了上述两方面的问题，但忽略了全局 DEA 测算生产率结果相对缺乏稳健性的缺陷。针对这一情况，Liu 等（2016）与 Liu 等（2020）分别采用基于 NDDF 的两期 DEA 模型与基于加权改进的 Russell-NDDF 两期 DEA 模型，并结合 L 指标测度我国省域 GTFP 变化，从技术贡献和要素贡献两个不同角度考察省域 GTFP 增长的构成。然而上述文献均是基于 L 指标进行全要素生产率变化分析，未考虑到 L 指标存在的角度选择随意性与分解不完全性缺陷。

因此，为同时解决上述五大问题，未来 DEA 指数模型可从以下方面开展进一步的改进：结合 NDDF、两期 DEA 模型和 EGLHM 指标的特点，引入新型 GTFP 测度指标，譬如采用 NDDF 构建两期 EGLHM 指标等。

## 第三节　两种典型的城市 GTFP 指数(指标)比较

城市 GTFP 指数(指标)主要包括 M 指数序列(含 M 指数的拓展及改进)、ML 指数序列(含 ML 指数的拓展及改进)、FP 指数以及 L 指标序列(含 L 指标的拓展及改进)等，前文已对各种指数(指标)的测度与分解原理进行详细阐述，接下来根据 GTFP 指数(指标)的表现形式、距离函数[①]以及生产前沿面构建方法的不同，开展指数(指标)的归类及对比分析。

### 一、基于 DEA 的城市 GTFP 指数(指标)五大问题

梳理 DEA 指数方法发现，构建一个测度城市 GTFP 增长的 DEA 指数模型需要考虑五大方面的问题，包括投入产出要素、距离函数选择、生产前沿面构建、指数(指标)形式、指数(指标)分解。

#### (一)投入产出要素方面

构造测算城市 GTFP 增长的指数模型，在投入产出要素方面，需将资源要素和非期望产出纳入测度框架。在实际的生产过程中，投入要素不仅包括资本和劳动投入，还应考虑资源因素，且伴随着期望产出，非期望产出往往一同产生。由于采用 Shephard-DF 构建的 M 指数在度量 GTFP 增长时忽视资源因素和非期望产出的影响，一定程度上造成对 GTFP 增长的不科学评价。为了解决这一问题，学者引入了采用 DDF 构建的 ML 指数与 L 指标，以适用于包含资源因素和非期望产出的 GTFP 增长测算。早期基于当期 DEA 的三大 GTFP 指数(指标)的演进和对比见表 3-1。

表 3-1　基于当期 DEA 的 GTFP 指数(指标)对比

| 表现形式 | 指数(指标) | 距离函数 | 解决的测算问题 |
| --- | --- | --- | --- |
| 基于比率 | M 指数 | Shephard-DF | 无需设定生产函数形式、无需提供价格信息、可进行分解等 |
| 基于比率 | ML 指数 | DDF | 在 M 指数的基础上考虑了非期望产出 |
| 基于差异 | L 指标 | DDF | 在 M 指数的基础上考虑了非期望产出，具有可加性 |

---

① 本章提到的所有指数(指标)均可基于一般性 DDF 和 SBM-DDF 计算而得，在此主要考虑一些常用的结合方式，如 DF-M、DF-FP、DDF-ML、SBM-L 等。

## (二)距离函数选择方面

距离函数的度量可以分为四种类型：径向角度、径向非角度、非径向角度和非径向非角度。径向要求投入或产出同比例增长，角度则需要基于产出不变或投入不变的假设。当存在投入过度或产出不足时，径向距离函数方法会高估DMU的效率(Zhou et al.,2006)，而角度距离函数的效率测度由于忽视投入或产出的某一个方面，测算结果不准确(Färe and Lovell,1978)。表3-2给出了距离函数方法的演进及其在测算过程中所解决的问题。

表3-2 距离函数方法的对比

| 距离函数方法 | 测算中解决的问题 ||||| 
|---|---|---|---|---|---|
|  | 不需要价格信息 | 考虑非期望产出 | 考虑松弛变量 | 满足可加性 | 具有良好的函数定义 |
| Shephard-DF |  | √ |  |  |  |
| DDF | √ | √ |  |  |  |
| SBM-DDF (SBI-DDF、广义SBM-DDF) | √ | √ | √ | √ |  |
| NDDF | √ | √ | √ | √ | √ |

在距离函数选择方面，Shephard-DF和DDF均存在径向或角度选择问题，因而测度GTFP增长的DEA指数构建需要从径向和角度的距离函数方法转向非径向非角度的方法，如学者已经提出的SBM-DDF模型(包括SBI-DDF模型和广义SBM-DDF模型)与NDDF模型等。

## (三)生产前沿面构建方面

在生产前沿面构建方面，基于当期生产前沿计算混合DDF存在潜在的线性规划无可行解问题(Briec and Kerstens,2009)。国内外学者选择通过改变生产前沿面来解决这一问题，如Tulkens和van den Eeckaut(1995)以DMU当期与前期观测值确定生产技术集构造最佳生产技术前沿面，发展出序列DEA模型。序列DEA的主要优点是克服技术退步的问题，但不能完全解决无可行解的问题。

Pastor和Lovell(2005)提出通过构建由所有DMU所有时期数据形成的生产技术集作为全局生产前沿面，在完全解决了线性规划无可行解问题的同时，还避免了技术退步现象。然而，基于全局DEA的GTFP增长测度对向数据集中添加额外数据(DMU或时间段)比较敏感，测算结果可能会随着新数据的增加而需重新评估。针对全局DEA的这一缺陷，Pastor等(2011)提出一种新的替代方法，即基于两期生产可能性集合的两期 DEA 方法，该方法具有三大特点：可避免线性规划的无可行解问题，能够衡量技术退步，且向数据集增加新数据时保持先前计算的生产率变化，结果更具稳健性。可参照不同生产前沿面对三大指数进行拓展，基于不同生产前沿面的全要素生产率指数对比见表 3-3。

表 3-3　不同生产前沿面的 GTFP 指数（指标）性质对比（一）

| 性质 | 当期 DEA (M、ML、L) | 序列 DEA (SM、SML、SL) | 全局 DEA (GM、GML、GL) | 两期 DEA (BM、BML、BL) |
| --- | --- | --- | --- | --- |
| 单一形式的度量 |  |  | √ |  |
| 避免技术退步 |  | √ | √ |  |
| 衡量技术退步 |  |  |  | √ |
| 具有传递性 |  |  | √ |  |
| 具有循环性 |  |  | √ |  |
| 克服线性不可行 |  | √ | √ | √ |
| 结果具有稳定性 | √ | √ |  | √ |

（四）指数（指标）形式方面

在指数（指标）形式方面，M 指数分解不完全，通常不能准确测量全要素生产率变化及其构成，Grosskopf(2003)认为 M 指数只是衡量局部技术进步，不能用来衡量总体全要素生产率变化。Bjurek(1996)基于当期 DEA 采用 Shephard-DF 构建的 HMB 指数，相对于 M 指数具有以下明显优势：HMB 指数同时考虑了投入和产出方向，不需要在投入、产出方向之间进行选择(O'Donnell, 2010)。在 CRS 和 VRS 技术条件下，HMB 指数保有全要素生产率的本质特性，投入和产出强可处置性使其满足决定性公理，避免了无可行解问题(Briec and Kerstens, 2011)；HMB 指数不需要关于生产技术的性质、市场结构、规模收益和价格信息等方面的限制性假设。更为重要的是，HMB 指数具有乘法完备性，可以明确地开展完全分解(Laurenceson and O'Donnell, 2014)。因此，Grifell-Tatjé 和 Lovell(1999)认为通过 HMB 指数开展全要素生产率变动测度，相对于 M 指数的测算结果更为可靠。

由于 L 指标具有与 M 指数类似的弊端，Briec 和 Kerstens(2004)在 HMB 指数的基础上引入具有加法性的 LHM 指标，将其定义为 L 产出指标与 L 投入指标的差值，LHM 指标具有与 HMB 指数一样的良好特质。为利用 LHM 指标测算纳入环境污染的 GTFP 变动，Abad(2015)在 LHM 指标与环境 L 指标的基础上进一步引入 EGLHM 指标。

同一生产前沿面的全要素生产率指数在很多性质上（譬如函数形式、循环性等）表现出一定的联系及差异。在此以基于当期 DEA 构建生产前沿面的方法为例，开展代表性指数——M 指数、HMB 指数、ML 指数、L 指标和 EGLHM 指标性质的对比分析[①]，具体如表 3-4 所示。基于序列 DEA、全局 DEA 及两期 DEA 等其他生产前沿面的指数之间具有类似的差异特征，可参照进行类似的比较分析。

表 3-4　同一生产前沿面的 GTFP 指数（指标）性质对比（一）

| 性质 | M 指数 | HMB 指数 | ML 指数 | L 指标 | EGLHM 指标 |
|---|---|---|---|---|---|
| 不设定具体函数形式 | √ | √ | √ | √ | √ |
| 不涉及相关价格信息 | √ | √ | √ | √ | √ |
| 无厂商行为最优化、市场结构或规模报酬等限制性假设 |  | √ |  |  | √ |
| 不受规模报酬性质影响 |  | √ |  |  | √ |
| 不需要选择角度 |  | √ | √ | √ | √ |
| 具有乘法（加法）完备性 |  | √ |  |  | √ |
| 具有循环性 |  | √ |  |  | √ |
| 克服线性无可行解问题 |  | √ |  |  |  |
| 考虑非期望产出 |  |  | √ | √ | √ |
| 测算单一投入或产出生产率 |  |  |  | √ | √ |

（五）指数（指标）分解方面

采用 Shephard-DF 构建的 M 指数不具有可加性，仅可基于技术角度对 GTFP 指数进行分解，不能探究各投入产出因素对 GTFP 增长的影响。针对这一问题，学者采用具有可加性结构的 SBM-DDF 或 NDDF 构建可加性 GTFP 指标，如 L 指标和 EGLHM 指标来测度 GTFP 增长，进而可从技术和要素两个角度对 GTFP 增长进行双重分解，更全面地探究 GTFP 增长的潜在影响因素。表 3-5 给出了基于当期 DEA 的 GTFP 指数（指标）的分解框架。

不同生产前沿面的 GTFP 指数（指标）分解框架存在一定的差异。序列 DEA 指数与当期 DEA 指数的分解框架基本相同，包括 Färe 等（1994a）、FGNZ、RD、SW 和 ZL 等分解方法。全局（两期）DEA 指数的分解思路与当期 DEA 指数的分解思路

---

① 现有文献均参照当期生产前沿面计算 HMB 指数与 EGLHM 指标。

类似,其中全局(两期)效率变化及全局(两期)规模变化与当期 DEA 的效率变化及规模变化相同,不同的是全局(两期)技术变化代表当期生产可能性集合与全局(两期)生产可能性集合的最佳技术前沿差距的变化,而当期 DEA 的技术变化仅代表相邻两期技术前沿的变化。

表 3-5 基于当期 DEA 的 GTFP 指数(指标)的分解

| 效率测度方法——距离函数 | 指数(指标) | 分解角度 | 分解子项 |
| --- | --- | --- | --- |
| Shephard-DF DDF | M 指数 ML 指数 L 指标 | 技术角度 | ①$TC_C$ 和 $TEC_C$ |
| | | | ②$TC_C$、PTEC 和 SEC |
| | | | ③$TC_V$、PTEC 和 SC |
| | | | ④$TC_V$、PTEC、SEC 和 STC |
| | HMB 指数 EGLHM 指标 | 技术角度 | ①TC、TEC、SEC 和 RMEC |
| | | | ②TC、TEC、MEC 和 RSEC |
| | | | ③TC、TEC 和 SMEC |
| | | | ④TC、TEC 和 SEC |
| SBM-DDF NDDF | L 指标 EGLHM 指标 | 技术角度 | 同上采用 DDF 构建的 L 指标或 EGLHM 指标 |
| | | 要素角度 | 各投入产出要素生产率变动 |

## 二、基于 DEA 的城市 GTFP 指数(指标)对比

接下来从纵向角度与横向角度即同一生产前沿面和不同生产前沿面两个方面,对各种 GTFP 指数(指标)测度与分解所体现出的性质及特征进行详细比较、解析。

(一)同一生产前沿面的 GTFP 指数(指标)比较

城市 GTFP 增长测度包括基于比率的指数和基于差异的指标两种形式。基于比率的指数中,M 指数及其拓展改进指数和 FP 指数都是基于 Shephard-DF 构建的指数,而 ML 指数及其拓展改进指数则是基于 DDF 构建的指数。DDF 相较于 Shephard-DF 多了一个方向向量,可同时考察投入的减少和产出的增加,也能够同时考虑期望产出的增加和非期望产出的减少。Shephard-DF 和 DDF 均属于径向距离函数,要求投入产出须同比例扩张或缩减,而基于差异的 L 指标及其改进拓展指标则基于一种非径向非角度 SBM-DDF 来构建,既能够同时考虑期望产出的增加和非期望产出的减少,也解决了由于未考虑松弛变量而高估评价对象效率的问题。

同一生产前沿面的 GTFP 指数(指标)在很多性质譬如函数形式、传递性、循环性等上表现出一定的联系及差异。以基于当期 DEA 构建生产前沿面的方法为例，进一步开展几个代表性指数(指标)——M 指数、HMB 指数、FP 指数、ML 指数、L 指标和 LHM 指标性质的对比分析，具体如表 3-6 所示。基于序列 DEA、窗口 DEA 及全局 DEA 等其他生产前沿面的指数之间具有类似的差异特征，可参照进行类似的比较分析。

表 3-6　同一生产前沿面的 GTFP 指数(指标)性质对比(二)

| 性质 | M 指数 | HMB 指数 | FP 指数 | ML 指数 | L 指标 | LHM 指标 |
| --- | --- | --- | --- | --- | --- | --- |
| 不设定具体函数形式 | √ | √ | √ | √ | √ | √ |
| 不涉及相关价格信息 | √ | √ | √ | √ | √ | √ |
| 适用于面板数据分析 | √ | √ | √ | √ | √ | √ |
| 不需要假设技术、企业行为及市场结构等 |  | √ |  |  |  | √ |
| 不受规模报酬性质影响 |  | √ |  |  |  | √ |
| 不需要选择角度 |  | √ | √ | √ | √ | √ |
| 具有乘法完备性 |  | √ |  |  |  |  |
| 具有传递性 |  |  | √ |  |  |  |
| 具有循环性 |  | √ | √ |  |  | √ |
| 克服线性无可行解问题 |  | √ |  |  |  |  |
| 考虑非期望产出 |  |  |  | √ | √ | √ |
| 考虑松弛变量 |  |  |  |  | √ | √ |
| 测算单一投入或产出生产率 |  |  |  |  | √ | √ |

表 3-6 中所有的生产率指数相对于 Fisher 指数与 Törnqvist 指数等传统生产率指数而言，均避免了设定具体函数形式和获取要素价格信息的要求，且适用于面板数据分析，能够开展有价值的动态趋势判断。

在仅考虑期望产出的情况下，测度全要素生产率增长可使用 M 指数、HMB 指数和 FP 指数。相对于 M 指数，此时采用 HMB 指数和 FP 指数具有以下优势。第一，两个指数形式上为产出量指数与投入量指数的比值，不存在角度选择问题。第二，测算生产率过程中不受规模报酬性质的影响，具有循环性，能够克服线性无可行解问题，而且 HMB 指数分解不需要对技术、企业行为及市场结构等进行假设，分解体现出乘法完备性，能够完全分解为几项因素的乘积。第三，FP 指数满足开展多边比较的传递性要求。当然，在指数分解方面，M 指数与 HMB 指数、

FP 指数也存在一定的差异。技术的规模报酬性质会对 M 指数产生影响，因此对 M 指数的分解存在一定争议，且 M 指数分解过程中往往忽略规模效率变化，使得分解不完整；HMB 指数和 FP 指数均满足乘法完备性，分解子项中除了包含技术进步、技术效率变化和规模效率变化，还可考虑残余混合效率变化、混合效率变化、残余规模效率变化和规模混合效率变化，分解较为完全。

此外，Peyrache(2014)提出一个反映生产率变动的原始指数——径向生产率指数(radial productivity index, RPI)[①]，可精确分解为三个部分：技术进步(TC)、技术效率变化(TEC)和平均规模经济(径向规模变化，radial scale change, RSC)[②]，即 RPI = TEC·TC·RSC。RPI 一定程度上反映了 M 指数与 HMB 指数之间的联系，可表示为 HMB = TEC·TC·RSC·Hom = RPI·Hom，其中 Hom 表示偏离同质性假设。事实已证明：①满足技术非逆同质性时，RPI 等于 M 指数；②在技术逆同质性[③]条件下，RPI 等于 HMB 指数。

若将非期望产出纳入全要素生产率的测算框架，ML 指数、L 指标和 LHM 指标都可以同时考虑期望产出的扩张和非期望产出的缩减。相对于 ML 指数，L 指标和 LHM 指标通常基于 SBM-DDF 进行测算，考虑了松弛变量以避免高估评价对象效率的问题；在分解过程中既可以从技术角度进行分解，又可以从要素角度进行分解，不但能够反映 GTFP 的变化情况，还能够计算单个投入要素生产率的变动情况。根据可加性，各种单一投入要素生产率的平均值即为 GTFP。另外，LHM 指标与 L 指标的关系类似于 HMB 指数与 M 指数的关系，LHM 指标是在 HMB 指数基础上提出且基于差异的指标，具有 HMB 指数的所有良好特性，而且满足乘法完备性，能够进行完全分解。

(二)不同生产前沿面的 GTFP 指数(指标)比较

GTFP 指数(指标)的生产前沿面构建方法主要包括当期 DEA、序列 DEA、窗口 DEA、全局 DEA、两期 DEA 和共同前沿 DEA 等。

当期 DEA 是基于当期观测值构建生产前沿面，易受经济波动等外生性因素的影响，动态分析中可能出现虚假的技术退步。

序列 DEA 是基于当期与以前所有时期的观测值构建生产前沿面，能够有效避免技术退步情形和减少混合期线性规划无可行解的情况，但不能彻底消除无可行解的问题。

窗口 DEA 是利用当期与前两期(视为一个窗口期)的观测值构建生产前沿面，

---

① 由于该生产率指数利用沿着预先指定的投入产出射线的距离函数的变化来定义，通常被认为是 RPI。
② RSC 测量在技术集的特定点上投入向量成比例增加(减少)时，产出向量可成比例地增加(或减少)。
③ 若 $D_i = D_i(x,1)/H(y)$ 和 $D_o = D_o(1,y)/G(x)$，则技术满足投入和产出同质性，此处 $H(y)$ 和 $G(x)$ 与技术公理一致；联合投入和产出同质性意味着逆同质性。

是介于当期 DEA 与序列 DEA 之间的一种折中方法，初衷是解决利用小样本数据构建生产前沿面存在的 DMU 数量不足的问题，但随着窗口中新老数据的替换，也避免了技术退步问题并能够减少无可行解问题。

全局 DEA 是基于所有时期观测值构建的生产前沿面，假设前提是参考技术固定不变，因而基于全局 DEA 的生产率指数或指标是单一指数或指标，无需采取相邻两期指数的几何平均数形式或相邻两期指标的算术平均数形式，从而既能满足可传递性、可循环性要求，又能避免线性规划无可行解的情形，还能排除技术倒退的情况（周五七，2015）。

两期 DEA 基于相邻两期观测值构造生产前沿面，可解决线性规划无可行解的问题，能够衡量技术退步，且在新数据加入时不需要重新计算，与全局 DEA 相比更具稳定性，但无法解决循环性和传递性问题。

共同前沿 DEA 是基于所有 DMU 所有时期的观测值构建生产前沿面，涉及群体的当期、跨期和全局参考技术，基于共同前沿 DEA 的 GTFP 指数（指标）除了具有全局 DEA 所有的优点外，还能够比较不同技术下群体生产率的变化特征。不同生产前沿面的 GTFP 指数（指标）性质对比见表 3-7。

表 3-7　不同生产前沿面的 GTFP 指数（指标）性质对比（二）

| 性质 | 当期 DEA (M、ML、L) | 序列 DEA (SM、SML、SL) | 窗口 DEA WM | 两期 DEA (BM、BML) | 全局 DEA (GM、GML、GL) | 共同前沿 DEA (MM、MML、MFL) |
|---|---|---|---|---|---|---|
| 单一形式的度量 | | | | | √ | |
| 避免技术退步 | | √ | √ | | √ | √ |
| 衡量技术退步 | | | | √ | | |
| 具有传递性 | | | | | √ | √ |
| 具有循环性 | | | | | √ | √ |
| 克服线性不可行 | √ | √ | √ | √ | √ | |
| 解决小样本问题 | | | √ | | | |
| 解决群体异质性 | | | | | | √ |

在不同生产前沿面下，GTFP 指数（指标）的分解框架存在一定的差异。当期 DEA 指数和序列 DEA 指数的分解框架基本相同，包括 Färe 等（1994a）、FGNZ、

RD、SW 和 ZL 等几类分解方法。现有文献多将窗口 DEA 指数初步分解为技术变化和技术效率变化两部分。全局(两期)DEA 指数的分解思路与当期 DEA 指数的分解思路类似，其中全局(两期)效率变化及全局(两期)规模变化与当期 DEA 的效率变化及规模变化相同，不同的是全局(两期)技术变化代表当期生产可能性集合与全局(两期)生产可能性集合的最佳技术前沿差距的变化，而当期 DEA 的技术变化代表相邻两期技术前沿的变化。基于共同前沿 DEA 的指数由于考虑了群组的当期、跨期和全局前沿，分解项中包括反映相邻两时期到当期生产前沿面追赶程度的技术效率变化、当期生产可能性集合与跨期生产可能性集合的最佳技术前沿差距的技术变化和相邻两时期跨期参考技术边界与共同参考技术边界的最优技术落差比例的变化，其中相邻两时期跨期参考技术边界与共同参考技术边界的最优技术落差比例的变化又可进一步分解为纯技术追赶与潜在技术相对变动两项。

### 三、基于 DEA 与 SFA 的 GTFP 指数(指标)比较

第一节梳理了基于 SFA 的 GTFP 指数(指标)，第二节梳理了基于 DEA 的 GTFP 指数(指标)，两类指数的测算与分解各具特点，在此进行两者的比较分析。

DEA 方法属于非参数估计法，不需要像 SFA 模型一样确定具体的生产函数形式，也不需要对误差项的分布形式进行假设，所以避免了由设定假设与函数形式造成的误差，解决了各 DMU 的最优化问题，并能评价多投入多产出的情形。但 DEA 方法设定研究边界，即将所有对前沿面的偏离都归因于无效率项，没有考虑随机干扰项，从而导致最终估计的效率值偏低。当样本中存在异常值时，由于需要计算每个 DMU 和有效前沿边界之间的相对距离，DEA 方法考虑所有 DMU 的投入产出，因此当出现异常值时，DEA 模型的估计结果极易受到影响，从而不具有稳健性。

SFA 模型属于参数估计方法，需要预先确定生产函数的具体形式，因而方便对结果进行检验判断，且该方法考虑了随机误差项的存在，不会造成效率值的低估，具有无偏性和一致性。但 SFA 模型由于函数形式的设定和误差分布的假设，往往存在一定的设定误差。使用 SFA 模型处理多产出情况时不如使用 DEA 方法方便，且当投入指标较多时，不同指标间并不像 DEA 方法一样相互独立，可能影响到结论的科学性。在实际应用中，SFA 模型设定函数形式较为复杂，对样本容量要求也较高，因此在使用过程中经常受到一定的限制。

一般而言，当样本数据测量误差较大或测算结果易受随机扰动因素影响时，参数化的 SFA 往往优于非参数的 DEA；当样本数据缺乏价格信息或测算结果受随机扰动因素的影响较小时，采用 DEA 方法较为恰当。基于 DEA 的 GTFP 指数(指标)，结合线性规划方法计算每个 DMU 的 GTFP 变化，不需要设定具体的函数形式；然而 DEA 为确定性模型，无法排除随机因素的干扰，也不能开展统计检验。

基于 SFA 的 GTFP 指数（指标）需为生产前沿设定具体的函数形式，对误差项分布特征进行强假定，同时对样本容量要求也较高；但 SFA 方法具有能够对模型参数及模型本身进行检验、可分解出模型中的随机误差等优点。可见，基于 DEA 的非参数方法和基于 SFA 的参数方法开展 GTFP 的测算与分解各具一定的优势与不足。

总体来看，在已有的涉及 GTFP 指数（指标）的文献中，采用非参数 DEA 模型来开展分析的居多，因为考虑污染排放等非期望产出约束的多投入多产出系统中，DEA 模型能够方便地体现可持续发展要求，在绿色经济转型绩效评价研究中应用较为广泛（周五七，2015）。目前，以基于 DEA 的非参数方法开展 GTFP 指数（指标）测算与分解的文献较为丰富，而基于参数 SFA 模型的 GTFP 指数（指标）分析目前主要限于 SFA-M 指数。Zhou 等（2012）将 Shephard-DF 与 SFA 相结合，使得 SFA 模型能够同时处理多投入多产出情形，未来可尝试基于 SFA 方法对 ML 指数、L 指标以及其他拓展与改进指数进行 GTFP 测算和分解，并开展与基于 DEA 方法测算及分解结果的比较分析，以得到更为全面、客观的结论。

## 第四节　基于 StoNED 的城市 GTFP 测度方法

### 一、StoNED 模型与研究假设

（一）StoNED 模型的提出

鉴于 DEA 和 SFA 各具优点与不足，两者对比也无法确定哪一种方法更占优势，于是相继有学者提出将二者相结合，取长补短以寻求更有效的 GTFP 测度方法。Banker 和 Maindiratta（1992）首先将 SFA 模型中的无效率项和随机误差项相结合得到组合误差项，并与基于线性规划理论的 DEA 模型综合到一起；2007 年，Kuosmanen 和 Kortelainen（2007）正式提出 StoNED 模型，并指出其用于生产率测度方面的优势。StoNED 模型融合了 DEA 模型和 SFA 模型的优点，规避两者难以克服的一些缺陷，为效率评价方面的研究及应用开启了新的篇章。

StoNED 模型与 SFA 方法不同，无需设定具体的生产函数形式，而是内生地选择函数形式 $f(x)$，采用与 DEA 模型相类似的非参数处理技术。与 DEA 模型不同的地方在于，StoNED 模型引入了随机干扰项，解决了 DEA 方法评估 GTFP 偏低的不足，其误差项设定通常与 SFA 模型的一般假定相一致。以多投入单产出下的 StoNED 模型为例，假定生产函数为单调递增的凹函数且 VRS，残差项为 $\varepsilon_i = v_i - u_i$。其中 $u_i$ 为无效率项，服从正态分布，即 $u_i \sim |N(0, \sigma_u^2)|$，$v_i$ 为随机干扰项，假定其服从 $v_i \sim N(0, \sigma_v^2)$，且两者相互独立并同时独立于投入变量。之所以

进行如此形式的假设，是因为无效率损失项不会降低生产成本，所以服从被截断的分布，而随机误差项受到外界因素的影响，既可能由于管理经验不足等原因而增加生产成本，也可能由于技术水平提升等而减少生产成本，因而可假定随机误差项服从对称的函数分布形式。综上，借鉴傅为忠和聂锡云(2019)的做法，函数形式可表示为

$$y_i = f(x_i) + \varepsilon_i = f(x_i) - u_i + v_i, i = 1, \cdots, n \tag{3-56}$$

**(二) StoNED 模型的研究假设**

以多投入单产出的投入产出情况下的 StoNED 模型为例，一般包括以下三个方面的假设。

(1) 遵循 SFA 模型的一般假定，随机误差项 $v$ 和无效率损失项 $u$ 分别服从正态分布和截尾正态分布，即 $u_i \sim |N(0, \sigma_u^2)|$，$v_i \sim N(0, \sigma_v^2)$。

(2) 生产函数的假设依照非参数估计的 DEA 方法，假设 $f(x)$ 属于单调递增的凹函数，但与 DEA 模型不同的是，$f(x)$ 没有设定具体的函数形式。

(3) 生产函数属于 VRS。

## 二、StoNED 模型构建步骤

构建测度城市 GTFP 的 StoNED 模型主要包括三个步骤(程开明和王颖，2020)：①对残差 $\hat{\varepsilon} = (\hat{\varepsilon}_1, \hat{\varepsilon}_2, \cdots, \hat{\varepsilon}_n)$ 的 OLS 估计；②对无效率项 $\hat{u}$ 的估计；③对效率值 $E$ 的估计。

第一步，对残差 $\hat{\varepsilon} = (\hat{\varepsilon}_1, \hat{\varepsilon}_2, \cdots, \hat{\varepsilon}_n)$ 的 OLS 估计。常用的 OLS 是通过二次线性规划的最优解来进行参数估计，即

$$\begin{cases} \min_{\alpha, \beta, \hat{\varepsilon}} \sum_{i=1}^{n} \hat{\varepsilon}_i^2 \\ y_i = \alpha_i + \beta_i' x_i + \hat{\varepsilon}_i, \forall i = 1, 2, \cdots, n \end{cases} \tag{3-57}$$

其中，$\alpha$ 表示截距；$\beta$ 表示斜率。该二次线性规划的目的是对误差 $\varepsilon_i$ 的方差进行估计。

与此不同，StoNED 模型采用凹面非参数最小二乘(concave nonparametric least squares，CNLS)法代替 OLS，原因在于随机干扰项和无效率项的存在，组合误差项的期望值为负。即有：

$$E(\varepsilon_i) = E(v_i - u_i) = E(v_i) - E(u_i) = 0 - \sigma_u \sqrt{\frac{2}{\pi}} < 0 \tag{3-58}$$

此时不满足高斯-马尔可夫条件①，使得 OLS 的估计量是有偏且非一致的，不利于效率值的估算，因而需要对其进行转化：

$$y_i = \left[ f(x_i) - u \right] + \left[ \varepsilon_i + u \right] = g(x_i) + \gamma_i, \ i = 1, 2, \cdots, n \quad (3\text{-}59)$$

其中，$u$ 表示期望效率损失，$u = E(u_i)$；$g(x_i) = f(x_i) - u$；$\gamma_i = \varepsilon_i + u$。因为 $v = \varepsilon_i + u$，所以 $\gamma_i$ 满足了高斯-马尔可夫条件，此时可以估计效率值。

将单调和凹函数的一般非参数形式考虑在内，对函数加以限制，估计效果相对更优。CNLS 模型可改写为一个二次规划问题：

$$\begin{cases} \min_{\alpha, \beta, \hat{\varepsilon}} \sum_{i=1}^{n} \hat{\varepsilon}_i^2 \\ \text{s.t.} \\ y_i = \alpha_i + \beta_i' x_i + \hat{\varepsilon}_i, \ \forall i = 1, 2, \cdots, n \\ y_j \leqslant \alpha_i + \beta_i' x_j + \hat{\varepsilon}_j, \forall i, j = 1, 2, \cdots, n \\ \beta_i' \geqslant 0, \forall i = 1, 2, \cdots, n \end{cases} \quad (3\text{-}60)$$

与 OLS 估计不同，当样本容量发生改变时，CNLS 模型中的截距和斜率也随之改变。此外，CNLS 模型含有 $n$ 个不同的斜率向量，与 SFA 方法基本相同。然后采用特定的函数形式来估计斜率向量，而对于预先未设定的函数形式，CNLS 模型一般采用非特定形式的生产函数来估计 $n$ 个切超平面，斜率 $\beta_i'$ 代表投入 $i$ 的边际产出（曹阳，2013）。

随机参数模型的第一个约束条件为线性回归方程，其中斜率 $\beta_i'$ 代表投入要素 $i$ 的边际产出。第二个约束条件通过应用系列不等式形式对生产函数施加凹性限制。第三个约束条件对函数施加了单调递增性限制（籍艳丽和赵丽琴，2011）。从具体操作来看，这一步可以使用计量软件 GAMS 计算出 CNLS 模型残差 $\hat{\varepsilon}_i$。

第二步，对无效率项 $\hat{u}_i$ 的估计。类似于 SFA 方法，需要从残差中分离出效率损失项 $u_i$ 和随机干扰项 $v_i$。这一步骤有三种分解估计方法，分别是矩估计法、极大似然估计法和非参数核密度估计法。其中，矩估计法在计算残差的二阶中心矩和三阶中心矩时，可能出现方差为负值的情况。极大似然估计法需要提前假设随机误差项服从正态分布，非有效部分服从半正态分布，如此假设使得最终估计结果具有一致性且不会出现矩估计法的特殊情形。非参数核密度估计法则不需要提前假设无效率项和随机干扰项的函数分布形式，虽然避免了一定的设定误差，但

---

① 高斯-马尔可夫条件：在线性回归模型中，如果误差满足零均值、同方差且互不相关，则回归系数的最佳线性无偏估计就是 OLS 估计。。

该法不适用于随机干扰项的方差趋于 0 的情形，且不具备一致性。在此主要介绍矩估计法和极大似然估计法，由于矩估计法是目前较为主流的估计法，后文在这一步骤中采用矩估计法进行估计。

矩估计法通过式(3-61)和式(3-62)分别计算出残差的二阶中心矩和三阶中心矩：

$$m_2 = \frac{\sum_{i=1}^{n}(\hat{\varepsilon}_i - E(\hat{\varepsilon}_i))^2}{n} \quad (3\text{-}61)$$

$$m_3 = \frac{\sum_{i=1}^{n}(\hat{\varepsilon}_i - E(\hat{\varepsilon}_i))^3}{n} \quad (3\text{-}62)$$

其中，$m_2$ 和 $m_3$ 分别表示真实矩 $\mu_2$ 与 $\mu_3$ 的一致估计量，依赖于效率损失项和随机干扰项的方差。

$$\mu_2 = \left(\frac{\pi-2}{\pi}\right)\sigma_u^2 + \sigma_v^2 \quad (3\text{-}63)$$

$$\mu_3 = \left(\sqrt{\frac{2}{\pi}}\right)\left(1 - \frac{4}{\pi}\right)\sigma_u^3 \quad (3\text{-}64)$$

根据合成误差 $\varepsilon$ 分布的偏斜，方差 $\sigma_u^2$ 和 $\sigma_v^2$ 可以分别通过 $m_2$ 和 $m_3$ 估计出来。由于存在无效率项，三阶矩 $m_3$ 理论上应该为负，但实际中可能出现 CNLS 的残差为正的情况，此时对无效率项的最大似然估计是 $\hat{u}=0$。根据格林的观点(Greene，1999)，往往把这种情况当作一种内在的表现，因为该情况很可能出现在一个尚未详细阐明的模型或不正确的方法当中。另外，也可能存在偏斜使得到的 $\sigma_u^2$ 估计大于 $m_2$，而造成 $\sigma_v^2$ 为负的情况，对于这种情况，Kumbhakar 和 Lovell (2000)建议使用 $\sigma_v^2 = 0$ 替代，即把所有的误差都归结于无效率项(秦轶翀，2009)。

以残差 $\varepsilon$ 的分布偏倚为基础，可求解得到：

$$\sigma_u = \sqrt[3]{\frac{m_3}{\left(\sqrt{\frac{2}{\pi}}\right)\left(1 - \frac{4}{\pi}\right)}} \quad (3\text{-}65)$$

$$\sigma_v = \sqrt{m_2 - \left(\frac{\pi-2}{\pi}\right)\sigma_u^2} \quad (3\text{-}66)$$

Jondrow 等(1982)经过证明得到以下结论：$u_i$ 在 $\varepsilon_i$ 已知情况下的条件分布服从均值为 $u_*$、方差为 $\sigma_*^2$ 的截断正态分布，其中 $u_* = -\varepsilon_i \sigma_u^2 / (\sigma_u^2 + \sigma_v^2)$，$\sigma_*^2 = \sigma_u^2 \sigma_v^2 / (\sigma_u^2 + \sigma_v^2)$。

$$E(u_i \mid \hat{\varepsilon}_i) = \mu_* + \sigma_* \left[ \frac{\Phi(-\mu_*/\sigma_*)}{1 - \phi(-\mu_*/\sigma_*)} \right] \tag{3-67}$$

极大似然估计法是另一种较好的估计方法，预先假定 $\sigma^2 = \sigma_u^2 + \sigma_v^2, \lambda = \dfrac{\sigma_u}{\sigma_v}$，Fan 等(1996)指出似然函数可表示为参数 $\lambda$ 的函数：

$$\ln L(\lambda) = -n \ln \sigma + \sum_{i=1}^{n} \ln \Phi \left( \frac{-\varepsilon_i \lambda}{\sigma} \right) - \frac{1}{2\sigma^2} \sum_{i=1}^{n} \varepsilon_i^2 \tag{3-68}$$

$$\hat{\varepsilon}_i = \gamma_i - \frac{\sqrt{2} \lambda \hat{\sigma}}{\sqrt{\pi(1+\lambda^2)}} \tag{3-69}$$

$$\hat{\sigma} = \sqrt{\frac{1}{n} \sum_{i=1}^{n} \hat{\gamma}_i \Big/ \left[ 1 - \frac{2\lambda^2}{\pi(1+\lambda)} \right]} \tag{3-70}$$

可以通过极大似然函数求出 $\lambda$ 的值，然后解出 $\varepsilon_i$ 和 $\sigma$ 的值，最后得到：

$$\hat{\sigma}_u = \hat{\sigma} \frac{\hat{\lambda}}{1 + \hat{\lambda}} \tag{3-71}$$

$$\hat{\sigma}_v = \frac{\hat{\sigma}}{1 + \hat{\lambda}} \tag{3-72}$$

Jondrow 等(1982)通过论证得到：$u_i$ 在已知 $\varepsilon_i$ 情况下的条件分布服从均值为 $u_*$、方差为 $\sigma_*^2$ 的截断正态分布，即

$$u_* = \frac{-\varepsilon_i \sigma_u^2}{\sigma_u^2 + \sigma_v^2} \tag{3-73}$$

$$\sigma_*^2 = \frac{\sigma_u^2 \sigma_v^2}{\sigma_u^2 + \sigma_v^2} \tag{3-74}$$

$$E(u_i \mid \hat{\varepsilon}_i) = \mu_* + \sigma_* \left[ \frac{\Phi(-\mu_*/\sigma_*)}{1 - \phi(-\mu_*/\sigma_*)} \right] \tag{3-75}$$

第三步，对效率值 $E$ 的估计。式(3-56)中，由无效率项 $u_i$ 和误差项 $v_i$ 组成的合成残差 $\varepsilon_i$ 使得 DMU 的产出 $y_i$ 与 $f(x_i)$ 值出现差异。由于两者之间的差异是无效率项引起的，而非误差项引起的，对式(3-56)方程两边除以 $f(x_i)$，得到 DMU 的效率计算公式：

$$E = y_i / f(x_i) = 1 - \frac{E(u_i)}{y_i + E(u_i) - E(v_i)} + \frac{E(v_i)}{y_i + E(u_i) - E(v_i)}, \quad i = 1, \cdots, n \quad (3\text{-}76)$$

因 $E(v_i) = 0$，进一步得到 DMU 的效率值计算公式为

$$E = \frac{y_i}{f(x_i)} = 1 - \frac{E(u_i)}{y_i + E(u_i)}, \quad i = 1, 2, \cdots, n \quad (3\text{-}77)$$

### 三、StoNED 模型的优势

DEA 方法和 SFA 模型各具优势，但也都存在一些局限性，因此 GTFP 测度往往不能做到两全。StoNED 模型的提出解决了这一困扰，其具有 DEA 方法和 SFA 模型的优点，无需引入新的工具即可将 DEA 方法的非参数分段线性前沿与 SFA 模型的把残差分解为无效率项和随机误差项这两种理念融合在一起，最大可能地结合两种分析方法的思路来对生产率进行测度。此外，与 DEA 方法相比，由于考虑了随机误差项，所以利用 StoNED 模型测算的生产率值更有区分度；与 SFA 模型相比，StoNED 模型避免了一系列设定误差，测算结果往往更为准确。

可见，虽说在城市 GTFP 测度过程中，DEA 方法与 SFA 模型的应用较为广泛，但两者都存在一定的不足，而 StoNED 模型能够取两种方法之长处、补其短，使得测度的效率值更为精准，成为未来城市 GTFP 测度的发展趋势之一。因此，后面研究也将利用 StoNED 模型开展长三角城市 GTFP 测算。

## 第五节　本 章 小 结

城市 GTFP 测度的典型方法主要包括基于 SFA 的参数方法、基于 DEA 的非参数方法和 StoNED 模型。基于 SFA 的城市 GTFP 指数(指标)需要为生产前沿设定具体函数形式，对误差项的分布特征进行强假定，同时对样本容量要求也较高；但 SFA 方法具有能够对模型参数及模型本身进行检验、可分解出随机误差等优点。基于 DEA 的城市 GTFP 指数(指标)结合线性规划方法计算每个 DMU 的生产率变动，不需要设定具体的函数形式；然而 DEA 为确定性模型，无法排除随机因素的干扰，也不能开展统计检验。StoNED 模型则融合 DEA 模型和 SFA 模型的优点，规避了两者难以克服的一些缺陷，测算方式更为灵活，具有良好的统计特性。

基于 SFA 和基于 DEA 的城市 GTFP 增长测算与分解方法都具有自身独特的适用条件、理论基础、优缺点及分解方式。实际应用过程中，需结合具体的研究场景、对象特点，选择一种或多种方法相结合来有效开展 GTFP 的测度与分解。一般而言，当样本数据测量误差较大或测算结果易受随机扰动因素影响时，参数化的 SFA 往往优于非参数的 DEA；当样本数据缺乏价格信息或测算结果受随机扰动因素的影响较小时，则采用非参数的 DEA 模型比较恰当。总体来看，在已有的涉及 GTFP 指数（指标）的文献中，采用非参数 DEA 模型开展分析的居多；在考虑污染排放等非期望产出约束的多投入多产出系统中，DEA 模型能够更好地体现可持续发展需要，在 GTFP 测度中应用较多。

　　基于 SFA 模型的 GTFP 指数（指标）分析目前主要用于 SFA-M 指数，其他类型的指数还有待进一步拓展与改进。基于 DEA 的城市 GTFP 增长测算与分解方法也还存在一定的拓展空间，有待未来研究进一步深入探析，譬如完善 LHM 指标的分解方法及子项构成，开展 HMB 指数和 LHM 指标生产前沿面构建方法的拓展研究，加强基于 SFA 的生产率指数方法创新研究等。与 DEA 方法相比，由于考虑了随机误差项，利用 StoNED 模型测算的生产率值更有区分度；与 SFA 模型相比，StoNED 模型避免了一系列设定误差，测算结果往往更为准确。

# 第四章 两类环境广义 LHM 指标的构造与检验

## 第一节 引 言

国内外学者构造出多种指数(指标)以测算全要素生产率增长及其来源构成,其中,Färe 等(1994b)在 Malmquist(1953)和 Caves 等(1982a)的基础上构建的基于当期 DEA 的 M 指数具有代表性,被广泛应用于全要素生产率测算中。传统指数分析虽然丰富了人们对全要素生产率的认识,但仅考虑期望产出而忽视资源环境因素的影响,得到的结论不够全面。因此,有必要在测度框架体系中引入资源环境因素,测算 GTFP。

在早期文献中,Pittman(1983)基于 M 指数的理论基础,尝试在生产率测算中纳入非期望产出。以此为基础,Chung 等(1997)将 DDF 引入生产率测算框架,构建了 ML 指数,有学者进一步引入基于差异的 L 指标,以适应包含非期望产出的生产率测算。然而,M 指数、ML 指数及 L 指标在 VRS 条件下只能衡量局部技术变化,不能反映总体全要素生产率变化;在 CRS 条件下各种 M 指数在分解过程中存在子项遗漏问题,导致分解不完整(Grifell-Tatjé and Lovell,1995)。因此,Bjurek(1996)在 Hicks(1961)和 Moorsteen(1961)的基础上,提出以产出导向 M 指数与投入导向 M 指数的比率来表示的 HMB 指数。另外,L 指标具有 M 指数的类似缺陷,未同时考虑投入与产出变化的影响,对全要素生产率变化测量存在偏差,因此 Briec 和 Kerstens(2004)借鉴 HMB 指数的做法,引入基于差异变动的 LHM 指标,即 L 产出指标与 L 投入指标的差值。此后,为利用 LHM 指标测算纳入环境污染的生产率,Abad(2015)在 LHM 指标与环境 L 指标的基础上引入 EGLHM 指标,但并未给出相应的分解方法及实证分析。鉴于此,为了更准确地测度纳入资源环境约束的城市 GTFP 并开展完全分解,本章引入 NDDF,构造两期环境广义 LHM 指标,允许投入、产出要素非成比例增长,避免线性规划无可行解的问题。

此外,已有文献多注重测算个体层面的 GTFP 指数(指标)及分解子项,相对忽视由个体聚合成的群组层面的 GTFP 变化。为了既强调个体层面的生产率变动,又准确反映群组层面由内部资源分配结构差异而引起的生产率变动,有必要构造基于群组层面的聚合指标来开展分析。"聚合"概念最初源于 Debreu(1951)对资源利用系数的分析，用以衡量一个经济体的整体效率。此后 Farrell(1957)提出一种通过"一个行业内企业(个体层面)的绩效"来衡量"一个行业(群组层面)的生产效率"的方法，得到的行业(群组层面)技术效率称为结构效率。Briec 等(2003)、Färe 等(2008)进一步提出根据一个行业的总体效率与该行业内所有企业的技术效率之和来推断该行业的结构效率或分配效率的思路，具体以基于给定价格向量的 DDF 来表示。

进而，Zelenyuk(2006)将结构效率理念与 M 指数相结合构造了聚合 M 指数，Färe 和 Primont(2003)、Mussard 和 Peypoch(2006)初步提出聚合 L 指标。为利用 HMB 指数的优势，Mayer 和 Zelenyuk(2014)依据同样的思想构造了聚合 HMB 指数。然而，在实际应用中要素价格信息尤其是非期望产出的价格信息往往难以获取，因此 Ferrier 等(2010)基于给定向量的 DDF 来测度效率，并将效率分解为技术效率和结构效率。Boussemart 等(2015)和 Boussemart 等(2020)则基于给定向量的 DDF 构造 AL 指标，开展生产率变动的实际测算，并分解出体现由投入或产出再分配而导致的结构效率变动部分。在群组层面，现有文献中构造 AL 指标来测算全要素生产率变动的较多，但 L 指标需要假定市场结构的类型且受规模报酬性质的影响，EGLHM 指标与 L 指标相比不仅能够避免上述问题，还保有全要素生产率的本质特性，满足加法完备性，能够识别投入和产出变化对全要素生产率变化的确切贡献(O'Donnell，2012a)。因此，有必要构造聚合 EGLHM 指标来测算群组层面的 GTFP 增长。

相对于已有研究，本章的贡献在于以下方面。①构造两期环境广义 LHM 指标。采用 NDDF，构建基于两期 DEA 的 BNEGLHM 指标，在测算城市 GTFP 增长方面体现出三大优势：一是将非期望产出纳入测度框架，允许投入、产出要素非成比例增长，具有理想的数学性质；二是可避免线性规划无可行解问题，使测算结果更具稳健性；三是同时考虑投入和产出的变化，符合全要素生产率的初始定义，能够完整衡量城市 GTFP 增长。②提出一种显示聚合特性的 DDF。开展群组层面的全要素生产率测算，若群组内每个对象的方向向量不同，测算结果不能跨群组比较，本章基于所有群组的总投入产出构造聚合 DDF，使得群组内 DMU 选择相同的方向向量，测算的全要素生产率增长及分解子项可跨群组比较，进行加减运算或算术平均具有实际意义。③构造一种新型的聚合 GTFP 指标。基于个体和群组层面构造聚合环境广义 LHM 指标(AEGLHM 指标)，完全分解出产出与投入双导向的技术进步、技术效率变化、结构效率变化及规模效率变化。

## 第二节 两期环境广义 LHM 指标的构造与分解

### 一、EGLHM 指标

绿色生产率评价的前提是将资源环境约束纳入生产率分析框架，构建一个同时包含期望产出与非期望产出的生产可能性集合。为此，选择基于 WD 假设和零结合性的联合生产技术来考虑期望产出与非期望产出的结合。首先，根据 Färe 等 (2007) 构造一个包含期望产出和非期望产出的生产可能性集合，即环境技术。假设在 $t$ 时期，第 $k$ 个群组 ($k=1, 2, \cdots, K$) 内的第 $j$ 个个体 ($j=1, 2, \cdots, J$) 使用 $N$ 种投入 $x_{jt} = \left(x_{jt}^1, x_{jt}^2, \cdots, x_{jt}^N\right) \in R_+^N$，生产出 $M$ 种期望产出 $y_{jt} = \left(y_{jt}^1, y_{jt}^2, \cdots, y_{jt}^M\right) \in R_+^M$ 和 $U$ 种非期望产出 $b_{jt} = \left(b_{jt}^1, b_{jt}^2, \cdots, b_{jt}^U\right) \in R_+^U$。此时，生产技术为 $T_{jt} = \left\{(x_{jt}, y_{jt}, b_{jt}): x_{jt} 可以生产 (y_{jt}, b_{jt})\right\}$，相应产出集为 $P(x_{jt}) = \left\{(y_{jt}, b_{jt}): (x_{jt}, y_{jt}, b_{jt}) \in T_{jt}\right\}$[①]。

合理设定 DDF 是创建 GTFP 测度模型的重要基础，DDF 测量观察到的实际生产到生产前沿面之间的距离，可称为无效率程度。引入方向向量 $g_{jt} = \left(-gh_{jt}, gk_{jt}, -gl_{jt}\right) \in R$，则 DDF 为

$$\vec{D}\left(x_{jt}, y_{jt}, b_{jt}; g_{jt}\right) = \vec{D}\left(x_{jt}, y_{jt}, b_{jt}; -gh_{jt}, gk_{jt}, -gl_{jt}\right) \\ = \sup_{\beta}\left\{\beta \in \Re_+ : \left(x_{jt} - \beta gh_{jt}, y_{jt} + \beta gk_{jt}, b_{jt} - \beta gl_{jt}\right)\right\} \quad (4\text{-}1)$$

其中，$g_{jt}$ 表示无效 DMU 的改进方向为投入减少、期望产出增加和非期望产出减少；$\beta$ 表示无效率程度。如果观测的 DMU 位于生产技术边界，即 $\vec{D}\left(x_{jt}, y_{jt}, b_{jt}; g_{jt}\right)=0$；如果位于生产技术的内部，即 $\vec{D}\left(x_{jt}, y_{jt}, b_{jt}; g_{jt}\right)>0$；观察值离边界越远，距离函数的值越大，则效率越低。除了静态无效率之外，技术转移的跨期变化也可通过相关的生产率指标来衡量。

Abad (2015) 构建了 EGLHM 指标，并将其定义为环境 L 产出量 ($\text{ELO}^{O\setminus U}$) 指标与环境 L 投入量 ($\text{ELI}_t^{I\cup U}$) 指标的差值，表示为 $t$ 时期与 $t+1$ 时期生产率的算术平均值，具体见式 (4-2)：

---

[①] 假设 $P(x_{jt})$ 满足闭集和有界集、期望产出和投入可自由处置、非期望产出弱可处置等公理性条件。

$$\begin{aligned}
&\text{EGLHM}_{t,t+1}^{I,O}\\
&=\frac{1}{2}\Big(\text{EGLHM}_{t}^{I,O}\left(x_{jt},y_{jt},b_{jt},x_{j(t+1)},y_{j(t+1)},b_{j(t+1)};g_{jt},g_{j(t+1)}\right)\\
&\quad+\text{EGLHM}_{t+1}^{I,O}\left(x_{jt},y_{jt},b_{jt},x_{j(t+1)},y_{j(t+1)},b_{j(t+1)};g_{jt},g_{j(t+1)}\right)\Big)\\
&=\frac{1}{2}\Big\{\Big[\vec{D}_{\text{VRS}}^{t}\left(x_{jt},y_{jt},b_{jt};0,gk_{jt},0\right)-\vec{D}_{\text{VRS}}^{t}\left(x_{jt},y_{j(t+1)},b_{jt};0,gk_{j(t+1)},0\right)\Big]\\
&\quad-\Big[\vec{D}_{\text{VRS}}^{t}\left(x_{j(t+1)},y_{jt},b_{jt};gh_{j(t+1)},0,gl_{j(t+1)}\right)-\vec{D}_{\text{VRS}}^{t}\left(x_{jt},y_{jt},b_{jt};gh_{jt},0,gl_{jt}\right)\Big]\\
&\quad+\Big[\vec{D}_{\text{VRS}}^{t+1}\left(x_{j(t+1)},y_{jt},b_{jt};0,gk_{jt},0\right)-\vec{D}_{\text{VRS}}^{t+1}\left(x_{jt},y_{j(t+1)},b_{jt};0,gk_{j(t+1)},0\right)\Big]\\
&\quad-\Big[\vec{D}_{\text{VRS}}^{t+1}\left(x_{j(t+1)},y_{j(t+1)},b_{j(t+1)};gh_{j(t+1)},0,gl_{j(t+1)}\right)-\vec{D}_{\text{VRS}}^{t+1}\left(x_{jt},y_{j(t+1)},b_{jt};gh_{jt},0,gl_{jt}\right)\Big]\Big\}
\end{aligned}$$
(4-2)

由于 EGLHM 指标与 L 指标相比具有加法完备性，可以完全分解。因此，若仅考虑个体技术情况，在 VRS 条件下 EGLHM 指标可完全分解为三个部分：技术进步（TC）、技术效率变化（TEC）及规模效率变化（SCALEEC），具体见式（4-3）。EGLHM 指标还可以从产出导向或投入导向角度进行分解，分解指标值定义为基于产出导向的分解值与基于投入导向分解值的算术平均值。基于产出导向的分解子项分别见式（4-4）～式（4-6）：

$$\text{EGLHM}_{t,t+1}^{I,O}=\text{TC}_{t,t+1}^{O}+\text{TEC}_{t,t+1}^{O}+\text{SCALEEC}_{t,t+1}^{O} \tag{4-3}$$

其中：

$$\begin{aligned}
\text{TC}_{t,t+1}^{O}=\frac{1}{2}\Big\{&\Big[\vec{D}_{\text{VRS}}^{t+1}\left(x_{jt},y_{jt},b_{jt};0,gk_{jt},0\right)-\vec{D}_{\text{VRS}}^{t}\left(x_{jt},y_{jt},b_{jt};0,gk_{jt},0\right)\Big]\\
&+\Big[\vec{D}_{\text{VRS}}^{t+1}\left(x_{j(t+1)},y_{j(t+1)},b_{j(t+1)};0,gk_{j(t+1)},0\right)\\
&-\vec{D}_{\text{VRS}}^{t}\left(x_{j(t+1)},y_{j(t+1)},b_{j(t+1)};0,gk_{j(t+1)},0\right)\Big]\Big\}
\end{aligned}$$
(4-4)

$$\text{TEC}_{t,t+1}^{O}=\vec{D}_{\text{VRS}}^{t}(x_{jt},y_{jt},b_{jt};0,gk_{jt},0)-\vec{D}_{\text{VRS}}^{t+1}(x_{j(t+1)},y_{j(t+1)},b_{j(t+1)};0,gk_{j(t+1)},0)$$
(4-5)

$$\begin{aligned}
\text{SCALEEC}_{t,t+1}^{O}=\frac{1}{2}\Big\{&\Big[\vec{D}_{\text{VRS}}^{t+1}\left(x_{j(t+1)},y_{jt},b_{jt};0,gk_{jt},0\right)-\vec{D}_{\text{VRS}}^{t+1}\left(x_{jt},y_{jt},b_{jt};0,gk_{jt},0\right)\Big]\\
&+\Big[\vec{D}_{\text{VRS}}^{t}\left(x_{j(t+1)},y_{j(t+1)},b_{j(t+1)};0,gk_{j(t+1)},0\right)\\
&-\vec{D}_{\text{VRS}}^{t}\left(x_{jt},y_{j(t+1)},b_{jt};0,gk_{j(t+1)},0\right)\Big]\Big\}
\end{aligned}$$

$$-\frac{1}{2}\left\{\left[\vec{D}_{\text{VRS}}^{t}\left(x_{j(t+1)}, y_{jt}, b_{j(t+1)}; gh_{j(t+1)}, 0, gl_{j(t+1)}\right)\right.\right.$$
$$\left.-\vec{D}_{\text{VRS}}^{t}\left(x_{jt}, y_{jt}, b_{jt}; gh_{jt}, 0, gl_{jt}\right)\right]$$
$$+\left[\vec{D}_{\text{VRS}}^{t+1}\left(x_{j(t+1)}, y_{j(t+1)}, b_{j(t+1)}; gh_{j(t+1)}, 0, gl_{j(t+1)}\right)\right.$$
$$\left.\left.-\vec{D}_{\text{VRS}}^{t+1}\left(x_{jt}, y_{j(t+1)}, b_{jt}; gh_{jt}, 0, gl_{jt}\right)\right]\right\} \tag{4-6}$$

EGLHM 指标基于投入导向的分解子项分别见式(4-7)~式(4-10):

$$\text{EGLHM}_{t,t+1}^{I,O} = \text{TC}_{t,t+1}^{I} + \text{TEC}_{t,t+1}^{I} + \text{SCALEEC}_{t,t+1}^{I} \tag{4-7}$$

其中,

$$\text{TC}_{t,t+1}^{I}$$
$$=\frac{1}{2}\left\{\left[\vec{D}_{\text{VRS}}^{t+1}\left(x_{jt}, y_{jt}, b_{jt}; gh_{jt}, 0, gl_{jt}\right) - \vec{D}_{\text{VRS}}^{t}\left(x_{jt}, y_{jt}, b_{jt}; gh_{jt}, 0, gl_{jt}\right)\right]\right.$$
$$+\left[\vec{D}_{\text{VRS}}^{t+1}\left(x_{j(t+1)}, y_{j(t+1)}, b_{j(t+1)}; gh_{j(t+1)}, 0, gl_{j(t+1)}\right)\right.$$
$$\left.\left.-\vec{D}_{\text{VRS}}^{t}\left(x_{j(t+1)}, y_{j(t+1)}, b_{j(t+1)}; gh_{j(t+1)}, 0, gl_{j(t+1)}\right)\right]\right\} \tag{4-8}$$

$$\text{TEC}_{t,t+1}^{I} = \vec{D}_{\text{VRS}}^{t+1}(x_{j(t+1)}, y_{j(t+1)}, b_{j(t+1)}; gh_{j(t+1)}, 0, gl_{j(t+1)}) - \vec{D}_{\text{VRS}}^{t}(x_{jt}, y_{jt}, b_{jt}; gh_{jt}, 0, gl_{jt}) \tag{4-9}$$

$$\text{SCALEEC}_{t,t+1}^{I} = \frac{1}{2}\left\{\left[\vec{D}_{\text{VRS}}^{t+1}\left(x_{jt}, y_{j(t+1)}, b_{jt}; gh_{jt}, 0, gl_{jt}\right) - \vec{D}_{\text{VRS}}^{t+1}\left(x_{jt}, y_{jt}, b_{jt}; gh_{jt}, 0, gl_{jt}\right)\right]\right.$$
$$+\left[\vec{D}_{\text{VRS}}^{t}\left(x_{j(t+1)}, y_{j(t+1)}, b_{jt}; gh_{j(t+1)}, 0, gl_{j(t+1)}\right)\right.$$
$$\left.-\vec{D}_{\text{VRS}}^{t}\left(x_{j(t+1)}, y_{jt}, b_{jt}; gh_{j(t+1)}, 0, gl_{j(t+1)}\right)\right]\right\}$$
$$+\frac{1}{2}\left\{\left[\vec{D}_{\text{VRS}}^{t}\left(x_{jt}, y_{jt}, b_{jt}; 0, gk_{jt}, 0\right) - \vec{D}_{\text{VRS}}^{t}\left(x_{jt}, y_{j(t+1)}, b_{jt}; 0, gk_{j(t+1)}, 0\right)\right]\right.$$
$$+\left[\vec{D}_{\text{VRS}}^{t+1}\left(x_{j(t+1)}, y_{jt}, b_{j(t+1)}; 0, gk_{jt}, 0\right)\right.$$
$$\left.\left.-\vec{D}_{\text{VRS}}^{t+1}\left(x_{j(t+1)}, y_{j(t+1)}, b_{j(t+1)}; 0, gk_{j(t+1)}, 0\right)\right]\right\} \tag{4-10}$$

## 二、基于 NDDF 的两期环境广义 LHM 指标

(一)两期环境技术

生产可能性集的构造是测算 DMU 效率与生产率的前提,为避免计算跨期 DDF 存在无可行解问题,能够衡量技术退步并在新数据加入时保持计算结果的稳

定性，在此采用两期环境技术将环境因素纳入经济增长的分析框架。假设每个城市为一个 DMU，在 $t(t=1, 2, \cdots, T)$ 时期，共有 $j=1, 2, \cdots, J$ 个 DMU，使用 $N$ 种投入 $x_{jt}=\left(x_{jt}^1, x_{jt}^2, \cdots, x_{jt}^N\right)\in R_+^N$，生产 $M$ 种期望产出 $y_{jt}=\left(y_{jt}^1, y_{jt}^2, \cdots, y_{jt}^M\right)\in R_+^M$ 和 $U$ 种非期望产出 $b_{jt}=\left(b_{jt}^1, b_{jt}^2, \cdots, b_{jt}^U\right)\in R_+^U$，此时生产技术为 $T_{jt}=\{(x_{jt}, y_{jt}, b_{jt}): x_{jt}\text{生产}(y_{jt}, b_{jt})\}$，相应的两期生产可能性集合在满足闭集和有界集、投入和期望产出可自由处置、非期望产出弱可处置等公理性条件下，表示为

$$P^B(x)=\left\{(x,y,b):\sum_{j=1}^J\lambda_{jt}x_{jt}^n+\sum_{j=1}^J\lambda_{j(t+1)}x_{j(t+1)}^n\leqslant x_{jt}, \sum_{j=1}^J\lambda_{jt}y_{jt}^m+\sum_{j=1}^J\lambda_{j(t+1)}y_{j(t+1)}^m\geqslant y_{jt},\right.$$
$$\left.\sum_{j=1}^J\lambda_{jt}b_{jt}^u+\sum_{j=1}^J\lambda_{j(t+1)}b_{j(t+1)}^u=b_{jt}, \sum_{j=1}^J\lambda_{jt}+\sum_{j=1}^J\lambda_{j(t+1)}=1,\lambda_{jt}\geqslant0,\lambda_{j(t+1)}\geqslant0\right\}$$

(4-11)

其中，$\lambda_{jt}$ 和 $\lambda_{j(t+1)}$ 表示投入（产出）权重系数，当满足 $\sum_{j=1}^J\lambda_{jt}+\sum_{j=1}^J\lambda_{j(t+1)}=1$ 和 $\lambda_{jt}\geqslant0, \lambda_{j(t+1)}\geqslant0$ 两个条件时，代表环境生产技术 VRS，仅满足 $\lambda_{jt}\geqslant0$ 和 $\lambda_{j(t+1)}\geqslant0$ 时，表示环境生产技术 CRS[①]（Färe et al., 2007）。

（二）两期环境技术的 NDDF

合理设定 DDF 是构造绿色生产率评价模型的重要基础，以测量观察到的实际生产到生产前沿面之间的距离。进一步引入方向向量 $g_{jt}=(-x_{jt}, y_{jt}, -b_{jt})$，在两期环境技术条件下构造两期非径向方向性距离函数（biennial non-radial directional distance function，BNDDF）。为达到把 GTFP 分解为具体因素效应的目标，将 BNDDF 的总体无效率程度 $\beta_{jt}^B$ 定义为各投入、期望产出和非期望产出无效率程度 $\left(\beta_{jt}^{nB}, \beta_{jt}^{mB}, \beta_{jt}^{uB}\right)$ 的加权平均，具体见式（4-12）：

$$\overrightarrow{\mathrm{ND}}^B(x_{jt}, y_{jt}, b_{jt}; g_{jt})=\sup_{\beta^B}\left\{\beta_{jt}^B\middle|\beta_{jt}^B=\frac{1}{S}\left(\frac{1}{N}\sum_{n=1}^N\beta_{jt}^{nB}+\frac{1}{M}\sum_{m=1}^M\beta_{jt}^{mB}+\frac{1}{U}\sum_{u=1}^U\beta_{jt}^{uB}\right)\right.$$
$$\left.:\left(x_{jt}^n-\beta_{jt}^{nB}x_{jt}^n, y_{jt}^m+\beta_{jt}^{mB}y_{jt}^m, b_{jt}^u-\beta_{jt}^{uB}b_{jt}^u\right)\in P^B(x)\right\}$$

---

① 测算全要素生产率变动需假定 CRS 或 VRS，具体选择哪种规模报酬假定并未形成共识。本章选择 VRS 假设，原因在于 DMU 在 CRS 假设下的规模是理想规模，在实际中各 DMU 的生产规模不尽相同，可能处于递增或递减阶段，因而 VRS 假设下的测算结果可能更为准确。

$$\text{s.t.} \quad \sum_{j=1}^{J}\lambda_{jt}x_{jt}^{n}+\sum_{j=1}^{J}\lambda_{j(t+1)}x_{j(t+1)}^{n} \leqslant x_{j't}^{n}-\beta_{j't}^{nB}x_{j't}^{n}; \quad \sum_{j=1}^{J}\lambda_{jt}y_{jt}^{m}+\sum_{j=1}^{J}\lambda_{j(t+1)}y_{j(t+1)}^{m} \geqslant y_{j't}^{m}+\beta_{j't}^{mB}y_{j't}^{m}$$

$$\sum_{j=1}^{J}\lambda_{jt}b_{jt}^{u}+\sum_{j=1}^{J}\lambda_{j(t+1)}b_{j(t+1)}^{u}=b_{j't}^{u}-\beta_{j't}^{uB}b_{j't}^{u}; \quad \sum_{j=1}^{J}\lambda_{jt}+\sum_{j=1}^{J}\lambda_{j(t+1)}=1, \lambda_{jt}\geqslant 0, \lambda_{j(t+1)}\geqslant 0$$

$$n=1,\cdots,N;\ m=1,\cdots,M;\ j=1,2,\cdots,J;\ u=1,\cdots,U$$

(4-12)

其中，上标 $B$ 表示两期环境技术。针对即将构造的 GTFP 指标，不同于以往权数设定，在此引入变量 $S$ 来表示 $g_{jt}$ 中包含投入、期望产出与非期望产出的个数，若仅包含投入则 $S=1$，若包含期望产出和非期望产出则 $S=2$，投入、期望产出与非期望产出均考虑在内，则 $S=3$。BNDDF 具有三个显著优势：①具有非径向非角度性质，既同时考虑了投入与产出松弛，又考虑到它们的不同，且所有投入和产出的权重之和为 1；②可避免线性规划的无可行解问题，允许且能够衡量技术退步；③在给数据集增加新数据时能够保持先前计算结果的稳定。

与传统 DDF 类似，BNDDF 同样可利用线性规划计算求解。针对即将构造的 GTFP 指标，$t$ 时期第 $j$ 个 DMU 在 VRS 环境下的 BNDDF 线性规划如式(4-13)所示，$t+1$ 时期的 BNDDF、$t$ 时期和 $t+1$ 时期的 NDDF 线性规划形式基本类似，具体不再列出。

$$\overrightarrow{\text{ND}}_{\text{VRS}}^{B}\left(x_{jt},y_{jt},b_{jt};0,y_{jt},-b_{jt}\right)=\max\left[\beta_{jt}^{B}:\beta_{jt}^{B}=\frac{1}{M}\sum_{m=1}^{M}\beta_{jt}^{mB}\right]$$

$$\text{s.t.} \quad \sum_{j=1}^{J}\lambda_{jt}x_{jt}^{n}+\sum_{j=1}^{J}\lambda_{j(t+1)}x_{j(t+1)}^{n}\leqslant x_{jt}^{n},\ n=1,2,\cdots,N$$

$$\sum_{j=1}^{J}\lambda_{jt}y_{jt}^{m}+\sum_{j=1}^{J}\lambda_{j(t+1)}y_{j(t+1)}^{m}\geqslant y_{jt}^{m}+\beta_{jt}^{mB}y_{jt}^{m},\ m=1,2,\cdots,M \quad (4\text{-}13\text{a})$$

$$\sum_{j=1}^{J}\lambda_{jt}b_{jt}^{u}+\sum_{j=1}^{J}\lambda_{j(t+1)}b_{j(t+1)}^{u}=b_{jt}^{u},\ u=1,2,\cdots,U$$

$$\sum_{j=1}^{J}\lambda_{jt}+\sum_{j=1}^{J}\lambda_{j(t+1)}=1,\lambda_{jt}\geqslant 0,\lambda_{j(t+1)}\geqslant 0;\ j=1,2,\cdots,J$$

$$\beta_{jt}^{mB}\geqslant 0; S=1$$

$$\overrightarrow{\text{ND}}_{\text{VRS}}^{B}\left(x_{jt},y_{jt},b_{jt};-x_{jt},0,0\right)=\max\left[\beta_{jt}^{B}:\beta_{jt}^{B}=\frac{1}{2}\left(\frac{1}{N}\sum_{n=1}^{N}\beta_{jt}^{nB}+\frac{1}{U}\sum_{u=1}^{U}\beta_{jt}^{uB}\right)\right]$$

$$\text{s.t.} \quad \sum_{j=1}^{J} \lambda_{jt} x_{jt}^n + \sum_{j=1}^{J} \lambda_{j(t+1)} x_{j(t+1)}^n \leqslant x_{jt}^n - \beta_{jt}^{nB} x_{jt}^n, n=1,2,\cdots,N$$

$$\sum_{j=1}^{J} \lambda_{jt} y_{jt}^m + \sum_{j=1}^{J} \lambda_{j(t+1)} y_{j(t+1)}^m \geqslant y_{jt}^m, \quad m=1,2,\cdots,M$$

$$\sum_{j=1}^{J} \lambda_{jt} b_{jt}^u + \sum_{j=1}^{J} \lambda_{j(t+1)} b_{j(t+1)}^u = b_{jt}^u - \beta_{jt}^{uB} b_{jt}^u, \quad u=1,2,\cdots,U \tag{4-13b}$$

$$\sum_{j=1}^{J} \lambda_{jt} + \sum_{j=1}^{J} \lambda_{j(t+1)} = 1, \lambda_{jt} \geqslant 0, \lambda_{j(t+1)} \geqslant 0; j=1,2,\cdots,J$$

$$\beta_{jt}^{nB} \geqslant 0, \beta_{jt}^{uB} \geqslant 0; S=2$$

其中，$\overrightarrow{\text{ND}}_{\text{VRS}}^{B}\left(x_{jt},y_{jt},b_{jt};0,y_{jt},-b_{jt}\right)$ 表示产出导向的 BNDDF，衡量被观测 DMU 与保持投入、非期望产出不变生产前沿之间的距离；$\overrightarrow{\text{ND}}_{\text{VRS}}^{B}\left(x_{jt},y_{jt},b_{jt};-x_{jt},0,0\right)$ 为投入导向的 BNDDF，衡量被观测 DMU 与保持期望产出不变生产前沿之间的距离。BNDDF 是一种静态无效率测度，$\overrightarrow{\text{ND}}_{\text{VRS}}^{B}\left(x_{jt},y_{jt},b_{jt};0,y_{jt},-b_{jt}\right)$ 中 $\beta^B$ 值越大，效率越低，反之亦然。

(三) 两期环境广义 LHM 指标

除了静态无效率之外，技术效率的跨期变动也可通过相应的生产率指标来衡量。由于 EGLHM 指标不仅避免了 L 指标需假定市场结构类型、受规模报酬性质影响的缺陷，还可保有全要素生产率的特性（完整测度全要素生产率增长），且满足加法完备性能够识别投入和产出变化对全要素生产率增长的确切贡献。故而，将 Zhou 等 (2012) 和 Abad (2015) 的方法整合于统一的分析框架，在此利用 BNDDF 构造两期环境广义 LHM 指标（BNEGLHM 指标），以测算城市 GTFP 增长，表达式为

$$\begin{aligned}
&\text{BNEGLHM}_{t,t+1} \\
&= \frac{1}{2}\Big\{ \Big[\overrightarrow{\text{ND}}_{\text{VRS}}^{B}\left(x_{jt},y_{jt},b_{jt};0,y_{jt},0\right) - \overrightarrow{\text{ND}}_{\text{VRS}}^{B}\left(x_{jt},y_{j(t+1)},b_{jt};0,y_{j(t+1)},0\right)\Big] \\
&\quad - \Big[\overrightarrow{\text{ND}}_{\text{VRS}}^{B}\left(x_{j(t+1)},y_{jt},b_{j(t+1)};-x_{j(t+1)},0,-b_{j(t+1)}\right) - \overrightarrow{\text{ND}}_{\text{VRS}}^{B}\left(x_{jt},y_{jt},b_{jt};-x_{jt},0,-b_{jt}\right)\Big] \\
&\quad + \Big[\overrightarrow{\text{ND}}_{\text{VRS}}^{B}\left(x_{j(t+1)},y_{jt},b_{j(t+1)};0,y_{jt},0\right) - \overrightarrow{\text{ND}}_{\text{VRS}}^{B}\left(x_{j(t+1)},y_{j(t+1)},b_{j(t+1)};0,y_{j(t+1)},0\right)\Big] \\
&\quad - \Big[\overrightarrow{\text{ND}}_{\text{VRS}}^{B}\left(x_{j(t+1)},y_{j(t+1)},b_{j(t+1)};-x_{j(t+1)},0,-b_{j(t+1)}\right) - \overrightarrow{\text{ND}}_{\text{VRS}}^{B}\left(x_{jt},y_{j(t+1)},b_{jt};-x_{jt},0,-b_{jt}\right)\Big] \Big\}
\end{aligned}$$

$$\tag{4-14}$$

具体来看，BNEGLHM 指标大于（小于、等于）0 表示 GTFP 增长（下降、保持

不变)。为了探究城市 GTFP 增长的来源构成,需对 BNEGLHM 指标进行分解,接下来基于技术角度和要素角度对 BNEGLHM 指标进行双重分解。

### 三、基于技术角度和要素角度的双重分解

(一)基于技术角度的 BNEGLHM 指标分解

从技术角度可将 BNEGLHM 指标分解为技术进步(TC)、技术效率变化(TEC)及规模效率变化(SCALEEC)三部分,且可采用产出导向或投入导向进行分解,分解指标值定义为基于产出导向分解值与基于投入导向分解值的算术平均值,具体见式(4-15)。基于产出导向的分解子项表达式分别见式(4-16)~式(4-18),基于投入导向的分解与之类似,不再列出。

$$\begin{aligned} \text{BNEGLHM}_{t,t+1} &= \text{TC}_{t,t+1} + \text{TEC}_{t,t+1} + \text{SCALEEC}_{t,t+1} \\ &= \frac{1}{2}\left(\text{TC}_{t,t+1}^{B,O} + \text{TC}_{t,t+1}^{I}\right) + \frac{1}{2}\left(\text{TEC}_{t,t+1}^{O} + \text{TEC}_{t,t+1}^{I}\right) \\ &\quad + \frac{1}{2}\left(\text{SCALEEC}_{t,t+1}^{O} + \text{SCALEEC}_{t,t+1}^{I}\right) \end{aligned} \quad (4\text{-}15)$$

其中:

$$\begin{aligned} \text{TC}_{t,t+1}^{O} = \frac{1}{2}\Big\{&\left[\overrightarrow{\text{ND}}_{\text{VRS}}^{B}\left(x_{jt},y_{jt},b_{jt};0,y_{jt},0\right) - \overrightarrow{\text{ND}}_{\text{VRS}}^{t}\left(x_{jt},y_{jt},b_{jt};0,y_{jt},0\right)\right] \\ &+ \left[\overrightarrow{\text{ND}}_{\text{VRS}}^{t+1}\left(x_{j(t+1)},y_{j(t+1)},b_{j(t+1)};0,y_{j(t+1)},0\right) \right. \\ &\quad \left. - \overrightarrow{\text{ND}}_{\text{VRS}}^{B}\left(x_{j(t+1)},y_{j(t+1)},b_{j(t+1)};0,y_{j(t+1)},0\right)\right]\Big\} \end{aligned} \quad (4\text{-}16)$$

$$\text{TEC}_{t,t+1}^{O} = \overrightarrow{\text{ND}}_{\text{VRS}}^{t}\left(x_{jt},y_{jt},b_{jt};0,y_{jt},0\right) - \overrightarrow{\text{ND}}_{\text{VRS}}^{t+1}\left(x_{j(t+1)},y_{j(t+1)},b_{j(t+1)};0,y_{j(t+1)},0\right) \quad (4\text{-}17)$$

$$\begin{aligned} &\text{SCALEEC}_{t,t+1}^{O} \\ &= \frac{1}{2}\Big\{\left[\overrightarrow{\text{ND}}_{\text{VRS}}^{t+1}\left(x_{j(t+1)},y_{j(t+1)},b_{j(t+1)};0,y_{j(t+1)},0\right) - \overrightarrow{\text{ND}}_{\text{VRS}}^{B}\left(x_{jt},y_{j(t+1)},b_{jt};0,y_{j(t+1)},0\right)\right] \\ &\quad + \left[\overrightarrow{\text{ND}}_{\text{VRS}}^{B}\left(x_{j(t+1)},y_{jt},b_{j(t+1)};0,y_{jt},0\right) - \overrightarrow{\text{ND}}_{\text{VRS}}^{t}\left(x_{jt},y_{jt},b_{jt};0,y_{jt},0\right)\right]\Big\} \\ &\quad - \frac{1}{2}\Big\{\left[\overrightarrow{\text{ND}}_{\text{VRS}}^{B}\left(x_{j(t+1)},y_{jt},b_{j(t+1)};-x_{j(t+1)},0,-b_{j(t+1)}\right) - \overrightarrow{\text{ND}}_{\text{VRS}}^{B}\left(x_{jt},y_{jt},b_{jt};-x_{jt},0,-b_{jt}\right)\right] \\ &\quad + \left[\overrightarrow{\text{ND}}_{\text{VRS}}^{B}\left(x_{j(t+1)},y_{j(t+1)},b_{j(t+1)};-x_{j(t+1)},0,-b_{j(t+1)}\right) - \overrightarrow{\text{ND}}_{\text{VRS}}^{B}\left(x_{jt},y_{j(t+1)},b_{jt};-x_{jt},0,-b_{jt}\right)\right]\Big\} \end{aligned}$$

$$(4\text{-}18)$$

其中，TC、TEC、SCALEEC 大于(小于、等于)0 分别表示技术进步、技术效率变化、规模效率增长(下降、保持不变)，进而促进(阻碍、不影响)城市 GTFP 增长。

**(二)基于要素角度的 BNEGLHM 指标分解**

传统 GTFP 分解无法描述各投入产出要素与 GTFP 增长之间的直接关系，不能解析各个要素对 GTFP 增长的影响效应。因此，有必要基于要素角度对 BNEGLHM 指标进行分解，进一步将 TC、TEC、SCALEEC 分解为投入、期望产出和非期望产出各个因素的 TC、TEC、SCALEEC，具体见式(4-19)～式(4-21)：

$$TC_{t,t+1}=\sum_{n=1}^{N}\left(TC_{t,t+1}\right)_{x_n}+\sum_{m=1}^{M}\left(TC_{t,t+1}\right)_{y_m}+\sum_{u=1}^{U}\left(TC_{t,t+1}\right)_{b_u} \quad (4\text{-}19)$$

$$TEC_{t,t+1}=\sum_{n=1}^{N}\left(TEC_{t,t+1}\right)_{x_n}+\sum_{m=1}^{M}\left(TEC_{t,t+1}\right)_{y_m}+\sum_{u=1}^{U}\left(TEC_{t,t+1}\right)_{b_u} \quad (4\text{-}20)$$

$$SCALEEC_{t,t+1}=\sum_{n=1}^{N}\left(SCALEEC_{t,t+1}\right)_{x_n}+\sum_{m=1}^{M}\left(SCALEEC_{t,t+1}\right)_{y_m}+\sum_{u=1}^{U}\left(SCALEEC_{t,t+1}\right)_{b_u} \quad (4\text{-}21)$$

分解子项的数值含义同 TC、TEC、SCALEEC 的总体分解相类似，通过 TC、TEC、SCALEEC 的再分解可进一步考察各投入产出要素对城市 GTFP 增长的影响机制。此外，结合 TC、TEC、SCALEEC 的再分解，城市 GTFP 增长可分解为投入要素效率增长、期望产出效率增长和非期望产出效率增长，见式(4-22)：

$$BNEGLHM_{t,t+1}=\sum_{n=1}^{N}\left(BNEGLHM_{t,t+1}\right)_{x_n}+\sum_{m=1}^{M}\left(BNEGLHM_{t,t+1}\right)_{y_m}+\sum_{u=1}^{U}\left(BNEGLHM_{t,t+1}\right)_{b_u} \quad (4\text{-}22)$$

各子项分别代表城市 GTFP 增长中相应要素的生产率变动，投入要素、期望产出、非期望产出大于(小于、等于)0 分别表示相应要素效率增长(下降、保持不变)，进而促进(阻碍、不影响)城市 GTFP 增长。

基于技术角度和要素角度对 BNEGLHM 指标进行双重分解，得到各分解子项的具体含义见表 4-1。

表 4-1 BNEGLHM 指标的分解子项及含义

| 分解视角 | 分解子项 | 英文缩写 | 含义 |
| --- | --- | --- | --- |
| 技术角度 | 技术进步 | TC | 生产前沿的变化 |
| | 技术效率变化 | TEC | DMU 到有效生产前沿面的追赶程度 |
| | 规模效率变化 | SCALEEC | DMU 规模的变化和投入或产出组合的变化 |
| 要素角度 | 投入利用效率变化 | BNEGLHM$_x$ | 各投入要素效率变化 |
| | 期望产出效率变化 | BNEGLHM$_y$ | 各期望产出效率变化 |
| | 非期望产出治理效率变化 | BNEGLHM$_b$ | 各非期望产出效率变化 |

## 第三节 BNEGLHM 指标测算效果的模拟实验

理论上，两期环境广义 LHM 指标（BNEGLHM 指标）同时解决了早期采用 Shephard-DF 构建 DEA-M 指数存在的五大缺陷，为了检验 BNEGLHM 指标相对于现有指标的优势，接下来利用蒙特卡罗模拟实验，基于生产过程中不同的参数设置来测算绿色无效率得分[①]，进而评估 BNEGLHM 指标用于测算城市个体 GTFP 增长的效果。

### 一、数据生成过程

在生产经济学文献中，学者通常利用 C-D 生产函数来生成投入和产出样本数据，因为其具有灵活性和简单性（Grosskopf，1996；Coelli et al.，2005；Banker and Natarajan，2008）。假设有 $j(j=1, 2, \cdots, J)$ 个 DMU，使用两种投入（$x_1$ 和 $x_2$）生产一种期望产出（$y$）与两种非期望产出（$b_1$ 和 $b_2$），其中 $x_1$ 为与环境污染相关的投入，$x_2$ 为与环境污染无关的投入。采用与 Chen 和 Delmas（2012）、Hampf（2018）、Dakpo 等（2020）相类似的蒙特卡罗模拟方法，生产函数为

$$y_i = x_{1i}^{\alpha_1} (z_i x_{2i})^{\alpha_2} \exp(-u_{yi} + v_{yi}) \tag{4-23}$$

$$b_{ij} = x_{1j} \left[(1-z_j)x_{2j} + 1\right]^{-1} \exp(u_{bij} + v_{bij}), \quad i=1,2 \tag{4-24}$$

根据 Badunenko 和 Mozharovskyi（2020）、Dakpo 等（2020），式（4-23）和式（4-24）所示生产函数中的两种投入 $x_1$ 和 $x_2$ 均来自双重截断的正态分布，具体见式（4-25），其中 $N_{((0,0)',(10,5)')}$ 表示 $x_1$ 和 $x_2$ 的下限均为 0，而上限分别为 10 和 5。

---

[①] GTFP 增长基于绿色无效率得分计算所得，考虑到模拟的可行性，在此开展绿色无效率得分测算的模拟。

$$\begin{bmatrix} x_1 \\ x_2 \end{bmatrix} \sim N_{\left((0,0)',(10,5)'\right)}\left(\begin{bmatrix} 2 \\ 1.5 \end{bmatrix}, \begin{bmatrix} \sigma_{x_1}^2 & 0.5\sqrt{\sigma_{x_1}^2 \sigma_{x_1}^2/3} \\ 0.5\sqrt{\sigma_{x_1}^2 \sigma_{x_1}^2/3} & \sigma_{x_1}^2/3 \end{bmatrix}\right) \quad (4\text{-}25)$$

式 (4-23) 中，当 $(\alpha_1, \alpha_2) = (0.5, 0.5)$ 时表示期望产出 ($y$) 的生产函数是 CRS 的 C-D 生产函数，当 $(\alpha_1, \alpha_2) = (0.45, 0.35)$ 时表示期望产出 ($y$) 的生产函数呈现规模报酬递减。式 (4-23) 和式 (4-24) 中，$z$ 衡量从生产期望产出转移到减少非期望产出的非污染投入 ($x_2$) 份额，$z = 1$ 意味着没有发生减排。

在生产函数中，$u_{yi}$ 和 $u_{bij}$ 分别表示期望产出与两种非期望产出的无效率，且均为来自多元半正态分布 $|N(0,\Sigma_1)|$ 中的随机变量 (Coelli et al., 2005)，其方差矩阵为式 (4-26)，其中 $\sigma_{uy}^2$ 和 $\sigma_{ub_j}^2$ 是预先选定的，计算公式为 $\sigma_{uy}^2 = \sigma_{ub_1}^2 = \sigma_{ub_2}^2 = \sigma_u^2$，$\sigma_{uyb_1} = \sigma_{uyb_2} = \sigma_{ub_1b_2} = \rho_1$。

$$\Sigma_1 = \begin{bmatrix} \sigma_{uy}^2 & \sigma_{uyb_1} & \sigma_{uyb_2} \\ \sigma_{uyb_1} & \sigma_{ub_1}^2 & \sigma_{ub_1b_2} \\ \sigma_{uyb_2} & \sigma_{ub_1b_2} & \sigma_{ub_2}^2 \end{bmatrix} = \begin{bmatrix} \sigma_u^2 & \rho_1 & \rho_1 \\ \rho_1 & \sigma_u^2 & \rho_1 \\ \rho_1 & \rho_1 & \sigma_u^2 \end{bmatrix} \quad (4\text{-}26)$$

另外，噪声变量 $v_{yi}$ 和 $v_{bij}$ 同样均来自多元正态分布 $|N(0,\Sigma_2)|$，方差矩阵如式 (4-27) 所示，$\sigma_{vy}^2$ 和 $\sigma_{vb_j}^2$ 是预先选定的，计算公式为 $\sigma_{vy}^2 = \sigma_{vb_1}^2 = \sigma_{vb_2}^2 = \sigma_v^2$，$\sigma_{vyb_1} = \sigma_{vyb_2} = \sigma_{vb_1b_2} = \rho_2$。参照 Chen 和 Delmas (2012) 的方法，设计 $(\sigma_u^2, \sigma_v^2) = (0.15^2, 0.04^2)$。

$$\Sigma_2 = \begin{bmatrix} \sigma_{vy}^2 & \sigma_{vyb_1} & \sigma_{vyb_2} \\ \sigma_{vyb_1} & \sigma_{vb_1}^2 & \sigma_{vb_1b_2} \\ \sigma_{vyb_2} & \sigma_{vb_1b_2} & \sigma_{vb_2}^2 \end{bmatrix} = \begin{bmatrix} \sigma_v^2 & \rho_2 & \rho_2 \\ \rho_2 & \sigma_v^2 & \rho_2 \\ \rho_2 & \rho_2 & \sigma_v^2 \end{bmatrix} \quad (4\text{-}27)$$

表 4-2 给出数值模拟中拟使用的各种参数选定值，其中通过改变 $\sigma_u^2$ 和 $\sigma_{x_1}^2$ 的值来模拟两期数据（$s$ 期与 $t$ 期，在评估 BNEGLHM 指标时选用 $t$ 期参数），以计算绿色无效率值。表中粗体代表基准参照。在基准参照中，考虑 100 个 DMU（在评估 BNEGLHM 指标时，分为两组，每组 50 个 DMU），假设期望产出生产函数的 CRS，污染产生过程为线性，与非污染投入份额服从均匀 (0,1) 分布；期望产出与各非期望产出的无效率值与噪声变量均呈现 0.5 的中等相关性。

表 4-2　蒙特卡罗模拟的参数选择

| 参数 | $s$ 期值 | $t$ 期值 |
|---|---|---|
| $(\alpha_1,\alpha_2)$ | $\{(0.5,0.5),(0.45,0.35)\}$ | $\{(0.5,0.5),(0.45,0.35)\}$ |
| $(\sigma_u^2,\sigma_v^2,\sigma_{x_1}^2)$ | $(0.10^2,0.04^2,16)$ | $(0.15^2,0.04^2,25)$ |
| $\rho_1=\rho_2$ | $\{0.2,0.5,0.8\}$ | $\{0.2,0.5,0.8\}$ |
| $z_i$ | $\{1,U(0,1)\}$ | $\{1,U(0,1)\}$ |
| $n$(样本量)/个 | $\{50,100,200\}$ | $\{50,100,200\}$ |
| $L$(迭代次数)/次 | 500 | 500 |

除基准参照之外，为检验结果的稳健性，进一步评估减少和增加样本量的无效率得分；同时，考虑不增加非污染投入、减少非期望产出的情形，即 $z=1$；最后，考虑无效率与噪声变量之间的较小（$\rho_1=\rho_2=0.2$）与较大（$\rho_1=\rho_2=0.8$）相关性的影响。

基于以上蒙特卡罗模拟数据生成过程，具体从城市个体层面评估 BNEGLHM 指标的测算效果，模拟结果基于 500 次迭代。采用平均绝对偏差(mean absolute deviation，MAD)与均方误差(mean squared error，MSE)来评估与比较两种指标测算结果的效果优劣，分别见式(4-28)和式(4-29)。平均绝对偏差与均方误差结果越小，代表指标的测算效果越好。

$$\mathrm{MAD}=\frac{1}{nL}\sum_{l=1}^{L}\sum_{j=1}^{N}\left|\hat{I}_{jl}-I_{jl}\right| \tag{4-28}$$

$$\mathrm{MSE}=\frac{1}{nL}\sum_{l=1}^{L}\sum_{j=1}^{N}\left(\hat{I}_{jl}-I_{jl}\right)^2 \tag{4-29}$$

## 二、模拟实验结果

(一)模型对比实验设计

在考虑资源环境约束下的全要素生产率增长测算时，BNEGLHM 指标同时结合了距离函数、生产前沿面构建方法及生产率指数(指标)方面的优化组合：两期 DEA、NDDF 和 EGLHM 指标，而当期 DEA、DDF 和 L 指标是早期研究中三个方面的多数选择。因此，检验在距离函数和生产率指标选择相同的情况下不同生产前沿(两期 DEA 与当期 DEA)是否会造成 GTFP 变动测度结果的差异，在生产前沿和生产率指标选择相同时，不同的距离函数方法(DDF 与 NDDF)是否会造成 GTFP 变动测度结果的差异，以及在生产前沿和距离函数选择相同时，不同的生产率指标(L 指标与 EGLHM 指标)是否会造成 GTFP 变动测度结果的差异。

接下来考虑八种复合型 GTFP 指标模型,具体包括:第一种,采用 DDF 构建的基于当期 DEA 的 L 指标,简称 DL 指标模型;第二种,采用 NDDF 构建的基于当期 DEA 的 L 指标,简称 NDL 指标模型;第三种,采用 DDF 构建的基于两期 DEA 的 L 指标,简称 BDL 指标模型;第四种,采用 NDDF 构建的基于两期 DEA 的 L 指标,简称 BNDL 指标模型;第五种,采用 DDF 构建的基于当期 DEA 的 EGLHM 指标,简称 DEGLHM 指标模型;第六种,采用 NDDF 构建的基于当期 DEA 的 EGLHM 指标,简称 NDEGLHM 指标模型;第七种,采用 DDF 构建的基于两期 DEA 的 EGLHM 指标,简称 BDEGLHM 指标模型;第八种,采用 NDDF 构建的基于两期 DEA 的 EGLHM 指标,简称 BNEGLHM 指标模型。其中,由于 EGLHM 指标的实际应用较少,除上节提出的第八种 BNEGLHM 模型外,第六种 NDEGLHM 模型和第七种 BDEGLHM 模型均未有学者提出。限于篇幅且重点是考察第八种模型的测算效果,因此不再阐述第六种和第七种模型的具体原理。表 4-3 给出了上述八种模型在实际测算中解决的问题以及相应的代表性研究。

表 4-3  基于 DEA 的八种复合型 GTFP 指数(指标)模型

| 模型 ||| 解决测算中的问题 |||||代表性文献|
|---|---|---|---|---|---|---|---|---|
| 指标 | 生产前沿 | 距离函数 | 考虑非期望产出 | 解决径向和角度问题 | 避免不可行解问题 | 解决分解不完全问题 | 测算单一要素生产率 | |
| L 指标 | 当期 | DDF | √ | | | | | — |
| | | NDDF | √ | √ | | | √ | Fujii 等(2014)、梁俊和龙少波(2015) |
| | 两期 | DDF | √ | | √ | | | Sun 等(2018) |
| | | NDDF | √ | √ | √ | | √ | 王兵和刘光天(2015)、Liu 等(2016)、Sun 等(2018) |
| EGLHM 指标 | 当期 | DDF | √ | | | √ | | Abad(2015) |
| | | NDDF | √ | √ | | √ | √ | — |
| | 两期 | DDF | √ | | √ | √ | | — |
| | | NDDF | √ | √ | √ | √ | √ | 改进设想 |

上述八种模型可分为两组:第一组包括第一种至第四种模型,均为结合 L 指标的 GTFP 指标模型;第二组包括第五种至第八种模型,均为结合 EGLHM 指标的 GTFP 指标模型。

## (二)蒙特卡罗模拟结果

蒙特卡罗模拟实验的随机数据生成采用 R 语言完成，绿色无效率得分采用 MATLAB 编程得到，表 4-4 给出在蒙特卡罗模拟基准参照实验及七种对比实验(稳健性检验)条件下，根据八种生产率指数模型计算的绿色无效率得分检验结果。

表 4-4　蒙特卡罗模拟结果——检验 BNEGLHM 指标

| 模型 | | | 平均绝对偏差 | | | | 均方误差 | | | |
|---|---|---|---|---|---|---|---|---|---|---|
| 指标 | 前沿 | 距离函数 | 总效率 | $y$ | $b_1$ | $b_2$ | 总效率 | $y$ | $b_1$ | $b_2$ |
| 基准参照实验 | | | $(\alpha_1,\alpha_2)=(0.5,0.5)$, $\rho_1=\rho_2=0.5$, $z_i \sim U(0,1)$, $\gamma=1$, $n=100$ | | | | | | | |
| L 指标 | 当期 | DDF | 0.1252 | 0.1252 | 0.1252 | 0.1257 | 0.0229 | 0.0261 | 0.0260 | 0.0263 |
| | | NDDF | 0.1202 | 0.1260 | 0.1268 | 0.1260 | 0.0200 | 0.0283 | 0.0273 | 0.0262 |
| | 两期 | DDF | 0.0997 | 0.0995 | 0.1000 | 0.0999 | 0.0147 | 0.0166 | 0.0167 | 0.0167 |
| | | NDDF | 0.0968 | 0.1005 | 0.1011 | 0.1000 | 0.0121 | 0.0170 | 0.0175 | 0.0166 |
| EGLHM 指标 | 当期 | DDF | 0.1247 | 0.1251 | 0.1253 | 0.1258 | 0.0227 | 0.0261 | 0.0264 | 0.0260 |
| | | NDDF | 0.1196 | 0.1201 | 0.1200 | 0.1204 | 0.0190 | 0.0222 | 0.0221 | 0.0223 |
| | 两期 | DDF | 0.0995 | 0.1000 | 0.1000 | 0.0994 | 0.0146 | 0.0165 | 0.0168 | 0.0168 |
| | | NDDF | 0.0961 | 0.0999 | 0.1008 | 0.0995 | 0.0119 | 0.0167 | 0.0171 | 0.0166 |
| 实验(一) | | | $(\alpha_1,\alpha_2)=(0.45,0.35)$, $\rho_1=\rho_2=0.5$, $z_i \sim U(0,1)$, $\gamma=1$, $n=100$ | | | | | | | |
| L 指标 | 当期 | DDF | 0.1253 | 0.1252 | 0.1256 | 0.1258 | 0.0233 | 0.0266 | 0.0265 | 0.0266 |
| | | NDDF | 0.1199 | 0.1257 | 0.1257 | 0.1261 | 0.0192 | 0.0271 | 0.0263 | 0.0265 |
| | 两期 | DDF | 0.1006 | 0.1002 | 0.1012 | 0.1010 | 0.0153 | 0.0172 | 0.0173 | 0.0173 |
| | | NDDF | 0.0969 | 0.1005 | 0.1013 | 0.1011 | 0.0121 | 0.0172 | 0.0172 | 0.0172 |
| EGLHM 指标 | 当期 | DDF | 0.1249 | 0.1251 | 0.1257 | 0.1258 | 0.0231 | 0.0265 | 0.0265 | 0.0266 |
| | | NDDF | 0.1196 | 0.1199 | 0.1202 | 0.1203 | 0.0189 | 0.0222 | 0.0221 | 0.0222 |
| | 两期 | DDF | 0.1003 | 0.1002 | 0.1012 | 0.1011 | 0.0151 | 0.0171 | 0.0173 | 0.0174 |
| | | NDDF | 0.0967 | 0.1001 | 0.1015 | 0.1010 | 0.0120 | 0.0170 | 0.0175 | 0.0173 |
| 实验(二) | | | $(\alpha_1,\alpha_2)=(0.5,0.5)$, $\rho_1=\rho_2=0.1$, $z_i \sim U(0,1)$, $\gamma=1$, $n=100$ | | | | | | | |
| L 指标 | 当期 | DDF | 0.1113 | 0.1117 | 0.1116 | 0.1111 | 0.0961 | 0.0964 | 0.0961 | 0.0955 |
| | | NDDF | 0.1061 | 0.1126 | 0.1117 | 0.1112 | 0.0960 | 0.0956 | 0.0969 | 0.0958 |
| | 两期 | DDF | 0.0896 | 0.0899 | 0.0895 | 0.0894 | 0.0782 | 0.0784 | 0.0782 | 0.0778 |
| | | NDDF | 0.0864 | 0.0914 | 0.0889 | 0.0891 | 0.0775 | 0.0761 | 0.0796 | 0.0784 |
| EGLHM 指标 | 当期 | DDF | 0.1109 | 0.1115 | 0.1118 | 0.1113 | 0.0962 | 0.0966 | 0.0960 | 0.0954 |
| | | NDDF | 0.1056 | 0.1067 | 0.1064 | 0.1058 | 0.0961 | 0.0965 | 0.0961 | 0.0955 |
| | 两期 | DDF | 0.0893 | 0.0898 | 0.0896 | 0.0894 | 0.0782 | 0.0785 | 0.0781 | 0.0777 |
| | | NDDF | 0.0861 | 0.0906 | 0.0891 | 0.0893 | 0.0775 | 0.0766 | 0.0789 | 0.0779 |

续表

| 模型 | | | 平均绝对偏差 | | | | 均方误差 | | | |
|---|---|---|---|---|---|---|---|---|---|---|
| 指标 | 前沿 | 距离函数 | 总效率 | $y$ | $b_1$ | $b_2$ | 总效率 | $y$ | $b_1$ | $b_2$ |
| 实验(三) | | | $(\alpha_1,\alpha_2)=(0.5,0.5)$,$\rho_1=\rho_2=0.9$,$z_i \sim U(0,1)$,$\gamma=1$,$n=100$ | | | | | | | |
| L指标 | 当期 | DDF | 0.1185 | 0.1183 | 0.1188 | 0.1189 | 0.0228 | 0.0237 | 0.0238 | 0.0237 |
| | | NDDF | 0.1128 | 0.1183 | 0.1187 | 0.1200 | 0.0186 | 0.0234 | 0.0246 | 0.0244 |
| | 两期 | DDF | 0.0951 | 0.0950 | 0.0952 | 0.0953 | 0.0149 | 0.0155 | 0.0155 | 0.0155 |
| | | NDDF | 0.0913 | 0.0953 | 0.0946 | 0.0960 | 0.0120 | 0.0156 | 0.0151 | 0.0164 |
| EGLHM指标 | 当期 | DDF | 0.1181 | 0.1182 | 0.1189 | 0.1189 | 0.0226 | 0.0236 | 0.0238 | 0.0238 |
| | | NDDF | 0.1127 | 0.1126 | 0.1131 | 0.1132 | 0.0183 | 0.0191 | 0.0193 | 0.0193 |
| | 两期 | DDF | 0.0949 | 0.0951 | 0.0952 | 0.0953 | 0.0148 | 0.0155 | 0.0155 | 0.0155 |
| | | NDDF | 0.0910 | 0.0946 | 0.0942 | 0.0954 | 0.0116 | 0.0151 | 0.0148 | 0.0155 |
| 实验(四) | | | $(\alpha_1,\alpha_2)=(0.5,0.5)$,$\rho_1=\rho_2=0.5$,$z_i=1$,$\gamma=1$,$n=100$ | | | | | | | |
| L指标 | 当期 | DDF | 0.1253 | 0.1250 | 0.1258 | 0.1259 | 0.0235 | 0.0266 | 0.0267 | 0.0267 |
| | | NDDF | 0.1194 | 0.1250 | 0.1257 | 0.1261 | 0.0189 | 0.0260 | 0.0261 | 0.0265 |
| | 两期 | DDF | 0.1012 | 0.1009 | 0.1016 | 0.1015 | 0.0157 | 0.0176 | 0.0177 | 0.0176 |
| | | NDDF | 0.0969 | 0.1008 | 0.1018 | 0.1019 | 0.0121 | 0.0171 | 0.0175 | 0.0176 |
| EGLHM指标 | 当期 | DDF | 0.1251 | 0.1250 | 0.1257 | 0.1259 | 0.0234 | 0.0266 | 0.0266 | 0.0267 |
| | | NDDF | 0.1196 | 0.1199 | 0.1203 | 0.1206 | 0.0190 | 0.0221 | 0.0222 | 0.0223 |
| | 两期 | DDF | 0.1010 | 0.1009 | 0.1016 | 0.1015 | 0.0156 | 0.0176 | 0.0176 | 0.0176 |
| | | NDDF | 0.0970 | 0.1007 | 0.1017 | 0.1015 | 0.0122 | 0.0173 | 0.0176 | 0.0176 |
| 实验(五) | | | $(\alpha_1,\alpha_2)=(0.5,0.5)$,$\rho_1=\rho_2=0.5$,$z_i \sim U(0,1)$,$\gamma=2$,$n=50$ | | | | | | | |
| L指标 | 当期 | DDF | 0.1309 | 0.1306 | 0.1316 | 0.1317 | 0.0287 | 0.0319 | 0.0319 | 0.0321 |
| | | NDDF | 0.1195 | 0.1301 | 0.1319 | 0.1322 | 0.0192 | 0.0308 | 0.0315 | 0.0318 |
| | 两期 | DDF | 0.1061 | 0.1056 | 0.1070 | 0.1065 | 0.0199 | 0.0219 | 0.0221 | 0.0218 |
| | | NDDF | 0.0978 | 0.1044 | 0.1056 | 0.1068 | 0.0127 | 0.0208 | 0.0207 | 0.0217 |
| EGLHM指标 | 当期 | DDF | 0.1301 | 0.1303 | 0.1317 | 0.1319 | 0.0283 | 0.0316 | 0.0321 | 0.0322 |
| | | NDDF | 0.1195 | 0.1200 | 0.1207 | 0.1209 | 0.0193 | 0.0224 | 0.0226 | 0.0227 |
| | 两期 | DDF | 0.1056 | 0.1051 | 0.1073 | 0.1067 | 0.0196 | 0.0214 | 0.0223 | 0.0221 |
| | | NDDF | 0.0978 | 0.1045 | 0.1060 | 0.1059 | 0.0128 | 0.0212 | 0.0215 | 0.0214 |
| 实验(六) | | | $(\alpha_1,\alpha_2)=(0.5,0.5)$,$\rho_1=\rho_2=0.5$,$z_i \sim U(0,1)$,$\gamma=2$,$n=200$ | | | | | | | |
| L指标 | 当期 | DDF | 0.1239 | 0.1237 | 0.1243 | 0.1244 | 0.0214 | 0.0246 | 0.0248 | 0.0247 |
| | | NDDF | 0.1201 | 0.1242 | 0.1252 | 0.1247 | 0.0190 | 0.0247 | 0.0253 | 0.0248 |
| | 两期 | DDF | 0.0989 | 0.0988 | 0.0991 | 0.0992 | 0.0133 | 0.0153 | 0.0153 | 0.0153 |
| | | NDDF | 0.0973 | 0.0994 | 0.0999 | 0.0992 | 0.0119 | 0.0156 | 0.0159 | 0.0152 |

续表

| 模型 | | | 平均绝对偏差 | | | | 均方误差 | | | |
|---|---|---|---|---|---|---|---|---|---|---|
| 指标 | 前沿 | 距离函数 | 总效率 | $y$ | $b_1$ | $b_2$ | 总效率 | $y$ | $b_1$ | $b_2$ |
| 实验(六) | | | $(\alpha_1,\alpha_2)=(0.5,0.5)$，$\rho_1=\rho_2=0.5$，$z_i \sim U(0,1)$，$\gamma=2$，$n=200$ | | | | | | | |
| EGLHM 指标 | 当期 | DDF | 0.1236 | 0.1236 | 0.1243 | 0.1244 | 0.0212 | 0.0245 | 0.0248 | 0.0248 |
| | | NDDF | 0.1198 | 0.1200 | 0.1205 | 0.1206 | 0.0189 | 0.0220 | 0.0222 | 0.0222 |
| | 两期 | DDF | 0.0988 | 0.0988 | 0.0991 | 0.0992 | 0.0132 | 0.0153 | 0.0154 | 0.0154 |
| | | NDDF | 0.0970 | 0.0991 | 0.0996 | 0.0992 | 0.0119 | 0.0154 | 0.0156 | 0.0153 |
| 实验(七) | | | $(\alpha_1,\alpha_2)=(0.5,0.5)$，$\rho_1=\rho_2=0.5$，$z_i \sim U(0,1)$，$n=100$，无 $v$ | | | | | | | |
| L 指标 | 当期 | DDF | 0.1256 | 0.1257 | 0.1260 | 0.1256 | 0.0233 | 0.0265 | 0.0266 | 0.0263 |
| | | NDDF | 0.1198 | 0.1262 | 0.1270 | 0.1265 | 0.0204 | 0.0265 | 0.0287 | 0.0373 |
| | 两期 | DDF | 0.1009 | 0.1009 | 0.1013 | 0.1007 | 0.0152 | 0.0172 | 0.0173 | 0.0171 |
| | | NDDF | 0.0968 | 0.1005 | 0.1015 | 0.1008 | 0.0121 | 0.0168 | 0.0172 | 0.0173 |
| EGLHM 指标 | 当期 | DDF | 0.1252 | 0.1256 | 0.1262 | 0.1257 | 0.0232 | 0.0272 | 0.0267 | 0.0265 |
| | | NDDF | 0.1194 | 0.1200 | 0.1204 | 0.1198 | 0.0193 | 0.0225 | 0.0226 | 0.0225 |
| | 两期 | DDF | 0.1006 | 0.1006 | 0.1014 | 0.1007 | 0.0151 | 0.0170 | 0.0174 | 0.0172 |
| | | NDDF | 0.0965 | 0.1002 | 0.1009 | 0.1005 | 0.0119 | 0.0166 | 0.0169 | 0.0169 |

从基准蒙特卡罗模拟实验来看，总体上八种指数模型中 BNEGLHM 指标计算的绿色无效率、期望产出 $y$ 无效率、两个非期望产出 $b_1$ 和 $b_2$ 无效率的平均绝对偏差与均方误差均最小，且七组对比实验结果均与基准实验结果相似，总体来说 BNEGLHM 指标的测算结果优于其他七种 GTFP 指数(指标)模型。

具体来看，在距离函数和生产率指标选择相同的情况下，参照两期生产前沿下测算的绿色无效率(总效率)、期望产出 $y$ 无效率、两个非期望产出 $b_1$ 和 $b_2$ 无效率的平均绝对偏差与均方误差总体上小于参照当期生产前沿下的测度结果；在生产前沿面和生产率指标选择相同时，采用 NDDF 测算总体绿色无效率的平均绝对偏差与均方误差总体上小于采用 DDF 的测算结果，而对于期望产出 $y$ 无效率、两个非期望产出 $b_1$ 和 $b_2$ 无效率的平均绝对偏差与均方误差，NDDF 总体上大于 DDF。在生产前沿和距离函数选择相同时，采用 EGLHM 指标测算的总体绿色无效率、期望产出 $y$ 无效率、两个非期望产出 $b_1$ 和 $b_2$ 无效率的平均绝对偏差与均方误差均小于采用 L 指标的测度结果。

从对比实验来看，实验(一)的结果表明八种 GTFP 指数(指标)模型中 BNEGLHM 指标测算结果总体最优，且与期望产出生产函数的规模报酬性质无关；实验(二)与实验(三)的结果表明，各产出无效率得分之间的相关性大小不会影响八种 GTFP 指数(指标)模型的比较结果；实验(四)给出了不增加非污染投入以减少非期望产出的情形,实验结果类似于基准实验结果;实验(五)和实验(六)展示了无论是减少样本量还是增加样本量,利用 BNEGLHM 指标测度的结果均与基准实验相似;实验(七)中不包含噪声变量,实验结果也与基准实验结果一致。

可见,相对于其他指标,BNEGLHM 指标测算的绿色无效率得分更为准确有效。具体来看,在距离函数和生产率指标选择相同的情况下,参照两期生产前沿的测度结果优于参照当期生产前沿的测度结果;在生产前沿和生产率指标选择相同时,在测算 GTFP 增长时采用 NDDF 优于采用 DDF;在生产前沿和距离函数选择相同时,相对于 L 指标,更应选择 EGLHM 指标来测算 GTFP 增长。

## 第四节 聚合环境广义 LHM 指标的构造与分解

EGLHM 指标及其分解仅适用于测算个体层面的 GTFP 变化及来源构成,忽略了衡量一个群组内各个体间投入或产出再分配的结构效率变化;现有测度区域 GTFP 增长的文献多采用区域内各个省份或城市 GTFP 增长的均值加以表征,这种用个体层次的资料来解释宏观层次的现象特征容易出现"简化论"和"过度概括"的谬误。因此,为了既强调个体层面的各种效应变动又能反映群组层面的生产率变化,有必要在 EGLHM 指标的基础上进一步构建聚合环境广义 LHM 指标(AEGLHM 指标),以开展更准确的测算与分解。

### 一、聚合环境广义 LHM 指标构造

首先,构造群组(聚合)技术。群组技术继承了个体技术的特性,形式上群组(聚合)技术可定义为个体技术的总和(集合)[①]:

$$T_t^{\text{group}} = \left\{ (X_t, Y_t, B_t) = \left( \sum_{j=1}^{J} x_{jt}, \sum_{j=1}^{J} y_{jt}, \sum_{j=1}^{J} b_{jt} \right), (x_{jt}, y_{jt}, b_{jt}) \in T_{jt}, \ j = 1, \cdots, J \right\} \\ = \sum_{j=1}^{J} T_{jt} = \sum_{j=1}^{J} T_t \quad (4\text{-}30)$$

构造聚合技术需要考虑群组内各个体的所有可行组合,以确定有效的组合。采用 DDF 时群组内所有个体需使用相同的方向,以便利用 DDF 的可加性,形成

---

① 记 $X_t = \sum_{j=1}^{J} x_{jt}$,$Y_t = \sum_{j=1}^{J} y_{jt}$ 和 $B_t = \sum_{j=1}^{J} b_{jt}$ 分别为各群组的总投入、总期望产出和总非期望产出向量; $X_{1t} = \sum_{k=1}^{K} x_{kt}$,$Y_{1t} = \sum_{k=1}^{K} y_{kt}$ 和 $B_{1t} = \sum_{k=1}^{K} b_{kt}$ 分别为所有群组的总投入、总期望产出和总非期望产出向量。

聚合层面的测度。各种效率测度的相加性反过来又允许将总体无效率进行分解（Ferrier et al., 2010），因此选择所有群组的总投入产出值构造聚合方向向量，即

$$G_t = \sum_{k=1}^{K} g_{kt} = \left(-\sum_{k=1}^{K} gh_{kt}, \sum_{k=1}^{K} gk_{kt}, -\sum_{k=1}^{K} gl_{kt}\right) = \left(-\sum_{k=1}^{K} x_{kt}, \sum_{k=1}^{K} y_{kt}, -\sum_{k=1}^{K} b_{kt}\right) = (-X_{1t}, Y_{1t}, -B_{1t})$$

(4-31)

DDF 为

$$\vec{D}\left(\sum_{j=1}^{J} x_{jt}, \sum_{j=1}^{J} y_{jt}, \sum_{j=1}^{J} b_{jt}; -\sum_{k=1}^{K} gh_{kt}, \sum_{k=1}^{K} gk_{kt}, -\sum_{k=1}^{K} gl_{kt}\right)$$
$$= \vec{D}(X_t, Y_t, B_t; G_t) = \sup_{\beta}\{\beta \in \Re_+ : (X_t - \beta X_{1t}, Y_t + \beta Y_{1t}, B_t - \beta B_{1t})\}$$

(4-32)

进一步定义 VRS 条件下的聚合环境广义 LHM 指标（AEGLHM）为

$$\begin{aligned}
\text{AEGLHM}_{t,t+1}^{I,O} &= \frac{1}{2}\Big[\text{AEGLHM}_t^{I,O}(X_t, Y_t, B_t, X_{t+1}, Y_{t+1}, B_{t+1}; G_t, G_{t+1}) \\
&\quad + \text{AEGLHM}_{t+1}^{I,O}(X_t, Y_t, B_t, X_{t+1}, Y_{t+1}, B_{t+1}; G_t, G_{t+1})\Big] \\
&= \frac{1}{2}\Big\{\Big[\vec{D}_{\text{VRS}}^t(X_t, Y_t, B_t; 0, Y_{1t}, 0) - \vec{D}_{\text{VRS}}^t(X_t, Y_{t+1}, B_t; 0, Y_{1(t+1)}, 0)\Big] \\
&\quad - \Big[\vec{D}_{\text{VRS}}^t(X_{t+1}, Y_t, B_{t+1}; X_{1(t+1)}, 0, B_{1(t+1)}) - \vec{D}_{\text{VRS}}^t(X_t, Y_t, B_t; X_{1t}, 0, B_{1t})\Big] \\
&\quad + \Big[\vec{D}_{\text{VRS}}^{t+1}(X_{t+1}, Y_t, B_{t+1}; 0, Y_{1t}, 0) - \vec{D}_{\text{VRS}}^{t+1}(X_{t+1}, Y_{t+1}, B_{t+1}; 0, Y_{1(t+1)}, 0)\Big] \\
&\quad - \Big[\vec{D}_{\text{VRS}}^{t+1}(X_{t+1}, Y_{t+1}, B_{t+1}; X_{1(t+1)}, 0, B_{1(t+1)}) - \vec{D}_{\text{VRS}}^{t+1}(X_t, Y_{t+1}, B_t; X_{1t}, 0, B_{1t})\Big]\Big\}
\end{aligned}$$

(4-33)

## 二、聚合环境广义 LHM 指标分解

EGLHM 指标的分解仅使用了个体层面的 DDF，而 AEGLHM 指标分解既使用个体层面的 DDF，也采用群组层面的 DDF。将总体无效率指标（记为 OIE）定义为一个群组内所有个体的总投入产出向量上评估的 DDF，用以衡量群组无效率，允许个体之间重新分配投入和产出，具体为

$$\text{OIE} = \vec{D}_{\text{VRS}}(X, Y, B; G) \tag{4-34}$$

此外，群组的技术无效率指标（记为 TIE）可看作该群组内各个体的技术无效率（DDF）之和，即

$$\text{TIE} = \sum_{j=1}^{J} \vec{D}_{\text{VRS}}\left(x_j, y_j, b_j; G\right) \tag{4-35}$$

总体无效率不仅包括技术无效率，还包含结构无效率（记为 SIE），这种无效率的根源在于群组内个体在不同产出、投入组合和不同规模方面的结构差异。

$$\text{SIE} = \text{OIE} - \text{TIE} \tag{4-36}$$

$$\text{SIE} = \vec{D}_{\text{VRS}}(X, Y, B; G) - \sum_{j=1}^{J} \vec{D}_{\text{VRS}}\left(x_j, y_j, b_j; G\right) \tag{4-37}$$

因此，AEGLHM 指标可分解为技术进步（TC）、效率变化（EC）和规模效率变化（SCALEEC），其中效率变化（EC）代表整个群组层面的效率，不仅包含个体的技术效率变化（TEC），还包括考虑群组内个体之间潜在的产出和投入组合变化而引起的结构效率变化（SEC）。技术效率变化（TEC）代表群组内所有个体技术效率变化（TEC）的总和，使用个体层面的 DDF。

最终，AEGLHM 指标可分解为五个部分，具体分解框架如式（4-38）所示，基于产出导向的分解子项表达式见式（4-39）～式（4-43）。

$$\begin{aligned}\text{AEGLHM}_{t,t+1} &= \text{TC}_{t,t+1} + \text{EC}_{t,t+1} + \text{SCALEEC}_{t,t+1} \\ &= \text{TC}_{t,t+1} + \text{TEC}_{t,t+1} + \text{SEC}_{t,t+1} + \text{SCALEEC}_{t,t+1}\end{aligned} \tag{4-38}$$

$$\begin{aligned}\text{TC}_{t,t+1}^{O} = \frac{1}{2}\Big\{&\left[\vec{D}_{\text{VRS}}^{t+1}(X_t, Y_t, B_t; 0, Y_{1t}, 0) - \vec{D}_{\text{VRS}}^{t}(X_t, Y_t, B_t; 0, Y_{1t}, 0)\right] \\ &+ \left[\vec{D}_{\text{VRS}}^{t+1}(X_{t+1}, Y_{t+1}, B_{t+1}; 0, Y_{1(t+1)}, 0) - \vec{D}_{\text{VRS}}^{t}(X_{t+1}, Y_{t+1}, B_{t+1}; 0, Y_{1(t+1)}, 0)\right]\Big\}\end{aligned}$$
$$\tag{4-39}$$

$$\text{EC}_{t,t+1}^{O} = \vec{D}_{\text{VRS}}^{t}(X_t, Y_t, B_t; 0, Y_{1t}, 0) - \vec{D}_{\text{VRS}}^{t+1}(X_{t+1}, Y_{t+1}, B_{t+1}; 0, Y_{1(t+1)}, 0) \tag{4-40}$$

$$\text{TEC}_{t,t+1}^{O} = \sum_{j=1}^{J}\left[\vec{D}_{\text{VRS}}^{t}(x_{jt}, y_{jt}, b_{jt}; 0, Y_{1t}, 0) - \vec{D}_{\text{VRS}}^{t+1}(x_{j(t+1)}, y_{j(t+1)}, b_{j(t+1)}; 0, Y_{1(t+1)}, 0)\right]$$
$$\tag{4-41}$$

$$\begin{aligned}\text{SEC}_{t,t+1}^{O} =& \left[\vec{D}_{\text{VRS}}^{t}(X_t, Y_t, B_t; 0, Y_{1t}, 0) - \vec{D}_{\text{VRS}}^{t+1}(X_{t+1}, Y_{t+1}, B_{t+1}; 0, Y_{1(t+1)}, 0)\right] \\ &- \left\{\sum_{j=1}^{J}\left[\vec{D}_{\text{VRS}}^{t}(x_{jt}, y_{jt}, b_{jt}; 0, Y_{1t}, 0) - \vec{D}_{\text{VRS}}^{t+1}(x_{j(t+1)}, y_{j(t+1)}, b_{j(t+1)}; 0, Y_{1(t+1)}, 0)\right]\right\}\end{aligned}$$
$$\tag{4-42}$$

$$\mathrm{SCALEEC}_{t,t+1}^{O}=\frac{1}{2}\left\{\left[\vec{D}_{\mathrm{VRS}}^{t+1}\left(X_{t+1},Y_{t},B_{t+1};0,Y_{1t},0\right)-\vec{D}_{\mathrm{VRS}}^{t+1}\left(X_{t},Y_{t},B_{t};0,Y_{1t},0\right)\right]\right.$$
$$+\left[\vec{D}_{\mathrm{VRS}}^{t}\left(X_{t+1},Y_{t+1},B_{t+1};0,Y_{1(t+1)},0\right)-\vec{D}_{\mathrm{VRS}}^{t}\left(X_{t},Y_{t+1},B_{t};0,Y_{1(t+1)},0\right)\right]\right\}$$
$$-\frac{1}{2}\left\{\left[\vec{D}_{\mathrm{VRS}}^{t}\left(X_{t+1},Y_{t},B_{t+1};X_{1(t+1)},0,B_{1(t+1)}\right)-\vec{D}_{\mathrm{VRS}}^{t}\left(X_{t},Y_{t},B_{t};X_{t},0,B_{t}\right)\right]\right.$$
$$+\left[\vec{D}_{\mathrm{VRS}}^{t+1}\left(X_{t+1},Y_{t+1},B_{t+1};X_{1(t+1)},0,B_{1(t+1)}\right)-\vec{D}_{\mathrm{VRS}}^{t+1}\left(X_{t},Y_{t+1},B_{t};X_{t},0,B_{t}\right)\right]\right\}$$
(4-43)

基于投入导向的 AEGLHM 指标分解子项分别见式(4-44)～式(4-49)：

$$\begin{aligned}\mathrm{AEGLHM}_{t,t+1}&=\mathrm{TC}_{t,t+1}^{I}+\mathrm{EC}_{t,t+1}^{I}+\mathrm{REC}_{t,t+1}^{I}\\&=\mathrm{TC}_{t,t+1}^{I}+\mathrm{TEC}_{t,t+1}^{I}+\mathrm{SEC}_{t,t+1}^{I}+\mathrm{REC}_{t,t+1}^{I}\\&=\mathrm{TC}_{t,t+1}^{I}+\mathrm{TEC}_{t,t+1}^{I}+\mathrm{MIXEC}_{t,t+1}^{I}+\mathrm{SCALEEC}_{t,t+1}^{I}+\mathrm{REC}_{t,t+1}^{I}\end{aligned}$$
(4-44)

$$\mathrm{TC}_{t,t+1}^{I}=\frac{1}{2}\left\{\left[\vec{D}_{\mathrm{VRS}}^{t+1}\left(X_{t},Y_{t},B_{t};X_{t},0,B_{1t}\right)-\vec{D}_{\mathrm{VRS}}^{t}\left(X_{t},Y_{t},B_{t};X_{t},0,B_{1t}\right)\right]\right.$$
$$+\left[\vec{D}_{\mathrm{VRS}}^{t+1}\left(X_{t+1},Y_{t+1},B_{t+1};X_{1(t+1)},0,B_{1(t+1)}\right)\right.$$
$$\left.\left.-\vec{D}_{\mathrm{VRS}}^{t}\left(X_{t+1},Y_{t+1},B_{t+1};X_{1(t+1)},0,B_{1(t+1)}\right)\right]\right\}$$
(4-45)

$$\mathrm{EC}_{t,t+1}^{I}=\vec{D}_{\mathrm{VRS}}^{t+1}\left(X_{t+1},Y_{t+1},B_{t+1};X_{1(t+1)},0,B_{1(t+1)}\right)-\vec{D}_{\mathrm{VRS}}^{t}\left(X_{t},Y_{t},B_{t};X_{1t},0,B_{1t}\right) \quad (4\text{-}46)$$

$$\mathrm{TEC}_{t,t+1}^{I}=\sum_{j=1}^{J}\left[\vec{D}_{\mathrm{VRS}}^{t+1}\left(x_{j(t+1)},y_{j(t+1)},b_{j(t+1)};X_{1(t+1)},0,B_{1(t+1)}\right)-\vec{D}_{\mathrm{VRS}}^{t}\left(x_{jt},y_{jt},b_{jt};X_{1t},0,B_{1t}\right)\right]$$
(4-47)

$$\mathrm{SEC}_{t,t+1}^{I}=\left[\vec{D}_{\mathrm{VRS}}^{t+1}\left(X_{t+1},Y_{t+1},B_{t+1};X_{1(t+1)},0,B_{1(t+1)}\right)-\vec{D}_{\mathrm{VRS}}^{t}\left(X_{t},Y_{t},B_{t};X_{1t},0,B_{1t}\right)\right]$$
$$-\left\{\sum_{j=1}^{J}\left[\vec{D}_{\mathrm{VRS}}^{t+1}\left(x_{j(t+1)},y_{j(t+1)},b_{j(t+1)};X_{1(t+1)},0,B_{1(t+1)}\right)-\vec{D}_{\mathrm{VRS}}^{t}\left(x_{jt},y_{jt},b_{jt};X_{1t},0,B_{1t}\right)\right]\right\}$$
(4-48)

$$\mathrm{SCALEEC}_{t,t+1}^{I}=\frac{1}{2}\left\{\left[\vec{D}_{\mathrm{VRS}}^{t+1}\left(X_{t},Y_{t+1},B_{t};X_{t},0,B_{t}\right)-\vec{D}_{\mathrm{VRS}}^{t+1}\left(X_{t},Y_{t},B_{t};X_{t},0,B_{t}\right)\right]\right.$$
$$+\left[\vec{D}_{\mathrm{VRS}}^{t}\left(X_{t+1},Y_{t+1},B_{t+1};X_{1(t+1)},0,B_{1(t+1)}\right)\right.$$
$$\left.\left.-\vec{D}_{\mathrm{VRS}}^{t}\left(X_{t+1},Y_{t},B_{t+1};X_{1(t+1)},0,B_{1(t+1)}\right)\right]\right\}$$

$$+\frac{1}{2}\left\{\left[\vec{D}_{\text{VRS}}^{t}\left(X_{t},Y_{t},B_{t};0,Y_{t},0\right)-\vec{D}_{\text{VRS}}^{t}\left(X_{t},Y_{t+1},B_{t};0,Y_{t},0\right)\right]\right.$$
$$\left.+\left[\vec{D}_{\text{VRS}}^{t+1}\left(X_{t+1},Y_{t},B_{t+1};0,Y_{1(t+1)},0\right)-\vec{D}_{\text{VRS}}^{t+1}\left(X_{t+1},Y_{t+1},B_{t+1};0,Y_{1(t+1)},0\right)\right]\right\}$$
(4-49)

AEGLHM 指标各分解子项的含义具体见表 4-5。

**表 4-5　AEGLHM 指标的分解子项及含义**

| 分解子项 | 英文缩写 | 含义 |
| --- | --- | --- |
| 技术进步 | TC | 生产前沿的变化 |
| 技术效率变化 | TEC | 生产单元到有效生产前沿面的追赶程度 |
| 混合效率变化 | MIXEC | 生产单元的投入或产出组合与最优投入或产出组合差距 |
| 规模效率变化 | SCALEEC | 向最佳规模(即最具生产力的规模)移动所实现的生产率增益 |
| 残余效率变化 | REC | 衡量残余部分效率变化 |

## 第五节　AEGLHM 指标测算效果的模拟实验及比较分析

理论上，AEGLHM 指标避免了 AL 指标不能准确测量总体 GTFP 增长及分解不完全的问题，对于群组层面的 GTFP 增长测算与分解更为恰当。AEGLHM 指标的一个优势是能够基于投入导向或产出导向对 GTFP 增长进行完全分解，为检验 AEGLHM 指标是否能够弥补 AL 指标不完整测算总体 GTFP 增长的缺陷，接下来采用蒙特卡罗模拟实验，基于生产过程中不同的参数设置来测算绿色无效率水平[①]，进而评估 AEGLHM 指标与 AL 指标在测算总体 GTFP 增长方面的效果。

### 一、蒙特卡罗模拟结果

AEGLHM 指标效果检验的蒙特卡罗模拟实验数据生成过程同第三节，随机数据生成采用 R 语言完成，绿色无效率水平采用 MATLAB 编程得到，表 4-6 给出在蒙特卡罗模拟基准参照实验及七种对比实验(稳健性检验)条件下，根据 AEGLHM 指标与 AL 指标计算绿色无效率得分的检验结果。

在基准蒙特卡罗模拟实验中，AEGLHM 指标计算的组 1、组 2 和总体绿色无效率得分的平均绝对偏差与均方误差总体上小于 AL 指标的计算结果，且七组对比实验结果均与基准实验结果相似，总体上 AEGLHM 指标的测算结果优于 AL 指标。

---

[①] GTFP 增长是基于绿色无效率得分计算所得，考虑到模拟的可行性，在此开展绿色无效率测算的模拟。

表 4-6　蒙特卡罗模拟结果

| 实验编号 | 参数选择 | 模型 | 平均绝对偏差 组1 | 平均绝对偏差 组2 | 平均绝对偏差 总体 | 均方误差 组1 | 均方误差 组2 | 均方误差 总体 |
|---|---|---|---|---|---|---|---|---|
| 基准 | $(\alpha_1,\alpha_2)=(0.5,0.5)$，$\rho_1=\rho_2=0.5$，$z_i \sim U(0,1)$，$n=100$ | AEGLHM | 0.0502 | 0.0680 | 0.0591 | 0.0037 | 0.0073 | 0.0055 |
| | | AL | 0.0624 | 0.0991 | 0.0807 | 0.0062 | 0.0140 | 0.0101 |
| (一) | $(\alpha_1,\alpha_2)=(0.45,0.35)$，$\rho_1=\rho_2=0.5$，$z_i \sim U(0,1)$，$n=100$ | AEGLHM | 0.0477 | 0.0521 | 0.0499 | 0.0035 | 0.0051 | 0.0043 |
| | | AL | 0.0533 | 0.0806 | 0.0680 | 0.0055 | 0.0107 | 0.0081 |
| (二) | $(\alpha_1,\alpha_2)=(0.5,0.5)$，$\rho_1=\rho_2=0.2$，$z_i \sim U(0,1)$，$n=100$ | AEGLHM | 0.0686 | 0.0636 | 0.0661 | 0.0069 | 0.0062 | 0.0065 |
| | | AL | 0.0651 | 0.0734 | 0.0693 | 0.0074 | 0.0093 | 0.0084 |
| (三) | $(\alpha_1,\alpha_2)=(0.5,0.5)$，$\rho_1=\rho_2=0.8$，$z_i \sim U(0,1)$，$n=100$ | AEGLHM | 0.0658 | 0.0615 | 0.0636 | 0.0064 | 0.0058 | 0.0061 |
| | | AL | 0.0666 | 0.0771 | 0.0718 | 0.0078 | 0.0100 | 0.0089 |
| (四) | $(\alpha_1,\alpha_2)=(0.5,0.5)$，$\rho_1=\rho_2=0.5$，$z_i=1$，$n=100$ | AEGLHM | 0.0492 | 0.0829 | 0.0661 | 0.0044 | 0.0118 | 0.0081 |
| | | AL | 0.0735 | 0.1091 | 0.0913 | 0.0080 | 0.0175 | 0.0127 |
| (五) | $(\alpha_1,\alpha_2)=(0.5,0.5)$，$\rho_1=\rho_2=0.5$，$z_i \sim U(0,1)$，$n=50$ | AEGLHM | 0.0540 | 0.0568 | 0.0554 | 0.0041 | 0.0062 | 0.0052 |
| | | AL | 0.0499 | 0.0787 | 0.0643 | 0.0043 | 0.0106 | 0.0075 |
| (六) | $(\alpha_1,\alpha_2)=(0.5,0.5)$，$\rho_1=\rho_2=0.5$，$z_i \sim U(0,1)$，$n=150$ | AEGLHM | 0.0679 | 0.0484 | 0.0581 | 0.0053 | 0.0042 | 0.0047 |
| | | AL | 0.0502 | 0.0573 | 0.0537 | 0.0055 | 0.0057 | 0.0056 |
| (七) | $(\alpha_1,\alpha_2)=(0.5,0.5)$，$\rho_1=\rho_2=0.5$，$z_i \sim U(0,1)$，$n=100$，无 $v$ | AEGLHM | 0.0444 | 0.0641 | 0.0543 | 0.0035 | 0.0071 | 0.0053 |
| | | AL | 0.1118 | 0.1312 | 0.1215 | 0.0154 | 0.0225 | 0.0189 |

具体来看，实验(一)的结果表明 AEGLHM 指标优于 AL 指标，这与期望产出生产函数的规模报酬性质无关；实验(二)与实验(三)的结果表明，各产出无效率得分之间的相关性大小不会影响 AEGLHM 指标与 AL 指标的比较结果；实验(四)给出了不增加非污染投入以减少非期望产出的情形，实验结果类似于基准实验结果；实验(五)和实验(六)展示了无论是减少样本量还是增加样本量，利用 AEGLHM 指标计算的组 1 绿色无效率得分的平均绝对偏差大于 AL 指标；实验(七)中不包含噪声变量，实验结果与基准实验结果基本一致。可见，相对于 AL 指标，保留全要素生产率特性的 AEGLHM 指标测算得到的绿色无效率得分更为准确有效。

## 二、八大经济区 GTFP 增长的指标处理及数据说明

根据蒙特卡罗模拟实验结果可知，AEGLHM 指标的计算结果相对于 AL 指标更为准确有效，但蒙特卡罗模拟得到的只是绿色无效率得分，不是实际的 GTFP，为了进一步检验 AEGLHM 指标用于群组层面的 GTFP 增长测算时的优势，接下来利用 2003~2017 年中国地级及以上城市面板数据，开展 AEGLHM 指标的实际测算以及与 AL 指标结果的对比分析。

(一)指标处理

1. 产出变量

鉴于 GTFP 增长测算同时考虑期望产出增加和非期望产出减少，因此产出变量包含期望产出和非期望产出。①期望产出。选用地级及以上城市的地区生产总值来代表期望产出，各年份数据转换为以 2003 年为基期的可比价地区生产总值。②非期望产出。已有研究对于非期望产出的选择各不相同，并没有统一的标准，考虑到城市环境污染指标数据的可得性及目前我国工业化进程导致的城市空气污染与水污染问题，选取地级及以上城市的工业废水排放量、工业二氧化硫排放量和工业烟粉尘排放量作为非期望产出的代理变量，个别年份的缺失数据通过插值法或平滑法加以插补。其中《中国城市统计年鉴》公布了 2012～2017 年各城市的工业烟尘排放量，而 2011 年之前仅公布了工业烟尘排放量，2003～2011 年各地级及以上城市的工业烟粉尘排放量由各城市所属省区市历年工业烟粉尘排放量乘以历年各城市工业烟尘排放量在所属省区市工业烟尘排放量中所占比重估算得到。

2. 投入变量

生产要素中自然资源、劳动力、资本等变量的生产率影响一个国家或地区的经济效率与竞争力，故将资本、劳动力和能源消费作为投入变量纳入全要素生产率评估框架。①资本存量。资本投入以资本存量表征，采用永续盘存法公式 $K_{i,t}=(1-\delta_{i,t})K_{i,t-1}+I_{i,t}$ 计算，基期资本存量为 $K_0=I_{i,t}/(g_{i,t}+\delta_{i,t})$，其中 $K_{i,t}$ 和 $K_{i,t-1}$ 分别表示第 $i$ 个城市在 $t$ 时期和 $t-1$ 时期的物质资本存量，$I_{i,t}$ 表示第 $i$ 个城市在 $t$ 时期的实际固定资产投资总额，$\delta_{i,t}$ 表示第 $i$ 个城市在 $t$ 时期的资本折旧率[①]，$g_{i,t}$ 表示 5 年投资平均增长率。鉴于数据可得性，地级及以上城市的实际投资额 $I_{i,t}$ 选用各城市全社会固定资产投资额与各城市所属省域的固定资产投资价格指数估算得到，并以 2003 年为基期进行调整。②劳动投入。理论上劳动投入应综合考虑劳动人数、劳动时间、劳动质量(效率)等因素(王恕立和胡宗彪，2012)，但我国这方面的详细数据难以获取，故选用各地级及以上城市年末城镇单位从业人员数、城镇私营和个体从业人员数的总和来代表劳动投入指标。③能源投入。大部分文献采用能源消费量作为能源投入的代理指标(李兰冰和刘秉镰，2015；刘华军，2016)，部分文献也选用煤炭消费量(涂正革，2008)或全社会用电量(林伯强，2003)作为替代指标，这显然不全面。与多数文献相一致，在此采用能源消费总量来代表能源投入，各地级及以上城市的能源消费总量根据各省域能源消费总

---

① 在此选用单豪杰(2008)估算的折旧率 10.96%。

量乘以各城市生产总值占所在省域生产总值的比重估算得到。

(二)数据说明

根据上述的投入、产出指标,实证分析主要采用 AEGLHM 指标来测算八大经济区[①]的 GTFP 增长及主要来源。考虑到 2003 年前很多地级及以上城市的指标数据缺失较多,特别是西藏自治区数据缺失严重,以及青海省的部分地级市部分年份数据缺失严重,因此将研究时间段确定为 2003~2017 年,研究对象为剔除数据缺失较严重城市后剩下的 276 个地级及以上城市,包括东北地区 34 个城市、北部沿海地区 30 个城市、东部沿海地区 25 个城市、南部沿海地区 30 个城市、黄河中游地区 47 个城市、长江中游地区 52 个城市、西南地区 41 个城市以及西北地区 17 个城市。实证分析中涉及的指标数据主要来源于《中国统计年鉴》《中国城市统计年鉴》《中国能源统计年鉴》、各个省区市统计年鉴、相应城市的统计年鉴和环境状况公报。

所涉及 GTFP 增长测算及子项分解均采用 MATLAB 软件完成,大致分为两个步骤:第一,根据 DEA 模型的线性规划公式计算所需的聚合与个体 DDF;第二,将 DDF 值代入 AEGLHM 指标、AL 指标及分解子项公式,得到最终的测算结果。

## 三、AEGLHM 指标与 AL 指标测算结果的比较

(一)测算结果的比较分析

效率测度反映了各地区实际投入产出观测值与最优生产前沿的相对距离,代表各地区对最优生产能力的利用程度,而基于生产率指标的全要素生产率变动属于一种动态分析,测算生产率指标可以厘清全要素生产率的变动情况,考察分解子项则能够把握全要素生产率变动的主要来源。根据 AEGLHM 指标与 AL 指标,测算得到的 2003~2017 年中国八大经济区 GTFP 增长及其分解子项见表 4-7。

**表 4-7　2003~2017 年中国八大经济区 GTFP 增长及其分解子项**

| 指标 | GTFP 增长及其分解子项 | 北部沿海 | 东部沿海 | 南部沿海 | 黄河中游 | 长江中游 | 东北 | 西南 | 西北 | 平均 |
|---|---|---|---|---|---|---|---|---|---|---|
| AEGLHM 指标 | GTFP 增长 | 1.83% | 1.42% | 1.52% | 1.27% | 0.93% | 0.88% | 0.86% | 0.09% | 1.10% |
| | 技术进步 | 1.62% | 1.00% | 1.06% | 0.63% | 0.78% | 0.75% | 0.53% | 0.07% | 0.80% |
| | 产出导向 | 1.78% | 1.18% | 1.42% | 0.77% | 0.91% | 0.89% | 0.60% | 0.05% | 0.95% |

---

① 八大经济区为北部沿海地区(包括山东、河北、北京、天津)、东部沿海地区(包括上海、江苏、浙江)、南部沿海地区(广东、福建、海南)、长江中游地区(湖南、湖北、江西、安徽)、黄河中游地区(山西、河南、陕西、内蒙古)、东北地区(辽宁、吉林、黑龙江)、西北地区(甘肃、青海、宁夏、新疆)、西南地区(广西、云南、贵州、四川、重庆)。

续表

| 指标 | GTFP 增长及其分解子项 | 北部沿海 | 东部沿海 | 南部沿海 | 黄河中游 | 长江中游 | 东北 | 西南 | 西北 | 平均 |
|---|---|---|---|---|---|---|---|---|---|---|
| AEGLHM 指标 | 投入导向 | 1.45% | 0.82% | 0.70% | 0.49% | 0.64% | 0.62% | 0.46% | 0.08% | 0.66% |
| | 技术效率变化 | 0.02% | 0.00% | 0.07% | 0.00% | 0.03% | −0.01% | 0.00% | 0.01% | −0.02% |
| | 技术效率变化产出导向 | 0.01% | 0.01% | 0.16% | 0.00% | 0.06% | −0.03% | 0.03% | 0.02% | −0.02% |
| | 技术效率变化投入导向 | 0.03% | −0.01% | −0.01% | −0.01% | −0.01% | 0.01% | −0.02% | 0.00% | −0.01% |
| | 结构效率变化 | −0.08% | −0.06% | −0.23% | 0.04% | −0.15% | −0.22% | −0.02% | 0.01% | −0.09% |
| | 结构效率变化产出导向 | −0.12% | −0.06% | −0.27% | 0.06% | −0.14% | −0.29% | −0.02% | 0.01% | −0.10% |
| | 结构效率变化投入导向 | −0.04% | −0.06% | −0.20% | 0.03% | −0.16% | −0.14% | −0.02% | 0.00% | −0.07% |
| | 规模效率变化 | 0.31% | 0.49% | 0.71% | 0.61% | 0.33% | 0.35% | 0.36% | 0.01% | 0.40% |
| | 规模效率变化产出导向 | 0.19% | 0.31% | 0.39% | 0.46% | 0.19% | 0.30% | 0.30% | 0.02% | 0.27% |
| | 规模效率变化投入导向 | 0.44% | 0.67% | 1.03% | 0.75% | 0.47% | 0.41% | 0.43% | 0.00% | 0.53% |
| AL 指标 | GTFP 增长 | 0.77% | 0.46% | 0.36% | 0.30% | 0.31% | 0.28% | 0.28% | 0.06% | 0.35% |
| | 技术进步 | 0.81% | 0.49% | 0.49% | 0.29% | 0.41% | 0.38% | 0.30% | 0.06% | 0.40% |
| | 技术效率变化 | −0.02% | −0.01% | −0.03% | −0.01% | −0.03% | −0.01% | −0.02% | 0.00% | −0.02% |
| | 结构效率变化 | −0.04% | −0.03% | −0.12% | 0.03% | −0.09% | −0.10% | −0.02% | 0.00% | −0.05% |

注：AEGLHM 指标计算的分解子项均为产出导向与投入导向的算术平均值；地区平均值是所有年度地区指标值的算术平均值；表中总项数据和平均数据均由原始数据计算所得

1. AEGLHM 指标的测算结果大于 AL 指标，更能完整准确地衡量八大经济区 GTFP 增长

从表 4-7 中我国八大经济区 GTFP 增长的测算结果和图 4-1 中八大经济区平均 GTFP 增长趋势可以发现，利用 AEGLHM 指标与 AL 指标测算得到的八大经济区平均 GTFP 增长变动趋势较为契合。此外，AEGLHM 指标的测算结果均大于 AL 指标，这证实了前文的解释，即 L 指标是一个技术指标，只能衡量局部的技术进步，以不完整的方式反映全要素生产率增长，而 EGLHM 指标可以完整地衡量全要素生产率增长，故两个指标之间存在差距。Kerstens 等（2018）、Sala-Garrido 等（2018）分别在测算中国各省区市农业全要素生产率变动、智利水务公司生产率变动中使用了 EGLHM 指标与 L 指标，同样显示 EGLHM 指标的测算结果大于 L 指标。Shen 等（2019）也指出，EGLHM 指标测算全要素生产率变动原则上没有偏

差，即其测算结果应该优于其他指标。因此，相较于 AL 指标，AEGLHM 指标更能完整准确地衡量 GTFP 增长。

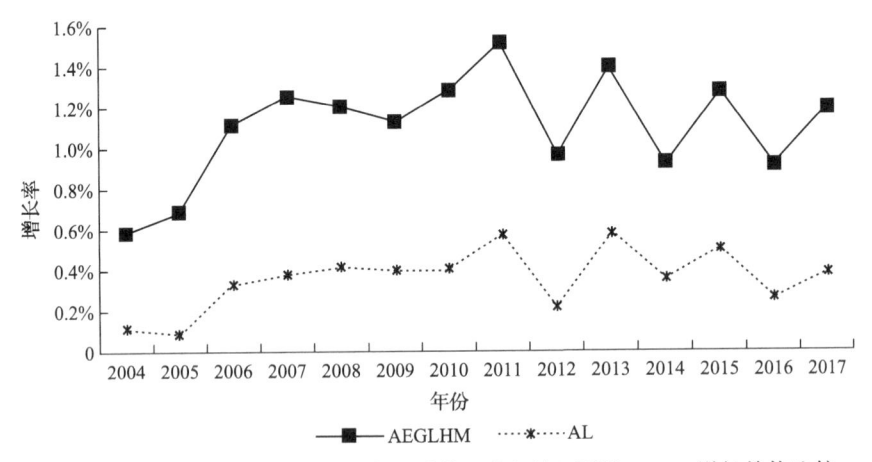

图 4-1　AEGLHM 指标与 AL 指标反映的八大经济区平均 GTFP 增长趋势比较

2. 对于 GTFP 增长分解，AEGLHM 指标相较于 AL 指标分解更完全

从表 4-7 可知，AEGLHM 指标不仅给出了总体 GTFP 增长在技术层面的完全分解，还给出了基于投入与产出导向的分解值。根据 AEGLHM 指标的分解结果，不仅可在技术层面将总体 GTFP 变化完全归因于技术进步、技术效率变化、结构效率变化和规模效率变化的共同贡献，还可厘清产出和投入变化对总体 GTFP 增长的确切贡献，即全面探究总体 GTFP 增长的主要来源。从 AL 指标的分解结果来看，不仅基于技术角度的分解不够完全，分解子项仅包括技术进步、技术效率变化、结构效率变化，也不能分别基于产出导向与投入导向进行分解，无法同时考虑产出变化和投入变化对总体 GTFP 变化的影响。因而，从总体 GTFP 增长的分解来看，AEGLHM 指标也优于 AL 指标。

(二) 稳健性检验

1. CRS 技术下，AEGLHM 指标与 AL 指标测算结果的比较

为考察前面 VRS 技术下 AEGLHM 指标与 AL 指标对八大经济区 GTFP 增长测算结果的稳健性，进一步基于 CRS 技术比较 AEGLHM 指标与 AL 指标的测算结果。图 4-2 显示，CRS 技术下 AEGLHM 指标测算的八大经济区 GTFP 增长及历年平均值均大于 AL 指标的测算结果，但两种指标得到的八大经济区平均 GTFP 增长趋势较为一致，验证了 VRS 技术下八大经济区的 GTFP 增长测算结果的稳健性。

2. 不同区域划分标准下 AEGLHM 指标与 AL 指标测算结果的比较

为了进一步考察 AEGLHM 指标与 AL 指标下 GTFP 增长及分解子项测算结果

的稳健性,再开展四大地区、三大地区和两大地区 GTFP 增长及分解子项测算结果的比较分析①,具体见表 4-8。

(a) 八大经济区的GTFP增长

(b) 八大经济区的平均GTFP增长趋势

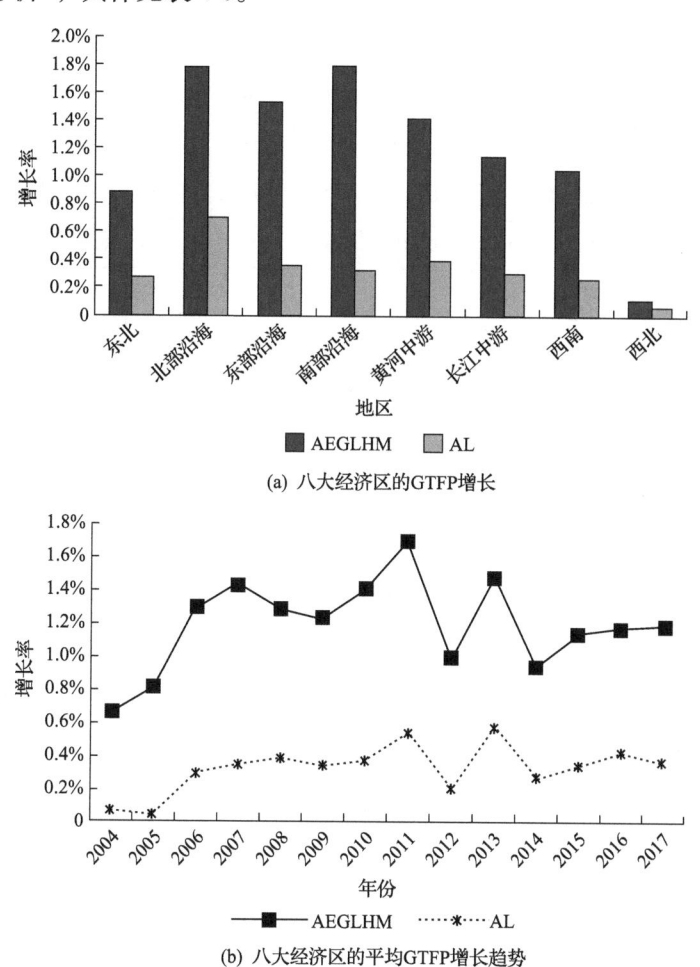

图 4-2 CRS 技术下的 AEGLHM 指标与 AL 指标测算的 GTFP 增长

表 4-8 不同区域划分标准下 AEGLHM 指标与 AL 指标测算的 GTFP 增长及其分解子项

| 指标方法 | | 四大地区 | | | | 三大地区 | | | 两大地区 | |
|---|---|---|---|---|---|---|---|---|---|---|
| | | 东部 | 中部 | 西部 | 东北 | 东部 | 中部 | 西部 | 沿海 | 内陆 |
| GTFP 增长 | AEGLHM 指标 | 6.33% | 1.76% | 1.57% | 0.89% | 7.24% | 2.40% | 1.57% | 7.24% | 4.63% |
| | AL 指标 | 1.45% | 0.47% | 0.46% | 0.28% | 1.71% | 0.56% | 0.46% | 1.71% | 0.91% |
| | 两者关系 | > | > | > | > | > | > | > | > | > |

---

① 四大地区为东部地区、中部地区、西部地区和东北地区;三大地区为东部地区、中部地区和西部地区;两大地区为沿海地区和内陆地区。

续表

| 指标方法 | | 四大地区 | | | | 三大地区 | | | 两大地区 | |
|---|---|---|---|---|---|---|---|---|---|---|
| | | 东部 | 中部 | 西部 | 东北 | 东部 | 中部 | 西部 | 沿海 | 内陆 |
| 技术进步 | AEGLHM 指标 | 3.21% | 1.02% | 0.92% | 0.75% | 3.69% | 1.52% | 0.93% | 3.69% | 2.56% |
| | 产出导向 | 3.89% | 1.32% | 1.21% | 0.89% | 4.44% | 1.93% | 1.21% | 4.44% | 3.53% |
| | 投入导向 | 2.54% | 0.72% | 0.63% | 0.60% | 2.93% | 1.11% | 0.65% | 2.93% | 1.58% |
| | AL 指标 | 1.63% | 0.58% | 0.48% | 0.38% | 1.90% | 0.75% | 0.49% | 1.90% | 1.22% |
| | 两者关系 | > | > | > | > | > | > | > | > | > |
| 技术效率变化 | AEGLHM 指标 | −0.11% | −0.08% | −0.04% | −0.01% | −0.14% | −0.12% | −0.04% | −0.14% | −0.20% |
| | 产出导向 | −0.15% | −0.09% | −0.05% | −0.01% | −0.18% | −0.15% | −0.05% | −0.18% | −0.27% |
| | 投入导向 | −0.08% | −0.06% | −0.03% | 0.00% | −0.10% | −0.08% | −0.03% | −0.10% | −0.12% |
| | AL 指标 | −0.06% | −0.02% | −0.02% | 0.00% | −0.07% | −0.03% | −0.02% | −0.07% | −0.18% |
| | 两者关系 | < | < | < | < | < | < | < | < | < |
| 结构效率变化 | AEGLHM 指标 | −0.18% | −0.13% | 0.01% | −0.22% | −0.17% | −0.33% | 0.00% | −0.17% | −0.50% |
| | 产出导向 | −0.07% | −0.15% | −0.02% | −0.29% | −0.07% | −0.49% | −0.02% | −0.07% | −0.75% |
| | 投入导向 | −0.29% | −0.10% | 0.04% | −0.14% | −0.26% | −0.17% | 0.02% | −0.26% | −0.25% |
| | AL 指标 | −0.11% | −0.09% | 0.00% | −0.10% | −0.12% | −0.17% | 0.00% | −0.12% | −0.13% |
| | 两者关系 | < | < | > | < | < | < | = | < | < |
| 规模效率变化 | AEGLHM 指标 | 3.40% | 0.94% | 0.69% | 0.36% | 3.85% | 1.33% | 0.69% | 3.85% | 2.77% |
| | 产出导向 | 2.66% | 0.67% | 0.44% | 0.30% | 3.05% | 1.11% | 0.44% | 3.05% | 2.11% |
| | 投入导向 | 4.15% | 1.21% | 0.93% | 0.43% | 4.66% | 1.54% | 0.93% | 4.66% | 3.42% |
| | AL 指标 | 0.00% | 0.00% | 0.00% | 0.00% | 0.00% | 0.00% | 0.00% | 0.00% | 0.00% |
| | 两者关系 | > | > | > | > | > | > | > | > | > |

注：地区平均指标值是根据所有年度区域指标值算术平均求得；">"表示前者大于后者，"<"表示前者小于后者，"="表示前者等于后者；在规模效率变化中由于 AL 指标分解不包含规模效率变化，所以表中均以 0 表示；表中平均数据和总项数据均由原始数据计算所得

总体来看，AEGLHM 指标与 AL 指标的测算结果同样存在一定差异。①总体 GTFP 增长测算方面，三种区域划分标准下 AEGLHM 指标测算的 GTFP 增长均大于 AL 指标的测算结果，这再次验证了上述基于八大经济区的 GTFP 增长测算结论。②GTFP 增长分解子项层面，三种区域划分标准下 AEGLHM 指标分解出的技术进步、残余效率变化(产出导向、投入导向及平均值)均大于 AL 指标分解出的

指标值[①]；AEGLHM 指标分解出的技术效率变化、结构效率变化(产出导向、投入导向及平均值)多数小于 AL 指标分解出的指标值。可见，利用 AEGLHM 指标与 AL 指标测算得到的八大经济区 GTFP 增长及分解子项的结果具有较好的稳健性。

## 第六节　本章小结

准确测算全要素生产率的关键在于测度方法的恰当运用。学者多采用当期 DEA 模型结合 M 指数以测度全要素生产率变动，并通过指数分解探究影响因素与来源构成，但存在未考虑资源环境因素、测算过程中易出现无可行解等问题。考虑到 DEA 对多投入多产出情形下全要素生产率增长测算所具有的优势，本章开展全要素生产率指数的改进，引入采用 NDDF 构建基于两期 DEA 的 BNEGLHM 指标，并进一步引入聚合 DDF；构造聚合环境广义 LHM 指标，既保留了全要素生产率的本质特性，又能开展包含结构效率变化的完全分解。

理论上，NDDF、两期 DEA 和 EGLHM 指标分别比 DDF、当期 DEA 和 L 指标更具有优势，构建的两期环境广义 EGLHM 指标(BNEGLHM 指标)在测算城市 GTFP 增长方面体现出三大优势。蒙特卡罗模拟结果表明：八种全要素生产率指数中 BNEGLHM 指标计算的总体绿色无效率、期望产出、两个非期望产出的平均绝对偏差与均方误差均最小，且七组对比实验结果均与基准实验结果相似，总体来说 BNEGLHM 指标的测算结果优于其他七种全要素生产率指数。相对于其他指标，BNEGLHM 指标测算得到的绿色无效率得分更为准确有效。具体来看，在距离函数和生产率指标选择相同的情况下，参照两期生产前沿的测度结果优于参照当期生产前沿下的测度结果；在生产前沿和生产率指标选择相同时，测算 GTFP 增长时采用 NDDF 优于采用 DDF；在生产前沿和距离函数选择相同时，相对于 L 指标，更应选择 EGLHM 指标测度 GTFP 增长。

引入聚合 DDF 构造聚合环境广义 LHM 指标(AEGLHM 指标)，允许对群组内所有城市(个体)进行可比性测量，使得测算结果的跨群组(地区)直接比较可行，测算结果的加减或算术平均是有意义的，相对于非聚合的 EGLHM 指标等更具优势。AEGLHM 指标能够完整地衡量全要素生产率变动，可以分解为技术变化、技术效率变化、结构效率变化以及规模效率变化四个子项，以揭示总体 GTFP 增长的动力来源及相对重要性。蒙特卡罗模拟实验结果显示，聚合环境广义 LHM 指标测算的绿色无效率水平相对于 AL 指标更为准确有效；根据 2003~2017 年地级及以上城市面板数据，从群组层面测算八大经济区的 GTFP 增长及构成发现，聚

---

[①] 由于 AL 指标不能分解出残余效率变化，且三种区域划分标准下 AEGLHM 指标计算的残余效率变动值均大于零，故可认为 AEGLHM 指标分解出的残余效率变化均大于 AL 指标的残余效率变化。

合环境广义 LHM 指标的测算结果相对于 AL 指标具有明显优势。

  值得注意的是,虽然利用 AEGLHM 指标测算总体 GTFP 增长具有明显优势,但参照当期生产前沿的 AEGLHM 指标仍存在一些不足,譬如 DDF 不具有可加性且方向向量设定存在主观性、没有修正小样本存在的效率偏差、当期 DEA 模型在计算跨期 DDF 时易出现线性规划无可行解问题等,未来应进一步综合考虑不同的效率测度方法譬如 SBM-DDF、NDDF、RAM 模型、网络 DEA、bootstrap-DEA 等,以及不同生产前沿面构建方法(序列 DEA、全局 DEA、两期 DEA 等),开展总体 GTFP 增长测算与分解方法的进一步研究。

# 第二篇　测算与解析

# 第五章　中国城市 GTFP 增长：差异、演进及收敛特征

## 第一节　问题提出

改革开放以来，随着城市数量的增加及城市规模的扩大，中国城镇化水平大幅提高，2020 年城镇化率达 63.89%，城市在经济社会发展中的作用日益突出。然而随着城镇化发展，城市资源短缺、环境污染问题日益凸显，有效提升城市 GTFP 成为社会关注的焦点问题，这不仅是对新发展理念的响应，也是推动我国经济高质量发展的重要路径。党的十九届五中全会通过的《中共中央关于制定国民经济和社会发展第十四个五年规划和二〇三五年远景目标的建议》明确指出，要"推进以人为核心的新型城镇化""促进大中小城市和小城镇协调发展"，为我国城镇化高质量发展指明了方向。经济基础、资源禀赋、创新能力以及制度环境的差异，尤其是人口与经济活动空间集聚程度的不同使得城市规模效应差别较大，导致不同规模城市的 GTFP 增长出现差异。因而，深入探究我国城市 GTFP 增长差异、演进态势、来源构成、收敛性等问题极有必要，对于推进城市高质量发展具有重要现实意义。

近年来，国内外对中国城市 GTFP 增长及其分布动态、收敛性等特征进行探讨的文献不断涌现。部分研究表明我国城市 GTFP 总体上呈增长态势（Peng et al., 2020），也有文献指出我国城市 GTFP 呈现下降趋势（吴建新和黄蒙蒙，2016）。准确测算城市 GTFP 变动，需选择科学有效的测度方法，对 GTFP 增长的测度方法主要包括 SFA, DEA 及其拓展指数模型两大类，其中 DEA 及其拓展指数模型由于避开设定生产函数具体形式和选择随机变量分布假设问题，不存在价格体系不合理等非技术因素问题，可同时处理多投入多产出情形，更方便反映可持续发展要求，在城市 GTFP 增长测度层面应用更为广泛。

Pittman（1983）基于 M 指数的理论基础，尝试在生产率测算中纳入非期望产出，此后 Chung 等（1997）参照当期生产前沿基于 DDF 构建 ML 指数，学者开始开展将环境污染引入生产率测度框架的 GTFP 增长测算（Zhang and Tan, 2016；李汝资等，2018；Xie et al., 2019）。早期引入的当期 DDF-ML 指数模型存在三大重要缺陷，现有文献已提出针对性的改进方法，具体改进包括：一是由于 DDF 存在径向、角度选择问题，评估 DMU 的效率结果不准确。部分学者使用非径向非角度且可加性的 SBM-DDF（Tone, 2001；Färe and Grosskopf, 2010）与 NDDF 等

(Zhou et al., 2012)以替代径向角度的 DDF，相较于 SBM-DDF，NDDF 与 DDF 所遵循的效率测度公理化方法更为一致，且具有理想数学性质，并显示出较好结果(汪克亮等，2018)。二是针对当期 DEA 模型在计算跨期 DDF 时易出现潜在线性规划无可行解问题。Pastor 和 Lovell(2005)提出全局 DEA 模型(吴建新和黄蒙蒙，2016；李卫兵和涂蕾，2017)，然而基于全局前沿的生产率测算结果随着新数据的加入需要重新进行评估，因此 Pastor 等(2011)提出两期 DEA 方法，不仅可以解决无可行解的问题，且增加新数据时能够保持先前计算的生产率变动(王兵和刘光天，2015)。三是囿于 ML 指数在 VRS 技术下只是衡量局部技术变化，不能用来衡量总体全要素生产率变化，在 CRS 技术下分解不完全，故而 HMB 指数与 LHM 指标相继被引入，为将其应用至纳入资源环境因素的生产率变动测算，Abad(2015)进一步引入 EGLHM 指标(Baležentis et al., 2017)。此外，也有同时解决上述两个问题的文献，如 Liu 等(2016)与 Liu 等(2020)采用基于 NDDF 的两期 DEA 模型结合 L 指标测度我国省域 GTFP 变化，虽同时解决了效率估计方法的径向角度问题以及参考前沿引起的无可行解问题，但未考虑到 L 指标不能准确测量全要素生产率变化的问题。综上，针对早期提出的当期 DDF-ML 指数及当期 DDF-L 指标存在的三大重要缺陷，多数文献仅解决了其中一个问题或两个问题，均未同时解决上述三大问题。因此，本章采用第四章构造的两期环境广义 LHM 指标(BNEGLHM 指标)，开展城市 GTFP 增长测算，既允许投入、产出要素非成比例增长，具有理想的数学性质，又可避免线性规划的无可行解问题，对 GTFP 变动进行完全分解。

在研究视角上，现有关于城市 GTFP 增长差异的研究多基于不同地区，不同城市群视角，鲜有从城市规模视角下对城市 GTFP 增长差异进行深入探究。不同规模城市之间经济、文化、社会发展水平存在一定的差异，因而不应忽略不同规模城市 GTFP 增长的差异。已有研究发现地区和城市群的 GTFP 增长呈现出明显的非均衡特征(吴书胜，2018；刘浩等，2020)，那么不同规模城市之间 GTFP 增长亦是否存在明显的差异？不同规模城市 GTFP 增长差异如何演变？全国及不同规模城市 GTFP 增长是否存在收敛性特征？为清晰地回答这些问题，需要开展不同规模城市 GTFP 增长差异、演进和收敛性分析。

## 第二节 中国城市 GTFP 增长差异

### 一、BNEGLHM 指标构造与数据说明

(一)测度方法

在此采用第四章构造的两期环境广义 LHM 指标(BNEGLHM 指标)，开展中

国城市 GTFP 增长测算。测算包括以下基本步骤。

第一，设定两期环境技术的 NDDF。

第二，利用 BNDDF 构造两期环境广义 LHM 指标。

第三，基于技术角度和要素角度开展两期环境广义 LHM 指标的双重分解。

两期环境广义 LHM 指标的构造方法与分解原理详见第四章第二节。

### (二) 指标选择

考虑到 2003 年前我国地级及以上城市的指标数据缺失较多，特别是西藏自治区和青海省的部分地级市部分年份的数据缺失严重，因此将研究时段确定为 2003～2019 年，研究对象为剔除数据缺失较严重城市后的 281 个地级及以上城市。

1. 投入指标

根据数据可得性和现有研究基础，投入变量的选择及数据来源如下。

(1) 资本投入。资本投入以资本存量代表，采用永续盘存法公式 $K_{i,t} = (1-\delta_{i,t})K_{i,t-1} + I_{i,t}$ 进行计算，基期资本存量为 $K_0 = I_{i,t}/(g_{i,t}+\delta_{i,t})$，其中 $K_{i,t}$ 和 $K_{i,t-1}$ 分别表示第 $i$ 个城市在 $t$ 时期和 $t-1$ 时期的物质资本存量，$I_{i,t}$ 表示第 $i$ 个城市在 $t$ 时期的实际固定资产投资总额，$\delta_{i,t}$ 表示第 $i$ 个城市在 $t$ 时期的资本折旧率[①]，$g_{i,t}$ 表示 5 年投资平均增长率。鉴于数据可得性，地级及以上城市的实际投资额 $I_{i,t}$ 选用各城市全社会固定资产投资额与城市所属省区市的固定资产投资价格指数估算得到，各年份数据以 2003 年为基期进行可比价格调整。

(2) 劳动投入。理论上劳动投入应综合考虑劳动人数、劳动时间、劳动质量等因素 (王恕立和胡宗彪, 2012)，但我国这方面的详细数据难以获取，故选用各地级及以上城市年末城镇单位从业人员数、城镇私营和个体从业人员数的总和即从业人员数来代表劳动投入。

(3) 能源投入。沿袭多数文献，采用能源消费总量来表征能源投入，地级及以上城市的能源消费总量根据所在省区市能源消费总量乘以各城市地区生产总值占所在省区市地区生产总值的比重估算得到[②]。

2. 产出指标

(1) 期望产出。选用地级及以上城市的地区生产总值来代表期望产出，各年份数据皆转换为以 2003 年为基期的可比价地区生产总值。

(2) 非期望产出。已有研究对于非期望产出的选择并未形成统一的标准，考虑到城市环境污染指标数据的可得性及目前我国工业化进程中较为突出的城市空气

---

[①] 在此选用单豪杰 (2008) 估算的折旧率 10.96%。

[②] 在此借鉴李卫兵和涂蕾 (2017)、陈龙等 (2016) 计算城市能源投入的做法。

污染和水污染问题,选取地级及以上城市的工业废水排放量、工业二氧化硫排放量和工业烟粉尘排放量①作为非期望产出的代理变量,个别年份的缺失数据通过插值法或平滑法加以插补。

(三)数据来源

上述各投入产出变量数据主要来源于《中国统计年鉴》《中国城市统计年鉴》、《中国能源统计年鉴》、各个省区市统计年鉴、相应城市的统计年鉴和环境状况公报。根据上述变量选取过程和数据处理过程,2003~2019年281个地级及以上城市各投入、产出指标的描述性统计量见表5-1。

表5-1 投入、产出指标的描述性统计量

| 变量 | 单位 | 最大值 | 最小值 | 中值 | 均值 | 标准差 | 变异系数 |
| --- | --- | --- | --- | --- | --- | --- | --- |
| 资本存量 | 亿元 | 74 125.58 | 43.36 | 2 046.86 | 3 877.48 | 5 539.74 | 1.43 |
| 从业人员数 | 万人 | 1 729.07 | 5.58 | 56.81 | 98.27 | 143.90 | 1.46 |
| 能源消费总量 | 万吨标准煤 | 11 859.00 | 39.44 | 803.22 | 1 299.06 | 1 448.16 | 1.11 |
| 地区生产总值 | 亿元 | 26 595.85 | 31.77 | 706.94 | 1 330.12 | 2 074.88 | 1.56 |
| 工业废水排放量 | 万吨 | 96 501.00 | 8.52 | 4 310.26 | 6 920.59 | 9 190.96 | 1.33 |
| 工业二氧化硫排放量 | 万吨 | 68.32 | 0.00 | 3.52 | 5.11 | 5.63 | 1.10 |
| 工业烟粉尘排放量 | 万吨 | 185.99 | 0.01 | 2.48 | 3.83 | 5.17 | 1.35 |

注:面板数据为包含281个截面单元17年的序列数据,共4777个样本观测点

## 二、中国城市GTFP增长总体情况

根据两期环境广义LHM指标——BNEGLHM指标和样本数据,利用MATLAB软件测算2004~2019年中国281个地级及以上城市的GTFP增长及其双重分解结果如表5-2所示。

(一)城市GTFP增长特征

2004~2019年城市GTFP指标均大于0,平均值为0.070,说明该时期我国城市GTFP总体呈现增长态势。从动力来源看,城市GTFP增长主要归因于技术层面的技术进步和规模效率增长的"双重动力"以及要素层面期望产出效率增长的"单轮驱动"。

---

① 《中国城市统计年鉴》公布了2012~2019年各城市的工业烟粉尘排放量,而2011年之前仅公布了工业烟尘排放量,因而2003~2011年地级及以上城市的工业烟粉尘排放量由各城市所属省区市历年工业烟粉尘排放量乘以当年各城市工业烟尘排放量占所属省区市工业烟尘排放量比重估算得到。

## 表 5-2　2004~2019 年中国城市平均 GTFP 增长及双重分解

| 年份 | BNEGLHM 指标 | 技术角度分解 ||||  要素角度分解 |||||| 
|---|---|---|---|---|---|---|---|---|---|---|---|
| | | TC | TEC | SCALEEC | BNEGLHM$_K$ | BNEGLHM$_L$ | BNEGLHM$_E$ | BNEGLHM$_Y$ | BNEGLHM$_{IW}$ | BNEGLHM$_{ISO_2}$ | BNEGLHM$_{IF}$ |
| 2004 | 0.025 | -0.019 | 0.011 | 0.033 | -0.015 | -0.006 | -0.023 | 0.118 | -0.020 | -0.020 | -0.009 |
| 2005 | 0.021 | 0.010 | -0.071 | 0.082 | -0.020 | -0.006 | -0.019 | 0.115 | -0.017 | -0.020 | -0.011 |
| 2006 | 0.062 | 0.002 | -0.028 | 0.087 | -0.016 | -0.013 | -0.012 | 0.138 | -0.012 | -0.015 | -0.007 |
| 2007 | 0.076 | -0.025 | 0.037 | 0.064 | -0.018 | -0.014 | -0.011 | 0.149 | -0.011 | -0.012 | -0.007 |
| 2008 | 0.085 | 0.008 | -0.010 | 0.088 | -0.020 | -0.004 | -0.009 | 0.132 | -0.006 | -0.005 | -0.003 |
| 2009 | 0.084 | 0.001 | -0.006 | 0.089 | -0.022 | -0.005 | -0.011 | 0.140 | -0.007 | -0.005 | -0.004 |
| 2010 | 0.076 | 0.001 | -0.014 | 0.089 | -0.021 | -0.006 | -0.013 | 0.139 | -0.009 | -0.006 | -0.008 |
| 2011 | 0.072 | 0.000 | -0.006 | 0.078 | -0.017 | -0.006 | -0.012 | 0.136 | -0.010 | -0.010 | -0.009 |
| 2012 | 0.072 | -0.005 | 0.021 | 0.056 | -0.014 | -0.004 | -0.007 | 0.125 | -0.009 | -0.010 | -0.008 |
| 2013 | 0.062 | 0.010 | -0.006 | 0.058 | -0.016 | -0.006 | 0.000 | 0.102 | -0.005 | -0.007 | -0.006 |
| 2014 | 0.045 | 0.019 | -0.032 | 0.058 | -0.015 | -0.007 | -0.004 | 0.082 | -0.002 | -0.005 | -0.006 |
| 2015 | 0.076 | -0.005 | 0.037 | 0.044 | -0.011 | 0.003 | 0.000 | 0.084 | -0.001 | -0.002 | 0.004 |
| 2016 | 0.122 | 0.015 | 0.015 | 0.092 | 0.000 | 0.019 | 0.000 | 0.067 | 0.010 | 0.012 | 0.012 |
| 2017 | 0.098 | 0.017 | 0.013 | 0.069 | 0.001 | 0.005 | -0.001 | 0.068 | 0.006 | 0.010 | 0.009 |
| 2018 | 0.099 | 0.070 | -0.079 | 0.108 | -0.002 | 0.003 | 0.000 | 0.077 | 0.004 | 0.009 | 0.007 |
| 2019 | 0.053 | -0.009 | 0.041 | 0.021 | -0.003 | 0.003 | -0.001 | 0.039 | 0.003 | 0.006 | 0.005 |
| 均值 | 0.070 | 0.006 | -0.005 | 0.070 | -0.013 | -0.003 | -0.008 | 0.107 | -0.005 | -0.005 | -0.003 |

注：行中存在两个等式。BNEGLHM=BNEGLHM$_K$+BNEGLHM$_L$+BNEGLHM$_E$+BNEGLHM$_Y$+BNEGLHM$_{IW}$+BNEGLHM$_{ISO_2}$+BNEGLHM$_{IF}$，下标 K、L、E、Y、IW、ISO$_2$、IF 分别代表资本存量、劳动投入、能源消费、地区生产总值、工业废水排放、工业二氧化硫排放、工业烟（粉）尘排放；BNEGLHM=TC+TEC+SCALEEC，其中 TC 代表技术进步，TEC 代表技术效率增长，SCALEEC 代表规模效率增长。表中总量数据均由分项数据的原始数据计算所得。

具体来看，样本期内我国城市 GTFP 在阶段性变化中呈上升态势，变动大致分为四个阶段，与余泳泽等（2019）基于 SBM-ML 指数、余奕杉和卫平（2021）基于 SBM-GML 指数的测算结果基本一致。

第一阶段：2004～2008 年城市 GTFP 增速连续上升，平均每年提高 1.5 个百分点。该阶段城市 GTFP 增长主要源于技术层面的规模效率增长及要素层面的期望产出效率增长。第二阶段：2008 年后城市 GTFP 增速开始下滑，2014 年跌至谷底，平均每年下降 0.7 个百分点。该阶段城市 GTFP 增长主要受益于技术层面的技术进步与规模效率增长的共同贡献以及要素层面地区生产总值生产率增长的贡献，然而规模效率增速与地区生产总值生产率增速的下降均导致城市 GTFP 增长的下降。第三阶段：2014～2016 年城市 GTFP 增速有所回升，平均每年上升幅度为 3.85 个百分点。这一阶段技术层面的技术进步、技术效率和规模效率增长以及劳动利用效率、期望产出效率和各非期望产出治理效率增长共同促进了城市 GTFP 增长；同时技术效率增速、规模效率增速、劳动利用效率增速和各非期望产出治理效率增速均实现提升。第四阶段：2016～2019 年 GTFP 增速平均每年下降 2.3 个百分点。与上一阶段相比，此阶段仅有技术效率不再驱动城市 GTFP 增长，城市 GTFP 增速的下降主要归因于除技术效率外的其他分解子项增速的下降。

（二）城市 GTFP 增长的动力来源

从 2004～2019 年的平均 GTFP 增长来看（表 5-3），全国共有 251 个城市的 GTFP 呈现不同程度的增长，占比达 89.32%，说明其间大多数城市呈现出较好的绿色发展态势。从技术角度与要素层面的城市 GTFP 增长分解子项来看，城市 GTFP 增长的动力来源则各有侧重。

表 5-3 我国城市 GTFP 增长指标及双重分解子项

| 双重分解角度 | BNEGLHM>0 的城市共 251 个 ||| BNEGLHM<0 的城市共 30 个 |||
|---|---|---|---|---|---|---|
| | 指标 | 城市数/个 | 占比 | 指标 | 城市数/个 | 占比 |
| 技术角度分解 | TC>0 | 187 | 74.50% | TC<0 | 18 | 60.00% |
| | TEC>0 | 82 | 32.67% | TEC<0 | 13 | 43.33% |
| | SCALEEC>0 | 244 | 97.21% | SCALEEC<0 | 22 | 73.33% |
| 要素角度分解 | $BNEGLHM_K$>0 | 2 | 0.80% | $BNEGLHM_K$<0 | 26 | 86.67% |
| | $BNEGLHM_L$>0 | 87 | 34.66% | $BNEGLHM_L$<0 | 26 | 86.67% |
| | $BNEGLHM_E$>0 | 4 | 1.59% | $BNEGLHM_E$<0 | 30 | 100.00% |
| | $BNEGLHM_Y$>0 | 251 | 100.00% | $BNEGLHM_Y$<0 | 0 | 0.00% |
| | $BNEGLHM_{IW}$>0 | 72 | 28.69% | $BNEGLHM_{IW}$<0 | 29 | 96.67% |
| | $BNEGLHM_{ISO_2}$>0 | 79 | 31.47% | $BNEGLHM_{ISO_2}$<0 | 28 | 93.33% |
| | $BNEGLHM_{IF}$>0 | 102 | 40.64% | $BNEGLHM_{IF}$<0 | 28 | 93.33% |

从技术角度分解来看，实现 GTFP 增长的 251 个城市中有 187 个城市出现绿色技术进步，82 个城市出现绿色技术效率增长，244 个城市出现绿色规模效率增长，只有 50 个城市同时实现绿色技术进步、绿色技术效率和绿色规模效率的增长。从要素角度分解来看，分别有 2 个、87 个和 4 个城市实现资本、劳动力与能源利用生产率增长，72 个、79 个和 102 个城市分别实现工业废水、工业二氧化硫和工业烟粉尘治理生产率增长；此外，所有城市均出现地区生产总值生产率增长，但很难同时实现所有要素生产率增长。

GTFP 出现下降的城市有 30 个，占比为 10.68%。从技术角度来看，这些城市中受绿色技术进步、绿色技术效率以及绿色规模效率下降拖累的城市分别有 18 个、13 个和 22 个，没有同时受绿色技术进步、绿色技术效率以及绿色规模效率下降拖累的城市；从要素角度来看，超过 85% 的城市均受到投入与产出要素生产率下降的影响。

综上，技术层面的技术进步和规模效率增长与要素贡献层面的期望产出效率增长是城市 GTFP 增长的主要驱动力，而激发技术层面的技术效率增长与要素层面的劳动利用效率增长和非期望产出治理效率增长则是进一步促进城市 GTFP 增长的重要途径。

### 三、不同规模城市 GTFP 增长差异

根据 2014 年印发的《国务院关于调整城市规模划分标准的通知》，将 81 个地级及以上城市划分为小城市、中等城市、大城市、特大城市和超大城市，考虑到样本数量将超大城市与特大城市合并为特大超大城市组，样本期内不同规模城市 GTFP 增长均值及构成子项见表 5-4。

*1. 城市规模与城市 GTFP 增长率正相关*

从城市 GTFP 增长率的横向比较来看，小城市、中等城市、大城市、特大超大城市的 GTFP 增长率平均值分别为 0.033、0.063、0.081、0.098，可见城市规模与城市 GTFP 增长率之间呈正相关性，即人口规模越大的城市，GTFP 增长率越高，呈现出较为明显的"城市规模 GTFP 增长梯度"。城市 GTFP 增长与城市规模之间的正相关性表明，在人口密度大、经济活动密集的大城市中，城市综合效率和企业生产效率更高，通常被称为大城市的生产率优势(余壮雄和杨扬，2014；郭晓丹等，2019)。观察图 5-1 可发现，随着时间推移，不同规模城市的 GTFP 增长率总体均保持由低走高的上升态势，且上升趋势与全国基本一致。

*2. 基于技术角度与要素角度的分解*

从技术角度看，小城市与中等城市的 GTFP 增长均仅来源于规模效率的增长，而大城市与特大城市的 GTFP 增长来源于技术进步与规模效率增长的双重贡献。

表 5-4 不同规模城市 GTFP 增长及其构成子项

| 城市类型 | BNEGLHM | BNEGLHM$_K$ | BNEGLHM$_L$ | BNEGLHM$_Y$ | BNEGLHM$_E$ | BNEGLHM$_{IW}$ | BNEGLHM$_{ISO_2}$ | BNEGLHM$_{IF}$ |
|---|---|---|---|---|---|---|---|---|
| 小城市 | 0.033 | -0.011 | -0.004 | 0.093 | -0.011 | -0.011 | -0.014 | -0.010 |
| 中等城市 | 0.063 | -0.013 | -0.003 | 0.104 | -0.008 | -0.006 | -0.007 | -0.004 |
| 大城市 | 0.081 | -0.014 | -0.003 | 0.113 | -0.007 | -0.004 | -0.003 | -0.001 |
| 特大超大城市 | 0.098 | -0.010 | -0.002 | 0.100 | -0.006 | 0.000 | 0.008 | 0.010 |
| 全国 | 0.070 | -0.013 | -0.003 | 0.107 | -0.008 | -0.005 | -0.005 | -0.003 |
| 城市类型 | TC | TC$_K$ | TC$_L$ | TC$_Y$ | TC$_E$ | TC$_{IW}$ | TC$_{ISO_2}$ | TC$_{IF}$ |
| 小城市 | -0.014 | -0.001 | 0.001 | -0.009 | -0.001 | -0.001 | -0.002 | -0.002 |
| 中等城市 | -0.001 | -0.001 | 0.002 | -0.001 | 0.000 | 0.000 | 0.000 | -0.001 |
| 大城市 | 0.012 | -0.001 | 0.002 | 0.006 | 0.001 | 0.002 | 0.002 | 0.001 |
| 特大超大城市 | 0.029 | 0.001 | 0.001 | 0.012 | 0.002 | 0.003 | 0.005 | 0.005 |
| 全国 | 0.006 | -0.001 | 0.002 | 0.002 | 0.000 | 0.001 | 0.001 | 0.000 |
| 城市类型 | TEC | TEC$_K$ | TEC$_L$ | TEC$_Y$ | TEC$_E$ | TEC$_{IW}$ | TEC$_{ISO_2}$ | TEC$_{IF}$ |
| 小城市 | -0.003 | -0.001 | 0.000 | -0.006 | 0.001 | 0.001 | 0.001 | 0.002 |
| 中等城市 | -0.004 | -0.001 | 0.000 | -0.006 | 0.001 | 0.000 | 0.000 | 0.001 |
| 大城市 | -0.006 | -0.001 | -0.001 | -0.003 | 0.000 | 0.001 | 0.000 | 0.001 |
| 特大超大城市 | -0.001 | 0.000 | 0.001 | -0.006 | 0.001 | 0.001 | 0.000 | 0.001 |
| 全国 | -0.005 | -0.001 | 0.000 | -0.006 | 0.001 | 0.001 | 0.000 | 0.001 |

续表

| 城市类型 | SCALEEC | SCALEEC$_K$ | SCALEEC$_L$ | SCALEEC$_Y$ | SCALEEC$_E$ | SCALEEC$_{IW}$ | SCALEEC$_{ISO_2}$ | SCALEEC$_{IF}$ |
|---|---|---|---|---|---|---|---|---|
| 小城市 | 0.050 | −0.010 | −0.005 | 0.107 | −0.011 | −0.011 | −0.012 | −0.010 |
| 中等城市 | 0.068 | −0.011 | −0.004 | 0.111 | −0.009 | −0.007 | −0.007 | −0.005 |
| 大城市 | 0.076 | −0.012 | −0.004 | 0.112 | −0.008 | −0.006 | −0.004 | −0.003 |
| 特大超大城市 | 0.070 | −0.011 | −0.004 | 0.091 | −0.008 | −0.005 | 0.003 | 0.004 |
| 全国 | 0.070 | −0.011 | −0.004 | 0.110 | −0.009 | −0.007 | −0.006 | −0.004 |

注：行中 BNEGLHM=BNEGLHM$_K$+BNEGLHM$_L$+BNEGLHM$_Y$+BNEGLHM$_E$+BNEGLHM$_{IW}$+BNEGLHM$_{ISO_2}$+BNEGLHM$_{IF}$，对于技术分解项 TC、TEC 和 SCALEEC 同样适用；列中对应时期 BNEGLHM=TC+TEC+SCALEEC，对于各投入产出要素分解项同样适用。城区人口规模小于 50 万人为小城市，城区人口规模在 50 万～100 万人为中等城市，城区人口规模 100 万～500 万人为大城市，城区人口规模在 500 万人以上的为特大超大城市。表中总量数据均由分项数据的原始数据计算所得。

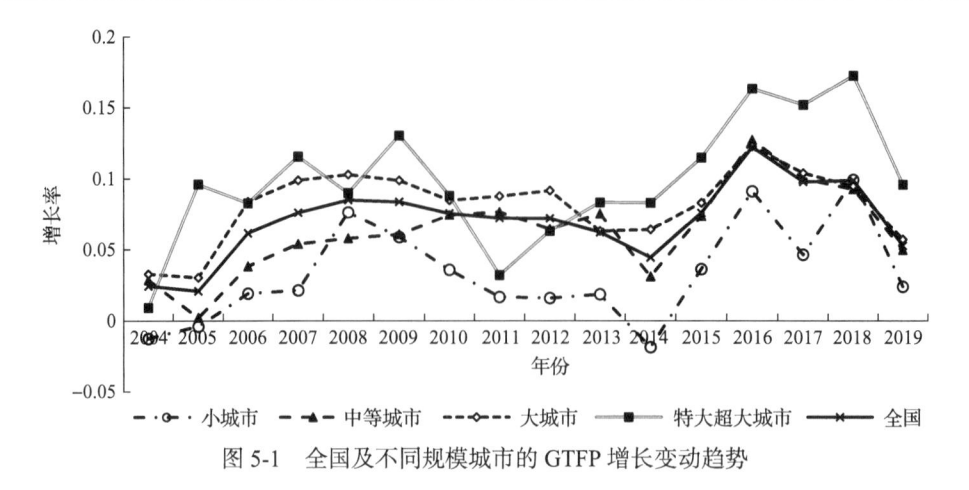

图 5-1 全国及不同规模城市的 GTFP 增长变动趋势

另外,特大城市的技术进步、规模效率、技术效率的增长率均很高,其中技术进步增速较快是特大城市 GTFP 增长率高于其他三种规模城市的主要原因。

从要素角度看,小城市、中等城市和大城市增长仅依赖于地区生产总值生产率增长,而特大超大城市的 GTFP 增长依赖于地区生产总值生产率增长与非期望产出治理生产率增长的双重驱动,其中特大超大城市非期望产出治理生产率增长主要受益于非期望产出技术进步增长。可见,非期望产出治理技术增长是特大超大城市 GTFP 增长快于其他三种规模城市的重要原因。

3. 不同规模城市 GTFP 增长差异分解

为进一步揭示不同规模城市的 GTFP 增长差异,表 5-5 给出运用 Dagum 基尼系数及其分解方法测算的 2004~2019 年全国及四种规模城市 GTFP 增长的总体差距、组内差距、组间净差距以及各种差异的贡献率。

(1) 城市规模越小,城市 GTFP 增长的差异越大。从同一规模城市的 GTFP 增长差异来看,小城市的 GTFP 增长差异最大,基尼系数介于 0.054~0.134;中等城市与大城市次之,基尼系数分别介于 0.045~0.118 和 0.044~0.095;GTFP 增长差异最小的是特大超大城市,基尼系数介于 0.027~0.088。可见,城市规模与城市 GTFP 增长差异大致呈反向关系,即城市规模越小,城市 GTFP 增长的差异越大。从总体变动趋势看,仅有小城市内部的 GTFP 增长差异程度总体呈现出缩小趋势,其余三种规模城市内部的 GTFP 增长差异均呈扩大态势。

(2) 小城市与中等城市、大城市、特大超大城市之间 GTFP 增长率的差异较大且呈扩大趋势。从不同规模城市之间的 GTFP 增长差异来看,小城市与其他三种类型城市之间的差异程度最大,基尼系数均值分别为 0.076、0.071 和 0.072,其次是中等城市与大城市之间、中等城市与特大超大城市之间,基尼系数均值都为 0.063,大城市与特大超大城市之间的差异程度最小,基尼系数均值为 0.055。

表 5-5　2004~2019 年全国及不同规模城市 GTFP 的基尼系数及贡献率

| 年份 | 总体基尼系数 | 组内差距 ||||| 组间净差距 ||||| 贡献率 |||
|---|---|---|---|---|---|---|---|---|---|---|---|---|---|---|
| | | 小城市 | 中等城市 | 大城市 | 特大超大城市 | 小—中等 | 小—大 | 小—特大超大 | 中等—大 | 中等—特大超大 | 大—特大超大 | 组内 | 组间 | 超变密度 |
| 2004 | 0.065 | 0.095 | 0.072 | 0.054 | 0.048 | 0.086 | 0.077 | 0.074 | 0.064 | 0.062 | 0.052 | 34.82% | 9.51% | 55.67% |
| 2005 | 0.100 | 0.134 | 0.118 | 0.080 | 0.079 | 0.127 | 0.112 | 0.117 | 0.101 | 0.105 | 0.082 | 34.56% | 10.67% | 54.78% |
| 2006 | 0.056 | 0.075 | 0.070 | 0.044 | 0.039 | 0.073 | 0.063 | 0.061 | 0.058 | 0.056 | 0.042 | 34.45% | 22.33% | 43.21% |
| 2007 | 0.063 | 0.090 | 0.070 | 0.052 | 0.038 | 0.081 | 0.075 | 0.071 | 0.062 | 0.057 | 0.046 | 34.95% | 23.01% | 42.05% |
| 2008 | 0.053 | 0.054 | 0.066 | 0.044 | 0.049 | 0.060 | 0.050 | 0.052 | 0.057 | 0.059 | 0.048 | 35.50% | 18.12% | 46.38% |
| 2009 | 0.058 | 0.082 | 0.062 | 0.049 | 0.036 | 0.073 | 0.067 | 0.064 | 0.058 | 0.056 | 0.044 | 34.98% | 17.82% | 47.20% |
| 2010 | 0.055 | 0.093 | 0.055 | 0.046 | 0.038 | 0.077 | 0.073 | 0.071 | 0.051 | 0.047 | 0.043 | 34.34% | 11.86% | 53.79% |
| 2011 | 0.057 | 0.086 | 0.058 | 0.048 | 0.059 | 0.075 | 0.071 | 0.075 | 0.053 | 0.062 | 0.057 | 34.12% | 18.06% | 47.83% |
| 2012 | 0.056 | 0.081 | 0.060 | 0.045 | 0.053 | 0.073 | 0.068 | 0.070 | 0.054 | 0.058 | 0.050 | 33.90% | 20.47% | 45.62% |
| 2013 | 0.055 | 0.057 | 0.060 | 0.051 | 0.050 | 0.062 | 0.057 | 0.058 | 0.056 | 0.055 | 0.052 | 36.46% | 13.93% | 49.61% |
| 2014 | 0.052 | 0.054 | 0.050 | 0.048 | 0.044 | 0.056 | 0.062 | 0.064 | 0.051 | 0.051 | 0.047 | 35.53% | 26.86% | 37.61% |
| 2015 | 0.047 | 0.062 | 0.045 | 0.044 | 0.027 | 0.056 | 0.057 | 0.056 | 0.045 | 0.040 | 0.038 | 36.22% | 15.96% | 47.82% |
| 2016 | 0.056 | 0.060 | 0.057 | 0.054 | 0.045 | 0.061 | 0.058 | 0.061 | 0.056 | 0.053 | 0.054 | 36.87% | 10.18% | 52.95% |
| 2017 | 0.063 | 0.081 | 0.066 | 0.055 | 0.041 | 0.077 | 0.074 | 0.074 | 0.061 | 0.057 | 0.051 | 35.48% | 13.64% | 50.88% |
| 2018 | 0.081 | 0.097 | 0.089 | 0.070 | 0.088 | 0.094 | 0.085 | 0.097 | 0.080 | 0.093 | 0.084 | 35.28% | 5.42% | 59.30% |
| 2019 | 0.094 | 0.080 | 0.099 | 0.095 | 0.075 | 0.091 | 0.090 | 0.084 | 0.098 | 0.091 | 0.087 | 38.19% | 6.69% | 55.12% |

从总体变动趋势看，四种规模城市之间的 GTFP 增长差异均呈现出扩大态势。

(3) 影响不同规模城市 GTFP 增长差异的主要因素是组间净差距与组内差距的交叠效应。表 5-5 的结果显示，样本期中国城市 GTFP 增长的总体基尼系数介于 0.047~0.100，呈现上升态势，说明不同规模城市协同发展态势有所减弱。从差异来源的贡献率看，样本期内的组内差距、组间净差距和超变密度平均贡献率分别为 35.35%、15.28% 和 49.36%，可见超变密度是影响不同规模城市 GTFP 增长差异的主要因素。从总体变动趋势看，同一规模城市内部差距的贡献率变动较为稳定但呈现小幅度扩大态势，不同规模城市之间差异的贡献率与超变密度的贡献率变动较大，均呈现一定的缩小态势。可见，超变密度是不同规模城市 GTFP 增长差异的主要来源因素，其次是组内差距，组间净差距对总体差异的贡献率最小。考虑到组间净差距与超变密度之和构成组间总差距的贡献（高赢，2019），故解决不同规模城市 GTFP 增长不均衡问题的关键在于缩小组间净差距。

## 第三节 中国城市 GTFP 增长的动态演进

Dagum 基尼系数虽能呈现不同规模城市 GTFP 增长差异的大小及其来源，反映不同规模城市 GTFP 增长的相对差异，但无法刻画不同规模城市 GTFP 增长差异变化的动态过程。因此，有必要进一步利用核密度估计等方法解析全国及不同规模城市 GTFP 增长分布的动态演进特征。

### 一、城市 GTFP 增长总体演进特征

从 2004~2019 年全国不同规模城市 GTFP 增长分布密度曲线波峰的移动来看，全国城市 GTFP 增长分布密度曲线的主峰位置在样本期内先右移、左移再右移、左移，总体上有所右移，具体见图 5-2(a)，说明全国城市 GTFP 增速经历了

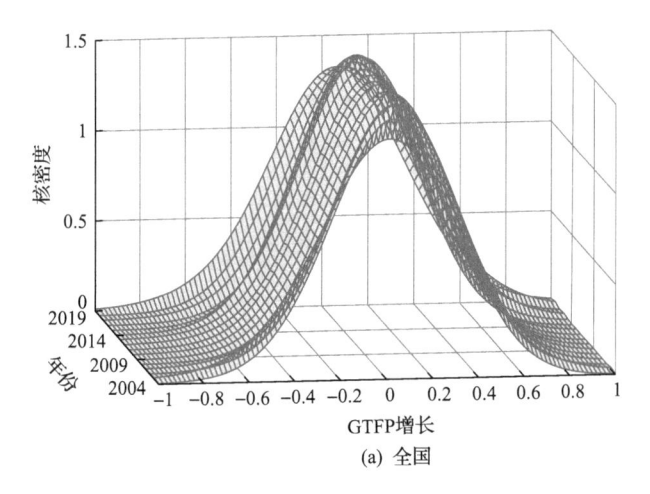

(a) 全国

(b) 小城市

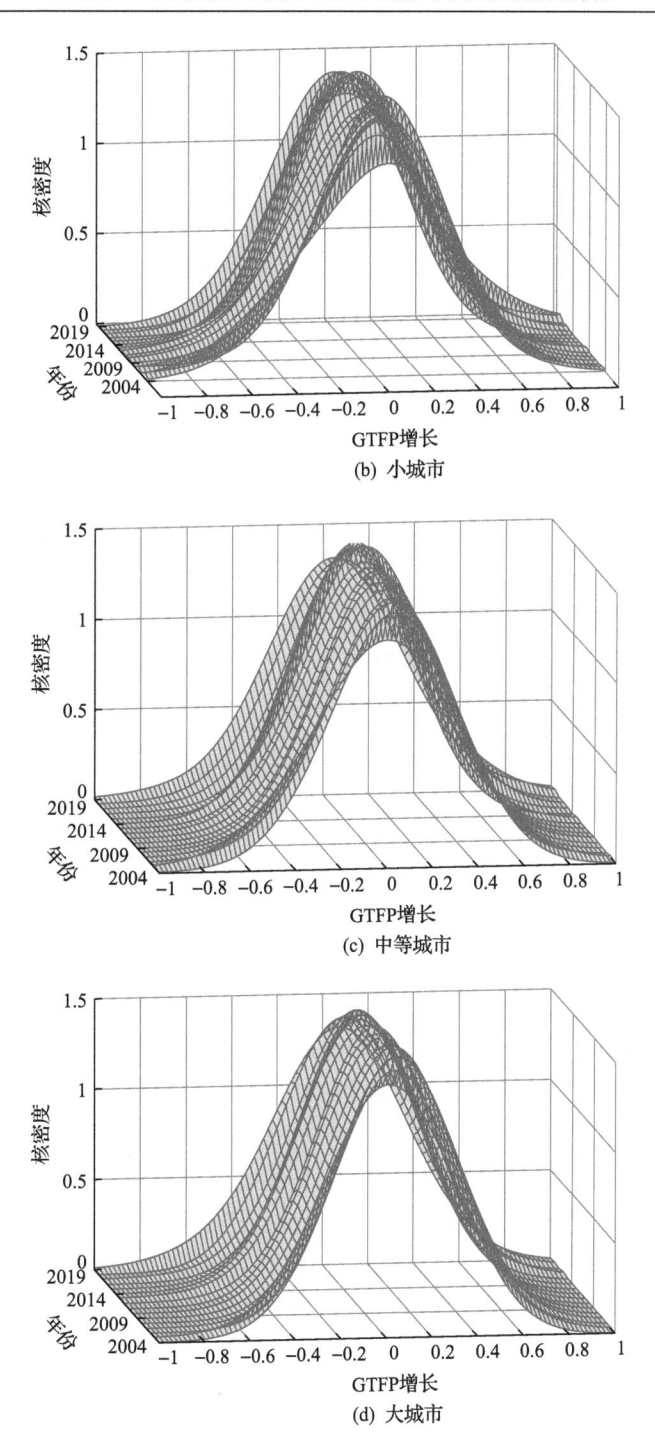

(c) 中等城市

(d) 大城市

(e) 特大超大城市

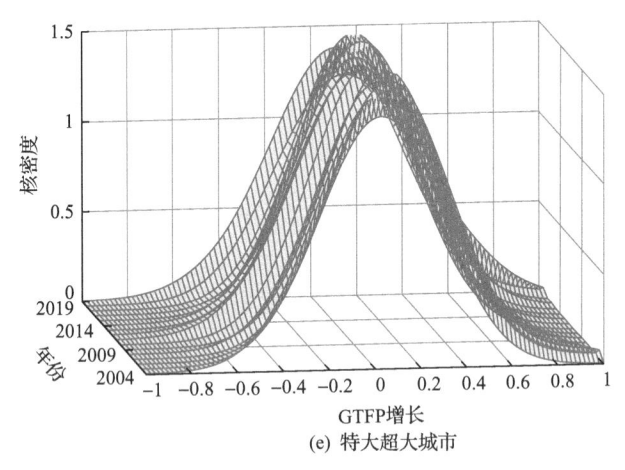

图 5-2　全国及不同规模城市 GTFP 增长分布的动态演进

先上升后下降再上升又下降的变动态势，整体来看全国城市 GTFP 增速有所提升。

与 2004 年相比，全国城市 GTFP 增长分布密度曲线的主峰高度仅在 2005 年、2018 年和 2019 年有所降低，且宽度有所拓展，说明总体上我国城市 GTFP 增长不均衡程度有所扩大。

### 二、不同规模城市 GTFP 增长演进特征

根据不同规模城市 GTFP 增长分布的动态演进图可知，四大规模城市 GTFP 增长分布曲线的主峰位置在样本期内均呈现出"右移→左移→右移→左移"的变动特征，只是发生移动的时间点有所不同，具体见图 5-2(b)～(e)。总体上，不同规模城市 GTFP 增长分布曲线的主峰位置均出现不同程度的右移趋势，表明四种规模城市 GTFP 增速在阶段性变化中都呈现出上行态势。

从主峰的分布形态来看，小城市 GTFP 增长分布曲线的主峰高度与宽度在样本期内波动较大，但总体上表现为高度上升和宽度收窄特征(表 5-6)；中等城市与大城市 GTFP 增长分布曲线变动相对一致，主峰高度先降低后升高再降低，总体上高度有所下降，宽度有所拓宽；特大超大城市 GTFP 增长分布曲线的主峰高度变化波动较大，但总体上高度有所降低，宽度有所拓宽。可见，仅有小城市的 GTFP 增速差异呈缩小趋势，中等城市、大城市与特大超大城市的 GTFP 增速差异均呈扩大趋势。此外，四种规模城市的 GTFP 增长分布曲线均只有一个主峰，不存在极化现象。以上结果与前文基于 Dagum 基尼系数的分析结果基本一致。

表 5-6 不同规模城市 GTFP 增长分布动态的演变特征

| 规模 | 分布位置 | 主峰分布形态 | 分布延展性 | 波峰数量与极化情况 |
| --- | --- | --- | --- | --- |
| 全国 | 右移 | 高度降低，宽度拓宽 | 拖尾与延展趋势不明显 | 单峰，无极化 |
| 小城市 | 右移 | 高度上升，宽度收窄 | 拖尾与延展趋势不明显 | 单峰，无极化 |
| 中等城市 | 右移 | 高度降低，宽度拓宽 | 拖尾与延展趋势不明显 | 单峰，无极化 |
| 大城市 | 右移 | 高度降低，宽度拓宽 | 拖尾与延展趋势不明显 | 单峰，无极化 |
| 特大超大城市 | 右移 | 高度降低，宽度拓宽 | 拖尾与延展趋势不明显 | 单峰，无极化 |

## 第四节 不同规模城市 GTFP 增长的收敛特征

不同规模城市的 GTFP 增长存在较大差异，这种差异是否随时间而变化，是否存在一定的收敛态势？如果存在收敛态势，不同规模城市的收敛方式是否相同？接下来对全国城市及四大规模城市 GTFP 增长的 $\sigma$ 收敛、绝对 $\beta$ 收敛和相对 $\beta$ 收敛特征开展进一步实证检验[①]。

### 一、不同规模城市 GTFP 增长的 $\sigma$ 收敛特征

$\sigma$ 收敛代表样本离差随时间逐渐减小的过程，主要采用反映离散程度的指标（如变异系数、标准差、极差等）来刻画，在此选用标准差作为城市 GTFP 增长 $\sigma$ 收敛检验的指标。

由基于标准差的城市 GTFP 增长 $\sigma$ 收敛检验结果（图 5-3）可知，2004～2019

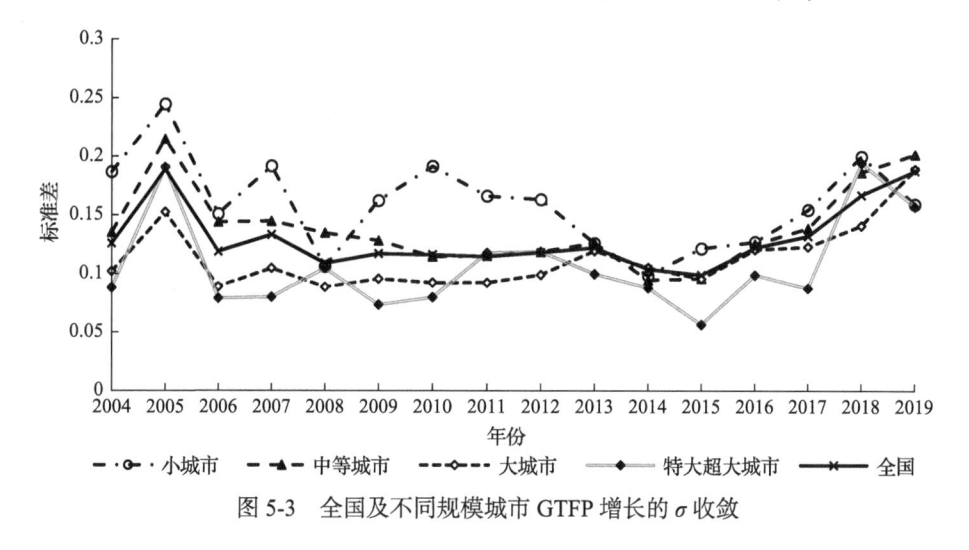

图 5-3 全国及不同规模城市 GTFP 增长的 $\sigma$ 收敛

---

① 在对城市 GTFP 增长进行收敛性分析时，将每年的 BNEGLHM 指标加 1。

年全国城市 GTFP 增长的标准差总体呈现先上升后下降再上升的趋势；比较期末值与期初值发现，仅有小城市 GTFP 增长的标准差有所降低，其他三种规模城市 GTFP 增长的标准差均有所上升，说明小城市 GTFP 增长在样本期内呈 $\sigma$ 收敛，其他规模城市的 GTFP 增长均呈现发散趋势而不存在 $\sigma$ 收敛。

观察图 5-3 还发现一个突出现象，城市规模与城市 GTFP 增长的标准差呈反向关系，即小城市 GTFP 增长的标准差最大，说明小城市的 GTFP 增长差距较大。$\sigma$ 收敛检验表明小城市虽然 GTFP 增长差距较大，但差距呈缩小走势，而其他三种规模城市的 GTFP 增长差距有所扩大。

## 二、不同规模城市 GTFP 增长的绝对 $\beta$ 收敛特征

绝对 $\beta$ 收敛是假设不同城市具有相同的经济基础，不同城市 GTFP 增长终将达到相同的稳态增长速度和水平。采用式(5-1)进行绝对 $\beta$ 检验：

$$\frac{1}{16} \times \ln\left(\frac{\text{GTFP增长}_{i,2019}}{\text{GTFP增长}_{i,2004}}\right) = \alpha + \beta \ln\left(\text{GTFP增长}_{i,2004}\right) + \varepsilon \quad (5\text{-}1)$$

若系数 $\beta$ 估计值显著为负，则表明城市 GTFP 增长存在绝对 $\beta$ 收敛特征。此外，根据系数 $\beta$ 估计值还可以计算出收敛的稳态值 $\gamma$、收敛速度 $\theta$ 和表示 GTFP 增速落后城市追赶上 GTFP 增速较快城市所需时间的收敛半生命周期 $\tau$：

$$\gamma = \alpha/(1-\beta), \theta = -\ln(1+\beta)/t, \tau = \ln(2)/\theta \quad (5\text{-}2)$$

采用 OLS 对中国城市 GTFP 增长的绝对 $\beta$ 收敛进行检验，具体结果见表 5-7，各个规模城市 GTFP 增长的系数 $\beta$ 估计值均在 5% 的水平上通过显著性检验，呈现出绝对 $\beta$ 收敛特征，这意味着四种规模城市 GTFP 增长的差距都逐渐缩小。从收敛的稳态值来看，城市规模与稳态值之间呈正相关关系，特大超大城市的稳态值最高，小城市的稳态值最低。

**表 5-7　全国及不同规模城市 GTFP 增长的绝对 $\beta$ 检验结果（一）**

| 变量 | 全国 | 小城市 | 中等城市 | 大城市 | 特大超大城市 |
| --- | --- | --- | --- | --- | --- |
| 常数项 | 0.0020** (2.55) | 0.0010 (0.61) | 0.0016 (1.02) | 0.0023** (2.05) | 0.0051* (1.97) |
| $\ln(\text{GTFP}_{i,2004})$ | −0.0569*** (−9.97) | −0.0521*** (−6.37) | −0.0555*** (−5.18) | −0.0628*** (−6.03) | −0.0748** (−2.49) |
| $F$ 统计量 | 99.3532 | 40.6431 | 26.7872 | 36.3595 | 6.2022 |
| $R^2$ 调整 | 0.2600 | 0.5311 | 0.2328 | 0.1982 | 0.2709 |

续表

| 变量 | 全国 | 小城市 | 中等城市 | 大城市 | 特大超大城市 |
|---|---|---|---|---|---|
| 稳态值 | 0.0019 | 0.0010 | 0.0015 | 0.0022 | 0.0048 |
| 收敛速度 | 0.37% | 0.33% | 0.36% | 0.41% | 0.49% |
| 半生命周期/年 | 189.3580 | 207.1695 | 194.1020 | 171.0277 | 142.7122 |

\*\*\*、\*\*、\*分别表示在1%、5%、10%水平下显著

从收敛速度和半生命周期来看，四种规模城市 GTFP 增长的绝对收敛速度均小于0.5%，且半生命周期均长达140年以上，这说明全国及四种规模城市 GTFP 增长的绝对收敛趋势较弱，收敛特征并不明显。将这一结果与前文城市 GTFP 增长的 σ 收敛分析结果相结合可知，各种规模城市 GTFP 增长均不存在明显的俱乐部收敛现象[①]。

### 三、不同规模城市 GTFP 增长的条件 β 收敛特征

条件 β 收敛是在考虑城市具有不同的经济基础条件下，各城市 GTFP 增长终将达到各自稳态增长速度和增长水平，但城市之间的绝对差距可能一直存在。具体检验方程见式(5-3)。若系数 β 显著为负，则认为城市 GTFP 增长存在条件 β 收敛。

$$\ln\left(\text{GTFP增长}_{i,t}\right) - \ln\left(\text{GTFP增长}_{i,t-1}\right) = \alpha + \beta\left(\ln \text{GTFP增长}_{i,t-1}\right) + \varepsilon_{i,t} \quad (5-3)$$

面板数据固定效应估计方法不仅考虑了不同个体存在不同的稳态值，也考虑到个体自身稳态值可能随时间的变化而变动，因此无需加入额外控制变量，能以最少数据进行条件收敛检验(Miller and Upadhyay，2002；彭国华，2005)。在此采用面板数据的个体固定效应估计方法，对中国城市 GTFP 增长的条件 β 收敛进行实证检验，回归结果见表5-8。

从表5-8可知，全国城市及四种规模城市 GTFP 增长的系数 β 估计值均在1%水平上通过显著性检验，呈现出条件 β 收敛特征，这意味着全国城市及四种规模城市的 GTFP 增长都存在着向各自稳态速度收敛的趋势，但城市之间 GTFP 增长差距依然存在。

---

① 同一种规模类型的城市 GTFP 增长趋于绝对收敛，而与其他规模城市之间 GTFP 增长趋于发散的情形有时被称为俱乐部收敛(张吉鹏和吴桂英，2004)。

表 5-8　全国及不同规模城市 GTFP 增长的绝对 $\beta$ 检验结果(二)

| 变量 | 全国 | 小城市 | 中等城市 | 大城市 | 特大超大城市 |
|---|---|---|---|---|---|
| 常数项 | 0.0579***<br>(28.52) | 0.0184***<br>(16.03) | 0.0473***<br>(14.55) | 0.0758***<br>(19.82) | 0.0896***<br>(10.66) |
| $\ln(\text{GTFP}_{i,2004})$ | −0.9333***<br>(−27.97) | −0.8618***<br>(−13.5) | −0.8945***<br>(−14.39) | −1.0182***<br>(−19.65) | −0.9559***<br>(−10.06) |
| $F$ 统计量 | 782.24 | 182.30 | 206.94 | 386.20 | 101.17 |
| $R^2$-within | 0.4430 | 0.4455 | 0.4206 | 0.4644 | 0.4620 |

\*\*\*表示在 1%水平下显著

## 第五节　本章小结

利用第四章构建的两期环境广义 LHM 指标(BNEGLHM 指标)，依据中国 281 个地级及以上城市的投入产出指标数据，测算全国及不同规模城市的 GTFP 增长，采用 Dagum 基尼系数对全国及不同规模城市 GTFP 增长的差异进行测算与分解，运用核密度估计法刻画全国及不同规模城市 GTFP 增长分布曲线的动态演进特征，进而对全国及不同规模城市 GTFP 增长的收敛性进行检验。

根据测算结果得到以下结论：①样本期内我国城市 GTFP 总体上呈增长态势，GTFP 增速在阶段性变化中呈上行趋势；全国有 89.32%的城市实现绿色发展，技术层面与要素层面的城市 GTFP 增长动力各有侧重。②城市规模与城市 GTFP 增长正相关。根据城区人口数量划分城市规模，发现城市规模与城市 GTFP 增长呈现出正相关性，小城市 GTFP 增速较慢，特大超大城市 GTFP 增速最快，技术进步是特大超大城市 GTFP 增速快于其他三种规模城市的关键。③不同规模城市 GTFP 增长存在显著差异。样本期内中国城市 GTFP 增长差异总体呈上升态势，不同规模城市之间的差异是城市 GTFP 增长差异的主要来源。④从城市 GTFP 增长分布的动态演进看，全国城市及四种规模城市 GTFP 增长分布曲线总体上呈小幅右移趋势，主峰分布形态仅有小城市呈现高度上升且宽度收窄特征，其他规模城市均呈现主峰高度降低且宽度拓展特征，不同规模城市 GTFP 增长分布曲线均有一个主峰，不存在极化现象。⑤从收敛特征来看，仅有小城市 GTFP 增长呈 $\sigma$ 收敛，而全国城市及四种规模城市 GTFP 增长均存在绝对 $\beta$ 收敛和条件 $\beta$ 收敛特征。

本章研究结论对于促进城市绿色可持续协调发展具有启示意义。技术层面应由依赖技术进步和规模效率增长的双轮驱动模式转向技术进步、技术效率与规模效率增长共同驱动的三轮模式。要素层面应进一步激发劳动利用生产率增长潜力与污染排放治理生产率增长潜力，将其作为促进城市 GTFP 增长的重要途径。未来应以缩小不同规模城市之间 GTFP 增长差距为主导方向，同时兼顾不同规模城市 GTFP 增长速度的协调性。针对 GTFP 增长相对落后的中小城市，在强化政策倾斜、大城市带动效应的同时，加强资源要素高效利用、生态环境有效治理与经济高质量发展适配协调发展，不断提高城市 GTFP 增速。

# 第六章 中国城市 GTFP 增长空间分异及来源解析

## 第一节 问题提出

中国经济由高速增长转向高质量发展阶段，着力于把增长源泉从依靠要素投入模式转向依靠技术进步、生产率提高的新模式（蔡昉，2018），大力推动经济效率变革、动力变革，提高全要素生产率。伴随着经济发展，我国城镇化快速推进，城市在经济社会发展中的作用日益突出，使得城市全要素生产率成为提升总体全要素生产率的关键。在当前资源约束日益突出、城市环境问题凸显的背景下，将环境污染作为非期望产出纳入全要素生产率测度，准确测算城市 GTFP 增长，以全面反映经济发展效率与质量显得必要而紧迫。

受自然资源、产业结构及区域政策等因素的影响，城市 GTFP 增长往往呈现出差异特征。我国全面建成小康社会之后，中心任务是在高质量发展中逐步实现共同富裕和全面建成社会主义现代化强国，一个基本要求是城市和区域的协调发展。自改革开放以来，我国区域发展不平衡性日益加剧（高志刚和克俐，2020），这不利于社会整体福利水平提升（Gardiner et al.，2011），这可能阻碍社会经济的持续健康成长（李广东和方创琳，2013）。解决城市和区域发展的不均衡问题，首先需准确认识城市和区域发展差异程度及动力来源。因此，在测算我国城市 GTFP 增长的基础上，进一步识别城市 GTFP 增长的空间分异特征并探究差异来源，对于推进城市和区域协调发展具有显著的现实意义。

关于城市 GTFP 增长的空间分异，现有文献集中于对我国三大地区、四大地区城市 GTFP 增长的比较分析（王凯风和吴超林，2017；李卫兵和涂蕾，2017）。部分研究运用莫兰指数分析城市 GTFP 增长的空间集聚态势（李汝资等，2018），借助可视化方法绘制空间分布图反映城市 GTFP 增长的空间分布格局（刘浩等，2020），采用核密度估计揭示城市 GTFP 增长的动态演进（吴书胜，2018），根据 Dagum 基尼系数探究城市 GTFP 增长空间分异的演变（汪侠和徐晓红，2020）。上述研究为考察 GTFP 增长空间分异提供了丰富的证据和有益启示，但未进一步探析引致 GTFP 增长空间分异的主要成因，难以为优化 GTFP 增长的空间格局提供实证依据。关于城市 GTFP 增长空间分异的来源，多利用计量手段从城市规模、产业模式、社会发展等方面间接地对城市 GTFP 增长的空间分异进行解释（刘浩等，2020），但指标测度、计量模型设定等均存在一定差异导致研究结论可能不一致，且计量模型分析主要关注城市 GTFP 增长的主要影响因素，而非城市 GTFP 增长空间分异的来源，所以需进一步加以探究。

总体来看，已有文献对测算我国城市 GTFP 增长及探究空间分异来源提供了很好的参考，但仍存在以下不足：一是 GTFP 增长测度方法方面，早期提出的当期 DDF-ML 指数存在三大缺陷——径向角度的 DDF 测算结果不准确、当期 DEA 模型易出现无可行解和 ML 指数不能完整反映总体全要素生产率变化，多数文献仅解决了其中一个问题或两个问题，未同时解决上述三大问题。二是已有研究提供了省际 TFP 或 GTFP 增长呈现出空间非均衡特征的大量证据（吴书胜，2018；刘华军等，2018；刘华军和李超，2018），但基于城市尺度考察 GTFP 增长分异的文献还很少。三是在当前我国南北差距日益凸显的背景下，南北城市 GTFP 增长空间分异亟待关注。

有鉴于此，本章对城市 GTFP 增长空间分异及其来源的研究视角进行拓展，主要贡献在于：其一，利用两期环境广义 LHM 指标（BNEGLHM 指标）进行测算，既允许投入、产出要素非成比例增长，避免无可行解问题，又同时考虑投入与产出变化完整反映 GTFP 增长。其二，基于四大地区与南方北方视角评估我国城市 GTFP 增长的空间分布格局，利用 Dagum 基尼系数和地理探测器从区域、内部结构和外部驱动三重视角探寻城市 GTFP 增长空间分异的主要来源。

## 第二节 研究方法与数据处理

### 一、两期环境广义 LHM 指标与分解

#### （一）两期环境广义 LHM 指标

假设每个城市为一个 DMU，在 $t(t=1, 2, \cdots, T)$ 时期，共有 $j=1, 2, \cdots, J$ 个 DMU，使用 $N$ 种投入 $x_{jt}^n \in R_+^N$，生产 $M$ 种期望产出 $y_{jt}^m \in R_+^M$ 和 $U$ 种非期望产出 $b_{jt}^u \in R_+^U$，此时基于 VRS[①]技术构造 BNDDF。为达到把全要素生产率分解为具体要素效应的目标，将 BNDDF 的总体无效率程度 $\beta_{jt}^B$ 定义为各投入、期望产出和非期望产出无效率程度 $\left(\beta_{jt}^{nB}, \beta_{jt}^{mB}, \beta_{jt}^{uB}\right)$ 的加权平均，具体见式(6-1)。

---

[①] 测算全要素生产率变动需假定 CRS 或 VRS，具体选择哪种规模报酬假定并未形成共识。在此选择 VRS 假设，原因在于 DMU 在 CRS 假设下的规模是理想规模，实际中各 DMU 的生产规模不尽相同，可能处于递增或递减阶段，因而 VRS 假设下的测算结果更为准确。

$$\overrightarrow{\mathrm{ND}}^B\left(x_{jt},y_{jt},b_{jt};g_{jt}\right)$$
$$=\sup_{\beta^B}\left\{\beta_{jt}^B=\frac{1}{S}\left(\frac{1}{N}\sum_{n=1}^{N}\beta^{nB}+\frac{1}{M}\sum_{m=1}^{M}\beta^{mB}+\frac{1}{U}\sum_{u=1}^{U}\beta^{uB}\right):\left(x_{jt}^n-\beta_{jt}^{nB}x_{jt}^n,y_{jt}^m+\beta_{jt}^{mB}y_{jt}^m,b_{jt}^u-\beta_{jt}^{uB}b_{jt}^u\right)\in P^B(x)\right\}$$

s.t. $\sum_{j=1}^{J}\lambda_{jt}x_{jt}^n+\sum_{j=1}^{J}\lambda_{j(t+1)}x_{j(t+1)}^n\leqslant x_{j't}^n-\beta_{j't}^{nB}x_{j't}^n;\ \sum_{j=1}^{J}\lambda_{jt}y_{jt}^m+\sum_{j=1}^{J}\lambda_{j(t+1)}y_{j(t+1)}^m\geqslant y_{j't}^m+\beta_{j't}^{mB}y_{j't}^m$

$\sum_{j=1}^{J}\lambda_{jt}b_{jt}^u+\sum_{j=1}^{J}\lambda_{j(t+1)}b_{j'(t+1)}^u=b_{j't}^u-\beta_{j't}^{uB}b_{j't}^u;\ \sum_{j=1}^{J}\lambda_{jt}+\sum_{j=1}^{J}\lambda_{j(t+1)}=1,\lambda_{jt}\geqslant 0,\lambda_{j(t+1)}\geqslant 0$

$n=1,2,\cdots,N;\ m=1,2,\cdots,M;\ j=1,2,\cdots,J;\ u=1,2,\cdots,U$

(6-1)

其中，上标 B 表示两期环境技术。针对即将构造的 GTFP 指标，不同于以往权数设定，在此引入变量 S，表示 $g_{jt}$ 中包含投入、期望产出与非期望产出的类别个数，若仅包含期望产出，则 S=1，包含投入和非期望产出，则 S=2，投入、期望产出与非期望产出均考虑在内，则 S=3。

除了静态无效率之外，技术效率的跨期演变也可通过相应的生产率指标来衡量。由于 EGLHM 指标不仅无需假定市场结构类型、不受规模报酬性质影响，还可同时考虑投入变化与产出变化，更符合全要素生产率定义。故而，将 Zhou 等(2012)和 Abad(2015)的方法整合于统一的分析框架，利用 BNDDF 构造两期环境广义 LHM 指标(BNEGLHM 指标)，以测算城市 GTFP 增长，表达式为

$$\mathrm{BNEGLHM}_{t,t+1}^{I,O}$$
$$=\frac{1}{2}\left\{\left[\overrightarrow{\mathrm{ND}}_{\mathrm{VRS}}^B\left(x_{jt},y_{jt},b_{jt};0,y_{jt},0\right)-\overrightarrow{\mathrm{ND}}_{\mathrm{VRS}}^B\left(x_{jt},y_{j(t+1)},b_{jt};0,y_{j(t+1)},0\right)\right]\right.$$
$$-\left[\overrightarrow{\mathrm{ND}}_{\mathrm{VRS}}^B\left(x_{j(t+1)},y_{jt},b_{jt};-x_{j(t+1)},0,-b_{j(t+1)}\right)-\overrightarrow{\mathrm{ND}}_{\mathrm{VRS}}^B\left(x_{jt},y_{jt},b_{jt};-x_{jt},0,-b_{jt}\right)\right]$$
$$+\left[\overrightarrow{\mathrm{ND}}_{\mathrm{VRS}}^B\left(x_{j(t+1)},y_{jt},b_{j(t+1)};0,y_{jt},0\right)-\overrightarrow{\mathrm{ND}}_{\mathrm{VRS}}^B\left(x_{j(t+1)},y_{j(t+1)},b_{j(t+1)};0,y_{j(t+1)},0\right)\right]$$
$$\left.-\left[\overrightarrow{\mathrm{ND}}_{\mathrm{VRS}}^B\left(x_{j(t+1)},y_{j(t+1)},b_{j(t+1)};-x_{j(t+1)},0,-b_{j(t+1)}\right)-\overrightarrow{\mathrm{ND}}_{\mathrm{VRS}}^B\left(x_{jt},y_{j(t+1)},b_{jt};-x_{jt},0,-b_{jt}\right)\right]\right\}$$

(6-2)

具体来看，BNEGLHM 指标大于(小于、等于)0 分别表示 GTFP 增长(下降、保持不变)。为了探究城市 GTFP 增长的潜在来源，需对 BNEGLHM 指标进行分解。

(二) 指标分解

鉴于 BNEGLHM 指标满足加法完备性，根据其内部构成可基于产出角度与投入角度完全分解为技术进步(TC)、技术效率变化(TEC)和规模效率变化(SCALEEC)三部分，分解指标值为基于产出导向与基于投入导向分解值的算术平

均值,具体见式(6-3)。基于产出导向的分解子项表达式分别见式(6-4)~式(6-6),基于投入导向的分解与之类似,不再列出。

$$\begin{aligned}&\text{BNEGLHM}_{t,t+1}^{I,O}\\&=\text{TC}_{t,t+1}+\text{TEC}_{t,t+1}+\text{SCALEEC}_{t,t+1}\\&=\frac{1}{2}\left(\text{TC}_{t,t+1}^{O}+\text{TC}_{t,t+1}^{I}\right)+\frac{1}{2}\left(\text{TEC}_{t,t+1}^{O}+\text{TEC}_{t,t+1}^{I}\right)+\frac{1}{2}\left(\text{SCALEEC}_{t,t+1}^{O}+\text{SCALEEC}_{t,t+1}^{I}\right)\end{aligned}$$

(6-3)

其中:

$$\begin{aligned}\text{TC}_{t,t+1}^{O}=\frac{1}{2}\Big\{&\Big[\overrightarrow{\text{ND}}_{\text{VRS}}^{B}\left(x_{jt},y_{jt},b_{jt};0,y_{jt},0\right)-\overrightarrow{\text{ND}}_{\text{VRS}}^{t}\left(x_{jt},y_{jt},b_{jt};0,y_{jt},0\right)\Big]\\&+\Big[\overrightarrow{\text{ND}}_{\text{VRS}}^{t+1}\left(x_{j(t+1)},y_{j(t+1)},b_{j(t+1)};0,y_{j(t+1)},0\right)\\&-\overrightarrow{\text{ND}}_{\text{VRS}}^{B}\left(x_{j(t+1)},y_{j(t+1)},b_{j(t+1)};0,y_{j(t+1)},0\right)\Big]\Big\}\end{aligned}$$

(6-4)

$$\text{TEC}_{t,t+1}^{O}=\overrightarrow{\text{ND}}_{\text{VRS}}^{t}\left(x_{jt},y_{jt},b_{jt};0,y_{jt},0\right)-\overrightarrow{\text{ND}}_{\text{VRS}}^{t+1}\left(x_{j(t+1)},y_{j(t+1)},b_{j(t+1)};0,y_{j(t+1)},0\right)$$

(6-5)

$$\begin{aligned}&\text{SCALEEC}_{t,t+1}^{O}\\&=\frac{1}{2}\Big\{\Big[\overrightarrow{\text{ND}}_{\text{VRS}}^{t+1}\left(x_{j(t+1)},y_{j(t+1)},b_{j(t+1)};0,y_{j(t+1)},0\right)-\overrightarrow{\text{ND}}_{\text{VRS}}^{B}\left(x_{jt},y_{j(t+1)},b_{jt};0,y_{j(t+1)},0\right)\Big]\\&+\Big[\overrightarrow{\text{ND}}_{\text{VRS}}^{B}\left(x_{j(t+1)},y_{jt},b_{j(t+1)};0,y_{jt},0\right)-\overrightarrow{\text{ND}}_{\text{VRS}}^{t}\left(x_{jt},y_{jt},b_{jt};0,y_{jt},0\right)\Big]\Big\}\\&-\frac{1}{2}\Big\{\Big[\overrightarrow{\text{ND}}_{\text{VRS}}^{B}\left(x_{j(t+1)},y_{jt},b_{j(t+1)};-x_{j(t+1)},0,-b_{j(t+1)}\right)-\overrightarrow{\text{ND}}_{\text{VRS}}^{B}\left(x_{jt},y_{jt},b_{jt};-x_{jt},0,-b_{jt}\right)\Big]\\&+\Big[\overrightarrow{\text{ND}}_{\text{VRS}}^{B}\left(x_{j(t+1)},y_{j(t+1)},b_{j(t+1)};-x_{j(t+1)},0,-b_{j(t+1)}\right)-\overrightarrow{\text{ND}}_{\text{VRS}}^{B}\left(x_{t},y_{j(t+1)},b_{jt};-x_{jt},0,-b_{jt}\right)\Big]\Big\}\end{aligned}$$

(6-6)

其中,$\text{TC}^{O}$、$\text{TEC}^{O}$、$\text{SCALEEC}^{O}$大于(小于、等于)0 分别表示技术进步、技术效率、规模效率增长(下降、保持不变),进而促进(阻碍、不影响)城市 GTFP 增长。

## 二、Dagum 基尼系数及分解方法

为了克服泰尔指数和传统基尼系数的局限,Dagum(1997)提出按子群分解的方法,这种方法不仅可以有效解决样本数据交叉重叠的问题及空间差异来源问题,

还充分考虑到子样本的分布状况。因此,采用 Dagum 基尼系数及其分解方法来探究我国 GTFP 增长的空间分异及其来源构成。Dagum 基尼系数的定义为

$$G = \sum_{k_1=1}^{K}\sum_{k_2=1}^{K}\sum_{i=1}^{n_{k_1}}\sum_{r=1}^{n_{k_2}}\left|\text{GTFP}_{k_1i} - \text{GTFP}_{k_2r}\right| \bigg/ (2J^2 \cdot \overline{\text{GTFP}}) \tag{6-7}$$

其中,假设共包含 $K$ 个地区的 $J$ 个城市;$k_1$、$k_2$ 表示不同的区域;$i$、$r$ 分别表示 $k_1$、$k_2$ 地区中不同的城市;$\text{GTFP}_{k_1i}$、$\text{GTFP}_{k_2r}$ 分别表示 $k_1$、$k_2$ 地区内某一城市的 GTFP 增长;$\overline{\text{GTFP}}$ 表示城市 GTFP 增长的平均水平。为方便计算,在基尼系数分解前,先依据地区内 GTFP 的均值对地区进行排序:

$$\overline{\text{GTFP}}_{k_1} \leqslant \overline{\text{GTFP}}_{k_2} \leqslant \cdots \leqslant \overline{\text{GTFP}}_K \tag{6-8}$$

根据 Dagum 基尼系数分解方法,可将基尼系数分解为三部分:区域内差异贡献 $G_w$、区域间净值差异贡献 $G_{nb}$ 和超变密度贡献 $G_t$,并满足 $G = G_w + G_{nb} + G_t$。

$$G_w = \sum_{k_1=1}^{K} G_{k_1k_1} p_{k_1} s_{k_1} \tag{6-9}$$

$$G_{k_1k_1} = \frac{\sum_{i=1}^{J_{k_1}}\sum_{r=1}^{J_{k_1}}\left|\text{GTFP}_{k_1i} - \text{GTFP}_{k_1r}\right|}{2J_{k_1}^2 \overline{\text{GTFP}}_{k_1}} \tag{6-10}$$

$$G_{nb} = \sum_{k_1=2}^{K}\sum_{k_2=1}^{k_1-1} G_{k_1k_2}\left(p_{k_1}s_{k_2} + p_{k_2}s_{k_1}\right)D_{k_1k_2} \tag{6-11}$$

$$G_{k_1k_2} = \frac{\sum_{i=1}^{J_{k_1}}\sum_{r=1}^{J_{k_2}}\left|\text{GTFP}_{k_1i} - \text{GTFP}_{k_2r}\right|}{J_{k_1}J_{k_2}\left(\overline{\text{GTFP}}_{k_1} + \overline{\text{GTFP}}_{k_2}\right)} \tag{6-12}$$

$$G_t = \sum_{k_1=2}^{K}\sum_{k_2=1}^{k_1-1} G_{k_1k_2}\left(p_{k_1}s_{k_2} + p_{k_2}s_{k_1}\right)(1 - D_{k_1k_2}) \tag{6-13}$$

$$D_{k_1k_2} = \frac{d_{k_1k_2} - p_{k_1k_2}}{d_{k_1k_2} + p_{k_1k_2}} \tag{6-14}$$

$$d_{k_1k_2} = \int_0^{\infty} dF_{k_1}(y)\int_0^y (y-x)dF_{k_2}(x) \tag{6-15}$$

$$p_{k_1k_2} = \int_0^\infty \mathrm{d}F_{k_2}(y) \int_0^y (y-x)\mathrm{d}F_{k_1}(x) \tag{6-16}$$

其中，$G_{k_1k_1}$ 表示 $k_1$ 区域内基尼系数；$G_{k_1k_2}$ 表示 $k_1$、$k_2$ 区域间基尼系数；$p_{k_1} = J_{k_1}/J$，$p_{k_2} = J_{k_2}/J$，$s_{k_1} = J_{k_1} \cdot \overline{\mathrm{GTFP}}_{k_1}/J \cdot \overline{\mathrm{GTFP}}$，$s_{k_2} = J_{k_2} \cdot \overline{\mathrm{GTFP}}_{k_2}/J \cdot \overline{\mathrm{GTFP}}$；$J_{k_1}$、$J_{k_2}$ 分别表示 $k_1$、$k_2$ 地区内城市个数；$D_{k_1k_2}$ 表示 $k_1$ 地区和 $k_2$ 地区间 GTFP 增长的相对影响；$d_{k_1k_2}$ 表示区域间 GTFP 增长的差值；$p_{k_1k_2}$ 表示超变一阶矩。

### 三、地理探测器

地理探测器由王劲峰和徐成东(2017)提出，是探测空间分异性并揭示背后驱动因素的一种统计学方法，在此主要采用其中的因子探测和交互作用探测来识别影响城市 GTFP 增长空间分异的主要驱动因子及交互作用。

因子探测主要用来探测城市 GTFP 增长的空间分异性，进而探测某个驱动因素在多大程度上解释了城市 GTFP 增长的空间分异，用式(6-12)中的 $q$ 值度量，$q$ 值取值范围为[0,1]，值越大表明某一因素对城市 GTFP 增长空间分异的影响程度越大；交互作用探测主要用来识别城市 GTFP 增长的两个因素之间的交互作用，即评估两个因素共同作用时是否会加强或减弱对城市 GTFP 增长分异的解释力，或者说这两个因素对城市 GTFP 增长分异的影响是否相互独立。

$$q = 1 - \frac{\sum_{h=1}^{L} J_h \sigma_h^2}{J\sigma^2} \tag{6-17}$$

其中，$h(h=1, 2, \cdots, L)$ 表示 GTFP 增长及其驱动因素的分类；$J_h$ 和 $J$ 分别表示类 $h$ 和全国的城市数量；$\sigma_h^2$ 和 $\sigma^2$ 分别表示类 $h$ 和全国城市 GTFP 增长的方差。

### 四、指标处理及数据说明

(一)指标处理

1. 产出变量

测算城市 GTFP 增长需同时考虑期望产出和非期望产出，因此产出变量包含期望产出指标和非期望产出指标。①期望产出。选用地级及以上城市地区生产总值来代表期望产出,各年份数据转换为以 2003 年为基期的可比价地区生产总值。②非期望产出。已有研究对于非期望产出的选择各不相同，并没有统一的标准，考虑到城市环境污染指标数据的可得性及目前我国工业化进程引致的突出城市空气污染与水污染问题，选取地级及以上城市的工业废水排放量、工业二氧化硫排放量和工业烟粉尘排放量作为非期望产出指标，个别年份的缺失数据通过插值法或平滑法加以插补。其中《中国城市统计年鉴》仅公布了 2011~2019 年各城市的工业烟粉尘排放量，而 2010 年之前仅公布了工业烟尘排放量，2003~2010 年各地级及以上城市的工业烟粉尘排放量由各城市所属省区市历年工业烟粉尘排放量乘以历年各城市工业烟尘排放量在所属省区市工业烟尘排放量中所占比重估算得到。

2. 投入变量

将资本、劳动力和能源消费作为投入变量纳入全要素生产率评估框架。

(1) 资本存量。资本投入以资本存量表征，采用永续盘存法公式 $K_{j,t}=(1-\delta_{j,t})K_{j,t-1}+I_{j,t}$ 计算，基期资本存量为 $K_0=I_{j,t}/(g_{j,t}+\delta_{j,t})$，其中 $K_{j,t}$ 和 $K_{j,t-1}$ 分别表示第 $j$ 城市在 $t$ 时期和 $t-1$ 时期的物质资本存量，$I_{j,t}$ 表示第 $j$ 个城市在 $t$ 时期的实际固定资产投资总额，$g_{j,t}$ 表示 5 年投资平均增长率。考虑到中国各省区市固定资产投入结构存在显著差异，需考虑地区资本折旧率的异质性，以避免资本存量的不准确估计(余泳泽，2017)。因此，基于建筑和设备的折旧率分别为 8.12% 和 17.08%，以及其他费用折旧率为 12.1%，测算了各个省区市不同的资本折旧率[①]，进而估算得到中国地级及以上城市的资本存量，并以 2003 年为基期进行调整。

(2) 劳动投入。理论上劳动投入应综合考虑劳动者人数、劳动时间、劳动质量(效率)等因素(王恕立和胡宗彪，2012)，但我国这方面的详细数据难以获取，故选用各城市就业人数乘以人均受教年限表征劳动投入。城市就业人数为城市年末城镇从业人员数、城镇私营和个体从业人员数的总和(聂长飞等，2021)。人均受教育年限为受教育年限[②]折算值的加权平均值，以受教育程度构成人数占比为权重。

(3) 能源投入。多数文献采用能源消费量作为能源投入的代理指标(王兵等，2010)，部分文献也选用煤炭消费量(涂正革，2008)或全社会用电量(林伯强，2003)作为替代指标。与多数文献相一致，我们认为采用能源消费总量来代表能源投入更为全面，故借鉴 Dhakal(2009)、陈龙等(2016)的做法，地级及以上城市的能源消费总量根据各省区市能源消费总量乘以各个城市地区生产总值占所在省区市地区生产总值的比重估算得到。

---

① 借鉴单豪杰(2008)，在建筑年限 38 年和设备年限 16 年的假定下，建筑和设备的折旧率分别为 8.12% 和 17.08%。

② 劳动力调查自 2015 年开始使用新的受教育程度分类，新增中等职业教育和高等职业教育的指标统计，为了保持前后年份可比性，受教育年限统一按照小学 6 年、初中 9 年、高中 12 年、中等职业教育 13 年、高等职业教育 14 年、大学专科 15 年、大学本科 16 年、研究生 19 年折算。

## (二)数据说明

后续实证分析主要根据上述投入、产出指标,采用 BNEGLHM 指标测算我国城市 GTFP 变动及构成子项。考虑到 2003 年前很多地级及以上城市的指标数据缺失较多,特别是西藏自治区数据缺失严重以及青海省的部分地级市部分年份数据缺失严重,因此将研究时段确定为 2003~2019 年,研究对象为剔除数据缺失较严重城市后的 281 个地级及以上城市,结合区域协调发展战略和南北差距新现象,将全国划分为四大地区和南北区域分别进行考察[①]。实证分析中涉及的指标数据主要来源于《中国统计年鉴》、《中国城市统计年鉴》、《中国能源统计年鉴》、各个省区市统计年鉴、相应城市的统计年鉴和环境状况公报。

根据上述变量选取和数据处理,得到 2003~2019 年 281 个地级及以上城市投入、产出指标的描述性统计量见表 6-1。

**表 6-1 投入、产出指标的描述性统计量**

| 变量 | 单位 | 最大值 | 最小值 | 中值 | 均值 | 标准差 | 变异系数 |
|---|---|---|---|---|---|---|---|
| 资本存量 | 亿元 | 74 125.58 | 43.36 | 2 046.86 | 3 877.48 | 5 539.74 | 1.43 |
| 从业人员数 | 万人 | 1 729.07 | 5.58 | 56.81 | 98.27 | 143.90 | 1.46 |
| 能源消费总量 | 万吨标准煤 | 11 859.00 | 39.44 | 803.22 | 1 299.06 | 1 448.16 | 1.11 |
| 地区生产总值 | 亿元 | 26 595.85 | 31.77 | 706.94 | 1 330.12 | 2 074.88 | 1.56 |
| 工业废水排放量 | 万吨 | 96 501.00 | 8.52 | 4 310.26 | 6 920.59 | 9 190.96 | 1.33 |
| 工业二氧化硫排放量 | 万吨 | 68.32 | 0.00 | 3.52 | 5.11 | 5.63 | 1.10 |
| 工业烟粉尘排放量 | 万吨 | 185.99 | 0.01 | 2.48 | 3.83 | 5.17 | 1.35 |

## 第三节 中国城市 GTFP 增长的空间分异特征

城市 GTFP 增长的空间分异影响区域协调发展,在全面建成小康社会的基础上,为逐步实现共同富裕,有必要进一步明晰城市 GTFP 增长所呈现出的空间分布格局,以采取针对性措施推动区域协调发展。

---

① 按照国家统计局 2011 年发布的标准,剔除掉数据缺失严重的西藏,这里的四大地区为东部(包括北京、天津、河北、山东、江苏、浙江、上海、福建、广东、海南)、中部(包括山西、安徽、江西、河南、湖北、湖南)、西部(包括内蒙古、广西、重庆、四川、贵州、云南、陕西、甘肃、青海、宁夏、新疆)和东北(包括辽宁、吉林、黑龙江)。以秦岭-淮河作为南北地区分界线,北方包括北京、天津、河北、山西、内蒙古、辽宁、吉林、黑龙江、山东、河南、陕西、甘肃、青海、宁夏、新疆 15 个省区市,南方包括上海、江苏、浙江、安徽、福建、江西、湖北、湖南、广东、广西、海南、重庆、四川、贵州、云南 15 个省区市。

## 一、城市 GTFP 增长的区域差异

为探究我国城市 GTFP 增长的区域差异，基于四大地区和南北区域分别测算城市 GTFP 增长及其构成子项，测算结果见表 6-2。样本期内东部、中部、西部和东北城市 GTFP 增长均值分别为 0.0622、0.0925、0.0531 和 0.0498，总体上城市 GTFP 均呈现增长趋势，其中中部城市 GTFP 增速最快，东部和西部城市次之，而东北城市 GTFP 增速最慢。

表 6-2 样本期四大地区和南北城市 GTFP 增长及其构成子项均值

| 地区 | GTFP 增长 | 技术进步 | 技术效率增长 | 规模效率增长 |
| --- | --- | --- | --- | --- |
| 东部 | 0.0622 | 0.0185 | −0.0051 | 0.0488 |
| 中部 | 0.0925 | 0.0001 | 0.0025 | 0.0899 |
| 西部 | 0.0531 | −0.0082 | −0.0039 | 0.0652 |
| 东北 | 0.0498 | 0.0010 | 0.0048 | 0.0440 |
| 南方 | 0.0664 | 0.0050 | −0.0029 | 0.0643 |
| 北方 | 0.0669 | 0.0014 | 0.0004 | 0.0652 |

东部城市 GTFP 增长率低于中部城市，这一结果看似与现有多数文献基于 ML 指数或 L 指标的测算结果（杨万平和李冬，2020；余奕杉和卫平，2021）相矛盾却又有其合理性。ML 指数与 L 指标本质上衡量的是技术进步，仅为 GTFP 增长的一个分解子项，而现有文献多将其误解为 GTFP 增长。本章采用的 BNEGLHM 指标同时考虑了投入与产出的变化，衡量的是完整的 GTFP 增长，不仅包含技术进步，还包含技术效率增长及规模效率增长。正是东部城市技术效率增长和规模效率增长均低于中部城市，导致东部城市 GTFP 增长率低于中部城市。

究其原因发现，东部城市在快速城市化过程中面临较明显的资源环境约束、要素价格上涨、污染水平急剧上升等问题，这些因素对东部城市 GTFP 增长产生较大的抑制作用；而中部城市具有较好的区位条件、人力资源及综合资源优势，且积累了一定的经济基础，在新兴产业、高新技术等方面表现出超常、加速发展的态势，发展理念也逐步从资源依赖转向生态优先，这些均促使中部城市 GTFP 较快增长。

考虑到当前我国南北差距日益明显及广受关注，有必要对城市 GTFP 增长的南北差距进行探究。表 6-2 显示，2004~2019 年南方城市与北方城市的 GTFP 均实现增长，同时南方城市与北方城市年均 GTFP 增速较为一致。从分解子项可以发现，南方城市与北方城市的差异主要在于：南方城市技术进步明显快于北方城市，北方城市技术效率实现增长而南方城市技术效率有所下降，而南北方城市规

模效率增速基本一致。

## 二、城市 GTFP 增长的空间分布格局

依据对我国城市 GTFP 增长的测算结果，发现城市 GTFP 增长表现出明显的区域不平衡性。为进一步明晰城市 GTFP 增长所呈现出的空间分布格局，在此利用全局趋势分析法，以正东和正北方向为 $X$ 轴和 $Y$ 轴，分别以样本城市 GTFP 增长平均值及 2004 年、2009 年、2014 年及 2019 年[①]城市 GTFP 增长为 $Z$ 轴，绘制城市 GTFP 增长的空间分布趋势图，具体见图 6-1。

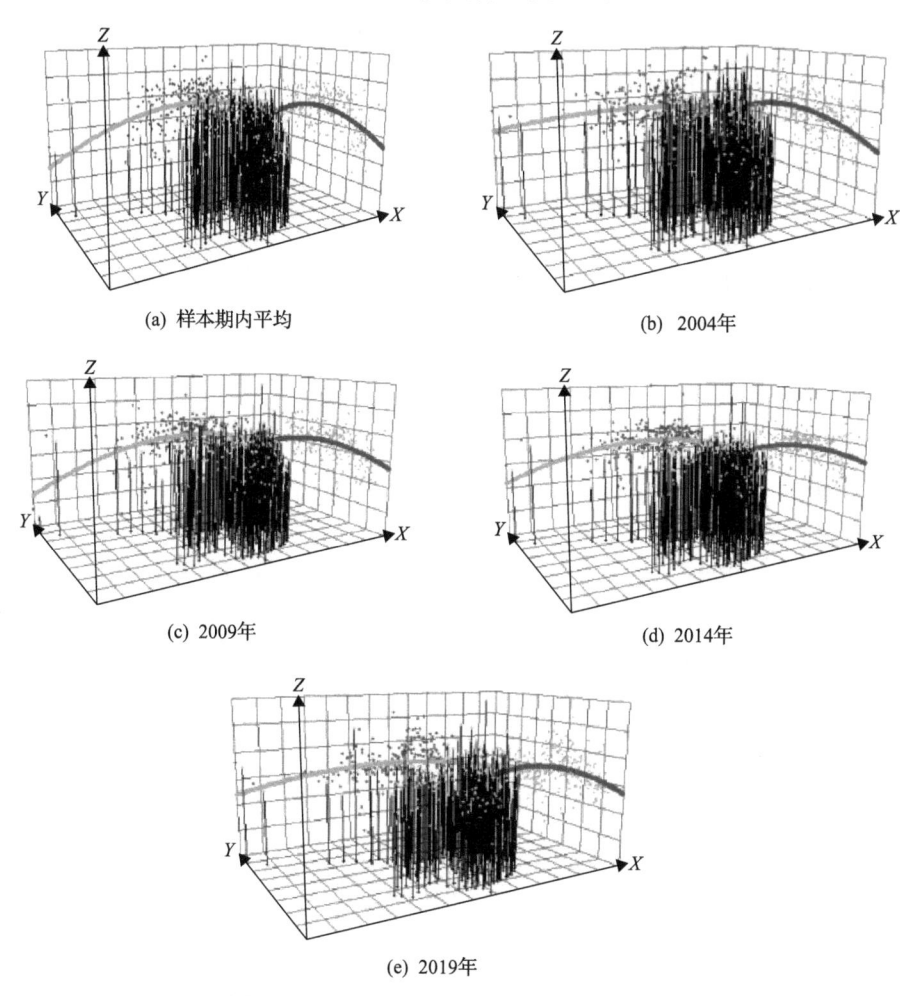

(a) 样本期内平均

(b) 2004年

(c) 2009年

(d) 2014年

(e) 2019年

图 6-1 中国城市 GTFP 增长的空间分布趋势

---

① 鉴于篇幅有限，通过等距法选取 2004 年、2009 年、2014 年以及 2019 年报告结果。

从城市 GTFP 整个样本期内平均增长看,城市 GTFP 增长投影到南北方向(沿 Y 轴自南向北)的趋势线呈现"两边低,中间高"的特征,东西方向(沿 X 轴自西向东)的趋势线呈现"两边低,中间高"且"东高西低"特征,即中部城市 GTFP 增速最快,东部城市 GTFP 增速高于西部城市,南方与北方城市 GTFP 增速较为一致。

从历年城市 GTFP 增长来看,除个别年份外,多数年份均类似于整个样本期内的平均值,在南北方向与东西方向上均呈现出"两边低,中间高"的特征。同时,可以发现虽然南方和北方城市平均 GTFP 几乎无差异,但在 2014 年和 2019 年,GTFP 增长南北差距较为明显。综上,样本期内我国城市 GTFP 增长存在显著的空间分异特征,总体上呈现出"自西向东先升后降,自南向北也先升后降"的空间分布格局。

## 第四节 中国城市 GTFP 增长空间分异的来源解析

中国城市 GTFP 增长存在显著的空间分异特征,为厘清城市 GTFP 增长时空格局的内在机制,有必要从多角度探究城市 GTFP 增长空间分异的主要来源。

### 一、区域差异来源

运用 Dagum 基尼系数及分解方法测算 2004～2019 年我国城市 GTFP 增长的总体差异及其主要来源的贡献率,结果见图 6-2。图 6-2(a)显示,样本期内城市 GTFP 增长的总体差异较小,介于 0.0478～0.0953,呈现出明显的三阶段变动趋势。总体基尼系数从 2004 年的 0.0678 上升至 2005 年的 0.0900,随后迅速跌落至 2006 年的 0.0610,然后波动中缓慢下降到 2015 年的最小值 0.0478,最后又大幅回升至 2019 年的峰值 0.0953。这一结果表明我国城市 GTFP 增长的空间分异程度总体呈现扩大态势,协调发展态势有所减弱。

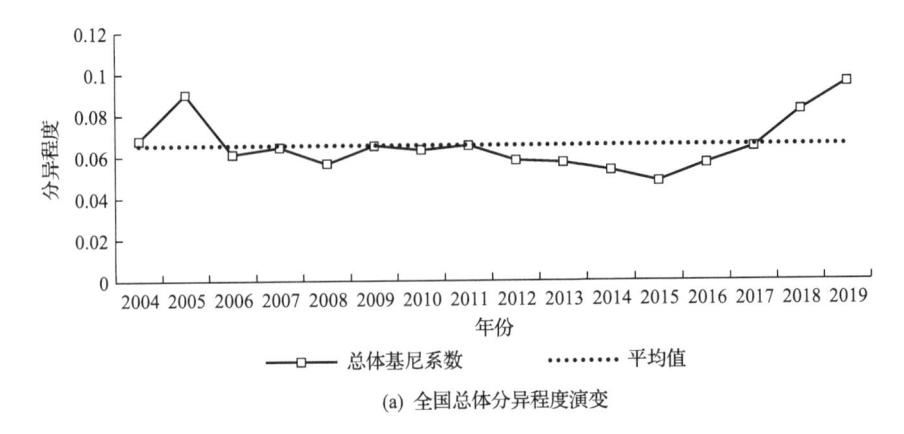

(a) 全国总体分异程度演变

(b) 空间分异来源的贡献率

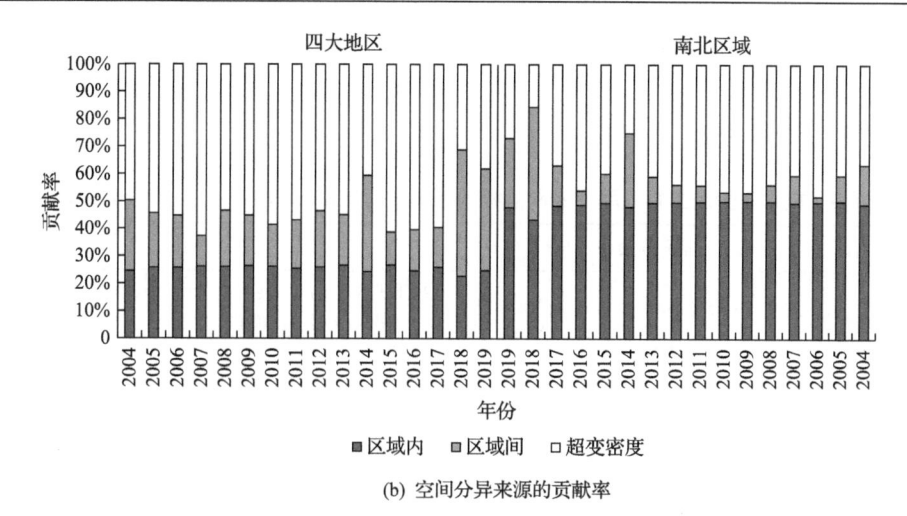

图 6-2 中国城市 GTFP 增长基尼系数变动及其来源贡献率

近年来中国南北差距拉大且受到越来越多的关注，那么城市 GTFP 增长空间分异究竟是主要源于东西差异还是南北差距呢？从图 6-2(b)可以看出，虽然历年四大地区差异均高于南北差距，但近年来南北差距迅速上升，愈来愈接近四大地区之间的差异。从均值来看，样本期内四大地区之间的差异对总体差异的贡献率均值为 25.52%，而南北区域之间的差距的贡献率仅为 11.12%；但从变动趋势来看，四大地区差异对总差异的贡献有所缩小，而南北差距对总差异的贡献呈明显上升趋势。

城市 GTFP 增长空间分异不仅来源于区域间差异，还包含区域内差异和超变密度。根据图 6-2(b)可知，四大地区内部差异和超变密度的年均贡献率分别为 25.25%和 49.23%，其中地区内差异的贡献率较为稳定，呈轻微的波动上升趋势；超变密度揭示了地区之间城市 GTFP 增长的交叠项对总体差异产生的影响，样本期内其贡献率介于 32.03%～62.83%，呈"M"形波动上升趋势，意味着交叠影响效应逐渐增强。超变密度对城市 GTFP 增长空间分异的贡献率最高，说明四大地区内"不合群"城市(包括优秀"离群者"与落后"离群者")较多，譬如虽然东部城市 GTFP 增长总体水平低于中部城市，但是东部的深圳市与北京市 GTFP 增速居于所有城市中的前两位，高于所有中部城市的 GTFP 增速。

从图 6-2(b)中南北差距的贡献率可以看出，样本期内南北区域内部差异的贡献率最高，均值达 48.83%，且一直较为稳定；其次是超变密度，其贡献率的均值为 40.05%，但呈现出明显的下降趋势，说明南北之间与南北内部的交叠效应逐渐减弱，南方与北方之间的差距更趋明显。

## 二、内部构成差异来源

进一步采用地理探测器从内部构成层面探寻城市 GTFP 增长空间分异的主要

来源，表6-3报告了2004年、2009年、2014年及2019年因子探测和交互作用探测的结果，包含技术进步、技术效率变化和规模效率变化对城市GTFP增长空间分异的单独作用及交互作用。

表6-3 技术进步、技术效率增长和规模效率增长对城市GTFP增长空间分异的作用

| 年份 | 单独作用 ||| 交互作用 |||
|---|---|---|---|---|---|---|
| | 技术进步 | 技术效率增长 | 规模效率增长 | 技术进步×技术效率增长 | 技术进步×规模效率增长 | 技术效率增长×规模效率增长 |
| 2004 | 0.0771*** | 0.2366*** | 0.5632*** | 0.5880↘ | 0.6964↘ | 0.9142↘ |
| 2009 | 0.1973*** | 0.2429*** | 0.4602*** | 0.5143↘ | 0.6907↗ | 0.8919↘ |
| 2014 | 0.1070*** | 0.1895*** | 0.3278*** | 0.5014↘ | 0.51401↘ | 0.8448↘ |
| 2019 | 0.1085** | 0.4958*** | 0.3630*** | 0.7276↘ | 0.5208↘ | 0.9428↘ |

注：↘代表非线性增强关系；↗代表双因子增强关系
***、**分别表示在1%、5%水平下显著

从单独作用看，2004年、2009年及2014年规模效率变化均是我国城市GTFP增长空间分异的主要来源，但其影响程度呈现下行态势；2019年技术效率变化对GTFP增长空间分异的影响明显增强，且其影响程度超过了规模效率的影响程度，成为最主要的影响因素。纵观四个年份，技术进步的单独作用虽然均通过了5%显著性水平检验，但均较弱（影响程度低于0.2），技术效率变化的单独作用虽不强但明显增强，而规模效率变化的单独作用虽然有所减弱，但其对我国城市GTFP增长空间分异的解释程度均在30%以上。

从因子交互作用探测结果来看，不同影响因子两两之间交互作用都呈现了增强关系，主要表现为非线性增强和双因子增强，没有出现减弱和独立的关系。纵观四个年份，技术效率变化和规模效率变化的交互作用对城市GTFP增长空间分异始终最强，影响程度均超80%，技术进步与规模效率变化的交互作用，以及技术进步与技术效率变化的交互作用较弱，但影响程度也均超50%。可见，技术进步、技术效率变化和规模效率变化的两两交互作用是我国城市GTFP增长空间分异的主要成因。

### 三、外部驱动差异来源

结合已有研究与数据可得性（刘浩等，2020；辛龙等，2020），选择经济发展水平、禀赋结构、要素结构、产业结构、政府干预程度、对外开放程度及社会发展水平等因素，从外部驱动视角来探测各因素对中国城市GTFP增长空间分异的单独作用与交互作用。变量定义如下：①经济发展水平（PGDP），以城市人均地区生产总值代表；②禀赋结构（FACE），以城市资本投入与劳动投入的比值代表；

③要素结构(ENER)，以能源投入与劳动投入的比重代表；④产业结构(INDU)，以第三产业增加值与第二产业增加值的比值代表；⑤政府干预程度(GOVE)，以政府财政支出占城市地区生产总值的比重代表；⑥对外开放程度(FDRI)，以实际利用外资占城市地区生产总值的比重代表；⑦社会发展水平(SOCI)，以人均社会消费品零售额代表。

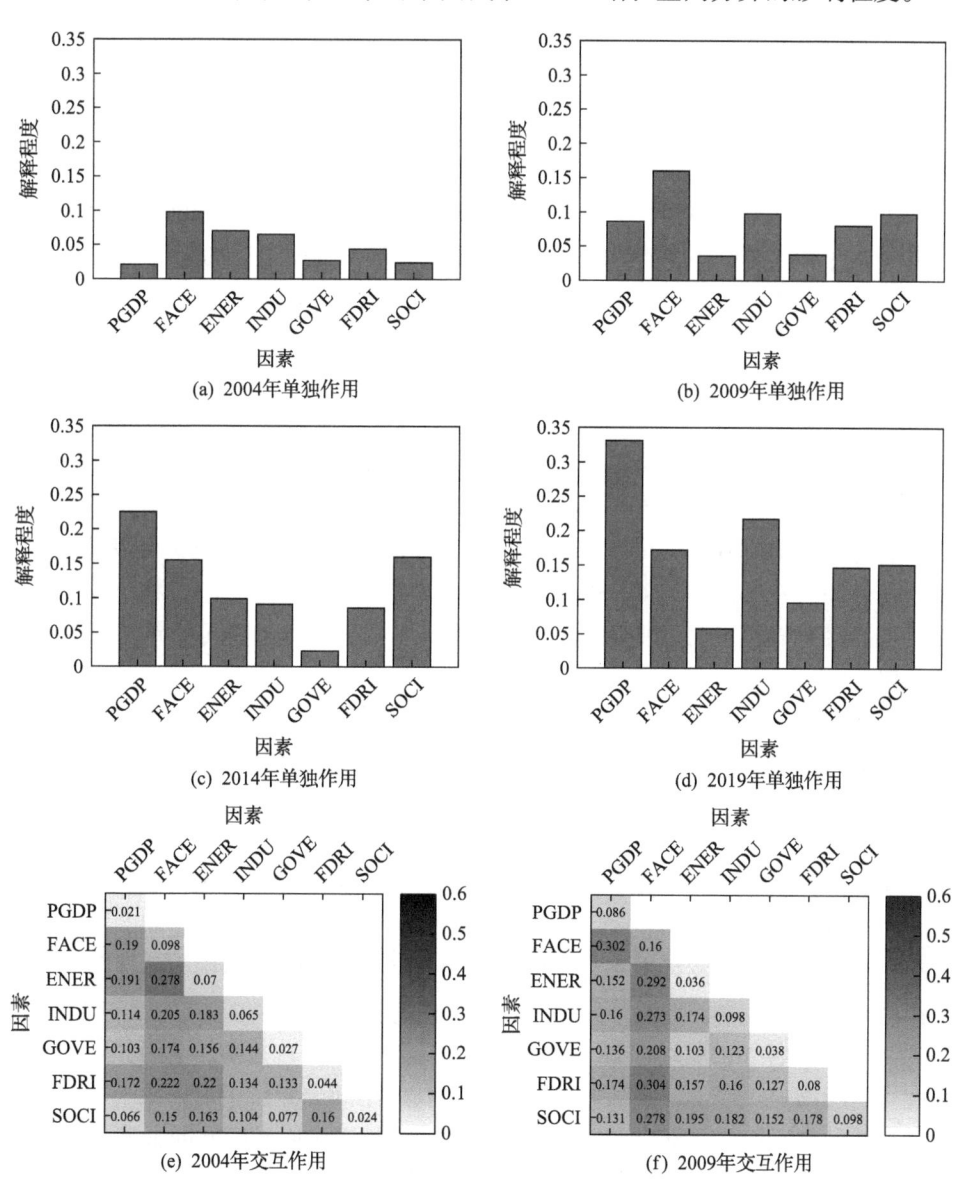

图6-3反映了外部驱动因素对中国城市GTFP增长空间分异的影响程度。

(a) 2004年单独作用

(b) 2009年单独作用

(c) 2014年单独作用

(d) 2019年单独作用

(e) 2004年交互作用

| | PGDP | FACE | ENER | INDU | GOVE | FDRI | SOCI |
|---|---|---|---|---|---|---|---|
| PGDP | 0.021 | | | | | | |
| FACE | 0.19 | 0.098 | | | | | |
| ENER | 0.191 | 0.278 | 0.07 | | | | |
| INDU | 0.114 | 0.205 | 0.183 | 0.065 | | | |
| GOVE | 0.103 | 0.174 | 0.156 | 0.144 | 0.027 | | |
| FDRI | 0.172 | 0.222 | 0.22 | 0.134 | 0.133 | 0.044 | |
| SOCI | 0.066 | 0.15 | 0.163 | 0.104 | 0.077 | 0.16 | 0.024 |

(f) 2009年交互作用

| | PGDP | FACE | ENER | INDU | GOVE | FDRI | SOCI |
|---|---|---|---|---|---|---|---|
| PGDP | 0.086 | | | | | | |
| FACE | 0.302 | 0.16 | | | | | |
| ENER | 0.152 | 0.292 | 0.036 | | | | |
| INDU | 0.16 | 0.273 | 0.174 | 0.098 | | | |
| GOVE | 0.136 | 0.208 | 0.103 | 0.123 | 0.038 | | |
| FDRI | 0.174 | 0.304 | 0.157 | 0.16 | 0.127 | 0.08 | |
| SOCI | 0.131 | 0.278 | 0.195 | 0.182 | 0.152 | 0.178 | 0.098 |

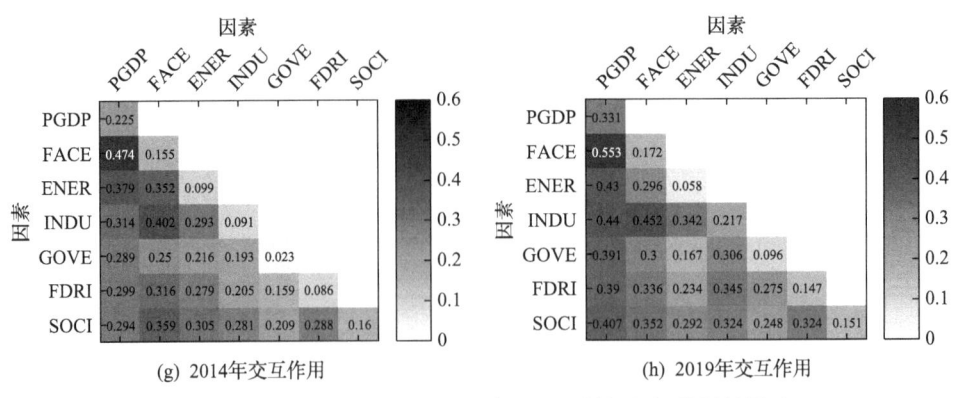

(g) 2014年交互作用　　　　(h) 2019年交互作用

图 6-3　外部驱动因素对中国城市 GTFP 增长空间分异的影响

观察因子探测结果可以发现，2004 年我国城市 GTFP 增长空间分异主要受禀赋结构、要素结构和产业结构的影响，其余因素均不太明显；2009 年，禀赋结构的解释程度明显上升，仍然是影响 GTFP 增长空间分异的重要因素，同时经济发展水平、产业结构和社会发展水平的作用也较突出；2014 年 GTFP 增长空间分异主要来源于经济发展水平、禀赋结构以及社会发展水平，相较于 2009 年，影响力均有所增加；2019 年，经济发展水平和产业结构成为影响城市 GTFP 增长空间分异的关键因素。纵观四个年份，政府干预度均未通过 5% 的显著性检验，要素结构虽然在 2004 年和 2014 年通过显著性检验，但解释程度均在 10% 以下，显然两者并非影响 GTFP 增长空间分异的主要因素。对比其他因素可以发现，禀赋结构与经济发展水平是 GTFP 增长空间分异的主导因素，产业结构、对外开放程度与社会发展水平为次要因素。同时可发现，GTFP 增长空间分异的来源越趋多元化。

因子交互作用探测结果表明，各外部驱动因素两两之间交互作用也均呈现为非线性增强和双因子增强关系，没有表现出减弱和相互独立的关系。2004 年，各外部因素之间的交互作用均较小，其中禀赋结构与要素结构的交互作用对城市 GTFP 增长空间分异影响程度最大(0.278)；2009 年，禀赋结构与其他因子的交互作用对城市 GTFP 增长空间分异的作用较为显著，其中禀赋结构与对外开放程度交互作用影响程度最大(0.304)；2014 年和 2019 年，各影响因子之间的交互作用比较均衡，其中经济发展水平与其他因子的交互作用、禀赋结构与其他因子的交互作用对于 GTFP 增长空间分异的强化作用最为显著。同时也可发现，与 2004 年相比，2019 年各外部驱动因素之间的交互作用对城市 GTFP 增长空间分异的影响程度均有所增强。综上，我国城市 GTFP 增长的空间分异较多地来源于不同外部要素之间的交互作用，即空间差异形成过程中受到多个因素的共同影响。

## 第五节 本章小结

利用基于 NDDF 的两期环境广义 LHM 指标，开展城市 GTFP 增长测算与分解，采用 Dagum 基尼系数和地理探测器从三重视角探究其空间分异的来源构成。研究发现：①四大地区城市 GTFP 增速差异明显，中部城市 GTFP 增速最快，东部和西部城市次之，东北城市 GTFP 增速最慢；南方城市 GTFP 增速明显快于北方城市。②城市 GTFP 增长存在显著的空间分异特征，呈现出"自西向东先升后降，自南向北也先升后降"的分布格局；城市 GTFP 增长的空间非均衡程度呈现增强态势，协调发展态势有所减弱。③超变密度是四大地区城市 GTFP 增长空间分异的主要来源，南北城市 GTFP 增长空间分异主要源于区域内差异；从内部构成来看，规模效率增长是城市 GTFP 增长空间分异的主要来源；从外部驱动来看，经济发展水平、禀赋结构和产业结构逐步成为城市 GTFP 增长空间分异的主导因素。此外，城市 GTFP 增长空间分异多源于不同因素的交互作用，因素交互作用的影响强度均大于各因素的单独作用。

上述结论对于贯彻新发展理念、推动城市绿色高质量发展和区域协调发展具有启示意义。①推动我国城市 GTFP 持续增长，亟待由依赖技术进步和规模效率增长的双轮驱动转向技术进步、技术效率增长与规模效率增长等多轮驱动模式。②打破区域边界，积极推动城市 GTFP 增长的协同发展。当从全国层面采取行之有效的区域协调发展举措，同时注重区域内城市 GTFP 增长的协同发展。相关部门要充分重视区域内部"不合群"城市，对"优秀而离群者"应强化其榜样效应，带动其他城市的 GTFP 增长，同时增强对"落后而离群者"的帮扶力度，使其逐步追赶上群体发展水平。③将缩小城市 GTFP 增长空间分异作为促进区域协调发展的重要任务。大力转变经济增长方式，强化产业结构调整及优化资源配置来增强区域经济发展与禀赋结构的协调性。无论是内部构成因素的两两交互作用，还是外部影响因素的两两交互作用，对城市 GTFP 增长空间分异影响强度均大于各自的独立作用，故在推动城市 GTFP 协同增长时，应充分利用各因素之间的交互作用，形成"1+1>2"的驱动效应，促进区域协调发展。

# 第七章 大型城市的 GTFP 优势及其来源

## 第一节 问题提出

中国城镇化进程呈现大城市及特大城市人口规模迅速膨胀、中小城市发展相对萎缩的两极化格局(魏后凯，2014)，体现出大城市优先增长的规律(向国成和江鑫，2019)。部分文献利用微观数据分析解释这一现象背后的原因，发现大型城市具有明显的生产率优势(Melo et al.，2009；Combes et al.，2012；余壮雄和杨扬，2014；张国峰等，2017)。那么，纳入资源环境约束条件后中国大型城市是否还具有生产率优势呢？这是本章关注的重点。对于这一问题的回答，有助于深入认识城市经济高质量发展的动力机制，寻求发挥大型城市规模效应和推动中小城市生产率提升的有效路径，以促进大中小城市协调发展。

经济基础、资源禀赋、创新能力及制度环境的差异，尤其是人口与经济活动的空间集聚度不同使得城市规模效应差别较大，不同规模城市的生产率存在明显差异。城市生产率与城市规模之间往往呈现出正相关性，人口密度大、经济活动密集的大型城市，其综合效率和企业生产效率更高(席强敏，2012；Hu et al.，2015；郭晓丹等，2019)，这种正相关性也被称为大型城市生产率优势。对于大型城市生产率优势来源的探究也受到广泛关注，具体解释集中于三个方面：集聚经济、选择效应及群分效应。部分学者指出集聚效应是解释大型城市生产率优势的基本原因，政策制定时应更多地关注集聚效应的作用(Combes et al.，2012；余壮雄和杨扬，2014)；也有学者认为，选择效应是导致城市生产率差异的重要因素，需根据实际情况采用不同的政策(梁琦等，2013；李晓萍等，2015)。其实，群分效应也是影响大型城市生产率的重要原因，甚至可解释三分之二左右的大型城市生产率优势(Forslid and Okubo，2014；Gaubert，2018)。可见，关于大型城市生产率优势来源的讨论虽较为广泛，但很少从生产率分解的角度开展解析，故有必要基于技术与要素角度探析形成这种优势的动力来源，以得到更为全面的结论和更符合实际的政策。

考察大型城市的生产率优势，首要问题是对生产率的准确测算，而反映城市生产率最具代表性的指标便是城市全要素生产率。对于城市全要素生产率的测算大多根据微观调查数据，先运用 OP 方法与 LP 方法测算企业个体全要素生产率，再根据销售额、工业增加值、工业总产值或就业人员加权汇总得到城市全要素生产率(江艇等，2018；郭晓丹等，2019)。以这种方法测算城市全要素生产率与权重设定的相关性较强，结果不稳定。另外直接采用城市层面数据的研究则多运用M指数测算城市全要素生产率(金相郁，2006；刘秉镰和李清彬，2009；邵明伟等，2018)，这样可避免设定生产函数形式和选择变量分布假设的问题，且能同时处理多投入多产出，应用较为广泛。但M指数存在三大问题：采用径向角度的DDF使得测算结果不准确、参照当期生产前沿易出现无可行解以及不能完整反映全要素生产率变化。对M指数进行改进的文献多解决了其中一个或两个问题(Wen et al., 2018；Liu et al., 2020)，未能同时解决上述三大问题。此外，已有对大型城市生产率优势的分析并未考虑生产过程中的资源消耗和环境污染，不能全面反映城市全要素生产率的真实变化。在资源环境日益成为经济增长硬约束的背景下，纳入资源环境因素来测算城市GTFP增长显然更为科学。

基于此，本章同样采用NDDF构造两期环境广义LHM指标(BNEGLHM指标)，既允许投入和产出要素不成比例增长、避免线性规划的无可行解问题，还能够对城市GTFP增长进行完全分解；进而根据中国281个地级及以上城市的面板数据开展城市GTFP增长测算，结合Dagum基尼系数揭示大型城市与中小城市之间的GTFP增长差异，以有效识别大型城市的GTFP增长优势；利用子项分解探析大型城市GTFP增长优势的来源构成，通过计量模型进行实证检验，全面考察大型城市的GTFP增长优势，为充分发挥大型城市优势和促进大中小城市协调发展提供思路。

## 第二节 城市GTFP增长测度与分解方法

为有效解决M指数存在的三大问题，准确测算城市GTFP增长，根据第四章对M指数的改进思路：结合NDDF、两期DEA模型和环境广义LHM指标(EGLHM指标)的特点，构建两期环境广义LHM指标。鉴于NDDF与EGLHM指标均具有可加性，可对该指数反映的城市GTFP增长基于技术和要素角度进行双重分解，更全面地识别城市GTFP增长的潜在来源。

### 一、基于NDDF的两期环境广义LHM指标

1. 两期环境技术的NDDF

假设每个城市为一个DMU，在$t(t=1, 2, \cdots, T)$时期，共有$j(j=1, 2, \cdots, J)$个DMU，使用$N$种投入$x_{jt}^n$ ($n=1, 2, \cdots, N$)，生产$M$种期望产出$y_{jt}^m$ ($m=1, 2, \cdots,$

$M$) 和 $U$ 种非期望产出 $b_{jt}^u$ ($u=1, 2, \cdots, U$), 此时基于 VRS 技术的两期生产可能性集合在满足闭集和有界集、投入和期望产出可自由处置、非期望产出弱可处置等公理性条件下, 可表示为

$$P^B(x) = \left\{ (x,y,b) : \sum_{j=1}^{J} \lambda_{jt} x_{jt}^n + \sum_{j=1}^{J} \lambda_{j(t+1)} x_{j(t+1)}^n \leqslant x_{jt}, \sum_{j=1}^{J} \lambda_{jt} y_{jt}^m + \sum_{j=1}^{J} \lambda_{j(t+1)} y_{j(t+1)}^m \geqslant y_{jt}, \right.$$
$$\left. \sum_{j=1}^{J} \lambda_{jt} b_{jt}^u + \sum_{j=1}^{J} \lambda_{j(t+1)} b_{j(t+1)}^u = b_{jt}, \sum_{j=1}^{J} \lambda_{jt} + \sum_{j=1}^{J} \lambda_{j(t+1)} = 1, \lambda_{jt} \geqslant 0, \lambda_{j(t+1)} \geqslant 0 \right\}$$
(7-1)

进一步引入方向向量 $g_{jt} = (-x_{jt}, y_{jt}, -b_{jt})$, 在双期环境技术条件下构造 BNDDF。为达到把全要素生产率分解为具体因素效应的目标, 将 BNDDF 的总体无效率程度 $\beta_{jt}^B$ 定义为各投入、期望产出和非期望产出无效率程度 $(\beta_{jt}^{nB}, \beta_{jt}^{mB}, \beta_{jt}^{uB})$ 的加权平均, 具体见式(7-2)。

$$\overrightarrow{\mathrm{ND}}^B(x_{jt}, y_{jt}, b_{jt}; g_{jt})$$
$$= \sup_{\beta^B} \left\{ \beta_{jt}^B = \frac{1}{S} \left( \frac{1}{N} \sum_{n=1}^{N} \beta_{jt}^{nB} + \frac{1}{M} \sum_{m=1}^{M} \beta_{jt}^{mB} \right. \right.$$
$$\left. \left. + \frac{1}{U} \sum_{u=1}^{U} \beta_{jt}^{uB} \right) : (x_{jt}^n - \beta_{jt}^{nB} x_{jt}^n, y_{jt}^m + \beta_{jt}^{mB} y_{jt}^m, b_{jt}^u - \beta_{jt}^{uB} b_{jt}^u) \in P^B(x) \right\}$$
(7-2)

其中, 上标 $B$ 表示两期环境技术。针对将要构造的 GTFP 指标, 不同于以往权数设定, 在此引入变量 $S$ 表示 $g_{jt}$ 中包含投入、期望产出与非期望产出的个数, 若仅包含期望产出, 则 $S=1$, 包含投入和非期望产出, 则 $S=2$, 投入、期望产出与非期望产出均考虑在内, 则 $S=3$。

2. 两期环境广义 LHM 指标

除了静态无效率之外, 技术效率的跨期演变也可通过相应的生产率指标来衡量。由于 EGLHM 指标不仅避免了 L 指标需假定市场结构类型、受规模报酬性质影响的缺陷, 还可完整测度全要素生产率增长, 且满足加法完备性能够识别投入和产出变化对全要素生产率增长的确切贡献。故而, 将 Zhou 等(2012)和 Abad(2015)的方法整合于统一分析框架, 利用 BNDDF 构造两期环境广义 LHM 指标, 以测算城市 GTFP 增长, 表达式为

$$\begin{aligned}
&\text{BNEGLHM}_{t,t+1}^{I,O} \\
&= \frac{1}{2}\Big\{\Big[\overrightarrow{\text{ND}}_{\text{VRS}}^{B}\left(x_{jt}, y_{jt}, b_{jt}; 0, y_{jt}, 0\right) - \overrightarrow{\text{ND}}_{\text{VRS}}^{B}\left(x_{jt}, y_{j(t+1)}, b_{jt}; 0, y_{j(t+1)}, 0\right)\Big] \\
&\quad - \Big[\overrightarrow{\text{ND}}_{\text{VRS}}^{B}\left(x_{j(t+1)}, y_{jt}, b_{j(t+1)}; -x_{j(t+1)}, 0, -b_{j(t+1)}\right) - \overrightarrow{\text{ND}}_{\text{VRS}}^{B}\left(x_{jt}, y_{jt}, b_{jt}; -x_{jt}, 0, -b_{jt}\right)\Big] \\
&\quad + \Big[\overrightarrow{\text{ND}}_{\text{VRS}}^{B}\left(x_{j(t+1)}, y_{jt}, b_{j(t+1)}; 0, y_{jt}, 0\right) - \overrightarrow{\text{ND}}_{\text{VRS}}^{B}\left(x_{j(t+1)}, y_{j(t+1)}, b_{j(t+1)}; 0, y_{j(t+1)}, 0\right)\Big] \\
&\quad - \Big[\overrightarrow{\text{ND}}_{\text{VRS}}^{B}\left(x_{j(t+1)}, y_{j(t+1)}, b_{j(t+1)}; -x_{j(t+1)}, 0, -b_{j(t+1)}\right) - \overrightarrow{\text{ND}}_{\text{VRS}}^{B}\left(x_{jt}, y_{jt}, b_{jt}; -x_{jt}, 0, -b_{jt}\right)\Big]\Big\}
\end{aligned}$$

(7-3)

具体来看，BNEGLHM 指标大于(小于、等于) 0 分别表示 GTFP 增长(下降、保持不变)。为探寻城市 GTFP 增长的潜在来源，需对 BNEGLHM 指标进行分解，接下来基于技术和要素角度对 BNEGLHM 指标进行双重分解。

**二、指标分解方法**

1. 技术角度的 BNEGLHM 指标分解

从技术角度可将 BNEGLHM 指标分解为技术进步(TC)、技术效率变化(TEC)及规模效率变化(SCALEEC)三部分，且可采用产出导向或投入导向进行分解，分解指标值定义为基于产出导向分解值与基于投入导向分解值的算术平均值，具体见式(7-4)。基于产出导向的分解子项 $\text{TC}^O$、$\text{TEC}^O$ 和 $\text{SCALEEC}^O$ 的表达式分别见式(7-5)~式(7-7)，基于投入导向的分解子项($\text{TC}^I$、$\text{TEC}^I$ 和 $\text{SCALEEC}^I$)与之类似，在此不再列出。

$$\begin{aligned}
&\text{BNEGLHM}_{t,t+1}^{I,O} \\
&= \text{TC}_{t,t+1} + \text{TEC}_{t,t+1} + \text{SCALEEC}_{t,t+1} \\
&= \frac{1}{2}\left(\text{TC}_{t,t+1}^{O} + \text{TC}_{t,t+1}^{I}\right) + \frac{1}{2}\left(\text{TEC}_{t,t+1}^{O} + \text{TEC}_{t,t+1}^{I}\right) + \frac{1}{2}\left(\text{SCALEEC}_{t,t+1}^{O} + \text{SCALEEC}_{t,t+1}^{I}\right)
\end{aligned}$$

(7-4)

其中：

$$\begin{aligned}
&\text{TC}_{t,t+1}^{O} \\
&= \frac{1}{2}\Big\{\Big[\overrightarrow{\text{ND}}_{\text{VRS}}^{B}\left(x_{jt}, y_{jt}, b_{jt}; 0, y_{jt}, 0\right) - \overrightarrow{\text{ND}}_{\text{VRS}}^{t}\left(x_{jt}, y_{jt}, b_{jt}; 0, y_{jt}, 0\right)\Big] \\
&\quad + \Big[\overrightarrow{\text{ND}}_{\text{VRS}}^{t+1}\left(x_{j(t+1)}, y_{j(t+1)}, b_{j(t+1)}; 0, y_{j(t+1)}, 0\right) - \overrightarrow{\text{ND}}_{\text{VRS}}^{B}\left(x_{j(t+1)}, y_{j(t+1)}, b_{j(t+1)}; 0, y_{j(t+1)}, 0\right)\Big]\Big\}
\end{aligned}$$

(7-5)

$$\text{TEC}_{t,t+1}^{O} = \overrightarrow{\text{ND}}_{\text{VRS}}^{t}\left(x_{jt}, y_{jt}, b_{jt}; 0, y_{jt}, 0\right) - \overrightarrow{\text{ND}}_{\text{VRS}}^{t+1}\left(x_{j(t+1)}, y_{j(t+1)}, b_{j(t+1)}; 0, y_{j(t+1)}, 0\right)$$

(7-6)

$$\begin{aligned}
&\text{SCALEEC}^O_{t,t+1}\\
&=\frac{1}{2}\left\{\left[\overrightarrow{\text{ND}}^{t+1}_{\text{VRS}}\left(x_{j(t+1)},y_{j(t+1)},b_{j(t+1)};0,y_{j(t+1)},0\right)-\overrightarrow{\text{ND}}^{B}_{\text{VRS}}\left(x_{jt},y_{j(t+1)},b_{jt};0,y_{j(t+1)},0\right)\right]\right.\\
&\left.+\left[\overrightarrow{\text{ND}}^{B}_{\text{VRS}}\left(x_{j(t+1)},y_{jt},b_{j(t+1)};0,y_{jt},0\right)-\overrightarrow{\text{ND}}^{t}_{\text{VRS}}\left(x_{jt},y_{jt},b_{jt};0,y_{jt},0\right)\right]\right\}\\
&-\frac{1}{2}\left\{\left[\overrightarrow{\text{ND}}^{B}_{\text{VRS}}\left(x_{j(t+1)},y_{jt},b_{j(t+1)};-x_{j(t+1)},0,-b_{j(t+1)}\right)-\overrightarrow{\text{ND}}^{B}_{\text{VRS}}\left(x_{jt},y_{jt},b_{jt};-x_{jt},0,-b_{jt}\right)\right]\right.\\
&\left.+\left[\overrightarrow{\text{ND}}^{B}_{\text{VRS}}\left(x_{j(t+1)},y_{j(t+1)},b_{j(t+1)};-x_{j(t+1)},0,-b_{j(t+1)}\right)-\overrightarrow{\text{ND}}^{B}_{\text{VRS}}\left(x_{t},y_{j(t+1)},b_{jt};-x_{jt},0,-b_{jt}\right)\right]\right\}
\end{aligned}$$

(7-7)

其中，$\text{TC}^O$、$\text{TEC}^O$、$\text{SCALEEC}^O$ 大于（小于、等于）0 分别表示产出导向的技术进步、技术效率、规模效率增长（下降、保持不变），进而促进（阻碍、不影响）城市 GTFP 增长。

2. 要素角度的 BNEGLHM 指标分解

传统 GTFP 分解无法描述各投入、产出要素与 GTFP 增长之间的直接关系，不能解析各个要素对 GTFP 增长的贡献。因此，有必要基于要素角度对 BNEGLHM 指标进行分解，进一步将 TC、TEC 和 SCALEEC 分解为投入、期望产出和非期望产出等因素的 TC、TEC 和 SCALEEC，具体见式(7-8)～式(7-10)：

$$\text{TC}_{t,t+1}=\sum_{n=1}^{N}\left(\text{TC}_{t,t+1}\right)_{x_n}+\sum_{m=1}^{M}\left(\text{TC}_{t,t+1}\right)_{y_m}+\sum_{u=1}^{U}\left(\text{TC}_{t,t+1}\right)_{b_u} \tag{7-8}$$

$$\text{TEC}_{t,t+1}=\sum_{n=1}^{N}\left(\text{TEC}_{t,t+1}\right)_{x_n}+\sum_{m=1}^{M}\left(\text{TEC}_{t,t+1}\right)_{y_m}+\sum_{u=1}^{U}\left(\text{TEC}_{t,t+1}\right)_{b_u} \tag{7-9}$$

$$\text{SCALEEC}_{t,t+1}=\sum_{n=1}^{N}\left(\text{SCALEEC}_{t,t+1}\right)_{x_n}+\sum_{m=1}^{M}\left(\text{SCALEEC}_{t,t+1}\right)_{y_m}+\sum_{u=1}^{U}\left(\text{SCALEEC}_{t,t+1}\right)_{b_u}$$

(7-10)

其中，各个分解子项的含义与 TC、TEC 和 SCALEEC 的总体项类似，通过 TC、TEC 和 SCALEEC 的再分解可进一步考察各投入、产出要素对城市 GTFP 增长的影响机制。此外，结合 TC、TEC 和 SCALEEC 的再分解，城市 GTFP 增长可分解为投入利用效率增长、期望产出效率增长和非期望产出效率增长，见式(7-11)：

$$\text{BNEGLHM}_{t,t+1}=\sum_{n=1}^{N}\left(\text{BNEGLHM}_{t,t+1}\right)_{x_n}+\sum_{m=1}^{M}\left(\text{BNEGLHM}_{t,t+1}\right)_{y_m}+\sum_{u=1}^{U}\left(\text{BNEGLHM}_{t,t+1}\right)_{b_u}$$

(7-11)

各子项分别代表城市 GTFP 增长中相应要素的效率变动,投入要素(期望产出、非期望产出)大于(小于、等于)0 分别表示相应要素效率增长(下降、保持不变),进而促进(阻碍、不影响)城市 GTFP 增长。

## 第三节　指标处理及数据说明

### 一、指标处理

考虑到 2003 年以前地级及以上城市的指标数据缺失较多,特别是西藏自治区和青海省的部分地级市部分年份数据缺失严重,因此将研究时段确定为 2003～2019 年,研究对象为剔除数据缺失较严重城市后的 281 个地级及以上城市。

根据数据可得性和已有研究,投入变量及产出变量的选择和数据来源如下:

1. 资本投入

资本投入以资本存量代表,采用永续盘存法 $K_{j,t}=(1-\delta_{j,t})K_{j,t-1}+I_{j,t}$ 计算,基期资本存量为 $K_0=I_{j,t}/(g_{j,t}+\delta_{j,t})$,其中 $K_{j,t}$ 和 $K_{j,t-1}$ 分别表示第 $j$ 个城市在 $t$ 时期和 $t-1$ 时期的物质资本存量,$I_{j,t}$ 表示第 $j$ 个城市在 $t$ 时期的实际固定资产投资总额,$\delta_{j,t}$ 表示第 $j$ 个城市在 $t$ 时期的资本折旧率,$g_{j,t}$ 表示 5 年投资平均增长率[①]。鉴于数据可得性,地级及以上城市的实际投资额 $I_{j,t}$ 采用各城市全社会固定资产投资额与城市所属省区市的固定资产投资价格指数估算得到,以 2003 年为基期进行可比价格调整。

2. 劳动投入

理论上,劳动投入应综合考虑劳动人数、劳动时间、劳动质量等因素(王恕立和胡宗彪,2012),但我国这方面的详细数据难以获取,故选用各地级及以上城市年末城镇单位从业人员数、城镇私营和个体从业人员数的总和来代表劳动投入指标。

3. 能源投入

借鉴李卫兵和涂蕾(2017)、陈龙等(2016)的方法,采用能源消费总量来表征能源投入,地级及以上城市的能源消费总量根据所在省区市能源消费总量乘以各城市地区生产总值占所在省区市地区生产总值的比重估算得到。

4. 期望产出

选用地级及以上城市的地区生产总值来代表期望产出,各年份数据皆转换为以 2003 年为基期的可比价地区生产总值。

---

① 借鉴单豪杰(2008)做法,假定折旧率为 10.96%,$g_{j,t}$ 为 2003～2008 年可比价固定资产投资额的年均增长率。

### 5. 非期望产出

已有研究对于非期望产出的选择并未形成统一标准,考虑到城市环境污染指标数据的可得性及中国工业化进程中较为突出的城市空气污染和水污染问题,选取地级及以上城市的工业废水排放量、工业二氧化硫排放量和工业烟粉尘排放量[①]作为非期望产出的代理变量,个别年份的缺失数据通过插值法或平滑法加以插补。

## 二、数据说明

上述各投入、产出变量的数据主要来源于历年《中国城市统计年鉴》、《中国统计年鉴》、《中国能源统计年鉴》、各个省区市统计年鉴、相应城市的统计年鉴和环境状况公报。依据上述变量选取和数据处理过程,得到 2003～2019 年 281 个地级及以上城市各投入、产出指标的描述性统计量,见表 7-1。

表 7-1 投入、产出指标的描述性统计量

| 变量 | 单位 | 最大值 | 最小值 | 中值 | 均值 | 标准差 | 变异系数 |
|---|---|---|---|---|---|---|---|
| 资本存量 | 亿元 | 74 125.58 | 43.36 | 2 046.86 | 3 877.48 | 5 539.74 | 1.43 |
| 从业人员数 | 万人 | 1 729.07 | 5.58 | 56.81 | 98.27 | 143.90 | 1.46 |
| 能源消费总量 | 万吨标准煤 | 11 859.00 | 39.44 | 803.22 | 1 299.06 | 1 448.16 | 1.11 |
| 地区生产总值 | 亿元 | 26 595.85 | 31.77 | 706.94 | 1 330.12 | 2 074.88 | 1.56 |
| 工业废水排放量 | 万吨 | 96 501.00 | 8.52 | 4 310.26 | 6 920.59 | 9 190.96 | 1.33 |
| 工业二氧化硫排放量 | 万吨 | 68.32 | 0.00 | 3.52 | 5.11 | 5.63 | 1.10 |
| 工业烟粉尘排放量 | 万吨 | 185.99 | 0.01 | 2.48 | 3.83 | 5.17 | 1.35 |

注:面板数据为包含 281 个截面单元 17 年的序列数据,共 4777 个样本观测点

为考察不同规模城市 GTFP 增长,根据 2014 年印发的《国务院关于调整城市规模划分标准的通知》,以城区常住人口为统计口径,将 281 个地级及以上城市划分为小城市、中等城市、大城市、特大城市与超大城市五个等级,其中考虑到样本数量将特大城市与超大城市合并为特大超大城市组。同时,出于比较分析中表述便利的考虑,文中提及的大型城市指的是大城市及以上城市,中小城市指的是中等城市和小城市。

---

[①]《中国城市统计年鉴》公布了 2011～2019 年各城市的工业烟粉尘排放量,而 2010 年之前仅为工业烟尘排放量,因而 2003～2010 年地级及以上城市的工业烟粉尘排放量由各城市所属省区市历年工业烟粉尘排放量乘以当年各城市工业烟尘排放量占所属省区市工业烟尘排放量比重估算得到。

## 第四节 大型城市 GTFP 增长优势及来源构成

### 一、大型城市 GTFP 增长优势

从 2004~2019 年城市 GTFP 增长来看，小城市、中等城市、大城市、特大超大城市的 GTFP 增速均值分别为 0.0468、0.0771、0.0793、0.1018，可见城市规模与 GTFP 增长率呈正相关关系，即城市规模越大的城市，城市 GTFP 增速越高，体现出较为明显的大型城市 GTFP 增长优势。这一优势表明，城市规模扩大所带来的集聚效应总体上有利于促进城市 GTFP 增长。

由图 7-1 知，小城市、中等城市、大城市和特大超大城市中 GTFP 实现增长的城市数量所占比例分别为 4.68%、7.71%、7.93% 和 10.18%，这一比例与城市规模也呈现出明显的正相关性，规模越大的城市比例越高，这从另一个侧面验证了大型城市具有 GTFP 增长优势。

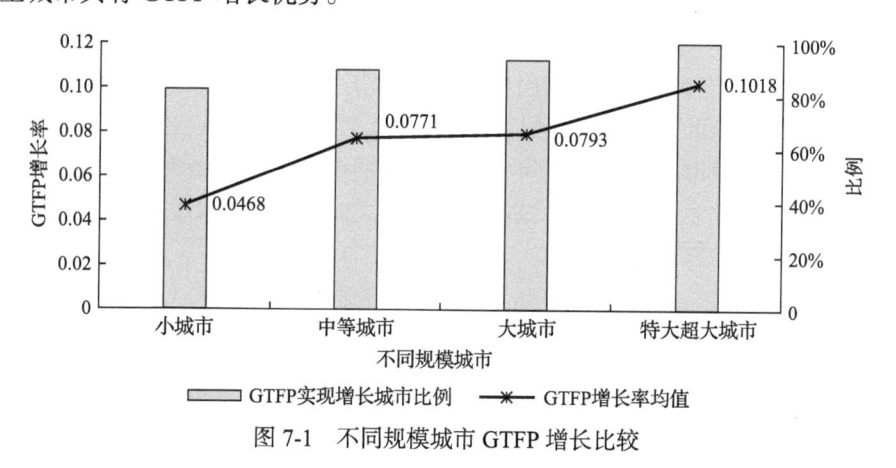

图 7-1  不同规模城市 GTFP 增长比较

中小城市的 GTFP 增长相对较低，大型城市具有较高的 GTFP 增长率，那么不同规模城市 GTFP 增长的差异程度究竟如何呢？大型城市的 GTFP 增长优势随时间变化是否不断增强？接下来运用 Dagum 基尼系数开展特大超大城市与大城市、中等城市、小城市之间 GTFP 增长差异的变动趋势探析，具体结果见表 7-2。

表 7-2  2004~2019 年特大超大城市与其他类型城市的 GTFP 增长差异

| 年份 | 特大超大城市<br>-小城市 | 特大超大城市<br>-中等城市 | 特大超大城市<br>-大城市 |
| --- | --- | --- | --- |
| 2004 | 0.0744 | 0.0612 | 0.0565 |
| 2005 | 0.1166 | 0.1073 | 0.0972 |
| 2006 | 0.0568 | 0.0456 | 0.0383 |

续表

| 年份 | 特大超大城市<br>-小城市 | 特大超大城市<br>-中等城市 | 特大超大城市<br>-大城市 |
|---|---|---|---|
| 2007 | 0.0687 | 0.0589 | 0.0523 |
| 2008 | 0.0616 | 0.0488 | 0.0495 |
| 2009 | 0.0667 | 0.0484 | 0.0443 |
| 2010 | 0.0636 | 0.0496 | 0.0453 |
| 2011 | 0.0652 | 0.0510 | 0.0522 |
| 2012 | 0.0698 | 0.0516 | 0.0511 |
| 2013 | 0.0727 | 0.0584 | 0.0595 |
| 2014 | 0.0623 | 0.0534 | 0.0468 |
| 2015 | 0.0537 | 0.0420 | 0.0367 |
| 2016 | 0.0623 | 0.0523 | 0.0531 |
| 2017 | 0.0673 | 0.0569 | 0.0562 |
| 2018 | 0.0884 | 0.0763 | 0.0778 |
| 2019 | 0.1001 | 0.0929 | 0.0952 |
| 均值 | 0.0719 | 0.0597 | 0.0570 |

从表 7-2 中可发现，样本期内特大超大城市与小城市、中等城市、大城市之间 GTFP 增长差异的 Dagum 系数均值分别为 0.0719、0.0597、0.0570，呈递减趋势，即特大超大城市与小城市之间 GTFP 增长的差异最大，特大超大城市与中等城市之间的差异次之，特大超大城市与大城市之间的差异最小，这一结果再次体现出大型城市的 GTFP 增长优势。

从变动趋势看，特大超大城市与其他三种类型城市之间的 GTFP 增长差异在 2004~2005 年均有所扩大，2005~2015 年则有所缩小，2015~2019 年差异又持续扩大。总体来说，特大超大城市与其他三种类型城市之间的 GTFP 增长差异呈上升趋势，表明样本期内大型城市 GTFP 增长的优势不断增强。

## 二、大型城市 GTFP 增长优势来源：基于技术角度

为进一步明晰大型城市 GTFP 增长优势的内在形成机制，接下来聚焦 GTFP 增长的内部构成，分别从技术角度与要素角度对不同规模城市 GTFP 增长进行分解，解析大型城市 GTFP 增长优势的具体来源。

鉴于 BNEGLHM 指标满足加法完备性，首先从技术角度将不同规模城市的 GTFP 增长分解为技术进步、技术效率增长及规模效率增长三部分，来考察不同规模城市 GTFP 增长差异的来源构成。

表 7-3 与图 7-2 展示了 2004~2019 年四大规模城市的 GTFP 增长及基于技术角度的分解结果。①对于技术进步，可以发现城市规模越大，技术进步水平越高，即技术进步与城市规模正相关；技术进步对 GTFP 增长的贡献率呈现递增趋势，

从小城市的-15.81%上升到特大超大城市的 25.34%，说明大型城市具有技术进步优势。从变动趋势来看，除大城市外，样本期内其他规模城市的技术进步均有不同程度的提升。②对于技术效率增长，从均值来看样本期内不同规模城市的技术效率均有所下降，即技术效率对城市 GTFP 增长产生抑制作用，说明不同规模城市通过提升资源管理水平及创新管理模式带动技术效率增长的能力还有待加强。从变动趋势看，四大规模城市的技术效率增长未呈现明显的变动趋势。③对于规模效率增长，不同规模城市的规模效率均实现增长，且解释了大部分的 GTFP 增长。从变动趋势看，不同规模城市的规模效率增长在样本期内均呈"M"形变动趋势，特大超大城市的规模效率增长随时间有所提高，说明特大超大城市规模效率增长对 GTFP 增长的贡献不断增强，而其他规模城市的规模效率增长对 GTFP 增长的贡献有所减弱，这也在一定程度上体现出大型城市的规模效率增长优势。

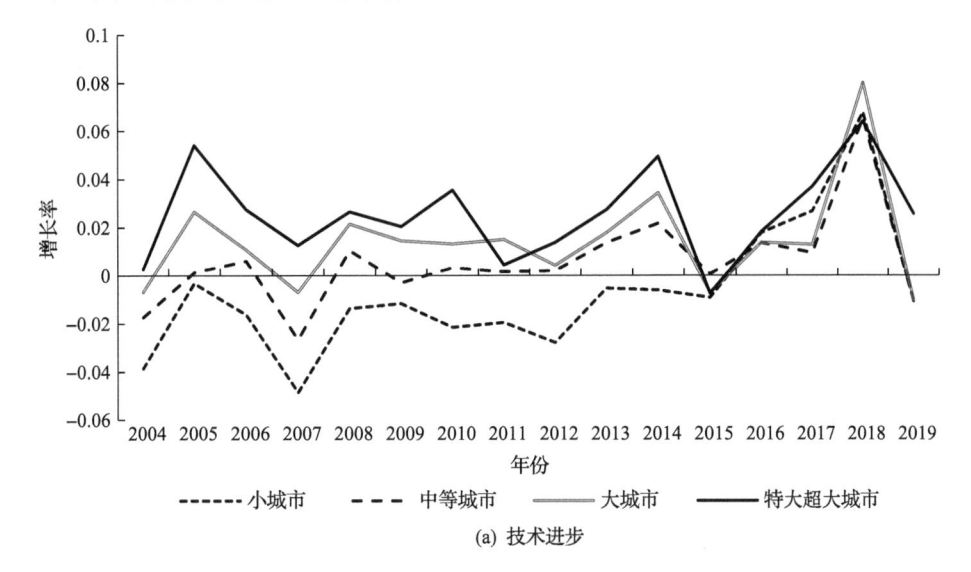

表 7-3 基于技术角度的城市 GTFP 增长分解结果

| 城市规模 | GTFP 增长 | 技术进步 平均值 | 技术进步 贡献率 | 技术效率增长 平均值 | 技术效率增长 贡献率 | 规模效率增长 平均值 | 规模效率增长 贡献率 |
|---|---|---|---|---|---|---|---|
| 小城市 | 0.0468 | −0.0074 | −15.81% | −0.0019 | −4.06% | 0.0561 | 119.87% |
| 中等城市 | 0.0771 | 0.0058 | 7.52% | −0.0054 | −7.00% | 0.0768 | 90.61% |
| 大城市 | 0.0793 | 0.0147 | 18.54% | −0.0068 | −8.58% | 0.0715 | 90.16% |
| 特大超大城市 | 0.1018 | 0.0258 | 25.34% | −0.0069 | −6.78% | 0.0829 | 81.43% |

注：表中总项数据由分项数据原始数据计算得出

(a) 技术进步

(b) 技术效率增长

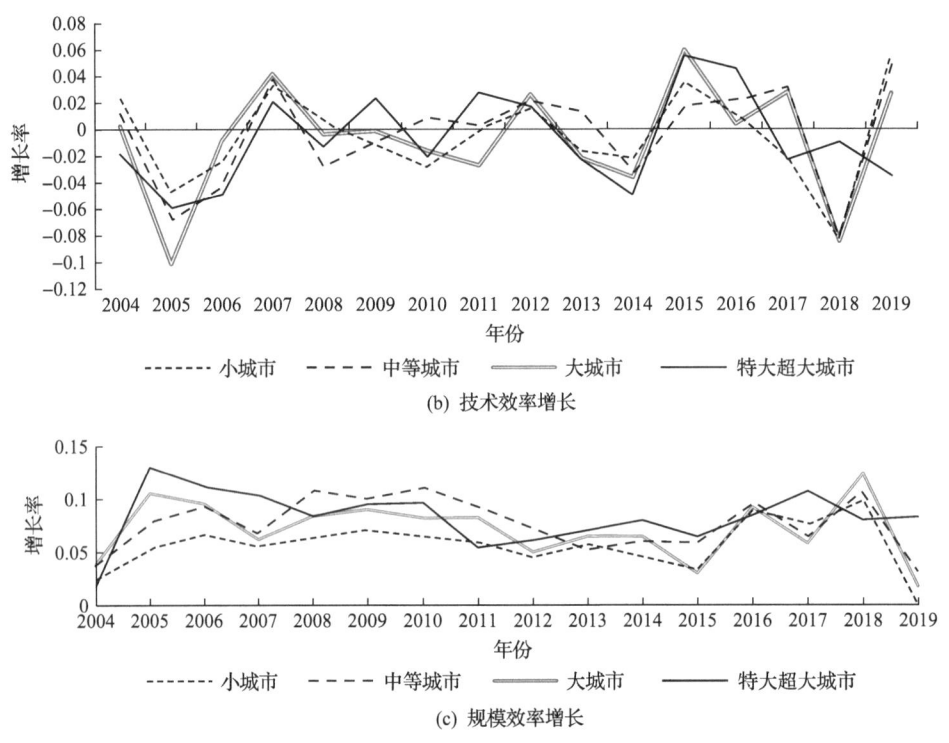

(c) 规模效率增长

图 7-2 基于技术角度的不同规模城市 GTFP 增长来源变动趋势

综上，大型城市在技术进步和规模效率增长方面都体现出明显的优势。对于不同规模城市而言，规模效率增长虽然解释了大部分的 GTFP 增长，各城市规模的贡献率都在 80%以上；尽管技术进步对城市 GTFP 增长的贡献率较低，但随城市规模增大，贡献率呈明显的递增趋势，使得大型城市的 GTFP 增长优势主要源于大型城市的技术进步优势。

### 三、大型城市 GTFP 增长优势来源：基于要素角度

基于技术角度的分解在一定程度上揭示了大型城市 GTFP 增长优势的来源，但并未回答这样的问题：在投入和产出诸要素中，究竟是哪些要素促使大型城市 GTFP 增长优势得以形成？为了回答这一问题，还需从要素角度开展不同规模城市 GTFP 增长的子项分解。

依据 2004~2019 年基于要素角度对不同规模城市 GTFP 增长的分解结果（表 7-4）可得出以下结论。

表 7-4 基于要素角度的城市 GTFP 增长分解结果

| 城市规模 | GTFP 增长 | 投入利用效率增长 平均值 | 投入利用效率增长 贡献率 | 期望产出效率增长 平均值 | 期望产出效率增长 贡献率 | 非期望产出治理效率增长 平均值 | 非期望产出治理效率增长 贡献率 |
|---|---|---|---|---|---|---|---|
| 小城市 | 0.0468 | −0.0253 | −54.06% | 0.0982 | 209.83% | −0.0261 | −55.77% |
| 中等城市 | 0.0771 | −0.0236 | −30.61% | 0.1129 | 146.43% | −0.0122 | −15.82% |
| 大城市 | 0.0793 | −0.0221 | −27.87% | 0.1093 | 137.83% | −0.0079 | −9.96% |
| 特大超大城市 | 0.1018 | −0.0205 | −20.14% | 0.0971 | 95.38% | 0.0251 | 24.66% |

(1)从城市 GTFP 增长的驱动力来看,不同规模城市的期望产出效率均实现增长,且解释了大部分的 GTFP 增长,但贡献率随着城市规模的扩大呈现递减趋势,从小城市的 209.83%下降为特大超大城市的 95.38%,可见大型城市的期望产出效率增长未显现出明显优势。与此不同的是,城市非期望产出治理效率增长对 GTFP 增长的贡献率随城市规模扩大呈现递增趋势,从小城市的−55.77%上升为特大超大城市的 24.66%;从平均值来看,仅有特大超大城市非期望产出治理效率实现增长,其他规模城市均有所下降,但大城市的下降速度低于中等城市和小城市。此外,随着城市规模的扩大,城市投入利用效率下降速度也有所降低,对 GTFP 增长的贡献率也由小城市的−54.06%递增至特大超大城市的−20.14%。可见,大型城市的 GTFP 增长优势主要源于较高水平的非期望产出治理效率增长与较低水平的投入利用效率下降速度。

(2)从时间趋势来看,样本期内不同规模城市投入利用效率增速均呈现显著上升态势,说明无论是大型城市还是中小城市,其 GTFP 增长对投入利用效率增长的依赖性不断增强;样本期内不同规模城市期望产出效率增长均随时间的增加下降,对中国城市 GTFP 增长的贡献有所减弱;不同规模城市非期望产出治理效率增长速度随时间的增加均有所提高,其中特大超大城市增速提高最为显著,一定程度上体现出大型城市的优势(图 7-3)。

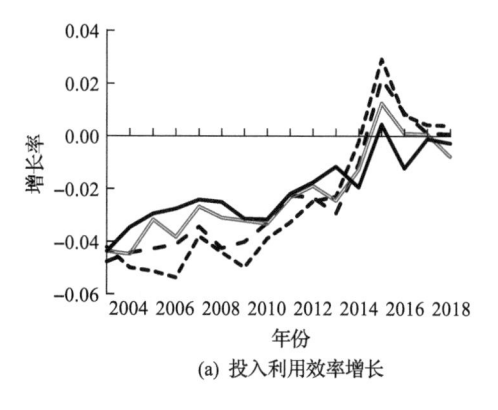

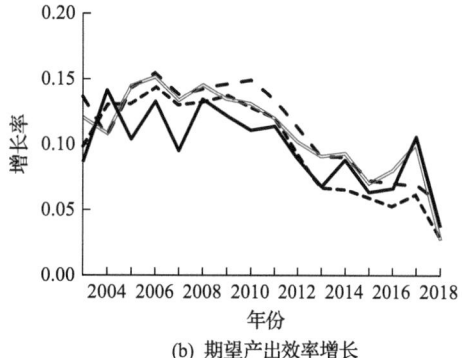

(a) 投入利用效率增长

(b) 期望产出效率增长

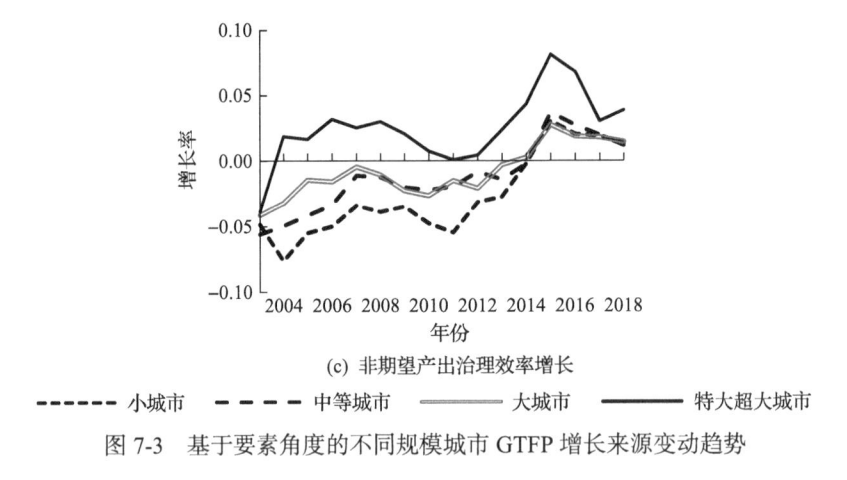

(c) 非期望产出治理效率增长

------ 小城市　---- 中等城市　—— 大城市　—— 特大超大城市

图 7-3　基于要素角度的不同规模城市 GTFP 增长来源变动趋势

从要素角度的分解来看，随着城市规模的扩大，非期望产出治理效率增长与投入利用效率增长对城市 GTFP 增长的贡献率总体呈递增趋势，可见大型城市 GTFP 增长优势主要源于非期望产出治理效率增长优势，其次是投入利用效率增长方面的优势。

## 第五节　大型城市生产率优势的计量模型检验

从分规模类型的城市 GTFP 增长测算与分解结果的比较分析可知，大型城市具有 GTFP 增长优势且优势不断增强，这种优势主要源于技术角度的技术进步和要素角度的非期望产出治理效率增长及投入利用效率增长。但得到这一结论的过程中并没有排除其他因素对城市 GTFP 增长可能产生的影响，那么控制一些外部影响因素后，这种大型城市优势是否会发生改变呢？

接下来进一步利用计量模型开展实证检验，将 GTFP 增长、技术进步、技术效率增长、规模效率增长、投入利用效率增长、期望产出效率增长及非期望产出治理效率增长分别作为被解释变量，纳入其他可能影响这些被解释变量的因素作为控制变量，分两种情况考察城市规模的影响效应。一是引入城市规模类型的虚拟变量（$SIZE_Z$、$SIZE_D$、$SIZE_T$）作为主要解释变量；二是直接以反映城市规模的城区常住人口数（万人，SIZE）作为主要解释变量。控制变量具体包括城市人均地区生产总值（万元/人）、城市劳均能源消耗（吨/人）、城市劳均资本投入表示的禀赋结构（元/人）、城市第三产业增加值与第二产业增加值之比（%）、城市政府财政支出占地区生产总值比重（%）、城市实际利用外资占地区生产总值比重（%）。同样利用 2003～2019 年 281 个地级及以上城市的面板数据构建面板计量模型，开展实证检验。

## 一、构造城市规模类型的虚拟变量

将反映城市规模类型的虚拟变量($SIZE_Z$、$SIZE_D$、$SIZE_T$)作为主要解释变量,构建面板计量模型为

$$Y_{jt} = \alpha + \beta_1 SIZE_Z + \beta_2 SIZE_D + \beta_1 SIZE_T + \gamma X_{jt} + u_j + \lambda_t + \varepsilon_{jt} \quad (7-12)$$

其中,下标 $j$ 表示城市,$t$ 表示年份;$Y_{jt}$ 表示 GTFP 增长及其分解子项;$SIZE_Z=0$、$SIZE_D=0$、$SIZE_T=0$ 表示小城市;$SIZE_Z=1$、$SIZE_D=0$、$SIZE_T=0$ 表示中等城市;$SIZE_Z=0$、$SIZE_D=1$、$SIZE_T=0$ 表示大城市;$SIZE_Z=0$、$SIZE_D=0$、$SIZE_T=1$ 表示特大超大城市;$X_{jt}$ 表示控制变量;$u_j$、$\lambda_t$ 和 $\varepsilon_{jt}$ 分别表示个体效应、时间效应和随机扰动项。

由于主要解释变量采用反映城市规模类型的虚拟变量来表示,而虚拟变量在样本期内不随时间变化,故回归模型中无法控制固定效应,采用随机效应模型进行估计,估计结果见表 7-5 中的模型(1)~模型(7)。

表 7-5 城市规模为虚拟变量的模型估计结果

| 解释变量 | GTFP 增长<br>-模型(1) | 技术进步<br>-模型(2) | 技术<br>效率增长<br>-模型(3) | 规模<br>效率增长<br>-模型(4) | 投入利用<br>效率增长<br>-模型(5) | 期望产出<br>效率增长<br>-模型(6) | 非期望产出治理<br>效率增长<br>-模型(7) |
|---|---|---|---|---|---|---|---|
| $SIZE_Z$ | 0.0310***<br>(0.0080) | 0.0146***<br>(0.0038) | −0.0012<br>(0.0026) | 0.0188**<br>(0.0075) | 0.0055***<br>(0.0021) | 0.0060<br>(0.0057) | 0.0191***<br>(0.0050) |
| $SIZE_D$ | 0.0352***<br>(0.0081) | 0.0218***<br>(0.0037) | −0.0013<br>(0.0029) | 0.0144*<br>(0.0077) | 0.0057***<br>(0.0022) | 0.0082<br>(0.0062) | 0.0209***<br>(0.0049) |
| $SIZE_T$ | 0.0738***<br>(0.0209) | 0.0327***<br>(0.0054) | 0.0078<br>(0.0057) | 0.0266*<br>(0.0151) | 0.0099***<br>(0.0038) | 0.0067<br>(0.0112) | 0.0565***<br>(0.0171) |
| 控制变量 | 控制 | 控制 | 控制 | 控制 | 控制 | 控制 | 控制 |
| 常数项 | 0.0106<br>(0.0248) | −0.0186**<br>(0.0087) | −0.0399**<br>(0.0165) | 0.0537***<br>(0.0195) | −0.0255***<br>(0.0013) | 0.1601***<br>(0.0171) | −0.0847***<br>(0.0139) |
| $N$ | 4496 | 4496 | 4496 | 4496 | 4496 | 4496 | 4496 |

注:括号中为标准误;与主要解释变量相比,控制变量实质性意义不强,为了节省篇幅,表格中予以省略,后面研究内容处理方法同此处一致

***、**、*分别表示在 1%、5%、10%水平下显著

从模型(1)可知,代表中等城市、大城市与特大超大城市的三个虚拟变量系数均显著为正,且系数值逐渐变大,说明中等城市、大城市及特大超大城市的 GTFP 增长均显著大于小城市,且城市规模越大,城市 GTFP 增长率越高,大型城市的 GTFP 增长优势明显。

以基于技术角度的三个分解子项为被解释变量分别得到模型(2)~模型(4),当被解释变量为技术进步时,城市规模类型虚拟变量在 1%水平下通过显著性检

验，且系数随城市规模类型变大而逐渐递增，表明大型城市的技术进步优势明显；当被解释变量为技术效率增长、规模效率增长时，虚拟变量系数的符号及显著差异较大，但虚拟变量 $SIZE_T$ 的系数均为正，这在一定程度上反映出特大超大城市在这两方面的优势。

以要素角度的分解子项为被解释变量的模型分别为模型(5)～模型(7)，城市规模类型虚拟变量系数均为正，当被解释变量为投入利用效率增长和非期望产出治理效率增长时，虚拟变量系数均通过1%水平下的显著性检验，且系数值随城市规模类型扩大而逐渐递增，这表明大型城市在投入利用效率增长与非期望产出治理效率增长方面具有明显优势。

## 二、直接以城市规模作为主解释变量

以反映城市规模的城区常住人口数(SIZE)作为主要解释变量，构建面板计量模型，有

$$Y_{jt} = \alpha + \beta \cdot \ln SIZE_{jt} + \gamma X_{jt} + u_j + \lambda_t + \varepsilon_{jt} \qquad (7\text{-}13)$$

其中，符号含义同式(7-12)一致，SIZE 取对数处理。豪斯曼(Hausman)检验在1%的显著性水平下均拒绝原假设，因此采用双向固定效应进行模型估计，估计结果见表7-6 中的模型(8)～模型(14)。

**表7-6 将城市规模直接作为解释变量的模型估计结果**

| 解释变量 | GTFP增长<br>-模型(8) | 技术进步<br>-模型(9) | 技术<br>效率增长<br>-模型(10) | 规模<br>效率增长<br>-模型(11) | 投入利用<br>效率增长<br>-模型(12) | 期望产出<br>效率增长<br>-模型(13) | 非期望产出治<br>理效率增长<br>-模型(14) |
|---|---|---|---|---|---|---|---|
| lnSIZE | 0.0172***<br>(0.0048) | 0.0109***<br>(0.0017) | 0.0006<br>(0.0016) | 0.0047<br>(0.0037) | 0.0026**<br>(0.0010) | 0.0032<br>(0.0026) | 0.0112***<br>(0.0036) |
| 控制变量 | 控制 | 控制 | 控制 | 控制 | 控制 | 控制 | 控制 |
| 个体固定效应 | 控制 | 控制 | 控制 | 控制 | 控制 | 控制 | 控制 |
| 年份固定效应 | 控制 | 控制 | 控制 | 控制 | 控制 | 控制 | 控制 |
| 常数项 | −0.0680**<br>(0.0312) | −0.0598***<br>(0.0103) | −0.0256<br>(0.0177) | 0.0101<br>(0.0246) | −0.0642***<br>(0.0070) | 0.1178<br>(0.0195) | −0.1198***<br>(0.0212) |
| N | 4496 | 4496 | 4496 | 4496 | 4496 | 4496 | 4496 |

***、**分别表示在1%、5%水平下显著

模型(8)的估计结果显示，城市规模影响 GTFP 增长的系数显著为正，表明城市规模越大，GTFP 增长率越高；城市规模每扩大百分之一，城市 GTFP 增速提高1.72个百分点，显然规模越大的城市，GTFP 增长优势越明显。从模型(9)到模型(14)中，城市规模的系数均为正，其中模型(9)和模型(14)的系数通过1%水平

的显著性检验,模型(12)通过5%水平的显著性检验,这说明大型城市在分解子项上也体现出一定的优势,在技术进步、投入利用效率增长和非期望产出治理效率增长方面表现尤其突出。

为进一步识别城市规模对城市 GTFP 增长是否具有非线性影响,在方程(7-13)中加入城市规模的二次项$\left(\ln \text{SIZE}_{jt}\right)^2$构建面板计量模型如式(7-14)所示,开展实证检验。

$$Y_{jt} = \alpha + \beta_1 \cdot \ln \text{SIZE}_{jt} + \beta_2 \cdot \left(\ln \text{SIZE}_{jt}\right)^2 + \gamma X_{jt} + u_j + \lambda_t + \varepsilon_{jt} \qquad (7-14)$$

其中,各变量含义同模型(7-12)一致。Hausman 检验在1%的显著性水平下均拒绝原假设,因此采用双向固定效应模型进行估计,估计结果见表7-7中的模型(15)～模型(21)。

表7-7 非线性计量分析模型估计结果

| 解释变量 | GTFP 增长<br>-模型(15) | 技术进步<br>-模型(16) | 技术<br>效率增长<br>-模型(17) | 规模<br>效率增长<br>-模型(18) | 投入利用<br>效率增长<br>-模型(19) | 期望产出<br>效率增长<br>-模型(20) | 非期望产出治理效率增长<br>-模型(21) |
|---|---|---|---|---|---|---|---|
| lnSIZE | 0.0143<br>(0.0343) | 0.0460***<br>(0.0139) | −0.0241***<br>(0.0093) | 0.0065<br>(0.0067) | 0.0108**<br>(0.0040) | 0.0172<br>(0.0160) | 0.0262**<br>(0.0088) |
| (lnSIZE)² | −0.0003<br>(0.0037) | −0.0038***<br>(0.0014) | 0.0027***<br>(0.0010) | −0.0008<br>(0.0007) | −0.0009<br>(0.0015) | −0.0015<br>(0.0168) | −0.0013<br>(0.0032) |
| 控制变量 | 控制 | 控制 | 控制 | 控制 | 控制 | 控制 | 控制 |
| 省份固定<br>效应 | 控制 | 控制 | 控制 | 控制 | 控制 | 控制 | 控制 |
| 年份固定<br>效应 | 控制 | 控制 | 控制 | 控制 | 控制 | 控制 | 控制 |
| 常数项 | −0.0614<br>(0.0842) | −0.1399***<br>(0.0330) | 0.00324<br>(0.0292) | 0.0060<br>(0.0633) | −0.0777***<br>(0.0115) | 0.0859**<br>(0.0428) | −0.1118*<br>(0.0664) |
| N | 4496 | 4496 | 4496 | 4496 | 4496 | 4496 | 4496 |

***、**、*分别表示在1%、5%、10%水平下显著

以 GTFP 增长为被解释变量的模型(15)的估计结果显示,城市规模的一次项系数为正,而二次项系数为负,但未通过显著性检验,表明城市规模对 GTFP 增长作用并未呈现出显著的"U"形或倒"U"形特征,更偏向单调正向影响。

观察以 GTFP 增长的分解子项为被解释变量的模型(16)到模型(21)的结果,除模型(17)外,其他模型中城市规模的一次项系数均为正。具体来看:模型(16)中,城市规模的一次项系数显著为正,二次项系数显著为负,即说明城市规模与技术进步之间呈倒"U"形的非线性关系,同时也说明会存在一个最优城市规模(通

过计算最优城市规模分别为 484.4 万人),在最优城市规模的左侧,城市规模扩张对城市技术进步提升具有明显的正向作用;而在最优城市规模的右侧,城市规模扩张会抑制技术进步。模型(19)和模型(21)中,城市规模的一次项系数均显著为正,而二次项系数均为负但未通过显著性检验,表明城市规模对投入利用效率增长和非期望产出治理效率增长作用更偏向于单调正向影响。

综上,线性与非线性计量模型的估计结果验证了前文的结论,即大型城市具有明显的 GTFP 增长优势,这种优势主要源于技术进步、投入利用效率增长和非期望产出治理效率增长,但其中技术进步存在一个最优规模,超过该最优规模后,城市规模将会抑制技术进步的提升,进而抑制 GTFP 增速的提升。

## 第六节 本章小结

依据 2003~2019 年中国 281 个地级及以上城市的投入、产出指标数据,采用 NDDF 构造两期环境广义 LHM 指标测算不同规模城市的 GTFP 增长,采用 Dagum 基尼系数揭示不同规模城市的 GTFP 增长差异,考察大型城市的 GTFP 增长优势;同时基于技术和要素角度开展城市 GTFP 增长分解,从各个分解子项分别解释大型城市优势,并利用面板计量模型进行实证检验。

本章得到以下主要结论:①大型城市存在明显的 GTFP 增长优势。大型城市的生产率优势已得到相关文献的经验证实,但多数文献并没有考虑资源环境因素的影响,将资源环境约束纳入生产率测度框架,无论是从测算结果看,还是从计量模型检验结果看,大型城市的 GTFP 增速均快于中小城市,存在明显的 GTFP 增长优势。②大型城市 GTFP 增长优势主要源于技术进步、投入利用效率增长与非期望产出治理效率增长。技术角度的分解显示,中国城市 GTFP 增长主要源于规模效率增长,但区分城市规模类型后,不同规模城市的 GTFP 增长差异则主要源于技术进步的差异;要素角度的分解表明,中国城市 GTFP 增长主要源于期望产出效率增长,但造成不同规模城市 GTFP 增长差异的主要因素在于城市投入利用效率增长差异和非期望产出治理效率增长差异。

上述结论对于进一步发挥大型城市的优势和促进大中小城市协调发展具有启示意义。改革开放以来中国很长一段时期都实行"控制大城市规模,合理发展中等城市,大力发展小城镇"的城镇化政策,但快速城镇化进程中大型城市的大量人口流入从未停止,而且明显多于中小城市,体现出一定的大型城市优先增长现象,因为大型城市具有生产率优势。国内对优先发展大型城市还是优先发展中小城市的讨论并未达成一致结论,支持大型城市优先的学者认为只有大型城市才能带来人口集聚效应从而产生明显的规模效应、强大的技术进步和突出的外部效应;而倡导中小城市和小城镇优先发展的学者则认为中小城市和小城镇可以通过就地城镇化有效解决中国农村人口众多、消费不足等问题，同时避免大型城市过度扩张带来的城市病问题。

本章结论表明大型城市具有 GTFP 增长优势，大型城市构成中国经济高质量发展的主要载体，因此在快速城镇化阶段应支持大型城市的快速发展，充分发挥大型城市的优势及带动效应，而不能人为限制大型城市规模。当然，中小城市和小城镇在吸纳劳动力就地转移、推动城乡一体化等方面也具有一定优势，一些小城市的 GTFP 增长不低于甚至高于大型城市的 GTFP 增长。故而，促进大中小城市和小城镇协调发展，既要大力培育城市群和都市圈，充分发挥大型城市的带头作用，同时也要注重县域城镇化，大力促进中小城市和小城镇发展。

# 第八章　城市聚合视角的八大经济区 GTFP 增长测算与分解

## 第一节　问　题　提　出

党的十九大报告指出，我国经济已由高速增长阶段转向高质量发展阶段，以供给侧结构性改革为主线，推动经济发展质量变革、效率变革、动力变革，提高全要素生产率[①]。面对过去高投入、高消耗和高排放所引致的环境污染问题，需积极推进绿色发展，建设美丽中国。那么，纳入环境污染因素的中国全要素生产率增长态势究竟如何？为了清晰地回答这一问题，需要科学开展 GTFP 增长的测算与解析，探究 GTFP 增长的主要动力来源，以贯彻落实绿色发展理念，推动经济高质量发展。

中国是一个发展中大国，区域经济发展在不同层级上既呈现出差异特征，又具有类聚特征(李金铠等，2020)。随着经济空间格局的发展变化，我国传统三大经济带、四大板块等划分标准已不能准确呈现人口发展和城镇分布的基本态势，难以反映区域经济空间格局变动(汤学兵和陈秀山，2007)，在此背景下采用八大经济区[②]的划分标准来开展分析可能更为恰当。由于八大经济区在地域优势、资源禀赋、经济基础、人口规模及生态环境等方面存在较大差异(邓宗兵等，2020)，导致各个经济区的 GTFP 增长也存在明显差异，在一定程度上影响到区域协调发展。因此，根据国务院发展研究中心的标准，将中国划分为八大经济区，全面揭示八大经济区 GTFP 增长差异及动力来源，对于推动区域经济协调发展具有突出的现实意义。

对于区域 GTFP 增长的测算与分解，学者开展了大量有价值的研究，结合本章的研究内容，现主要从个体 GTFP 增长测度和聚合 GTFP 增长测度两方面梳理各类 GTFP 指数(指标)。

---

① 《习近平：决胜全面建成小康社会 夺取新时代中国特色社会主义伟大胜利——在中国共产党第十九次全国代表大会上的报告》，https://www.gov.cn/zhuanti/2017-10/27/content_5234876.htm，2017 年 10 月 27 日。

② 国务院发展研究中心于 2005 年 6 月发布《区域协调发展的战略与政策》报告，提出八大经济区划分标准，分别为东北地区(辽宁、吉林、黑龙江)、北部沿海地区(北京、天津、河北、山东)、东部沿海地区(上海、江苏、浙江)、南部沿海地区(福建、广东、海南)、黄河中游地区(陕西、山西、河南、内蒙古)、长江中游地区(湖北、湖南、江西、安徽)、西南地区(云南、贵州、四川、重庆、广西)、西北地区(甘肃、青海、宁夏、西藏、新疆)。

GTFP 增长测算方法主要包括 SFA 和 DEA 两大类，其中基于 DEA 的系列指数避开设定生产函数具体形式和选择随机变量分布假设，且不存在价格体系不合理问题，可同时处理多投入多产出情形，在 GTFP 增长测算领域得到广泛应用。早期文献基于 M 指数的理论基础，尝试在生产率测算中纳入非期望产出（Pittman，1983），并将 DDF 引入生产率测算框架，构建 ML 指数，以适应包含非期望产出的生产率测算（Chung et al.，1997）。然而，ML 指数基于比率形式来开展测算，难以反映"差值"变量，且当变量等于或接近零时，基于比率的生产率指数变得不稳定，因此有学者进一步引入基于差值形式的 L 指标来衡量 GTFP 变动。鉴于 DDF 存在径向和角度选择问题，部分学者提出 NDDF，以避免 DDF 的径向与角度问题，该方法显示出较好效果（汪克亮等，2018）。

M 指数、ML 指数及 L 指标在 VRS 下能够衡量局部技术变化，但不能完整测度 GTFP 变化；在 CRS 情况下，M 指数的测算与分解虽较为合适但存在子项遗漏而分解不完整的问题（Grifell-Tatjé and Lovell，1995）。基于此，Bjurek（1996）在 Hicks（1961）和 Moorsteen（1961）的基础上，提出以产出导向 M 指数和投入导向 M 指数的比率表示的 HMB 指数。针对 L 指标的类似缺陷，Briec 和 Kerstens（2004）在 HMB 指数基础上引入 LHM 指标，即 L 产出指标与 L 投入指标的差值，LHM 指标满足加法完备性原则。为利用 LHM 指标测算纳入环境污染的生产率变化，Abad（2015）在 LHM 指标与环境 L 指标的基础上进一步引入 EGLHM 指标，但未给出相应的分解方法。

现有文献多注重测算各个省区市或城市（个体）层面的 GTFP 增长及分解子项，对于区域（群组）层面的 GTFP 增长则由区域内各省区市或城市 GTFP 增长的均值来表征，而不是直接评估区域（群组）层面的 GTFP 增长。为了既能够直接测算区域（群组）层面的 GTFP 增长，又可以反映群组内个体资源分配结构差异而引起的生产率变动，有必要构造基于群组层面的聚合指标来开展分析。Farrell（1957）提出通过"行业内企业（个体层面）的绩效"来衡量"一个行业（群组层面）的生产效率"，该方法得到的行业（群组层面）技术效率被称为结构效率。将结构效率理念与 M 指数相结合则能够构造出聚合 M 指数（Zelenyuk，2006），Färe 和 Primont（2003）进一步提出聚合 L 指标。为利用 HMB 指数的优势，Mayer 和 Zelenyuk（2014）依据同样的思想构造了聚合 HMB 指数。然而，实际应用中要素价格信息尤其是非期望产出的价格信息往往难以获取，因此 Ferrier 等（2010）基于给定向量的 DDF 来测度效率，并将效率分解为技术效率和结构效率。Boussemart 等（2015）和 Boussemart 等（2020）则以给定向量的 DDF 构造了 AL 指标，开展生产率变动的实际测算，并分解出因投入或产出再分配而导致的结构效率变动部分。

纵观现有文献，侧重于 GTFP 增长区域比较的实证分析通常存在以下问题：一是采用区域内各个省份或城市 GTFP 增长的均值来表征区域 GTFP 增长，这种用个体层次的资料来解释宏观层次的现象特征容易出现"简化论"和"过度概括"的谬误；而且区域内各个城市使用的投入比例可能并不一致，所以区域 GTFP 增长不一定是区域内所有城市 GTFP 增长的简单或加权平均（Boussemart et al.，2020）。二是多数实证分析仅关注个体层面的技术进步与技术效率增长对区域 GTFP 增长的贡献，较少关注区域内城市间投入或产出重新分配的结构效应，从而忽略了投入产出组合变化对 GTFP 增长的贡献。三是常用的 M 指数、ML 指数和 L 指标都没有同时考虑投入与产出变化，偏离全要素生产率的本质内涵（Shen et al.，2019）。所以，Kerstens 等（2018）、Sala-Garrido 等（2018）均使用 EGLHM 指标及 L 指标进行测算，发现 EGLHM 指标的测算结果大于 L 指标。Shen 等（2019）也指出，EGLHM 指标测算全要素生产率变动原则上没有偏差，测算结果优于其他指标。

针对现有指数（指标）存在的问题，本章参照第四章第四节从区域（群组）层面构造的一种聚合 GTFP 指标——聚合环境广义 LHM 指标（AEGLHM 指标），并基于技术角度和要素角度开展分解，以有效测算我国八大经济区的 GTFP 增长，探究区域 GTFP 增长的来源构成，全面揭示中国八大经济区 GTFP 的增长及动力来源。

## 第二节　测度方法与指标说明

### 一、聚合环境广义 LHM 指标

囿于传统的 L 指标不能同时考虑投入变化与产出变化以完整测度 GTFP 增长，Abad（2015）采用 DDF[①]构建了 EGLHM 指标，定义为环境 L 产出量指标与环境 L 投入量指标的差值，同时考虑了投入与产出变化，符合全要素生产率最初定义。考虑到 DDF 存在径向问题，在此选择采用 NDDF 构建 EGLHM 指标。

EGLHM 指标及其分解仅适用于测算城市（个体）层面的 GTFP 变化及潜在来源，并不能直接衡量一个区域（群组）的 GTFP 变化及区域（群组）内城市（个体）间投入或产出再分配引起的结构效率变化。因此，为了既能直接反映区域的 GTFP 变化，又能体现城市间的投入或产出组合变化的贡献，在 EGLHM 的基础上进一步构造聚合环境广义 LHM 指标，并开展更全面分解，具体计算公式见第四章第四节。

首先，构造聚合（群组）技术。聚合技术继承了个体技术的特性，形式上聚合技术可定义为个体技术的总和。为确保 AEGLHM 指标及其所有分解项可以同单位度量的，采用 NDDF 时所有时间段内所有城市须采用一个共同的方向，以利

---

[①] 合理设定 DDF 是创建绿色生产率评价模型的重要基础，DDF 是测度观察到的生产计划到生产前沿之间的距离，可称为无效率程度。

用 NDDF 的可加性,形成聚合层面的测度。在此选择 $t$ 时期(2003 年)全国整体的总投入产出值构造聚合方向向量,进一步构造聚合 NDDF。

其次,定义 VRS 技术下[①]聚合环境广义 LHM 指标(AEGLHM 指标)为

$$\begin{aligned}\text{AEGLHM}_{t,t+1}^{I,O}=\frac{1}{2}\Big\{&\left[\overrightarrow{\text{ND}}_{\text{VRS}}^{t}(X_t,Y_t,B_t;0,Y_{1t},0)-\overrightarrow{\text{ND}}_{\text{VRS}}^{t}(X_t,Y_{t+1},B_t;0,Y_{1(t+1)},0)\right]\\ &-\left[\overrightarrow{\text{ND}}_{\text{VRS}}^{t}(X_{t+1},Y_t,B_{t+1};-X_{1(t+1)},0,-B_{1(t+1)})-\overrightarrow{\text{ND}}_{\text{VRS}}^{t}(X_t,Y_t,B_t;-X_{1t},0,-B_{1t})\right]\\ &+\left[\overrightarrow{\text{ND}}_{\text{VRS}}^{t+1}(X_{t+1},Y_t,B_{t+1};0,Y_{1t},0)-\overrightarrow{\text{ND}}_{\text{VRS}}^{t+1}(X_{t+1},Y_{t+1},B_{t+1};0,Y_{1(t+1)},0)\right]\\ &-\left[\overrightarrow{\text{ND}}_{\text{VRS}}^{t+1}(X_{t+1},Y_{t+1},B_{t+1};-X_{1(t+1)},0,-B_{1(t+1)})-\overrightarrow{\text{ND}}_{\text{VRS}}^{t+1}(X_t,Y_{t+1},B_t;-X_{1t},0,-B_{1t})\right]\Big\}\end{aligned}$$

(8-1)

## 二、聚合环境广义 LHM 指标的双重分解

(一)基于技术角度的 AEGLHM 指标分解

EGLHM 指标的分解仅使用城市(个体)NDDF,而 AEGLHM 指标的分解既可使用区域(群组)NDDF,也可采用城市(个体)NDDF。将总体无效率指标(OIE)定义为一个区域内所有城市的总投入产出向量上评估的 NDDF,用以衡量区域无效率,允许城市之间重新分配投入和产出。此外,区域的技术无效率指标(TIE)可看作该区域内各城市的技术无效率(NDDF)之和,总体无效率不仅包括技术无效率还包含结构无效率(SIE)。

因此,AEGLHM 指标可分解为技术进步(TC)、效率变化(EC)和规模效率变化(SCALEEC),其中效率变化(EC)代表整个区域层面的总体效率变化,不仅包含区域内城市技术效率变化(TEC)的总和,还包括考虑区域内各城市之间潜在的产出和投入组合变化而引起的结构效率变化(SEC)。最终,AEGLHM 指标可分别基于产出导向和投入导向分解为四个部分,分解框架见式(8-2),基于产出导向的分解子项表达式具体见第四章第四节。

$$\text{AEGLHM}_{t,t+1}=\text{TC}_{t,t+1}+\text{EC}_{t,t+1}+\text{SCALEEC}_{t,t+1}=\text{TC}_{t,t+1}+\text{TEC}_{t,t+1}+\text{SEC}_{t,t+1}+\text{SCALEEC}_{t,t+1}$$

(8-2)

(二)基于要素角度的 AEGLHM 指标分解

基于技术层面的 GTFP 分解无法描述各投入产出要素与 GTFP 增长之间的直

---

[①] 测算全要素生产率变动需假定规模报酬情况,在此选择 VRS 假设,原因在于 DMU 在 CRS 假设下的规模是理想规模,实际中各 DMU 的生产规模可能处于递增或递减阶段,因而 VRS 假设下的测算结果更为准确。

接关系,不能解析各个要素对 GTFP 增长的影响效应。因此,有必要基于要素角度对 AEGLHM 指标进行分解,分解为投入利用效率增长、期望产出效率增长和非期望产出治理效率增长,见式(8-3):

$$\mathrm{AEGLHM}_{t,t+1} = \sum_{n=1}^{N}\left(\mathrm{AEGLHM}_{t,t+1}\right)_{x_n} + \sum_{m=1}^{M}\left(\mathrm{AEGLHM}_{t,t+1}\right)_{y_m} + \sum_{u=1}^{U}\left(\mathrm{AEGLHM}_{t,t+1}\right)_{b_u}$$
(8-3)

各子项分别代表 GTFP 增长中相应要素的生产率变动,投入要素(期望产出、非期望产出)大于(小于、等于) 0 分别表示相应要素生产率增长(下降、保持不变),进而促进(阻碍、不影响)区域 GTFP 增长。

基于技术角度和要素角度对 AEGLHM 指标进行双重分解,得到各分解子项的具体含义见表 8-1。

表 8-1 AEGLHM 指标的分解子项及含义

| 分解角度 | 分解子项 | 英文缩写 | 含义 |
| --- | --- | --- | --- |
| 基于技术角度 | 技术进步 | TC | 生产前沿的变化 |
| | 技术效率变化 | TEC | 群组内个体到有效生产前沿面的追赶程度 |
| | 结构效率变化 | SEC | 群组内个体之间的投入产出分配的异质性 |
| | 规模效率变化 | SCALEEC | 向最佳规模移动实现的生产率增益 |
| 基于要素角度 | 投入利用效率变化 | AEGLHM$_X$ | 各投入利用效率变化 |
| | 期望产出效率变化 | AEGLHM$_Y$ | 衡量各期望产出效率变化 |
| | 非期望产出治理效率变化 | AEGLHMB | 衡量各非期望产出治理效率变化 |

### 三、指标处理与数据说明

(一)指标处理

1. 产出变量

鉴于 GTFP 增长测算同时考虑期望产出增加和非期望产出减少,因此产出变量包含期望产出和非期望产出两个方面。①期望产出。选用地级及以上城市的地区生产总值来代表期望产出,转换为以 2003 年为基期的可比价地区生产总值。②非期望产出。已有研究对于非期望产出的选择各不相同,并没有统一的标准,考虑到城市环境污染指标数据的可得性及目前我国工业化进程导致的突出城市空气污染与水污染问题,因而选取地级及以上城市的工业废水排放量、工业二氧化硫排放量和工业烟粉尘排放量作为非期望产出的代理变量,个别年份的缺失数据通过插值法或平滑法加以插补。其中《中国城市统计年鉴》公布了 2011~2019 年各城市的工业烟粉尘排放量，而 2010 年之前仅为工业烟尘排放量，2003~2010 年各地级及以上城市的工业烟粉尘排放量由各城市所属省区市历年工业烟粉尘排放量乘以历年各城市工业烟尘排放量在所属省区市工业烟尘排放量中所占比重估算得到。

2. 投入变量

生产要素中自然资源、劳动力、资本等变量影响一个国家或地区的经济效率与竞争力，故将资本、劳动力和能源消费作为投入变量纳入全要素生产率评估框架。①资本投入。资本投入以资本存量表征，采用永续盘存法公式 $K_{j,t} = (1-\delta_{j,t})K_{j,t-1} + I_{j,t}$ 计算，基期资本存量为 $K_0 = I_{j,t}/(g_{j,t}+\delta_{j,t})$，其中 $K_{j,t}$ 和 $K_{j,t-1}$ 分别表示第 $j$ 个城市在 $t$ 时期和 $t-1$ 时期的物质资本存量，$I_{j,t}$ 表示第 $j$ 个城市在 $t$ 时期的实际固定资产投资总额，$\delta_{j,t}$ 表示第 $j$ 个城市在 $t$ 时期的资本折旧率，$g_{j,t}$ 为 5 年投资平均增长率[①]。鉴于数据可得性，地级及以上城市的实际投资额 $I_{j,t}$ 选用各城市全社会固定资产投资额与各城市所属省区市的固定资产投资价格指数估算得到，并以 2003 年为基期进行调整。②劳动投入。理论上劳动投入应综合考虑劳动人数、劳动时间、劳动质量（效率）等因素（王恕立和胡宗彪，2012），但我国这方面的详细数据难以获取，故选用各地级及以上城市年末城镇单位从业人员数、城镇私营和个体从业人员数的总和来代表劳动投入指标（李卫兵和涂蕾，2017）。③能源投入。大部分文献采用能源消费量作为能源投入的代理指标（王兵等，2010；李兰冰和刘秉镰，2015；刘华军，2016），部分文献也选用煤炭消费量（涂正革，2008）或全社会用电量（林伯强，2003）作为替代指标，这显然不全面。与多数文献相一致，采用能源消费总量来代表能源投入，在此借鉴李卫兵和涂蕾（2017）的做法，地级及以上城市的能源消费总量根据各省区市能源消费总量乘以各城市地区生产总值占所在省区市地区生产总值的比重估算得到。

(二) 数据说明

实证分析主要是根据上述的投入、产出指标，采用 AEGLHM 指标测算中国八大经济区的 GTFP 增长及分解子项。考虑到 2003 年前很多地级及以上城市的指标数据缺失较多，特别是西藏自治区与青海省的部分地级市部分年份数据缺失严重，因此将研究时间段确定为 2003~2019 年，研究对象为剔除数据缺失较严重城市后剩下的 281 个地级及以上城市，包括北部沿海地区 30 个城市，东部沿海地区 25 个城市、南部沿海地区 30 个城市，黄河中游地区 47 个城市、长江中游地区 52

---

① 在此借鉴单豪杰(2008)做法，假定折旧率为 10.96%，$g_{j,t}$ 为 2003~2008 年可比价固定资产投资总额的年均增长率。

个城市、东北地区 34 个城市、西南地区 44 个城市及西北地区 19 个城市。

实证分析涉及的指标数据主要来源于《中国统计年鉴》、《中国城市统计年鉴》、《中国能源统计年鉴》、各个省区市统计年鉴、相应城市的统计年鉴和环境状况公报。

实证分析用到的生产率指数及其分解项测算主要利用 MATLAB 软件完成,大致分为两个步骤:第一步,根据 DEA 模型的线性规划公式计算所需的聚合 NDDF 与个体 NDDF;第二步,将计算的 NDDF 值代入相应的公式,可计算得到样本期间八大经济区 GTFP 增长及其分解项。

## 第三节 八大经济区 GTFP 增长及构成

接下来采用 AEGLHM 指标对中国八大经济区 GTFP 增长进行测算与分解,不仅可以避免用城市 GTFP 增长的均值来表征区域 GTFP 增长存在的偏差,而且能够直接完整地测算区域 GTFP 增长并识别区域内城市之间的投入产出重新分配对区域 GTFP 增长的贡献。

### 一、八大经济区 GTFP 增长

根据 AEGLHM 指标计算得到不同时期八大经济区的 GTFP 增长如表 8-2 所示,样本期内八大经济区 GTFP 总体均呈现增长态势,但经济区之间的 GTFP 增速分化较为明显。八大经济区 GTFP 增速排序为北部沿海地区>东部沿海地区>长江中游地区>南部沿海地区>黄河中游地区>西南地区>东北地区>西北地区。大致可分为四个等级:第一等级为北部沿海地区和东部沿海地区(GTFP 增长≥0.01),第二等级为长江中游地区、南部沿海地区、黄河中游地区和西南地区(0.008≤GTFP 增长<0.01),第三等级为东北地区(0.006≤GTFP 增长<0.008),第四等级为西北地区(0≤GTFP 增长<0.006),GTFP 增长大致呈现出"东部→中部→西部"依次递减的趋势。

表 8-2 不同时期的八大经济区 GTFP 增长

| 时期 | 北部沿海 | 东部沿海 | 南部沿海 | 黄河中游 | 长江中游 | 东北 | 西南 | 西北 |
| --- | --- | --- | --- | --- | --- | --- | --- | --- |
| 整个样本期 | 0.0135 | 0.0133 | 0.0090 | 0.0087 | 0.0096 | 0.0060 | 0.0082 | 0.0010 |
| "十五"时期 | 0.0016 | 0.0016 | 0.0013 | −0.0057 | −0.0025 | −0.0019 | −0.0030 | 0.0008 |
| "十一五"时期 | 0.0118 | 0.0112 | 0.0080 | 0.0088 | 0.0077 | 0.0075 | 0.0073 | 0.0004 |
| "十二五"时期 | 0.0101 | 0.0138 | 0.0120 | 0.0086 | 0.0101 | 0.0046 | 0.0099 | 0.0006 |
| "十三五"时期 | 0.0258 | 0.0216 | 0.0101 | 0.0162 | 0.0171 | 0.0102 | 0.0130 | 0.0022 |

在"十五"时期(2003~2005年)、"十一五"时期(2006~2010年)、"十二五"时期(2011~2015年)及"十三五"时期(2016~2019年),北部沿海地区与东部沿海地区的 GTFP 增长均位居前三,而西北地区的 GTFP 增长除"十五"时期外均处于末位。此外,虽然八大经济区 GTFP 增速随时间推移均实现了不同程度的提升,但北部沿海地区与西北地区、东部沿海地区与西北地区的 GTFP 增速差距由"十五"时期的 0.0008 和 0.0008 分别扩大至"十三五"时期的 0.0236 和 0.0194。可见,我国经济区(如北部沿海地区与西北地区、东部沿海地区与西北地区)之间的差距不仅表现为经济总量的差距,更重要的是经济发展质量的差距,实现区域协调发展仍旧任重道远。

通过上述分析可以发现,样本期内我国八大经济区均实现了 GTFP 增长且增速在阶段性变化中呈上行趋势,那么推动八大经济区 GTFP 增长的内在动力究竟是什么因素?这一问题需要进一步从多视角对八大经济区 GTFP 增长的动力源泉进行探究。

## 二、八大经济区 GTFP 增长分解:基于技术角度

鉴于以往多数文献未关注到区域内城市之间投入产出组合的变化,在此将 AEGLHM 指标分解为反映相邻时期技术前沿移动的技术进步(TC)、生产 DMU 到有效生产前沿面追赶程度的技术效率变化(TEC)、向最佳规模移动所实现生产率增益的规模效率变化(SCALEEC)以及区域内城市之间资源再分配差异的结构效率变化(SEC)四个部分。图 8-1 显示了样本期内八大经济区 GTFP 增长及其构成的变动情况。

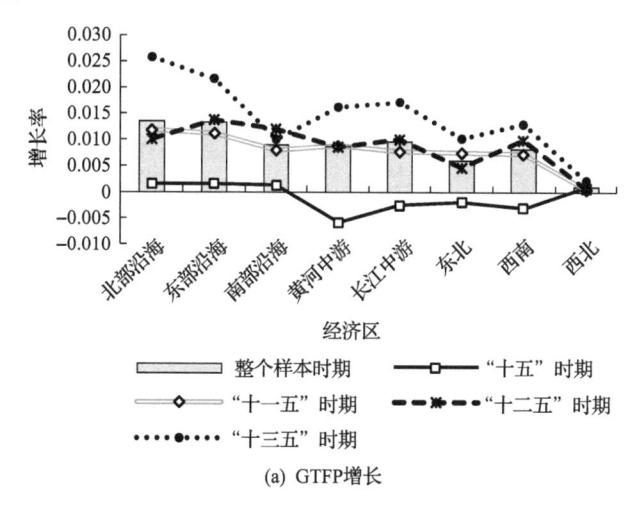

(a) GTFP 增长

(b) 技术进步

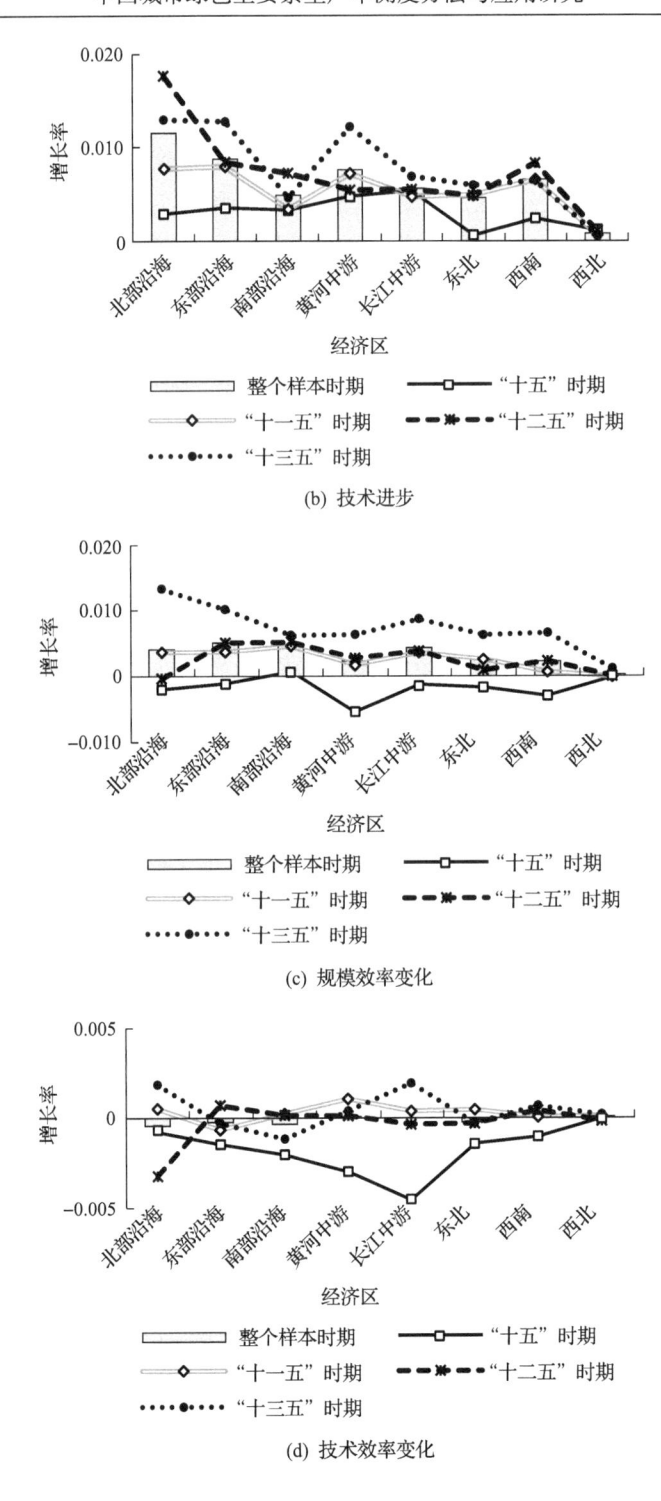

(c) 规模效率变化

(d) 技术效率变化

第八章 城市聚合视角的八大经济区 GTFP 增长测算与分解

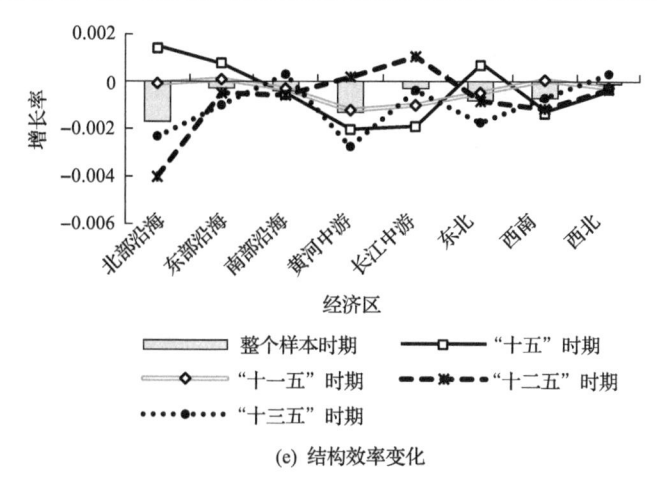

(e) 结构效率变化

图 8-1　2003~2019 年八大经济区 GTFP 增长及其分解

首先，从技术进步来看，整个样本期内 GTFP 增长最快的北部沿海地区与东部沿海地区在"十一五"时期、"十二五"时期和"十三五"时期技术进步增速均居于八大经济区前两位，两个地区的技术进步年均增速分别为 0.0115 和 0.0076。"十五"时期，处于我国中部板块的长江中游地区与黄河中游地区技术进步增速最快，且随时间推移有所加快，最终两个地区的技术进步年均增速分别位于八大经济区的第五位和第三位；南部沿海地区与西南地区的技术进步年均增速分别位于第六位和第四位；GTFP 增长处于末两位的东北地区与西北地区的技术进步增速在八大经济区中垫底，尤其是西北地区的技术进步增速在样本期出现下滑。与 GTFP 增长类似，技术进步也呈现明显的分化特征，以传统工业为主或经济条件相对落后的经济区技术进步较为缓慢，而以第三产业和高新技术产业为支撑的经济区技术进步明显。此外，八大经济区技术进步对 GTFP 增长的贡献均超过 50%，其中黄河中游地区与北部沿海地区以及西北地区技术进步的贡献率超 80%，技术进步构成八大经济区 GTFP 增长的主要驱动力。

其次，从规模效率增长来看，"十五"时期仅有南部沿海地区和西北地区的规模效率实现增长；"十一五"时期和"十二五"时期分别仅有西北地区和北部沿海地区的规模效率下降；到"十三五"时期，八大经济区的规模效率均实现增长。总体来说，八大经济区规模效率增速在样本期内呈现上行趋势，其中东部沿海地区、南部沿海地区、长江中游地区规模效率年均增长率大于 0.004，北部沿海地区、东北地区、黄河中游地区以及西南地区规模效率年均增长介于 0.002 到 0.004 之间，而西北地区规模效率年均增长仅为 0.0002。可见，我国八大经济区的 GTFP 增长不仅仅是依靠技术进步这一"单轮驱动"，也受益于规模效率增长的推动。

再次，从技术效率改善来看，"十五"时期八大经济区的技术效率呈负增长态势;"十一五"时期仅有东部沿海地区技术效率增长为负,其他七大经济区技术效率均得到改善;"十二五"时期仅有东部沿海地区技术效率有所改善,北部沿海地区明显恶化,其他经济区的技术效率变化不大;到"十三五"时期,北部沿海地区、长江中游地区等的技术效率恢复增长,而东部沿海地区和南部沿海地区的技术效率仍有所倒退。总体来看,样本期内仅有黄河中游地区、西南地区和西北地区这三个经济区的技术效率得到改善但幅度较小,其他五大经济区的技术效率均有所恶化,这说明黄河中游地区、西南地区和西北地区虽不断向有效前沿面追赶,但追赶速度较慢,其他五大经济区则存在着逐步远离有效前沿面的情况。值得注意的是,虽然八大经济区技术效率增速较低甚至负增长,但各个经济区的技术效率增速随时间变化总体都有所提高,因此不应忽视技术效率增速加快对于 GTFP 增长的推动作用,而应通过提升技术管理水平及管理模式创新来带动技术效率提高。

最后,从结构效率改进来看,整个样本期八大经济区的结构效率年均增速均为负,这意味着八大经济区结构效率有所恶化,抑制了 GTFP 增长。其中,北部沿海地区与黄河中游地区的结构效率恶化最为严重,结构效率年均下降 0.0017 和 0.0013,东北地区和西南地区次之,年均下降 0.0007,东部沿海地区、南部沿海地区与长江中游地区结构效率年均增速都为–0.0003,而西北地区结构效率恶化程度最轻,年均增速为–0.0001。"十五"时期仅有北部沿海地区、东部沿海地区和东北地区的结构效率实现增长;"十一五"时期只有东部沿海地区和西南地区结构效率实现增长;"十二五"时期,仅有处于中部板块的黄河中游地区与长江中游地区实现结构效率增长;到"十三五"时期,北部沿海地区、东部沿海地区、黄河中游地区、长江中游地区、西南地区和东北地区的结构效率均有所下降,仅有南部沿海地区和西北地区实现增长。结构效率变化衡量了区域内城市之间投入产出分配的异质性,结构效率均下降意味着八大经济区内城市之间投入产出分配差异性较大,需注重城市之间资源的合理配置。

综上,我国八大经济区 GTFP 增长主要源于技术进步与规模效率增长的"双重动力",其中技术进步是主要驱动力。同时,技术效率增长对 GTFP 增速提升的推动作用和区域内城市之间资源再分配引起的结构效应也不容忽视。

### 三、八大经济区 GTFP 增长分解:基于要素角度

尽管前面已对 GTFP 增长进行了完全分解,但如果分解仅停留在技术层面,NDDF 的特点和 EGLHM 指标的优势并未得到充分体现。实际上,技术层面的生产率变化分解仅通过分解子项的取值来判断技术是否取得进步,或者技术效率、规模效率、结构效率是否提升,并没有回答这样的问题:在投入和产出的诸多要素中,究竟是哪些要素导致 GTFP 增长或下降? 为了回答这些问题,还需从要素角度开展 GTFP 增长的子项分解,具体结果见表 8-3。

表 8-3　2003～2019 年八大经济区 GTFP 增长及分解子项的平均值

| GTFP 增长及分解子项 | 北部沿海 | 东部沿海 | 南部沿海 | 黄河中游 | 长江中游 | 东北 | 西南 | 西北 |
| --- | --- | --- | --- | --- | --- | --- | --- | --- |
| GTFP 增长 | 0.0135 | 0.0133 | 0.0090 | 0.0087 | 0.0096 | 0.0060 | 0.0082 | 0.0010 |
| 资本投入利用效率增长 | −0.0009 | −0.0009 | −0.0005 | −0.0006 | −0.0006 | −0.0003 | −0.0006 | −0.0001 |
| 劳动投入利用效率增长 | −0.0012 | −0.0023 | −0.0019 | −0.0009 | −0.0012 | 0.0000 | −0.0015 | −0.0002 |
| 能源投入利用效率增长 | −0.0018 | −0.0014 | −0.0011 | −0.0018 | −0.0011 | −0.0007 | −0.0013 | −0.0006 |
| 期望产出效率增长 | 0.0154 | 0.0161 | 0.0121 | 0.0093 | 0.0106 | 0.0060 | 0.0089 | 0.0014 |
| 工业废水治理效率增长 | 0.0002 | 0.0006 | −0.0001 | 0.0002 | 0.0006 | 0.0003 | 0.0007 | 0.0001 |
| 工业二氧化硫治理效率增长 | 0.0010 | 0.0008 | 0.0004 | 0.0012 | 0.0005 | 0.0003 | 0.0010 | 0.0002 |
| 工业烟粉尘治理效率增长 | 0.0008 | 0.0004 | 0.0001 | 0.0013 | 0.0008 | 0.0004 | 0.0010 | 0.0002 |

其一，从投入利用效率增长来看，整个样本期内八大经济区三大投入利用效率增长均有所下降。其中，资本投入利用效率下降幅度最小，而劳动投入利用效率和能源投入利用效率的下降幅度相对较大。配合技术角度分解发现，三大投入利用效率下降受规模效率、技术效率与结构效率下降的三重拖累，其中规模效率下降的拖累效应最大。观察三大投入利用效率降速在不同时期的变化发现，虽然四个"五年规划"时期三大投入利用效率均呈下降状态，但多数经济区的投入利用效率降速得到不同程度的遏制。可见，投入利用效率虽然抑制了八大经济区的 GTFP 增长，但一定程度上其降速的有效控制也有利于 GTFP 增速的提高。因此，需通过优化资本、劳动与能源要素配置等途径有效激发投入要素的利用效率。

其二，从期望产出效率增长来看，整个样本期内八大经济区期望产出效率均实现增长。其中经济实力雄厚的东部沿海地区、北部沿海地区和南部沿海地区三大沿海地区的期望产出效率年均增速最高，分别为 0.0161、0.0154 和 0.0121，而经济实力较薄弱的西北地区期望产出效率年均增速最低，仅为 0.0014，经济区之间期望产出效率增速差异明显。八大经济区期望产出效率增长也源于技术进步与规模效率增长的双重推动，技术效率与结构效率均产生抑制作用。值得注意的是，不管是经济发达的经济区，还是经济较落后的经济区，期望产出效率增长对 GTFP 增长的贡献均超过 100%。此外，从"十五"时期至"十三五"时期，八大经济区的期望产出效率增长呈现不同程度的上升趋势。可见，期望产出效率增长是八大经济区的 GTFP 增长的主要组成部分，期望产出效率增速加快推动了八大经济区的 GTFP 增速提升。

其三，从非期望产出治理效率增长来看，样本期内八大经济区的工业二氧化硫治理效率与工业烟粉尘治理效率均实现增长，工业废水治理效率也多呈增长态势。然而，八大经济区非期望产出的治理效率增速有明显差异，如北部沿海地区与黄河中游地区的工业二氧化硫治理效率与工业烟粉尘治理效率增速较高，东部沿海地区的工业二氧化硫治理效率增速较高，而西南地区的工业废水治理效率增速较高。配合技术角度的分解发现，八大经济区非期望产出的治理效率增长不仅受益于技术进步，还不同程度地受益于技术效率增长、规模效率增长与结构效率增长。从"十五"到"十三五"时期，八大经济区非期望产出治理效率增速呈现不同程度的上升态势，非期望产出治理效率增速的提高有利于推动 GTFP 增速提升。这意味着我国八大经济区在环境治理方面取得一定的成效，应进一步加强环境规制力度，加大对污染治理的资金和技术投入，充分发挥非期望产出治理效率增长对 GTFP 增长的提升作用。

综上，在要素构成层面，一方面我国八大经济区 GTFP 增长主要受益于期望产出效率增长与非期望产出治理效率增长，也在一定程度上受累于投入利用效率下降；另一方面投入利用效率降速下降、期望产出效率与非期望产出效率增速的提高，共同推动了八大经济区 GTFP 增速提升。

## 第四节　八大经济区 GTFP 增长差距的成因解释

中国八大经济区的 GTFP 增长存在明显差异，是什么因素导致这种差距？有必要聚焦 GTFP 增长的内部构成，采用方差分解法分别从技术与要素角度测算八大经济区各分解子项的差距对 GTFP 增长差距的贡献，探寻 GTFP 增长差距的主要成因，为实现八大经济区 GTFP 增长的协调均衡发展提供参考。

### 一、基于技术角度的成因解释

从技术角度利用方差分解法可以计算得到技术进步、技术效率变化、规模效率变化及结构效率变化的差距对八大经济区 GTFP 增长差异的贡献率，具体见表8-4。整个样本期内，八大经济区之间的技术进步、技术效率变化、规模效率

表 8-4　GTFP 增长的区域差距分解：基于技术角度

| 时期 | 各因素贡献率 |  |  |  |
|---|---|---|---|---|
|  | 技术进步 | 技术效率变化 | 规模效率变化 | 结构效率变化 |
| 整个样本期 | 73.46% | −2.92% | 35.33% | −5.87% |
| "十五"时期 | −19.86% | 27.82% | 55.90% | 36.14% |
| "十一五"时期 | 65.16% | −0.06% | 33.95% | 0.95% |
| "十二五"时期 | 64.35% | 1.59% | 37.25% | −3.19% |
| "十三五"时期 | 55.81% | 7.23% | 46.36% | −9.40% |

变化、结构效率变化存在一定的差距，这种差距对八大经济区 GTFP 增长差距的贡献率分别为 73.46%、–2.92%、35.33% 和 –5.87%，显然技术进步和规模效率变化差异是造成八大经济区 GTFP 增长差距的主要成因。

分阶段来看，"十五"时期技术进步的差距对八大经济区 GTFP 增长差距的贡献率为负，而技术效率变化、规模效率变化和结构效率变化差距的贡献率分别为 27.82%、55.90% 和 36.14%，构成了八大经济区 GTFP 增长差距的主要原因。从"十一五"时期开始，技术进步的差距均为构成八大经济区 GTFP 增长差距的主要原因，规模效率变化差距均为次要原因。从"十五"时期到"十三五"时期，技术效率变化和结构效率变化的贡献率都波动较大且总体上有所下降，结构效率变动的贡献率由正转负。

总体来说，技术进步在八大经济区 GTFP 增长差异中扮演主要贡献者的角色，其次是规模效率变化，这意味着技术进步落后的东北地区与西北地区需加大科技投入和引进先进技术的力度，大力促进科技创新；技术进步较快的北部沿海地区与东部沿海地区则要充分发挥科技创新的引领作用，通过技术外溢促进不同经济区之间技术创新的融合发展，以缩小经济区之间的技术进步差距。此外，规模效率增速落后的西北地区，还需大力促进产业集聚，发挥规模经济效应，缩小与其他经济区之间的规模效率增长差距。

## 二、基于要素角度的成因解释

从要素角度考察投入利用效率增长、期望产出效率增长与非期望产出治理效率增长的差距对八大经济区 GTFP 增长差距的贡献率，具体见表 8-5。样本期内期望产出效率增长、工业废水治理效率增长、工业二氧化硫治理效率增长、工业烟粉尘治理效率增长的差距对八大经济区 GTFP 增长差距的贡献率均为正，表明缩小期望产出效率增长与三种非期望产出治理效率增长的区域差距有助于八大经济区 GTFP 增长的均衡发展。期望产出效率增长对八大经济区 GTFP 增长差异的贡

表 8-5 GTFP 增长的区域差异分解：基于要素角度

| 时期 | 各因素贡献率 ||||||| 
| --- | --- | --- | --- | --- | --- | --- | --- |
| | 资本投入利用效率 | 劳动投入利用效率 | 能源投入利用效率 | 期望产出效率 | 工业废水治理效率 | 工业二氧化硫治理效率 | 工业烟粉尘治理效率 |
| 整个样本期 | –6.52% | –14.12% | –9.02% | 118.28% | 2.51% | 5.46% | 3.41% |
| "十五"时期 | –3.11% | –20.08% | 4.34% | 52.92% | –11.02% | 38.42% | 38.53% |
| "十一五"时期 | –8.37% | –11.58% | –16.01% | 119.00% | –1.75% | 8.77% | 9.94% |
| "十二五"时期 | –5.83% | –26.22% | –2.55% | 123.87% | 8.44% | 5.27% | –2.98% |
| "十三五"时期 | –2.12% | 1.64% | –2.90% | 70.29% | 6.99% | 8.66% | 17.44% |

献率高达 118.28%，而三种投入利用效率增长的贡献率均为负，非期望产出治理效率增长的贡献率较小，说明需大力提升投入要素的利用效率，进一步提高非期望产出的治理效率。

分阶段考察发现，四个"五年规划"时期期望产出效率增长的差距均是驱动八大经济区 GTFP 增长差距的主导因素。"十五"时期八大经济区 GTFP 增长差距还受到能源投入利用效率增长差距、工业二氧化硫治理效率增长差距和工业烟粉尘治理效率增长差距的重要影响；"十一五"时期 GTFP 增长差距还受到工业二氧化硫治理效率增长差距和工业烟粉尘治理效率增长差距的主要驱动；"十二五"时期 GTFP 增长差距形成的次要原因还包括工业废水治理效率增长差距和工业二氧化硫治理效率增长差距，而"十三五"时期仅有资本投入利用效率差距和能源投入利用效率差距不是导致 GTFP 增长差距的主要原因。从各因素贡献率的变化趋势看，期望产出效率增长的贡献率明显下降，而劳动投入利用效率增长、工业废水治理效率增长和工业烟粉尘治理效率增长的贡献率明显上升。

以上结果表明，期望产出效率增长差距是导致八大经济区 GTFP 增长差距的首要成因，但非期望产出治理效率增长的贡献也不容忽视，可见在缩小经济区之间经济总量差距的同时，也需要大力推进环境污染治理工作，加大生态环境保护力度，重视工业"三废"排放，以缩小非期望产出治理效率增长差距，进而减小区域 GTFP 增长差距。

## 第五节　本章小结

依据 2003～2019 年中国 281 个地级及以上城市的投入产出指标数据，运用聚合环境广义 LHM 指标(AEGLHM 指标)开展中国八大经济区 GTFP 增长的实际测算及分析，结果表明：①八大经济区 GTFP 均实现增长但增速呈现分化特征。从整个样本期内八大经济区 GTFP 年均增速看，北部沿海地区与东部沿海地区 GTFP 增长最快，而西北地区 GTFP 增长最慢；随时间推移八大经济区 GTFP 增速均有所提升，但地区之间的 GTFP 增速差异也随之扩大。②八大经济区 GTFP 增长动力及差异成因在技术与要素层面各有侧重。八大经济区 GTFP 增长主要源于技术层面技术进步和规模效率增长的双重动力，以及要素层面期望产出效率增长与非期望产出治理效率增长的双轮驱动；其中技术进步与期望产出效率增长既是八大经济区 GTFP 增长的主要驱动力，也是八大经济区 GTFP 增长差异形成的主要原因。

研究结论对于促进八大经济区的绿色协调发展具有启示意义。八大经济区 GTFP 增长的区域差异特征较为显著，意味着在制定和实施有关旨在解决环境污染等问题的政策及措施时，应充分考虑到不同区域的实际情况，采取差异化策略，以有效缓解区域 GTFP 增长的差异，促进区域协调发展。推动八大经济区 GTFP 的持续增长，既要依赖技术进步和规模效率增长，也要激发技术效率以及结构效率增长潜力。在提升期望产出效率增长的同时，释放投入利用效率的潜力也是促进区域 GTFP 增长的重要途径。

值得注意的是，虽然利用 AEGLHM 指标测算群组 GTFP 增长具有明显优势，但参照当期生产前沿面的 AEGLHM 指标仍存在一些不足，譬如方向向量设定存在主观性、没有修正小样本带来的效率偏差、当期 DEA 模型在计算跨期 DDF 时易出现线性规划无可行解问题等。未来，应进一步综合考虑不同的效率测度方法譬如 RAM 模型、网络 DEA、bootstrap-DEA 等以及不同生产前沿面构建方法，开展 GTFP 增长测算与分解方法的深入探究。

# 第九章 中国城市 GTFP 增长的时空特征与收敛性：基于 SBM-GML 指数

## 第一节 问题提出

当前中国经济已由高速增长阶段转向高质量发展阶段，处于转变发展方式、优化经济结构、转换增长动力的攻关期。为实现经济高质量发展，须推动经济质量变革、效率变革、动力变革，提高全要素生产率。可见，测算全要素生产率及其增长特征，对于政府科学决策和推动经济发展方式转变具有重要意义。

城市作为现代文明和社会进步的标志，也是经济和社会发展的主要载体，2017年我国地级及以上城市的地区生产总值达 52.1 万亿元，占到全国的 63.0%（国家统计局，2019），城市全要素生产率成为提升全国或地区全要素生产率的关键，有必要开展中国城市全要素生产率增长测算，以准确认清城市 GTFP 增长态势。传统全要素生产率测算往往未考虑资源环境因素的影响，以此评价经济发展中的全要素生产率贡献可能存在偏误。随着 Chung 等（1997）开创性地把环境因素纳入 DEA 模型，构建包含环境污染的 ML 指数，越来越多的学者开始测算环境 GTFP。在资源环境日益成为经济增长硬性约束条件的背景下，将环境污染作为非期望产出引入全要素生产率测度模型，测算 GTFP 以反映经济发展质量显然更为科学。

一些学者对部分城市的 GTFP 进行了测算与分析，如 Tao 等（2017）、卢丽文等（2017）、王冰和程婷（2019）等。另一些学者如肖攀等（2013）、Zhang 和 Tan（2016）、李卫兵和涂蕾（2017）、王凯风和吴超林（2018）、卢宁（2018）、张建升（2018）则开展了我国地级及以上城市 GTFP 的测算。此类研究多使用径向角度的 DEA 方法来计算 DDF，当投入或产出存在非零松弛时，DMU 的效率水平可能被高估。针对此问题，Tone（2001）提出非径向非角度的 SBM 模型，该模型在效率测算与评价中得到广泛应用。邵汉华等（2015）运用 SBM 模型和 L 指标综合测度环境约束下 2004~2010 年我国 110 个环境保护部重点监测城市的经济增长效率、变动趋势及规模特征，并对 GTFP 按投入产出因素进行多重分解。余泳泽等（2019）基于 SBM 模型的 ML 指数测算 2003~2016 年 230 个城市的 GTFP，作为高质量发展的一个重要指标。

纵观有关城市 GTFP 增长的已有研究，以下方面尚需进一步探讨：其一，SBM 模型与 GML 指数相结合对于全要素生产率增长测算具有独特优势，但较少学者运用该方法开展城市 GTFP 测度；其二，由于不同地区的经济社会条件存在差异，城市 GTFP 增长的收敛性问题值得关注，但相关研究还较少。本章力求在现有文献的基础上进行拓展分析，一是使用非径向非角度的 SBM DDF 和 GML 指数相结合的方法，对 2003~2017 年我国地级及以上城市的 GTFP 增长进行测算与分解；二是考察东部、中部、西部和东北四大地区城市 GTFP 增长的差异特征，开展城市 GTFP 增长的收敛性分析。

## 第二节　测算模型与指标说明

### 一、SBM 模型

每个城市可看作一个生产 DMU，假设有 $t=1,2,\cdots,T$ 个时期，$i=1,2,\cdots,I$ 个城市，每个城市使用 $N$ 种投入 $x(x=(x_1,x_2,\cdots,x_N)\in R_+^N)$，得到 $M$ 种期望产出 $y(y=(y_1,y_2,\cdots,y_M)\in R_+^M)$ 和 $K$ 种非期望产出 $b(b=(b_1,b_2,\cdots,b_K)\in R_+^K)$，那么满足闭集和凸集、产出联合弱可处置性、自由可处置性和零结合性假设的生产可能性集合表示为

$$P^t(x^t)=\left\{(y^t,b^t)\,|\,x^t 可以生产(y^t,b^t),t=1,2,\cdots,T\right\} \tag{9-1}$$

SBM 模型不仅可以解决径向模型对于无效率测度不包含松弛变量的问题，还能够解决存在非期望产出时的效率评价问题。此外，SBM 模型作为一种非径向非角度的测度方法，可有效避免由径向与角度选择差异而引起的偏差。

按照 Fukuyama 和 Weber (2009) 的思路，在 VRS 条件下构建考虑非期望产出的 SBM DDF 为

$$\begin{aligned}
S_v^t &= D\left(x_o^t,y_o^t,b_o^t;g^x,g^y,g^b\right) = \frac{1}{2}\max\left(\frac{1}{N}\sum_{n=1}^{N}\frac{s_n^x}{g_n^x}+\frac{1}{M+K}\left(\sum_{m=1}^{M}\frac{s_m^y}{g_m^y}+\sum_{k=1}^{K}\frac{s_k^b}{g_k^b}\right)\right)\\
\text{s.t. }\, & x_{o,n}^t = \sum_{i=1}^{I}x_{i,n}^t\lambda_i^t+s_n^x,\forall n;\ y_{o,m}^t=\sum_{i=1}^{I}y_{i,m}^t\lambda_i^t-s_m^y,\forall m\\
& b_{o,k}^t = \sum_{i=1}^{I}b_{i,k}^t\lambda_i^t+s_k^b,\forall k;\ \sum_{i=1}^{I}\lambda_i^t=1,\lambda_i^t\geqslant 0,\forall i\\
& s_n^x\geqslant 0,\forall n;\ s_m^y\geqslant 0,\forall m;\ s_k^b\geqslant 0,\forall k
\end{aligned} \tag{9-2}$$

其中，$\lambda_i^t$ 表示权重；$\left(x_o^t,y_o^t,b_o^t\right)$ 表示城市 $O$ 的投入和产出向量；$\left(g^x,g^y,g^b\right)$ 表示投入缩减、期望产出扩张、非期望产出缩减的正方向向量；$\left(s_n^x,s_m^y,s_k^b\right)$ 表示投入和产出的松弛向量。因方向向量和投入产出的松弛向量具有相同的度量单位，

故标准化后的松弛比率具有可加性，目标函数将使得投入无效率的平均值与产出无效率的平均值之和实现最大化。

## 二、GML 指数

由于 ML 指数存在线性规划无可行解、不满足传递性等问题，Oh(2010)论证了 GML 指数满足可传递性要求又能避免线性规划无可行解问题，关键改进是将生产可能性函数逐期包络，得到全局性最优生产前沿：

$$P^G(x) = P^1(x^1) \bigcup P^2(x^2) \bigcup \cdots \bigcup P^T(x^T) \tag{9-3}$$

当期和全局的 DDF 分别记为 $D^t(x^t, y^t, b^t)$ 和 $D^G(x^t, y^t, b^t)$。在此通过构建全局 DDF 的 GML 指数，以更加准确地测度城市 GTFP 增长，具体公式为

$$\text{GML}_t^{t+1} = \frac{1 + D^G(x^t, y^t, b^t)}{1 + D^G(x^{t+1}, y^{t+1}, b^{t+1})} \tag{9-4}$$

在资源环境约束下，若 $\text{GML}_t^{t+1} > 1$ 表明从 $t$ 时期到 $t+1$ 时期 GTFP 得到提升，$\text{GML}_t^{t+1} < 1$ 则表明从 $t$ 时期到 $t+1$ 时期 GTFP 出现下降。

通过指数分解，可进一步剖析 GTFP 变化的动力来源。Färe 等(1992)将采用 CRS 模型得出的 M 指数分解为技术效率变化和技术变化，随后进一步把技术效率变化分解为纯技术效率变化和规模效率变化。Ray 和 Desli(1997)将 CRS 模型得出的 M 指数分解为纯效率变化、纯技术变化和规模变化；Zofio(2007)则在 Färe 等(1994b)分解方法的基础上，将技术变化进一步分解为纯技术变化和规模技术变化。

以已有指数分解方法为基础，将 GML 指数分解为技术效率变化（GEC）指数和技术水平变化（GTC）指数。分解公式为

$$\begin{aligned}
\text{GML}_t^{t+1} &= \text{GEC}_t^{t+1} \times \text{GTC}_t^{t+1} \\
\text{GEC}_t^{t+1} &= \left[ \frac{1 + D^t(x^t, y^t, b^t)}{1 + D^{t+1}(x^{t+1}, y^{t+1}, b^{t+1})} \right] \\
\text{GTC}_t^{t+1} &= \left[ \frac{1 + D^G(x^t, y^t, b^t)}{1 + D^t(x^t, y^t, b^t)} \times \frac{1 + D^{t+1}(x^{t+1}, y^{t+1}, b^{t+1})}{1 + D^G(x^{t+1}, y^{t+1}, b^{t+1})} \right]
\end{aligned} \tag{9-5}$$

其中，$\text{GEC}_t^{t+1}$ 指数度量 DMU 从 $t$ 时期到 $t+1$ 时期向最优生产前沿面的接近程度，

如果该指数大于 1(小于 1)，则表明从 $t$ 时期到 $t+1$ 时期 DMU 的生产效率得到提高(恶化)；$GTC_t^{t+1}$ 指数度量 DMU 从 $t$ 时期到 $t+1$ 时期生产可能性边界的外移程度，如果该指数大于 1(小于 1)，则表明从 $t$ 时期到 $t+1$ 时期 DMU 的生产技术取得进步(退步)。效率改善和技术进步都对 GTFP 的提升起到促进作用。

### 三、指标说明

用于测算城市 GTFP 增长的投入指标和产出指标设定如下。

1. 资本投入

与多数文献类似，采用物质资本存量作为资本投入的代理变量。根据各城市所在省区市的固定资产投资价格指数，基于 2003 年不变价格估算各城市 2003～2017 年的可比价固定资产投资总额。借鉴单豪杰(2008)的做法，经济折旧率选取 10.96%，计算经济折旧率与 2003～2008 年可比价固定资产投资总额的年均增长率之和，再将 2004 年可比价固定资产投资总额除以该值，得到基期 2003 年的物质资本存量。然后根据永续盘存法估算 2004～2017 年各城市的物资资本存量：

$$K_{i,t} = K_{i,t-1}(1-\delta) + I_{i,t} \qquad (9-6)$$

其中，$K_{i,t}$ 和 $K_{i,t-1}$ 分别表示第 $i$ 个城市 $t$ 时期和 $t-1$ 时期的物质资本存量；$I_{i,t}$ 表示第 $i$ 个城市 $t$ 时期的可比价固定资产投资总额；$\delta$ 表示经济折旧率。

2. 劳动投入

总工时数是最合适的劳动投入量，但在实际中难以统计，通常采用替代方法，包括直接使用就业人员总量或劳动年龄人口数的简单方法，以及根据教育年限、收入等进行调整的复杂方法(盛来运等，2018)。限于数据的可得性，参考已有研究的做法，选择各城市年末城镇单位从业人员数、城镇私营和个体从业人员数的总和来代表劳动投入数量。

3. 能源投入

目前我国只公开发布各省区市的能源消费总量数据，没有城市层面的能源消费总量公开数据，只能利用一定的方法开展估算。参考李卫兵和涂蕾(2017)、陈龙等(2016)的做法，以各省区市能源消费总量乘以各城市地区生产总值占所在省区市地区生产总值的比重来估算各城市的能源消费总量数据。

4. 期望产出

根据各城市的地区生产总值指数，估算基于 2003 年不变价格的各城市 2003～2017 年可比价地区生产总值，以此代表期望产出。

5. 非期望产出

限于数据的可得性，选取各城市的工业废水排放量、工业二氧化硫排放量和工业烟粉尘排放量三个指标来代表非期望产出，个别年份的缺失数据通过线性插值法补齐。

中国的地级及以上城市中多数地级市缺失了2003年以前的环境指标数据，青海省的地级市2016年和2017年的环境指标数据缺失较多，且西藏自治区的地级市大部分测算所需指标的数据缺失。考虑到数据可得性，接下来的测算不包含青海省和西藏自治区的地级及以上城市，共选取276个地级及以上城市作为研究对象，将时间跨度设定为2003~2017年。数据来源于《中国统计年鉴》《中国城市统计年鉴》《中国能源统计年鉴》、各省区市统计年鉴、各城市统计年鉴及各城市环境状况公报。

经数据整理，得到2003~2017年276个地级及以上城市的各投入与产出指标数据，指标的描述性统计量如表9-1所示。

表9-1 投入、产出指标的描述性统计量

| 变量 | 单位 | 最小值 | 最大值 | 平均数 | 标准差 |
| --- | --- | --- | --- | --- | --- |
| 资本存量 | 亿元 | 112.128 1 | 25 765.733 5 | 1 735.460 9 | 2 605.700 6 |
| 从业人员数 | 万人 | 5.583 0 | 1 729.075 7 | 94.437 0 | 135.557 5 |
| 能源消费总量 | 万吨标准煤 | 39.438 4 | 11 859.000 0 | 1 264.360 5 | 1 415.324 9 |
| 地区生产总值 | 亿元 | 31.773 1 | 22 133.072 7 | 1 210.132 0 | 1 742.917 4 |
| 工业废水排放量 | 万吨 | 7.000 0 | 91 260.000 0 | 7 385.627 0 | 9 507.038 8 |
| 工业二氧化硫排放量 | 万吨 | 0.000 2 | 68.316 2 | 5.656 8 | 5.835 0 |
| 工业烟粉尘排放量 | 万吨 | 0.003 4 | 516.881 2 | 3.246 2 | 11.834 0 |

## 第三节 中国城市GTFP指数的时空演进

为解析276个地级及以上城市GTFP增长及因素构成，利用DEA软件MaxDEA7分别计算城市GTFP GML指数、技术效率变化(GEC)指数和技术水平变化(GTC)指数，测算结果见表9-2。

表9-2 2003~2017年中国城市GTFP GML指数及分解子项

| 时间 | GML | GEC | GTC |
| --- | --- | --- | --- |
| 2003~2004 | 0.999 0 | 0.961 4 | 1.039 1 |
| 2004~2005 | 1.005 1 | 0.875 3 | 1.148 2 |
| 2005~2006 | 1.003 1 | 1.199 3 | 0.836 4 |

续表

| 时间 | GML | GEC | GTC |
|---|---|---|---|
| 2006~2007 | 1.0287 | 1.0471 | 0.9824 |
| 2007~2008 | 1.0364 | 0.9462 | 1.0954 |
| 2008~2009 | 1.0408 | 1.0123 | 1.0282 |
| 2009~2010 | 1.0370 | 1.0071 | 1.0296 |
| 2010~2011 | 0.9966 | 1.0213 | 0.9759 |
| 2011~2012 | 1.0446 | 0.9957 | 1.0491 |
| 2012~2013 | 1.0448 | 0.9937 | 1.0515 |
| 2013~2014 | 1.0395 | 0.9662 | 1.0758 |
| 2014~2015 | 1.0593 | 1.0307 | 1.0277 |
| 2015~2016 | 1.1738 | 0.9410 | 1.2474 |
| 2016~2017 | 1.1547 | 1.0883 | 1.0611 |
| 几何平均值 | 1.0462 | 1.0035 | 1.0425 |

## 一、城市 GTFP 变动趋势

2003~2017 年我国城市 GTFP GML 指数的几何平均值为 1.0462，表明 2003~2017 年城市 GTFP 呈增长态势，年均增长率为 4.62%；其中技术效率以年均 0.35% 的速度增长，技术水平以年均 4.25% 的速度增长。可见，在资源环境约束下，我国城市全要素生产率的提升主要依靠技术进步推动。

样本期内我国城市 GTFP 年度增长存在较大差异，2003~2004 年、2010~2011 年的城市 GTFP 甚至出现下降；技术效率变化与技术水平变化的变动方向并不一致，呈现"明显背离"情形。

根据城市 GTFP 变动趋势（图 9-1），大致可划分为四个阶段：①2003~2004 年，城市 GTFP 有所下降（GML 指数=0.999），该阶段技术水平取得进步，但技术效率出现恶化。②2004~2010 年为城市 GTFP 稳步增长阶段，该阶段中国经济保持高速增长态势，政府大力倡导科学发展观，技术效率变化和技术水平变化呈现出交替增长的特征。③2010~2011 年城市 GTFP 出现下降，可能受全球金融危机的影响，我国政府出台刺激经济增长的一揽子计划，相对放松了节能减排规制，技术退步使得城市 GTFP 出现下降。④2011~2017 年再次进入城市 GTFP 稳步增长阶段，在此期间中央政府提出转变经济发展模式，绿色发展作为新发展理念之一得以贯彻，不断调整经济结构和改进生产技术，其中 2016 年工业污染排放量出现大幅缩减，2017 年生产效率显著提高，使得城市 GTFP 出现大幅上升。

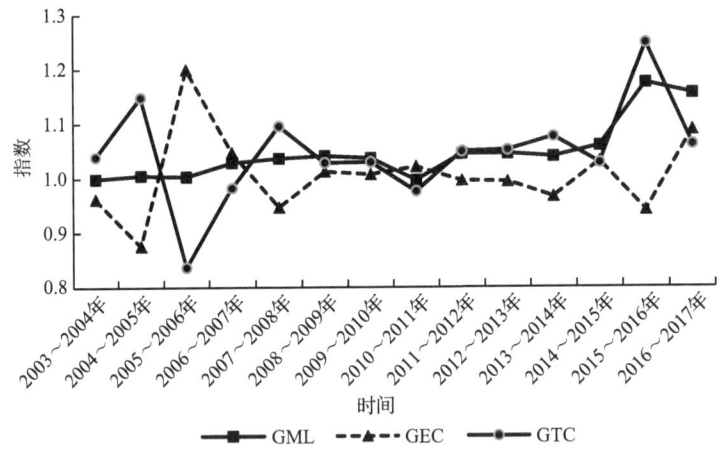

图 9-1 中国城市 GTFP GML 指数及分解子项变动趋势

## 二、城市 GTFP 的分布演进特征

核密度估计作为一种分析不均衡分布的非参数方法，通过对随机变量概率密度的估计，以连续的密度曲线描述随机变量的分布形态。假设随机变量 $X$ 的密度函数为 $f(x)$，在点 $x$ 的概率密度可由式(9-7)进行估计：

$$f(x) = \frac{1}{Nh} \sum_{i=1}^{N} K\left(\frac{X_i - \bar{x}}{h}\right) \tag{9-7}$$

其中，$N$ 表示观测值的个数；$h$ 表示宽带；$K(\cdot)$ 表示核函数，是一种加权或平滑转换函数；$X_i$ 表示独立同分布的观测值；$\bar{x}$ 表示均值。

借鉴刘华军（2016）和程浩（2015）的研究方法，假设基期（2003年）的城市 GTFP、技术效率及技术水平都相等，且等于该年的 SBM 效率值 $\rho^{2003}$，通过计算相对累积 GML（RGML）、相对累积 GEC（RGEC）和相对累积 GTC（RGTC）得到 2004~2017 年城市 GTFP、技术效率和技术水平，计算公式见式(9-8)：

$$\begin{aligned}
\rho^{2003} &= \frac{1}{1 + D^{2003}\left(x^{2003}, y^{2003}, b^{2003}\right)} \\
\text{RGML}_T &= \rho^{2003} \times \prod_{t=2003}^{T-1} \text{GML}_t^{t+1} \\
\text{RGEC}_T &= \rho^{2003} \times \prod_{t=2003}^{T-1} \text{GEC}_t^{t+1} \\
\text{RGTC}_T &= \rho^{2003} \times \prod_{t=2003}^{T-1} \text{GTC}_t^{t+1}
\end{aligned} \tag{9-8}$$

核函数有多种形式，在此采用叶帕涅奇尼科夫（Epanechnikov）核函数。通过比较2004年、2009年、2014年和2017年相对累积GML、相对累积GEC和相对累积GTC的核密度分布图形，考察中国城市GTFP、技术效率和技术水平的分布演进态势。对各变量取自然对数后，绘制的核密度分布图分别如图9-2～图9-4所示。

(1)城市GTFP的分布演进。从2004年到2017年，相对累积GML分布的波峰不断下降并向右移动，表明我国多数城市GTFP不断上升。2004年相对累积GML分布呈明显的双峰分布，左侧峰值高于右峰，说明GTFP较高的城市数量少于GTFP较低的城市，城市GTFP之间存在较大差距。与2004年相比，2009年、2014年和2017年的相对累积GML分布总体上表现为单峰分布，波峰高度逐步下降，右拖尾不断向右移动，而左尾位置基本没有变化，表明我国城市GTFP整体上不断提高，同时不同城市GTFP的差距逐步拉大。

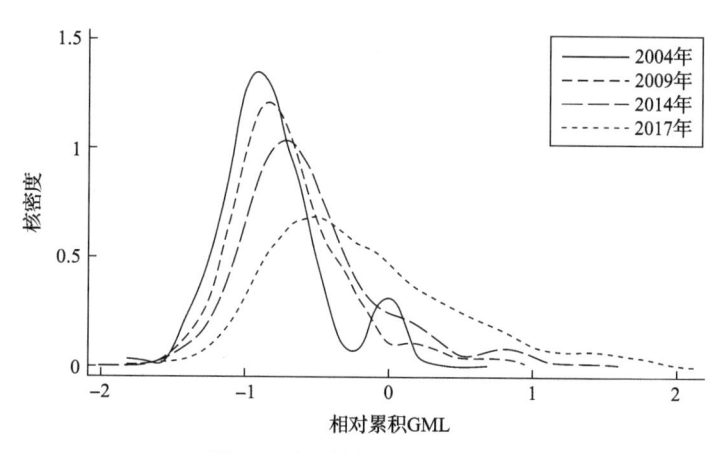

图9-2 相对累积GML分布图

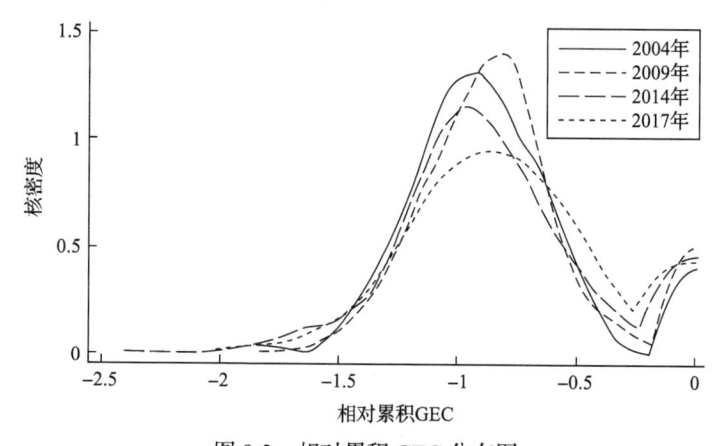

图9-3 相对累积GEC分布图

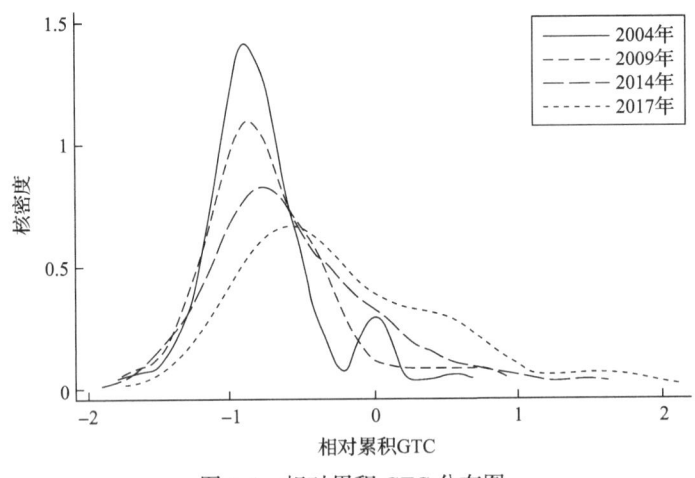

图 9-4 相对累积 GTC 分布图

(2) 城市技术效率的分布演进。与 2004 年相比，2009 年相对累积 GEC 分布的波峰向右移动，波峰高度有所上升，且曲线左尾稍向右移，表明我国城市技术效率有所上升。与 2009 年相比，2014 年相对累积 GEC 分布的波峰向左移动，且波峰高度下降，曲线左尾大幅度向左延伸，表明在此期间我国多数城市技术效率有所下降且城市技术效率之间的差距有所拉大；与 2014 年相比，2017 年相对累积 GEC 分布的波峰向右移动，波峰高度继续下降，曲线左尾向右移动，表明在此期间城市的技术效率上升，但城市间技术效率的差距仍然较大。

(3) 城市技术水平的分布演进。样本考察期内，相对累积 GTC 分布的波峰不断右移，表明我国多数城市的技术水平有所上升。2004 年相对累积 GTC 分布呈明显的双峰分布，左侧峰值高于右峰，表明技术水平较高的城市数量少于技术水平较低的城市，城市技术水平之间存在较大差距。与 2004 年相比，2009 年、2014 年和 2017 年的相对累积 GTC 分布总体上表现为单峰分布，波峰高度逐步下降，右拖尾不断向右移动，而左尾的位置在整个期间变化不大，表明我国城市技术水平整体趋于上升，高技术水平的城市不断增多，同时城市间技术水平的差距逐步拉大。

对比相对累积 GML、相对累积 GEC、相对累积 GTC 的核密度分布图，相对累积 GML 和相对累积 GTC 的密度分布图呈现出类似的变动特征，可知我国城市 GTFP 的提高主要依靠技术进步推动，城市技术水平的提升是推动城市 GTFP 增长的关键。

### 三、城市 GTFP 增长的城市比较

详细考察 2003～2017 年我国地级及以上城市 GTFP 指数，其中 251 个城市的

GTFP 有不同程度的提高，占到城市数量的 90.94%；23 个城市 GTFP 出现下降，下降幅度处于 0.05%~7.12%；少数城市的 GTFP 未发生明显变化。天津是 GTFP 增长最快的城市，其次是北京和长春，这三个城市 GTFP 年均增长率分别达 16.67%、16.47%和 14.8%。丽江是 GTFP 下降最快的城市，其次分别是嘉峪关和铜川，这三个城市 GTFP 的年均下降速度分别为 7.12%、5.35%和 4.32%。

根据 276 个城市技术效率变化指数与技术水平变化指数的几何平均值，得到图 9-5。以 GEC=1 和 GTC=1 作为分界线可将图 9-5 划分为 4 个象限，第一象限内为技术效率提高且技术进步的城市，第二象限内为技术效率恶化但技术进步的城市，第三象限内为技术效率恶化且技术退步的城市，第四象限内为技术效率提高但技术退步的城市。技术效率变化指数小于 1 的城市数为 112 个，大于等于 1 的城市数为 164 个，技术有效率的城市数多于无效率城市数，其中技术效率增长最快的为白银，其次是衡水和雅安，年均增长率分别为 7.75%、7.26%和 6.8%；技术效率下降最快的为东莞，其次是宁德和惠州，年均下降速度分别为 7.14%、5.67%和 5.2%。技术水平变化指数小于 1 的城市数为 25 个，大于等于 1 的城市数为 251 个，绝大部分城市呈技术进步状态，其中技术进步最快的城市是北京，其次是长春和宁波，年均增长率分别为 16.47%、14.8%和 13.53%；技术退步最快的城市为固原，其次是嘉峪关和铜川，年均下降速度分别为 5.81%、5.35%和 4.32%。处于技术效率恶化且技术退步状态(第三象限)的城市数为 3 个，分别为池州、嘉峪关和丽江；处于技术效率提高且技术进步状态(第一象限)的城市数为 142 个，除北京、天津、上海、重庆这四个直辖市外，其他城市主要集中于内蒙古、辽宁、黑龙江、山东、河南、湖北、湖南、广东、广西和四川等省区。

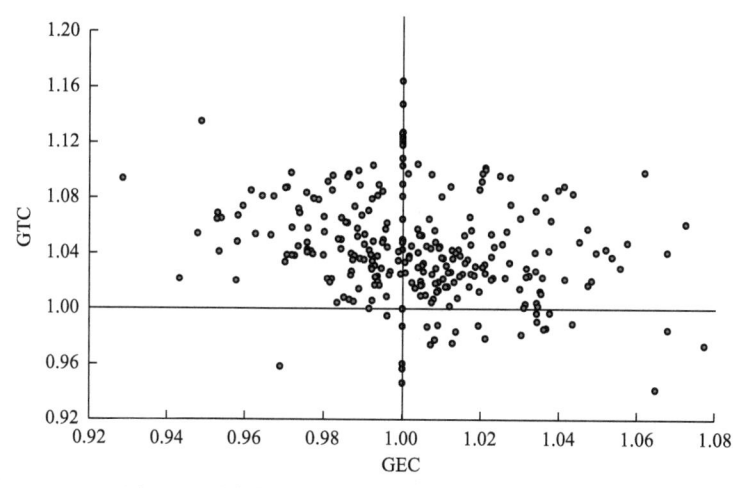

图 9-5 城市技术效率指数与技术水平指数分布图

## 四、四大地区城市 GTFP 增长的差异分析

根据《中国区域经济统计年鉴》的地区划分标准，将 276 个城市分别归类为东部、中部、西部和东北地区，接下来对四大地区的城市 GTFP GML 指数与子项进行测算，具体结果如表 9-3 所示。

**表 9-3 四大地区 GML 指数与分解子项的几何平均值**

| 地区 | GML | GEC | GTC |
| --- | --- | --- | --- |
| 全国 | 1.0462 | 1.0035 | 1.0425 |
| 东部 | 1.0620 | 0.9919 | 1.0707 |
| 中部 | 1.0436 | 1.0058 | 1.0377 |
| 西部 | 1.0273 | 1.0083 | 1.0189 |
| 东北 | 1.0560 | 1.0170 | 1.0383 |

2003~2017 年，四大地区的城市 GTFP 总体均呈增长趋势，其中东部、中部、西部和东北地区分别年均增长 6.2%、4.36%、2.73%和 5.6%，年均增速呈现出由东部、东北到中部、西部递减态势。东部地区城市的技术效率年均下降 0.81%，中部、西部和东北地区城市的技术效率分别年均增长 0.58%、0.83%和 1.7%，城市技术效率的年均增速呈现出由东部、中部到西部、东北的递增态势。东部、中部、西部和东北地区城市的技术水平分别年均增长 7.07%、3.77%、1.89%和 3.83%，城市技术水平的年均增速呈现出由东部、东北到中部、西部递减态势。综合来看，四大地区城市 GTFP 年均增速的差异主要来源于技术水平年均增速的差异，中部、西部和东北地区的城市 GTFP 增长由技术效率增长和技术水平进步共同驱动，而东部地区的城市 GTFP 增长主要依赖于技术水平进步。

东部地区城市 GTFP 的年均增速高于全国，说明经济较为发达的东部城市逐步认识到经济发展与资源环境相协调的重要性，通过经济结构调整、科技创新、环境污染治理等措施来减少经济发展对资源环境造成的压力，逐步向经济高质量发展迈进。但东部城市的技术效率仍待提高，成为城市 GTFP 进一步提升的关键。以高耗能、高污染重工业为主的东北地区，资源枯竭与生态恶化问题较为突出，在振兴东北战略支持下，政府通过加大环境污染治理的投入，充分发挥老工业基地的科研与产业优势，使其城市 GTFP 有高于全国的年均增速。相对而言，中部、西部地区的城市 GTFP 存在较大的提升空间。中部地区因靠近东部地区，与东部地区有较为频繁和密切的经济往来与技术交流，已意识到技术创新和生态保护的重要性，其发展速度和质量要好于西部地区。西部地区经济基础较为薄弱，追求经

济增长仍是重要任务,导致西部地区主要依靠增加生产要素投入来提高产出,对当地生态环境造成较大破坏,较低的技术效率是其城市 GTFP 增长缓慢的主要原因。

## 第四节 中国城市 GTFP 增长的收敛性分析

城市 GTFP GML 指数实质上为年度间的环比指数,为了方便表示,接下来将 2003~2004 年的 GML 指数记作 2004 年的 GML 指数,以后各年以此类推,以各年 GML 指数的数据为基础开展城市 GTFP 增长的收敛性分析。

### 一、$\sigma$ 收敛分析

根据 $\sigma$ 收敛的定义,如果城市间 GTFP 增长的离差随时间推移而趋于下降,则认为城市 GTFP 增长存在 $\sigma$ 收敛。$\sigma$ 收敛可通过方差、标准差、变异系数、泰尔指数、对数标准差等指标来判断,在此以泰尔指数对全国及四大地区的城市 GTFP 增长进行 $\sigma$ 收敛分析。泰尔指数的测算方法为

$$T = \frac{1}{K}\sum_{k=1}^{K}\frac{\text{GTFP}_k}{\mu}\lg\frac{\text{GTFP}_k}{\mu} \tag{9-9}$$

其中,$K$ 表示城市个数;$\text{GTFP}_k$ 表示第 $k$ 个城市的 GTFP 指数,GTFP 指数的平均值 $\mu = \sum_{k=1}^{K}\text{GTFP}_k / K$。图 9-6 直观地刻画了全国及四大地区城市 GTFP 增长泰尔指数的变动趋势。

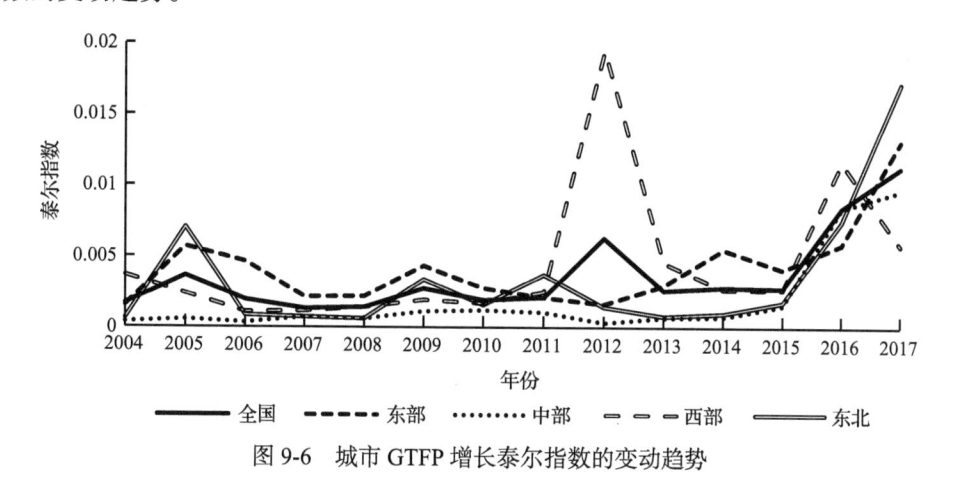

图 9-6 城市 GTFP 增长泰尔指数的变动趋势

从图 9-6 可看出,2004~2017 年全国及四大地区城市 GTFP 增长的泰尔指数总体呈上升趋势,表明城市之间 GTFP 增长的差异呈扩大态势,即全国及四大地

区的城市 GTFP 增长均不存在 $\sigma$ 收敛，而呈发散趋势。从四大地区的横向比较来看，中部地区城市 GTFP 增长的泰尔指数最小，说明中部地区城市之间 GTFP 增长的差异相对较小；西部地区城市 GTFP 增长的泰尔指数在 2012~2017 年波动较为剧烈，没有稳定的变化趋势。

## 二、绝对 $\beta$ 收敛

$\beta$ 收敛随假设条件不同可分为绝对 $\beta$ 收敛和条件 $\beta$ 收敛两种类型。绝对 $\beta$ 收敛假定各城市 GTFP 增长差距会随着时间变动而逐渐缩小，最终达到完全相同的稳态增长速度。借鉴刘华军（2016）的处理，将绝对 $\beta$ 收敛的回归方程设定如式（9-10）所示：

$$\frac{1}{13} \times \ln\left(\frac{\text{GTFP}_{i,2017}}{\text{GTFP}_{i,2004}}\right) = \alpha + \beta \ln \text{GTFP}_{i,2004} + \varepsilon \qquad (9\text{-}10)$$

其中，$\text{GTFP}_{i,2017}$ 表示城市 $i$ 在 2017 年的 GTFP 指数；$\text{GTFP}_{i,2004}$ 表示城市 $i$ 在 2004 年的 GTFP 指数；$\varepsilon$ 表示随机误差项。若系数 $\beta$ 显著为负，则认为城市 GTFP 增长存在绝对 $\beta$ 收敛；若系数 $\beta$ 显著为正，则认为城市 GTFP 增长呈发散态势。采用 OLS 截面回归的方法对中国城市 GTFP 增长的绝对 $\beta$ 收敛进行实证检验，回归结果见表 9-4。

**表 9-4　城市 GTFP 增长的绝对 $\beta$ 收敛检验**

| 变量 | 全国 | 东部 | 中部 | 西部 | 东北 |
| --- | --- | --- | --- | --- | --- |
| $\ln \text{GTFP}_{i,2004}$ | −0.0989*** (−8.48) | −0.1058*** (−4.86) | −0.0976** (−2.48) | −0.0999*** (−7.27) | −0.0080 (−0.14) |
| 常数项 | 0.0110*** (11.50) | 0.0152*** (8.29) | 0.0119*** (7.33) | 0.0062*** (3.91) | 0.0092*** (2.93) |
| $R^2$ | 0.2080 | 0.2215 | 0.0730 | 0.4134 | 0.0006 |
| $F$ 统计量 | 71.95 | 23.61 | 6.14 | 52.85 | 0.02 |

注：括号内为 $t$ 值
\*\*\*、\*\*分别表示在 1%、5%水平下显著

从全国层面看，$\ln \text{GTFP}_{i,2004}$ 的系数（即 $\beta$ 值）在 1%的水平下显著为负，意味着全国范围内各城市 GTFP 增长之间的差距趋于缩小，即城市 GTFP 增长存在绝对 $\beta$ 收敛。分四大地区来看，东部和西部地区的 $\beta$ 值在 1%的水平下显著为负，中部地区的 $\beta$ 值在 5%的水平下显著为负，表明东部、中部、西部地区内部各城市 GTFP 增长也存在绝对 $\beta$ 收敛。东北地区的 $\beta$ 值尽管为负值，但未通过显著性检验，表明东北地区各城市 GTFP 增长未呈现出明显的收敛趋势。

## 三、条件 β 收敛

条件 β 收敛是考虑到城市各自不同的基础条件,每个城市 GTFP 增长朝各自的稳态增长速度逐步趋近,但绝对差距一直存在。借鉴李健和盘宇章(2018)的研究思路,条件 β 收敛的回归方程设定为式(9-11)的形式:

$$\ln \text{GTFP}_{i,t} - \ln \text{GTFP}_{i,t-1} = \alpha + \beta \ln \text{GTFP}_{i,t-1} + \varepsilon_{i,t} \tag{9-11}$$

其中,$\text{GTFP}_{i,t}$ 和 $\text{GTFP}_{i,t-1}$ 分别表示城市 $i$ 在 $t$ 期和 $t-1$ 期的 GTFP 指数;$\varepsilon_{i,t}$ 表示随机误差项。若系数 $\beta$ 显著为负,则认为城市 GTFP 增长存在条件 β 收敛;若系数 $\beta$ 显著为正,则认为城市 GTFP 增长存在发散趋势。

面板数据固定效应估计方法不仅考虑到不同个体存在不一样的稳态值,也考虑到个体自身稳态值可能随时间而变动,因此无需加入额外控制变量,就能以最少的数据进行条件收敛检验。在此采用面板数据的个体固定效应估计方法,对中国城市 GTFP 增长的条件 β 收敛进行实证检验,回归结果见表 9-5。

表 9-5 城市 GTFP 增长的条件 β 收敛检验结果

| 变量 | 全国 | 东部 | 中部 | 西部 | 东北 |
| --- | --- | --- | --- | --- | --- |
| $\ln \text{GTFP}_{i,t-1}$ | −1.1611*** <br> (−23.68) | −1.1502*** <br> (−18.33) | −0.9155*** <br> (−9.98) | −1.3026*** <br> (−16.99) | −1.0704*** <br> (−12.11) |
| 常数项 | 0.0547*** <br> (29.74) | 0.0728*** <br> (23.51) | 0.0430*** <br> (13.72) | 0.0357*** <br> (20.41) | 0.0621*** <br> (14.22) |
| $R^2$-within | 0.5241 | 0.5194 | 0.3600 | 0.6238 | 0.4556 |
| $F$ 统计量 | 560.90 | 335.96 | 99.54 | 288.69 | 146.71 |

注:括号内为 $t$ 值
***表示在 1%水平下显著

无论是全国层面还是四大地区,$\ln \text{GTFP}_{i,t-1}$ 的系数(即 $\beta$ 值)均在 1%的水平下显著为负,表明全国、东部、中部、西部和东北地区内各城市 GTFP 增长均存在条件 β 收敛,城市 GTFP 增长都存在着向各自稳态速度收敛的趋势。

## 第五节 本章小结

以非径向非角度的 SBM 模型与 GML 指数相结合,对 2003~2017 年我国 276 个地级及以上城市的 GTFP 增长进行测算与分解,运用核密度方法考察城市 GTFP 分布的动态演变,比较四大地区城市 GTFP 增长的差异,开展城市 GTFP 增长的 $\sigma$ 收敛、绝对 β 收敛与条件 β 收敛分析。

本章得到以下主要结论：①城市 GTFP 总体呈增长态势，但城市间差距有所拉大。从全国层面来看，我国城市 GTFP 以年均 4.62%的速度增长，其中技术效率年均增速为 0.35%，技术水平年均增速为 4.25%，城市 GTFP 的提高主要依靠技术水平进步推动。我国城市 GTFP 分布的动态演进显示，城市间 GTFP 和技术水平的差距逐步拉大，技术效率也存在较大差距。②大多数城市的 GTFP 有所增长，少数城市出现下降。从城市层面来看，251 个城市 GTFP 有不同程度的提升，占城市总数的 90.94%；23 个城市 GTFP 出现下降，下降幅度处于 0.05%～7.12%。处于技术退步且技术效率恶化状态的城市数为 3 个，处于技术进步且技术效率提高状态的城市数为 142 个。③不同地区的城市 GTFP 增长差异较大。分四大地区来看，城市 GTFP 和技术水平的增速都呈现出由东部、东北到中部、西部的递减态势，而城市技术效率的增速则呈现出由东部、中部到西部、东北的递增态势。中部、西部和东北地区城市 GTFP 的增长由技术效率增长和技术水平进步共同驱动，而东部地区城市 GTFP 的增长主要依赖于技术水平进步。④全国及东部、中部和西部地区的城市 GTFP 增长均不存在 $\sigma$ 收敛，但存在绝对 $\beta$ 收敛和条件 $\beta$ 收敛，东北地区的城市 GTFP 增长不存在 $\sigma$ 收敛和绝对 $\beta$ 收敛，但存在条件 $\beta$ 收敛。

上述结论具有以下政策启示意义：第一，在资源环境约束下，应积极推动城市转变经济发展方式，推进绿色发展，改善经济发展质量与效益，不断提高城市技术效率，促使各城市从效率改善和技术进步中获益，以增强经济增长与资源环境的协调性。第二，面对城市间 GTFP 差距不断拉大的现实，应不断完善政府宏观调控职能，加强环境规制约束的同时对 GTFP 较落后的城市给予政策支持，促进区域间生产要素和先进技术的流动与溢出，更好地发挥发达城市在 GTFP 方面的带动和引领作用，提高落后城市的 GTFP 增速。

# 第十章 长三角城市 GTFP 测算与时空特征：基于 StoNED 模型

## 第一节 问题提出

改革开放以来，中国经济总量、速度、结构及创新能力等均取得跨越式发展，近年来以技术创新驱动的全要素生产率提升，逐渐成为经济高质量发展的重要源泉。在当前资源约束日益突出、环境问题凸显的背景下，将环境污染作为非期望产出纳入全要素生产率测度，准确测算城市 GTFP，以全面反映经济发展效率和质量显然更为必要与紧迫。有关 GTFP 的研究非常丰富，主要集中于 GTFP 测算及其对经济增长的贡献方面，由于选取指标与测算方法的不同，测算结果往往存在较大差异，但一个基本共识是改革开放以来全要素生产率对我国经济增长的贡献率日益增强。

全要素生产率测度方法主要包括以 DEA 为代表的非参数方法和以 SFA 为代表的参数方法。DEA 方法通常缺乏统计特性考察，从样本观测点到生产前沿面之间的残差只包含非有效部分，没有考虑随机误差或噪声，容易导致效率低估。SFA 模型在估计生产函数的相关参数时，不恰当的函数形式设定或误差项分布假设容易将设定误差与效率估计相混淆，且难以处理多产出情形，对样本容量要求也较高。

为充分利用 DEA 和 SFA 测算全要素生产率的优势，弥补其不足，Kuosmanen(2006)、Kuosmanen 和 Kortelainen(2007)提出一种新的效率测度方法——StoNED 模型。作为一种半参数前沿面分析方法，StoNED 模型很好地综合了 DEA 和 SFA 的优点，使全要素生产率测算形式更为灵活，操作性更强。StoNED 模型将 SFA 的残差分解为无效率项和随机噪声项，将其与 DEA 的非参数分段线性前沿面理念整合于同一分析框架，消除参数和非参数方法之间的隔阂，有利于更有效地开展全要素生产率测算。

随着我国社会经济的发展，城市的重要性日益凸显，城市是人力资本、资金、技术、信息等的集聚地，是区域经济社会发展的主要载体。鉴于城市层面的部分数据相对缺乏，要想准确测算城市 GTFP 存在不小的难度，利用 StoNED 模型来测算城市 GTFP 的文献还很少，故有必要采用 StoNED 模型来科学准确地测算城市 GTFP，以寻求推动城市经济高质量发展的有效路径。

2019 年，中央审议通过《长江三角洲区域一体化发展规划纲要》，对长三角一体化发展提出顶层设计，要求形成高质量发展的城市集群。考虑到数据可行性，本章以长三角地区地级及以上城市为研究对象，合理构建 StoNED 模型，结合科学的指标选择和数据处理，对长三角地区的地级及以上城市 GTFP 进行测算，进而开展动态与比较分析，挖掘不同地区、不同规模城市 GTFP 的差异性特征，结合长三角城市社会经济发展实际，从创新驱动视角提出长三角城市 GTFP 提升路径，为助推经济高质量发展提供参考。

# 第二节 城市 GTFP 测算模型与指标选择

## 一、StoNED 模型构建

Kuosmanen（2006）、Kuosmanen 和 Kortelainen（2007）提出测度效率的新方法——StoNED 模型。在不引入新概念和新工具的情况下，StoNED 模型结合了 DEA 和 SFA 的优点，当然 DEA 和 SFA 均可看作有约束 StoNED 模型的一个特例。

与 DEA 的不同之处在于，StoNED 模型引入随机误差，并遵循 SFA 的通常设定。假定 DMU $i$ 的产出值 $y_i$ 不同于 $f(x_i)$，合成残差 $\varepsilon_i = v_i - u_i$，其中 $u_i$ 为无效率项，$v_i$ 为随机误差项。即有

$$y_i = f(x_i) + \varepsilon_i = f(x_i) - u_i + v_i, \quad i = 1, 2, \cdots, n \qquad (10\text{-}1)$$

可见，StoNED 模型将 SFA 模型的残差分解为无效率项 $u_i$ 和随机误差项 $v_i$，也利用 DEA 模型的非参数分段线性前沿，方便地将样本特征、环境变量和乘法误差等因素纳入模型中。因此，StoNED 模型能够消除参数和非参数方法之间的隔阂，充分利用两者优势来解决效率评估问题。

构建 StoNED 模型主要包括三个步骤：①对残差 $\varepsilon = (\varepsilon_1, \varepsilon_2, \cdots, \varepsilon_n)$ 的最小二乘估计；②无效率项 $u$ 的估计；③效率值 $E$ 的估算。由无效率项 $u_i$ 和随机误差项 $v_i$ 组成的合成残差 $\varepsilon_i$ 使得 DMU $i$ 的产出 $y_i$ 与 $f(x_i)$ 值出现差异（籍艳丽和赵丽琴，2011）。两者之间的差异是无效率项引起的，所以 DMU 的效率计算公式为

$$E = y_i / f(x_i) = 1 - \frac{E(u_i)}{y_i + E(u_i) - E(v_i)} + \frac{E(v_i)}{y_i + E(u_i) - E(v_i)}, \quad i = 1, 2, \cdots, n \qquad (10\text{-}2)$$

因为 $E(v_i) = 0$，进一步得到 DMU 的效率值计算公式为

$$E = \frac{y_i}{f(x_i)} = 1 - \frac{E(u_i)}{y_i + E(u_i)}, \quad i = 1, 2, \cdots, n \qquad (10\text{-}3)$$

StoNED 模型的详细构建步骤及原理具体见第三章第四节，在此不再赘述。

利用 StoNED 模型对 2003～2018 年长三角地区地级及以上城市 GTFP 进行测算，测算模型设定为式(10-4)的形式：

$$\begin{cases} \min\limits_{\alpha,\ \beta,\ \hat{\varepsilon}_i} \sum_{i=1}^{n} \hat{\varepsilon}_i^2 \\ \text{s.t.} \\ \quad y_i = \alpha_i + \text{BL}(i) \times L(i) + \text{BK}(i) \times K(i) + \hat{\varepsilon}_i,\ \forall i = 1, 2, \cdots, n \\ \quad y_h \leqslant \alpha_i + \text{BL}(i) \times L(h) + \text{BK}(i) \times K(h) + \hat{\varepsilon}_h,\ \forall i, j = 1, 2, \cdots, n \\ \quad \text{BL}(i) \geqslant 0, \text{BK}(i) \geqslant 0,\ \forall i = 1, 2, \cdots, n \end{cases} \quad (10\text{-}4)$$

其中，$L(i)$ 表示劳动投入；$K(i)$ 表示资本投入；$\text{BL}(i)$ 表示边际劳动产出；$\text{BK}(i)$ 表示边际资本产出。式(10-4)可运用 GAMS 软件进行求解和相关参数估计。

## 二、变量选取

考虑到长三角城市在全国城市中的重要性及典型代表性，此章的测算对象为长三角三省一市的 41 个地级及以上城市，其中安徽巢湖市由于 2011 年被撤销建制而不在样本范围内，时间跨度为 2003～2018 年。

### (一) 产出指标

产出指标是由期望产出和非期望产出指标经过熵值法加权算术平均得到的综合指标，其中期望产出作为正指标，对其进行标准化处理，非期望产出作为逆指标，同样加以标准化处理，利用熵值法得到各指标权重。这一综合指标既反映经济社会发展过程中所创造的服务和生产，又反映生产过程中对生态环境造成的不良影响。

1. 期望产出

采用各城市的地区生产总值作为衡量总产出的基本指标。41 个地级及以上城市的地区生产总值来自各年度《中国城市统计年鉴》，以 2003 年为基年，将各年度的名义地区生产总值换算为可比价地区生产总值。

2. 非期望产出

已有研究对于非期望产出的选择各不相同，没有统一的标准，考虑到城市环境污染指标数据的可得性及目前我国工业化进程导致的城市空气污染与水污染问题，因而选取地级及以上城市的工业废水排放量、工业二氧化硫排放量和工业烟粉尘排放量作为非期望产出，个别年份的缺失数据通过插值法或平滑法加以插补。其中《中国城市统计年鉴》仅公布了 2011 年之后各城市的工业烟粉尘排放量，而 2010 年之前仅公布了工业烟尘排放量，2003～2010 年各地级及以上城市的工业烟粉尘排放量由各城市所属省区市历年工业烟粉尘排放量乘以历年各城市工业烟尘排放量在所属省区市工业烟尘排放量中所占比重估算得到。

在得到工业废水排放量、工业二氧化硫排放量和工业烟粉尘排放量三种污染物排放量的基础上,将"中国工业企业污染数据库"与"中国工业企业数据库"进行匹配,基于bootstrap方法构建污染物影子价格的二次型DDF,估计得到三项污染物的平均影子价格,进而合成得到各地级及以上城市的总治理成本。

(二)投入指标

1. 劳动投入

理论上劳动投入应综合考虑劳动者人数、劳动时间、劳动质量(效率)等因素(王恕立和胡宗彪,2012),但这方面的详细数据难以获取,故选用各城市就业人数乘以人均受教育年限表征劳动投入。城市就业人数为城市年末城镇从业人员数、城镇私营和个体从业人员数的总和(聂长飞等,2021)。人均受教育年限为受教育年限[①]折算值的加权平均值,以不同受教育程度构成人数的占比为权重。

2. 资本投入

资本投入以资本存量表征,采用永续盘存法公式 $K_{j,t} = (1-\delta_{j,t})K_{j,t-1} + I_{j,t}$ 计算,基期资本存量为 $K_0 = I_{j,t}/(g_{j,t} + \delta_{j,t})$,其中 $K_{j,t}$ 和 $K_{j,t-1}$ 分别表示第 $j$ 个城市在 $t$ 时期和 $t-1$ 时期的物质资本存量,$I_{j,t}$ 表示第 $j$ 个城市在 $t$ 时期的实际固定资产投资总额,$g_{j,t}$ 表示 5 年投资平均增长率。考虑到中国各省区市固定资产投入结构存在显著差异,需考虑地区资本折旧率的异质性,以避免资本存量的不准确估计(余泳泽,2017)。因此,本章基于建筑和设备的折旧率分别为 8.12%和 17.08%,以及其他费用折旧率为 12.1%,测算各个省区市不同的资本折旧率[②],进而估算得到中国地级及以上城市的资本存量,并以 2003 年为基期进行调整。

### 三、数据说明

城市 GTFP 测算的样本对象为 2003~2018 年长三角地区 41 个地级及以上城市,共 697 个观测值。地级及以上城市的指标数据均为全市口径,数据来自历年《中国城市统计年鉴》,部分缺失的数据来自上海、江苏、浙江及安徽的统计年鉴,三省一市的固定资产投资价格指数来自《中国统计年鉴》。各指标的描述性统计量见表 10-1。

---

① 劳动力调查自 2015 年开始使用新的受教育程度分类,新增中等职业教育和高等职业教育的指标统计,为了保持前后年份可比性,受教育年限统一按照小学 6 年、初中 9 年、高中 12 年、中等职业教育 13 年、高等职业教育 14 年、大学专科 15 年、大学本科 16 年、研究生 19 年折算。

② 借鉴单豪杰(2008),在建筑年限 38 年和设备年限 16 年的假定下,建筑和设备的折旧率分别为 8.12%和 17.08%。

表 10-1 主要指标的描述性统计量

| 指标 | 单位 | 样本数 | 均值 | 标准差 | 最小值 | 最大值 |
| --- | --- | --- | --- | --- | --- | --- |
| 地区生产总值 | 亿元 | 697 | 2 131.24 | 3 029.36 | 75.50 | 26 595.85 |
| 劳动投入 | 万人·年 | 697 | 1 521.12 | 2 209.40 | 86.19 | 19 486.16 |
| 资本存量 | 亿元 | 697 | 5 945.62 | 6 443.31 | 113.70 | 35 323.15 |
| 工业废水排放量 | 万吨 | 697 | 12 219.42 | 14 731.61 | 390.67 | 85 735.00 |
| 工业二氧化硫排放量 | 万吨 | 697 | 4.90 | 5.48 | 0.13 | 49.64 |
| 工业烟粉尘排放量 | 万吨 | 697 | 3.29 | 2.71 | 0.08 | 28.11 |

## 第三节 长三角城市 GTFP 测算结果分析

### 一、长三角城市 GTFP 总体特征

为考察长三角城市 GTFP 的变动趋势及差异特征，利用 StoNED 模型对 2003~2018 年 41 个地级及以上城市 GTFP 进行测算，进而得到长三角城市主要年份 GTFP 的均值、标准差及标准差系数，具体见表 10-2，其中历年长三角城市 GTFP 均值的变化趋势见图 10-1。

表 10-2 主要年份长三角地级及以上城市 GTFP 描述性指标

| 指标 | 2003 年 | 2004 年 | 2006 年 | 2008 年 | 2010 年 | 2012 年 | 2014 年 | 2016 年 | 2018 年 |
| --- | --- | --- | --- | --- | --- | --- | --- | --- | --- |
| 均值 | 0.7905 | 0.7949 | 0.8112 | 0.8180 | 0.8019 | 0.8587 | 0.8379 | 0.8754 | 0.8649 |
| 标准差 | 0.1255 | 0.1135 | 0.1021 | 0.0947 | 0.0874 | 0.0776 | 0.0883 | 0.0709 | 0.0740 |
| 标准差系数 | 0.1587 | 0.1428 | 0.1258 | 0.1158 | 0.1090 | 0.0904 | 0.1054 | 0.0810 | 0.0855 |

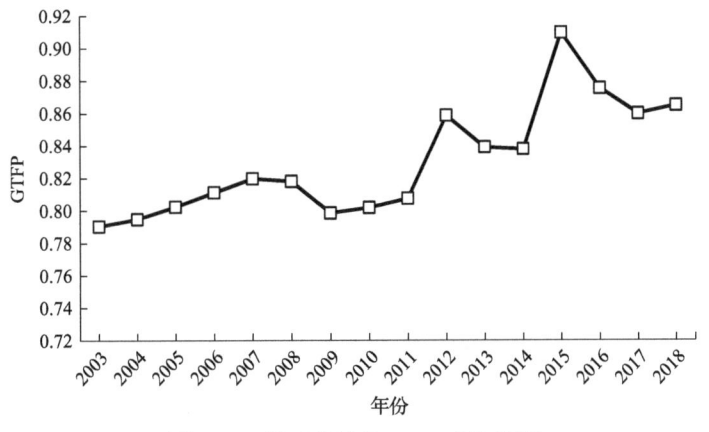

图 10-1 长三角城市 GTFP 变化情况

2003~2018年长三角城市GTFP总体呈现一定的上升态势。样本期间长三角城市GTFP变化可分为四个阶段：第一阶段为2003~2012年，长三角城市GTFP呈现轻微波动上升态势，年均上升0.92%；第二阶段为2012~2014年，GTFP稍有下行，年均下降1.22%；第三阶段为2014~2015年，GTFP急剧上升，上升幅度为8.56%；第四阶段为2015~2018年，GTFP又开始总体稳定下降，年均下降速度为1.67%。

## 二、三省一市的城市GTFP比较分析

进一步分省市考察不同城市之间的GTFP差异及变动特征，分别计算三省一市城市GTFP的平均值及标准差，见表10-3。

表10-3 主要年份长三角三省一市城市GTFP

| 地区 | 指标 | 2003年 | 2004年 | 2006年 | 2008年 | 2010年 | 2012年 | 2014年 | 2016年 | 2018年 | 平均 |
|---|---|---|---|---|---|---|---|---|---|---|---|
| 长三角 | 均值 | 0.7905 | 0.7949 | 0.8112 | 0.8180 | 0.8019 | 0.8587 | 0.8379 | 0.8754 | 0.8649 | 0.8282 |
|  | 标准差 | 0.1255 | 0.1135 | 0.1021 | 0.0947 | 0.0874 | 0.0776 | 0.0883 | 0.0709 | 0.0740 | — |
|  | 标准差系数 | 0.1587 | 0.1428 | 0.1258 | 0.1158 | 0.1090 | 0.0904 | 0.1054 | 0.0810 | 0.0855 | — |
| 上海 | 均值 | 0.9825 | 0.9873 | 0.9995 | 0.9987 | 0.9985 | 0.9994 | 0.9941 | 0.9952 | 0.9680 | 0.9915 |
|  | 标准差 | 0.0000 | 0.0000 | 0.0000 | 0.0000 | 0.0000 | 0.0000 | 0.0000 | 0.0000 | 0.0000 | — |
|  | 标准差系数 | 0.0000 | 0.0000 | 0.0000 | 0.0000 | 0.0000 | 0.0000 | 0.0000 | 0.0000 | 0.0000 | — |
| 江苏 | 均值 | 0.9013 | 0.8850 | 0.8722 | 0.8523 | 0.8433 | 0.9010 | 0.8789 | 0.9117 | 0.9056 | 0.8835 |
|  | 标准差 | 0.0885 | 0.0887 | 0.0963 | 0.1047 | 0.0906 | 0.0559 | 0.0765 | 0.0454 | 0.0533 | — |
|  | 标准差系数 | 0.0982 | 0.1002 | 0.1104 | 0.1229 | 0.1074 | 0.0620 | 0.0870 | 0.0498 | 0.0654 | — |
| 浙江 | 均值 | 0.7915 | 0.7994 | 0.8160 | 0.8375 | 0.8242 | 0.8937 | 0.8560 | 0.9064 | 0.8903 | 0.8461 |
|  | 标准差 | 0.0990 | 0.0962 | 0.0956 | 0.0773 | 0.0540 | 0.0573 | 0.0700 | 0.0552 | 0.0543 | — |
|  | 标准差系数 | 0.1251 | 0.1203 | 0.1172 | 0.0923 | 0.0655 | 0.0641 | 0.0818 | 0.0609 | 0.0610 | — |
| 安徽 | 均值 | 0.6879 | 0.7068 | 0.7472 | 0.7659 | 0.7409 | 0.7918 | 0.7824 | 0.8171 | 0.8063 | 0.7607 |
|  | 标准差 | 0.0698 | 0.0646 | 0.0674 | 0.0703 | 0.0594 | 0.0540 | 0.0789 | 0.0574 | 0.0603 | — |
|  | 标准差系数 | 0.1015 | 0.0914 | 0.0901 | 0.0917 | 0.0801 | 0.0682 | 0.1008 | 0.0703 | 0.0748 | — |

由表10-3可知，除上海外，2003~2018年长三角地区各省市的城市GTFP标准差和标准差系数总体均趋于缩小，表明各省市内部地级及以上城市GTFP的差异有所缩小，总体上趋于均衡。

纵向对比可知，长三角整体的标准差系数较各省市而言明显偏大，说明长三角地区各省市之间还存在一定的差异，存在着发展不均衡的现象。

绘制2003~2018年长三角地区三省一市的GTFP的均值趋势图见图10-2。对

照表 10-3 和图 10-2 可知，2003~2018 年上海 GTFP 最高，均值达到 0.9915，其次是江苏和浙江，均值分别为 0.8835 和 0.8461。安徽 GTFP 的均值较江苏、浙江及上海还存在不小的差距，其历年平均生产率仅为 0.7607。

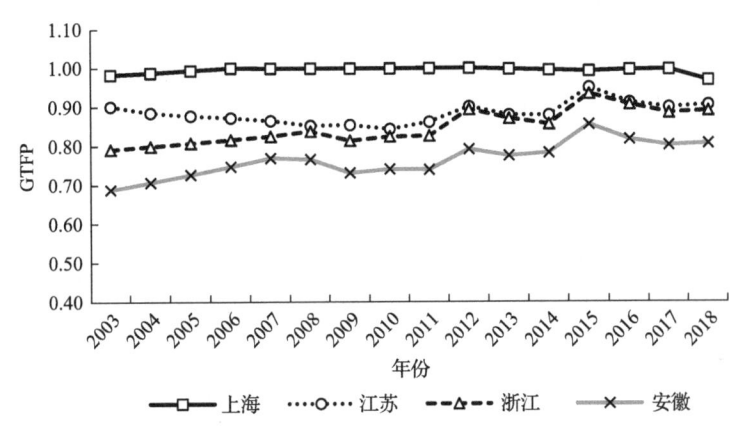

图 10-2　StoNED 模型测算的 2003~2018 年三省一市城市 GTFP 变动趋势

由图 10-2 可知，2003~2018 年上海的 GTFP 最高且处于较平稳的状态；江苏、浙江及安徽的 GTFP 变动趋势基本相同，但总体 GTFP 水平呈现出江苏>浙江>安徽的结果。

StoNED 模型与 DEA 模型有着许多相似之处，譬如都无需假设产出函数的具体形式，得出的效率值都为相对值。接下来，选取与 StoNED 模型相同的指标数据，采用 DEA 模型测算得到历年长三角城市 GTFP，以开展两种方法测算结果的对比分析。同样地，对于 DEA 模型测算的城市 GTFP 也分省市进行差异比较，得到各省市历年 GTFP，见图 10-3。

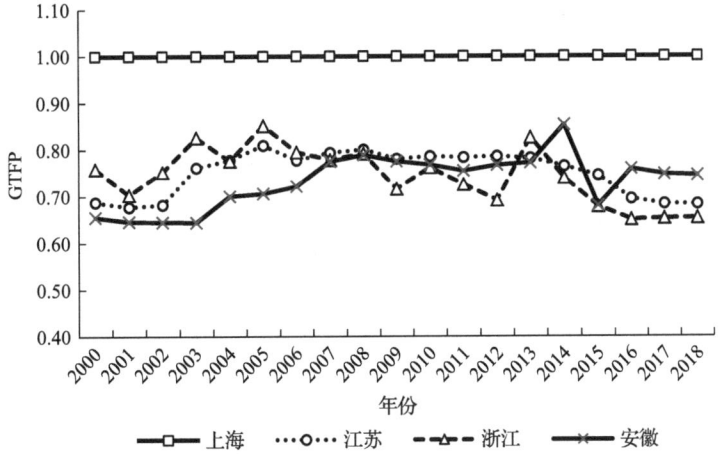

图 10-3　DEA 模型测算的 2000~2018 年三省一市城市 GTFP 变动趋势

由图 10-3 可知，DEA 模型测算得到的上海历年 GTFP 始终位于长三角三省一市之首，这与 StoNED 模型测算的结果相类似。但两者的测算结果存在明显差异，除上海外，DEA 模型测算得到的江苏、浙江和安徽城市 GTFP 比 StoNED 模型的测算结果要小，平均水平也不像 StoNED 模型测算结果呈现出阶梯形分布。江苏、浙江和安徽的城市 GTFP 波动较大，特别是 2015~2018 年江苏和浙江的城市 GTFP 出现下降态势，而安徽的城市 GTFP 波动明显且超过江苏和浙江两省。总体来看，StoNED 模型比 DEA 模型具有更高的区分度，主要表现为：①DEA 模型测算的上海 GTFP 始终为 1 即完全有效，显然这种理想状态在现实中难以达到，而 StoNED 模型则避免了这种情况；②DEA 模型测算的江苏、浙江和安徽三省的历年城市 GTFP 平均值处于较低的区间，多位于 0.6~0.9 区间，明显低于 StoNED 模型测算得到的城市 GTFP 平均值，原因在于 DEA 测算效率值时从样本观测点到生产前沿面之间的残差只包含非有效部分而没有考虑随机误差或者噪声，因此对效率值的估计偏低。总体来看，使用 StoNED 模型测算城市 GTFP 相对而言更为有效。

### 三、不同规模城市 GTFP 比较

以长三角地级及以上城市的城区常住人口数为横轴，历年 41 个地级及以上城市的 GTFP 平均值为纵轴，得到城市规模与城市 GTFP 的散点图，如图 10-4 所示。当城市规模逐渐增大时，总体上城市 GTFP 呈现出上升趋势，说明城市规模与 GTFP 之间存在着一定的正向关联性。需要注意的是，城市规模对 GTFP 的影响存在临界点效应，当城市规模达到 1400 万人左右的临界点时，GTFP 达到峰值。随后，伴随着城市规模的进一步扩大，GTFP 出现下降趋势。图 10-4 中上海的人口规模明显高于长三角其他城市，若将上海作为异常值剔除后，得到 40 个地级及以上城市的城市规模与 GTFP 散点图见图 10-5，此时当城市规模达到近 400 万人的临界点时，GTFP 由上升转变为下降趋势。

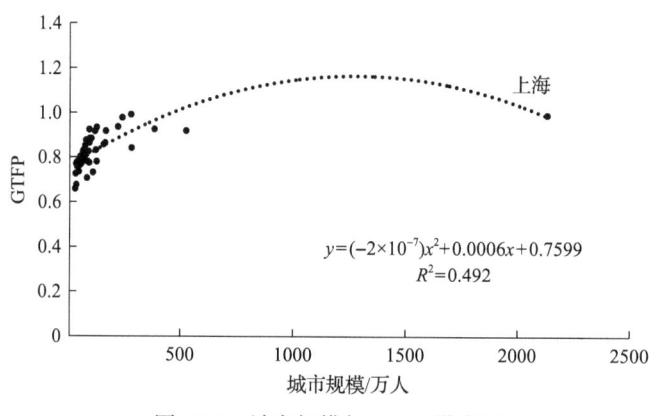

$y=(-2\times 10^{-7})x^2+0.0006x+0.7599$
$R^2=0.492$

图 10-4　城市规模与 GTFP 散点图

第十章 长三角城市 GTFP 测算与时空特征：基于 StoNED 模型 · 247 ·

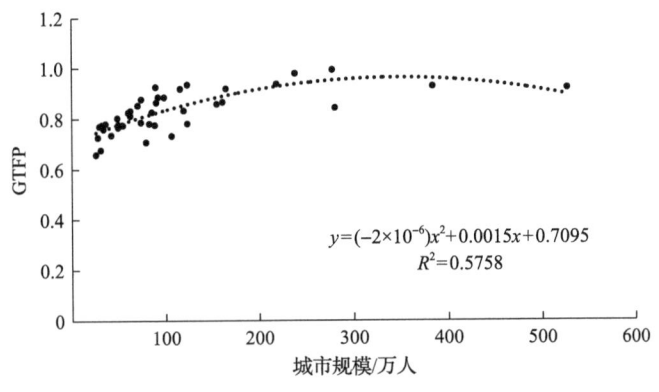

图 10-5 城市规模(不含上海)与 GTFP 散点图

进一步根据 2018 年各城市城区常住人口对长三角 41 个地级及以上城市进行规模分类[①]，并计算各规模类型下城市 GTFP 的平均值，具体如表 10-4 所示。

表 10-4 不同规模城市的 GTFP 情况

| 规模类型 | GTFP |
| --- | --- |
| 超大城市 | 0.9923 |
| 特大城市 | 0.9234 |
| 大城市 | 0.8682 |
| 中等城市 | 0.8032 |
| 小城市 | 0.7276 |

(1) 作为超大城市的上海，其 GTFP 除 2003~2006 年稍低于无锡和苏州的 GTFP 而居于第三位、2008 年稍低于苏州外，其余年份均排名第一，可见上海 GTFP 在长三角地区独占鳌头，与其长三角的龙头地位基本相符(李永友，2008)。

(2) 特大城市中的南京和杭州是长三角地区南北两翼的中心城市，近年来的经济发展既有共性又各有所长。在考察期内，杭州的历年 GTFP 逐渐高于南京，但两者均远高于长三角平均水平，这与二者在长三角的中心城市地位相符。南京凭借丰富的高校资源，大力发展高新技术产业，经济增长动力强劲，发展质量和效益不断提升；杭州则依托数字经济优势，加快产业转型，经济结构不断优化，城市综合竞争力大为提升。

(3) 大城市中，江苏的苏州与无锡分列第一、第二位。苏州的历年 GTFP 紧追上

---

① 根据 2014 年印发的《国务院关于调整城市规模划分标准的通知》，以 2020 年城区常住人口为统计口径，将城市划分为五类：人口 50 万人以下的为小城市，人口 50 万人以上 100 万人以下的为中等城市，人口 100 万人以上 500 万人以下的为大城市，人口 500 万人以上 1000 万人以下的为特大城市，人口 1000 万人以上的为超大城市。

海,而同等规模类型的连云港和淮安,其GTFP明显低于长三角地区GTFP平均水平,总体来看无论是在经济发展方面还是技术进步方面,苏北城市依旧存在较大的提升空间。在16个大城市中,安徽仅有合肥、芜湖和淮南三个城市分别位于第十二、第十三、第十六位。可见,同等城市规模下安徽城市的GTFP与江苏、浙江还存在较大差距。从具体城市看,苏州、无锡、宁波、南通、徐州、台州等的GTFP较为靠前,历年GTFP平均值远高于长三角地区城市的平均水平。

(4)中等城市中,位于榜首的镇江与排名最后的淮北的GTFP平均值相差30%,这两个城市之间的GTFP差距在某种程度上是江苏与安徽差距的缩影。排名较安徽内其他城市靠前的是安庆和马鞍山,马鞍山有着较佳的地理位置,与合肥相邻,和南京接壤,接受两市的辐射带动,有着较大的发展空间及潜力。

(5)小城市中,浙江的丽水和安徽的黄山、池州均以山地丘陵为主,地理条件较差,城市集聚功能有限,规模较小,城市对于周边的带动作用还较弱,城市GTFP处于较低水平。

总体来看,GTFP排名靠前的大城市主要来自江苏、浙江两省,安徽的大城市GTFP排名较为靠后;长三角地区中等城市和小城市主要分布于浙江、安徽两省,浙江地级及以上城市中除了衢州、丽水排名靠后,其余城市的排名均较靠前,且GTFP普遍在0.8以上,而安徽地级及以上城市中除了合肥、芜湖、马鞍山、安庆,其余城市GTFP均低于0.8且处于靠后位置,可见同等规模条件下安徽的地级及以上城市GTFP与江苏、浙江还存在不小的差距。

## 第四节 长三角城市GTFP的时空特征解析

### 一、城市GTFP的位序等级钟演变

为考察2003~2018年长三角各个地级及以上城市GTFP的位序变动情况,进一步绘制各城市GTFP的位序等级钟,将各个城市GTFP发展变化加以直观呈现。等级钟理论是研究城市个体在城市体系中的位序随时间变动的一种方法,其概念与绘制方法都由英国著名的地理学家Batty(2008)提出,通过利用位序等间隔的同心圆作为等级钟面,由最高等级位序的圆心开始,向外依次等间隔递减位序,直至设定的最低位序;与此相应,通过所研究的时间跨度将圆面均分为若干个扇面,利用设定的时间节点和与之对应的城市位序,在绘制好的位序等级钟面上画出位序等级随时间变化由圆心向外伸展的螺旋曲线(庄燕杰,2012)。

在此根据等级钟理论,利用长三角城市GTFP数据,绘制出2003~2018年各城市GTFP的位序等级钟,具体见图10-6。

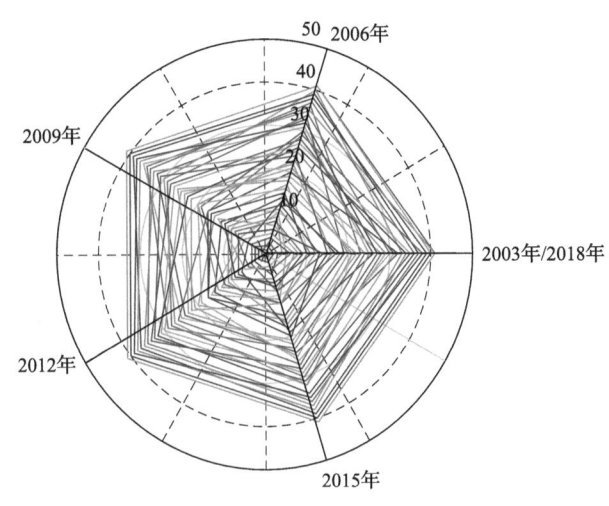

图 10-6 长三角城市 GTFP 的位序等级钟

由图 10-6 可知,2003~2018 年长三角地级及以上城市 GTFP 的位序发生了较为明显的变化,部分城市的 GTFP 位序有较大幅度上升或下降,使得等级钟的位序变动轨迹中呈现出一些交叉点。需要指出的是,在城市 GTFP 位序不断变动的背景下,特大城市和超大城市 GTFP 位序变动较小,如上海、南京、杭州等;中等位序的城市由于有较大发展空间导致其位序变动普遍较大,如盐城、嘉兴、芜湖等;而低位序城市的 GTFP 较低、增速有限,位序跃迁能力较弱,如丽水、池州、黄山等。

进一步计算各个地级及以上城市不同时段的 GTFP 位序变动距离,将各节点年份内所有城市的位序变动距离加以平均,得到节点年份的平均位序等级距离,发现长三角城市 GTFP 近年来最大的位序变动距离为 1.8889(表 10-5),绝大部分城市的位序变动距离小于 2。最后计算得到各节点年份平均位序等级距离的算数平均数,为 1.4000,说明长三角城市生产率整体位序变动比较平稳,位序跳跃性相对较弱。这意味着相对落后的城市应采取措施大力提升自身的 GTFP,逐步减小与 GTFP 较高城市之间的差距。

表 10-5 2003~2018 年长三角城市 GTFP 位序变化的平均距离

| 时间节点 $t-1$ | 时间节点 $t$ | 平均距离 $d(t)$ |
| --- | --- | --- |
| 2003 年 | 2006 年 | 1.7778 |
| 2006 年 | 2009 年 | 1.3333 |
| 2009 年 | 2012 年 | 0.7500 |
| 2012 年 | 2015 年 | 1.8889 |
| 2015 年 | 2018 年 | 1.2500 |

$$d = \sum_{t=1}^{T}\frac{d(t)}{T} = 1.4000 \qquad (10\text{-}5)$$

## 二、长三角城市 GTFP 的收敛性

为更加动态、全面地反映 41 个长三角城市 GTFP 差异的变化轨迹与趋势，进一步开展城市 GTFP 收敛性分析，以明晰长三角城市 GTFP 的趋同（发散）特征。如果长三角城市 GTFP 出现收敛特征，说明当前经济政策环境有助于缩小落后城市和发达城市之间的差距；若不存在收敛性，说明需适当调整政府政策以加强对落后城市的支持力度。

1. $\sigma$ 收敛分析

$\sigma$ 收敛反映样本离差随时间逐渐减小的过程，主要采用反映离散程度的指标（如变异系数、标准差、极差等）来刻画，在此选用标准差作为 $\sigma$ 收敛检验的指标。

长三角、江苏、浙江及安徽城市 GTFP 的 $\sigma$ 值随时间的变化轨迹见图 10-7[①]。长三角、江苏、浙江及安徽城市 GTFP 的标准差在 2003~2018 年呈现逐渐下降趋势，说明长三角、江苏、浙江及安徽的 GTFP 在样本期间均呈 $\sigma$ 收敛趋势。观察图 10-7 还发现一个明显的现象，即所有长三角城市的标准差系数较各省市而言明显偏大，说明从长三角整体来看，各省市之间还存在一定的差异，呈现出发展不均衡的现象。

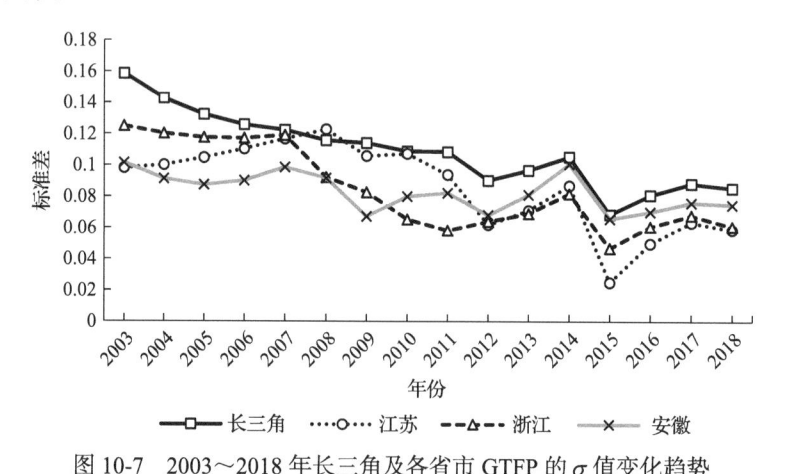

图 10-7　2003~2018 年长三角及各省市 GTFP 的 $\sigma$ 值变化趋势

2. $\beta$ 收敛分析

$\beta$ 收敛又分为绝对 $\beta$ 收敛和条件 $\beta$ 收敛，绝对 $\beta$ 收敛是指每一个体的指标值

---

[①] 上海市作为一个城市个体，无法计算绿色全要素生产率的 $\sigma$ 值。

(如 GTFP)会达到完全相同的稳态增长速度和水平；条件 $\beta$ 收敛是指不同的稳态存在于个体指标值之中，即差距会持续存在于不同个体之间。

(1)绝对 $\beta$ 收敛。绝对 $\beta$ 收敛检验的基本思想是，如果落后个体的增长速度高于先进个体的增长速度，则在未来某一时刻，两者的收入差异会消失，最终达到相同的稳态水平。借鉴卢宁(2018)进行 $\beta$ 收敛使用的回归模型对长三角城市 GTFP 开展绝对 $\beta$ 收敛检验：

$$\sqrt[T]{\frac{\text{GTFP}_{it}}{\text{GTFP}_{i0}}} = \alpha + \beta \text{GTFP}_{i0} + \varepsilon_t \tag{10-6}$$

其中，$\text{GTFP}_{it}$ 表示第 $i$ 个城市 GTFP 的期末值；$\text{GTFP}_{i0}$ 表示第 $i$ 个城市 GTFP 的初始值；$\alpha$ 表示常数项；$\varepsilon_t$ 表示一系列不相关的随机扰动项；$\beta$ 表示收敛系数。当 $\beta$ 小于 0，代表着城市间的 GTFP 趋向于收敛，反之则趋于发散。

所有长三角、江苏、浙江及安徽城市 GTFP 绝对 $\beta$ 收敛检验的回归结果见表 10-6，2003 年至 2018 年长三角、江苏、浙江及安徽城市 GTFP 均呈绝对 $\beta$ 收敛特征，系数 $\beta$ 的估计值均通过 1%水平的显著性检验，表明长三角、江苏、浙江及安徽的城市 GTFP 均存在绝对 $\beta$ 收敛，即城市之间的 GTFP 差距趋于缩小。

表 10-6　城市 GTFP 绝对 $\beta$ 收敛模型的回归结果

| 类别 | 长三角 | 江苏 | 浙江 | 安徽 |
| --- | --- | --- | --- | --- |
| $\beta$ | −0.0477*** | −0.0351*** | −0.0523*** | −0.0649*** |
| 常数 $\alpha$ | 0.0443*** | 0.0324*** | 0.0496*** | 0.0554*** |
| $R^2$ | 0.7436 | 0.6809 | 0.8176 | 0.5132 |
| 调整后 $R^2$ | 0.7370 | 0.6543 | 0.7973 | 0.4784 |
| $F$ 统计量 | 113.1199 | 25.6113 | 40.3339 | 14.7587 |

***表示在 1%水平下显著

(2)条件 $\beta$ 收敛。条件 $\beta$ 收敛是在考虑城市不同社会经济条件下，每个城市的 GTFP 水平不趋向于同一个稳态水平，而是向各自的稳态水平发展，最终达到稳定的生产率水平，即先进城市和落后城市的绝对差距可能在很长一段时间内持续存在(彭国华，2005)。进行条件收敛时通常使用固定效应模型，通过设定截面与时间的固定效应，既考虑不同地区的不同稳态水平，又考虑各城市稳态值随时间的变化。据此建立条件 $\beta$ 收敛模型为

$$d(\text{GTFP}_{it}) = \text{GTFP}_{it} - \text{GTFP}_{i(t-1)} = \alpha + \beta \text{GTFP}_{i(t-1)} + \varepsilon_{it} \tag{10-7}$$

其中，$\text{GTFP}_{it}$ 表示城市 $i$ 在 $t$ 时期的 GTFP，当 $\beta<0$ 时，表明存在条件 $\beta$ 收敛，即各城市向各自的稳态 GTFP 水平趋近，否则不存在条件收敛趋势。此处选用城市 GTFP 差分 $d(\text{GTFP}_{it})$ 做因变量，用 GTFP 的一期滞后值 $\text{GTFP}_{i(t-1)}$ 表示解释变量，对 2003 年至 2018 年长三角城市的 GTFP 面板数据进行条件 $\beta$ 收敛检验。

从表 10-7 条件收敛检验结果发现，条件 $\beta$ 收敛检验回归系数 $\beta$ 均为负值，且通过 1% 的显著性水平检验，表明长三角、江苏、浙江及安徽城市的 GTFP 均存在条件 $\beta$ 收敛现象，意味着所有长三角地区和苏浙皖三省的城市 GTFP 收敛于各自的稳态水平。

表 10-7 城市 GTFP 条件 $\beta$ 收敛模型的回归结果

| 类别 | 长三角 | 江苏 | 浙江 | 安徽 |
| --- | --- | --- | --- | --- |
| $\text{GTFP}_{i(t-1)}$ | −0.2619*** | −0.3674*** | −0.2288*** | −0.3042*** |
| 常数项 | 0.2133*** | 0.3227*** | 0.2749*** | 0.2286*** |
| $R^2$-within | 0.2788 | 0.3872 | 0.5069 | 0.1184 |
| $F$ 统计量 | 70.12 | 39.70 | 20.08 | 27.79 |

\*\*\*表示在 1%水平下显著

## 第五节 本章小结

依据结合参数方法 SFA 和非参数方法 DEA 优点的 StoNED 模型，利用 GAMS 软件测算 2003~2018 年我国长三角地区 41 个地级及以上城市的 GTFP，开展城市 GTFP 的时空特征解析，得到以下主要结论。

①上海的 GTFP 在长三角城市中最高，江苏、浙江次之，安徽居后，整体上长三角城市 GTFP 水平逐步趋于稳定。②安徽同江苏、浙江及上海的城市 GTFP 还存在较大差距。StoNED 模型的测算结果显示，安徽大部分城市的 GTFP 维持在 0.75 附近，而江苏、浙江、上海的城市 GTFP 普遍高于 0.8。③长三角城市 GTFP 的位序等级钟分析表明，长三角地级及以上城市 GTFP 的位序变动比较平稳，位序跳跃性相对较弱。④通过对长三角城市 GTFP 的 $\sigma$ 收敛和 $\beta$ 收敛分析可知，2003~2018 年长三角、江苏、浙江及安徽的城市 GTFP 均表现出一定的 $\sigma$ 收敛特征，也存在着绝对 $\beta$ 收敛和条件 $\beta$ 收敛特征。

上述结论对于推进长三角一体化发展，不断提升城市 GTFP 具有启示意义。上海的 GTFP 最高，对城市群的引领作用举足轻重，应进一步强化其科技创新能力，增强对周边城市的辐射带动功能。江苏应继续发挥南京、苏州、无锡的经济优势，加强其与苏北城市之间的资本、人才、技术等要素交流，共同提高 GTFP。

浙江应加大对欠发达地区的政策扶植力度，优化区域交通基础设施，促进省内城市 GTFP 的均衡发展。安徽应充分利用自身的比较优势，加强与周边发达省市的合作交流，积极转变经济发展方式。

# 第三篇　应用与拓展

# 第十一章 城市经济密度与 GTFP 的关系检验

## 第一节 问题提出

要素在城市集聚能够带来规模经济和正外部性已是不争的事实(Glaeser,2011)。然而,要素在城市空间的过度集聚,也会引发巨大的拥挤成本,譬如土地租金上涨、交通拥堵加重、环境污染突出等(王俊和李佐军,2014)。对于城市集聚与生产效率之间的关系当前仍存在着一定的争议,部分学者认为随着城市集聚度上升,生产效率越来越高(Ciccone and Hall,1996;Combes et al.,2008;范剑勇,2006);也有学者指出,城市过度集聚会带来明显的拥挤成本,导致集聚净收益下降(Lu et al.,2021;苏红键和魏后凯,2013;柯善咨和赵曜,2014;赵曜,2015)。如此,一个需要深入思考的问题便是:何种集聚度的城市最有效率呢?明晰这一问题的答案,需要探究城市经济密度与全要素生产率之间的关系,这对于理解城市集聚影响生产效率的内在机制,实践上推动形成合理的城市集聚度,推进城市高质量发展至关重要。

经济集聚度不同是导致地区生产效率差异的一个重要因素。20 世纪 70 年代,很多学者对城市规模与生产效率之间的关系展开研究,形成一定的理论认识和经验证据(Åberg,1973;Sveikauskas,1975)。相对于城市规模,经济密度可能更能反映真实的城市集聚度(Ciccone and Hall,1996),由此引发对经济密度与生产效率关系的探讨。从规模经济角度看,经济密度越高,劳动力匹配、专业化投入共享、知识溢出等集聚效应越为明显,城市生产效率越高(Marshall,1920);而从拥挤效应角度看,经济密度过高易造成土地租金和交通成本大幅上升,导致城市生产效率下降(Henderson,1974)。在中国以城市群和都市圈为主体构建大中小城市和小城镇协调发展的背景下,探析城市经济密度与生产效率的关系具有突出的现实意义。同时,对于城市经济密度在影响生产效率的过程中,城市规模是否发挥着调节效应,也需要进一步考察与检验。

早期学者对城市密度与生产效率关系的研究,多基于集聚经济视角来考察密度对劳动生产率的弹性系数。Ciccone 和 Hall(1996)提出经济密度与生产率关系的理论模型,证明经济活动的密度每增加 1 倍,劳动生产率平均提高 6%;Combes 等(2008)发现,就业密度每增加 1 倍,生产率提高 2%~3.5%。范剑勇(2006)同样发现就业密度对劳动生产率具有促进作用,劳动生产率对就业密度的弹性系数约为 8.8%；陈良文和杨开忠（2007）指出经济密度对生产率具有正向效应，不同年份城市劳动生产率对经济密度的弹性介于 1%～1.9%。其实，密度是集聚经济的空间表现，对生产效率存在正、负两方面的外部性。正外部性源于规模经济，即经济集聚主要通过共享、匹配和学习等效应影响生产效率（Duranton and Puga，2003），负外部性则源于拥挤效应，由于密度过高，生产要素、运输和通勤成本等大幅提升，生产效率降低（Fujita and Krugman，2004）。

双重效应的存在使得经济密度与生产效率之间可能存在倒"U"形关系，这已为部分实证分析所证实。国家层面的数据分析显示，一个国家的经济增长存在着最优人口密度门槛（谢里等，2012）；60 个工业城市的数据分析证实了拥挤效应对全要素生产率影响效应存在拐点（周圣强和朱卫平，2013）。可见，集聚密度与全要素生产率存在倒"U"形关系，最优城市人口密度约为 1.30 万人/千米$^2$（苏红键和魏后凯，2013），密度顶点随城市规模的增大而上升（赵曜，2015）。

已有文献对城市密度与生产效率之间的关系开展了大量理论及实证分析，得到一些有价值的结论，但以下几方面还有待进一步探讨：一是验证城市经济密度与生产效率的倒"U"形关系。现有文献重点考察了城市人口密度、就业密度与生产效率的倒"U"形关系，较少聚焦于经济密度来进行考察，相对于人口密度和就业密度，经济密度更具综合性，其对全要素生产率的影响有待进一步验证。二是明晰城市经济密度影响生产效率的微观基础。部分学者将经济密度作为影响城市生产效率的核心解释变量，但未对经济密度影响生产效率的内在机制及路径进行解析，为增强实证结果的说服力，有必要解析影响效应的理论基础。三是考察城市规模在经济密度影响生产效率过程中的调节效应，明确城市规模对经济密度门槛值的具体影响。四是在考虑城市密度与全要素生产率的关系时，较少引入非期望产出，考察城市密度与 GTFP 之间的关系。

基于此，依据新经济地理学理论构建城市全要素生产率的一般均衡分析模型，以规模经济带来的正外部性和拥挤效应造成的负外部性刻画城市经济密度对全要素生产率的影响机制及路径，并利用 2009～2019 年地级及以上城市的面板数据，引入非期望产出，来实证检验经济密度与 GTFP 的关系，考察城市规模所起到的调节效应。研究结论有助于厘清城市经济密度对生产效率的影响机制及实际效应，以便针对不同规模城市提出适宜的发展策略，推动城市高质量发展。

## 第二节 理论机制及影响路径

为考察城市经济密度对生产效率的影响机制及路径，在此构建一个城市经济理论模型，考虑经济密度影响生产效率的正、负外部性，揭示伴随着经济密度上升带来的规模经济和拥挤效应变化，解析经济密度对生产效率的非线性作用机制（Copeland and Taylor，1994）。

### 一、城市经济密度影响生产效率的理论机制

基于 Abdel-Rahman 和 Anas（2004）提出的单中心圆形城市结构，假设城市内有两大生产部门，即生产部门 I 和为其提供中间产品或服务的生产部门 II。生产活动均在城市中央商务区（central business district，CBD）内进行，城市总人口数为 $N$，假定所有人口均从事生产活动，即城市总人口就是劳动力总量 $N$。假定一个城市内劳动者具有相同的人力资本水平，即单位时间产出相同，故在城市面积恒定的条件下经济密度与劳动力总量直接相关。劳动者居住于 CBD 外围，每个劳动者均拥有一单位时间的劳动力禀赋（对应一单位经济产出），有效劳动供给（劳动者实际参与生产活动的时间）为时间禀赋与通勤时间的差值，这取决于居住地与 CBD 之间的距离。用 $t$ 表示单位距离的通勤时间，用 $D$ 表示城市经济密度。

经济密度上升通过两条路径导致城市总产出的变化：一是新引进劳动者的就业将提高产出水平；二是新引进劳动者和要素集聚给城市带来负外部性，这种负外部性源于城市道路负荷增大导致的通勤时间延长，从而减少产出。假设密度增加导致的边际负外部性为 $\theta$，即 $\mathrm{d}t/\mathrm{d}D=\theta$，则有 $t=t_0+\theta D$，其中 $t_0$ 表示单位距离的必要通勤时间。

给定城市总人口和经济密度，城市半径为 $\bar{r}=\sqrt{N/\pi D}$。由于劳动者通勤时间不能超过其时间禀赋，故存在约束条件：$t\bar{r}=\pi^{-1/2}N^{1/2}(t_0D^{-1/2}+\theta D^{1/2})<1$。城市总通勤时间 $T=2\pi\int_0^{\bar{r}} r^2Dt\,\mathrm{d}t=\frac{2}{3}\pi^{-1/2}(t_0D^{-1/2}+\theta D^{1/2})N^{3/2}$，若劳动者的时间禀赋仅用于通勤和工作，则城市总有效劳动力 $L=N-T$。由此可知，有效劳动力与城市人口规模正相关，而与城市经济密度的关系不确定：一方面，经济密度提高可以通过劳动力池效应实现厂商间劳动力的分享，缩短劳动者的通勤距离，减少通勤时间（$t_0D^{-1/2}$ 变小）；另一方面，城市经济密度过高产生的拥挤效应可能造成单位距离的通勤成本增加，导致通勤时间增加（$\theta D^{1/2}$ 变大）。

为简化模型，假设生产部门 I CRS（Abdel-Rahman and Fujita，1990），则城市总产出函数为

$$F(L_1,K_1,x(h))=L_1^{\alpha}K_1^{\beta}\left\{\int_0^{n_2}[x(h)]^{\rho}\,\mathrm{d}h\right\}^{\gamma/\rho} \tag{11-1}$$

其中，$L_1$、$K_1$ 分别表示生产部门 I 消耗的劳动力和资本量；$x(h)$ 表示中间产品或

服务 $h$ 的使用量；$n_2$ 表示生产部门 II 中厂商的数量；$\rho$ 表示中间产品或服务之间的差异化程度（$0<\rho<1$），$\rho$ 越趋近于 0 说明产品或服务的差异越大，即异质性越强；$\gamma$ 表示生产部门 I 的中间投入比例，即对生产部门 II 的经济依赖程度（$\alpha+\beta+\gamma=1$），反映部门间的经济技术联系。

假设劳动力和资本在城市内自由流动，劳动报酬率和资本收益率将达到均衡状态。若生产部门 II 的规模报酬递增，引入 $D^{-\varepsilon}$ 表示经济密度增加带来的正外部性，参数 $\varepsilon$ 用于衡量效应值的大小（$\varepsilon>0$），$\varepsilon$ 越大说明正外部性越强。生产部门 II 的成本函数为

$$C(h) = D^{-\varepsilon} w^{1-\delta} r^{\delta} [cx(h)+g] \tag{11-2}$$

其中，$w$ 和 $r$ 分别表示劳动报酬率和资本收益率；$c$ 和 $g$ 分别表示生产部门 II 的边际投入和固定投入。同时也考虑到经济密度提高将产生知识溢出效应，能够有效促进知识传播和技术创新，从而提高生产效率，降低生产成本。基于迪克西特-斯蒂格利茨（Dixit-Stiglitz）标准垄断竞争模型，生产部门 II 的需求函数为

$$x(h) = \gamma Y I^{\sigma-1} p(h)^{-\sigma} \tag{11-3}$$

其中，$p(h)$ 表示中间产品或服务的价格；$I$ 表示城市中间服务的价格指数，$I = \left\{ \int_0^{n_2} [p(h)]^{1-\sigma} \mathrm{d}h \right\}^{1/(1-\sigma)}$；$\sigma$ 表示中间产品或服务的替代弹性，$\sigma = 1/(1-\rho)$。由利润最大化条件可得成本加成定价 $p(h) = [\sigma c/(\sigma-1)]D^{-\varepsilon} w^{1-\delta} r^{\delta}$，进一步得到均衡价格指数 $I^* = [\sigma c/(\sigma-1)]D^{-\varepsilon} w^{1-\delta} r^{\delta} n_2^{1/(1-\sigma)}$。可知，经济密度提高带来的规模效应能够降低中间产品或服务的价格，从而减少生产部门 I 的中间投入。均衡时中间产品或服务的需求量 $x(h) = (\sigma-1)g/c$，劳动力总报酬 $wL = (1-\beta+\alpha\delta+\beta\delta)F(\cdot)$，资本总报酬 $rK = (\beta+\delta-\alpha\delta-\beta\delta)F(\cdot)$，于是生产部门 II 的规模为

$$n_2 = \frac{\gamma D^{\varepsilon}(w/r)^{\delta}L}{[\beta+(1-\delta)\gamma]\sigma g} \tag{11-4}$$

再有 $L_1 = [\alpha/(1-\beta-\delta+\alpha\delta+\beta\delta)]L$ 和 $K_1 = [\beta/(\beta+\delta-\alpha\delta-\beta\delta)]K$，其中 $L$ 和 $K$ 分别为城市有效劳动力和资本总量，可知劳动报酬率与资本收益率满足式（11-5）：

$$\frac{w}{r} = \frac{(1-\beta-\delta+\alpha\delta+\beta\delta)K}{(\beta+\delta-\alpha\delta-\beta\delta)L} \tag{11-5}$$

将式（11-5）代入式（11-4）整理可得：

$$n_2 = \frac{\gamma D^{\varepsilon}[\beta+(1-\delta)\gamma]}{L^{\delta-1}K^{-\delta}[g\sigma(\alpha+\delta\gamma)^{\delta}]} \tag{11-6}$$

将式(11-3)和式(11-6)代入式(11-1)，可将城市总产出函数转化为式(11-7)：

$$F(D,L,K,\gamma) = D^{\varepsilon\gamma/\rho} L^{\alpha+(1-\delta)\gamma/\rho} K^{\beta+\delta\gamma/\rho} \gamma^{\gamma/\rho} Z \tag{11-7}$$

其中，$Z$ 恒为常数。由 $\beta + \alpha + \gamma/\rho > 1$ 可知，集聚经济效应使城市总产出表现出规模报酬递增的特征。在此，采用人均产出 $\Omega$ 代表城市生产效率，将 $L = N - T$ 代入式(11-7)可得：

$$\Omega = D^{\varepsilon\gamma/\rho} N^{\gamma(1/\rho-1)} K^{\beta+\delta\gamma/\rho} \gamma^{\gamma/\rho} \left(1 - \frac{2}{3}\pi^{-1/2}(t_0 D^{-1/2} + \theta D^{1/2}) N^{1/2}\right)^{\alpha+(1-\delta)\gamma/\rho} Z \tag{11-8}$$

由生产率函数可知，城市生产效率 $\Omega$ 受到经济密度 $D$、人口规模 $N$、资本总量 $K$、生产部门间依赖程度 $\gamma$ 以及中间产品或服务之间的差异化程度 $\rho$ 的影响。将式(11-8)对经济密度 $D$ 求导，简记 $F(N) = \pi^{-1/2} N^{1/2}/3$，$F(\gamma) = (\rho\alpha + \gamma - \delta\gamma)/(\varepsilon\gamma)$，可得：

$$\frac{\partial \varphi}{\partial D} = \begin{cases} > 0, & D < \left[\dfrac{1 + G_2(F,\gamma)}{G_1(F,\gamma)}\right]^2 \\ < 0, & D > \left[\dfrac{1 + G_2(F,\gamma)}{G_1(F,\gamma)}\right]^2 \end{cases} \tag{11-9}$$

其中，$G_1(F,\gamma) = 2\theta[2 + F(\gamma)]F(N)$，$G_2(F,\gamma) = \sqrt{1 - 4\theta t_0[4 - F^2(\gamma)]F^2(N)}$，$D \geqslant 0$。

由上述模型分析可知，城市经济密度与生产效率之间呈现出先升后降的倒"U"形关系，即随着经济密度的提高，生产效率起初处于不断上升的通道，直至跨越密度门槛后步入下降通道。

## 二、城市经济密度对生产效率的影响路径

城市经济密度对生产效率的影响路径可分为正外部性和负外部性两个方面。其中，正外部性源于规模经济，具体包括：第一，通过劳动力池效应增加城市有效劳动力供给 $L$，借助生产部门Ⅱ的规模经济助推城市生产效率提升；第二，通过知识溢出效应提升生产部门的技术创新能力，提高生产效率；第三，通过专业化投入品共享效应提高中间产品或服务利用率，促进生产部门间的依赖程度 $\gamma$，从而提高生产效率。负外部性则源于拥挤效应，城市经济密度过高对城市交通造成压力，通勤成本 $T$ 大幅增加、城市有效劳动力减少，从而降低生产效率。具体影响路径见图 11-1。

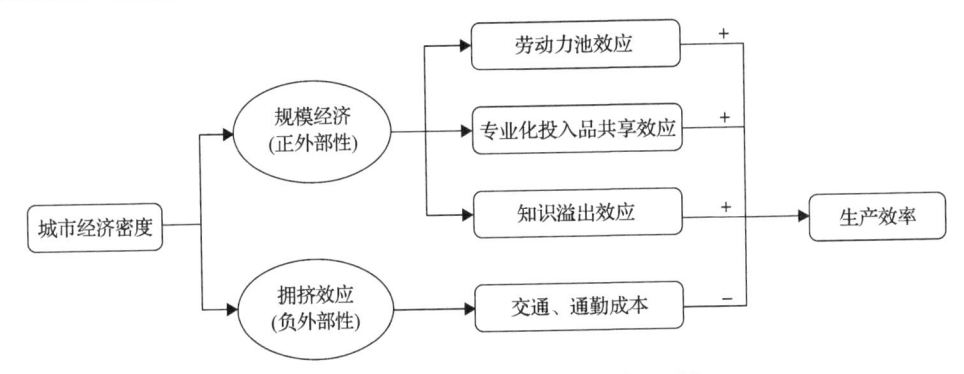

图 11-1 城市经济密度影响生产效率的路径

正外部性和负外部性的变化都呈现出非线性特征。初期，城市经济密度提高促进规模经济正外部性的有效发挥，而当城市经济密度过高时，拥挤效应带来的负外部性迅速增强，从而抑制集聚净效应的进一步增强。可见，在正、负外部性的共同作用下，城市经济密度与生产效率的关系较为复杂，可能使经济密度-生产效率的曲线形态呈现出倒"U"形特征。同时，导致城市生产效率由升转降的经济密度门槛也不是一个固定值，往往随着城市规模、产业部门结构等因素的变动而动态变化。

从城市规模角度来看，相较于中小城市，大型城市往往更具集聚效应，更有利于发挥规模经济对生产活动的正外部性，包括共享、匹配和知识溢出三种效应。因此，正外部性强度 $\varepsilon$ 的取值随城市规模 $N$ 的扩大而增大，即城市规模会强化经济密度 $D$ 对生产效率 $\Omega$ 的边际影响效应，城市规模可能在经济密度与生产效率的关系中起到正向调节效应。

### 三、研究假设

基于上述理论机制及影响路径解析，提出两个研究假设：

假设 1：城市经济密度与生产效率之间存在着倒"U"形关系。

假设 2：在城市经济密度对生产效率的影响过程中，城市规模发挥着正向调节效应，城市规模扩大将提高经济密度门槛值。

## 第三节　计量模型设定与指标选择

### 一、计量模型与变量选取

(一)计量模型设定

为检验城市经济密度与生产效率之间的倒"U"形关系，分析城市经济密度

对生产效率的影响效应，根据理论机制及路径分析，在此以城市 GTFP 代表城市生产效率，设定面板计量模型为

$$\begin{aligned}\text{GTFP}_{it} &= \beta_0 + \beta_1 \ln D_{i,t} + \beta_2 \ln^2 D_{i,t} + \beta_3 \ln K_{i,t} + \beta_4 \gamma_{i,t} + \beta_5 \text{urban}_{i,t} \\ &+ \beta_6 \ln \text{edu}_{i,t} + \beta_7 \text{green}_{i,t} + \beta_8 \ln \text{road}_{i,t} + \beta_9 \text{gover}_{i,t} + \beta_{10} \text{fdi}_{i,t} \\ &+ \mu_i + \xi_t + \varepsilon_{it}\end{aligned} \quad (11\text{-}10)$$

其中，$\mu_i$、$\xi_t$ 和 $\varepsilon_{it}$ 分别表示城市个体固定效应、年份固定效应和随机扰动项。

(二) 变量选取

1. 被解释变量

被解释变量生产效率以绿色全要素生产率 (GTFP) 来衡量，相较于人均产出，GTFP 能够更为全面准确地反映城市生产效率。因此，以城市固定资本存量、财政支出和就业人员总数为投入变量，以城市地区生产总值和财政收入为期望产出变量，以城市工业废水排放量、工业二氧化硫排放量和工业烟粉尘排放量综合得到的污染指数作为非期望产出变量，采用考虑非期望产出的超效率 SBM 模型进行测算。

2. 核心解释变量

核心解释变量 $\ln D$ 和 $\ln^2 D$ 为城市经济密度及其平方项，用以检验经济密度与 GTFP 可能存在的倒 "U" 形关系，城市经济密度采用市辖区生产总值与建成区土地面积之比来衡量，预期参数符号为 $\beta_1 > 0$，$\beta_2 < 0$。由集聚经济理论可知，城市建成区是经济活动的主要发生地，故采用建成区面积更能准确地反映经济集聚度 (郭琪和贺灿飞，2012)。

鉴于以建成区为统计口径的生产总值数据难以获得，故采用市辖区地区生产总值与建成区土地面积相对比，当然这在一定程度上削弱了经济产出与经济活动区域的空间适配性，后续将以市辖区地区生产总值与市辖区土地面积之比为经济密度的替换指标对模型进行稳健性检验①。

3. 其他解释变量

其他解释变量包括城市生产性资本总量 ($\ln K$) 和反映部门经济联系的 $\gamma$，在此代表产业结构，预期参数为 $\beta_3 > 0$，$\beta_4 < 0$。借鉴单豪杰 (2008) 的做法，采用永续

---

① 为剔除价格因素影响，以 2009 年为基期采用各省区市地区生产总值平减指数对市辖区地区生产总值进行可比价调整。

盘存法估算城市资本存量并取对数，以此代表城市生产性资本总量①。由于不同产业的集聚效应有所差异，产业结构也影响到 GTFP，故以第三产业增加值与第二产业增加值的比值代表产业结构。

4. 控制变量

模型中还包含五个控制变量，即城镇化水平、人力资本水平、基础设施水平、政策干预度、经济开放度。①城镇化水平以市辖区年末非农业人口占总人口的比重(urban)来反映。②人力资本水平以市辖区每万人普通高等院校在校学生数(edu)来代表，取对数后加入模型。③考虑到公共基础设施对城市运行效率造成影响，为降低内生性，基础设施水平选取建成区绿化覆盖率(green)和人均城市道路面积(road)来反映。④国家及地方政府实施的经济政策也对城市生产效率造成影响，政策干预度以一般公共财政支出占地区生产总值的比重(gover)衡量。⑤经济开放度则用以人民币计价的 FDI 占地区生产总值的比重(fdi)衡量。各指标的含义及说明具体见表 11-1。

**表 11-1　变量与指标说明**

| 类别 | 指标 | 具体指标 | 指标说明 |
| --- | --- | --- | --- |
| 被解释变量 | 生产效率 | 绿色全要素生产率(GTFP) | 采用非期望产出超效率 SBM 模型测算 |
| 核心解释变量 | 城市经济密度 | 城市经济密度($\ln D$) | 市辖区生产总值/建成区土地面积 |
| 其他解释变量 | 资本存量 | 生产性资本总量($\ln K$) | 通过永续盘存法估算 |
| | 产业结构 | 产业结构($\gamma$) | 第三产业增加值/第二产业增加值 |
| 控制变量 | 城镇化水平 | 市辖区年末非农业人口占总人口的比重(urban) | 市辖区年末非农业人口/市辖区总人口 |
| | 人力资本水平 | 市辖区每万人普通高等院校在校学生数(edu) | 市辖区每万人普通高等院校在校学生数 |
| | 基础设施水平 | 建成区绿化覆盖率(green) | 建成区绿化面积/建成区土地面积 |
| | | 人均城市道路面积(road) | 市辖区道路面积/市辖区总人口 |
| | 政策干预度 | 公共财政支出占地区生产总值的比重(gover) | 一般公共财政支出/地区生产总值 |
| | 经济开放度 | FDI 占地区生产总值的比重(fdi) | 以人民币计价的 FDI/地区生产总值 |

---

① 资本存量以 2009 年为基期采用各省区市固定资本投资平减指数进行可比价调整。

## 二、城市 GTFP 测算

全要素生产率是反映生产效率的核心指标,也是衡量要素投入对经济增长贡献的重要依据(刘秉镰和李清彬,2009)。在此依据中国地级及以上城市数据,考虑到城市生产活动对环境造成一定负面影响,采用非期望产出超效率 SBM 模型测算得到城市 GTFP 来代表城市效率。

### (一)非期望产出超效率 SBM 模型

DEA 是效率评估的常用方法,适用于测算城市层面的 GTFP。传统 DEA 模型大多基于径向和角度测算,难以考虑到投入产出的松弛性问题,故测算的效率值不准确或存在偏差(钱芝网和孙林,2021)。为克服这一缺陷,Tone(2001)对该模型进行修正,构建超效率 SBM 模型,不仅能够有效避免由径向与角度所产生的偏差,还能够实现对多个有效单元的评价。超效率 SBM 模型中的产出默认为期望产出,忽视了城市生产活动引致的环境外部负效应,故在此基础上衍生出考虑非期望产出的超效率 SBM 模型,非期望产出超效率 SBM 模型为

$$\min \rho_{SE} = \frac{1 + \frac{1}{m}\sum_{i=1}^{m} s_i^- / x_{ik}}{1 - \frac{1}{s_1 + s_2}\left(\sum_{r=1}^{s_1} s_r^+ / y_{rk} + \sum_{t=1}^{s_2} s_t^{z-} / z_{tk}\right)}$$

s.t.
$$\sum_{j=1, j\neq k}^{n} x_{ij}\gamma_j - s_i^- \leqslant x_{ik}$$
$$\sum_{j=1, j\neq k}^{n} y_{rj}\gamma_j + s_r^+ \geqslant y_{rk} \quad (11\text{-}11)$$
$$\sum_{j=1, j\neq k}^{n} z_{rj}\gamma_j + s_t^{z-} \leqslant z_{rk}$$
$$\gamma, s^-, s^+, s^{z-} \geqslant 0$$
$$i = 1, 2, \cdots, q; j = 1, 2, \cdots, n(j \neq k)$$

其中,$\rho_{SE}$ 表示效率值;$x$ 表示投入变量;$y$ 和 $z$ 分别表示期望产出和非期望产出变量;$m$ 表示投入指标个数;$s_1$ 和 $s_2$ 分别表示期望产出和非期望产出的指标个数;$k$ 表示生产时期;$i$、$r$ 和 $t$ 分别表示投入、期望产出和非期望产出的 DMU;$s^-$、$s^+$ 和 $s^{z-}$ 分别表示投入、期望产出和非期望产出的松弛变量;$\gamma$ 表示权重向量。若 $\rho_{SE} \geqslant 1$,说明 DMU 相对有效,且 $\rho_{SE}$ 值越大代表效率越高;反之,若 $\rho_{SE} < 1$,

说明 DMU 相对无效，存在效率损失。

(二) 变量选择及数据来源

投入产出变量的选择对 SBM 模型十分重要，依据经济增长理论中的生产函数，GTFP 将城市作为 DMU 来测算 GTFP，具体变量的选择及数据来源如下。

1. 投入变量

经济增长理论将资本和劳动作为经济增长的主要投入要素。关于资本要素，固定资产投资对地区经济发展起着决定性的作用，而产出更多依赖于过往投资形成的资本存量，故采用城市固定资本存量[①]代表资本投入(刘建国等，2012)；同时，考虑到地方政府政策对生产效率造成深远影响，故将地方财政一般预算内支出也作为投入变量。劳动要素则延续多数文献所采用的方法，将城镇单位从业人员与私营个体从业人员加总得到劳动从业人员总数，用以代表劳动投入。

2. 期望产出变量

期望产出采用城市地区生产总值和地方财政一般预算内收入两个指标来反映，城市地区生产总值主要用以衡量经济产出，地方财政一般预算内收入主要用于衡量当地企事业单位的效率和利润。引入财政收入作为产出指标能够有效防止地区生产总值的特殊偏差，更加全面地反映城市生产效率，使结果更为精确。为剔除价格因素影响，以 2009 年为基期采用各省区市地区生产总值平减指数对城市地区生产总值进行平减调整。

3. 非期望产出变量

城市在得到期望产出的同时，二氧化碳、二氧化硫、粉尘、污水和噪声等一系列对环境造成不良影响的污染物往往伴随而生，这些污染物即为非期望产出。非期望产出带来经济和生态的双重负效应，既削弱经济发展的实际成果，又造成资源浪费与环境污染，故在期望产出不变的同时应尽量减少非期望产出，这是提高城市生产效率的重要环节。考虑到地级市层面数据的可获取性，选取工业废水排放量、工业二氧化硫排放量和工业烟粉尘排放量计算得到一个综合污染指数作为代理指标，首先采用熵值法估算各指标权重，再对各标准化后的指标值进行加权平均得到综合污染指数。

将 280 个地级及以上城市作为 SBM 模型中的 DMU，时间跨度为 2009～2019 年。各指标根据中经网数据库中的城市年度库以及历年《中国城市统计年鉴》《新中国城市 50 年》整理得到，具体变量与指标说明见表 11-2。

---

① 参考单豪杰(2008)的做法，通过永续盘存法估算出城市固定资本存量，并以 2009 年为基期采用各省区市固定资本投资平减指数进行平滑调整。

表 11-2　投入、产出变量与指标说明

| 变量类型 | 指标名称 | 指标含义 |
|---|---|---|
| 投入变量 | 城市固定资本存量 | 采用永续盘存法估算,以省区市固定资本投资平减指数调整 |
| | 地方财政一般预算内支出 | 地方财政一般预算内支出 |
| | 劳动从业人员总数 | 劳动从业人员总数 |
| 期望产出变量 | 城市地区生产总值 | 以地区生产总值平减指数调整后的地区生产总值 |
| | 地方财政一般预算内收入 | 地方财政一般预算内收入 |
| 非期望产出变量 | 综合污染指数 | 利用工业废水排放量、工业二氧化硫排放量和工业烟粉尘排放量标准化值综合测算 |

(三)测算结果

采用非期望产出超效率 SBM 模型,借助 MATLAB 软件测算地级及以上城市 GTFP,并按照地区生产总值规模将城市划分为五大等级①,对各年份的城市 GTFP 的平均值进行横向比较,具体结果见表 11-3。

表 11-3　不同地区生产总值规模城市的 GTFP 均值

| 年份 | 全国 | 一线城市 | 二线城市 | 三线城市 | 四线城市 | 五线城市 |
|---|---|---|---|---|---|---|
| 2009 | 0.5352 | 1.0627 | 0.7202 | 0.5066 | 0.2572 | 0.1293 |
| 2010 | 0.5303 | 1.0475 | 0.7041 | 0.5077 | 0.2503 | 0.1422 |
| 2011 | 0.5299 | 1.0537 | 0.6976 | 0.5281 | 0.2778 | 0.0924 |
| 2012 | 0.5396 | 1.0593 | 0.7178 | 0.5142 | 0.2683 | 0.1385 |
| 2013 | 0.5440 | 1.0704 | 0.7085 | 0.5199 | 0.2974 | 0.1242 |
| 2014 | 0.5436 | 1.1013 | 0.7192 | 0.5085 | 0.2645 | 0.1245 |
| 2015 | 0.5708 | 1.1329 | 0.7301 | 0.5334 | 0.2811 | 0.1766 |
| 2016 | 0.5928 | 1.1572 | 0.7423 | 0.5829 | 0.2936 | 0.1882 |
| 2017 | 0.5902 | 1.1763 | 0.7407 | 0.5512 | 0.2944 | 0.1888 |
| 2018 | 0.5862 | 1.1593 | 0.7366 | 0.5496 | 0.2959 | 0.1897 |
| 2019 | 0.5821 | 1.1404 | 0.7312 | 0.5513 | 0.2974 | 0.1905 |
| 平均值 | 0.5586 | 1.1055 | 0.7226 | 0.5321 | 0.2798 | 0.1532 |

① 根据 2009~2019 年地区生产总值规模平均值对城市进行划分,10 000 亿元以上为一线城市(10 个),5000 亿~10 000 亿元为二线城市(21 个),2000 亿~5000 亿元为三线城市(63 个),1000 亿~2000 亿元为四线城市(85 个),1000 亿元以下为五线城市(101 个)。

平均来说，城市规模与GTFP呈正相关关系，地区生产总值规模越大的城市，GTFP越高。从时间趋势来看，不同规模城市的GTFP的变动趋势存在差异。地区生产总值规模较小的城市(四线、五线城市)GTFP保持由低走高的总趋势，但增长速度趋于放缓；地区生产总值规模较大的城市(一线、二线城市)GTFP总体呈现出先升后降的倒"U"形发展态势。

### 三、数据来源与说明

截至2021年，中国共有297个地级及以上城市，不考虑自治州、地区、盟等。由于研究时段内部分地区改制为地级市，统计数据存在缺失，故将这些城市剔除，具体包括普洱、临沧、中卫、三沙等17个城市。最终，采用2009～2019年280个地级及以上城市的面板数据开展计量模型的实证分析，数据来源于中国研究数据服务平台(Chinese Research Data Services Platform，CNRDS)、历年《中国城市统计年鉴》、《中国城市建设统计年鉴》和部分城市的统计年鉴。变量的基本描述性统计量见表11-4。

表11-4 指标的描述性统计量

| 指标 | 单位 | 样本量 | 均值 | 最小值 | 中位数 | 最大值 | 标准差 |
| --- | --- | --- | --- | --- | --- | --- | --- |
| 绿色全要素生产率(GTFP) |  | 3 080 | 0.57 | 0.12 | 0.51 | 2.23 | 0.24 |
| 城市经济密度($\ln D$) | 亿元/千米$^2$ | 3 080 | 16.97 | 0.59 | 12.74 | 717.81 | 15.98 |
| 生产性资本总量($\ln K$) | 亿元 | 3 080 | 2 164 | 113 | 1 153 | 29 646 | 2 689 |
| 产业结构($\gamma$) |  | 3 080 | 1.10 | 0.11 | 0.92 | 5.34 | 0.65 |
| 市辖区年末非农业人口占总人口的比重(urban) |  | 3 080 | 65.34% | 2.02% | 64.98% | 100% | 25.03% |
| 市辖区每万人普通高等院校在校学生数(edu) | 人/万人 | 3 080 | 502 | 0 | 483 | 2 738 | 454 |
| 建成区绿化覆盖率(green) |  | 3 080 | 41.23% | 1.64% | 40.35% | 66.54% | 6.85% |
| 人均城市道路面积(road) | 米$^2$/人 | 3 080 | 13.72 | 1.10 | 11.68 | 89.57 | 8.04 |
| 公共财政支出占地区生产总值的比重(gover) |  | 3 080 | 18.79% | 2.96% | 15.45% | 80.93% | 7.06% |
| FDI占地区生产总值的比重(fdi) |  | 3 080 | 1.68% | 0 | 1.41% | 18.32% | 0.90% |

## 第四节 城市经济密度与GTFP的关系检验结果

### 一、基本估计结果

为避免"伪回归"现象,考虑到面板数据单位根类型的差异性,采用 Levin-Lin-Chu(LLC)检验和 Im-Pesaran-Skin(IPS)检验两种方法对数据进行单位根检验,均在1%显著性水平下拒绝原假设,认为不存在单位根现象,数据是平稳的。进一步利用 Hausman 检验来确定使用固定效应模型还是随机效应模型,Hausman 检验在1%显著性水平下拒绝个体随机效应,表明使用个体固定效应模型更为合理。

使用聚类稳健标准误的固定效应模型(fixed effect-robust,FE-r)的估计结果如表 11-5 中的第 2 列所示,核心解释变量城市经济密度对 GTFP 的一次项系数显著为负、二次项系数显著为正,表明城市经济密度与 GTFP 间存在显著的正"U"形关系。这显然与前述理论机制分析结论相矛盾,也与多数国内外同类研究的结论不一致,有理由怀疑该估计结果的准确性。鉴于城市经济密度与 GTFP 之间可能存在着双向因果关系,不考虑城市经济密度的内生性问题很可能得出这一不合理结论。

表 11-5 城市经济密度与 GTFP 关系的回归结果

| 解释变量 | FE-r | FE-2SLS | FE-GMM | FE-IGMM |
|---|---|---|---|---|
| 城市经济密度($\ln D$) | −0.1368** (0.0511) | 0.2318*** (0.0668) | 0.2476*** (0.0653) | 0.2476*** (0.0653) |
| 城市经济密度的平方($\ln^2 D$) | 0.0734*** (0.0134) | −0.0799*** (0.0221) | −0.0838*** (0.0175) | −0.0838*** (0.0175) |
| 生产性资本总量($\ln K$) | 0.2847*** (0.0556) | 0.1102*** (0.0205) | 0.1088*** (0.0195) | 0.1088*** (0.0196) |
| 产业结构($\gamma$) | 0.1043** (0.0434) | 0.0698*** (0.0124) | 0.0722*** (0.0087) | 0.0722*** (0.0087) |
| 市辖区年末非农业人口占总人口的比重(urban) | 0.0045* (0.0031) | 0.0027* (0.0022) | 0.0030** (0.0012) | 0.0031** (0.0012) |
| 市辖区每万人普通高等院校在校学生数(edu) | −0.0102 (0.0146) | −0.0189 (0.0221) | −0.0120 (0.0141) | −0.0122 (0.0142) |
| 建成区绿化覆盖率(green) | −0.0049** (0.0024) | −0.0040** (0.0016) | −0.0040** (0.0016) | −0.0041** (0.0016) |
| 人均城市道路面积(road) | 0.0498 (0.0506) | 0.0871* (0.0365) | 0.0880** (0.0374) | 0.0880** (0.0372) |
| 公共财政支出占地区生产总值的比重(gover) | 0.0098** (0.041) | 0.0088** (0.0036) | 0.0087*** (0.0024) | 0.0086*** (0.0024) |

续表

| 解释变量 | FE-r | FE-2SLS | FE-GMM | FE-IGMM |
|---|---|---|---|---|
| FDI 占地区生产总值的比重(fdi) | −0.0074*** (0.0022) | 0.0067*** (0.0016) | 0.0096*** (0.0012) | 0.0098*** (0.0014) |
| 年份固定效应 | 控制 | 控制 | 控制 | 控制 |
| 城市固定效应 | 控制 | 控制 | 控制 | 控制 |
| 样本量 | 3080 | 3080 | 3080 | 3080 |
| 判定系数($R^2$) | 0.6045 | 0.5434 | 0.5755 | 0.5691 |
| Hausman 检验 | — | 201.27 ($p$=0.000) | 233.82 ($p$=0.000) | 230.36 ($p$=0.000) |
| 城市经济密度门槛/(亿元/千米$^2$) | — | 27 | 29 | 29 |
| 密度门槛的95%置信区间 | — | [13, 41] | [17, 42] | [17, 42] |
| 城市经济密度样本区间/(亿元/千米$^2$) | [1, 725] | | | |

注：括号内为稳健标准误；2SLS 表示 two-stage least squares(两阶段最小二乘)；IGMM 代表 instrumental generalized method of moments(改进的广义矩估计)

***、**、*分别表示在1%、5%、10%水平下显著

## 二、内生性问题处理

关键解释变量城市经济密度在模型中可能存在严重的内生性，因为城市经济密度与GTFP之间存在着双向影响效应，GTFP高的城市经济发展水平通常较为发达，会吸引到更多的资本和劳动力流入，有利于提高城市经济密度(陈良文等，2009)。为控制内生性问题，分别采用2SLS和GMM对面板模型进行估计。

从现有文献看，集聚经济的实证分析主要采用两类工具变量：一是地区土地面积，如Ciccone和Hall(1996)、范剑勇(2006)等的研究；二是滞后期变量，如政策因素滞后项、经济密度滞后项(陈良文等，2009)、人口密度滞后项(Hanson, 2005)和生产率滞后项(梁婧等，2015)等。此外，苏红键和魏后凯(2013)采用城市客运总量密度作为衡量经济活动密度的代理变量，在此基础上加以拓展，选取城市货运总量密度和城市用电量密度两个指标作为城市经济密度的工具变量[1]。一方面无论是企业生产、居民生活还是城市运转都离不开电力，城市用电量与经济发展水平是高度相关的，实际相关系数超过0.6，故城市用电量密度与城市经济密度直接相关；另一方面城市用电量密度与GTFP不存在直接关系，在模型中是外生

---

[1] 城市货运总量为公路货运量、铁路货运量和航空货运量的加总，单位为万吨。城市货运总量密度为货运总量与建成区面积之比，城市用电量密度为城市用电总量与建成区面积之比。城市货运总量和城市用电量数据均来自《中国城市统计年鉴》。

的。因而，在此采用城市货运总量密度和城市用电量密度作为城市经济密度的工具变量，以降低城市经济密度的内生性。

首先，进行外生性检验。过度识别检验结果显示卡方统计量为 0.345，$p$ 值为 0.574，不能拒绝原假设，即所选工具变量均是外生的。其次，检验相关性。检验结果显示谢伊偏判定系数（Shea's Partial $R^2$）为 0.075，$F$ 值为 23.86，虽然目前没有基于 Shea's Partial $R^2$ 值判断弱工具变量的标准，但可从经验上根据 $F$ 值大于 10 而拒绝原假设，即不存在弱工具变量情形（杨东亮和李朋骜，2019）；此外，开展沃尔德（Wald）检验，最小特征值为 19.65，大于对应的临界值 10.73，拒绝原假设，进一步证明不存在弱工具变量情形。经外生性检验和相关性检验，认为城市货运总量密度和城市用电量密度是城市经济密度的有效工具变量。当工具变量个数多于内生变量或数据存在异方差时，对面板数据进行 GMM 估计往往更有效率，并对工具变量的选用效果进行 Hausman 检验。表 11-5 中第 3~5 列分别展示了固定效应（fixed effect，FE）的两阶段最小二乘法（FE-2SLS）估计、两步广义矩估计（FE-GMM）和迭代广义矩估计（FE-IGMM）的估计结果。

### 三、倒"U"形关系的检验

引入工具变量后，Hausman 检验在 1%的显著性水平下都拒绝了 FE-2SLS、FE-GMM 和 FE-IGMM 的回归系数与 FE-r 的回归系数没有系统性差异的原假设，说明核心解释变量城市经济密度的确存在明显的内生性。同时，从判定系数 $R^2$ 的变动也可看出，引入工具变量在一定程度上降低了 GTFP 对城市经济密度的反作用所造成虚高的拟合优度。FE-2SLS、FE-GMM 和 FE-IGMM 的参数估计结果差别不大，说明采用工具变量后的估计结果较为稳健。由于 FE-GMM 的拟合优度相对较高，接下来重点对 FE-GMM 的估计结果进行解释，后文稳健性检验、考察城市规模的调节效应均采用 FE-GMM 方法估计。

从模型 FE-GMM 的估计结果来看，核心解释变量城市经济密度的一次项系数显著为正、二次项系数显著为负，与理论预期相符，表明城市经济密度对 GTFP 的影响效应总体上符合倒"U"形特征。其他解释变量中，城市生产性资本的系数显著为正，与预期相吻合，表明生产性资本投入增加促使 GTFP 提高。产业结构的系数显著为正，也符合预期，表明第三产业相较于第二产业的投入产出更为高效，有利于提高 GTFP。

Lind 和 Mehlum(2010)指出，仅根据一次项和二次项的系数来判定倒"U"形关系是不够严谨的，故进一步根据检验倒"U"形关系的三个标准来对城市经济密度与 GTFP 倒"U"形关系的真实性进行检验，发现检验结果仍然支持倒"U"

形关系。以模型 FE-GMM 的估计为例，检验结果表明：城市经济密度的门槛值为 29 亿元/千米$^2$，95%的置信区间为[17, 42]，位于城市经济密度的样本取值范围[1, 725]内；城市经济密度——GTFP 曲线的斜率在样本取值的最小值处和最大值处均足够陡峭，检验结果在 1%显著性水平下拒绝了"城市经济密度与 GTFP 之间表现为单调或'U'形关系"的假设，意味着两者确实呈倒"U"形关系。

### 四、稳健性检验

接下来通过替换核心解释变量的测度指标，来开展模型估计结果的稳健性检验。将城市经济密度指标替换为"市辖区生产总值/市辖区土地面积"代表的市辖区经济密度、"市辖区人口/建成区面积"代表的人口密度和"市辖区非农业人口数/建成区面积"代表的就业密度，分别代入 FE-GMM 模型进行估计，观察参数估计值的变动情况。指标数据均来自历年《中国城市统计年鉴》和《中国城市建设统计年鉴》，变量替换后的估计结果见表 11-6。

**表 11-6  替换核心解释变量后的估计结果**

| 解释变量 | 市辖区经济密度 | 人口密度 | 就业密度 |
|---|---|---|---|
| 城市经济密度($\ln D$) | 0.214 3*** (0.056 4) | 0.656 5*** (0.103 2) | 0.815 2*** (0.126 8) |
| 城市经济密度的平方($\ln^2 D$) | −0.074 6*** (0.016 3) | −0.075 9*** (0.021 2) | −0.113 7*** (0.024 3) |
| 生产性资本总量($\ln K$) | 0.373 0** (0.200 4) | 0.227 4** (0.133 6) | 0.168 3*** (0.046 7) |
| 产业结构($\gamma$) | 0.033 6** (0.016 7) | 0.055 8 (0.068 7) | 0.026 5* (0.017 5) |
| 城镇化水平(urban) | 0.009 0** (0.003 8) | 0.009 2* (0.005 4) | 0.007 3** (0.003 2) |
| 市辖区年末非农业人口占总人口的比重(urban) | −0.010 2 (0.013 3) | −0.008 7* (0.006 1) | −0.010 1* (0.007 8) |
| 建成区绿化覆盖率(green) | −0.009 4** (0.003 9) | −0.003 7** (0.001 5) | −0.009 1** (0.003 8) |
| 人均城市道路面积(road) | 0.044 6** (0.017 1) | 0.023 6 (0.025 5) | 0.039 3 (0.040 6) |
| 公共财政支出占地区生产总值的比重(gover) | 0.004 7** (0.002 1) | 0.005 4*** (0.001 8) | 0.004 1*** (0.001 2) |
| FDI 占地区生产总值的比重(fdi) | 0.008 4*** (0.002 3) | 0.007 5*** (0.002 3) | 0.004 8*** (0.001 1) |
| 年份固定效应 | 控制 | 控制 | 控制 |
| 城市固定效应 | 控制 | 控制 | 控制 |

续表

| 解释变量 | 市辖区经济密度 | 人口密度 | 就业密度 |
|---|---|---|---|
| 样本量 | 3 080 | 3 080 | 3 080 |
| 判定系数($R^2$) | 0.698 7 | 0.690 4 | 0.705 6 |
| 密度门槛 | 27 亿元/千米$^2$ | 21 123 人/千米$^2$ | 3 844 人/千米$^2$ |
| 密度门槛的 95%置信区间 | [13, 42] | [17 154, 25 076] | [3 190, 450 3] |
| 密度样本区间 | [1, 641] | [2 562, 83 553] | [827, 21 238] |

注：括号内为稳健标准误。

***、**、*分别表示在 1%、5%、10%水平下显著。

由表 11-6 中稳健性检验的估计结果可知，经济密度测度指标的替换并未影响到城市经济密度与 GTFP 之间的倒"U"形关系，估计结果表现出较强的稳健性。同时，估计得到市辖区经济密度的门槛值为 27 亿元/千米$^2$，95%的置信区间为[13, 42]，相较于建成区层面的经济密度门槛值(29 亿元/千米$^2$)有所下降，印证了以市辖区作为集聚区域测算城市经济密度会在一定程度上低估城市经济集聚度的观点。稳健性检验同样支持倒"U"形关系的成立，证明经济密度对 GTFP 的边际影响符合倒"U"形特征，假设 1 得以证实。

## 第五节 城市规模的调节效应考察

### 一、按城市规模分组估计

城市经济密度与 GTFP 呈倒"U"形关系的检验并未考虑城市规模在其中可能起到的调节效应，为进一步考察城市经济密度与 GTFP 倒"U"形关系在不同规模城市的表现，根据 2014 年印发的《国务院关于调整城市规模划分标准的通知》，将所有城市按城区人口规模划分为小城市组、中等城市组和大城市以上组①，分别进行 FE-GMM 估计，分组估计结果见表 11-7。

**表 11-7 按城市规模分组的估计结果**

| 解释变量 | 小城市组 | 中等城市组 | 大城市以上组 | 中等以上城市组 |
|---|---|---|---|---|
| 城市经济密度($\ln D$) | 0.2039*** (0.0476) | 0.2381*** (0.412) | 0.3646*** (0.0776) | 0.2071*** (0.0519) |
| 城市经济密度的平方($\ln^2 D$) | 0.0872*** (0.0227) | −0.0798*** (0.0165) | −0.1190*** (0.0328) | −0.0675*** (0.0171) |

---

① 2014 年印发的《国务院关于调整城市规模划分标准的通知》将城市按城区常住人口划分为五类七档，此处三组城市 2009~2019 年城区人口规模分别为 50 万人以下、50 万~100 万人和 100 万人以上。

续表

| 解释变量 | 小城市组 | 中等城市组 | 大城市以上组 | 中等以上城市组 |
|---|---|---|---|---|
| 生产性资本总量($\ln K$) | −0.0743** (0.0352) | −0.1062*** (0.0314) | 0.1231*** (0.0322) | 0.2048*** (0.0567) |
| 产业结构($\gamma$) | 0.0252** (0.0126) | 0.0369*** (0.0098) | 0.0483*** (0.0152) | 0.0799*** (0.0196) |
| 是否加入控制变量 | 是 | 是 | 是 | 是 |
| 年份固定效应 | 控制 | 控制 | 控制 | 控制 |
| 城市固定效应 | 控制 | 控制 | 控制 | 控制 |
| 样本量 | 1430 | 957 | 693 | 1650 |
| 判定系数($R^2$) | 0.7573 | 0.7496 | 0.7602 | 0.7455 |
| Hausman 检验 | 190.75 ($p$=0.000) | 212.53 ($p$=0.000) | 244.64 ($p$=0.000) | 203.21 ($p$=0.000) |
| 城市经济密度门槛/(亿元/千米$^2$) | — | 31 | 34 | 33 |
| 密度门槛的95%置信区间 | — | [16, 45] | [20, 47] | [17, 47] |
| 城市经济密度样本区间/(亿元/千米$^2$) | [1, 41] | [9, 52] | [10, 725] | [1, 725] |

注：括号内为稳健标准误

***、**分别表示在1%、5%水平下显著

小城市组城市经济密度的一次项和二次项系数均显著为正，城市经济密度与GTFP之间未呈现出显著的倒"U"形关系，表明小城市尚处于生产效率的上升阶段，城市经济密度提升有利于提高 GTFP；中等城市组和大城市以上组城市经济密度的一次项显著为正、二次项显著为负，表明城市经济密度与 GTFP 呈现出显著的倒"U"形关系，且大城市以上组的经济密度门槛值高于中等城市组。中小城市内部规模经济的正外部性往往大于拥挤效应的负外部性，城市经济密度与GTFP 之间尚未呈现出倒"U"形关系；但随着城市规模进一步扩大，常住人口增多导致大城市内部拥挤效应的负外部性渐增，逐步超过规模经济的正外部性，使得城市经济密度与 GTFP 呈现出倒"U"形关系。

总体来看，城市经济密度与 GTFP 之间确实呈现出显著的倒"U"形关系，考虑到城市规模所起到的调节效应，有理由认为导致 GTFP 下降所需的城市经济密度门槛应该处于中等城市以上的门槛值附近，故进一步将中等城市组和大城市以上组合并为中等城市以上组并重新进行估计，得到新的经济密度门槛值为 33亿元/千米$^2$，相较于全样本估计的门槛值(29亿元/千米$^2$)应该更为精准。

## 二、由交互项识别调节效应

为进一步明晰城市规模、城市经济密度与 GTFP 三者的关系,在开展计量模型 FE-GMM 估计时引入城市规模($\ln N$)以及城市规模和城市经济密度的交叉项 ($\ln N \times \ln D$)[①],来考察经济密度的门槛值是否受到城市规模的调节效应影响,样本选取中等城市组、大城市以上组混合得到的城市样本,估计结果见表11-8。

**表 11-8　城市规模与经济密度的交互效应**

| 解释变量 | 模型(1) | 模型(2) | 模型(3) |
| --- | --- | --- | --- |
| 城市经济密度($\ln D$) | 0.1012*** (0.0226) | 0.0874*** (0.0195) | 0.1229*** (0.0317) |
| 城市经济密度的平方($\ln^2 D$) | — | — | −0.0588** (0.0204) |
| 城市规模($\ln N$) | 0.1961*** (0.0452) | 0.1632*** (0.0237) | 0.2123*** (0.0505) |
| 城市规模×城市经济密度($\ln N \times \ln D$) | — | 0.0537*** (0.0148) | 0.0468*** (0.0139) |
| 生产性资本总量($\ln K$) | −0.0953** (0.0396) | −0.1241** (0.0513) | −0.1042* (0.0675) |
| 产业结构($\gamma$) | 0.1083** (0.0421) | 0.0832* (0.0520) | 0.0664** (0.0251) |
| 是否加入控制变量 | 是 | 是 | 是 |
| 年份固定效应 | 控制 | 控制 | 控制 |
| 城市固定效应 | 控制 | 控制 | 控制 |
| 样本量 | 1650 | 1650 | 1650 |

注:括号内为稳健标准误
***、**、*分别表示在 1%、5%、10%水平下显著

由表11-8估计结果可知,城市规模和城市经济密度交叉项的系数均显著为正,表明城市规模、城市经济密度对 GTFP 的边际影响存在正向交互效应。模型(1)仅引入城市规模,其系数显著为正,说明城市规模扩大有利于促进 GTFP 的提高。模型(2)同时引入城市规模和城市规模与城市经济密度的交叉项,发现城市规模和城市经济密度交叉项系数均显著为正,表明城市规模扩大会强化城市经济密度对 GTFP 的促进作用;同时,城市经济密度提高也强化了城市规模扩张对 GTFP 产生的正向影响。模型(3)引入城市经济密度变量的平方项,城市规模与城市经济密度交叉项系数仍显著为正,表明城市经济密度门槛对城市规模较为敏感,城市规

---

① 采用市辖区人口数指标测度城市规模,数据来源于《中国城市建设统计年鉴》。

模扩大导致城市经济密度门槛值的提高。可见，城市规模在城市经济密度对 GTFP 的影响效应中发挥了正向调节作用，城市规模扩大将提高 GTFP 由升转降的经济密度门槛值，假设 2 得以证实。

### 三、城市规模调节效应的机制解析

在规模经济的正外部性和拥挤效应的负外部性共同作用下，城市经济密度与生产效率的关系呈现出倒"U"形特征。其中，正外部性源于劳动力匹配、专业化投入共享和知识溢出效应，负外部性源于交通拥堵和通勤成本。

城市规模扩大往往造成规模经济和拥挤效应都有所增强，并主要通过以下四条路径起到调节效应：其一，城市规模扩张增加了城市劳动力供给，使得劳动力匹配效应更易发挥，提高城市有效劳动力供给水平，从而对生产效率产生正向影响；其二，城市规模扩张增加了部门间的沟通和交流频率，使得知识溢出效应更为明显，有利于推动生产部门的技术创新，促进生产效率的提高；其三，由于公共服务和基础设施的供给都存在规模经济，城市规模的扩大将在一定程度上减轻拥挤效应的影响，促使生产效率的提升；其四，城市规模扩大给城市道路带来更多的运输压力，促使交通成本和通勤时间上升，城市有效劳动力供给减少，从而对生产效率产生负向影响。

总体来看，相较于交通拥堵和通勤成本，劳动力匹配效应、知识溢出效应和公共服务规模效应对城市生产效率的影响更为显著且占据主导地位，即城市规模扩大造成的规模经济要强于拥挤效应。

基于上述理论机制来看，伴随着城市规模扩张，城市经济密度对 GTFP 的影响效应通常有所增强；如此，生产效率将在更高的城市经济密度水平上出现拐点，即经济密度门槛值有所提高。换言之，在城市经济密度对 GTFP 的影响效应中，城市规模发挥着正向调节作用，城市规模扩大将提高城市经济密度门槛值。

# 第六节 本章小结

为明晰何种经济密度的城市最有效率，以 Copeland 和 Taylor(1994)、赵曜(2015)等的研究为基础，构建了一个城市经济密度影响生产效率的理论模型，基于影响机制及路径分析提出经济密度与生产效率之间存在倒"U"形关系的假设；随后采用非期望产出超效率 SBM 模型测算 GTFP 作为生产效率的衡量指标，根据中国地级及以上城市的面板数据，对倒"U"形关系展开实证检验。模型估计过程中，通过系统 GMM 方法解决城市经济密度的内生性问题，得到更为可靠的估计结果，并根据 Lind 和 Mehlum(2010)给出的三个标准估计 GTFP 由升转降的经济密度门槛，检验与解析城市规模所起到的调节效应。

研究结果表明：第一，中国城市经济密度与 GTFP 之间存在稳健的倒"U"形关系，GTFP 由升转降的总体经济密度门槛为 29 亿元/千米$^2$。经济密度对 GTFP 存在正、负两种外部性，正外部性源于规模经济，负外部性源于拥挤效应，两者的共同影响使得经济密度-GTFP 曲线呈现出倒"U"形特征。第二，城市规模对经济密度与 GTFP 倒"U"形关系起到明显的调节效应。中小城市内部规模经济的正外部性大于拥挤效应的负外部性，而随着城市规模的扩大，拥挤效应往往更为突出，造成大城市的经济密度与 GTFP 呈现出倒"U"形关系；城市规模与经济密度存在正向交互效应，城市规模扩大将提高生产效率由升转降的经济密度门槛。

明晰经济活动在城市空间集聚对生产效率的影响机制及实际效应，对于城市发展过程中形成合理的集聚模式具有启示意义。为实现资源的合理配置和区域协调发展，未来推进新型城镇化的一个重点是促进中小城市规模增长，以城市规模扩大来支撑集聚经济的有效发挥，进而带动城市生产效率的提升。对于未达到最优经济密度门槛的众多中小城市，需大力促进产业和人口在建成区集聚，避免向城区外围无序扩张，以充分发挥规模经济的正外部性；对于已越过经济密度门槛的大城市而言，除调整产业结构不断发展高端服务业外，还应通过优化城市产业和人口空间布局，促使城市由单中心模式向多中心模式发展，降低拥挤效应造成的通勤损耗，提高生产效率。

# 第十二章 城市蔓延影响 GTFP 的机制及效应

## 第一节 问题提出

自 20 世纪 90 年代起，伴随中国经济高速增长，城镇化快速推进，2020 年城镇化率已达 63.89%。然而，我国城市土地面积扩张的速度远高于城市人口增长速度(陈明星和龚颖华，2016)，城市蔓延问题日益突出。城市蔓延通常是指城市扩张过程中人口密度下降和单位土地利用强度降低的现象(Pendall et al.，2002；秦蒙和刘修岩，2015)，是市场、政府、交通和文化等因素综合作用的结果，不仅改变城市空间结构、产业布局及居民消费偏好，还带来耕地资源浪费、环境污染等问题(冯科等，2009)，成为影响城市效率的重要动因。党的十九大报告提出，"推动经济发展质量变革、效率变革、动力变革，提高全要素生产率"[①]；2019 年政府工作报告指出，要提高新型城镇化质量，加强污染防治和生态建设，大力推动绿色发展。可见，推动经济发展动力与效率变革，提升 GTFP 是现阶段经济高质量发展的关键所在。

城市蔓延是城镇化进程中夹杂于城市正常发展过程中的非理性扩张现象，GTFP 则是把污染排放作为非期望产出条件下的全要素生产率，即全要素生产率测算中加入反映能源消费和环境污染的变量。城市蔓延会对 GTFP 产生什么样的影响呢？在当前可持续城市化发展和新时代新发展理念背景下，探究中国城市蔓延影响 GTFP 的机制与效应，对于推动城市高质量发展，合理化城市空间布局，有着重要的理论意义及现实价值。

探析城市蔓延的影响效应，首先涉及城市蔓延的测度问题。已有文献中既有利用单一指标反映城市蔓延的，也有通过多指标构建蔓延指数来测度城市蔓延特征的(徐向华等，2019)。单一指标包括人口密度(Hamidi et al.，2015)、城市土地增长弹性(王家庭和张俊韬，2010)及市辖区建成面积(洪世键和张京祥，2013)等，显然这些都不足以全面描绘城市蔓延所呈现出的低密度与分散空间特征。随着遥感系统(remote sensing system，RS)和地理信息系统(geographic information system，GIS)等技术手段的发展与成熟，利用 GIS 技术提取城市区域，可得到较为准确的城区范围(Henderson et al.，2003)。借助夜间灯光数据和 LandScan 全球

---

[①] 《习近平：决胜全面建成小康社会 夺取新时代中国特色社会主义伟大胜利——在中国共产党第十九次全国代表大会上的报告》，https://www.gov.cn/zhuanti/2017-10/27/content_5234876.htm，2017 年 10 月 27 日。

人口动态统计数据库,可同时满足灯光亮度和人口密度条件划定"真实的"城市区域(秦蒙等,2019),能够构建城市蔓延指数来反映城市空间扩张特征。在使用 GIS 技术时,所采用的遥感图像数据、提取的城市实际范围以及界定的城市扩张标准有所不同,得到的城市蔓延指数也会存在差异,如何精准地测度城市蔓延特征仍是亟待解决的问题。

城市蔓延造成个人和企业的低集聚度使得面对面的交流机会更少,不利于知识外溢和技术创新(Partridge et al.,2009)。直观来看,城市蔓延降低空间集聚度,而低集聚度不利于生产率提高(Ciccone and Hall,1996),而密度对于提升生产率具有重要作用(Lucas and Rossi-Hansberg,2020)。城市蔓延不利于区域生产率增长是因为城市蔓延增加基础设施建设成本,损害农业生产,给本地经济带来弊端(Giuseppe,2015)。然而,城市蔓延对经济绩效的影响可能并非单一的负向效应。在高密度城市中由交通拥堵、房价高昂等造成的集聚不经济可能超出集聚经济带来的贡献,使得城市向外扩张在一定程度上缓解了集聚不经济,从而有利于城市生产率提升(Fallah et al.,2011)。也有实证分析发现城市蔓延对城市生产率的影响不显著且并非一定为负,多中心集聚能够显著提升城市生产率(魏守华等,2016);城市蔓延可能存在一个"度"的问题,城市适度蔓延对全要素生产率起到提升作用,而蔓延过度则呈现出抑制效应(邵汉华和夏海波,2020)。

已有研究多集中于考察城市蔓延对其自身经济绩效的影响,而较少考虑到城市之间空间相互作用所带来的影响,所得结论本质上缺乏空间意蕴。那么,考虑城市之间的空间依赖性后,城市蔓延对自身及周边城市全要素生产率的影响效应是否存在显著差异呢?这需要引入空间计量模型来开展分析,空间计量模型的形式有十多种(张可云和杨孟禹,2016),其中空间滞后模型和空间误差模型是两种基本形式,而作为更一般的空间计量模型形式,SDM 兼具两个模型的特点,且能够将自变量对因变量的影响效应分解为直接效应和间接效应(陶长琪和杨海文,2014)。因此,本章引入反映集聚正外部性的借用规模和反映集聚负外部性的集聚阴影来解释不同栅格之间的影响效应,解析城市蔓延影响 GTFP 的内在机制;利用 2001~2013 年 DMSP/OLS 夜间灯光数据、2014~2018 年 NPP/VIIRS 夜间灯光月度数据和 LandScan 全球人口动态统计数据库,测算我国 275 个地级及以上城市 2001~2018 年的蔓延指数,采用 SDM 解析城市蔓延对 GTFP 的影响效应。

## 第二节 城市蔓延影响 GTFP 的理论机制

城市蔓延的本质特征体现为空间扩张,影响到以"共享"、"匹配"和"知识溢出"为代表的集聚外部性(魏守华等,2016)。借用规模与集聚阴影能够有效地反映集聚外部性的两个方面(Burger et al.,2015),其中借用规模代表积极的外部性,认为集聚经济能够促进区域经济发展;而集聚阴影则代表消极的外部性,反映过度集聚可能造成生产要素配置扭曲、环境污染等问题。借用规模假设小城市可从大城市"借"得集聚经济的规模优势,受惠于大城市的空间溢出,实现与大城市的知识共享、污染集中治理、产业结构优化升级等;集聚阴影则用以解释大城市对小城市所产生的"虹吸效应"与空间剥夺。

将全国按照行政区边界分割成相应的 30×30 小栅格,城市栅格按照人口和经济活动密度区分为发达栅格和落后栅格两种类型。其中发达栅格通过学习、共享、匹配等机制获得规模经济,进而借助逐步完善的交通、商业等基础设施,对周边栅格形成先"虹吸"再"辐射"的经济联系表现。随着空间区块内人口和生产要素的不断集聚,一旦超出资源环境和基础设施的承载力,区块内部由过度集聚造成的拥挤效应逐步显现,区块内部集聚不经济效应显著,周边落后地区深陷发展困境。

## 一、借用规模

对借用规模内在机制的直观示意见图 12-1,图中外围最大圆圈代表某一研究区域,内部圆圈的大小反映人口和经济活动的密集程度,内部实线大圆圈代表人口和经济密集的发达栅格,内部实线小圆圈代表人口和经济规模较小的落后栅格,箭头表示借用效应的方向和强度,虚线圈表示借用规模效应的范围(Camagni et al., 2016)。借用规模包括两种类型:左边虚线圈表示邻近发达栅格的落后栅格能够借用发达栅格的规模,享受到发达栅格外溢效应的同时能够避免发达栅格内部产生的拥挤成本(刘修岩等,2017),称为第一类型的借用规模;右边虚线圈表示规模相近、相邻的较落后栅格既可以分享集聚经济的益处,又能够避免各自内部的集聚成本(王飞,2017),称为第二类型的借用规模。

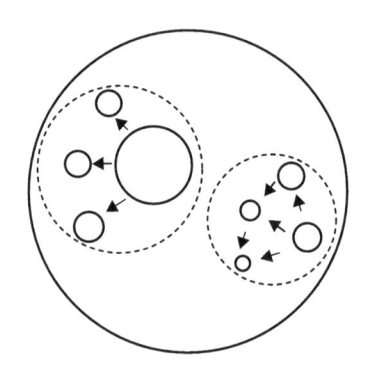

图 12-1 借用规模的机制

从第一类型的借用规模看,城市蔓延使城市内部众多主体之间的空间距离扩大,边缘落后栅格与发达栅格距离更远,借用规模效应强度随着空间距离扩大而减弱,使得落后栅格的借用规模效应不断缩减,不利于落后栅格的 GTFP 提升。

另外，城市蔓延使得城市之间的距离更近，边缘落后栅格与相邻发达栅格的距离变小，彼此互动的机会增多，基础设施成本降低，借用规模出现的可能性更高，集聚经济外部性的分享有利于推动相邻城市 GTFP 的提升。此时，即使那些与发达栅格距离不变的落后栅格，也因借用规模效应的存在而借助发达栅格的外溢效应持续提升自身的 GTFP。从第二类型的借用规模来看，相同类型栅格之间能够相互借用，并根据城市蔓延带来的空间结构变化而发生相应的改变。

### 二、集聚阴影

落后栅格由于邻近发达栅格而发展受限的效应通常被称为集聚阴影，引入图 12-2 来具体示意集聚阴影的内在机制。发达栅格对周边栅格的要素吸纳往往形成一个不利于周边栅格效率提升的阴影区（虚线范围内），即发达栅格虹吸周边区域的人才、资金为自身所用，从而损害周边落后栅格的发展基础，产生"极化效应"或"虹吸效应"。此外，集聚阴影还带来一定的竞争效应（刘修岩等，2017），一个发达栅格周边多个落后栅格之间相互竞争，同时又面临着远方栅格的竞争，使得其中一些落后栅格在竞争中逐渐失去发展动力，不仅没有因邻近发达栅格而占据优势，反而处于发展受限的境地。

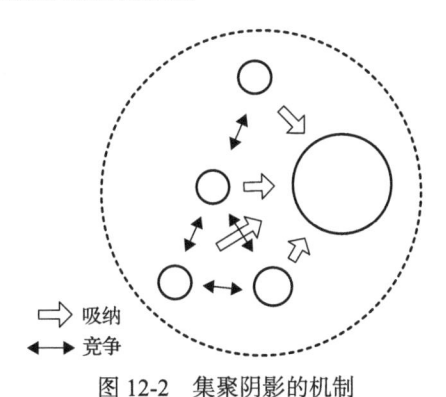

图 12-2 集聚阴影的机制

我国很多城市往往呈现出中心集聚与郊区蔓延并行的特征，城市内部发达栅格的集聚和落后栅格的扩散，都在一定程度上强化集聚阴影效应，使得人力、资本、技术等要素在落后栅格之间的竞争更为激烈，促使生产要素向发达栅格集聚，不利于城市内部落后栅格的生产率提升，城市内部发展不平衡加剧。城市蔓延使得城市空间逐步连绵化，落后城市的边缘区域受本地核心区和相邻城市双重集聚阴影效应影响，发展更为艰难。

### 三、影响路径

在城市蔓延推动城市中心区不断集聚和边缘区日益分散的过程中，集聚外部性的借用规模效应与集聚阴影效应往往同时存在。在资源环境约束背景下,两类效应的共同作用影响着城市自身和相邻城市的 GTFP。

总体来看,受资源环境约束,城市蔓延主要通过集聚外部性的具体表现——借用规模和集聚阴影来对 GTFP 发挥影响(图 12-3)。其中借用规模使得落后栅格能够共享发达栅格的集聚效益,避免中心区过度集聚而产生的拥挤成本,有利于城市 GTFP 提升;而集聚阴影使得落后栅格之间的竞争更为激烈,发达栅格的极化效应愈发突出而形成"虹吸效应",不利于城市 GTFP 提升。此外,城市蔓延还通过规模经济、运输成本和贸易成本等路径作用于 GTFP。

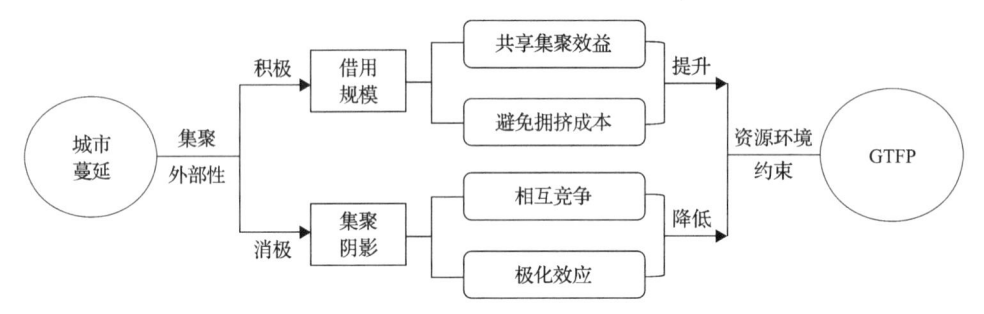

图 12-3 城市蔓延影响 GTFP 的路径

现实中城市蔓延带来的究竟是借用规模效应更为突出,还是集聚阴影效应更为显著?需要在开展城市蔓延指数和 GTFP 测算的基础上,建立空间计量模型解析城市蔓延对其自身及相邻城市 GTFP 的影响效应。

## 第三节 城市蔓延影响 GTFP 的实证设计

### 一、模型设定

现有研究在分析生产率时,通常以 CRS 假定下的 C-D 生产函数作为基本模型,具体为 $Y = AK^\alpha L^\beta$,其中 $Y$ 代表城市总产出,$K$、$L$ 为生产过程中的资本投入和劳动投入,$\alpha$ 与 $\beta$ 分别代表资本与劳动对总产出的贡献度,且 $\alpha + \beta = 1$。$A$ 是全要素生产率,在资本存量和劳动投入不变的情况下,全要素生产率 $A$ 的变动造成生产函数曲线平移。

城市蔓延对 GTFP 的影响效应是重点考察内容,故把 GTFP 作为被解释变量,城市蔓延是主解释变量,另外需要将其他可能影响 GTFP 的因素加以控制。根据内生增长理论和新地理经济学理论,城市 GTFP 的影响因素还主要包括要素禀赋、对外开放度、产业结构、市场潜能和基础设施等(卢宁,2018)。除将城市蔓延指数作为计量模型的主解释变量外,引入对外开放度(Pfdi)、科技支出(Goin)、物质资本投资(Pinvest)、产业结构(Stind)、市场潜能(Cons)、基础设施(Road)等作为控制变量。无论是借用规模效应，还是集聚阴影效应，都反映出城市之间存在着明显的空间依赖性，所以选用空间面板模型进行实证分析，设定一般嵌套空间(general nesting spatial, GNS)模型为

$$\ln \text{GTFP}_{it} = \rho W_n \ln \text{GTFP}_{it} + X_t \beta + W_n X_t \theta + \mu_i + \xi_t + v_i$$
$$u_i = \lambda W_n u_i + \varepsilon_i \quad (12\text{-}1)$$

其中，GTFP 表示被解释变量 GTFP；$X_t$ 表示城市蔓延(Sprawl)等解释变量和控制变量；$\mu_i$ 表示其他会对被解释变量 GTFP 产生影响但没有被纳入模型的固定效应；$\xi_t$ 表示时间效应；$\varepsilon_i$ 表示随机误差项；$W$ 表示空间权重矩阵。

## 二、变量说明

### 1. 被解释变量

式(12-1)中的被解释变量为 GTFP，在此将资源要素投入、期望产出和污染排放等非期望产出纳入统一分析框架，计算过程中需要涉及投入变量、期望产出变量和非期望产出变量。投入变量方面，以地级市年末就业人口数代表劳动投入；资本投入则以城市资本存量代表，采用永续盘存法对 2003～2019 年城市的资本存量进行估算，用省级的固定资产投资价格指数进行平减；借鉴李卫兵和涂蕾(2017)、陈龙等(2016)的方法，采用能源消费总量来表征能源投入，地级及以上城市的能源消费总量根据所在省区市能源消费总量乘以各城市地区生产总值占所在省区市地区生产总值的比重估算得到。产出变量方面，选择城市地区生产总值作为期望产出的度量指标，以 2003 年地区生产总值为基期，采用剔除价格因素影响的城市所在省区市的地区生产总值平减指数；选取地级及以上城市的工业废水排放量、工业二氧化硫排放量和工业烟粉尘排放量作为非期望产出的代理变量。

采用 GML 指数测度 273 个地级及以上城市的 GTFP，通过得到 2004～2019 年各城市 GTFP 的 GML 指数，将 GML 指数累乘得到相应年份的城市 GTFP。

$$\text{GML}_t^{t+1} = \left[ \frac{1 + D_c^{t+1}(x^t, y^t, b^t; g^t)}{1 + D_c^{t+1}(x^{t+1}, y^{t+1}, b^{t+1}; g^{t+1})} \times \frac{1 + D_c^t(x^t, y^t, b^t; g^t)}{1 + D_c^t(x^{t+1}, y^{t+1}, b^{t+1}; g^{t+1})} \right]^{1/2} \quad (12\text{-}2)$$

其中，$x$ 表示投入指标；$y$ 表示期望产出；$b$ 表示非期望产出；$g$ 表示方向向量。$t$ 时期的 DDF 可表示为 $D_c^t(x^t, y^t, b^t; g^t)$。

### 2. 主解释变量

主解释变量是城市蔓延(Sprawl)，城市蔓延通过集聚外部性的正负两方面作

用于城市 GTFP 的提升，并产生相应影响。由于单一指标，如人口密度、城市土地增长弹性和市辖区建成面积等，都不足以全面描绘城市蔓延所呈现出的低密度与分散空间特征，在此选择使用 GIS 技术提取城市特征要素，构建城市蔓延指数来反映城市空间扩张特征。

3. 其他控制变量

①对外开放度(Pfdi)，以 FDI 占地区生产总值比重代表，FDI 能为所在城市提供来自不同国家企业的技术进步、管理创新、绿色转型等的思路和方法，但也存在先进技术引进加重环境污染的风险。②科技支出(Goin)，以地方财政科技支出来代表，技术创新能有效降低能源消耗，减少环境污染，但也存在能源利用率提高后，新技术的广泛应用刺激消费者和生产者使用更多能源的回弹效应。③物质资本投资(Pinvest)，用固定资产投资总额来衡量，从资源配置的角度来看，在内部资源有限的条件下，传统的以厂房、生产线投入的固定资产会影响资源配置的效率，进而影响 GTFP。④产业结构(Stind)，采用城市第二产业与第三产业增加值之比衡量，产业结构的变化是经济结构转型的体现，城市产业结构不仅影响要素在部门间的配置效率，还能影响到技术的引进、吸收和创新。⑤市场潜能(Cons)，以社会消费品零售总额代表，对于厂商而言，为节约运输、贸易成本，大多喜好集聚于市场潜能较大的市场，相同类型厂商集聚的规模效应会带动市场所在地的产出效率的增长。⑥基础设施(Road)，以人均道路面积代表，城市道路基础设施的完善与发展，使得城市可达性明显提高，大众的日常交通成本降低，跨区域间经济交流活动相应增多。

### 三、数据来源

数据时间跨度为 2004～2019 年，研究对象为中国 273 个地级及以上城市，同时剔除部分数据缺失的城市。测算城市蔓延指数的数据主要来自美国国家海洋和大气管理局(National Oceanic and Atmospheric Administration, NOAA)国家地理数据中心的夜间灯光数据(DMSP/OLS 与 NPP/VIIRS)和美国橡树岭国家实验室(Oak Ridge National Laboratory, ORNL)的 LandScan 全球人口动态统计数据，行政区划矢量数据为来自我国的国家基础地理信息中心 1:100 万的全国基础地理数据库和自然资源部标准地图服务网站。

测算 GTFP 和控制变量的数据主要来自《中国城市统计年鉴》《中国城市建设统计年鉴》《中国统计年鉴》。此外，为保证数据的准确性和连续性，部分城市少数缺失的数据采用移动平均法加以补齐，异常值采用前后年份的均值平滑。

## 第四节 城市蔓延的数据预处理及测度结果

### 一、城市蔓延数据的预处理

1. DMSP/OLS 和 NPP/VIIRS 夜间灯光数据的整合

基于 DMSP/OLS 和 NPP/VIIRS 两夜间灯光数据重叠的 2013 年影像获得幂函数校正模型，实现 NPP/VIIRS 数据基于 DMSP/OLS 数据的模拟。选取 2004~2013 年的 DMSP/OLS 年度数据和 2013~2019 年的 NPP/VIIRS 的月度数据，首先沿着我国行政区边界分别对两夜间灯光数据进行裁剪，然后将两灯光影像从原 WGS84 地理坐标的影像转换成以阿尔伯斯（Albers）为地理坐标的等面积投影，其次对两灯光影像重新采样并将像元大小转换为 1 千米。

DMSP/OLS 夜间灯光数据预处理包括相互校正、连续校正、饱和校正等步骤：①因为 DMSP/OLS 夜间灯光数据存在易饱和、多平台数据不连续等缺陷，选择发展相对稳定的黑龙江省鹤岗市作为不变目标区域，以 F16 传感器为基准，依据二次多项式模型对夜间灯光数据进行传感器间相互校正；②由于多传感器同年影像相同位置的像元数字量化（digital number，DN）值之间存在差异，不同年份影像数据的像元 DN 值可能存在异常波动，先对同一时期存在的两幅影像进行均值处理，而后进行年份间的连续性校正。

NPP/VIIRS 影像数据的预处理主要包括去负值、合成年度数据、滤除噪声等步骤：①针对 NPP/VIIRS 数据存在负值、极高值、不稳定光源以及缺乏可比性与年值数据的缺点，对月度数据进行去负、过滤异常极大值处理，进而求得各年度均值灯光影像；②以 DMSP/OLS 数据 DN 值 1~50 范围为掩膜提取 NPP-VIIRS 数据，以滤除 NPP-VIIRS 数据中非人类活动引起的大部分最小值和最大背景噪声，降低 DMSP/OLS 数据的饱和效应。

DMSP/OLS 和 NPP/VIIRS 数据的整合：先统计 NPP/VIIRS 数据对应 DMSP/OLS 数据各 DN 值分布区域的灯光均值，获得幂函数 $DN^c = 26.76 \times DN^{0.4428} + 1.771$，对 NPP/VIIRS 数据进行校正，后使用高斯低通滤波模型对影像做降噪处理。为保证滤波处理后像元值域统一，将校正后的 NPP/VIIRS 影像大于 63 的 DN 值赋值为 63，最终综合得到稳定的 2004~2019 年 DMSP/OLS 和 NPP/VIIRS 整合夜间灯光数据。

2. 城市建成区的提取

结合中国经济发展和城镇人口变动来看，假定城市化过程不可逆转，不会出现前期存在而后期消失的城市用地。基于城市蔓延视角来提取城市建成区，将城市内部已开发但人口集聚度较低的地区视作城市非活动区域。城市非活动区域是城市蔓延的产物，可以更真实地反映城市蔓延过程中土地过度无序、低密度扩张的状态。首先借助校正后的 2004~2019 年整合夜间灯光数据、LandScan 全球人口动态统计数据库，借鉴秦蒙等（2019）处理遥感数据的方法，以灯光 DN 值 10 为阈值提取城市建成区。这一提取方法很大程度上避免了行政区统计存在的偏误，可以更加清晰地呈现出真实的城市面积及形态。

3. 城市蔓延的界定

基于现有研究，并不是城市面积扩张就能称为或者视为城市蔓延，只有在某一时期当城市内部某区域出现人口增长速度锐减使得整体城市空间的人口分布密度降低的城市异常扩张才能够被视为城市蔓延，即当某一区域人口密度过低时，则认为该区域为城市蔓延区。在此使用 LandScan 人口统计数据测算城市内部的人口集聚情况，以判断城市子区域所属的类型，进而构建城市蔓延指数反映城市蔓延度。

4. 城市蔓延指数的构建及测算

采用基于 DMSP/OLS 与 NPP/VIIRS 夜间灯光数据对城市蔓延进行定量测度，借鉴 Fallah 等（2011）、刘修岩等（2017）的方法，将城市空间以全国平均密度为界限划分为低密度和高密度两部分；由于中国土地城市化普遍快于人口城市化，故需同时考虑人口数量变化和土地面积变化以反映城市蔓延程度。

$$SP_i = 0.5 \times (LP_i - HP_i) + 0.5 \tag{12-3}$$

$$SA_i = 0.5 \times (LA_i - HA_i) + 0.5 \tag{12-4}$$

其中，$SP_i$、$SA_i$ 分别表示城市 $i$ 的人口蔓延指数和土地蔓延指数；$LP_i$ 表示城市 $i$ 人口密度低于全国平均密度的人口比例；$HP_i$ 表示城市 $i$ 人口密度高于全国平均密度的人口比例；$LA_i$ 表示城市 $i$ 人口密度低于全国平均密度的土地面积比例；$HA_i$ 表示城市 $i$ 人口密度高于全国平均密度的土地面积比例。

综合基于人口和土地两个层面测度的蔓延指数结果，构建更为科学合理且综合反映我国城市蔓延状况的蔓延指数：

$$Sprawl_i = \sqrt{SP_i \times SA_i} \tag{12-5}$$

其中，$Sprawl_i$ 的取值区间为[0, 1]，取值越接近 1 表明城市蔓延程度越高。这一指标能够全面、准确地描绘城市蔓延所呈现出的典型特征——城市空间的低密度化、人口分布的分散化以及土地利用强度的下降。

使用相应年份的 LandScan 人口数据，先了解各城市提取的建成区所有栅格内的人口分布情况,将属于同一城市区域栅格进行加总,得到属于城市 $i$ 区域 $j$ 栅格上的人口数量($pop_{ij}$)和城市土地面积($area_{ij}$),求得各城市平均人口密度。以2004年全国城市区域的平均人口密度作为划定城市空间高、低密度区域的标准,分别加总高、低密度区域内的人口数量(pop),求得城市内人口密度高于和低于全国平均密度的人口比例 $HP_i$ 和 $LP_i$,得到考虑人口密度的蔓延指数 $SP_i$;再分别加总高、低密度区域的土地面积(area),求得城市内人口密度高、低于全国平均密度的土地面积比例 $HA_i$ 和 $LA_i$,考虑城市土地的蔓延指数 $SA_i$,综合人口和土地层面的蔓延指数,得到城市蔓延指数($Sprawl_i$)。

### 二、城市蔓延数据的测度结果

全国273个地级及以上城市2004~2019年蔓延指数均值的变动趋势如图12-4所示。2004~2019 年中国城市蔓延指数均值为 0.473,说明在此期间中国城市呈现出较明显的蔓延式发展。

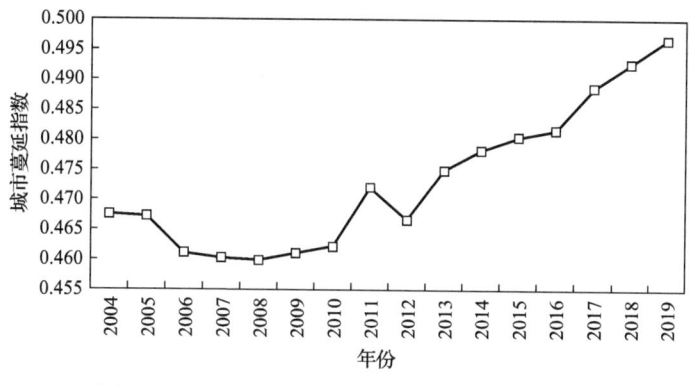

图 12-4　2004~2019 年城市蔓延指数的变动趋势

2004~2019 年我国城市蔓延指数总体呈现上行趋势,具体可以分为两个阶段:①第一阶段为 2004~2010 年,在这一时期我国城市蔓延指数呈下行态势,基本维持在 0.46~0.47,城镇非农产业迅猛发展、城市产业不断升级、行政地域调整变动,使大量农村人口向城市迁移,城镇人口数量不断增加,人口增速同土地扩张速度差距缩小,城市的蔓延形势略有缓和。②第二阶段为 2010~2019 年,我国整体的城市形态分散化和土地利用低强度化不断加剧,数值上表现为我国城市蔓延指数由 0.46 上升至 0.50,在这一阶段我国建成区面积扩张速度和人口增速均有所放缓,人口从中小城市向大城市集中,中小城市大规模的人口外迁导致城市自身土地利用强度降低、蔓延加剧。大城市人口大幅增长,为提升城市承载能力不断发展城市"新城",此外,对流入大城市的外来人口尚未合理安排,使得人口过于集中在城市的中心地带,城市边缘区人口分布低密度化加剧,城市建设矛盾和城市病集中爆发。整体来看，我国城市呈蔓延式发展，近年来蔓延形势严峻化。

为直观地说明中国城市蔓延的状况，利用自然间断点法将2004~2019年城市的蔓延指数由低到高划分为低度蔓延（Sprawl≤0.402）、中度蔓延（0.402＜Sprawl≤0.468）、较高蔓延（0.468＜Sprawl≤0.534）和高度蔓延（Sprawl＞0.534）四种类型，得到2004~2019年中国城市蔓延分布情况，具体见表12-1。

表12-1 2004~2019年中国城市蔓延分布情况　　　（单位：个）

| 城市蔓延指数区间 | 2004年 | 2005年 | 2006年 | 2007年 | 2008年 | 2009年 | 2010年 | 2011年 |
|---|---|---|---|---|---|---|---|---|
| 低度蔓延 | 20 | 21 | 28 | 29 | 29 | 28 | 29 | 24 |
| 中度蔓延 | 78 | 78 | 91 | 92 | 95 | 95 | 92 | 73 |
| 较高蔓延 | 173 | 172 | 153 | 150 | 147 | 148 | 147 | 164 |
| 高度蔓延 | 2 | 2 | 1 | 2 | 2 | 2 | 5 | 12 |
| 城市蔓延指数区间 | 2012年 | 2013年 | 2014年 | 2015年 | 2016年 | 2017年 | 2018年 | 2019年 |
| 低度蔓延 | 31 | 27 | 25 | 25 | 25 | 25 | 25 | 24 |
| 中度蔓延 | 74 | 65 | 59 | 58 | 58 | 47 | 42 | 42 |
| 较高蔓延 | 157 | 157 | 162 | 157 | 157 | 150 | 150 | 146 |
| 高度蔓延 | 11 | 24 | 27 | 33 | 33 | 51 | 56 | 61 |

总体上中国绝大部分城市都存在城市蔓延现象，且以较高蔓延和中度蔓延类型为主，较高蔓延、中度蔓延城市数量随时间推移均有所下降；低度蔓延城市数量较少，占比低于15%，数量上并未有明显时间变化；高度蔓延城市数量伴随时间变动逐渐增多。空间分布上，中国蔓延指数呈现出自"中—东—西—东北"递减态势，高度蔓延城市自苏鲁豫皖交界处向周边地区扩散，这些城市邻近发达城市，"虹吸效应"造成其人口大量流出，为更邻近发达城市人口和土地又不断向边缘地带转移，使得城市人口分散化加剧，蔓延更为显著；低度蔓延城市分布较为分散，主要为沿海发达城市，这些城市因区位优势在大规模土地开发的初始阶段，对人口、产业等要素有一定吸引能力，使得在整个研究阶段，其土地扩张增速和人口增速变化相差不大，城市空间结构较为紧凑。

## 第五节　空间面板模型的估计结果分析

### 一、描述性统计分析

实证分析的变量描述性统计量见表12-2，模型估计过程中对指标数据先进行对数化处理，主要借助MATLAB2016b软件完成。

表 12-2　变量的描述性统计量(2004~2019 年)

| 变量 | 含义 | 单位 | 平均值 | 标准差 | 最小值 | 最大值 |
|---|---|---|---|---|---|---|
| GTFP | 绿色全要素生产率 |  | 0.954 | 0.081 | 0.480 | 1.512 |
| Sprawl | 城市蔓延指数 |  | 0.473 | 0.052 | 0.224 | 0.716 |
| Pfdi | FDI 占地区生产总值比重 |  | 0.023% | 0.024% | 0.000% | 0.258% |
| Goin | 地方财政科技支出 | 万元 | 73 464.45 | 289 261.8 | 0.13 | 5 549 817 |
| Pinvest | 固定资产投资总额 | 亿元 | 880.864 | 1 094.843 | 19.721 | 13 350.430 |
| Stind | 第二产业与第三产业增加值之比 |  | 1.361% | 0.876% | 0.012% | 37.592% |
| Cons | 社会消费品零售总额 | 亿元 | 741.32 | 1 200.00 | 8.64 | 15 800.00 |
| Road | 人均道路面积 | 平方米 | 12.904 | 8.038 | 0.020 | 108.370 |

为考察变量的空间依赖性，构建基于城市经纬度的反距离空间权重矩阵($W$)，采用全局莫兰指数检验被解释变量、解释变量及控制变量的空间自相关关系，结果见表 12-3。

表 12-3　全局空间自相关检验结果

| 年份 | lnGTFP | lnSprawl | lnPfdi | lnGoin | lnPinvest | lnStind | lnCons | lnRoad |
|---|---|---|---|---|---|---|---|---|
| 2004 | 0.290*** (7.1280) | 0.166*** (4.1190) | 0.158*** (30.409) | 0.309*** (7.5960) | 0.097*** (18.979) | 0.040*** (8.268) | 0.078*** (15.278) | 0.075*** (14.876) |
| 2007 | 0.262*** (6.4470) | 0.190*** (4.7030) | 0.152*** (29.244) | 0.334*** (8.1870) | 0.095*** (18.601) | 0.020*** (4.440) | 0.082*** (15.996) | 0.063*** (12.897) |
| 2010 | 0.329*** (8.0650) | 0.200*** (4.9520) | 0.153*** (29.512) | 0.385*** (9.3990) | 0.078*** (15.349) | 0.022*** (4.786) | 0.082*** (16.076) | 0.082*** (16.159) |
| 2013 | 0.303*** (7.4220) | 0.210*** (5.2230) | 0.129*** (24.913) | 0.378*** (9.2490) | 0.068*** (13.490) | 0.030*** (6.311) | 0.074*** (14.554) | 0.070*** (13.846) |
| 2016 | 0.325*** (7.9590) | 0.221*** (5.4900) | 0.103*** (20.168) | 0.428*** (10.4330) | 0.098*** (19.148) | 0.043*** (8.833) | 0.078*** (15.304) | 0.073*** (14.386) |
| 2019 | 0.275*** (6.7400) | 0.313*** (7.7270) | 0.096*** (18.697) | 0.455*** (11.0820) | 0.100*** (19.398) | 0.037*** (8.032) | 0.080*** (15.723) | 0.059*** (11.817) |

注：括号内为 $t$ 值
\*\*\*表示在 1%水平下显著

从检验结果来看，GTFP 的莫兰指数均大于 0.2，且均通过 1%的显著性水平检验，说明我国地级及以上城市 GTFP 有着显著的空间正向关联，GTFP 表现为集聚型分布态势。城市蔓延的莫兰指数通过 1%的显著性水平检验，且总体呈上升趋势。对外开放度、科技支出等控制变量也存在显著的空间自相关性。总体上看，城市 GTFP 的莫兰指数呈稳步上升态势，可见近年来我国城市 GTFP 总体空间集聚效应有所增强，显然构建空间计量模型来分析我国城市蔓延对 GTFP 的影响效应十分必要。

基于全局空间自相关检验结果，可以看出我国地级及以上城市的城市蔓延和GTFP都存在明显的空间集聚特征，具体集聚特征还可利用莫兰散点图来详细描述，结果如图12-5和图12-6所示。

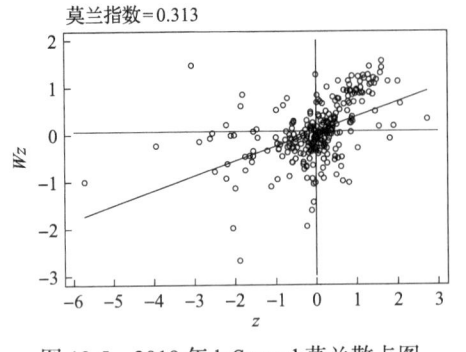

图12-5　2019年lnSprawl莫兰散点图

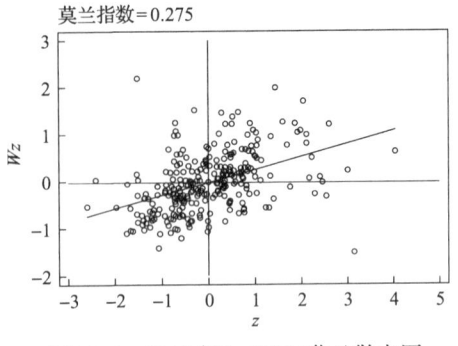

图12-6　2019年lnGTFP莫兰散点图

由图12-5和图12-6可知，2019年我国城市蔓延态势较为严峻，落在第一象限的城市数量最多，表明大多数城市为"高–高"的集聚类型，城市蔓延程度高的城市其周围城市的蔓延程度也较严重，在地理空间上城市的蔓延存在正相关性。绝大部分城市的GTFP处于第一、第三象限，少数城市落在第二、第四象限，大部分城市都为"高–高"和"低–低"集聚类型，即GTFP高的城市在某一区域集聚成片，GTFP低的城市也在另一区域集聚成片，从地理空间角度上看，我国城市的GTFP存在明显的正向关联。由于被解释变量、解释变量及控制变量都存在着显著的空间自相关性，有必要采用空间计量模型来分析城市蔓延对GTFP的影响效应。

### 二、空间面板模型估计结果

为准确估计城市蔓延对GTFP的影响效应，需选择合适的空间面板模型形式。首先对不包含空间依赖性的面板计量模型进行估计，并将其作为基准模型，然后计算LR统计量和拉格朗日乘数（Lagrange multiplier，LM）统计量。具体见表12-4。

表12-4　空间面板模型估计结果

| 变量名称 | 混合估计模型(1) | 空间固定效应模型(2) | 时间固定效应模型(3) | 时空固定效应模型(4) |
| --- | --- | --- | --- | --- |
| 常数项 | −2.2119*** (−22.1693) | — | — | — |
| lnSprawl | −0.9582*** (−24.7238) | −0.4652*** (−8.4834) | −0.5428*** (−16.3829) | −0.3991*** (−7.1066) |
| lnPfdi | 0.0238*** (7.2006) | −0.0042* (−1.7384) | −0.0318*** (−10.7410) | −0.0113*** (−4.7396) |

续表

| 变量名称 | 混合估计模型(1) | 空间固定效应模型(2) | 时间固定效应模型(3) | 时空固定效应模型(4) |
|---|---|---|---|---|
| lnGoin | −0.0389*** (−7.8829) | 0.0004 (0.1243) | 0.0572*** (11.1398) | 0.0195*** (5.0209) |
| lnPinvest | −0.2624*** (−24.8728) | −0.2238*** (−34.5793) | −0.2263*** (−25.7261) | −0.2000*** (−29.8971) |
| lnStind | 0.1517*** (14.7851) | 0.1143*** (14.4753) | 0.0227** (2.4430) | 0.0579*** (6.4508) |
| lnCons | 0.2160*** (22.6582) | −0.0687*** (−8.3528) | 0.1704*** (21.0629) | 0.0428*** (3.8161) |
| lnRoad | −0.0775*** (−9.4614) | −0.0703*** (−12.1383) | 0.0391*** (5.3271) | −0.0536*** (−9.1593) |
| $R^2$ | 0.4000 | 0.8046 | 0.2673 | 0.3015 |
| 空间滞后 LM 统计量 | 2295.8611*** | 769.9744*** | 737.2345*** | 597.3476*** |
| 空间误差 LM 统计量 | 2118.4380*** | 737.9429*** | 786.7202*** | 686.3436*** |
| 稳健空间滞后 LM 统计量 | 290.0779*** | 95.4721*** | 22.5460*** | 3.3482* |
| 稳健空间误差 LM 统计量 | 112.6548*** | 63.4405*** | 72.0317*** | 92.3442*** |
| 空间固定效应 LR 检验 | 5641.0401 ($p=0.0000$) | | | |
| 时间固定效应 LR 检验 | 279.8194 ($p=0.0000$) | | | |

注：括号内为 $t$ 值

***、**、*分别表示在 1%、5%、10%水平下显著

根据表 12-4 中稳健的 LM 检验可知，混合估计和空间固定效应、时间固定效应模型在 1%的显著性水平下都拒绝没有空间滞后被解释变量和没有空间自相关误差项的原假设，而同时包含空间和时间固定效应模型拒绝没有空间自相关误差项的原假设，但不能拒绝没有空间滞后被解释变量的原假设。根据 LR 检验结果可知，空间固定效应模型和时间固定效应模型在 1%显著性水平下都拒绝原假设，说明选用时空固定效应模型较为合适。进一步在时空固定效应模型的基础上计算 LM 统计量，1%的显著性水平下拒绝原假设，意味着选用 SDM 进行模型估计效果较好。具体设定模型为

$$\ln GTFP_{it} = \rho \times \sum_{j=1}^{273} W_{ij} \ln GTFP_{jt} + X'_{it}\beta + \sum_{j=1}^{273} W_{ij} X_{ijt} \theta + \mu_i + \xi_t + \varepsilon_{it} \quad (12\text{-}6)$$

其中，$\sum_{j=1}^{273} W_{ij} \ln GTFP_{jt}$ 表示 GTFP 的空间滞后项；$W_{ij}$ 表示反距离空间权重矩阵；$\rho$ 表示 GTFP 的空间滞后系数，其符号和显著性反映了城市之间 GTFP 的溢出效应特征；$\sum_{j=1}^{273} W_{ij} X_{ijt}$ 表示解释变量的空间滞后项；$\mu_i$ 和 $\xi_t$ 分别表示空间效应和时间

效应；$\beta$ 和 $\theta$ 表示 $k\times1$ 阶参数向量。此外，若模型同时包含空间固定效应和时间固定效应，当 $N$ 和 $T$ 都很大时参数估计结果往往有偏，为此 Lee 和 Yu(2012)对基于似然函数最大化获得的参数估计结果进行偏误修正。接下来根据 Wald/LR 检验结果判断 SDM 是否能够简化为空间滞后模型或空间误差模型。

SDM 的估计结果如表 12-5 所示，使用直接方法的估计结果为模型(1)，对系数进行偏误修正后的估计结果为模型(2)，被解释变量空间滞后项($W\cdot\ln GTFP$)的系数和解释变量空间滞后项的系数对偏误修正较为敏感。在 1%的显著性水平下，Wald/LR 检验结果均拒绝 $H_{01}:\theta=0$ 和 $H_{02}:\theta+\rho\beta=0$ 两个原假设，说明简化为空间误差模型和空间滞后模型不合适，因而接受 SDM。通过 Hausman 检验可知，统计量为 110.50，对应 $p$ 值为 0.000，即拒绝随机效应模型，因此采用固定效应的 SDM 进行分析较为合适。根据模型(2)的估计结果可看出，被解释变量空间滞后项($W\cdot\ln GTFP$)的系数为 0.4845，通过 1%的显著性检验，表明我国地级及以上城市 GTFP 存在显著的空间溢出效应，某个城市 GTFP 提高将对相邻城市经济发展质量产生积极影响。

表 12-5 时空固定的 SDM 估计结果

| 变量名称 | 时空固定模型(1) | 时空固定偏误修正模型(2) | 空间随机、时间固定模型(3) |
|---|---|---|---|
| $W\cdot\ln GTFP$ | 0.4740*** (24.7567) | 0.4845*** (25.5793) | 0.4890*** (25.9413) |
| lnSprawl | −0.3768*** (−6.1174) | −0.3767*** (−5.9167) | −0.5166*** (−9.2180) |
| lnPfdi | −0.0061*** (−2.6464) | −0.0061** (−2.5430) | −0.0057** (−2.3933) |
| lnGoin | 0.0276*** (6.6592) | 0.0277*** (6.4509) | 0.0331*** (7.9141) |
| lnPinvest | −0.1961*** (−27.7064) | −0.1962*** (−26.8125) | −0.1859*** (−26.6443) |
| lnStind | 0.0593*** (6.7998) | 0.0593*** (6.5817) | 0.0530*** (6.0661) |
| lnCons | 0.0488*** (4.3721) | 0.0488*** (4.2307) | 0.0942*** (9.7291) |
| lnRoad | −0.0494*** (−9.0120) | −0.0494*** (−8.7102) | −0.0444*** (−7.9352) |
| $W\cdot\ln Sprawl$ | 0.1874* (1.8699) | 0.1915* (1.8499) | 0.3064*** (3.3510) |
| $W\cdot\ln Pfdi$ | −0.0128*** (−2.9684) | −0.0126*** (−2.8255) | −0.0131*** (−3.0256) |
| $W\cdot\ln Goin$ | −0.0263*** (−3.8262) | −0.0264*** (−3.7245) | −0.0274*** (−3.9509) |

续表

| 变量名称 | 时空固定<br>模型(1) | 时空固定偏误修正<br>模型(2) | 空间随机、时间固定<br>模型(3) |
|---|---|---|---|
| $W \cdot \ln Pinvest$ | 0.1087*** <br>(8.5607) | 0.1107*** <br>(8.4628) | 0.1001*** <br>(7.8625) |
| $W \cdot \ln Stind$ | −0.0350** <br>(−2.1668) | −0.0356** <br>(−2.1295) | −0.0448*** <br>(−2.7726) |
| $W \cdot \ln Cons$ | −0.0226 <br>(−1.1558) | −0.0231 <br>(−1.1412) | −0.0237 <br>(−1.4002) |
| $W \cdot \ln Road$ | −0.0005 <br>(−0.0409) | 0.0002 <br>(0.0153) | 0.0001 <br>(0.0082) |
| Phi | — | — | 0.1508*** <br>(16.6861) |
| $R^2$ | 0.9079 | 0.9081 | 0.8189 |
| 空间滞后 Wald<br>检验统计量 | 83.2751 ($p$=2.9976×10$^{-15}$) | 81.1270 ($p$=8.1046×10$^{-15}$) | 79.2084 ($p$=1.9984×10$^{-14}$) |
| 空间滞后 LR<br>检验统计量 | 82.6740 ($p$=3.8858×10$^{-15}$) | 82.6740 ($p$=3.8858×10$^{-15}$) | — |
| 空间误差 Wald<br>检验统计量 | 23.5324 ($p$=0.0014) | 21.5919 ($p$=0.0030) | 24.8199 ($p$=8.1664×10$^{-4}$) |
| 空间误差 LR<br>检验统计量 | 23.4303 ($p$=0.0014) | 23.4303 ($p$=0.0014) | — |

注：括号内为 $t$ 值

***、**、*分别表示在1%、5%、10%水平下显著

### 三、直接效应和间接效应

根据模型(2)进一步测算各个解释变量的直接效应、间接效应及总效应。直接效应系数与 SDM 的系数不完全对应，主要是由反馈效应所致（王文普，2013），反馈效应之所以产生是因为解释变量变动引起邻近城市的反应，进而把邻近城市的影响传回到本城市，分别体现于解释变量和被解释变量的空间滞后项。

由表 12-6 可知，城市蔓延（Sprawl）影响 GTFP 的直接效应系数为−0.3765，通过 1%显著性水平的检验，即城市蔓延指数每增加 1%，城市自身的 GTFP 降低 0.3765%，意味着城市蔓延一定程度上抑制城市 GTFP 的提升。当前阶段，我国城市蔓延使城市内部形态呈现出低密度、空间分散等特点，削弱了资源共享、高效率匹配和知识溢出等集聚正外部性；此外，城市蔓延促进高密度区域进一步集聚，强化了集聚阴影和集聚成本，也一定程度上阻碍 GTFP 提高。城

市蔓延空间溢出效应的系数为0.0073,意味着城市蔓延每提高1%,带动周边城市的GTFP上升0.0073%,表明城市蔓延对相邻城市的GTFP具有一定的促进作用。可见,城市蔓延使城市边缘不断向外扩张,与周边城市地理上的邻近强化借用规模效应,使相邻城市能够分享集聚效益,促进相邻城市GTFP提升。城市蔓延对GTFP的总效应为负,原因在于城市蔓延对自身GTFP产生的负向抑制效应超过周边城市蔓延对本城市GTFP的正向促进作用。

表12-6 双向固定偏误修正的SDM直接效应与间接效应

| 变量名称 | 直接效应 | 间接效应 | 总效应 |
| --- | --- | --- | --- |
| lnSprawl | −0.3765*** <br> (−6.2695) | 0.0073 <br> (0.0427) | −0.3692** <br> (−2.1564) |
| lnPfdi | −0.0077*** <br> (−3.2689) | −0.0283*** <br> (−3.6183) | −0.0361*** <br> (−4.2300) |
| lnGoin | 0.0263*** <br> (6.2448) | −0.0233* <br> (−1.9519) | 0.0030 <br> (0.2407) |
| lnPinvest | −0.1943*** <br> (−27.1609) | 0.0286 <br> (1.3559) | −0.1657*** <br> (−7.2990) |
| lnStind | 0.0588*** <br> (6.6391) | −0.0133 <br> (−0.4536) | 0.0455 <br> (1.4630) |
| lnCons | 0.0486*** <br> (4.3538) | −0.0005 <br> (−0.0148) | 0.0481 <br> (1.3202) |
| lnRoad | −0.0519*** <br> (−8.8087) | 0.0001 <br> (0.0153) | −0.0518*** <br> (-3.7245) |

注:括号内为t值

***、**、*分别表示在1%、5%、10%水平下显著

从其他控制变量来看,在1%显著性水平下,对外开放度(Pfdi)的直接效应及间接效应均显著为负;科技支出(Goin)的直接效应显著为正,间接效应为负。物质资本投资(Pinvest)对GTFP的直接效应和总效应显著为负,总效应系数为−0.1657,表明物质资本每提升1%,GTFP降低0.1657%。产业结构(Stind)对GTFP的直接效应为0.0588显著为正,间接效应为−0.0133。市场潜能(Cons)的直接效应显著为正,同时对邻近城市的影响为−0.0005但不显著。基础设施(Road)的直接效应显著为负,间接效应为0.0001。

### 四、直接效应和间接效应的规模差异

由于我国不同规模城市存在着区位条件、资源禀赋等条件差异,城市蔓延也存在明显的规模差异,接下来以2019年城市常住人口数据为划分标准,分四大规

模[①]开展 SDM 估计结果的比较分析，深入探析城市蔓延对 GTFP 影响效应的规模差异（表 12-7）。

表 12-7 四大地区 SDM 的直接效应和间接效应

| 变量 | 小城市 直接效应 | 间接效应 | 总效应 | 中等城市 直接效应 | 间接效应 | 总效应 |
|---|---|---|---|---|---|---|
| lnSprawl | −0.4176** (−2.3959) | −1.4685** (−2.5607) | −1.8860*** (−3.0286) | 0.1087 (0.9495) | −0.6446** (−2.2663) | −0.5359* (−1.8855) |
| lnPfdi | −0.0010 (−0.2707) | −0.0623*** (−5.2172) | −0.0633*** (−4.8287) | −0.0117*** (−2.7494) | −0.0009 (−0.0900) | −0.0126 (−1.1330) |
| lnGoin | −0.0002 (−0.0179) | −0.0335 (−1.3597) | −0.0337 (−1.3728) | −0.0055 (−0.7664) | −0.0187 (−0.9795) | −0.0242 (−1.1871) |
| lnPinvest | −0.2299*** (−15.5277) | 0.0312 (0.7834) | −0.1988*** (−4.7661) | −0.2271*** (−17.5475) | 0.0609* (1.7988) | −0.1662*** (−4.4492) |
| lnStind | 0.1652*** (9.0684) | 0.1900*** (3.3489) | 0.3552*** (5.7438) | 0.0295** (2.2580) | 0.0137 (0.3605) | 0.0432 (1.0309) |
| lnCons | 0.0511** (2.2483) | −0.0853 (−1.3294) | −0.0342 (−0.4870) | 0.0411** (2.5273) | 0.0251 (0.5546) | 0.0662 (1.3681) |
| lnRoad | −0.0040 (−0.4053) | −0.0707** (−2.3563) | −0.0747** (−2.2954) | −0.0277** (−2.5429) | 0.0413 (1.0589) | 0.0135 (0.3098) |

| 变量 | 大城市 直接效应 | 间接效应 | 总效应 | 特大超大城市 直接效应 | 间接效应 | 总效应 |
|---|---|---|---|---|---|---|
| lnSprawl | −0.4006*** (−4.1617) | 0.1135 (0.4912) | −0.2871 (−1.2808) | −0.4616*** (−3.3754) | 0.6085 (1.6812) | 0.1469 (0.3781) |
| lnPfdi | −0.0189*** (−3.6261) | −0.0689*** (−4.4513) | −0.0878*** (−5.2361) | 0.0181 (1.0897) | 0.0329 (0.6613) | 0.0510 (0.8873) |
| lnGoin | 0.0320*** (4.9106) | −0.0715*** (−4.2753) | −0.0396** (−2.2106) | −0.0074 (−0.3773) | 0.0975* (1.9238) | 0.0901 (1.6406) |
| lnPinvest | −0.1479*** (−9.2687) | 0.0458 (1.1990) | −0.1022** (−2.6137) | −0.0860*** (−6.0730) | −0.0066 (−0.1995) | −0.0926** (−2.2951) |
| lnStind | −0.0020 (−0.0982) | 0.2325*** (4.0770) | 0.2305*** (3.8308) | −0.3665*** (−6.5455) | −0.1607 (−0.9694) | −0.5272*** (−2.7806) |
| lnCons | 0.0613*** (2.7884) | −0.0568 (−0.9566) | 0.0046 (0.0734) | 0.0109 (0.1298) | 0.3143 (1.4186) | 0.3253 (1.3073) |
| lnRoad | −0.0302** (−2.3861) | −0.0000 (−0.0001) | −0.0302 (−0.6420) | −0.0966*** (−4.1022) | −0.1275* (−1.8309) | −0.2241*** (−3.0197) |

注：括号内为 t 值

***、**、*分别表示在1%、5%、10%水平下显著

---

① 根据2014年印发的《国务院关于调整城市规模划分标准的通知》，以2020年城区常住人口为统计口径，将城市划分为五类：人口50万人以下为小城市，人口50万人以上100万人以下为中等城市，人口100万人以上500万人以下为大城市，人口500万人以上1000万人以下为特大城市，人口1000万人以上为超大城市。因特大、超大城市较少，将其合并为一类，统称为特大超大城市。

不同规模城市的蔓延对 GTFP 的影响效应存在一定差异。

(1) 直接效应。在 5%显著性水平下,小城市、大城市、特大超大城市的蔓延对 GTFP 的直接效应显著为负,特大超大城市的直接效应为–0.4616,大城市的直接效应为–0.4006,小城市的直接效应为–0.4176,特大超大城市直接效应稍强于大城市、小城市。原因在于:特大超大城市经济较为发达且蔓延度较低,但城市中心区在应对大规模外来人口涌入的空间管控举措还不够完善,中心城区开发强度和人口密度较高,公共服务资源过度集中,即城市中心区人口、产业等要素集聚化加强,造成核心区集聚阴影的拥挤效应和资源错配现象突出;而蔓延促使城市内部各类主体之间的空间距离扩大,进一步弱化了第一类型借用规模效应,两方面的综合作用使得特大超大城市的蔓延对自身 GTFP 产生显著负向效应,也表明该规模城市试图通过继续扩大人口规模来推动总体 GTFP 增长的余地越来越小。多数小城市的中心区还处于集聚经济阶段,随着城市蔓延中心区"虹吸效应"的不断增强,集聚阴影效应更为突出,从而对自身城市 GTFP 产生负向作用;此外,小城市的蔓延使城市中心区的空间布局更为分散、密度降低,边缘区的第一类型借用规模效应减弱,不利于自身 GTFP 提升。大城市的中心区集聚度还处于合理化水平,集聚阴影不突出,虽然蔓延引致的城市内部空间距离扩大削弱借用规模强度,使得蔓延对自身 GTFP 产生负向效应,但抑制效应强度稍弱于小城市和特大超大城市。中等城市的蔓延影响 GTFP 的直接效应为 0.1087,这是因为中等规模的多数城市内部区块发展较为均衡,高度集中的核心集聚区不突出,在资源环境约束下,城市蔓延有利于加快城市内部的要素流动和增强区块间的网络联系,从而强化边缘区的第一类型借用规模效应,而集聚阴影效应不明显,总体上有助于自身 GTFP 的提高。

(2) 间接效应。中等城市、小城市的蔓延影响 GTFP 的间接效应均为负,中等城市的间接效应为–0.6446,小城市的间接效应为–1.4685,且通过 5%水平显著性检验,意味着中等城市、小城市的第二类型借用规模效应还较弱。这是因为中小城市的交通设施相对落后,城市蔓延对于周边城市之间距离的缩短效应不明显,且城市所拥有的生产要素相对贫乏,蔓延虽拉近了其与相邻城市的距离,但能提供给相邻城市的要素较少,相邻城市的借用规模较弱;尤其是处于省际边缘的中小城市,边缘区本就属于各省经济体系的"末梢",是经济发展中最容易被忽视的区域,中小城市的边界蔓延容易引起邻近城市边界的耕地减少、矛盾突出、土地利用粗放,不利于相邻城市的 GTFP 提升。大城市、特大超大城市的蔓延对相邻城市 GTFP 提升的促进效应不显著,大城市的间接效应为 0.1135,特大超大城市的间接效应为 0.6085,表明大城市、特大超大城市的蔓延能够强化第二类型的借用规模效应,推动城市之间的知识溢出,促进相邻城市的 GTFP 提升。分析原因发现,大城市、特大超大城市的蔓延进一步缩小城市间的距离,城市之间的联系更为紧密,有利于推动城市间的创新知识溢出、要素与资本流动,强化城市之间的第二类型借用规模效应,且特大超大城市经过长期发展和经济转型升级,其对周边城市的效应逐步从虹吸转向辐射,比大城市具有更强的相邻城市的 GTFP 促进作用。

(3)总效应。除特大超大城市的蔓延影响 GTFP 的总效应为 0.1469,呈正向效应以外,大城市、中等城市、小城市的总效应均为负向效应,其中小城市的蔓延影响 GTFP 的总效应为–1.8860 且通过 1%水平的显著性检验,中等城市的总效应为–0.5359,大城市的总效应为–0.2871。城市蔓延影响 GTFP 总效应的地区差异,显然是受借用规模和集聚阴影两种内在机制所引发的直接效应与间接效应综合作用的结果。

总体来看,大城市、特大超大城市蔓延显著抑制自身 GTFP 提升,但对相邻城市的 GTFP 提升起到显著促进作用;中等城市蔓延的直接效应为正但不显著,间接效应为负且显著;小城市蔓延对自身及相邻城市的 GTFP 均产生负向影响效应。

### 五、稳健性检验

接下来从替换测度指标和空间权重矩阵的角度开展模型估计结果的稳健性检验。涉及城市蔓延和集聚经济的一些文献直接采用城市人口密度(Density)作为城市蔓延的衡量指标,故以城市人口密度的对数值(lnDensity)替换城市蔓延指数作为被解释变量,重新进行模型估计;此外,采用(0,1)邻接关系的空间权重矩阵替代反距离空间权重矩阵进行稳健性检验,结果见表 12-8。

表 12-8 变换蔓延指标的稳健性检验

| 变量名称 | 变换城市蔓延指标的模型 | 变换空间权重矩阵的模型 |
| --- | --- | --- |
| $W \cdot$lnGTFP | 0.4636*** <br> (23.9672) | 0.5081*** <br> (29.4618) |
| lnDensity | 0.1954*** <br> (13.8420) | — |
| lnSprawl | — | −0.3422*** <br> (−5.5843) |
| lnPfdi | −0.0045* <br> (−1.9019) | −0.0056** <br> (−2.3559) |
| lnGoin | 0.0262*** <br> (6.2577) | 0.0269*** <br> (6.3770) |
| lnPinvest | −0.1816*** <br> (−25.2491) | −0.1942*** <br> (−26.7296) |
| lnStind | 0.0755*** <br> (8.5105) | 0.0616*** <br> (6.9227) |

续表

| 变量名称 | 变换城市蔓延指标的模型 | 变换空间权重矩阵的模型 |
| --- | --- | --- |
| lnCons | 0.0483*** <br> (4.2833) | 0.0457*** <br> (3.9963) |
| lnRoad | −0.0359*** <br> (−6.3886) | −0.0481*** <br> (−8.5872) |
| W·lnDensity | −0.0401 <br> (−1.6217) | — |
| W·lnSprawl | — | −0.0091 <br> (−0.0940) |
| W·lnPfdi | −0.0106** <br> (−2.4479) | −0.0063 <br> (−1.5055) |
| W·lnGoin | −0.0318*** <br> (−4.6006) | −0.0263*** <br> (−3.8333) |
| W·lnPinvest | 0.1095*** <br> (8.6210) | 0.1029*** <br> (8.4216) |
| W·lnStind | −0.0193 <br> (−1.1648) | −0.0547*** <br> (−3.5316) |
| W·lnCons | −0.0161 <br> (−0.8100) | −0.0115 <br> (−0.5841) |
| W·lnRoad | 0.0293** <br> (2.1671) | 0.0113 <br> (1.0008) |
| $R^2$ | 0.9120 | 0.9081 |

注：括号内为 $t$ 值

***、**、*分别表示在1%、5%、10%水平下显著

城市人口密度和城市蔓延指数呈反向数量关系，即城市人口密度越高意味着城市蔓延程度越弱，城市人口密度（Density）影响 GTFP 的系数为 0.1954，通过 1%的显著性水平检验，这验证了城市蔓延的确对自身 GTFP 产生抑制效应的结论，即城市蔓延不利于其自身 GTFP 提升。城市人口密度的空间滞后项系数–0.0401，表明城市人口密度提高不利于相邻城市的 GTFP 提升，这与城市蔓延有助于相邻城市 GTFP 提升的结论相一致。其他解释变量的符号及显著性与前文分析结果基本一致，表明模型估计结果较为稳健。变换空间权重矩阵后，重新估计模型得到的变量系数变动不大，大部分控制变量的系数保持一致，也表现出较强的稳健性。

## 第六节　本　章　小　结

基于集聚外部性，城市蔓延通过借用规模和集聚阴影两条路径影响 GTFP，根据整合的夜间灯光数据测算我国地级及以上城市 2004～2019 年的城市蔓延

指数，采用 SDM 估计城市蔓延影响 GTFP 的效应，得到以下主要结论：①城市蔓延通过借用规模和集聚阴影两种效应的共同作用影响城市自身及相邻城市的 GTFP。②总体上我国城市蔓延不利于自身 GTFP 的提升，但由于城市之间空间关联性的存在，城市蔓延带来的溢出效应有利于相邻城市 GTFP 的提高。③城市蔓延对 GTFP 的影响效应在不同规模城市中存在明显差异，结论具有较强的稳健性。

上述结论对于推进以人为中心的新型城镇化道路，优化城市空间布局、推动经济转型升级及高质量发展具有启示意义。政府管理部门在调控城市人口规模和人口空间布局时，面对中心城区人口密度越来越大的普遍趋势，应根据城市的实际土地利用状况采取有针对性的措施，以优化城区基础设施布局，提高公共服务质量与效率，降低集聚负外部性和拥挤效应，提高城市效率。在对城市蔓延进行调控时，需注意规模差异和空间关联性。对城市蔓延进行调控时在不同规模城市的策略应有所不同，各地政府应因城施策，制定城镇规划时应与当地人口流动、产业结构政策等相结合，保持合理的人口规模和产业集聚度，推动城市经济社会高质量发展。此外，城市在谋划自身发展过程中还应考虑到周边城市的影响，充分尊重并利用城市之间的空间关联性，推动形成一个产业结构互补、职能合理分工、要素有序流动、知识共享溢出的有序城市网络，提升整体竞争力。

# 第十三章　城市人口集聚度对 GTFP 的影响效应

## 第一节　问　题　提　出

改革开放以来，中国城镇化快速推进，城市规模扩大的同时城市人口空间分布不断变化，一些城市人口呈现出中心化集聚特征，而部分城市人口表现为分散化蔓延特征。加之过去城市发展主要依赖于高投入、高能耗、高排放的粗放型模式，快速城镇化带来的城市环境污染问题日益突出。中国政府提出要提高新型城镇化质量，加强污染防治和生态建设，大力推动绿色发展，提升 GTFP 成为经济高质量发展的内在要求。那么，城市人口空间分布特征与 GTFP 是否存在关联性？城市人口的空间集聚度提高会提升 GTFP 吗？为了回答这些问题，需要深入探究城镇化进程中城市人口集聚度变动对 GTFP 的影响机制及效应。

人口空间分布对 GTFP 的作用机制必然涉及集聚经济这一基本概念。许多学者解析了经济要素和人口要素的空间集聚对 GTFP 的直接影响，形成几种代表性的观点。第一种观点认为产业与人口集聚有利于减轻城市环境污染，提高 GTFP。陆铭和冯皓（2014）测算中国各省区市地级市之间人口规模的差距来衡量行政区域内部人口和经济活动的集聚度，发现集聚有利于减少每单位地区生产总值的工业污染物排放。城市规模越大，产业集聚的环境改善效应越强，人口集聚同时有利于减轻生产和生活污染，提高劳动生产率（肖周燕和沈左次，2019）。第二种观点认为产业与人口集聚对城市 GTFP 的影响呈现出非线性特征。只有跨越某一门槛值后，产业与人口集聚才能发挥减少污染排放和提高生产效率的积极作用，两者之间表现出倒"U"形曲线关系（李筱乐，2014；杨仁发，2015）。部分研究指出，人口集聚对污染的影响效应与污染物种类有关，存在一定的异质性（徐辉和杨烨，2017）。第三种观点对集聚效应带来的 GTFP 影响持负面态度，认为产业与人口集聚不利于减少污染排放，是造成城市 GTFP 低下的重要原因之一（Nura et al., 2020）。

除直接考察人口集聚与 GTFP 的关系外，一些研究侧重于探讨集聚因素对 GTFP 的间接影响。马素琳等（2016）将产业集聚度作为控制变量，通过动态 GMM 方法对 Grossman 和 Krueger（1995）提出的"环境库兹涅茨曲线"进行检验，发现不同集聚度的城市有着不同形状的库兹涅茨曲线。汪彬等（2022）通过构建 SDM，发现工业集聚对本地区 GTFP 先产生一定的积极作用，后产生消极作用，两者之间表现为倒"U"形曲线关系。根据威廉姆斯假说，初期的效率提升主要得益于集聚使得企业间由于规模效应而获得信息高效共享、绿色技术外溢等正外部性（李伟娜，2017），外在表现为集聚有利于减少每单位地区生产总值的污染物排放量，且城市规模越大，集聚的减排效应越强（陆铭和冯皓，2014）；而后期，集聚对经济效率的负面作用主要与过度集聚所带来的市场饱和、资源短缺、交通拥堵等负外部性有关（马彦瑞和刘强，2021）。这些负外部性在城市经济发展达到一定水平后逐步显现，刘修岩等（2012）以每平方千米的人口数量来表征集聚，利用动态面板回归模型，发现集聚对城市生产率的作用随经济发展阶段的变化由正转负，最终集聚的负面效应逐渐暴露。还有一些研究对集聚影响生产率的具体路径、行业差异进行探讨（王丽丽，2012；杨浩昌等，2018）。

人口集聚通常导致城市规模扩张，部分文献也关注到城市规模与 GTFP 的相关性。通常认为城市规模扩大有利于发挥规模效应，提高能源使用效率，进而改善城市环境，提高 GTFP（Brown et al.，2008）。城市人口规模也可能发挥"门槛效应"，使得经济发展与 GTFP 之间呈现出倒"N"形关系（周芳丽，2020）。在非线性关系中，除城市人口规模发挥"门槛作用"外，经济发展水平、对外开放水平也具有一定的"门槛作用"。

通过已有文献的梳理发现，多数研究选用人口密度指标来衡量城市人口集聚，密度指标固然能够在一定程度上度量人口集聚度的高低，但无法准确捕捉人口的空间分布状况。譬如一个面积恒定的单位圆内，若使圆内数量恒定的所有人都向圆心处集聚，人口的空间集聚度必然提高，但人口平均密度依然不变。因此，需要先用更恰当的指标来度量人口的空间集聚度。基于此，需要在人口密度指标的基础上，构造城市人口集聚指数来反映人口集聚度，进而解析城市人口集聚度对 GTFP 的影响效应。借助 LandScan 全球人口动态统计数据、DMSP 和火石（Flint）夜间灯光数据，将中国地级及以上城市的"真实城市化区域"和"真实城市化人口"提取出来，进而测算"城市人口集聚指数"，尽可能保证人口集聚度的度量指标不丢失空间属性，体现出一定的创新性。

# 第二节 城市人口集聚度影响 GTFP 的机制及模型

城市人口集聚度是对人类活动空间范畴的一项重要测度，能够衡量城市人口与土地利用的空间适配性，本质上包含城市人口数量和城市土地面积两方面的特征。城市人口集聚度直观地体现为城市人口的空间分布，其变动必然对城市 GTFP 产生一定的影响。

**一、影响机制分析**

概括起来，城市人口集聚度的变动对 GTFP 产生两种方向相反的影响效应。

一方面城市人口在空间上的集聚带来生产成本的降低、经济效率的提升，推动节能减排，有利于提升 GTFP；另一方面城市人口数量增加引起土地利用的空间扩张，城市空间不断向处蔓延，增加通勤距离和能源消耗，对 GTFP 产生负面影响。综合来看，城市人口集聚对 GTFP 的影响包括集聚效应和蔓延效应两个方面。

集聚效应主要源自城市人口空间集聚所产生的集聚经济。其一，城市人口集聚有利于提升产业专业化程度，降低生产性污染物的处理成本，减少污染物排放；其二，城市人口集聚使得城市各类活动的通勤距离缩短，提高通勤效率，减少远距离通勤过程中的能源耗损（杨仁发，2015）；其三，城市人口集聚降低居民出行对私家车的依赖，促进地铁、共享单车等绿色公共交通发展，减少尾气排放；其四，城市人口集聚有利于保留城市周边绿色开敞空间，提升城市生态环境的自净能力。此外，城市人口集聚促进人与人之间更密切的接触及相互监督，有利于减少个体的环境负外部性行为。可见，上述路径均有利于提升城市 GTFP。

蔓延效应主要源自城市空间扩张导致人口低密度分布与城市分散布局所带来的影响（Kumbhakar and Parmeter，2009）。较低的城市人口集聚度不利于产业专业化，难以形成产业协同效应，低生产效率使得单位产出能源消耗增加，生产性污染物排放加剧；人口低密度分布和城市分散化布局使得交通网络和服务设施相对分散，居民区与其他功能区相分离，人们工作、上学、购物等出行活动的距离增加且更依赖于私家车，汽车尾气排放加剧；城市边缘出现大量新建住宅及迁建工厂，建造大量的配套基础设施，吞噬绿色开敞空间，弱化生态环境对生产性污染物的代谢能力。可见，这些因素均会对城市 GTFP 产生负面影响。

## 二、双边随机前沿模型

基于上述理论机制分析可知，城市人口集聚度变动对 GTFP 的影响包括集聚效应和蔓延效应两个方面，为有效测度两种效应的具体表现，参考 Kumbhakar 和 Parmeter（2009）、卢洪友等（2011）的方法，假定每个城市存在一个由当期经济社会特征决定的生产率边界（$\mu(x_{it})$），构建一个典型的双边随机前沿模型：

$$\text{GTFP}_{it} = \beta \cdot \mu(x_{it}) + w_{it} - u_{it} + v_{it} \tag{13-1}$$

其中，$\text{GTFP}_{it}$ 表示 GTFP；$\mu(x_{it})$ 表示生产率边界；$\beta$ 表示待估参数向量；$x_{it}$ 表示城市社会经济特征变量；$w_{it}$ 表示集聚效应，代表第 $i$ 个城市 $t$ 期人口集聚度变动促使 GTFP 向更高水平变化的作用效应，使得实际 GTFP 水平高于生产率边界 $\mu(x_{it})$；$u_{it}$ 表示蔓延效应，代表人口集聚度变动促使 GTFP 向更低水平变化的作用效应，使得实际 GTFP 水平低于生产率边界 $\mu(x_{it})$，有 $w_{it} \geq 0$，$u_{it} \geq 0$；$v_{it}$ 表示随机扰动项。假定 $w_{it} \overset{iid}{\sim} \exp(\sigma_w, \sigma_w^2)$，$u_{it} \overset{iid}{\sim} \exp(\sigma_u, \sigma_u^2)$，$v_{it} \overset{iid}{\sim} N(0, \sigma_v^2)$，$\sigma_w^2$ 和

$\sigma_u^2$ 分别表示集聚效应、蔓延效应服从指数分布条件下的方差，$\sigma_v^2$ 表示随机扰动项服从正态分布条件下的方差，$w_{it}$、$u_{it}$ 与 $v_{it}$ 相互独立，均独立于城市特征变量 $x_{it}$。基于以上假定，采用最大似然估计（maximum likelihood estimate，MLE）法来估计参数值。

记复合扰动项 $(w_{it} - u_{it} + v_{it})$ 为 $\xi_{it}$，概率密度函数为

$$f(\xi_{it}) = \frac{\exp(a_{it})}{\sigma_u + \sigma_w}\Phi(c_{it}) + \frac{\exp(b_{it})}{\sigma_u + \sigma_w}\int_{-h_{it}}^{+\infty}\varphi(z)dz$$
$$= \frac{\exp(a_{it})}{\sigma_u + \sigma_w}\Phi(c_{it}) + \frac{\exp(b_{it})}{\sigma_u + \sigma_w}\Phi(h_{it}) \qquad (13\text{-}2)$$

其中，$\varphi(\cdot)$ 和 $\Phi(\cdot)$ 分别表示标准正态分布的概率密度函数和累积分布函数，记 $a_{it} = \sigma_v^2/(2\sigma_u^2) + \xi_{it}/\sigma_u$，$b_{it} = \sigma_v^2/(2\sigma_w^2) - \xi_{it}/\sigma_w$；另外，记 $h_{it} = \xi_{it}/\sigma_v - \sigma_v/\sigma_w$，$c_{it} = -\xi_{it}/\sigma_v - \sigma_v/\sigma_u$。

对于包含 $n$ 个观测值的样本而言，对数似然函数为

$$\ln L(X;\theta) = -n\ln(\sigma_u + \sigma_w) + \sum_{i=1}^{n}\ln\left[\exp(a_{it})\Phi(c_{it}) + \exp(b_{it})\Phi(h_{it})\right] \qquad (13\text{-}3)$$

其中，$\theta = (\beta, \sigma_w, \sigma_u, \sigma_v)'$，根据对数似然函数可得到参数的最大似然估计值（范建双等，2020）。

由于重点关注城市人口集聚度对 GTFP 所造成的集聚效应与蔓延效应，根据 $w_{it}$ 和 $u_{it}$ 的条件密度函数及条件期望估计得到集聚效应和蔓延效应使城市实际 GTFP 水平偏离生产率边界的程度（Kumbhakar and Parmeter，2009），估计表达式为

$$E\left(1 - e^{-w_{it}}\big|\xi_{it}\right) = 1 - \frac{\lambda}{1+\lambda}\frac{\Phi(c_{it}) + \exp(b_{it} - a_{it})\exp(\sigma_v^2/2 - \sigma_v h_{it})\Phi(h_{it} - \sigma_v)}{\exp(b_{it} - a_{it})\left[\Phi(h_{it}) + \exp(a_{it} - b_{it})\Phi(c_{it})\right]}$$
$$(13\text{-}4\text{a})$$

$$E\left(1 - e^{-u_{it}}\big|\xi_{it}\right) = 1 - \frac{\lambda}{1+\lambda}\frac{\Phi(h_{it}) + \exp(a_{it} - b_{it})\exp(\sigma_v^2/2 - \sigma_v c_{it})\Phi(c_{it} - \sigma_v)}{\Phi(h_{it}) + \exp(a_{it} - b_{it})\Phi(c_{it})}$$
$$(13\text{-}4\text{b})$$

其中，记 $\lambda = 1/\sigma_u + 1/\sigma_w$。式(13-4a)表示集聚效应强度，式(13-4b)表示蔓延效应

强度，城市人口集聚度对 GTFP 所产生的净效应表示为

$$NE = E\left(1-e^{-w_{it}}|\xi_{it}\right) - E\left(1-e^{-u_{it}}|\xi_{it}\right) = E\left(e^{-u_{it}} - e^{-w_{it}}|\xi_{it}\right) \tag{13-5}$$

其中，NE 表示集聚效应与蔓延效应的差值。若 NE > 0，表明集聚效应强于蔓延效应，集聚效应发挥主导作用；若 NE < 0，则表明集聚效应弱于蔓延效应，蔓延效应发挥主导作用。

## 第三节  指标测算与实证模型

### 一、城市人口集聚度测算

鉴于城市人口集聚度包含城市人口数量和土地面积两方面的属性，在此构造城市人口集聚指数来衡量城市人口集聚度，指标计算需利用夜间灯光和人口分布两方面的数据。为与城市社会经济面板数据 2004~2018 年的观测区间保持一致，结合使用两种夜间灯光数据——美国国家海洋和大气管理局发布的 1992~2013 年 DMSP 年度夜间稳定灯光影像数据和中国科学院遥感卫星地面站基于美国国家海洋和大气管理局的 Suomi-NPP 卫星观测数据进行处理后的 2012~2018 年 Flint 年度夜间灯光影像数据。参考 Elvidge 等（2009）、范子英等（2016）和刘修岩等（2017）的方法对原始灯光数据进行校正[①]，人口统计数据采用 LandScan 全球人口动态统计数据库提供的 2004~2018 年全球人口分布数据。

城市人口集聚指数（AGGREG）的计算要求提取出城市中人口与土地紧密结合的区域，这类区域需满足两个条件——"灯光亮度大于某一阈值"的灯光亮度条件以及"人口密度高于某一水平"的人口密度条件，只有同时满足两个条件的栅格区域才能被认定为"真实城市化区域"。在提取 2004~2013 年真实城市化区域时，参照秦蒙等（2019）的做法，将提取条件设定为"DMSP 夜间灯光亮度高于 10 且人口密度大于 1000 人/千米$^2$"；2013 年后的 DMSP 灯光数据未发布，故采用 Flint 灯光数据来提取后续年份的真实城市化区域，并将提取条件调整为"Flint 夜间灯光亮度高于 60 且人口密度大于 1000 人/千米$^2$"[②]。提取真实城市化区域后，将包含的栅格进行面积加总，得到城市实际土地利用面积（AREA1000），将栅格区域内的人口数加

---

[①] 在此使用 1500 米分辨率的 Flint 年度影像数据，在实际使用过程中需将空间分辨率重采样，以便与 DMSP 灯光数据保持一致。

[②] DMSP 夜间灯光数据和 Flint 夜间灯光数据存在 2012 年、2013 年两个重叠观测年份，对这两个年份分别使用两种灯光数据来提取真实城市化区域，经多次尝试和比对提取结果发现：DMSP 夜间灯光亮度高于 10 的城市化区域与 Flint 夜间灯光亮度高于 60 的城市化区域高度重合，两个年份的重合度分别为 73.46%、75.91%。因此，采用"Flint 夜间灯光亮度高于 60 且人口密度大于 1000 人/千米$^2$"标准来提取 2014~2018 年的真实城市化区域。测算结果显示，真实城市化区域的数值在 2013 年、2014 年未出现明显跳跃，表现出较好的连续可比性。

总得到城市实际集聚的人口规模（POP1000）；类似地，将城市行政区划内所有栅格面积加总，得到城市土地总面积（AREA）；将整个行政区域内包含的人口数加总，得到城市总人口（POP），进而利用式(13-6)计算出城市人口集聚指数：

$$\mathrm{AGGREG}_{it} = \frac{P}{A} = \frac{(\mathrm{POP1000}_{it}/\mathrm{POP}_{it}) \times 100\%}{(\mathrm{AREA1000}_{it}/\mathrm{AREA}_{it}) \times 100\%} \tag{13-6}$$

城市人口集聚指数的直观含义为：对于第 $i$ 个城市而言，占行政区划面积 $a\%$ 的"真实城市化区域"承载着数量占总人口 $p\%$ 的"真实城市化人口"。因此，城市人口集聚指数越大，表明该城市的人口集聚度越高。对于部分行政区划面积过大的城市，该测算方法可能高估真实人口集聚度，为避免这一情况，将酒泉、呼伦贝尔、鄂尔多斯等城市从样本城市中剔除，最终剩下 253 个样本城市。

进一步将城市人口集聚指数（AGGREG）按年份计算平均值，得到反映各个城市 2004~2018 年平均人口集聚度的年均人口集聚指数（AGGREGM），再利用分位数分级法将 253 个城市按年均人口集聚指数由低到高划分为松散型、低度集聚型、中度集聚型、高度集聚型和聚合型五种类型。松散型城市的年均人口集聚指数小于 7.3129，低度集聚型城市的年均人口集聚指数介于 7.3129~<12.2300，中度集聚型城市的年均人口集聚指数介于 12.2300~<19.8648，高度集聚型城市的年均人口集聚指数介于 19.8648~<31.9226，聚合型城市的年均人口集聚指数大于等于 31.9226。

**二、计量模型设定与指标选择**

依据理论分析，为实证检验城市人口集聚度对 GTFP 的实际影响效应，设定实证分析的基本计量模型为

$$\begin{aligned}\ln\mathrm{GTFP}_{it} ={}& \alpha + \beta_1 \cdot \ln\mathrm{PGDP}_{i,t-1} + \beta_2 \cdot \ln\mathrm{PGDP}^2_{i,t-1} + \beta_3 \cdot \mathrm{INDUSTRY}_{i,t-1} + \beta_4 \cdot \mathrm{URBAN}_{i,t-1} \\ &+ \beta_5 \cdot \ln\mathrm{EDU}_{i,t-1} + \beta_6 \cdot \mathrm{PROAD}_{i,t-1} + \beta_7 \cdot \mathrm{GOVER}_{i,t-1} + \beta_8 \cdot \mathrm{FDI}_{i,t-1} \\ &+ w_{it} - u_{it} + v_{it}\end{aligned}$$

(13-7)

其中，被解释变量为城市 GTFP 的对数（lnGTFP），此处的 GTFP 以增长率的形式来度量。解释变量作为生产率边界的决定变量，均是反映城市特征的变量，主要包括经济发展水平、产业结构、城镇化水平、劳动者受教育程度、基础设施、政府干预程度和经济开放度等。经济发展水平以人均地区生产总值的对数（lnPGDP）代表，转换为以 2003 年为基期的可比价数据，同时考虑到经济发展水平与 GTFP 之间可能存在的倒"U"形关系，将二次项（lnPGDP$^2$）引入；产业结构以第二产业增加值占地区生产总值比重（INDUSTRY）代表；城镇化水平以市辖

区非农业人口占年末市辖区总人口比重（URBAN）代表；劳动者受教育程度以每万人普通本专科学校在校学生数的对数（lnEDU）代表[①]；基础设施以人均城市道路面积（PROAD）代表；政府干预程度以剔除了科学技术、教育支出后的一般公共财政支出占地区生产总值比重（GOVER）代表；经济开放度用人民币计价的FDI占地区生产总值比重（FDI）代表。为一定程度上缓解变量内生性问题，所有的解释变量均滞后一期。$w_{it}$代表集聚效应，$u_{it}$代表蔓延效应，$v_{it}$代表随机扰动项。

实证分析的指标数据为2004～2018年中国253个地级及以上城市的面板数据，来自中国研究数据服务平台、《中国统计年鉴》、《中国城市统计年鉴》、各城市统计年鉴及环境公报，主要指标的描述性统计量见表13-1[②]。

表13-1 主要指标的描述性统计量

| 变量名称 | 单位 | 样本量 | 均值 | 最小值 | 中位数 | 最大值 | 标准差 |
| --- | --- | --- | --- | --- | --- | --- | --- |
| GTFP | | 3795 | 0.9982 | 0.6164 | 0.9971 | 1.5927 | 0.0238 |
| PGDP | 万元/人 | 3795 | 3.0925 | 0.1775 | 2.1241 | 28.8490 | 3.1905 |
| INDUSTRY | | 3795 | 48.8393% | 15.7100% | 48.9100% | 90.9700% | 10.3880% |
| URBAN | | 3795 | 61.5872% | 10.1719% | 62.3691% | 100.0000% | 24.2712% |
| EDU | | 3795 | 165.7340 | 0.0000 | 84.2514 | 1311.2410 | 225.8518 |
| PROAD | 米$^2$/人 | 3795 | 11.0399 | 0.3100 | 9.7800 | 73.0400 | 6.9546 |
| GOVER | | 3795 | 15.5250% | 4.0486% | 13.8718% | 63.4713% | 7.2878% |
| FDI | | 3795 | 1.9778% | 0.0000% | 1.3081% | 19.8250% | 2.0972% |
| AGGREG | | 3795 | 22.0737 | 1.6315 | 15.4172 | 154.6002 | 20.4244 |
| AGGREGM | | 253 | 22.0737 | 1.8598 | 16.1092 | 120.0230 | 20.1619 |

## 第四节 实证结果分析

### 一、面板模型估计结果

城市人口集聚度变动对GTFP同时产生集聚效应和蔓延效应，根据双边随机前沿模型的识别与测算，模型（1）在式（13-7）的基础上同时控制省份固定效应和年份固定效应。为保证参数值$\sigma_w$、$\sigma_u$和$\sigma_v$均为正，估计过程中对待估参数均进行对数处理，估计完成后再还原为原始估计值。

---

[①] 为使对数化处理得以进行，将部分无普通本专科学校城市的指标取值由0替换为1。
[②] 由于解释变量滞后一期，实际估计中解释变量的年份跨度为2004～2017年，被解释变量为2005～2018年。

理论分析中假定各城市样本服从独立同分布，意味着不同规模城市的集聚效应和蔓延效应均满足同方差性，但这一假定较为严苛，现实中可能难以成立。因此，从模型(2)开始逐步放松同方差假定，模型(2)考虑集聚效应异方差性，估计得到条件方差方程 $\ln\hat{\sigma}_{w,it} = 0.0021 - 0.0002\ln AREA_{it} + 0.0001\ln POP_{it}$，lnPOP 和 lnAREA 分别代表城市总人口和行政区划面积的对数，两者在1%水平下对集聚效应方差存在显著影响。模型(3)考虑蔓延效应异方差性，条件方差方程 $\ln\hat{\sigma}_{u,it} = 0.0036 + 0.0001\ln AREA_{it} - 0.0001\ln POP_{it}$，土地面积和人口变量均在1%水平下对蔓延效应方差存在显著影响。模型(4)同时考虑集聚效应和蔓延效应的异方差性，模型拟合效果最佳，后续分析均基于模型(4)的结果展开。

模型估计结果(表 13-2)显示，城市经济发展水平与 GTFP 之间存在一定的倒"U"形曲线特征，经济发展水平较高且越过倒"U"形曲线拐点的城市，GTFP 下降，满足经济发展的边际报酬递减规律。产业结构和城镇化水平等因素对城市 GTFP 具有显著影响，与预期符号基本一致。造成严重污染的主要行业多属于第二产业，以第二产业占比表征的产业结构对 GTFP 产生负向影响；城市相较于农村，在组织经济活动上更有效率，存在生产率溢出优势，城镇化水平提高意味着更多人口从农村转移到城市，有利于提升 GTFP。劳动者受教育程度、基础设施和经济开放度对城市 GTFP 的影响不显著，政府干预程度因素则对 GTFP 产生显著的正向影响。政府一般公共支出增加往往有利于完善城市设施和公共服务，加大环保投入，减轻污染，有利于提升 GTFP。

表 13-2　计量模型估计结果

| 解释变量 | 被解释变量 lnGTFP ||||
|---|---|---|---|---|
| | 模型(1) | 模型(2) | 模型(3) | 模型(4) |
| lnPGDP | 0.3038*** (4.99) | 0.2912*** (4.73) | 0.3079*** (5.06) | 0.2944*** (4.80) |
| lnPGRP$^2$ | −0.3426*** (−2.97) | −0.2742** (−2.20) | −0.3697*** (−3.18) | −0.2935** (−2.42) |
| INDUSTRY | −0.0171*** (−4.08) | 0.0235*** (−3.74) | −0.0169*** (−4.03) | 0.0220*** (−3.69) |
| URBAN | 0.0044** (2.40) | 0.0031** (2.14) | 0.0040** (2.19) | 0.0019* (1.94) |
| lnEDU | −0.0197 (−0.44) | −0.0193 (−0.37) | −0.0146 (−0.32) | −0.0105 (−0.26) |
| PROAD | −0.0003 (−0.04) | 0.0002 (0.03) | 0.0009 (0.13) | 0.0012 (0.20) |
| GOVER | 0.0133** (2.15) | 0.0244*** (2.95) | 0.0143** (2.30) | 0.0249*** (3.07) |
| FDI | 0.0166 (0.81) | 0.0121 (0.53) | 0.0217 (1.05) | 0.0144 (0.77) |

续表

| 解释变量 | 被解释变量 lnGTFP ||||
|---|---|---|---|---|
| | 模型(1) | 模型(2) | 模型(3) | 模型(4) |
| 常数项 | 0.1536<br>(0.45) | −0.0763<br>(−0.24) | 0.1361<br>(0.40) | −0.1038<br>(−0.27) |
| 年份效应 | 控制 | 控制 | 控制 | 控制 |
| 省份效应 | 控制 | 控制 | 控制 | 控制 |
| 对数似然值 | 1221.6327 | 1243.9821 | 1278.1304 | 1345.7926 |
| LR(chi$^2$) | — | 321.55 | 456.21 | 523.03 |
| p | 0.0000 | 0.0000 | 0.0000 | 0.0000 |
| N | 3 542 | 3 542 | 3 542 | 3 542 |

注：括号中为 t 统计量

\*\*\*、\*\*、\*分别表示在1%、5%、10%水平下显著

## 二、影响效应与偏离程度测算

依据模型(4)，进一步估计得到集聚效应、蔓延效应和随机扰动项(表13-3)。集聚效应方差均值为 $\hat{\sigma}_w^2 = 0.0016$，蔓延效应方差均值为 $\hat{\sigma}_u^2 = 0.0009$。$\hat{E}(\hat{\sigma}_w - \hat{\sigma}_u) = 0.0007$，意味着中国城市人口集聚度对GTFP产生的集聚效应略强于蔓延效应。同时，城市生产率边界所无法解释的总方差为0.0039，其中城市人口集聚度能解释的部分占66.91%，另有33.09%无法被解释。在城市人口集聚度对GTFP所产生的总效应中，集聚效应占63.17%，蔓延效应占36.83%。

表13-3  影响效应的测算与方差分解

| 目的 | 变量含义 | 符号 | 测算结果 |
|---|---|---|---|
| 效应测算 | 随机扰动项 | $\sigma_v$ | 0.0360 |
| | 集聚效应 | $\sigma_w$ | 0.0406 |
| | 蔓延效应 | $\sigma_u$ | 0.0310 |
| 方差分解 | 随机扰动项总方差 | $\sigma_w^2 + \sigma_u^2 + \sigma_v^2$ | 0.0039 |
| | 总方差中人口集聚度影响占比 | $(\sigma_w^2 + \sigma_u^2)/(\sigma_w^2 + \sigma_u^2 + \sigma_v^2)$ | 66.91% |
| | 集聚效应影响占比 | $\sigma_w^2/(\sigma_w^2 + \sigma_u^2)$ | 63.17% |
| | 蔓延效应影响占比 | $\sigma_u^2/(\sigma_w^2 + \sigma_u^2)$ | 36.83% |

为了更直观地呈现集聚效应和蔓延效应对城市GTFP造成的影响，考察两者导致实际GTFP偏离生产率边界的程度，采用式(13-4a)和式(13-4b)分别计算集聚效应和蔓延效应使城市实际GTFP偏离生产率边界的百分比，并通过式(13-5)

确定净效应导致城市实际 GTFP 的偏离程度，结果见表 13-4。

**表 13-4　三种效应导致实际 GTFP 的偏离程度**

| 效应名称 | 均值 | 标准差 | $Q_1$ | $Q_2$ | $Q_3$ |
| --- | --- | --- | --- | --- | --- |
| 集聚效应：$\hat{E}(1-e^{-w_{it}}\|\xi_{it})$ | 2.42% | 1.65% | 1.27% | 1.86% | 2.98% |
| 蔓延效应：$\hat{E}(1-e^{-u_{it}}\|\xi_{it})$ | 2.06% | 1.48% | 1.06% | 1.55% | 2.53% |
| 净效应：$\hat{E}(e^{-u_{it}}-e^{-w_{it}}\|\xi_{it})$ | 0.37% | 2.73% | −1.20% | 0.30% | 1.95% |

注：表中净效应数据根据集聚效应和蔓延效应原始数据计算所得

集聚效应和蔓延效应导致城市实际 GTFP 偏离生产率边界的方向相反，集聚效应使得实际 GTFP 高于生产率边界，蔓延效应使得实际 GTFP 低于生产率边界，总体上集聚效应引致的偏离幅度稍大于蔓延效应；两种效应的效果在不同分位点上有所差异，使得城市人口集聚度对 GTFP 所产生的净效应在不同分位点也产生差异，由下四分位点的−1.20%逐步增加到上四分位点的 1.95%。总体来看，城市人口集聚度对 GTFP 产生的净效应为 0.37%，表明 2005～2018 年我国所有样本城市人口集聚度变动对 GTFP 产生的集聚效应略强于蔓延效应，城市人口集聚起到了提升 GTFP 的作用，使得城市的实际 GTFP 比生产率边界高 0.37%。

### 三、效应的频率分布与联动性

为进一步考察三种效应的具体变动态势，给出集聚效应、蔓延效应及净效应的频率分布分别见图 13-1～图 13-3，图 13-1 和图 13-2 中效应的频率均符合指数分布，集聚效应和蔓延效应的最高频率都出现在 1.25%左右，超过 1.25%后快速衰减，具有明显的右侧拖尾特征，表明大部分城市集聚效应与蔓延效应的强度相当，净效应呈现出以 0 为中心的对称分布，少数城市具有很强的集聚效应或蔓延效应。进一步计算城市之间人口集聚度的差异发现：当净效应超过 1.5%时，集聚效应逐步占据主导，实际 GTFP 水平高于生产率边界 1.5%以上的城市人口集聚指数均值为 39.3069，显著高于城市人口集聚度的总体均值 22.1157；当净效应小于−1.5%时，蔓延效应占主导地位，实际 GTFP 水平低于生产率边界 1.5%以上的城市人口集聚指数均值为 10.3020，显著低于城市人口集聚度的总体均值。可见，那些人口集聚度较高城市的集聚效应普遍更强，人口集聚度较低城市的蔓延效应相对突出，城市人口集聚度提高有利于发挥集聚效应，抑制蔓延效应，使得城市实际 GTFP 水平逐渐高于生产率边界，这与理论分析相吻合。

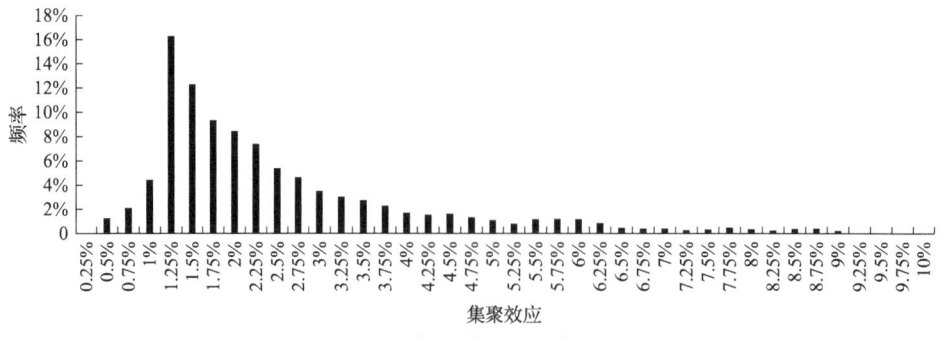

图 13-1　集聚效应的频率分布

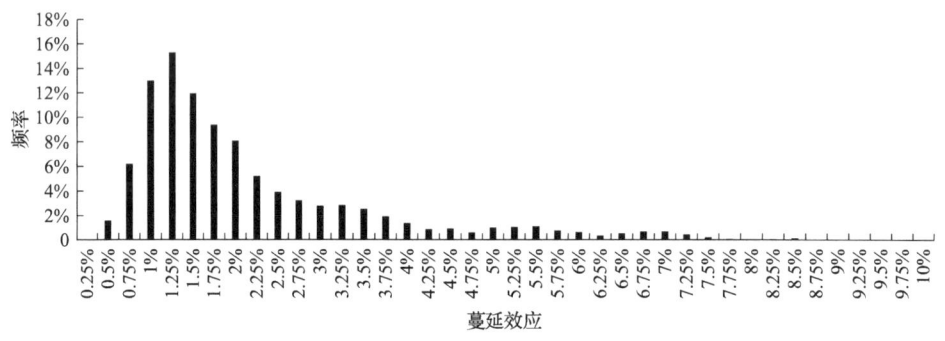

图 13-2　蔓延效应的频率分布

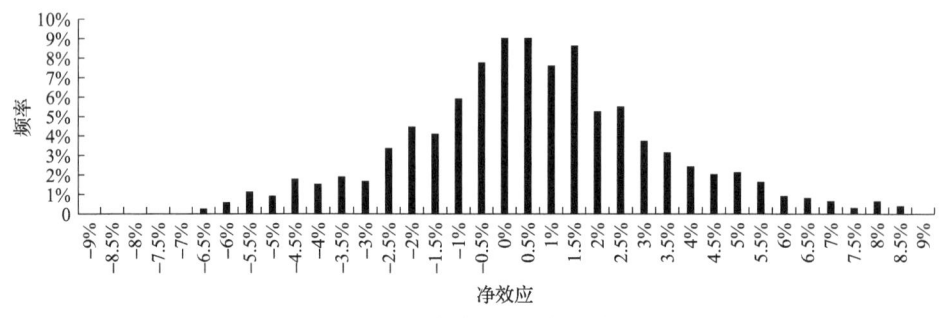

图 13-3　净效应的频率分布

为考察集聚效应与蔓延效应的联动性，将第 $i$ 个城市的集聚效应值 $\hat{E}\left(1-\mathrm{e}^{-w_{it}}\mid\xi_{it}\right)$ 按年份取简单算术平均，得到年均集聚效应，即 $\overline{E}\left(1-\mathrm{e}^{-w_i}\mid\xi_i\right)=\sum_{t=2005}^{2018}\hat{E}\left(1-\mathrm{e}^{-w_{it}}\mid\xi_{it}\right)/14$，用以衡量该城市 2005~2018 年集聚效应的平均强度。对蔓延效应也做类似处理，得到年均蔓延效应，即 $\overline{E}\left(1-\mathrm{e}^{-u_i}\mid\xi_i\right)=\sum_{t=2005}^{2018}\hat{E}\left(1-\mathrm{e}^{-u_{it}}\mid\xi_{it}\right)/14$。此时，每个城市都有集聚效应和蔓延效应的"效应对"，

绘制253个城市"效应对"的散点图(图13-4)。

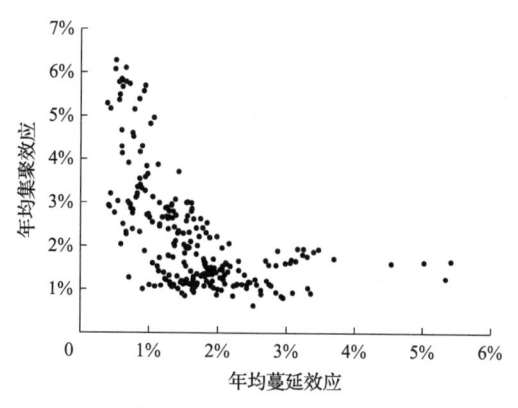

图13-4 集聚效应与蔓延效应的联动散点图

图13-4显示，城市人口集聚度影响GTFP的集聚效应与蔓延效应沿着反比例函数形式呈带状分布，表明两者之间存在明显的反向联动性，存在着"此消彼长"的关系。图13-4中集聚效应与蔓延效应的组合关系大体存在三种模式，即"高－低"模式、"低－低"模式和"低－高"模式。靠近坐标轴原点区域的"效应对"代表"低－低"模式，散点分布较为密集，说明大部分城市的人口集聚度适中，集聚效应和蔓延效应都不是很高且旗鼓相当，实际GTFP水平处于生产率边界附近；远离坐标轴原点区域的"效应对"分布较为稀疏，表明部分城市具有较低或较高的人口集聚度，集聚效应或蔓延效应占主导地位，使得城市实际GTFP水平偏离生产率边界较多。位于右下侧的"效应对"代表着"高－低"模式，位于左上方的"效应对"则代表"低－高"模式。

**四、城市人口集聚度与效应的关联特征**

根据城市年均人口集聚指数(AGGREGM)与年均集聚效应、年均蔓延效应、年均净效应的散点图(分别见图13-5、图13-6和图13-7)及趋势线发现，随着城市人口集聚指数的提高，对GTFP所产生的集聚效应不断增强，而蔓延效应有所减弱，在两者共同作用下，净效应由负转正，再次印证了城市人口集聚度提高总体上有利于提升GTFP的结论。

进一步考察集聚效应、蔓延效应、净效应与城市人口集聚指数、城市总人口之间的相关系数，发现城市人口集聚指数与集聚效应、净效应在1%水平下显著正相关，相关系数分别为0.7083、0.6251，与蔓延效应在1%水平下显著负相关，相关系数为–0.4216。城市总人口与集聚效应、蔓延效应、净效应之间的相关性不明显，原因在于：城市总人口仅代表城市规模，而城市规模对GTFP所产生的影响主要表现为规模效应，本质上包含集聚效应和蔓延效应两种效应。特别是部分城

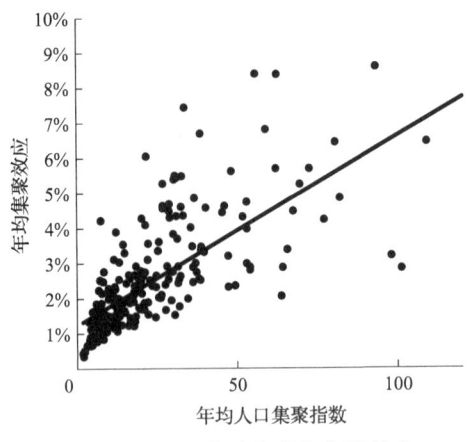

图 13-5 人口集聚指数与集聚效应

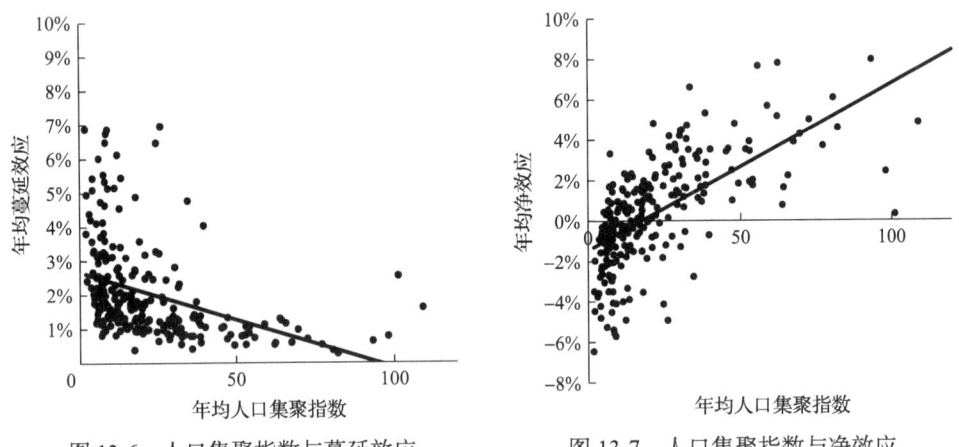

图 13-6 人口集聚指数与蔓延效应

图 13-7 人口集聚指数与净效应

市通过撤县(市)设区的方式扩大城市规模,伴随着城市人口总量增加的同时城市土地面积也大范围扩张,城市总人口并不能准确地刻画人口的空间分布,无法有效识别人口要素变动对城市 GTFP 的影响。把城市土地面积和城市人口数量相结合的城市人口集聚指数则能较好地反映城市人口在空间上的集聚度,有效识别人口集聚度对 GTFP 的双边效应。

接下来按城市人口集聚类型对影响效应进行分组测算,具体结果见表 13-5。随着城市人口集聚度提高,集聚效应的强度逐渐增强,均值从松散型城市的 1.17%上升为聚合型城市的 4.32%;相应地,蔓延效应的强度则逐步减弱,均值从松散型城市的 2.77%逐渐下降到聚合型城市的 1.08%。两者的综合作用使净效应均值由负变正,从松散型城市的-1.60%到聚合型城市的 3.23%。这意味着城市人口集聚度需要跨越一个门槛值,才能使得集聚效应超过蔓延效应,城市实际 GTFP 水平从低于生产率边界转变为高于生产率边界，同样印证了城市人口集聚度提高有利于提升 GTFP 的结论。

表 13-5　不同人口集聚型城市的效应测算

| 城市类型 | 效应名称 | 均值 | 标准差 | $Q_1$ | $Q_2$ | $Q_3$ |
|---|---|---|---|---|---|---|
| 松散型 | 集聚效应 | 1.17% | 0.55% | 0.93% | 1.10% | 1.31% |
|  | 蔓延效应 | 2.77% | 1.47% | 1.68% | 2.35 | 3.48% |
|  | 净效应 | −1.60% | 1.85% | −2.59% | −1.26 | −0.36% |
| 低度集聚型 | 集聚效应 | 1.65% | 0.77% | 1.16% | 1.39% | 1.88% |
|  | 蔓延效应 | 2.66% | 1.66% | 1.49% | 1.99% | 3.42% |
|  | 净效应 | −1.01% | 2.18% | −2.40% | −0.67% | 0.42% |
| 中度集聚型 | 集聚效应 | 1.96% | 0.76% | 1.43% | 1.77% | 2.28% |
|  | 蔓延效应 | 2.02% | 1.26% | 1.21% | 1.58% | 2.33% |
|  | 净效应 | −0.05% | 1.77% | −0.94% | 0.19% | 1.12% |
| 高度集聚型 | 集聚效应 | 3.07% | 1.50% | 1.91% | 2.61% | 3.93% |
|  | 蔓延效应 | 1.72% | 1.35% | 0.99% | 1.25% | 1.89% |
|  | 净效应 | 1.35% | 2.39% | 0.06% | 1.36% | 2.84% |
| 聚合型 | 集聚效应 | 4.32% | 1.91% | 2.70% | 3.90% | 5.68 |
|  | 蔓延效应 | 1.08% | 0.83% | 0.64% | 0.84% | 1.18% |
|  | 净效应 | 3.23% | 2.31% | 1.63% | 3.00% | 4.83% |

注：表中净效应数据根据集聚效应和蔓延效应原始数据计算所得

目前，我国 60.47%的地级及以上城市属于松散型城市、低度集聚型城市或中度集聚型城市，年均人口集聚指数小于等于 19.8648，这些城市的人口集聚度未达到门槛值，蔓延效应发挥着主导作用，实际 GTFP 低于生产率边界；其余 39.53%的城市则属于高度集聚型或聚合型城市，已进入集聚效应发挥主导作用的阶段，净效应均值为正，且城市人口集聚度越高净效应越强，使得实际 GTFP 高于生产率边界越多。

**五、效应的异质性分析**

城市人口集聚度影响 GTFP 的净效应在不同年份的分布特征见表 13-6，从 2005~2018 年整个样本期来看，样本城市的总集聚效应在各年份均略强于总蔓延效应，净效应均值在不同年份的数值相差不大，在 0.29%~0.44%波动。同时，计算各年份城市人口集聚指数的均值，发现不同年份城市人口集聚指数的变动也不大，均值围绕 22 上下波动，可见人口集聚度在城市之间的差异大于年份之间的差异。

表 13-6 净效应的年份分布特征

| 年份 | 净效应均值 | 标准差 | $Q_1$ | $Q_2$ | $Q_3$ | 集聚指数均值 |
| --- | --- | --- | --- | --- | --- | --- |
| 2005 | 0.42% | 2.97% | −1.40% | 0.37% | 2.30% | 22.1664 |
| 2006 | 0.44% | 2.88% | −1.23% | 0.35% | 1.85% | 22.6875 |
| 2007 | 0.43% | 2.85% | −1.32% | 0.33% | 2.10% | 24.0583 |
| 2008 | 0.38% | 2.72% | −1.28% | 0.28% | 1.81% | 23.1364 |
| 2009 | 0.34% | 2.67% | −1.44% | 0.39% | 1.72% | 22.9498 |
| 2010 | 0.32% | 2.67% | −1.05% | 0.30% | 1.69% | 21.2373 |
| 2011 | 0.41% | 2.60% | −1.08% | 0.25% | 1.94% | 18.9764 |
| 2012 | 0.40% | 2.59% | −1.11% | 0.26% | 2.04% | 19.9057 |
| 2013 | 0.39% | 2.57% | −1.09% | 0.21% | 2.10% | 20.3910 |
| 2014 | 0.37% | 2.59% | −1.15% | 0.19% | 2.01% | 23.3404 |
| 2015 | 0.36% | 2.64% | −1.10% | 0.15% | 1.82% | 23.0752 |
| 2016 | 0.31% | 2.72% | −1.15% | 0.46% | 1.67% | 22.9733 |
| 2017 | 0.29% | 2.82% | −1.32% | 0.28% | 1.69% | 22.4590 |
| 2018 | 0.31% | 3.00% | −1.57% | 0.33% | 2.12% | 22.2632 |
| 全部年份 | 0.37% | 2.73% | −1.20% | 0.30% | 1.95% | 22.1157 |

进一步考察城市人口集聚度影响 GTFP 的净效应在 26 个省区市及三大区域的分布特征（表 13-7），东部城市的净效应均值为负值，中部和西部城市的净效应均值为正值。其中，西部城市的平均净效应为 1.40%，绝对值为三个地区中最大，主要是因为西部地区一些城市地域相对广袤且人口多沿河谷或绿洲集中分布，人口聚集程度高于东部和中部城市，充分发挥了集聚效应对 GTFP 的促进作用。有研究指出西部城市的产业相对专业化水平明显高于东部和中部城市（刘修岩，2009），西部城市可能通过"高人口集聚度促进产业专业化生产进而降低排污成本"这一渠道来提升 GTFP；西部城市集聚效应的平均强度为 3.24%，明显高于中部的 2.46%和东部的 1.84%。东部地区虽然经济发达，城市规模更大，但东部城市人口集聚指数的均值仅为 13.1765，低于中部城市的 22.8617 和西部城市的 34.4405，表明东部城市的真实人口集聚度不及中部西部，导致蔓延效应占据主导地位，东部城市蔓延效应的平均强度为 2.28%，高于中部城市的 1.97%和西部城市的 1.85%。总体来看，不同城市人口集聚度的差异导致 GTFP 的空间格局呈现出"东部城市实际 GTFP 水平低于生产率边界，中部和西部城市的实际 GTFP 水平高于

生产率边界"特征。

表 13-7 净效应的省域及地区分布特征

| 省域 | 净效应均值 | 省域 | 净效应均值 | 省域 | 净效应均值 |
| --- | --- | --- | --- | --- | --- |
| 河北 | 0.91% | 黑龙江 | 2.83% | 新疆 | 2.92% |
| 辽宁 | 0.67% | 吉林 | 2.13% | 甘肃 | 2.63% |
| 福建 | 0.16% | 山西 | 0.89% | 陕西 | 2.35% |
| 山东 | −0.57% | 湖南 | 0.31% | 云南 | 2.16% |
| 浙江 | −0.63% | 湖北 | 0.07% | 内蒙古 | 2.01% |
| 江苏 | −1.02% | 江西 | 0.02% | 广西 | 1.24% |
| 广东 | −1.41% | 安徽 | −0.50% | 宁夏 | 0.76% |
| 海南 | −4.13% | 河南 | −0.74% | 贵州 | 0.41% |
|  |  |  |  | 青海 | 0.16% |
|  |  |  |  | 四川 | −0.06% |
| 东部 | −0.44% | 中部 | 0.49% | 西部 | 1.40% |

## 第五节 本章小结

利用 DMSP 和 Flint 夜间灯光数据、LandScan 全球人口动态统计数据，构造用以衡量城市人口集聚度的城市人口集聚指数，以年均人口集聚指数作为分组变量，将 253 个地级及以上城市划分为五种类型；根据 2004~2018 年 253 个地级及以上城市的面板数据，构建双边随机前沿模型测算城市人口集聚度变动对 GTFP 产生的集聚效应、蔓延效应及净效应，进而开展效应的异质性分析。

研究结果表明：①城市人口集聚度提高总体上对 GTFP 产生积极影响。城市人口集聚度变动对 GTFP 造成的总集聚效应略强于总蔓延效应，集聚效应有利于提升城市 GTFP，蔓延效应不利于提升城市 GTFP，两者的综合作用使城市实际 GTFP 水平比生产率边界高 0.37%。②集聚效应和蔓延效应呈现出明显的反向联动性。随着城市人口集聚度提高，集聚效应不断增强，蔓延效应逐步减弱；当城市人口集聚度跨越门槛值后，集聚效应超过蔓延效应而逐步占据主导地位，使得城市实际 GTFP 由低于生产率边界转变为高于生产率边界。③不同集聚类型和不同地区城市的人口集聚度对 GTFP 的影响效应存在较大差异。松散型和中低度集聚型城市的人口集聚度尚未达到门槛值，蔓延效应仍占据主导地位，城市实际 GTFP 水平低于生产率边界；高度集聚型和聚合型城市的人口集聚度已超过门槛值，集聚效应发挥主体作用，城市实际 GTFP 水平高于生产率边界。中部和西部城市的人口集聚度高于东部城市，东部城市的净效应均值为负值，中部和西部城市的净效应均值为正值，使得 GTFP 的空间格局呈现出"东部城市实际 GTFP 水平低于生产率边界，中部和西部城市的实际 GTFP 水平高于生产率边界"特征。

  基于以上结论，政府部门谋划城市发展时应更为审慎地考虑所辖区域的人地关系，采取适当措施提高城市人口集聚度，增强集聚效应和减弱蔓延效应，不断提升城市 GTFP。政府应结合城市的人口集聚状况，从要素和产业入手，采取有针对性的调控措施和干预政策，确保适度的城市人口集聚水平，特别是对人口集聚度较低的城市，通过产业引导等措施强化各类要素、人口向中心城区集聚。未来城市发展应倡导紧凑型发展模式，注重土地利用开发的效率，合理控制城市增长边界。对于多中心城市，合理规划构筑卫星城和次中心并完善其服务功能，缩短居民的通勤距离；积极优化城市内部交通网络，减少机动车使用和交通拥堵，改善生态质量，提升城市 GTFP。

# 第十四章　环境规制影响城市 GTFP 的效应考察

## 第一节　问题提出

改革开放以来，中国经济快速增长，逐渐成长为世界第二大经济体。经济发展取得巨大成就的同时，也面临着资源能源短缺和环境污染问题。根据国际能源署的报告，2021 年中国 $CO_2$ 排放量占全球的比例超过 30%，是欧美碳排放量的 1.7 倍；单位 GDP 碳排放强度是北美的 2.3 倍、欧洲的 3.5 倍。为了避免经济发展带来破坏性的环境问题，需要切实转变经济发展方式，节约资源和保护环境，推动经济高质量发展。

GTFP 是衡量经济发展质量的重要指标，提升 GTFP 应以效率为目标，兼顾经济增长、资源节约和环境保护的综合发展模式（洪银兴等，2018）。从环境保护的角度来看，必须出台环境规制政策，加大环境规制力度。随着城市环境问题的加剧，我国逐渐重视环境治理，相继出台《党政领导干部生态环境损害责任追究办法（试行）》（2015 年）、《生态环境损害赔偿制度改革方案》（2017 年）、《中央生态环境保护督察工作规定》（2019 年）等一系列环境保护政策，不断强化环境规制，使强有力的政府监管在环境保护中扮演着日益重要的角色，必然对 GTFP 产生影响。

一些研究发现环境规制在能源与环境领域的有益作用，如提高能源效率（王腾等，2017；Liu et al.，2018）、减少 $SO_2$ 排放（Pang et al.，2019）和 $CO_2$ 排放（Wang and Wei，2020）、减轻雾霾污染（黄寿峰，2016；Zhang et al.，2020）以及提升绿色经济效率（张英浩等，2018；Curtis and Lee，2019）。当然，也有部分文献认为环境规制会增加生产成本，提高污染控制和预防成本，因为要求企业通过发展清洁生产技术来提升绿色生产效率，使得环境规制不利于提高企业的竞争力和清洁生产能力（Li et al.，2019）。Porter 和 van der Linde（1995）则提出一个相反的观点，认为精心设计的环境监管可以促进公司的创新活动，促使企业将生产成本和投入降到最低，即环境规制可以通过创新活动提高企业的生产能力，从而抵消环境治理的较高成本，实现盈利最大化。

部分文献构建了环境规制影响 GTFP 的逻辑框架，系统阐释两者之间的具体效应。李德山和张郑秋（2020）基于全国地级及以上城市的面板数据，运用 GMM 模型和非可加性面板分位数回归模型分析环境规制对城市 GTFP 变动的影响，发现环境规制与城市 GTFP 之间并不存在正向或者负向的线性关系，而是存在显著的倒"U"形关系；在较低的分位点上环境规制对城市 GTFP 的影响更大，在较高分位点上环境规制对城市 GTFP 的影响相对较小。周杰琦和王海娣(2021)利用动态面板模型实证分析环境规制对城市生产率的影响效应,发现短期内初始较弱的环境规制会阻碍城市 GTFP 提升,而长期内则促进城市 GTFP 提升,形成环境规制的动态 GTFP 效应。

已有文献为分析环境规制对 GTFP 的影响提供了依据,但对很多问题仍未得出明确的结论。譬如,不同类型的环境规制是否对城市 GTFP 产生不一样的影响?环境规制对 GTFP 的影响是否存在产业结构的中介效应?为了寻求这些问题的答案,需从区域和规模角度对环境规制影响城市 GTFP 的作用机制及异质性进行解析,以识别各种类型的环境法规在不同规模城市与不同区域对 GTFP 的作用强度,并从产业结构高级化和产业结构合理化角度解析异质型环境规制影响 GTFP 的中介效应。研究结论有助于政策制定者在追求经济增长的同时,加强环境规制和推进效率变革,提高 GTFP,推动经济高质量发展。

## 第二节　环境规制影响城市 GTFP 的理论机制

### 一、环境规制影响城市 GTFP 的作用机制

经济活动的负外部性和环境的公共品属性促成环境问题的产生并决定着其内在性质,需要政府出台环境规制政策对经济活动的负外部性加以约束,减少环境污染。但政府采取严格的环境规制措施迫使企业减少污染排放、改善环境,这往往造成企业的成本损失,对全要素生产率产生负面影响;另一方面,环境规制政策的实施有利于促进资源更加合理化配置,推动企业绿色技术创新及其应用,刺激企业的收益补偿效应,对城市全要素生产率产生正面影响。可见,环境质量改善和全要素生产率提升能否实现"双赢",取决于环境规制带来的成本损失和收益补偿之间的平衡。

具体而言,环境规制对城市 GTFP 影响的成本损失和收益补偿分别体现于以下方面。

(一)成本损失

成本损失分为直接成本损失和间接成本损失两部分。首先,环境规制政策的执行过程中需要耗费一定的人力、物力等成本,这部分执行成本无法取得直接产出,属于直接成本损失;其次,环境规制政策颁布后,一大批资金将投向环境基础设施建设,一定程度上挤占潜在的研发投资与技改投资,这部分由于环境污染治理投资增加而形成的对生产投资的挤占,属于间接成本损失。总体来看,直接成本损失和间接成本损失对企业的生产效率产生负面影响。

## (二) 收益补偿

收益补偿分为直接收益补偿和间接收益补偿两部分。首先，环境规制政策的实施有利于环境质量的改善，减少因为环境问题而造成的经济与健康损失，这部分由环境质量改善而带来的损失减少属于直接收益补偿；其次，环境规制政策的执行促进环保产业的快速发展，这部分由环保产业发展带来的经济收益属于间接收益补偿；最后，环境规制政策的执行促使企业加强技术创新，推动技术进步，而技术创新是经济增长的内生动力，由严格的环境规制压力催生的技术进步所带来的经济增长收益也属于间接收益补偿。可见，直接收益补偿和间接收益补偿对企业全要素生产率产生积极影响。

综合来看，环境规制政策实施后，当成本损失大于收益补偿时，环境规制对于城市 GTFP 的总体影响为负向效应；当成本损失小于收益补偿时，环境规制对于城市 GTFP 的总体影响为正向效应。

## 二、不同类型环境规制对城市 GTFP 的差异化影响

环境规制政策工具的种类较多，不同类型的环境规制政策运行机制各不相同，其对于城市 GTFP 的影响机理也必然存在差异。参照叶琴等(2018)的研究，在此将环境规制分为命令控制型环境规制和市场激励型环境规制，进而解析不同类型环境规制工具对城市 GTFP 的差异化影响。

### (一) 命令控制型环境规制与城市 GTFP

命令控制型环境规制是政府通过设定环保法律、法规等，对破坏环境的经济主体的强制性约束。企业等经济主体没有选择权，只有被迫遵守政府制定的诸如排污标准、技术标准等规定，否则将受到严厉的处罚。

命令控制型环境规制一般能够迅速带来环境质量改善，排污标准、技术标准的实施促使经济主体加大技术创新力度，改善现有工艺，进而提升 GTFP。但是，命令控制型环境规制政策的执行成本较大，无法提供长期的动态监督，且由于信息不对称等原因，地方政府和企业出于利益最大化的考虑而选择的环境规制执行力度存在差异，使得环境规制政策一定程度上造成 GTFP 的损失。

### (二) 市场激励型环境规制与城市 GTFP

市场激励型环境规制是政府基于"污染者付费"原则而设计，旨在通过价格、税收、收费、补贴、信贷等市场机制手段引导企业加强污染治理，减轻环境污染。在市场激励型环境规制执行的过程中，政府并不直接干预企业的生产决策，只是通过调控企业面临的市场环境，通过市场环境进一步影响企业的经营决策。

市场激励型环境规制给予企业等经济主体一定的自由选择权,对经济活动过程中的环境负外部性进行约束的同时,让企业自主决策生产经营,是一种兼顾绿色发展和生产效率提升的规制办法。此类环境规制遵从市场机制,具有执行成本低的优点。伴随着我国市场经济体制的日渐成熟,环境监测和执法体系的不断完善,市场激励型环境规制将越来越普遍,其作用特别是对GTFP的影响也将更为突出。

## 第三节 环境规制影响城市GTFP的实证设计

### 一、超效率SBM模型

在经济生产过程中,资本、劳动、能源的投入不仅生产出有用产品,同时也产生环境污染等副产品,即非期望产出。Tone(2001)提出SBM模型进行生产效率测算,由于考虑了生产带来的非期望产出,更加符合实际情况,故得到广泛应用。与传统DEA相比,基于非期望产出的SBM模型一方面能够解决投入产出松弛性问题,另一方面能够处理存在非期望产出时的效率评价问题。因此,采用纳入非期望产出的SBM模型来测算中国城市GTFP较为合理。

假设有$n$个DMU的生产系统,每个DMU由投入、期望产出和非期望产出三个向量构成,即使用$m$单位投入产生$s_1$的期望产出和$s_2$的非期望产出。三个向量可表示为:$x \in R^m, y^g \in R^{s_1}, y^b \in R^{s_2}$,满足$X=[x_1,x_2,\cdots,x_n] \in R^{m \times n}$,$Y^g = [y_1^g, y_2^g, \cdots, y_n^g] \in R^{s_1 \times n}$,$Y^b = [y_1^b, y_2^b, \cdots, y_n^b] \in R^{s_2 \times n}$。

假设$X > 0, Y^g > 0, Y^b > 0$,则生产可能性集合定义为

$$P = \{(x, y^g, y^b) | x \geq X\theta, y^g \leq Y^g\theta, y^b \geq Y^b\theta, \theta \geq 0\} \tag{14-1}$$

其中,实际的期望产出低于前沿理想期望产出,实际非期望产出高于前沿理想非期望产出。基于生产可能性集合,根据Tone(2001)的研究,将非期望产出纳入评价$\text{DMU}(x_0, y_0^g, y_0^b)$的SBM模型为

$$\rho = \min \frac{1 - \frac{1}{m}\sum_{i=1}^{m}\frac{s_i^-}{x_{i0}}}{1 + \frac{1}{s_1 + s_2}\left(\sum_{r=1}^{s_1}\frac{s_r^g}{y_{r0}^g} + \sum_{r=1}^{s_2}\frac{s_r^b}{y_{r0}^b}\right)} \tag{14-2}$$

$$\text{s.t.} \begin{cases} x_0 = X\theta + s^- \\ y_0^g = Y^g\theta - s^g \\ y_0^b = Y^b\theta - s^b \\ s^- \geq 0, s^g \geq 0, s^b \geq 0, \theta \geq 0 \end{cases}$$

其中，$s=(s^-,s^g,s^b)$ 表示投入、期望产出和非期望产出的松弛量；$\rho$ 的目标函数值是 DMU 的效率值，范围在 0~1；对于给定的 DMU$(x_0,y_0^g,y_0^b)$，当且仅当 $\rho=1$，即 $s^-=s^g=s^b=0$ 时，该 DMU 是有效的；如果 $0\leqslant\rho<1$，则该 DMU 是低效的，此时投入和产出需要改进。上述模型是非线性的，不利于效率计算，故通过查恩斯–库珀（Charnes-Cooper）变换，将非线性模型转化为线性模型，其等价形式为

$$\tau=\min t-\frac{1}{m}\sum_{i=1}^{m}\frac{s_i^-}{x_{i0}}$$

$$\text{s.t.}\begin{cases}1=t+\dfrac{1}{s_1+s_2}\left(\sum_{r=1}^{s_1}\dfrac{s_r^g}{y_{r0}^g}+\sum_{r=1}^{s_2}\dfrac{s_r^b}{y_{r0}^b}\right)\\ x_0 t=X\mu+s^-\\ y_0^g t=Y^g\mu-s^g\\ y_0^b t=Y^b\mu-s^b\\ s^-\geqslant 0,s^g\geqslant 0,s^b\geqslant 0,\mu\geqslant 0,t>0\end{cases} \quad (14\text{-}3)$$

在多数效率评价研究中，存在一个共同的现象，即多个 DMU 具有完全"效率状态"（效率值为 1），使得在效率排序时难以区分这些 DMU 之间的差异。为了保证效率分析产生更合理的效率评价值以便区分 DMU 之间的差异，结合 Tone（2002）的方法，选择超效率 SBM 模型进行测算，模型表达式为

$$\rho^*=\min\frac{\dfrac{1}{m}\sum_{i=1}^{m}\dfrac{\bar{x}_i}{x_{i0}}}{\dfrac{1}{s_1+s_2}\left(\sum_{r=1}^{s_1}\dfrac{\bar{y}_r^g}{y_{r0}^g}+\sum_{r=1}^{s_2}\dfrac{\bar{y}_r^b}{y_{r0}^b}\right)}$$

$$\text{s.t.}\begin{cases}\bar{x}\geqslant\sum_{j=1,\neq k}^{n}\theta_j x_j\\ \bar{y}^g\leqslant\sum_{j=1,\neq k}^{n}\theta_j y_j^g\\ \bar{y}^b\geqslant\sum_{j=1,\neq k}^{n}\theta_j y_j^b\\ \bar{x}\geqslant x_0,\bar{y}^g\leqslant y_0^g,\bar{y}^b\geqslant y_0^b,\bar{y}^g\geqslant 0,\theta\geqslant 0\end{cases} \quad (14\text{-}4)$$

其中，$\rho^*$ 的目标函数值是 DMU 的效率值，该值大小可以超过 1；其他变量定义与式（14-2）类似；以上模型均基于 VRS 这一假设条件而建立。

## 二、中介效应模型

为探讨异质型环境规制对城市 GTFP 的影响机制,参考 Baron 和 Kenny(1986)的成果,考虑到 GTFP 的惯性特征,构建动态面板中介效应模型:

$$\text{GTFP}_{it} = \alpha_0 + \alpha_1 \text{GTFP}_{it-1} + \alpha_2 \text{OER}_{it} + \alpha_3 \text{MER}_{it} + \alpha_4 \text{GII}_{it} + \alpha_5 \text{TP}_{it} \\ + \alpha_6 \text{INFRA}_{it} + \alpha_7 \text{INFOR}_{it} + \varepsilon_{it} \quad (14\text{-}5)$$

$$M_{it} = \eta_0 + \eta_1 M_{it-1} + \eta_2 \text{OER}_{it} + \eta_3 \text{MER}_{it} + \eta_4 \text{GII}_{it} + \eta_5 \text{TP}_{it} \\ + \eta_6 \text{INFRA}_{it} + \eta_7 \text{INFOR}_{it} + \nu_{it} \quad (14\text{-}6)$$

$$\text{GTFP}_{it} = \lambda_0 + \lambda_1 \text{GTFP}_{it-1} + \lambda_2 \text{OER}_{it} + \lambda_3 \text{MER}_{it} + \lambda_4 M_{it} + \lambda_5 \text{GII}_{it} + \lambda_6 \text{TP}_{it} \\ + \lambda_7 \text{INFRA}_{it} + \lambda_8 \text{INFOR}_{it} + \mu_{it} \quad (14\text{-}7)$$

其中,$\text{GTFP}_{it}$ 表示被解释变量——GTFP;$\text{OER}_{it}$ 表示核心解释变量——命令型环境规制;$\text{MER}_{it}$ 表示核心解释变量——市场型环境规制;$M_{it}$ 表示中介变量,分别为产业结构高级化(记为 IS)和产业结构合理化(记为 IR);$\text{GII}_{it}$ 表示政府干预程度;$\text{TP}_{it}$ 表示技术进步;$\text{INFRA}_{it}$ 表示基础设施;$\text{INFOR}_{it}$ 为信息化水平;$\varepsilon_{it}$、$\nu_{it}$、$\mu_{it}$ 表示随机扰动项;$\alpha$、$\eta$、$\lambda$ 表示待估参数;$i$ 表示城市;$t$ 表示年份。

中介效应的具体检验步骤为:第一,对式(14-5)进行参数估计,检验命令型环境规制的估计系数 $\alpha_2$ 和市场型环境规制的估计系数 $\alpha_3$ 是否显著,无论其显著与否,均继续以下步骤。第二,对式(14-6)和式(14-7)进行参数估计,检验式(14-6)中命令型和市场型环境规制的估计系数 $\eta_2$ 和 $\eta_3$ 以及式(14-7)中中介变量估计系数 $\lambda_4$ 的显著性,若两个系数均显著,则中介效应存在;否则,中介效应不存在;其中的中介变量分别是产业结构高级化(IS)和产业结构合理化(IR)。第三,检验式(14-7)中命令型环境规制的估计系数 $\lambda_2$ 和市场型环境规制的估计系数 $\lambda_3$ 是否显著,若显著,则中介效应为部分中介;若不显著,则中介效应为完全中介。

## 三、变量选取和数据来源

1. 被解释变量

选择城市 GTFP 作为被解释变量。测算城市 GTFP 的投入变量为城市劳动力、资本和能源,其中劳动投入选择城市年末就业人员总数代表;资本投入采用资本存量代表,由于中国尚未公布资本存量数据,采用永续盘存法进行计算,参考张军等(2004)的研究,选择折旧率为 9.6%;投资选择全社会固定资产投资总额,采用以 2000 年为基期的各省区市固定资产价格指数进行平减;期初资本存量为当期全社会固定资产投资总额除以 0.1;能源投入采用全社会用电量来代表(Wang and Yi, 2021)。期望产出变量为城市地区生产总值,地区生产总值采用以 2000 年为基期的居民消费价格指数进行平减；非期望产出变量为城市工业废水排放量、工业二氧化硫排放量和工业烟粉尘排放量。

2. 解释变量

命令控制型环境规制采用综合指数形式表示；具体选择单位产出工业二氧化硫排放量、单位产出工业废水排放量、单位产出工业烟粉尘排放量三个指标，采用熵值逼近理想解排序法(technique for order preference by similarity to an ideal solution, TOPSIS)测算。市场型环境规制采用城市综合能源价格指数来表示。我国并没有公布综合能源价格，一些学者采用全国整体指标如工业生产者购进价格指数、工业生产者出厂价格指数等替代，未考虑到区域能源消费结构和实际能源价格差异。

在此参考 Ma 等(2008)、王班班和齐绍洲(2016)的方法，估算区域综合能源价格。①根据《中国物价年鉴》公布的每年36个大中城市的煤炭、汽油、柴油和电力价格，计算2000年各种能源均价，并分别用煤炭采选业出厂品价格指数、石油和天然气开采业出厂品价格指数以及电力、热力的生产和供应业出厂品价格指数将各能源价格序列扩展到2019年，调整为以2000年为基准的价格。②根据《中国能源统计年鉴》公布每年各省四种能源消费量，将其按对应能源价格加权，估算出各省的能源成本。③用各省能源成本除以各省能源消费总量，得到各地区的综合能源价格。由于没有地级市的能源消费量统计，省内各城市的能源价格差异相对较小，因而地级市的综合能源价格利用对应省区市的数据替代。

3. 中介变量

采用产业结构高级化和产业结构合理化作为中介变量。对于产业结构高级化，从三次产业结构占比角度来看，其发展趋势是第一产业所占比重持续下降，第二产业所占比重呈现先上升后下降的态势，第三产业所占比重持续稳定增加。借鉴付凌晖(2010)的方法，重新定义产业结构高级化指标，将"三次产业中每个产业部门产值占地区生产总值的比重"作为空间向量中的一个分量，构成一组三维向量：$X_0 = (X_{10}, X_{20}, X_{30})$。然后分别计算向量$X_0$与产业结构由低到高排列的基向量$X_1 = (1,0,0), X_2 = (0,1,0), X_3 = (0,0,1)$的夹角：$\theta_1, \theta_2, \theta_3$，如式(14-8)所示：

$$\theta_j = \arccos\left(\frac{\sum_{i=1}^{3}(x_{ij} \times x_{i0})}{\left(\sum_{i=1}^{3}(x_{ij}^2)\right)^{\frac{1}{2}} \times \left(\sum_{i=1}^{3}(x_{i0}^2)\right)^{\frac{1}{2}}}\right), j = 1, 2, 3 \tag{14-8}$$

则产业结构高级化(IS)的计算公式为

$$IS = 3\times\theta_1 + 2\times\theta_2 + 1\times\theta_3 \tag{14-9}$$

对于产业结构合理化采用泰尔指数的倒数来衡量(于斌斌，2015)，其中泰尔指数越接近于 0，表明产业结构愈加区域合理化，即泰尔指数的倒数越大，产业结构越合理。具体计算公式为

$$\mathrm{IR}_{it} = \frac{1}{\sum_{s=1}^{3}\left(\frac{Y_{its}}{Y_{it}}\right)\ln\left(\frac{Y_{its}/Y_{it}}{L_{its}/L_{it}}\right)} \tag{14-10}$$

其中，$Y_{its}$ 表示第 $i$ 个城市第 $t$ 年第 $s$ 产业的增加值；$Y_{it}$ 表示第 $i$ 个城市第 $t$ 年的地区生产总值；$L_{its}$ 表示第 $i$ 个城市第 $t$ 年第 $s$ 产业的就业人数；$L_{it}$ 表示第 $i$ 个城市第 $t$ 年的就业人数。

4. 控制变量

选取政府干预程度(GII)、技术进步(TP)、基础设施(INFRA)、信息化水平(INFOR)四个变量作为控制变量。政府干预程度采用地方政府一般预算支出占地区生产总值的比重代表；技术进步采用人均专利申请量代表；基础设施采用每万人年末实有公共汽电车营运车辆数代表；信息化水平采用邮电业务总量占地区生产总值比重代表。

因部分地级市的大部分指标缺失严重(譬如毕节市、铜仁市)，2019 年山东省行政区划调整(莱芜并入济南)，故研究对象确定为中国 283 个地级市，时间跨度为 2003~2019 年。数据主要来源于 EPS 数据平台——中国城市数据库，其中专利申请量数据来自中国研究数据服务平台。对于缺失数据通过查找各省区市统计年鉴，采用线性插值法、两年均值等方法加以补齐。表 14-1 列示了所有变量的描述性统计结果。

表 14-1 主要指标的描述性统计量

| 变量 | 样本数 | 均值 | 标准差 | 最小值 | 最大值 |
| --- | --- | --- | --- | --- | --- |
| GTFP | 4811 | 0.061 | 0.152 | 0.000 | 1.399 |
| OER | 4811 | 0.085 | 0.095 | 0.000 | 1.000 |
| MER | 4811 | 0.137 | 0.029 | 0.071 | 0.208 |
| IS | 4811 | 6.404 | 0.365 | 5.432 | 7.652 |
| IR | 4811 | 22.681 | 215.289 | 0.214 | 8735.785 |
| GII | 4811 | 0.168 | 0.098 | 0.031 | 1.485 |
| TP | 4811 | 8.974 | 24.203 | 0.016 | 444.347 |
| INFRA | 4811 | 3.150 | 6.391 | 0.022 | 115.006 |
| INFOR | 4811 | 0.028 | 0.020 | 0.002 | 0.274 |

## 第四节　环境规制影响城市 GTFP 的实证结果

### 一、单位根检验

　　动态面板模型估计要求面板数据必须是平稳的，从而避免伪回归问题。因而，采用系统 GMM 进行动态面板估计前，先进行面板数据的单位根检验，以考察各变量是否存在同阶单整现象。根据原假设的不同，可将单位根检验分为同质面板单位根检验、异质面板单位根检验和不存在同质面板单位根检验。其中，同质面板单位根检验为 LLC 检验和布赖通(Breitung)检验，异质面板单位根检验为基于插补的面板结构(imputation-based panel structural，IBPS)检验、费希尔增强迪基-富勒(Fisher-augmented Dickey-Fuller，Fisher-ADF)检验和佩伦-帕甘(Fisher-Perron Pagan，Fisher-PP)检验，不存在同质单位根检验为哈德里(Hadri)检验。在此采用 LLC 检验、Fisher-ADF 检验和 IBPS 检验三种方法对各变量进行单位根检验，具体结果见表 14-2。可以发现，根据同质单位根检验和异质单位根检验结果，所有变量的面板序列均是平稳的。

表 14-2　单位根检验结果

| 变量 | LLC 检验 | ADF 检验 | IBPS 检验 | 结果 |
| --- | --- | --- | --- | --- |
| GTFP | −29.217*** | 28.568*** | −7.748*** | 平稳 |
| OER | −23.217*** | 8.471*** | −9.651*** | 平稳 |
| MER | −20.287*** | 15.882*** | −6.367*** | 平稳 |
| IS | −6.896*** | 11.872*** | 7.812 | 平稳 |
| IR | −180.000*** | 9.455*** | −54.156*** | 平稳 |
| GII | −4.891*** | 23.604*** | 5.257 | 平稳 |
| TP | −28.139*** | 22.595*** | −17.977*** | 平稳 |
| INFRA | −18.985*** | 4.527*** | −6.936*** | 平稳 |
| INFOR | −18.935*** | 14.102*** | −7.641*** | 平稳 |

***表示在 1%水平下显著

### 二、影响效应

　　GTFP 具有一定的持续性和惯性，故而有必要在方程中引入一阶滞后项，而加入一阶滞后项后，面板数据模型可能产生内生性问题。虽然工具变量法可一定程度上解决内生性问题，但工具变量的选择较为苛刻，且实证分析中较难选择合适的工具变量。因此，在此选用系统 GMM 方法进行估计。系统 GMM 方法不仅较好控制了被解释变量的滞后项和解释变量与残差之间的内生性，而且较好地解决了 GTFP 可能存在的序列自相关问题。同时，鉴于一步系统 GMM 方法的过度识别检验未考虑异方差问题，可能导致模型存在严重偏误，故采用两步系统 GMM 方法进行估计，具体估计结果见表 14-3。

表 14-3 环境规制对城市 GTFP 的影响

| 变量 | 全国城市 模型(1) | 东部城市 模型(2) | 中部城市 模型(3) | 西部城市 模型(4) |
|---|---|---|---|---|
| L.GTFP | 0.497*** (19 725.87) | 0.595*** (3 693.66) | 0.436*** (951.66) | 0.434*** (467.24) |
| OER | 0.208*** (1 305.59) | 0.326*** (293.18) | 0.162*** (131.11) | 0.180*** (172.47) |
| MER | 0.239*** (442.01) | 0.383*** (166.25) | 0.216*** (46.43) | 0.095*** (22.04) |
| GII | −0.263*** (−1 087.66) | −0.220*** (−79.48) | −0.365*** (−249.95) | −0.269*** (−129.93) |
| TP | 0.0002*** (493.07) | 0.0001*** (90.01) | 0.0002*** (9.73) | −0.003*** (−65.30) |
| INFRA | 0.003*** (946.04) | 0.005*** (447.78) | 0.005*** (48.06) | −0.003*** (−27.79) |
| INFOR | −0.097*** (−81.56) | −0.156*** (−21.39) | −0.551*** (−49.53) | 0.078*** (6.78) |
| 截距 | 0.014*** (130.52) | −0.045*** (−74.76) | 0.044*** (72.63) | 0.085*** (87.83) |
| AR(2) | 0.316 | −0.313 | −1.464 | 1.478 |
| 萨根(Sargan)统计量 | 281.512 | 99.221 | 98.840 | 81.979 |
| N | 4 528 | 1 600 | 1 600 | 1 328 |

注：括号内为 $t$ 值；L.GTFP 为 GTFP 的一阶滞后项
***表示在 1%水平下显著

表 14-3 的模型(1)～模型(4)展示了全国、东部城市、中部城市和西部城市的异质型环境规制对 GTFP 的影响效应。可以发现，GTFP 的时间滞后项估计系数均显著为正，表明采用动态面板模型具有一定的合理性；Sargan 统计量对应的 $p$ 值在 0.1 以上，意味着不存在过度识别现象，工具变量选择合理。另外，我们还做了阿雷拉诺–贝多(Arelleno-Bond)检验(限于篇幅这里未列出检验结果)，结果表明残差不存在二阶序列自相关，说明采用两步系统 GMM 估计合理。

进一步对模型(1)中各变量估计系数进行分析发现，命令型环境规制和市场激励型环境规制的估计系数分别为 0.208 和 0.239，且均在 1%水平下通过显著性检验，表明命令型环境规制和市场型环境规制均显著促进 GTFP 提升。命令型环境规制是一种管道末端控制方式，能在短期内减少废气和废水排放；市场型环境规制以最低的成本优化资源配置，长期看有利于减少污染物的排放量。GTFP 的时间滞后项估计系数为 0.497，且在 1%水平下显著，表明 GTFP 存在"滚雪球"效应。从控制变量看，政府干预程度显著抑制 GTFP 提升，技术进步和基础设施有利于促进 GTFP 提升；信息化水平对 GTFP 具有显著的抑制效应。

表 14-3 的模型(2)、模型(3)和模型(4)分别呈现了东部、中部和西部城市异质型环境规制对 GTFP 的影响效应①。可以发现，东部、中部和西部城市的命令型环境规制和市场型环境规制的估计系数均为正，且在 1%水平下通过显著性检验，表明东部、中部和西部城市的命令型环境规制和市场型环境规制均显著促进了 GTFP 提升。东部、中部和西部的 GTFP 时间滞后项估计系数均为正，在 1%水平下显著，表明东部、中部和西部城市的 GTFP 同样存在时间上的自相关性。

进一步根据 2003 年城市常住人口规模将 283 个地级市划分为中小城市、大城市和特大超大城市，其中常住人口规模小于 100 万人的为中小城市，大于等于 100 万人且小于 500 万人的为大城市，大于等于 500 万人的为特大超大城市。不同规模城市环境规制对 GTFP 影响效应的估计结果见表 14-4。

表 14-4 不同规模城市环境规制对 GTFP 的影响效应

| 变量 | 中小城市 模型(5) | 大城市 模型(6) | 特大超大城市 模型(7) |
| --- | --- | --- | --- |
| L.GTFP | 0.069 (0.28) | 0.411*** (4345.76) | 0.597*** (2849.87) |
| OER | 0.392 (1.13) | 0.175*** (1037.99) | 0.676*** (326.78) |
| MER | 1.341 (0.68) | 0.265*** (253.31) | 0.637*** (162.61) |
| GII | −3.168 (−0.65) | −0.263*** (−951.49) | −0.335*** (−92.54) |
| TP | −0.001 (−1.08) | −0.0001*** (−45.50) | 0.0001*** (100.57) |
| INFRA | −0.003 (−0.93) | −0.002*** (−55.74) | 0.005*** (676.79) |
| INFOR | 4.286 (0.93) | −0.034*** (−56.07) | −0.384*** (−25.74) |
| 截距 | 0.284 (0.59) | 0.027*** (137.31) | −0.059*** (−62.86) |
| AR(2) | 1.141 | 0.776 | −0.638 |
| Sargan 统计量 | 1.990 | 189.459 | 81.425 |
| N | 176 | 3040 | 1312 |

注：括号内为 t 值；L.GTFP 为 GTFP 的一阶滞后项

***表示在 1%水平下显著

---

① 东部地区包括北京、天津、河北、辽宁、上海、江苏、浙江、福建、山东、广东、广西、海南；中部地区包括山西、内蒙古、吉林、黑龙江、安徽、江西、河南、湖北、湖南；西部地区包括重庆、四川、贵州、云南、西藏、陕西、甘肃、青海、宁夏、新疆。

由表 14-4 知，中小城市、大城市、特大超大城市的 GTFP 滞后期系数均为正，大城市和特大超大城市的估计系数在 1%水平下显著，表明大城市 GTFP 的惯性特征更为突出。中小城市的命令型环境规制和市场型环境规制对 GTFP 的影响均为正，但不显著；大城市和特大超大城市的命令型环境规制和市场型环境规制对 GTFP 的估计系数显著为正，表明命令型环境规制和市场型环境规制均有利于促进 GTFP 的提升。从估计系数大小看，特大超大城市的命令型环境规制和市场型环境规制对 GTFP 的促进效应高于大城市的命令型环境规制和市场型环境规制的促进效应，原因在于特大超大城市具有明显的规模经济优势，技术创新能力更强，治污投入力度较大，污染物边际成本相对较高，因而更严格的环境规制对污染物的边际成本的影响越大。

### 三、稳健性检验

再把土地要素作为投入变量加以引入，土地投入以地级市市辖区建成区面积代表，采用 Super-SBM 模型重新测度城市 GTFP，同样利用两步系统 GMM 模型分析异质型环境规制对城市 GTFP 的影响效应，并分地区和城市规模进行异质性分析。具体估计结果见表 14-5。

表 14-5 稳健性检验

| 变量 | 全国 模型(8) | 东部 模型(9) | 中部 模型(10) | 西部 模型(11) | 中小城市 模型(12) | 大城市 模型(13) | 特大超大城市 模型(14) |
|---|---|---|---|---|---|---|---|
| L.GTFP | 0.457***<br>(14745.70) | 0.373***<br>(1923.82) | 0.444***<br>(7140.45) | 0.455***<br>(635.74) | −0.756<br>(−1.16) | 0.444***<br>(7140.45) | 0.472***<br>(2240.88) |
| OER | 0.189***<br>(1219.04) | 0.272***<br>(179.84) | 0.196***<br>(1347.80) | 0.137***<br>(80.71) | 0.467<br>(1.36) | 0.196***<br>(1347.80) | 0.860***<br>(197.19) |
| MER | 0.231***<br>(414.58) | 0.600***<br>(235.01) | 0.320***<br>(334.56) | −0.109***<br>(−23.49) | 3.035<br>(0.96) | 0.320***<br>(334.56) | 0.822***<br>(195.76) |
| GII | −0.270***<br>(−1222.33) | −0.184***<br>(−65.05) | −0.231***<br>(−864.15) | −0.217***<br>(−122.01) | −12.830<br>(−1.23) | −0.231***<br>(−864.15) | −0.363***<br>(−65.36) |
| TP | −0.00006***<br>(−146.64) | −0.0002***<br>(−149.64) | −0.0003***<br>(−56.25) | −0.003***<br>(−113.08) | −0.003<br>(−0.76) | −0.0003***<br>(−56.25) | −0.00008***<br>(−33.95) |
| INFRA | 0.004***<br>(921.08) | 0.008***<br>(757.70) | −0.002***<br>(−96.55) | −0.003***<br>(−28.03) | 0.016<br>(1.05) | −0.002***<br>(−96.55) | 0.007***<br>(475.72) |
| INFOR | −0.218***<br>(−266.62) | −0.239***<br>(−26.60) | −0.141***<br>(−139.20) | −0.037***<br>(−3.28) | 11.480<br>(1.37) | −0.141***<br>(−139.20) | −0.945***<br>(−54.91) |
| 截距 | 0.025***<br>(222.86) | −0.066***<br>(−120.22) | 0.018***<br>(100.15) | 0.110***<br>(72.31) | 1.533<br>(1.25) | 0.018***<br>(100.15) | −0.066***<br>(−61.41) |
| AR(2) | 1.634 | 1.521 | 0.050 | 0.857 | −0.169 | 0.501 | 1.160 |
| Sargan 统计量 | 281.782 | 98.882 | 98.297 | 82.426 | 1.230 | 189.058 | 81.398 |
| N | 4528 | 1600 | 3040 | 1328 | 176 | 3040 | 1312 |

注：括号内为 t 值；L.GTFP 为 GTFP 的一阶滞后项

***表示在 1%水平下显著

从估计结果来看，除西部城市市场型环境规制对 GTFP 的影响效应与前述结果有所差异外，其余城市市场型环境规制和命令型环境规制对 GTFP 的影响效应在系数符号方向和显著性水平上均与前述结果基本一致，说明模型估计结果具有较强的稳健性。

## 四、中介效应考察

接下来利用中介效应模型估计产业结构高级化和产业结构合理化两个中介变量所发挥的实际中介效应，模型估计结果见表 14-6。其中，模型(15)和模型(16)

表 14-6 产业结构高级化和合理化的中介效应

| 变量 | 模型(15)<br>IS | 模型(16)<br>GTFP | 模型(17)<br>IR | 模型(18)<br>GTFP |
|---|---|---|---|---|
| L.GTFP | | 0.502***<br>(8409.29) | | 0.501***<br>(14 707.61) |
| L.IS | 1.035***<br>(1 841.72) | | | |
| IS | | −0.072***<br>(−649.89) | | |
| L.IR | | | 0.221***<br>(200 252.15) | |
| IR | | | | −0.000 02***<br>(−2844.14) |
| OER | 0.022***<br>(28.55) | 0.220***<br>(1202.26) | −51.410***<br>(−9519.56) | 0.202***<br>(1448.90) |
| MER | −0.363***<br>(−96.58) | 0.381***<br>(550.66) | −286.300***<br>(−6737.80) | 0.222***<br>(687.40) |
| GII | 0.238***<br>(135.59) | −0.116***<br>(−424.18) | 15.630***<br>(3973.57) | −0.258***<br>(−1193.92) |
| TP | 0.000 3***<br>(36.10) | 0.000 3***<br>(666.52) | 1.263***<br>(24 828.08) | 0.000 3***<br>(1080.05) |
| INFRA | −0.001***<br>(−22.23) | 0.004***<br>(982.88) | −0.460***<br>(−2892.34) | 0.002***<br>(652.66) |
| INFOR | −0.024***<br>(−3.95) | 0.011***<br>(10.71) | 560.000***<br>(19344.55) | −0.095***<br>(−87.28) |
| 截距 | −0.184***<br>(−52.07) | 0.419***<br>(596.86) | 31.230***<br>(4 579.20) | 0.018***<br>(302.14) |
| AR(2) | −1.253 | 0.344 | −0.494 | 0.300 |
| Sargan 统计量 | 281.525 | 281.920 | 281.626 | 281.401 |
| N | 4 528 | 4 528 | 4 528 | 4 528 |

注：括号内为 t 值
***表示在 1%水平下显著

为产业结构高级化的中介效应估计结果；模型(17)和模型(18)为产业结构合理化的中介效应估计结果。

模型(15)和模型(16)反映了产业结构高级化的中介效应，其中命令型环境规制和市场型环境规制对产业结构高级化的估计系数分别为0.022和–0.363，在1%水平下通过显著性检验，表明命令型环境规制显著促进产业结构高级化，而市场型环境规制明显抑制了产业结构高级化。加入产业结构高级化这一中介变量后，产业结构高级化的估计系数在1%水平下显著为负，市场型环境规制和命令型环境规制的系数均显著为正(0.220和0.381)，表明产业结构高级化在命令型环境规制对GTFP的影响中存在负向中介效应，而市场型环境规制对GTFP的影响过程中具有正向中介效应。命令型环境规制是尾端治理方式，通过控制企业污染物排放量以加强环境保护，从某种程度上减弱企业进行技术创新的积极性，消减企业转型升级的意向，故而阻碍了产业结构高级化。市场型环境规制通过改变市场环境譬如居民消费环保意识、市场企业环保投资等，迫使企业进行环保型技术创新，向清洁型产业转型，能够对产业结构高级化产生积极效应。

模型(17)和模型(18)呈现了产业结构合理化的中介效应。命令型环境规制和市场型环境规制的估计系数分别为–51.410和–286.300，在1%水平下通过显著性检验，表明命令型环境规制和市场型环境规制均不利于产业结构合理化；加入产业结构合理化中介变量后，其估计系数显著为负，而命令型环境规制和市场型环境规制的估计系数均显著为正(0.202和0.222)，表明产业结构合理化在命令型环境规制和市场型环境规制对GTFP的影响过程中具有正向中介效应。

## 第五节　本章小结

鉴于环境规制可能是提高城市GTFP、优化产业结构的重要途径。基于2003～2019年中国283个地级及以上城市的面板数据，利用超效率SBM模型测度GTFP，采用两步系统GMM估计方法实证分析异质型环境规制(命令型环境规制和市场型环境规制)对城市GTFP的影响效应。同时，考虑到产业结构高级化和产业结构合理化的中介作用，采用中介效应模型分析异质型城市环境规制对GTFP的作用机制。

研究结果表明：2003～2019年命令型环境规制和市场型环境规制均有利于城市GTFP的提升；考虑空间异质性，东部、中部和西部城市的命令型环境规制和市场型环境规制均对GTFP具有积极效应；考虑城市规模异质性，中小城市的命令型环境规制和市场型环境规制对GTFP的促进作用不显著，大城市和特大超大城市的命令型环境规制和市场型环境规制显著促进了GTFP提升；考虑产业结构高级化和产业结构合理化的中介效应发现，命令型环境规制通过产业结构高级化对城市 GTFP 产生抑制效应，通过产业结构合理化对城市 GTFP 产生促进效应；市场型环境规制通过产业结构高级化和产业结构合理化的中介效应有利于提升城市 GTFP。

实证分析结论对于合理实施环境规制，推进产业结构高级化和产业结构合理化，提升 GTFP，推进高质量发展具有启示意义。

# 第十五章 土地供给错配与城市 GTFP 损失

## 第一节 问题提出

土地作为最基本的自然资源和经济要素，是人类赖以生存的物质基础，也是社会活动、产业发展和城市建设的空间载体。无论是制造业和服务业的发展，还是道路、桥梁等基础设施建设都极大受益于不同产业与地区间的土地资源配置。在这一过程中，土地资源配置不仅直接参与生态系统的碳排放过程，也间接影响到区域碳排放水平，在绿色经济发展中发挥着极其重要的作用。2020 年，《中共中央 国务院关于构建更加完善的要素市场化配置体制机制的意见》提出，要深化要素市场化配置改革，提高要素配置效率。在以人为核心的新型城镇化背景下，单纯依靠土地要素的宽供给来带动城市经济增长的发展模式已难以为继(Tan et al.，2021)，故而考察城市土地资源的错配程度，明晰土地错配对 GTFP 的影响机制及效应，对于提高土地资源配置效率、推进经济高质量发展具有重要现实意义。

欧美国家以土地私有制为主，土地市场较为发达，土地与资本之间具有良好的替代性(Jiang et al.，2022；de Janvry et al.，2015)，但依然存在土地资源的使用管制、空间错配等问题(Hsieh and Moretti，2019)。在中国政府主导土地资源配置体制下，土地所发挥的功能和施加的约束尤为明显，土地资源配置问题更为突出(李昕等，2012)。土地资源的配置问题可归结为两个方面：土地供给配置和土地结构配置。土地资源供给首先在农业用地与建设用地之间相权衡，整体上对城市土地开发形成制约；其次是不同城市之间建设用地指标的配置，政府主导的土地供给直接影响城市土地供给的充裕度。土地结构配置是指城市内部存量建设用地在不同行业、不同用途以及不同企业之间的配置，对产业结构、行业发展以及全要素生产率等产生影响(李力行等，2016；Song et al.，2020)。现有的土地错配研究主要集中于土地结构错配方面，以低地价、协议方式出让工业用地是土地结构错配的突出问题，若以协议方式出让的建设用地比例测度土地错配程度，一个城市土地错配程度越高，则工业企业的资源配置效率越低，这对于土地依赖程度高的行业更为显著(李勇刚和罗海艳，2017)。地方政府的土地财政扩张，通常以抬高商服住宅用地价格来"横向补贴"工业用地低价，这不仅引起城市创新创业(鲁元平等，2018)、产业集聚(段巍等，2020)、经济波动(段莉芝和李玉双，2020)和环境污染(Li et al.，2021)等多方面的问题，更是显著影响城市全要素生产率的提升(邓楚雄等，2021)。

事实上，城市土地总体供给是内部结构配置的前提，土地总体上供给过度或不足对城市内部土地用途的配置具有直接影响(Wang et al.，2020)。2003年后中国大量的建设用地指标向人口流出的中西部和中小城市倾斜(陆铭等，2015)，人口流入的东部地区和大城市的用地指标相对被收紧，导致城市土地供给错配现象凸显。同样，在城市人均建设用地较高的欧美等国家，城市土地供给错配也对城市经济发展造成严重影响。具体而言，土地供给错配成为房价上涨的一个重要根源(倪鹏飞，2019；Wen et al.，2020)，而高房价通过拉高房地产投资收益，挤占企业研发部门的资源投入，从而抑制企业全要素生产率的改善(刘建江和石大千，2019)。已有文献在土地供给的制度特征(Chen and Kung，2016；夏菁等，2021)、土地供给对房价(余吉祥和沈坤荣，2019)和区域发展的影响(刘修岩等，2019)等问题上取得一些重要进展，但鲜有对城市间土地供给错配程度进行量化测度的研究，也很少考察城市土地供给错配对全要素生产率影响效应的异质性及具体路径。而明晰城市土地错配对全要素生产率影响的机制、路径及效应，可为优化城市土地资源配置提供客观依据，进而推动城市紧凑、集约和高质量发展。

然而，由于我国土地要素市场发育较为滞后，使得土地资源配置的扭曲现象突出。2003年后中国大量的建设用地指标向人口流出的中西部和中小城市倾斜，人口流入的东部地区和大城市的用地指标相对被收紧，导致城市土地供给错配现象凸显。一旦土地供给过度，地方政府通过"土地财政"低价协议大量出让工业用地，以地谋发展刺激当地经济快速增长。2017年，我国国有建设用地供应结构中，工矿仓储用地、住宅用地和商服用地的占比分别为20.4%、14%和5.1%，其中珠三角和长三角等区域内制造业较为发达的城市的工业用地占比普遍超过40%，而发达国家城市的工业用地占比一般低于10%(李勇刚，2021)。土地供给不足的地区则控制住宅用地供给，高价限制性出让商住用地，住宅用地的比重偏低，加剧城市住宅用地的供需矛盾(文乐和彭代彦，2016)。很显然，土地供给错配降低土地资源利用效率，加剧生态系统的失衡，不利于国民经济的健康发展。

我国经济发展已进入深度调整和加速转型阶段。资源环境约束趋紧，绿色经济发展成为实现经济发展与环境保护和谐统一的理性发展方式，已上升到国家战略层面。众所周知，经济发展离不开资本、劳动和土地这三大生产要素，要推动绿色发展、转变经济发展方式，需要充分发挥土地资源在其中的基础性作用。因此，能否高效合理地利用土地、提高土地资源配置效率，关系到区域生态系统的稳定和安全，乃至于中国绿色经济发展。基于此，本章系统探讨土地资源错配对城市GTFP的影响机理及实际效应，为合理配置土地资源、充分发挥土地的积极作用、加快绿色发展提供有意义的启示。

## 第二节 城市土地供给错配影响 GTFP 的理论框架

### 一、中国城市土地配置制度背景

随着中国市场化进程的推进，采用指标控制计划管理模式的领域逐步减少，但城市建设用地供给仍属保留之一。城市建设用地指标从中央政府到基层政府的逐级分解体现出"行政发包制"的典型特征，一个"从中央到地方""先地区后用途"的配置过程便呈现出来，这种独特的指标配置过程可概括为"总量指标的地区配置"和"区县指标的用途配置"两个阶段（夏菁等，2021）。第一阶段，原国土资源部先行制定全国土地利用年度计划，将年度建设用地指标分解到各省（自治区、直辖市），再经各省国土资源厅分解下达到各市（区、县），这是一个总量指标的地区配置过程；第二阶段，市（区、县）政府进一步将其获得的总量指标在不同的用途（如工业或居住）之间进行配置，这是一个市（区、县）指标的用途配置过程。在财政分权背景下，中央政府将第一阶段的土地供给作为宏观调控的重要工具和手段。

《1997—2010 年全国土地利用总体规划纲要》指出"统筹安排各类、各区域用地"，强调了统筹平衡各区域用地指标，主要体现在对东南沿海地区和环渤海地区建设用地规模扩大加强限制。但这一规划纲要并未立即产生效果，直到 2003 年才出现政策拐点。出于区域均衡发展的考虑，中央相继出台西部大开发、振兴东北、中部崛起等国家战略，土地资源配置向中西部地区倾斜，中西部地区土地供应所占份额由下降趋势转变为不断上升。这种"均匀发展"战略使得东部地区作为人口流入地而效率受损，作为人口流出地的中西部，由于多分配的建设用地指标反而出现粗放式土地利用的局面（陆铭等，2015）。

2016 年国土资源部下达《全国土地利用总体规划纲要（2006—2020 年）调整方案》，对 65%新增建设用地指标进行调整。2017 年全国城乡建设用地总规模较土地利用总体规划中的规划目标规模超出了 20.6%（张绍阳等，2018）。可见，在《全国土地利用总体规划纲要（2006—2020 年）》执行期间，建设用地指标与预期出现了较大的执行偏差，意味着建设用地指标供给并没有很好地实现预期政策效果，未达到资源最优配置的政策目标，城市间建设用地指标供给存在明显错配。

### 二、城市土地供给错配影响 GTFP 的机制与路径

城市土地供给错配问题主要涉及城市土地供给不足与城市土地供给过度两种情况。在中国特有的土地管理模式下，土地资源配置的市场竞争机制失灵，城市土地供给错配现象凸显，也对城市 GTFP 造成不可忽视的效率损失。文献梳理与

逻辑剖析显示，城市土地供给不足和城市土地供给过度主要通过城市产业结构优化与城市创新创业发展两条渠道对城市 GTFP 产生影响，具体影响路径见图 15-1。

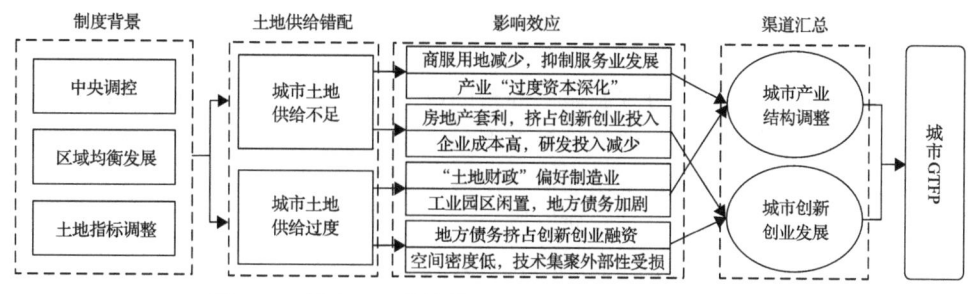

图 15-1 城市土地供给错配对 GTFP 的影响机制与路径

一是土地供给错配通过抑制城市产业结构优化升级而作用于 GTFP。土地供给不足导致城市商服用地供给相对减少，引发地价、房价上涨，城市生活成本增加将直接阻碍劳动力流入(严金海，2018；Abay et al.，2020)。服务业企业的成本主要由房租和人力成本构成，城市房价的快速上涨导致房租成本的上升，也间接推高了人力成本。由于服务业面临服务对象的空间集聚性和服务产品的不可储存性，服务业发展必须选址于城市中心地段。即使房价、地价上涨带来经营成本的快速增长，服务业企业也无法像工业企业那样转移到外围地区，只能容忍城市土地供给不足带来的成本上升(余泳泽和李启航，2019)。因此，城市土地供给不足引发的企业成本上升和阻碍劳动力流入都会抑制 GTFP 的增长。同时，生活成本上涨还通过影响劳动力流动的方向和城市劳动力供给，"倒逼"人员工资上升，而偏离劳动生产率提高的工资上涨，必将冲击企业的成本和盈利，迫使企业经营者加速资本对劳动的替代；政府财政资源甚至也被用以补贴资本对劳动的替代，致使部分城市产业出现"过度的资本深化"，甚至引起一些企业退出生产或转战成本更低的其他地区与国家(Gao et al.，2021)。城市出现过度的资本替代劳动，偏离城市具有比较优势的产业，从而降低城市的 GTFP。

对于土地供给过度的城市，产业结构优化升级受制于地方政府的投资偏好。首先，服务业具有无形性、产品不易统计等特征，对经济增长的拉动作用往往被低估，地方政府强烈偏好于发展制造业(李力行等，2016)。其次，自 2003 年中央政府提出运用土地政策进行宏观调控以来，土地要素逐渐成为地方政府招商引资、财政收入的重要来源(张苗等，2020)。地方政府在拿到建设用地指标后，大量开展土地融资，以土地作为资产担保来借款，打造工业园区、增加基础建设投资，推动城市经济增长。在区域竞争背景下，地方政府还通过竞相降低工业用地价格和产业准入门槛招商引资，导致城市内部低端制造业的大规模集聚，强化城市中低端产业结构刚性，挤占了高端制造业和现代服务业的发展空间。土地供给过度还带来土地粗放式利用，一方面地方政府负债日益高涨，另一方面工业用地大量过剩闲置、库存积压造成严重资源浪费和资金占用，无法推动新兴产业的发展。无论是从资源错配、产业结构还是金融发展的角度来看，土地市场化都会抑制城市 GTFP 的增长。

二是土地供给错配通过抑制城市创新创业发展而作用于 GTFP。城市商服用地供给不足的直接后果是房地产价格上涨和房地产泡沫化（陈斌开等，2015），房价快速上涨增加了企业要素使用成本，使得小微企业和初创企业只能靠压缩成本的方式保持低价生存，减少技术研发投入，甚至可能被迫选择山寨或低端研发，严重影响企业创新发展（毛文峰和陆军，2020）。房价快速上涨还极大增强了房产的投资属性，使房产成为多数家庭的财富投资对象，对个人创业投资行为产生替代作用；在短期套利和投机需求下，企业资金过多投向房地产行业，而投资风险高、投资规模大、研发周期长的企业创新活动资金投入被挤占，引发资本"脱实向虚"，创新投资的减少将严重影响 GTFP 的提高。另外，土地供给不足能够抑制城市空间的无序蔓延，更能强化城市的集聚效应，这有利于促进新思想、新知识等隐性知识溢出，增强了创新创业者互动交流、学习与合作的便利性，对城市创新型技术进步具有促进作用，有利于城市绿色经济效率的提升。

土地供给过度的城市，地方债务挤占创新投入和技术非集聚分布也往往抑制城市创新创业发展。"以地融资"作为地方政府进行抵押和担保融资的重要筹码，土地供给过度的城市更易面临工业园区、开发区的土地低效利用、房地产行业投资过度等问题，导致地方政府债务偿还能力不足，不得不从银行借贷融资以"借新还旧"。然而，银行信贷是创业发展和企业推进创新研发活动的重要资金渠道，地方债务对信贷资金的挤占制约了创业、创新资金投入，影响新企业发展和企业研发投入（刘修岩等，2019）。同时，土地供给过度带来大量城市边缘地带的工业园区、开发区和新城建设，这些低密度开发加剧城市空间蔓延，拉大人们的通勤距离，不利于本地化、面对面隐性知识的溢出（安勇和赵丽霞，2021）。对于创新创业者而言，集聚所带来的企业互动交流和学习便利性，是新思想、新知识的重要来源，而城市土地供给过度导致空间集聚效应被稀释，不利于城市绿色经济效率提升。

## 第三节 中国城市土地供给错配指数及特征分析

### 一、土地供给错配程度测算模型

借鉴 Aoki（2012）、Hsieh 和 Moretti（2019）的研究思路，拓展得到带有扭曲的竞争性空间一般均衡模型，以计算城市土地供给错配程度。假设经济体中包含 $N$

个城市，城市 $i$ 代表性企业的生产函数为 CRS 的 C-D 生产函数，一个城市内所有企业生产函数相同：

$$Y_{it} = GTFP_{it} K_{it}^{\alpha} L_{it}^{\beta} R_{it}^{\gamma} \tag{15-1}$$

其中，$Y_{it}$ 表示城市实际产出；$K_{it}$、$L_{it}$ 和 $R_{it}$ 分别表示资本、劳动和土地投入；$\alpha$、$\beta$ 和 $\gamma$ 分别表示资本、劳动和土地弹性，且满足 CRS，即 $\alpha + \beta + \gamma = 1$。

将资本、劳动和土地在城市间的错配程度以要素价格扭曲的形式表示，$\theta_{Kit}$、$\theta_{Lit}$ 和 $\theta_{Rit}$ 分别表示三种要素的价格"扭曲税"，城市 $i$ 中企业面临资本、劳动和土地的价格分别为 $(1+\theta_{Kit})P_{Kt}$、$(1+\theta_{Lit})P_{Lt}$ 和 $(1+\theta_{Rit})P_{Rt}$，其中 $P_{Kt}$、$P_{Lt}$ 和 $P_{Rt}$ 表示竞争性的要素价格，产品价格为 $P_{it}$，代表性企业利润最大化的目标函数为

$$\max\{P_{it}Y_{it} - (1+\theta_{Kit})P_{Kt}K_{it} - (1+\theta_{Lit})P_{Lt}L_{it} - (1+\theta_{Rit})P_{Rt}R_{it}\} \tag{15-2}$$

为了使企业利润最大化，分别对 $K$、$L$ 和 $R$ 求导。假设资本、劳动和土地生产要素总量外生给定，经济总产出 $Y$ 由各城市产量共同决定，且加总产出生产函数满足 CRS 的性质，即经济总产出等于各城市经济产出之和：

$$Y_t = \sum_{i=1}^{N} P_{it}Y_{it} \tag{15-3}$$

为了简化要素配置与土地要素价格扭曲的数量关系，记城市 $i$ 的产出占经济总产出的份额为 $S_{it} = P_{it}Y_{it}/Y_t$。结合以上假设条件，得到竞争均衡下带有要素扭曲的土地实际配置数量：

$$R_{it} = \left[\frac{\gamma P_{it}Y_{it}}{(1+\theta_{Rit})P_{Rt}} \bigg/ \sum_{j=1}^{N}\frac{\gamma P_{it}Y_{it}}{(1+\theta_{Rit})P_{Rt}}\right]R_t = \left[\frac{\gamma S_{it}}{(1+\theta_{Rit})} \bigg/ \sum_{j=1}^{N}\frac{\gamma S_{it}}{(1+\theta_{Rit})}\right]R_t \tag{15-4}$$

当城市 $i$ 不存在土地供给错配时，$\theta_{Rit}=0$，得到资源配置无障碍条件下城市投入的土地数量为

$$R_{it}^* = \frac{\gamma S_{it}}{\bar{\gamma}_t} R_t \tag{15-5}$$

其中，$\bar{\gamma}_t = \sum S_{it}\gamma$ 表示各城市土地以经济产出份额为权重的加权平均要素弹性。进一步构建土地供给错配指数 $\lambda_{it}$，以城市 $i$ 实际土地供给数量 $R_{it}$ 与无错配时土地供给数量 $R_{it}^*$ 的比值表示土地资源的空间错配程度，即城市土地供给错配程度为

$$\lambda_{it} = \frac{R_{it}}{R_t} \Big/ \frac{S_{it}\gamma}{\bar{\gamma}_t} \tag{15-6}$$

如果城市 $i$ 在 $t$ 时期的土地供给量占全国土地供给总量的实际比例与土地资源有效配置时城市 $i$ 应使用土地的理论比例不等，则表明城市 $i$ 的土地供给存在错配。当城市土地资源实际使用比例超过有效配置时的理论比例，此时错配程度 $\lambda_{it} > 1$，表示该城市的土地资源使用成本较低，城市土地供给过度；反之，当错配程度 $\lambda_{it} < 1$，表示城市 $i$ 实际使用土地比例小于资源有效分配时的理论比例，土地资源在 $i$ 城市供给不足；当错配程度 $\lambda_{it} = 1$ 时，表示城市 $i$ 实际使用土地比例等于资源有效分配时的理论比例，该城市不存在土地供给错配情况。

由于土地供给错配存在配置不足和配置过度两种情况，为使下面回归系数的方向一致，需对 $\lambda_{it}$ 做进一步处理，得到反映城市土地供给错配指数的 $\tau_{it}$：

$$\tau_{it} = |\lambda_{it} - 1| \tag{15-7}$$

当 $\tau_{it} = 0$ 时，城市不存在土地供给错配；当 $\tau_{it} > 0$ 时，数值越大表示城市土地供给错配程度越严重。

## 二、指标与数据说明

城市土地供给错配程度的测算主要涉及以下变量：资本投入、劳动投入、土地投入、经济产出和各投入要素的产出弹性。

1. 资本投入

城市资本存量利用永续盘存法进行估算。考虑到各省区市的固定资产投入的结构差异，将建筑和设备使用期限分别设定为 38 年和 16 年，折旧率为 8.12% 和 17.08%（单豪杰，2008），其他费用折旧率为 12.1%，估算各省区市的异质化资本折旧率，进而测算得到城市资本存量。

2. 劳动投入

以各城市就业人口数乘以人均受教育年限得到有效劳动投入，城市就业人口数（万人）为城镇单位从业人员与私营和个体期末人数之和；人均受教育年限为受教育年限折算值的加权平均值，以不同受教育程度构成人数的占比为权重。

3. 土地投入

以城市人均建设用地面积（千米$^2$/人）代表城市的土地投入，以城市市区建设用地面积除以市区常住人口数得到。

4. 产出指标

期望产出为地区生产总值，各城市地区生产总值按不变价格进行平减处理；非期望产出主要包括工业二氧化硫排放量、工业废水排放量和工业烟粉尘排放量。

5. 各投入要素的产出弹性

利用以上投入、产出指标数据，根据式(15-1)估计得到各要素的产出弹性。以上述指标的数据为基础，利用式(15-6)和式(15-7)中的城市土地供给错配程度的测算方法，计算得到城市土地供给错配指数。

考虑到行政区划变动等因素，研究时段内数据缺失的部分城市未纳入研究对象，主要包括内蒙古自治区呼伦贝尔市，安徽省亳州市，湖北省襄阳市，海南省三沙市、儋州市，贵州省毕节市、铜仁市，云南省普洱市，青海省海东市，西藏自治区，甘肃省陇南市，宁夏回族自治区中卫市，新疆维吾尔自治区吐鲁番市及哈密市；最终选取中国279个地级及以上城市为研究样本，分布于除西藏外的30个省区市。同时，考虑到土地配置政策在2003年出现拐点，考虑土地配置政策影响效应的时间滞后性，研究时段确定为2004～2019年。

市区常住人口来源于《中国建设统计年鉴》，市区常住人口=市区人口+市区暂住人口；固定资产投资总额、城镇单位从业人员期末人数、城镇私营和个体从业人员、城市建设用地面积、地区生产总值和非期望产出数据统计口径均为市辖区，来源于历年《中国城市统计年鉴》，少量缺失数据采用插补法补齐。固定资产投入结构、价格平减指数来源于国家统计局网站；就业人口平均受教育年限数据来自历年《中国劳动统计年鉴》。

## 三、中国城市土地供给错配的典型特征

为直观反映城市土地供给错配的地区差异，考察2004～2019年城市土地平均错配程度的空间分布格局。以秦岭—淮河线作为南方和北方的基本分界线，我国城市土地配置呈现"南少、北多"的空间格局。2004～2019年128个北方城市中，有75～81个城市土地供给过度，城市数量年均占比达60.25%；151个南方城市中有71～91个城市土地供给不足，城市数量年均占比为53.52%。

1. 不同地区城市土地供给错配特征

分四大地区来看，东北城市土地供给过度特征最为明显(图15-2)，土地供给过度城市数量年均占比达77.94%；西部城市土地供给过度也较为突出，供给过度的城市数量年均占比为70.31%，且近年来城市土地供给过度有上升趋势；中部城市整体土地错配程度有轻微波动，土地供给不足城市数量年均占比50.48%；东部城市土地供给不足特征显著，2004年以来土地供给不足的程度虽有所减缓，但土地供给不足城市数量占比仍高达71.05%。总体来看，我国城市土地配置东北和西部城市供给过度、东部城市供给不足的特征突出。

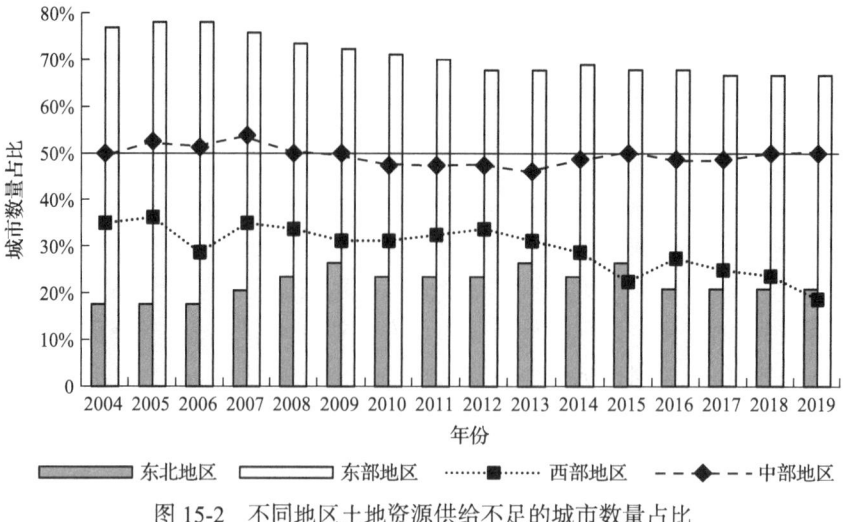

图 15-2　不同地区土地资源供给不足的城市数量占比

2. 不同规模城市土地供给错配特征

不同规模城市的土地供给错配程度总体呈"阶梯递减"特征，即小城市和中等城市土地供给过度，而大城市和特大超大城市土地供给不足（图15-3）。2004～2019年特大超大城市土地配置均为供给不足状态，其中南京、东莞、西安、济南、沈阳、武汉、郑州、深圳和哈尔滨土地供给不足特征显著，而杭州、北京、上海、天津、青岛、广州、成都和重庆土地供给严重不足，且错配程度呈逐年加剧趋势；大城市中土地供给不足的城市数量占比过半，年均占比为58.25%；2010年以来中等城市土地供给过度趋于明显，2019年土地供给过度的中等城市数量占比为56.48%；76个小城市中，仅有23.68%的城市土地供给不足，76.32%的城市土地供给过度。

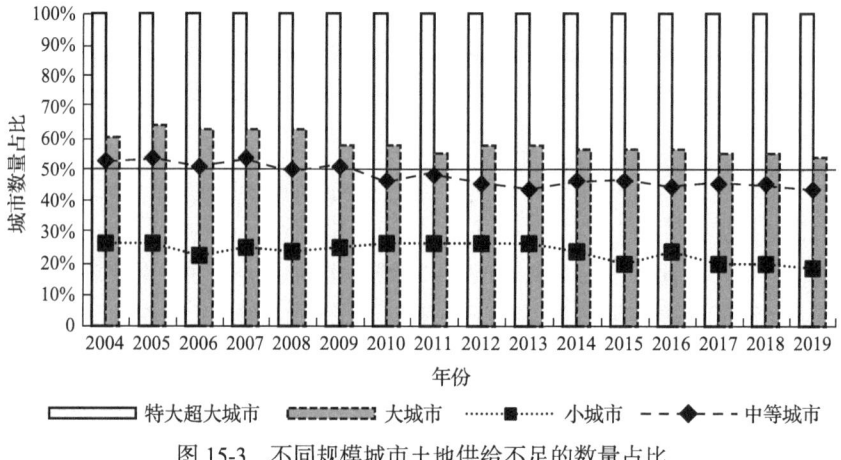

图 15-3　不同规模城市土地供给不足的数量占比

### 3. 不同人口流动类型城市土地供给错配特征

279 个样本城市中有 214 个人口流入，城市常住人口不断增加；65 个城市人口流出，常住人口持续减少。其中，人口流入型城市的土地配置呈现供给不足特征，2004~2019 年土地供给不足的城市数量均过半，平均占比为 53.42%，土地供给不足的程度呈波动下降趋势（图 15-4）。人口流出型城市的土地供给过度特征明显，2019 年土地供给过度的城市数量占比高达 80%。2006~2015 年人口流出型城市的土地供给过度程度总体呈减弱趋势，但 2015~2019 年又有所加剧。可见，人口流入型城市的土地配置多呈供给不足特征，而人口流出型城市的土地配置多呈供给过度特征。

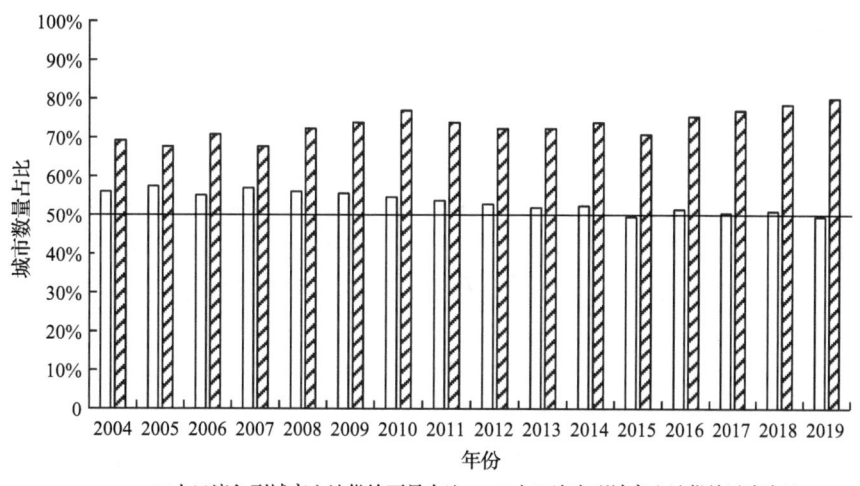

图 15-4 不同人口流向土地供给不足和供给过度城市数量占比

## 第四节 城市土地供给错配对 GTFP 的影响效应

### 一、计量模型设定

为准确捕捉城市土地供给错配对 GTFP 的影响效应，防止回归模型设定偏误和解决变量内生性问题，提高估计结果的稳健性，在计量模型中加入城市 GTFP 的时期滞后项作为解释变量，构建动态面板模型。基准计量模型为

$$\mathrm{GTFP}_{it} = a + b\mathrm{GTFP}_{it-1} + c\tau_{it} + \sum_{j=1}^{J} d_j \mathrm{control}_{it} + \varepsilon_{it} \tag{15-8}$$

其中，$i$ 和 $t$ 分别表示城市和年份；$GTFP_{it}$ 表示城市 GTFP；$b$ 表示被解释变量的一阶滞后项回归系数；$\tau_{it}$ 表示城市土地供给错配指数，其系数 $c$ 用于衡量城市土地供给错配对 GTFP 的影响程度；$control_{it}$ 表示影响城市 GTFP 的控制变量；$J$ 表示控制变量的个数；$\varepsilon_{it}$ 表示随机误差项。

## 二、变量选择与数据来源

式(15-8)中的被解释变量为城市 GTFP。以城市 GTFP 作为衡量城市经济效率的代表性指标，采用前面第四章 GTFP 测算结果，记为 GTFP；同时，将城市资本存量、城市劳动投入和城市建设用地面积作为投入指标，不变价地区生产总值作为产出指标，工业二氧化硫排放量、工业废水排放量和工业烟粉尘排放量作为非期望产出，采用 SBM DDF 方法测度城市 GTFP（$GTFP_{SBM}$）作为替代指标开展稳健性检验。

核心解释变量为城市土地供给错配指数（$\tau_{it}$），通过上文的测算模型计算得到。控制变量具体包括：①城镇化水平（$URB_{it}$），以城镇常住人口占全部常住人口的比重来衡量；②经济开放水平（$OPEN_{it}$），FDI 与地区生产总值比值衡量；③政府财政支出规模（$GOV_{it}$），利用地方一般公共预算支出与地区生产总值比值衡量；④金融发展水平（$FIN_{it}$），利用金融机构年末贷款余额与地区生产总值比值衡量。

大部分指标数据来源于历年《中国城市统计年鉴》。另外，城镇常住人口数、城市常住人口数和居民价格消费指数的数据来源于各城市统计年鉴与国民经济和社会发展统计公报，部分缺失数据采用线性插值法补齐。人民币兑美元的年平均汇率来源于中国人民银行网站。地区生产总值、FDI、地方一般公共预算支出以及金融机构年末贷款余额数据为市辖区统计口径，并利用居民价格消费指数对以上价值变量以 2003 年为基期进行平减处理。为了保持数据平稳性和可比性、避免出现异方差问题，各变量均取自然对数。

## 三、实证结果分析

1. 基准回归结果分析

分别采用混合 OLS 模型、固定效应(FE)模型和两步系统 GMM(SYS-GMM) 三种方法进行估计，用 SYS-GMM 估计可以缓解内生性问题，因此以 SYS-GMM 模型(3)为主来解释估计结果，重点关注城市土地错配程度这一核心解释变量对 GTFP 的影响效应。从表 15-1 的估计结果中可以发现，SYS-GMM 估计得到的 AR(1)在 1%的水平下通过显著性检验，而 AR(2)未通过显著性检验，说明模型中残差无自相关性；对应的汉森(Hansen)检验值也不显著，说明工具变量联合有效。总体上，选取的工具变量和滞后阶数合理，模型估计结果较为可靠。

表 15-1 基准模型的估计结果

| 变量 | GTFP 模型(1) OLS | GTFP 模型(2) FE | GTFP 模型(3) SYS-GMM | GTFP 模型(4) SYS-GMM | GTFP$_{SBM}$ 模型(5) OLS | GTFP$_{SBM}$ 模型(6) FE | GTFP$_{SBM}$ 模型(7) SYS-GMM | GTFP$_{SBM}$ 模型(8) SYS-GMM |
|---|---|---|---|---|---|---|---|---|
| GTFP$_{it-1}$ | | 0.034*** (1.05) | 0.101*** (2.80) | 0.017*** (0.40) | | 0.717*** (30.21) | 0.834*** (25.25) | 0.835*** (25.01) |
| $\tau_{it}$ | −0.008*** (−3.37) | −0.0005** (−0.17) | −0.0007** (−0.19) | | −0.0008*** (−0.15) | −0.0022** (−1.22) | −0.0005** (−0.36) | |
| $\tau_{it-1}$ | | | | −0.0120*** (−4.71) | | | | −0.0006** (−0.44) |
| URB$_{it}$ | 0.015*** (3.25) | −0.027 (−1.39) | 0.0253 (1.44) | 0.035* (1.72) | −0.033*** (−2.93) | −0.042*** (−4.41) | 0.009 (1.20) | 0.009 (1.19) |
| OPEN$_{it}$ | −0.001 (−0.19) | −0.006 (−0.74) | −0.045 (−1.09) | −0.091** (−2.07) | −0.003 (−0.42) | −0.002 (−0.57) | −0.014 (−0.64) | −0.014 (−0.64) |
| GOV$_{it}$ | 0.002 (0.63) | −0.040*** (−3.40) | −0.009 (−1.05) | 0.004 (0.28) | −0.013 (−1.48) | −0.008 (−1.08) | −0.002 (−0.37) | −0.002 (−0.39) |
| FIN$_{it}$ | 0.001 (0.02) | 0.016* (1.71) | −0.009 (−1.28) | −0.023** (−2.16) | 0.002 (0.34) | −0.006 (−1.45) | −0.004 (−0.96) | −0.004 (−0.96) |
| 常数项 | −0.011 (−0.43) | 0.032 (0.28) | 0.048 (0.88) | 0.130* (1.88) | 0.063*** (10.68) | 0.390*** (6.51) | −0.009 (−0.26) | −0.010 (−0.30) |
| $N$ | 4464 | 4185 | 4185 | 3906 | 4464 | 4185 | 4185 | 3906 |
| $R^2$ | 0.017 | 0.035 | | | 0.037 | 0.600 | | |
| AR(1) | | | 0 | 0 | | | 0 | 0 |
| AR(2) | | | 0.177 | 0.762 | | | 0.403 | 0.404 |
| Hansen 检验 | | | 0.139 | 0.185 | | | 0.198 | 0.214 |

注：括号内为 $t$ 值，AR(1)、AR(2) 和 Hansen 检验为统计量对应的 $p$ 值

\*\*\*、\*\*、\*分别表示在 1%、5%、10% 水平下显著

由表 15-1 中模型(1)～模型(3)和模型(5)～模型(7)的系数可知，城市土地供给错配对 GTFP 具有显著的负向影响，即城市土地供给错配引致 GTFP 的损失。模型(3)估计值与混合模型及固定效应模型的估计结果相近，表明系统 GMM 法的估计结果并未因工具变量的选择而产生偏误。被解释变量的滞后一期的系数在 1% 水平下均显著为正，表明前期城市 GTFP 对当期值产生正向影响，城市 GTFP 在时间上存在较强的惯性。模型(4)和模型(8)为城市土地供给错配滞后一期的回归系数在 5% 水平下显著为负，表明城市土地供给错配对 GTFP 的负向作用同样具有滞后性。综合基准回归模型的估计结果看，城市土地供给错配及其滞后一期的估计系数均显著为负，表明城市土地资源配置失衡阻碍了城市经济效率的提升，不利于城市经济高质量发展。

控制变量方面，城镇化水平和政府财政支出规模对城市 GTFP 具有正向作用，与预期相一致。原因在于城镇化水平提升有助于人口集聚产生规模效应，带来的正外部性能够有效促进城市经济效率提升；地方政府财政支出规模一方面有助于城市公共基础设施的完善和公共服务水平提高，进而推动城市技术创新能力提升和产业结构优化，带来城市 GTFP 的提高。金融发展水平和经济开放水平对城市 GTFP 具有负向作用，这一结果与预期相反。原因可能在于城市土地供给错配引发房价攀升，资本大举进入房地产领域进行套利，金融机构的信贷投放也偏向房地产领域，加剧金融资产脱离实体经济，引起资金"脱实向虚"，继而对城市经济效率产生负向影响；经济开放水平对城市 GTFP 发挥了显著负向效应，表明我国在大力引进 FDI 的过程中主要侧重于技术含量不高的劳动密集型产业，如何有效规避 FDI 的技术锁定效应、充分发挥其示范效应是城市对外开放亟待解决的问题。

2. 稳健性检验

分别采用更换估计方法、添加滞后项和替换被解释变量三种方法来检验模型估计结果的稳健性。第一，对比三种估计方法的结果。在 OLS、FE 和 SYS-GMM 三种估计方法下，模型(1)~模型(3)中核心解释变量城市土地供给错配指数的估计系数均在 5%的水平下显著为负。第二，将被解释变量和核心解释变量的滞后项分别纳入模型，重新开展模型估计。首先，将被解释变量的滞后项纳入构建动态面板回归模型，一定程度上缓解土地供给错配对城市 GTFP 影响可能存在的内生性问题，模型(1)~模型(3)中城市土地供给错配指数的估计结果基本一致；其次，模型(4)和模型(8)中城市土地供给错配指数滞后一期的估计系数在 5%水平下均显著为负，表明城市土地供给错配对 GTFP 的负向影响具有较强的稳健性。第三，替换被解释变量的测度指标。以 SBM 法测算的城市 GTFP 作为被解释变量的替代指标，更换被解释变量后，模型(5)~模型(8)中城市土地供给错配对 GTFP 影响依然在 5%水平下显著为负。综上所述，模型的估计结果具有较强的稳健性，城市土地供给错配确实造成 GTFP 的损失。

## 四、多角度的异质性分析

考虑到各个城市资源禀赋和社会经济发展的差异，不同地区城市、不同规模城市和不同人口流动类型城市的土地供给错配对 GTFP 的影响效应可能存在明显差异，接下来考察城市土地供给错配影响 GTFP 的异质性。

1. 不同地区城市的异质性

四大地区的城市土地供给错配对 GTFP 均造成显著的负向影响(表 15-2)。2003 年以后，相比于东北和西部城市，东部和中部城市土地供应收紧，在土地成本、劳动力成本不断上升的同时，企业不得不以资本替代劳动，经济结构出现过

表 15-2　不同地区、规模及人口流动类型城市的估计结果

| 变量 | 模型(9)东部 | 模型(10)中部 | 模型(11)西部 | 模型(12)东北 | 模型(13)小城市 | 模型(14)中等城市 | 模型(15)大城市 | 模型(16)特大超大城市 | 模型(17)人口流入型城市 | 模型(18)人口流出型城市 |
|---|---|---|---|---|---|---|---|---|---|---|
| GTFP$_{it-1}$ | 0.024**(0.45) | 0.370**(1.98) | 0.253**(2.09) | 0.104**(0.92) | 0.102**(0.80) | 0.266***(3.30) | 0.036**(0.23) | 0.766**(2.47) | 0.094**(0.60) | 0.270***(3.28) |
| $\tau_{it}$ | -0.005**(-0.36) | -0.001*(-0.13) | -0.007**(-0.84) | -0.006**(-0.49) | -0.005**(-0.19) | -0.005*(-0.90) | -0.007(-0.81) | -0.043***(-2.71) | -0.036*(-1.67) | -0.038*(-1.49) |
| 控制变量 | 控制 | 控制 | 控制 | 控制 | 控制 | 控制 | 控制 | 控制 | 控制 | 控制 |
| 常数项 | -0.058(-0.45) | 0.136(0.58) | -0.007(-0.05) | 0.221(0.45) | -0.186(-0.66) | 0.210(1.62) | 0.288(1.24) | -1.021**(-2.09) | 0.101(0.92) | 0.243(0.57) |
| $N$ | 1305 | 1170 | 1200 | 510 | 1140 | 1620 | 1170 | 255 | 3390 | 795 |
| AR(1) | 0.000 | 0.012 | 0.000 | 0.002 | 0.000 | 0.000 | 0.002 | 0.006 | 0.000 | 0.005 |
| AR(2) | 0.998 | 0.302 | 0.292 | 0.189 | 0.151 | 0.681 | 0.561 | 0.195 | 0.597 | 0.345 |
| Hansen 检验 | 0.533 | 0.597 | 0.164 | 1.000 | 0.130 | 0.761 | 0.650 | 1.000 | 0.532 | 0.658 |

注：括号内为 $t$ 值，AR(1)、AR(2) 和 Hansen 检验为检验统计量对应的 $p$ 值
***、**、*分别表示在 1%、5%、10%水平下显著

快的资本深化，甚至出现了产业向外转移的现象；土地供应收紧也导致房价上升、生活成本提高，一方面减缓了城市人口流入，另一方面导致工资上涨快于劳动生产率的提升，抑制了东部和中部城市的经济效率。

值得注意的是，东北和西部城市土地供给过度造成的经济效率损失高于东部和中部城市土地供给不足造成的效率损失。自2000年起，国家相继实施西部大开发战略(2000年)和振兴东北战略(2004年)，建设用地指标开始向这两个地区倾斜。2003年东北和西部地区新增建设用地面积比重占全国总量的15.75%，2017年增长到34.63%；其中，协议出让面积占比增长更为迅速，东北和西部地区2003年新增协议土地出让面积占比为8.45%，2017年上升到49.67%[①]。但是伴随着人口不断流出，东北和西部城市土地供给相对过度，出现大量开发区和工业园闲置、住房库存积压、地方政府债务高企等问题(李力行等，2016)，影响了整体资源配置效率。中央政府在供地政策上向东北和西部地区倾斜，意在支持欠发达地区经济发展，但土地资源配置过度却引发一系列问题，对城市GTFP产生明显的负向影响。

2. 不同规模城市的异质性

特大超大城市土地供给错配对GTFP的影响在1%的水平下显著为负(表15-2)。从估计系数大小判断，土地供给错配对特大超大城市GTFP的影响效应较大。同时，小城市土地供给错配对GTFP的影响在5%的水平下显著为负，中等城市和大城市土地供给错配对GTFP的影响在10%的水平下显著为负，这表明偏向于中等城市、小城市的土地供给并没有提高小城市的经济效率，土地供给过度反而对小城市GTFP的负面作用较大。中国快速城镇化过程中，农村和小城市人口不断流向大城市，小城市作为人口流出地但土地供给却向其倾斜，"土地财政"成为小城市经济发展的"理性选择"；小城市地方政府不仅以土地作为资产担保向银行借款，负债日益高涨，大量的土地投入和住房供给导致土地与住房大量过剩闲置和库存积压。可见，倾向性的土地配置政策并没有给小城市带来可持续的经济增长，相反严重依赖于土地的经济增长模式，使得小城市经济效率恶化。

3. 不同人口流动类型城市的异质性

土地供给错配对人口流入型城市GTFP的影响显著为负，对人口流出型城市GTFP的负向影响效应更大，且在10%水平下通过显著性检验(表15-2)。虽然人口流入型城市土地供给相对不足，但这些城市通常具有发展制造业和服务业的比较优势，劳动生产率本身较高，人口集聚带来的规模效应对土地供给错配带来的效率损失有所减缓。人口流出型城市的土地供给过度，而人口不断流出导致人口密度持续

---

① 资料来源：历年《中国国土资源年鉴》，经作者整理。

下降,不利于经济效率提升。自 2006 年开始中国城市进入新城建设高潮,由于城市实际人口增长速度难以追赶上新城建设步伐,人口流出型城市出现大量的"空城"与荒凉的工业园区(刘修岩等,2019),较多的建设用地指标反而导致粗放式土地利用局面,加剧了地方政府的债务负担,对城市经济效率产生明显的负面影响。

## 第五节 城市土地供给错配影响 GTFP 的路径检验

### 一、中介效应模型

结合理论机制解析,借鉴董嘉昌等(2020)的做法,构建中介效应模型,进一步识别城市土地供给错配影响 GTFP 的具体路径:

$$\text{IS}_{it} = a + c\tau_{it-1} + \sum_{j=1}^{J} d_j \text{control}_{it-1} + \varepsilon_{it} \tag{15-9}$$

$$\text{TEC}_{it} = a + c\tau_{it-1} + \sum_{j=1}^{J} d_j \text{control}_{it-1} + \varepsilon_{it} \tag{15-10}$$

$$\text{GTFP}_{it} = a + c\tau_{it-1} + \text{IS}_{it-1} + \text{TEC}_{it-1} + \sum_{j=1}^{J} d_j \text{control}_{it} + \varepsilon_{it} \tag{15-11}$$

其中,IS 和 TEC 表示中介变量,分别代表城市产业结构优化和城市创新创业发展。借鉴黄天能等(2021)的思路,根据三次产业比例向量与对应坐标轴的夹角会随着产业比例的变化而增大或缩小的原理构造产业结构高级化指数来衡量城市产业结构优化(IS)程度,数据来源于《中国城市统计年鉴》。城市创新创业发展(TEC)则以城市创新创业指数衡量,数据来源于北京大学企业大数据研究中心发布的《中国区域创新指数报告(2018)》。为了避免解释变量、中介变量和被解释变量之间的反向因果关系,将解释变量、中介变量和控制变量均采取滞后一期的形式。

### 二、模型估计结果

利用式(15-9)和式(15-10)从城市产业结构优化和城市创新创业发展两条渠道开展检验,进一步考察城市土地供给过度和土地供给不足影响 GTFP 的实际路径,并利用 bootstrap 方法对中介效应所对应的系数乘积进行检验。

表 15-3 中模型(19)~模型(21)中介效应的回归结果表明,城市土地错配通过城市产业结构优化和城市创新创业发展两条中介渠道进而对 GTFP 产生显著的负向影响,表 15-4 的 bootstrap 方法检验结果确定中介效应显著存在。

表 15-3 影响路径模型的估计结果

| 变量 | 全样本 ||| 土地供给过度 ||| 土地供给不足 |||
|---|---|---|---|---|---|---|---|---|---|
| | IS 模型(19) | TEC 模型(20) | GTFP 模型(21) | IS 模型(22) | TEC 模型(23) | GTFP 模型(24) | IS 模型(25) | TEC 模型(26) | GTFP 模型(27) |
| $IS_{it-1}$ | | | 0.034** (1.36) | | | 0.045* (1.30) | | | 0.076** (1.58) |
| $TEC_{it-1}$ | | | 0.020** (1.07) | | | 0.004** (0.28) | | | 0.062 (2.57) |
| $\tau_{it-1}$ | −0.025** (−1.21) | −0.082** (−1.56) | −0.012** (−1.12) | −0.496*** (−3.44) | −0.153** (−1.43) | −0.038* (−1.81) | −0.211* (−1.72) | −0.052 (−0.55) | −0.133*** (−5.14) |
| 控制变量 | 控制 | 控制 | 控制 | 控制 | 控制 | 控制 | 控制 | 控制 | 控制 |
| 常数项 | −4.735** (−2.37) | −7.448*** (−7.02) | −0.035 (−0.14) | −0.441 (−0.37) | −5.703*** (−5.64) | 0.397 (1.63) | −1.362* (−1.82) | −8.346*** (−10.18) | 0.539* (1.96) |
| $N$ | 4185 | 4185 | 4185 | 1952 | 1952 | 1952 | 1896 | 1896 | 1896 |
| AR(1) | 0.000 | 0.017 | 0.000 | 0.011 | 0.093 | 6.88e-09 | 0.022 | 0.005 | 0.000 |
| AR(2) | 0.129 | 0.817 | 0.664 | 0.210 | 0.464 | 0.597 | 0.314 | 0.738 | 0.970 |
| Hansen 检验 | 0.669 | 0.266 | 0.146 | 0.216 | 0.998 | 0.218 | 0.658 | 0.357 | 0.285 |

注：括号内为 $t$ 值，AR(1)、AR(2) 和 Hansen 检验为统计量对应的 $p$ 值

***、**、*分别表示在 1%、5%、10%水平下显著

表 15-4 bootstrap 方法中介效应检验结果

| 渠道变量 | 中介效应值 | 95%置信区间 | 抽样次数 |
|---|---|---|---|
| 城市产业结构优化 | −0.0009*** (−4.94) | [−0.0012, −0.0005] | 1000 |
| 城市创新创业水平 | −0.0016*** (−4.50) | [−0.0023, −0.0009] | 1000 |

***表示在 1%水平下显著

城市土地供给过度对城市产业结构优化的负向影响相较于土地供给不足的负向影响更为突出。地方政府注重经济增长而偏好于发展制造业，尤其是土地供给过度的城市，城市政府存在扩大辖区内工业用地供应规模的强烈冲动，通过竞相降低工业用地价格和产业准入门槛以招商引资，一方面导致低端制造业大规模集聚，不利于生产效率的提升；另一方面城市土地供给过度导致的工业用地过剩或闲置，造成资源浪费和资金占用，挤占了新兴产业发展空间。因此，双重负向效应使得城市土地供给过度对产业结构优化的抑制作用加剧。

城市土地供给过度对城市创新创业发展的负向影响较为显著，而土地供给不足对城市创新创业发展的影响为负但不显著。土地供给过度往往导致城市空间形态的低密度、分散化蔓延，拉大人们的通勤距离，不利于面对面交流、知识溢出

及技术扩散，进而抑制城市的创新创业活动及其质量。从城市规模看，我国土地供给不足的城市主要为特大超大城市和大城市，这些城市土地供给不足抑制了城市空间的无序蔓延，强化集聚效应，有利于创新创业者互动交流、学习与合作的便利性，促进新思想、新知识等隐性知识溢出，为城市创新创业发展提供了优越的外部环境。另外，城市土地供给不足导致商服用地出让价格不断攀升，带来房地产价格水涨船高和房地产泡沫化，引发短期套利和投机需求，企业资金过多投向房地产行业，挤占投资风险高、投资规模大、研发周期长的企业创新创业活动所需的资金，必然不利于企业进行新产品开发和技术创新。因此，正、负双重影响使得城市土地供给不足对城市创新创业发展产生不显著的负向效应。

综上，城市土地供给过度通过城市产业结构优化和城市创新创业发展双重路径对 GTFP 产生负向影响；城市土地供给不足主要通过影响产业结构优化抑制 GTFP 提升，而通过城市创新创业发展对城市 GTFP 的影响不显著。

## 第六节　本章小结

着眼于中国建设用地指标配置的制度背景，本章从土地供给不足与土地供给过度双重视角解析影响城市 GTFP 的内在机制，依托空间一般均衡模型构建城市土地供给错配指数，根据 279 个地级及以上城市的土地供给错配指数测算结果，从城市规模、地区分布和人口流动视角考察城市土地供给错配的典型特征，利用 2004~2019 年的面板数据进行实证分析和中介效应检验。

研究结果表明：①不同城市的土地供给错配程度差异明显，从四大地区看中国城市土地供给呈"东少西多"特征，东北和西部城市供给过度，东部和中部城市供给不足；按城市规模看呈"阶梯递减"特征，小城市和中等城市供给过度，大城市和特大超大城市供给不足；从人口流动方向看呈"逆向配置"特征，人口流入型城市供给不足，而人口流出型城市供给过度。②城市土地供给错配对 GTFP 产生显著的负向影响，造成明显的效率损失。城市土地供给错配对 GTFP 的影响效应在不同地区城市、不同规模城市和不同人口流动类型城市存在异质性，其中西部和东北城市、特大超大城市以及人口流出型城市的负向影响更为突出；城市土地供给过度对 GTFP 的负向作用高于城市土地供给不足带来的负向影响。③城市土地供给不足主要通过影响产业结构优化进而抑制 GTFP 提升，而通过城市创新创业发展这一路径的负向影响不显著；城市土地供给过度通过城市创新创业发展和产业结构优化双重路径对 GTFP 产生负向影响。

上述结论对于进一步优化国土空间布局、发挥建设用地指标调控的实效、提升资源配置效率和 GTFP 具有如下政策启示：一是以经济效率为目标，强化建设用地指标分配机制的顶层设计；二是以人地挂钩为方向，切实加快土地供给制度改革;三是以指标交易为手段,大力提升土地资源配置效率。实际操作过程中,进一步完善土地指标交易中的管理机制、价格机制及交易平台等问题,实现地区间土地资源的高效配置。

# 第十六章　迈向新质生产力：启示与展望

## 第一节　主　要　结　论

本书在系统梳理全要素生产率测度方法与非期望产出处理技术的基础上，开展城市 GTFP 测度与分解方法创新，提出两期环境广义 LHM 指标和聚合环境广义 LHM 指标；利用构造的新指标并结合 SBM-GML 指数和 StoNED 模型，开展中国地级及以上城市 GTFP 增长测算与分解，考察城市 GTFP 增长差异、演进态势、地区差异、空间分异及来源构成等特征；依据城市 GTFP 测算结果，结合城市发展特征及 GTFP 主要影响因素，选择城市经济密度、城市蔓延、城市人口集聚度、环境规制和土地供给错配五大视角，考察城市典型特征对 GTFP 的影响机制及效应。研究得到以下主要结论。

第一，全要素生产率测度方法丰富多样，每一测度方法有其自身独特的适用条件、理论基础及优缺点，不同方法之间存在一定的内在关联与演进逻辑。全要素生产率测度涵盖参数方法、非参数方法和半参数方法，其中以基于 DEA 的非参数方法和基于 SFA 的参数方法最为普遍，近年来结合 DEA 和 SFA 特点的 StoNED 模型以及适用于微观层面测度的 OP 模型、LP 模型、Wooldrige 模型、GNR 模型及 de Loecker 模型等半参数方法逐步兴起。最典型的 DEA 包含仅考虑期望产出的方法和综合考虑期望产出与非期望产出的方法，从基于当期 DEA 构建生产前沿面的方法到基于序列 DEA、全局 DEA、两期 DEA 和共同前沿 DEA 等构建前沿面的方法，方法日益丰富。实际应用过程中，需结合具体研究场景、对象特点，选择一种或多种方法相结合来有效开展 GTFP 及其增长的测算与分解。

第二，生产过程中非期望产出对全要素生产率测度造成重要影响，如何科学处理非期望产出是环境效率测算、能源效率测算和 GTFP 测算等所面临的共同问题。1990 年以来，处理非期望产出的非参数方法经历了作为强可处置性投入、数据转换的简单处理到贴近产出特性的 WD 假设方法，再到符合物质平衡原理及热力学定律、体现非期望产出生成机制新方法的发展过程；生产系统从单一前沿到多重前沿，研究思路从单纯将非期望产出纳入生产系统，到深入探究生产过程的每一个子系统。总体来看，处理方法的理论基础愈加扎实，处理技术不断精细，研究层次逐步深入。值得注意的是，每种方法都有其独特背景、适用条件及优缺点，实际应用中需结合具体的问题背景、产出特征和非期望产出生成机制来开展处理方法的选择。

第三，两期环境广义 LHM 指标（BNEGLHM 指标）相对于现有环境广义 LHM 指标具有明显优势。理论上，BNEGLHM 指标同时解决了早期采用 Shephard-DF 构建 DEA-M 指数存在的五大缺陷，采用蒙特卡罗模拟实验，基于生产过程中不同的参数设置来测算绿色无效率得分，评估 BNEGLHM 指标的测算效果发现，相对于其他指标，BNEGLHM 指标测算得到的绿色无效率得分更为准确有效。具体来看，在距离函数和生产率指标选择相同的情况下两期生产前沿的测算结果优于当期生产前沿的测算结果；在生产前沿和生产率指标选择相同时，采用 NDDF 优于采用 DDF；在生产前沿和距离函数选择相同时，相对于 L 指标，更应选择 EGLHM 指标测算 GTFP 增长。

第四，聚合环境广义 LHM 指标（AEGLHM 指标）相对于 AL 指标，能够完整衡量 GTFP 变动，且可实现完全分解。为将 GTFP 测度从个体层面扩展到群组层面，采用一个共同的聚合 DDF 来构建聚合环境广义 LHM 指标，允许对群组内所有城市（个体）进行可公度测量，使得测算结果的跨群组（地区）直接比较可行，测算结果的加减或算术平均更有意义，相对于非聚合 EGLHM 指标等更具优势。此外，AEGLHM 指标可从投入与产出导向分别完全分解为技术进步、技术效率变化、结构效率变化和规模效率变化，其中结构效率变动体现了群组内个体不同投入产出组合和不同规模的结构差异效应，并能进一步分解为衡量与最优投入产出组合差距的混合效率变化，以及衡量向最佳规模移动的规模效率变化，能够更全面地揭示城市 GTFP 增长的动力来源。

第五，我国城市 GTFP 总体呈增长态势，GTFP 增长率与城市规模呈正相关，不同规模城市之间的 GTFP 增长差异呈扩大态势，但不存在极化现象。2004～2019 年反映城市 GTFP 增长的指标均大于 0，说明我国城市 GTFP 总体呈现增长态势。考察城市规模与城市 GTFP 增长率的相关性发现，小城市 GTFP 增速较慢，特大超大城市 GTFP 增速最快，两者呈现正相关性，其中技术进步是特大超大城市 GTFP 增速快于其他三种规模城市的关键。小城市与中等城市、大城市与特大超大城市之间 GTFP 增长差异较大且呈扩大趋势，影响不同规模城市 GTFP 增长差异的主要因素是组间差距与组内差距的交叠效应。全国城市及四种规模城市 GTFP 增长分布曲线总体呈小幅右移趋势，主峰分布形态仅有小城市呈现高度上升且宽度收窄特征，其他规模城市均呈现主峰高度降低且宽度拓展特征，不存在极化现象。仅有小城市 GTFP 增长呈 $\sigma$ 收敛，而全国城市及四种规模城市 GTFP 增长均存在绝对 $\beta$ 收敛和条件 $\beta$ 收敛特征。

第六，不同地区城市 GTFP 增速差异明显，城市 GTFP 增长的空间非均衡性呈上升态势，超变密度和规模效率增长是城市 GTFP 增长空间分异的主要来源。全国城市 GTFP 总体呈现增长态势，主要源于技术进步和规模效率增长的"双重动力"。四大地区城市 GTFP 增速差异明显，中部城市 GTFP 增速最快，东部和西部城市次之，东北城市增速最慢；南方北方城市尽管年均 GTFP 增速较为一致，但近年来 GTFP 增速"南北差距"明显。城市 GTFP 增长存在显著的空间分异特征，呈现出"自西向东与自南向北均先升后降"的分布格局，且城市 GTFP 增长的空间非均衡程度呈上升态势，协调发展态势有所减弱；超变密度是四大地区城市 GTFP 增长空间分异的主要来源，南北城市 GTFP 增长的超变密度逐渐减小表明南北之间的差距越发明显。从内部结构来看，规模效率增长是城市 GTFP 增长空间分异的主要来源；从外部驱动因素来看，经济发展水平与禀赋结构是城市 GTFP 增长空间分异的主导因素。

第七，大城市存在明显的 GTFP 增长优势，大城市的 GTFP 增长优势主要源于技术进步、投入利用效率增长与非期望产出治理效率增长。大城市的生产率优势已得到相关文献的经验证实，但多数文献并没有考虑资源环境因素的影响，将资源环境约束纳入全要素生产率测度框架并结合计量模型检验，发现大城市的 GTFP 增速快于中小城市，存在明显的 GTFP 增长优势。技术角度的分解显示，中国城市 GTFP 增长主要源于规模效率增长，但区分城市规模类型后，不同规模城市的 GTFP 增长差异则主要源于技术进步的差异；要素角度的分解表明，中国城市 GTFP 增长主要源于期望产出效率增长，但造成不同规模城市 GTFP 增长差异的主要因素在于城市投入利用效率增长差异和非期望产出治理效率增长差异。

第八，八大经济区 GTFP 均实现增长但增速呈现分化特征，GTFP 增长动力及差异成因在技术层面和要素层面各有侧重。从样本期内八大经济区 GTFP 年均增速看，随时间推移八大经济区 GTFP 增速均有所提升，但地区之间的 GTFP 增速差异也随之扩大，其中北部沿海与东部沿海地区 GTFP 增长最快，西北地区 GTFP 增长最慢。八大经济区 GTFP 增长主要源于技术层面技术进步和规模效率增长的双重动力，以及要素层面期望产出效率增长与非期望产出治理效率增长的双轮驱动；其中技术进步与期望产出效率增长既是八大经济区 GTFP 增长的主要驱动力，也是八大经济区 GTFP 增长差异形成的主要原因。

第九，上海 GTFP 在长三角城市中最高，长三角城市 GTFP 的位序变动比较平稳，均表现出一定的 $\sigma$ 收敛特征。StoNED 模型的测算结果显示，所有长三角城市中上海的 GTFP 最高，江苏、浙江次之，安徽居后，整体上长三角城市 GTFP 水平逐步趋于稳定；安徽大部分城市的 GTFP 维持在 0.75 附近，而江苏、浙江、上海的城市 GTFP 普遍高于 0.8。位序等级钟分析表明，长三角城市 GTFP 的位序变动比较平稳，位序跳跃性相对较弱。2003~2018 年长三角、江苏、浙江及安徽的城市 GTFP 均表现出一定的 $\sigma$ 收敛特征；长三角、江苏、浙江及安徽的城市 GTFP 存在绝对 $\beta$ 收敛和条件 $\beta$ 收敛特征。

第十，中国城市经济密度与 GTFP 之间存在稳健的倒"U"形关系，城市规模对经济密度与 GTFP 倒"U"形关系起到明显的调节效应。城市经济密度对全要素生产率存在正、负两种外部性，正外部性源于规模经济，负外部性源于拥挤效应，两者的共同影响使城市经济密度与 GTFP 的关系曲线呈现出倒"U"形特征。依据中国地级及以上城市的面板数据，采用非期望产出超效率 SBM 模型测算城市 GTFP，开展城市经济密度与 GTFP 的关系检验发现，两者之间呈现出稳健的倒"U"形关系，城市 GTFP 由升转降的总体经济密度门槛为 29 亿元/千米$^2$。城市规模对经济密度与 GTFP 倒"U"形关系起到明显的调节效应；中小城市内部规模经济的正外部性大于拥挤效应的负外部性，而随着城市规模的扩大，拥挤效应往往更为突出，造成大城市的经济密度与 GTFP 呈现出倒"U"形关系；城市规模与经济密度存在正向交互效应，城市规模扩大将提高生产效率由升转降的经济密度门槛。

第十一，城市蔓延通过借用规模和集聚阴影共同作用于 GTFP，总体上不利于自身 GTFP 的提升，但有利于相邻城市 GTFP 的提高。基于集聚外部性，城市蔓延通过借用规模和集聚阴影两条路径影响 GTFP，根据整合的夜间灯光数据测算我国地级及以上城市 2004~2019 年的城市蔓延指数，采用 SDM 估计城市蔓延影响 GTFP 的效应发现，总体上我国城市蔓延不利于自身 GTFP 的提升，但由于城市之间空间关联性的存在，城市蔓延带来的溢出效应有利于相邻城市的 GTFP 提高；城市蔓延对 GTFP 的影响效应在不同规模城市中表现出明显差异，结论具有较强的稳健性。

第十二，城市人口集聚度提高总体上对 GTFP 产生积极影响，人口集聚带来的集聚效应和蔓延效应呈现出反向联动性，不同集聚类型和不同地区城市的人口集聚度对 GTFP 的影响效应存在较大差异。我国城市人口集聚度变动对 GTFP 造成的集聚效应略强于蔓延效应，随着城市人口集聚度的提高，集聚效应不断增强，蔓延效应逐步减弱；当城市人口集聚度跨越门槛值后，集聚效应超过蔓延效应而逐步占据主导地位，使得城市实际 GTFP 由低于生产率边界转变为高于生产率边界。松散型和中低度集聚型城市的人口集聚度尚未达到门槛值，蔓延效应仍占据主导地位，城市实际 GTFP 水平低于生产率边界；高度集聚型和聚合型城市的人口集聚度已超过门槛值，集聚效应发挥主体作用，城市实际 GTFP 水平高于生产率边界。中部和西部城市的人口集聚度高于东部城市，东部城市的净效应为负值，中部和西部城市的净效应为正值，使得 GTFP 的空间格局呈现出"东部城市 GTFP 水平低于生产率边界，中部和西部城市的实际 GTFP 水平高于生产率边界"特征。

第十三，命令型和市场型环境规制均有利于城市 GTFP 提升，但两种类型环境规制通过产业结构高级化和产业结构合理化对 GTFP 产生的中介效应存在明显差异。根据 2003~2019 年中国地级市面板数据的实证分析显示，命令型环境规制和市场型环境规制都有利于城市 GTFP 的提高，东部、中部和西部城市的命令型和市场型环境规制均对城市 GTFP 具有积极效应，中小城市的命令型和市场型环境规制对 GTFP 的促进作用不显著，大城市和特大超大城市的命令型和市场型环境规制显著促进 GTFP 提升。考虑产业结构高级化和产业结构合理化的中介效应发现，命令型环境规制通过产业结构高级化对城市 GTFP 产生抑制效应，通过产业结构合理化对城市 GTFP 产生促进效应；市场型环境规制通过产业结构高级化和产业结构合理化对城市 GTFP 产生促进效应。

第十四，中国城市之间的土地供给错配程度差异明显，土地供给错配对城市 GTFP 产生显著的负向影响，造成明显的效率损失。从四大地区看中国城市土地供给呈"东少西多"特征，东北和西部城市供给过度，东部和中部城市供给不足；按城市规模看呈"阶梯递减"特征，小城市和中等城市供给过度，大城市和特大超大城市供给不足；从人口流动方向看呈"逆向配置"特征，人口流入型城市供给不足，而人口流出型城市供给过度。城市土地供给错配对 GTFP 的影响效应在不同地区城市、不同规模城市和不同人口流动类型城市存在异质性，其中西部和东北城市、特大超大城市以及人口流出型城市的负向影响更为突出；城市土地供给过度对 GTFP 的负向作用高于城市土地供给不足带来的负向影响。城市土地供给不足主要通过影响产业结构优化进而抑制 GTFP 提升，而通过城市创新创业发展这一路径的负向影响不显著；城市土地供给过度则通过城市创新创业发展和产业结构优化双重路径对 GTFP 产生负向影响。

## 第二节 政 策 启 示

全要素生产率是新质生产力的核心指标。面对经济转型升级、供给侧结构性改革及构建双循环新发展格局的要求，在新发展理念的指导下，上述研究结论对于我国各级部门采用针对性举措，大力提升城市 GTFP、推动城市节能减排、促进新质生产力和高质量发展具有启示意义。

(1) 从技术层面和要素层面，明晰促进城市 GTFP 增长的不同路径。①技术层面，亟待由依赖技术进步和规模效率增长的双轮驱动模式转向技术进步、技术效率与规模效率增长共同驱动的三轮模式。一方面加大城市技术创新投入特别是研发经费投入力度，同时创造良好的创新氛围与制度环境，激发自主技术创新；另一方面不断提高城市资源配置能力、创新资源管理模式，大力提升技术效率，避免科技投入资源的隐形损耗，以产业多样化战略促使 GTFP 快速增长。②要素层面，激发劳动利用生产率增长潜力与污染排放治理效率增长潜力是促进城市 GTFP 增长的重要途径。一方面通过加大城市人力资本投资，加强高技术人才的培养和引进机制，加快人力资本积累实现人力资本深化，通过消除劳动力市场分割因素、优化劳动力配置结构，加速劳动利用生产率增长；另一方面加大城市节能减排力度，加快污染治理的技术进步，提高节能环保技术装备水平。

(2)将缩小城市GTFP增长差异作为促进区域协调发展的重要任务。①从内部结构来看,规模效率增长是驱动地区差异形成的主要原因,GTFP增速较低的东北城市需要引导资源和生产要素由低效率城市向高效率城市流动,推动资源配置效率最大化,不断提升规模效率,为GTFP增长提供有力支撑。②从外部驱动因素来看,经济发展水平与禀赋结构对城市GTFP增长空间分异影响最大,因而需大力转变经济增长方式,强化产业结构调整及优化资源配置来增强区域经济发展与禀赋结构的协调性。③缩小不同规模城市之间GTFP增长差距,兼顾不同规模城市GTFP增长速度的协调性。针对GTFP增长相对落后的中小城市,在强化政策倾斜、特大城市带动效应的同时,加强资源要素高效利用、生态环境有效治理与经济高质量发展适配协调发展,提高城市GTFP增速;充分利用各因素之间的交互作用,形成"1+1>2"的驱动作用,促进区域协调发展。

(3)推动我国城市GTFP持续增长,需打破区域边界和缩小地区差距,积极推动城市GTFP增长的协同发展。当前我国城市GTFP增长的空间分异特征明显,协同发展态势有所减弱,须从全国层面采取行之有效的区域协调发展举措,同时注重区域内城市GTFP增长的协同性。相关部门要充分重视区域内部"不合群"城市,对"优秀而离群者"应强化其榜样效应,带动其他城市的GTFP增长,同时增强对"落后而离群者"的帮扶力度,使其逐步追赶上群体发展水平。区域内差异构成南方城市与北方城市GTFP增长差异的主要来源,南北差距虽呈扩大趋势,但相关部门应理性客观看待南北差异现象,把重点放在缩小南北区域内部差异上,逐步缩小南北差距。

(4)破解不同规模城市发展失衡的关键在于大力提升中小城市的技术进步、非期望产出治理效率与投入利用效率。随着人口、经济要素等不断集聚,区域与城市发展失衡问题受到关注。相对于大城市,中小城市在技术进步、投入利用效率增长与非期望产出治理效率增长方面还较为薄弱,因此需大力提升中小城市的GTFP增长。随着创新驱动战略的实施,中小城市要立足本地实际,发挥自身特色,有效对接大城市、融入都市圈;中小城市还可通过培育与引进高质量劳动者,加强人力资本积累,多渠道降低资本使用成本,通过产业结构优化和能源消费结构调整提高能源利用效率;在"双碳"目标和资源环境约束日益突出的背景下,中小城市应立足于自身产业基础,重点扶持低能耗、环保型产业发展,建立符合当地实际的污染治理模式;大城市要充分发挥科技创新的引领作用,通过技术外溢促进与中小城市科技创新的深度融合,缩小不同规模城市GTFP增长差异。

(5)采取差异化策略,激发技术效率与结构效率增长动力,释放投入利用效率的潜力,促进八大经济区绿色协调发展。①推动八大经济区GTFP的持续增长,既要依赖技术进步和规模效率增长,也要激发技术效率与结构效率增长动力。各地区一方面应加大技术创新投入力度,创造良好的创新氛围,促进技术创新和产业集聚，充分发挥规模经济效应；另一方面要不断创新管理模式和优化区域资源配置能力，大力提升技术效率，充分发挥结构效应，促使区域 GTFP 增长。②在提升期望产出效率增长的同时，释放投入利用效率的潜力，也是促进区域 GTFP 增长的重要途径。通过加大人力资本投资、加强高技术人才培养与引进促进劳动利用利用效率增长，对资本要素的集聚、重组和高效运营以促进资本利用利用效率增长，通过产业结构优化和能源消费结构调整提高能源利用效率，均是提升区域 GTFP 增长的有效手段。③缩小地区 GTFP 增长差异是促进区域协调发展的重要任务。技术进步和非期望产出治理效率增长是地区 GTFP 增长差异形成的主要原因，而西北地区 GTFP 增长远低于其他地区，因此应加大西北地区教育、医疗和环保的投入，引导高端生产要素逐步流入，同时增加污染治理的投入力度，尝试建立工业"三废"跨区域排放权交易市场，提升非期望产出治理效率，加快西北地区 GTFP 增长。

(6) 长三角城市应分工协作，差异化定位，充分利用既有基础和发挥比较优势，大力提升城市 GTFP。上海作为长三角的首位城市，GTFP 最高，对城市群的引领作用举足轻重，应进一步强化其科技创新能力，加强对周边城市的辐射带动功能。对江苏省来说，应继续发挥南京、苏州、无锡的经济优势，提高其对周边城市的经济辐射能力，加强与苏北城市之间的资本、人才、技术等要素交流，共同提高 GTFP。浙江省同样应充分发挥杭州、宁波、温州等中心城市对周边区域及不发达地区的辐射带动效应，同时加大对欠发达地区特别是 26 个山区县的政策扶植力度，优化区域交通基础设施，促进省内各城市 GTFP 的均衡发展。鉴于安徽省与长三角其他地区 GTFP 还存在较大差距的现实，安徽省应充分利用自身的比较优势，加快融入长三角进程，加强与周边发达省市的合作交流，积极转变经济发展方式，切实提高 GTFP。

(7) 促进城市经济活动的空间集聚，推动城市发展形成合理的集聚模式，带动 GTFP 的提升。第一，为实现资源的合理配置与区域协调发展，未来推进新型城镇化的一个重点是促进中小城市的规模增长。中小城市全面放开落户限制后，应加强基础设施建设，提升公共服务水平，吸引要素流入和促进产业发展，通过经济密度的提高带动城市生产效率的提升。第二，根据不同的城市经济集聚度制定适宜的发展策略。对于未达到最优经济密度门槛的众多中小城市，需大力促进产业和人口在建成区集聚，以充分发挥规模经济的正外部性；对于已越过经济密度门槛的大城市而言，除调整产业结构不断发展高端服务业外，还应通过优化城市产业和人口空间布局，促使城市由单中心模式向多中心模式发展，降低拥挤效应造成的通勤损耗，提高生产效率。第三，坚持紧凑型城市发展模式，注意规避城市蔓延问题。如果城市经济活动的空间分布过于分散，规模经济效应往往难以有效发挥，不利于城市生产效率提升，故应大力推进城市的紧凑化发展，充分发挥产业和人口集聚所带来的规模经济，不断提升城市生产效率。

(8)大力推进以人为中心的新型城镇化道路，优化城市空间布局、推动经济转型升级与高质量发展。①城镇化进程中需对城市蔓延加以控制。政府管理部门在调控城市人口规模和人口空间布局时，不能简单依靠无限度的土地扩张来缓解中心城区的压力，而应根据城市的实际土地利用状况不断优化城区基础设施布局，降低集聚负外部性和拥挤效应，提高城市效率。②在对城市蔓延进行调控时，需注意规模差异和空间关联性。对不同规模城市的调控策略应有所不同，各地政府应因城施策，制定城镇规划时应与当地人口流动、产业结构政策等相结合，保持合理的人口规模和产业集聚度；城市在谋划自身发展过程中还应考虑到周边城市的影响，充分尊重并利用城市之间的空间关联性，推动形成一个产业结构互补、职能合理分工、要素有序流动、知识共享溢出的有序城市网络，提升整体竞争力。③为了避免城市的无序扩张，应改变传统城市规划模式，倡导契合生态环境及公众参与式的城市规划，科学划定城市发展边界，严格控制新增园区数量，从严控制城市新增建设用地规模；鼓励城市土地混合使用、紧凑开发，提倡公共交通优先，形成更为合理的城市空间结构，避免"拔苗助长"式的城市空间扩展，增强生态资源承载力。

(9)科学引导城镇化进程中的人口流动，推动人口适度向城市集聚，增强土地集约化利用，强化城市功能混合。①当前我国城镇化仍处于快速发展阶段，应进一步深化户籍制度改革，做好城市落户人口在社保、住房等方面的保障工作，完善中心城区公共服务功能配套，使"农转非"的本地农民和外来务工者不仅"进城"、"就业"，而且能够"落户"、"安居"，增强城市的集聚效应。政府应结合城市的人口集聚现状，从要素和产业入手，采取有针对性的调控措施和干预政策，通过产业引导等措施强化各类要素、人口向中心城区集聚。②走紧凑型城市发展道路，增强土地集约化利用。人口空间分布过于分散不利于集聚效应发挥，城市中心区与边缘区之间频繁的远距离通勤降低生产效率、生活质量且加重污染。未来城市发展应倡导紧凑型发展模式，注重土地利用开发的效率，在不造成拥挤的前提下适度提高经济活动、企业布局的空间密度；进行产业园区、大学城等新功能区的规划建设时，应尽力避免出现"城外飞地"的情形，合理控制城市增长边界。③加强空间规划引导，强化城市功能混合。满足广大人民群众对优质住宅条件和更高生活质量的需求，在增加城市住宅用地面积和住房供应量的同时，也要注重教育医疗资源、就业中心、消费中心与居住区的空间配套，积极打造结构紧凑、功能混合的空间格局。对于多中心城市，合理规划构筑卫星城和次中心并完善其服务功能，缩短居民的通勤距离。

(10)针对差异化的绿色发展需求，采取有针对性的环境规制类型，大力提升城市绿色发展效率。第一，在资源环境约束下，应积极推动城市转变经济发展方式，推进绿色发展，改善经济发展质量与效益，不断提高城市技术效率，促使各城市从效率改善和技术进步中获益，以增强经济增长与资源环境的协调性。第二，面对城市间 GTFP 差距不断拉大的现实，应不断完善政府宏观调控职能，加强环境规制约束的同时针对差异化的需求，采取不同的环境规制类型，对 GTFP 较落后的城市给予政策支持，促进区域间生产要素和先进技术的流动与溢出，更好地发挥发达城市在 GTFP 方面的带动与引领作用，提升落后城市的 GTFP。

(11)强化建设用地指标分配机制的顶层设计，加快土地供给制度改革，大力提升土地资源配置效率。其一，以经济效率为目标，强化建设用地指标分配机制的顶层设计。当前建设用地指标向中西部和中小城市的倾斜并未实现促进区域均衡发展的目标，"东少西多"的土地供给错配不仅扭曲了东部城市的健康发展，也抑制了中西部城市和中小城市的 GTFP 增长。因此，应以经济效率为目标，增强市场机制在土地资源配置中的作用，建构计划与市场相结合的建设用地指标管理体系，着力探索经济社会发展与生态环境保护共赢新路。其二，以人地挂钩为方向，切实加快土地供给制度改革。城市土地供给错配究其根本是建设用地与常住人口之间供给与需求的矛盾，随着城镇化的持续推进，大城市常住人口与建设用地的供需矛盾将持续加剧。因此，切实"人地挂钩"政策，将用地指标投放与城市常住人口及增长潜力挂钩，把人口流动方向作为城市建设用地分配的参考标准，对于人口流入规模较大和增长较快的城市适当增加建设用地供给，对于常住人口负增长或人口较稳定的城市谨慎增加供地指标。其三，以指标交易为手段，大力提升土地资源配置效率。完善土地市场化配置机制，打造可供建设用地指标交易的平台，通过市场交易真正使土地要素流动起来，进一步完善土地指标交易中的管理机制、价格机制及交易平台等问题，实现地区间土地资源的高效配置；推进分阶段、设试点，探索省级、城市群、跨地区的用地指标增减挂钩，促进土地资源高效利用。

## 第三节 未来展望

本书通过开展城市 GTFP 的测算、分解及应用的全面系统研究，虽取得一定的创新性成果，得到一些有价值的结论，获得对于提升城市 GTFP、促进新质生产力的有益启示，但同时也看到，城市 GTFP 测度方法仍存在着一定的改进空间，实际测算过程中的相关指标处理还可以更加精细，应用领域也有待进一步拓展。未来进一步的研究方向包括以下方面。

其一，开展 HMB 指数和 LHM 指标生产前沿面构建方法的拓展研究。当前文献中，HMB 指数和 LHM 指标均基于当期生产前沿开展全要素生产率指数的测算与分解。其实，类似于 M 指数与 L 指标，HMB 指数和 LHM 指标也可拓展为基于序列 DEA、窗口 DEA、全局 DEA、两期 DEA 和共同前沿 DEA 来构造生产前沿面，从而体现出避免虚假技术进步、克服线性规划无可行解和解决群体异质性等方面的性质。虽然利用 AEGLHM 指标测算总体 GTFP 增长具有明显优势，但参照当期生产前沿的 AEGLHM 指标仍存在不足，譬如 DDF 不具有可加性且方向向量设定存在主观性、没有修正小样本存在的效率偏差等，未来应进一步综合考虑不同的效率测度方法譬如 SBM DDF、非径向距离函数、RAM 模型、网络 DEA、bootstrap-DEA 等，以及序列 DEA、全局 DEA、两期 DEA 等生产前沿面构建方法，开展总体 GTFP 增长测算与分解方法的创新性研究。

其二，强化基于 SFA 的全要素生产率指数方法的创新探讨。目前基于 DEA 的非参数方法开展全要素生产率指数测算与分解的文献较为丰富，而基于 SFA 的参数方法主要限于 M 指数的测算及分解。Zhou 等(2012)将 Shephard-DF 与 SFA 相结合，使得 SFA 模型能够同时处理多投入多产出，未来可进一步尝试基于 SFA 方法对 ML 指数、L 指标及其他拓展指数进行测算与分解，并开展与 DEA 方法测算结果和分解结果的比较分析，以得到更为全面、客观的结论。

其三，加强最新 DEA 模型与已有生产率指数的结合研究。目前全要素生产率指数多将 DF-DEA 模型与 M 指数系列及 FP 指数相结合、DDF-DEA 模型与 ML 指数系列相结合、SBM-DEA 模型与 L 指标系列相结合，其实 DDF-DEA 模型和 SBM-DEA 模型也可与 M 指数系列和 FP 指数相结合，用于测算考虑非期望产出的全要素生产率增长等。此外，还可将兼具径向和非径向特征的 EBM-DEA、超效率 DEA、环境 RAM-DEA、bootstrap-DEA、网络 DEA 及 SBM 网络 DEA 等模型与已有的各种生产率指数相结合，开展全要素生产率增长测度与分解方法的创新性探讨。

其四，深化处理非期望产出的参数方法和 StoNED 的理论研究。非参数效率评价方法无需设定生产函数的形式，模型设定相对灵活，处理非期望产出具有天然优势，但也存在固有的缺陷，譬如统计理论基础缺乏而无法对模型进行检验，测度结果往往缺乏稳健性，未考虑统计误差和其他随机误差的影响，易受样本数据质量的影响，导致效率测度结果可能存在偏差。故而，一些学者选择 SFA 或 StoNED 来开展效率测度，但较少考虑非期望产出，因为刻画包含非期望产出的生产技术函数形式仍局限于将非期望产出作为投入或弱可处置性产出来处理，且受约束的参数估计方法本身发展尚不成熟。未来，需对考虑非期望产出的 SFA 和 StoNED 模型进一步展开理论探究，关注参数方法可能存在的内生性、异质性等问题，尝试将参数方法、StoNED 方法与多重前沿的生产技术相结合，对包含期望产出和非期望产出的子生产技术分别进行参数估计。

其五，城市 GTFP 测算过程中的资本存量和劳动投入估算需更为精细。已有文献在开展城市全要素生产率测算时，很多对城市资本存量和城市劳动投入的数据来源交代不详，处理方法较为简化，譬如以固定资产投资额替代资本存量等。本书虽采用永续盘存法对城市资本存量进行了较为规范的估算，但囿于城市层面资料缺乏，对基年资本存量、固定资产价格指数、当年投资和折旧率参照已有文献做出一些较为简化的假设，对城市劳动投入指标也以城市从业人员数替代，显然仍存在一定的偏差。未来对城市资本存量和城市劳动投入的数据来源及估算细节需更加规范、清楚，估算城市资本存量时更加科学地确定基年资本存量、固定资产价格指数、当年投资和折旧率，并对资本进行分类；劳动投入量测算则开展分产业就业人员数加权求和，并考虑就业人员受教育年限差异。

其六，开展多重生产前沿模型的理论探讨和新方法效果的实证检验。近年发展起来的多重前沿生产技术(如副产品生产技术)综合考虑了非期望产出的特性和物质平衡原理，理论基础更为扎实，可作为未来环境绩效评估的核心方法；但方法尚处于不断完善阶段，相关的实证分析十分鲜见，因此未来值得投入更多精力开展这些方法在生产活动中的应用分析和实证检验。尽管涉及非期望产出建模的文献众多，学者针对非期望产出的处理也不断提出新思路，但基于 WD 假设的联合生产技术模型仍是使用最为广泛的方法，一些新型方法的应用相对较少，可能在于新方法的复杂性和实现困难。未来应基于实际数据，深入开展不同非期望产出处理方法的比较分析，并将基于数据驱动的比较分析与效率评估的专家经验相结合，全面检验不同处理方法的适用性。

其七，结合新方法对非期望产出的影子价格进行估计。本书未对非期望产出影子价格的估计展开详细讨论，从政策角度来看影子价格可直观反映经济主体减排的潜在空间与实施成本(陈诗一，2010b)，尤其是在缺乏成熟碳排放权交易市场的情况下，能够为碳税、创新技术补贴等环保政策的制定提供重要参考依据。Zhou 等(2014)对推导影子价格的方法框架及计算影子价格的非参数/参数效率模型进行了综合性评述，近年来也涌现出一批致力于科学估计非期望产出影子价格的文献，如陈诗一(2010a)、魏楚(2014)、蒋伟杰和张少华(2018)等。考虑到一个 DMU 可能面临多种减排策略，不同 DMU 面临着不同程度的环境规制，因此需要结合非期望产出处理的新方法，同时考虑现实因素以进一步完善影子价格估计的总体框架，提高估计结果的准确性。

其八，结合非期望产出处理的新思路来解析环境规制的效果。环境规制到底会带来什么样的政策效果？波特假说认为环境规制带来的技术进步和产出增加可部分或完全抵消遵守法规所带来的成本，国内外学者开展环境规制与经济增长质量、创新投入、生态效率、碳排放权交易价格、碳税等主题的实证检验，基于不同方法与研究背景得出的结论不尽相同。未来，需结合近年来非期望产出处理的新思路，利用环境生产技术模型开展"波特假说"再检验，利用自然与管理可处置性概念区分企业或地区对环境规制的消极反应与积极反应,通过比较两种反应的效应大小来检验"波特假说"。实际上,管理可处置性假设与波特假说是一致的,都意味着企业有机会在减少非期望产出的同时提高期望产出水平,能够明确企业管理效率方面的潜在改进空间,为科学制定环境规制政策提供参考。此外,可进一步扩展研究的时间范畴,将生产率指标分解为包括环境效率变化在内的各种因素,既关注生产率变化来源的重要信息,又关注环境规制对创新投入等方面的滞后效应。

## 参 考 文 献

安立仁. 2003. 资本驱动的中国经济增长: 1952~2002[J]. 人文杂志, (6): 44-54.

安勇, 赵丽霞. 2021. 土地资源错配、空间策略互动与城市创新能力[J]. 中国土地科学, 35(4): 17-25.

白俊红, 蒋伏心. 2011. 考虑环境因素的区域创新效率研究: 基于三阶段 DEA 方法[J]. 财贸经济, (10): 104-112,136.

保永文, 丁君涛. 2021. 湖北省城市全要素生产率的测度、分解及收敛性分析[J]. 统计与决策, 37(20): 124-127.

蔡昉. 2018. 全要素生产率怎么提高?[J]. 商讯, (6): 89-90.

曹吉云. 2007. 我国总量生产函数与技术进步贡献率[J]. 数量经济技术经济研究, 24(11): 37-46.

曹阳. 2013. 基于随机非参数数据包络(StoNED)的我国高技术产业技术创新效率研究[D]. 天津: 天津财经大学.

曹跃群, 郭鹏飞, 罗玥琦. 2019. 基础设施投入对区域经济增长的多维影响: 基于效率性、异质性和空间性的三维视角[J]. 数量经济技术经济研究, 36(11): 140-159.

陈斌开, 金箫, 欧阳涤非. 2015. 住房价格、资源错配与中国工业企业生产率[J]. 世界经济, 38(4): 77-98.

陈浩, 刘培, 许佩. 2020. 城市 GTFP 演变机制研究: 基于城市能源与土地要素约束的视角[J]. 中国人口·资源与环境, 30(9): 93-105.

陈立泰, 梁超. 2014. 环境约束下的中国城镇化效率及其影响因素研究[J]. 科研管理, 35(11): 178-186.

陈良文, 杨开忠. 2007. 生产率、城市规模与经济密度: 对城市集聚经济效应的实证研究[J]. 贵州社会科学, (2): 113-119.

陈良文, 杨开忠, 沈体雁, 等. 2009. 经济集聚密度与劳动生产率差异: 基于北京市微观数据的实证研究[J]. 经济学(季刊), 9(1): 99-114.

陈龙. 2017. 城市规模影响能源效率的统计研究: 基于集聚经济视角[D]. 杭州: 浙江工商大学.

陈龙, 李金昌, 程开明. 2016. 中国城市能源效率测算[J]. 商业经济与管理, (7): 83-96.

陈明星, 龚颖华. 2016. 城镇化系列咨询研究进展与影响[J]. 地理研究, 35(11): 2015-2024.

陈青青, 龙志和. 2011. 中国省级 $CO_2$ 排放影响因素的空间计量分析[J]. 中国人口·资源与环境, 21(11): 15-20.

陈诗一. 2009. 能源消耗、二氧化碳排放与中国工业的可持续发展[J]. 经济研究, 44(4): 41-55.

陈诗一. 2010a. 工业二氧化碳的影子价格: 参数化和非参数化方法[J]. 世界经济, 33(8): 93-111.

陈诗一. 2010b. 中国的绿色工业革命: 基于环境全要素生产率视角的解释(1980—2008)[J]. 经济研究, 45(11): 21-34, 58.

陈诗一. 2016. 新常态下的环境问题与中国经济转型发展[J]. 中共中央党校学报, 20(2): 94-99.

陈晓峰, 周晶晶. 2020. 生产性服务业集聚、空间溢出与城市绿色全要素生产率: 来自长三角城市群的经验证据[J]. 经济经纬, 37(4): 89-98.

陈阳, 唐晓华. 2019. 制造业集聚和城市规模对城市绿色全要素生产率的协同效应研究[J]. 南方经济, (3): 71-89.

陈征, 胡德勇, 曾文华, 等. 2014. 基于TM图像和夜间灯光数据的区域城镇扩张监测: 以浙江省为例[J]. 国土资源遥感, 26(1): 83-89.

程浩. 2015. 我国制造业集聚的经济效应研究[D]. 长春: 吉林大学.

程开明, 高东东, 庄燕杰. 2021. 中国地级以上城市蔓延影响全要素生产率的机制及效应: 基于DMSP/OLS与NPP/VIIRS夜间灯光整合数据[J]. 中国土地科学, 35(11): 90-100.

程开明, 洪真奕. 2022. 城市人口聚集度对空气污染的影响效应: 基于双边随机前沿模型[J]. 中国人口·资源与环境, 32(2): 51-62.

程开明, 李泗娥. 2022a. 全要素生产率指数: 演变、比较及展望[J]. 统计学报, 3(1): 11-26.

程开明, 李泗娥. 2022b. 中国八大综合经济区绿色全要素生产率增长测算与因素分解[J]. 经济理论与经济管理, 42(7): 49-65.

程开明, 刘琦璐, 庄燕杰. 2021. 效率评价中处理非期望产出的非参数方法演进、比较及展望[J]. 数量经济技术经济研究, 38(5): 154-171.

程开明, 刘书成. 2022. 城市经济密度与全要素生产率: 兼论城市规模的调节效应[J]. 中国人口科学, (6): 26-41.

程开明, 王颖. 2020. 基于StoNED模型的城市全要素生产率测算研究: 以长三角城市为例[C]//李平, 郭爱君. 21世纪数量经济学. 第20卷. 北京: 经济管理出版社: 26.

程开明, 于静涵. 2022. 中国城市土地供给错配: 特征事实及对全要素生产率的影响效应[J]. 中国土地科学, 36(8): 43-54.

程云鹤, 齐晓安, 汪克亮, 等. 2012. 低碳约束下中国全要素生产率的时空演变: 基于Sequential Malmquist-Luenberger生产率指数分解方法[J]. 技术经济, 31(9): 51-58.

程中华. 2015. 集聚经济与绿色全要素生产率[J]. 软科学, 29(5): 41-44.

戴永安. 2010. 中国城市化效率及其影响因素: 基于随机前沿生产函数的分析[J]. 数量经济技术经济研究, 27(12): 103-117, 132.

邓楚雄, 赵浩, 谢炳庚, 等. 2021. 土地资源错配对中国城市工业绿色全要素生产率的影响[J]. 地理学报, 76(8): 1865-1881.

邓宗兵, 何若帆, 陈钲, 等. 2020. 中国八大综合经济区生态文明发展的区域差异及收敛性研究[J]. 数量经济技术经济研究, 37(6): 3-25.

丁黎黎, 朱琳, 何广顺. 2015. 中国海洋经济绿色全要素生产率测度及影响因素[J]. 中国科技论坛, (2): 72-78.

董嘉昌, 冯涛, 李佳霖. 2020. 中国地区间要素错配对经济发展质量的影响: 基于链式多重中介效应模型的实证检验[J]. 财贸研究, 31(5): 1-12, 51.

董敏杰, 李钢, 梁泳梅. 2012. 中国工业环境全要素生产率的来源分解: 基于要素投入与污染治理的分析[J]. 数量经济技术经济研究, 29(2): 3-20.

董旭, 吴传清. 2017. 中国城市全要素生产率的时空演变与影响因素研究: 来自35个主要城市2000～2014年的经验证据[J]. 学习与实践, (5): 5-16.

杜江. 2015. 中国农业全要素生产率增长及其时空分异[J]. 科研管理, 36(5): 87-98.

杜克锐, 邹楚沅. 2011. 我国碳排放效率地区差异、影响因素及收敛性分析: 基于随机前沿模型和面板单位根的实证研究[J]. 浙江社会科学, (11): 32-43, 156.

段莉芝, 李玉双. 2020. 土地资源错配与经济波动的空间溢出效应实证分析[J]. 经济地理, 40(3): 207-215.

段巍, 吴福象, 王明. 2020. 政策偏向、省会首位度与城市规模分布[J]. 中国工业经济, (4): 42-60.

范德成, 杜明月. 2018. 高端装备制造业技术创新资源配置效率及影响因素研究: 基于两阶段StoNED和Tobit模型的实证分析[J]. 中国管理科学, 26(1): 13-24.

范佳薇. 2021. 中国城市绿色全要素生产率测算、收敛性及影响因素研究[D]. 杭州: 浙江工商大学.

范建双, 高骞, 周琳. 2020. 城乡人口老龄化对城镇化的双边效应[J]. 中国人口科学, (2): 69-80, 127.

范剑勇. 2006. 产业集聚与地区间劳动生产率差异[J]. 经济研究, 41(11): 72-81.

范剑勇, 冯猛, 李方文. 2014. 产业集聚与企业全要素生产率[J]. 世界经济, 37(5): 51-73.

范子英, 彭飞, 刘冲. 2016. 政治关联与经济增长: 基于卫星灯光数据的研究[J]. 经济研究, 51(1): 114-126.

方创琳, 关兴良. 2011. 中国城市群投入产出效率的综合测度与空间分异[J]. 地理学报, 66(8): 1011-1022.

冯科, 吴次芳, 韩昊英. 2009. 国内外城市蔓延的研究进展及思考: 定量测度、内在机理及调控策略[J]. 城市规划学刊, (2): 38-43.

冯严超, 王晓红, 胡士磊. 2021. FDI、OFDI与中国绿色全要素生产率: 基于空间计量模型的分析[J]. 中国管理科学, 29(12): 81-91.

冯云廷, 陈昶志, 高詹. 2016. 我国城市全要素生产率空间结构及空间关联性分析[J]. 财经问题研究, (5): 110-115.

付凌晖. 2010. 我国产业结构高级化与经济增长关系的实证研究[J]. 统计研究, 27(8): 79-81.

傅为忠, 聂锡云. 2019. 基于StoNED-Tobit模型的高端制造业科技创新效率研究[J]. 科技管理研究, 39(7): 93-100.

高春亮. 2007. 1998—2003城市生产效率: 基于包络技术的实证研究[J]. 当代经济科学, 29(1): 83-88, 127.

高伟. 2009. 总量生产函数、经济增长与增长核算方法: 中国增长核算研究的一个综述[J]. 经济理论与经济管理, 29(3): 37-40.

高赢. 2019. 中国八大综合经济区绿色发展绩效及其影响因素研究[J]. 数量经济技术经济研究,

36(9): 3-23.

高志刚, 克魁. 2020. 中国省际区域经济差距演进及协调发展[J]. 区域经济评论, (2): 24-36.

管驰明, 李春. 2013. 全要素生产率对上海市经济增长贡献的实证研究[J]. 华东经济管理, 27(10): 7-10.

郭琪, 贺灿飞. 2012. 密度、距离、分割与城市劳动生产率: 基于中国 2004-2009 年城市面板数据的经验研究[J]. 中国软科学, (11): 77-86.

郭庆旺, 贾俊雪. 2005. 中国全要素生产率的估算: 1979—2004[J]. 经济研究, (6): 51-60.

郭庆旺, 赵志耘, 贾俊雪. 2005. 中国省份经济的全要素生产率分析[J]. 世界经济, (5): 46-53, 80.

郭腾云, 徐勇, 王志强. 2009. 基于 DEA 的中国特大城市资源效率及其变化[J]. 地理学报, 64(4): 408-416.

郭晓丹, 张军, 吴利学. 2019. 城市规模、生产率优势与资源配置[J]. 管理世界, 35(4): 77-89.

国家统计局. 2019. 城镇化水平不断提升 城市发展阔步前进——新中国成立 70 周年经济社会发展成就系列报告之十七[EB/OL]. https://www.gov.cn/xinwen/2019-08/15/content_5421382.htm[2024-08-07].

韩珂, 陈宝峰. 2014. 基于 DEA-Malmquist 的中国财产保险公司经营效率实证研究[J]. 运筹与管理, 23(1): 196-202, 217.

韩仁月, 马海涛, 张晨. 2022. 减税、要素产出弹性与全要素生产率[J]. 财贸经济, 43(8): 27-42.

何枫, 陈荣. 2004. 金融中介发展对中国技术效率省际差异的影响: SFA 模型的应用[J]. 西北农林科技大学学报(社会科学版), (2): 45-49.

何雄浪. 2019. 人口集聚、工业集聚与环境污染: 基于两类环境污染的研究[J]. 西南民族大学学报(人文社科版), 40(2): 87-97.

何颖, 齐亚伟. 2014. 环境约束下中国省际全要素能源效率的测度: 基于 SML 的实证分析[J]. 经济与管理研究, (8): 38-44.

洪世键, 张京祥. 2013. 城市蔓延的界定及其测度问题探讨: 以长江三角洲为例[J]. 城市规划, 37(7): 42-45, 80.

洪兴建, 罗刚飞. 2014. 中国全要素生产率: 1995-2012 年 FP 指数的测度与分解[J]. 商业经济与管理, (10): 82-90.

洪银兴, 刘伟, 高培勇, 等. 2018. "习近平新时代中国特色社会主义经济思想"笔谈[J]. 中国社会科学, (9): 4-73, 204-205.

侯强, 王晓莉, 叶丽绮. 2008. 基于 SFA 的辽宁省城市技术效率差异分析[J]. 沈阳工业大学学报(社会科学版), 1(3): 230-234.

胡建辉, 李博, 冯春阳. 2016. 城镇化、公共支出与中国环境全要素生产率: 基于省际面板数据的实证检验[J]. 经济科学, (1): 29-40.

胡晓琳. 2016. 中国省际环境全要素生产率测算、收敛及其影响因素研究[D]. 南昌: 江西财经大学.

黄寿峰. 2016. 环境规制、影子经济与雾霾污染: 动态半参数分析[J]. 经济学动态, (11): 33-44.

黄天能, 许进龙, 谢凌凌. 2021. 资源枯竭城市产业结构转型升级水平测度及其影响因素: 基于24座地级市的面板数据[J]. 自然资源学报, 36(8): 2065-2080.

黄祎, 孙广生, 黄金枝. 2015. 全要素生产率分析新方法: Färe-Primont 指数[J]. 东北大学学报（自然科学版）, 36(3): 448-452.

惠献波. 2021. 数字普惠金融与城市绿色全要素生产率: 内在机制与经验证据[J]. 南方金融, (5): 20-31.

籍艳丽, 赵丽琴. 2011. 一种效率测度的新方法: 随机非参数数据包络分析法[J]. 统计与决策, (5): 33-34.

江春, 吴磊, 滕芸. 2010. 中国全要素生产率的变化: 2000-2008[J]. 财经科学, (7): 55-62.

江艇, 孙鲲鹏, 聂辉华. 2018. 城市级别、全要素生产率和资源错配[J]. 管理世界, 34(3): 38-50, 77, 183.

姜永宏, 蒋伟杰. 2014. 不良贷款约束下中国上市商业银行全要素生产率研究: 基于 Luenberger 指数的分析[J]. 南方经济, (4): 62-77.

蒋伟杰, 张少华. 2018. 中国工业二氧化碳影子价格的稳健估计与减排政策[J]. 管理世界, 34(7): 32-49, 183-184.

金戈. 2016. 中国基础设施与非基础设施资本存量及其产出弹性估算[J]. 经济研究, 51(5): 41-56.

金剑. 2007. 生产率增长测算方法的系统研究[D]. 大连: 东北财经大学.

金相郁. 2006. 中国城市全要素生产率研究: 1990~2003[J]. 上海经济研究, (7): 14-23.

柯善咨, 赵曜. 2014. 产业结构、城市规模与中国城市生产率[J]. 经济研究, 49(4): 76-88, 115.

雷明, 虞晓雯, 赵欣娜, 等. 2014. 动态视角下我国 3E 全要素生产率的区域差异研究[J]. 运筹与管理, 23(2): 1-14.

雷钦礼. 2022. 通用技术进步框架下全要素生产率核算方法研究[J]. 统计研究, 39(7): 31-42.

李斌, 彭星, 欧阳铭珂. 2013. 环境规制、绿色全要素生产率与中国工业发展方式转变: 基于 36 个工业行业数据的实证研究[J]. 中国工业经济, (4): 56-68.

李博, 秦欢, 孙威. 2022. 产业转型升级与绿色全要素生产率提升的互动关系: 基于中国 116 个地级资源型城市的实证研究[J]. 自然资源学报, 37(1): 186-199.

李德山, 张郑秋. 2020. 环境规制对城市绿色全要素生产率的影响[J]. 北京理工大学学报(社会科学版), 22(4): 39-48.

李谷成, 范丽霞, 成刚, 等. 2013. 农业全要素生产率增长:基于一种新的窗式 DEA 生产率指数的再估计[J]. 农业技术经济, (5): 4-17.

李广东, 方创琳. 2013. 中国区域经济增长差异研究进展与展望[J]. 地理科学进展, 32(7): 1102-1112.

李慧, 余东升. 2022. 中国城市绿色全要素生产率的时空演进与空间溢出效应分析[J]. 经济与管理研究, 43(2): 65-77.

李健, 盘宇章. 2018. 中国城市生产率增长差异及收敛性分析[J]. 城市问题, (1): 56-64.

李金铠, 马静静, 魏伟. 2020. 中国八大综合经济区能源碳排放效率的区域差异研究[J]. 数量经济技术经济研究, 37(6): 109-129.

李京文, 钟学义. 1998. 中国生产率分析前沿[M]. 北京: 社会科学文献出版社.

李静, 李逸飞, 马永军. 2016. 中国城市全要素生产率增长率的动态实证分析及收敛性研究[J]. 江淮论坛, (3): 54-63.

李军. 2021. 全要素生产率经济学分析[M]. 北京: 中国社会科学出版社.

李俊, 徐晋涛. 2009. 省际绿色全要素生产率增长趋势的分析: 一种非参数方法的应用[J]. 北京林业大学学报(社会科学版), 8(4): 139-146.

李兰冰, 刘秉镰. 2015. 中国区域经济增长绩效、源泉与演化:基于要素分解视角[J]. 经济研究, 50(8): 58-72.

李力行, 黄佩媛, 马光荣. 2016. 土地资源错配与中国工业企业生产率差异[J]. 管理世界, (8): 86-96.

李连友, 宋泽, 刘子兰. 2014. 城镇移民生活福利水平研究[J]. 中国人口科学, (6): 62-70, 127.

李平. 2017. 环境技术效率、绿色生产率与可持续发展: 长三角与珠三角城市群的比较[J]. 数量经济技术经济研究, 34(11): 3-23.

李汝资, 刘耀彬, 王文刚, 等. 2018. 长江经济带城市绿色全要素生产率时空分异及区域问题识别[J]. 地理科学, 38(9): 1475-1482.

李泗娥, 程开明. 2024. 聚合环境广义LHM生产率指标构造及检验[J]. 系统科学与数学, 44(2): 442-460.

李涛. 2013. 资源约束下中国碳减排与经济增长的双赢绩效研究: 基于非径向DEA方法RAM模型的测度[J]. 经济学(季刊), 12(2): 667-692.

李伟娜. 2017. 产业结构调整对环境效率的影响及政策建议[J]. 经济纵横, (3): 54-58.

李卫兵, 涂蕾. 2017. 中国城市绿色全要素生产率的空间差异与收敛性分析[J]. 城市问题, (9): 55-63.

李小胜. 2018. 资源环境约束下全要素生产率的测度方法与实证分析[M]. 北京: 经济科学出版社.

李晓萍, 李平, 吕大国, 等. 2015. 经济集聚、选择效应与企业生产率[J]. 管理世界, (4): 25-37, 51.

李晓萍, 张亿军, 江飞涛. 2019. 绿色产业政策:理论演进与中国实践[J]. 财经研究, 45(8): 4-27.

李筱乐. 2014. 市场化、工业集聚和环境污染的实证分析[J]. 统计研究, 31(8): 39-45.

李昕, 文婧, 林坚. 2012. 土地城镇化及相关问题研究综述[J]. 地理科学进展, 31(8): 1042-1049.

李郇, 徐现祥, 陈浩辉. 2005. 20世纪90年代中国城市效率的时空变化[J]. 地理学报, (5): 615-625.

李永友. 2008. 基于江苏个案的经济发展质量实证研究: 兼与浙江、上海的比较分析[J]. 中国工业经济, (6): 138-147.

李勇刚. 2021. 中国土地资源错配对绿色经济发展影响机制研究[J]. 南京社会科学, (3): 30-37, 46.

李勇刚, 罗海艳. 2017. 土地资源错配阻碍了产业结构升级吗?——来自中国35个大中城市的经验证据[J]. 财经研究, 43(9): 110-121.

李展. 2021. 中美日全要素生产率的分析与比较: 基于理论、方法与数据测算逻辑一致的框架[J]. 上海经济研究, (9): 115-128.

梁婧, 张庆华, 龚六堂. 2015. 城市规模与劳动生产率:中国城市规模是否过小?——基于中国城市数据的研究[J]. 经济学(季刊), 14(3): 1053-1072.

梁俊, 龙少波. 2015. 环境约束下中国地区工业全要素生产率增长: 2000—2012年[J]. 财经科学, (6): 84-96.

梁琦, 李晓萍, 简泽. 2013. 异质性企业的空间选择与地区生产率差距研究[J]. 统计研究, 30(6): 51-57.

林伯强. 2003. 电力消费与中国经济增长: 基于生产函数的研究[J]. 管理世界, (11): 18-27.

蔺鹏, 孟娜娜. 2021. 绿色全要素生产率增长的时空分异与动态收敛[J]. 数量经济技术经济研究, 38(8): 104-124.

刘秉镰, 李清彬. 2009. 中国城市全要素生产率的动态实证分析: 1990—2006: 基于DEA模型的Malmquist指数方法[J]. 南开经济研究, (3): 139-152.

刘方, 赵彦云. 2020. 微观企业全要素生产率及其增长率测算方法综述[J]. 工业技术经济, 39(7): 39-47.

刘光岭, 卢宁. 2008. 全要素生产率的测算与分解: 研究述评[J]. 经济学动态, (10): 79-82.

刘浩, 马琳, 李国平. 2020. 中国城市全要素生产率的演化格局及其影响因素[J]. 地理研究, 39(4): 880-891.

刘鸿燕, 姚倩文. 2020. 绿色全要素生产率的测度与应用: 一个文献综述[J]. 产业组织评论, 14(3): 174-195.

刘华军. 2016. 资源环境约束下全要素生产率增长的空间差异及区域协调对策研究[M]. 北京: 经济科学出版社.

刘华军, 李超. 2018. 中国绿色全要素生产率的地区差距及其结构分解[J]. 上海经济研究, (6): 35-47.

刘华军, 李超, 彭莹, 等. 2018. 中国绿色全要素生产率增长的空间不平衡及其成因解析[J]. 财经理论与实践, 39(5): 116-121.

刘建翠. 2022. 中国的全要素生产率研究: 回顾与展望[J]. 技术经济, 41(1): 77-87.

刘建国, 李国平, 张军涛, 等. 2012. 中国经济效率和全要素生产率的空间分异及其影响[J]. 地理学报, 67(8): 1069-1084.

刘建国, 张文忠. 2014. 中国区域全要素生产率的空间溢出关联效应研究[J]. 地理科学, 34(5): 522-530.

刘建江, 石大千. 2019. 高房价对企业创新的影响:是挤出还是挤入?——基于双边随机前沿模型的测算[J]. 中国软科学, (9): 150-165.

刘瑞翔, 安同良. 2012. 资源环境约束下中国经济增长绩效变化趋势与因素分析:基于一种新型生产率指数构建与分解方法的研究[J]. 经济研究, 47(11): 34-47.

刘斯敖. 2020. 三大城市群绿色全要素生产率增长与区域差异分析[J]. 社会科学战线, (7): 259-265.

刘伟江, 杜明泽, 白玥. 2022. 环境规制对绿色全要素生产率的影响:基于技术进步偏向视角的研究[J]. 中国人口·资源与环境, 32(3): 95-107.

刘习平, 宋德勇. 2013. 城市产业集聚对城市环境的影响[J]. 城市问题, (3): 9-15.

刘修岩. 2009. 集聚经济与劳动生产率:基于中国城市面板数据的实证研究[J]. 数量经济技术经济研究, 26(7): 109-119.

刘修岩, 邵军, 薛玉立. 2012. 集聚与地区经济增长:基于中国地级城市数据的再检验[J]. 南开经济研究, (3): 52-64.

刘修岩, 李松林, 秦蒙. 2017. 城市空间结构与地区经济效率:兼论中国城镇化发展道路的模式选择[J]. 管理世界, (1): 51-64.

刘修岩, 秦蒙, 李松林. 2019. 城市空间结构与劳动者工资收入[J]. 世界经济, 42(4): 123-148.

刘永旺, 马晓钰, 杨瑞瑞. 2019. 人口集聚、经济集聚与环境污染交互影响关系:基于面板协整和PECM模型的分析[J]. 人口研究, 43(3): 90-101.

刘玉凤, 高良谋. 2019. 中国省域FDI对环境污染的影响研究[J]. 经济地理, 39(5): 47-54.

刘云霞, 赵昱焜, 曾五一. 2021. 关于中国全要素生产率测度的研究:基于一阶差分对数模型和有效资本存量的再测算[J]. 统计研究, 38(12): 77-88.

卢洪友, 连玉君, 卢盛峰. 2011. 中国医疗服务市场中的信息不对称程度测算[J]. 经济研究, 46(4): 94-106.

卢丽文, 宋德勇, 黄璨. 2017. 长江经济带城市绿色全要素生产率测度:以长江经济带的108个城市为例[J]. 城市问题, (1): 61-67.

卢宁. 2018. 城市绿色全要素生产率与绿色发展研究[M]. 北京: 中国社会科学出版社.

鲁晓东, 连玉君. 2012. 中国工业企业全要素生产率估计: 1999—2007[J]. 经济学(季刊), 11(2): 541-558.

鲁元平, 张克中, 欧阳洁. 2018. 土地财政阻碍了区域技术创新吗?——基于267个地级市面板数据的实证检验[J]. 金融研究, (5): 101-119.

陆铭, 冯皓. 2014. 集聚与减排:城市规模差距影响工业污染强度的经验研究[J]. 世界经济, 37(7): 86-114.

陆铭, 张航, 梁文泉. 2015. 偏向中西部的土地供应如何推升了东部的工资[J]. 中国社会科学,

(5): 59-83, 204-205.

罗良清, 胡晓琳. 2019. 中国省际环境全要素生产率测算、收敛及其影响因素分析[M]. 北京: 经济管理出版社.

马素琳, 韩君, 杨肃昌. 2016. 城市规模、集聚与空气质量[J]. 中国人口·资源与环境, 26(5): 12-21.

马晓龙. 2014. 2000—2011 年中国主要旅游城市全要素生产率评价[J]. 资源科学, 36(8): 1626-1634.

马彦瑞, 刘强. 2021. 工业集聚对绿色经济效率的作用机理与影响效应研究[J]. 经济问题探索, (7): 101-111.

马占新, 苏日古嘎. 2022. 非平衡面板数据的全要素生产率测算方法[J]. 数量经济技术经济研究, 39(5): 145-166.

毛文峰, 陆军. 2020. 土地要素错配如何影响中国的城市创新创业质量: 来自地级市城市层面的经验证据[J]. 产业经济研究, (3): 17-29, 126.

孟令杰, 李静. 2004. 中国全要素生产率的变动趋势: 基于非参数的 Malmquist 指数方法[J]. 产业经济评论, 3(2): 187-198.

倪鹏飞. 2019. 货币政策宽松、供需空间错配与房价持续分化[J]. 经济研究, 54(8): 87-102.

聂长飞, 卢建新, 冯苑, 等. 2021. 创新型城市建设对绿色全要素生产率的影响[J]. 中国人口·资源与环境, 31(3): 117-127.

彭国华. 2005. 中国地区收入差距、全要素生产率及其收敛分析[J]. 经济研究, (9): 19-29.

钱芝网, 孙林. 2021. 基于超效率 SBM 模型的珠三角区域物流效率及影响因素分析[J]. 科技和产业, 21(10): 8-13.

秦蒙, 刘修岩. 2015. 城市蔓延是否带来了我国城市生产效率的损失?——基于夜间灯光数据的实证研究[J]. 财经研究, 41(7): 28-40.

秦蒙, 刘修岩, 李松林. 2019. 城市蔓延如何影响地区经济增长?——基于夜间灯光数据的研究[J]. 经济学(季刊), 18(2): 527-550.

秦蒙, 刘修岩, 仝怡婷. 2016. 蔓延的城市空间是否加重了雾霾污染: 来自中国 $PM_{2.5}$ 数据的经验分析[J]. 财贸经济, (11): 146-160.

秦轶翀. 2009. 基于随机非参数数据包络分析(StoNED)的开放式基金绩效研究[D]. 北京: 北京工业大学.

仇娟东. 2015. 资源环境约束下中国经济增长效率的异质性研究: 基于 Sequential Malmquist-Luenberger 指数的分析[J]. 工业技术经济, 34(7): 94-105.

屈小娥. 2012. 1990—2009 年中国省际环境污染综合评价[J]. 中国人口·资源与环境, 22(5): 158-163.

单豪杰. 2008. 中国资本存量 K 的再估算: 1952~2006 年[J]. 数量经济技术经济研究, 25(10): 17-31.

邵汉华, 夏海波. 2020. 城市蔓延对绿色全要素生产率的影响[J]. 资源科学, 42(4): 790-800.

邵汉华, 杨俊, 廖尝君. 2015. 环境约束下的中国城市增长效率实证研究[J]. 系统工程, 33(6): 77-83.

邵军, 施震凯, 朱俊明. 2020. 进口贸易与中国城市的绿色转型发展: 基于绿色全要素生产率的研究[J]. 国际贸易问题, (12): 51-64.

邵军, 徐康宁. 2010. 我国城市的生产率增长、效率改进与技术进步[J]. 数量经济技术经济研究, 27(1): 58-66, 106.

邵明伟, 金钟范, 张军伟. 2018. 中国城市群全要素生产率测算与分析: 基于 2000-2014 年数据的 DEA-Malmquist 指数法[J]. 经济问题探索, (5): 110-118.

盛来运, 李拓, 毛盛勇, 等. 2018. 中国全要素生产率测算与经济增长前景预测[J]. 统计与信息论坛, 33(12): 3-11.

石风光. 2012. 技术效率、技术进步、资本深化与地区经济增长: 基于随机前沿模型的分析[J]. 科技管理研究, 32(22): 70-75.

史常亮, 揭昌亮, 石峰, 等. 2017. 中国林业技术效率与全要素生产率增长分解: 基于 SFA-Malmquist 方法的估计[J]. 林业科学, 53(12): 126-135.

舒扬, 孔凡邦. 2019. 内生视角下环境规制、产业集聚与城市绿色全要素生产率: 以长江经济带城市为例[J]. 工业技术经济, 38(10): 49-57.

宋马林, 杜倩倩, 金培振. 2016. 供给侧结构性改革视阈下的环境经济与自然资源管理: 环境经济与自然资源管理学术研讨会综述[J]. 经济研究, 51(4): 188-192.

宋旭光, 席玮. 2011. 基于全要素生产率的资源回弹效应研究[J]. 财经问题研究, (10): 20-24.

宋长青, 刘聪粉, 王晓军. 2014. 中国绿色全要素生产率测算及分解: 1985~2010[J]. 西北农林科技大学学报(社会科学版), 14(3): 120-127.

苏红键, 魏后凯. 2013. 密度效应、最优城市人口密度与集约型城镇化[J]. 中国工业经济, (10): 5-17.

孙传旺, 刘希颖, 林静. 2010. 碳强度约束下中国全要素生产率测算与收敛性研究[J]. 金融研究, (6): 17-33.

孙亚男, 杨名彦. 2020. 中国绿色全要素生产率的俱乐部收敛及地区差距来源研究[J]. 数量经济技术经济研究, 37(6): 47-69.

谭政. 2016. 绿色全要素生产率实证研究: 基于中国省际数据的分析[M]. 成都: 西南财经大学出版社.

汤学兵, 陈秀山. 2007. 我国八大区域的经济收敛性及其影响因素分析[J]. 中国人民大学学报, (1): 106-113.

陶长琪, 彭永樟. 2017. 人口集聚、绿化水平与环境污染: 基于城市数据的空间异质性分析[J]. 江西财经大学学报, (6): 21-31.

陶长琪, 齐亚伟. 2012. 中国省际全要素生产率的空间差异与变动趋势[J]. 科研管理, 33(11):

32-39, 48.

陶长琪, 王志平. 2011. 随机前沿方法的研究进展与展望[J]. 数量经济技术经济研究, 28(11): 148-161.

陶长琪, 杨海文. 2014. 空间计量模型选择及其模拟分析[J]. 统计研究, 31(8): 88-96.

陶长琪, 周璇. 2015. 环境规制、要素集聚与全要素生产率的门槛效应研究[J]. 当代财经, (1): 10-22.

田银华, 贺胜兵, 胡石其. 2011. 环境约束下地区全要素生产率增长的再估算: 1998—2008[J]. 中国工业经济, (1): 47-57.

涂正革. 2008. 环境、资源与工业增长的协调性[J]. 经济研究, (2): 93-105.

汪彬, 刘晓阳, 李佳杰, 等. 2022. 工业集聚、金融集聚对绿色全要素生产率的影响机制及空间效应研究[J]. 工业技术经济, 41(8): 126-133.

汪克亮, 史利娟, 刘悦, 等. 2018. 中国节能减排效率的地区差异、动态演进与驱动因素: 基于非径向加权 Russell DDF 与 Luenberger 生产率指标[J]. 华东经济管理, 32(1): 53-61.

汪克亮, 张晨阳, 孟祥瑞. 2016. 环境压力视角下中国地区工业生态效率的异质性[J]. 科技管理研究, 36(10): 242-248.

汪茂泰, 钱龙. 2010. 产业结构变动对经济增长的效应: 基于投入产出的分析[J]. 石家庄经济学院学报, 33(2): 16-19.

汪侠, 徐晓红. 2020. 长江经济带经济高质量发展的时空演变与区域差距[J]. 经济地理, 40(3): 5-15.

王班班, 齐绍洲. 2016. 市场型和命令型政策工具的节能减排技术创新效应: 基于中国工业行业专利数据的实证[J]. 中国工业经济, (6): 91-108.

王冰, 程婷. 2019. 我国中部城市环境全要素生产率的时空演变: 基于 Malmquist-Luenberger 生产率指数分解方法[J]. 长江流域资源与环境, 28(1): 48-59.

王兵, 黄人杰. 2014. 中国区域绿色发展效率与绿色全要素生产率 2000—2010: 基于参数共同边界的实证研究[J]. 产经评论, 5(1): 16-35.

王兵, 刘光天. 2015. 节能减排与中国绿色经济增长: 基于全要素生产率的视角[J]. 中国工业经济, (5): 57-69.

王兵, 罗佑军. 2015. 中国区域工业生产效率、环境治理效率与综合效率实证研究: 基于 RAM 网络 DEA 模型的分析[J]. 世界经济文汇, (1): 99-119.

王兵, 吴延瑞, 颜鹏飞. 2008. 环境管制与全要素生产率增长: APEC 的实证研究[J]. 经济研究, (5): 19-32.

王兵, 吴延瑞, 颜鹏飞. 2010. 中国区域环境效率与环境全要素生产率增长[J]. 经济研究, 45(5): 95-109.

王兵, 肖海林. 2011. 环境约束下长三角与珠三角城市群生产率研究: 基于 MML 生产率指数的实证分析[J]. 产经评论, (5): 100-114.

王兵, 於露瑾, 杨雨石. 2013. 碳排放约束下中国工业行业能源效率的测度与分解[J]. 金融研究, (10): 128-141.

王兵, 朱宁. 2011. 不良贷款约束下的中国上市商业银行效率和全要素生产率研究: 基于 SBM 方向性距离函数的实证分析[J]. 金融研究, (1): 110-130.

王波, 张群, 王飞. 2002. 考虑环境因素的企业 DEA 有效性分析[J]. 控制与决策, (1): 24-28.

王飞. 2017. 城市借用规模研究综述[J]. 现代城市研究, (2): 120-124.

王桂新, 章韬. 2012. 中国改革以来全要素生产率、产业集聚与经济增长[J]. 社会科学, (11): 39-49.

王佳, 盛鹏飞. 2015. 环境治理降低中国工业全要素增长了吗?——基于修正方向性距离函数的研究[J]. 产业经济研究, (5): 31-39, 92.

王家庭, 张俊韬. 2010. 我国城市蔓延测度: 基于35个大中城市面板数据的实证研究[J]. 经济学家, (10): 56-63.

王劲峰, 徐成东. 2017. 地理探测器: 原理与展望[J]. 地理学报, 72(1): 116-134.

王俊, 李佐军. 2014. 拥挤效应、经济增长与最优城市规模[J]. 中国人口·资源与环境, 24(7): 45-51.

王凯风, 吴超林. 2017. 中国城市绿色全要素生产率的时空演进规律: 基于 Global Malmquist-Luenberger 指数和 ESDA 方法[J]. 管理现代化, 37(5): 33-36.

王凯风, 吴超林. 2018. 收入差距对中国城市环境全要素生产率的影响: 来自 285 个地级及以上级别城市的证据[J]. 经济问题探索, (2): 49-57.

王丽丽. 2012. 集聚、贸易开放与全要素生产率增长: 基于中国制造业行业的门槛效应检验[J]. 产业经济研究, (1): 26-34.

王奇, 王会, 陈海丹. 2012. 中国农业绿色全要素生产率变化研究: 1992—2010 年[J]. 经济评论, (5): 24-33.

王庆娟. 2015. 城市人口规模对环境污染的门槛效应研究[D]. 北京: 首都经济贸易大学.

王恕立, 胡宗彪. 2012. 中国服务业分行业生产率变迁及异质性考察[J]. 经济研究, 47(4): 15-27.

王腾, 严良, 何建华, 等. 2017. 环境规制影响全要素能源效率的实证研究: 基于波特假说的分解验证[J]. 中国环境科学, 37(4): 1571-1578.

王文普. 2013. 环境规制、空间溢出与地区产业竞争力[J]. 中国人口·资源与环境, 23(8): 123-130.

王效俐, 刘娜娜. 2015. 高校科技创新全要素生产率增长的差异与收敛[J]. 中国科技论坛, (11): 18-23.

王雪娇, 肖海峰. 2017. 中国生猪养殖业生产效率和全要素生产率增长: 基于 SBM 方向性距离函数的实证分析[J]. 北京航空航天大学学报(社会科学版), 30(4): 67-76.

王亚菲, 王春云. 2018. 中国行业层面研究与试验发展资本存量核算[J]. 数量经济技术经济研究, 35(1): 94-110.

王艺明, 陈晨, 高思航. 2016. 中国城市全要素生产率估算与分析: 2000—2013[J]. 经济问题,

(8): 1-8, 34.

王永培, 袁平红. 2011. 基础设施、拥挤性与城市生产率差异: 来自中国267个城市市辖区数据的实证研究[J]. 财经科学, (7): 43-51.

王志刚, 龚六堂, 陈玉宇. 2006. 地区间生产效率与全要素生产率增长率分解(1978—2003)[J]. 中国社会科学, (2): 55-66, 206.

魏楚. 2014. 中国城市 $CO_2$ 边际减排成本及其影响因素[J]. 世界经济, 37(7): 115-141.

魏后凯. 2014. 中国城镇化进程中两极化倾向与规模格局重构[J]. 中国工业经济, (3): 18-30.

魏守华, 陈扬科, 陆思桦. 2016. 城市蔓延、多中心集聚与生产率[J]. 中国工业经济, (8): 58-75.

魏旭, 高冠中. 2017. 西方主流经济学全要素生产率理论的实践检视与方法论反思: 一个马克思主义政治经济学的分析框架[J]. 毛泽东邓小平理论研究, (7): 45-52, 108.

文乐, 彭代彦. 2016. 土地供给错配、房价上涨与半城镇化研究[J]. 中国土地科学, 30(12): 18-27.

吴浩然, 吴祁宗. 2017. 地方财政公共文化服务支出的效率评价: 基于三阶段DEA窗口模型[J]. 数学的实践与认识, 47(3): 74-83.

吴建新, 黄蒙蒙. 2016. 中国城市经济的绿色转型: 基于环境效率和环境全要素生产率的分析[J]. 产经评论, 7(6): 98-115.

吴军. 2009. 环境约束下中国地区工业全要素生产率增长及收敛分析[J]. 数量经济技术经济研究, 26(11): 17-27.

吴书胜. 2018. 中国区域全要素生产率的空间非均衡及分布动态演进: 2003—2014年[J]. 产经评论, 9(2): 99-115.

席强敏. 2012. 城市效率与城市规模关系的实证分析: 基于2001~2009年我国城市面板数据[J]. 经济问题, (10): 37-41.

夏菁, 田莉, 蒋卓君, 等. 2021. 国家治理视角下建设用地指标分配的执行偏差与机制研究[J]. 中国土地科学, 35(6): 20-30.

向国成, 江鑫. 2019. "小而无当"但"过犹不及": 人口规模与城市生产率的关系研究[J]. 产业经济研究, (6): 115-126.

肖攀, 李连友, 唐李伟, 等. 2013. 中国城市环境全要素生产率及其影响因素分析[J]. 管理学报, 10(11): 1681-1689.

肖挺, 戴伟. 2015. 财政分权体制下中国两类全要素生产率变化的比较研究[J]. 现代财经(天津财经大学学报), 35(8): 44-56.

肖周燕, 沈左次. 2019. 人口集聚、产业集聚与环境污染的时空演化及关联性分析[J]. 干旱区资源与环境, 33(2): 1-8.

谢里, 朱国姝, 陈钦. 2012. 人口集聚与经济增长:基于跨国数据的经验研究[J]. 系统工程, 30(8): 113-117.

辛龙, 孙慧, 王慧, 等. 2020. 基于地理探测器的绿色经济效率时空分异及驱动力研究[J]. 中国人口·资源与环境, 30(9): 128-138.

邢宏洋, 高俊, 谭辉. 2021. 国际空间溢出与服务业全要素生产率: 基于空间随机前沿分析方法的测度[J]. 数量经济技术经济研究, 38(5): 75-95.

徐辉, 杨烨. 2017. 人口和产业集聚对环境污染的影响: 以中国的100个城市为例[J]. 城市问题, (1): 53-60.

徐向华, 陈臻, 丁晓东. 2019. 区域性中心城市蔓延趋势测度与控制策略: 以山东省临沂市为例[J]. 中国土地科学, 33(2): 85-92.

许宪春, 张钟文, 常子豪, 等. 2020. 中国分行业全要素生产率估计与经济增长动能分析[J]. 世界经济, 43(2): 25-48.

闫明喆, 李宏舟, 田飞虎. 2018. 中国的节能政策有效吗?——基于SFA-Bayes分析框架的生态全要素能源效率测定[J]. 经济与管理研究, 39(3): 89-101.

严金海. 2018. 土地供给管制与城市住房用地供给错配: 基于2009—2015年中国城市面板数据的分析[J]. 中国土地科学, 32(6): 15-22.

颜鹏飞, 王兵. 2004. 技术效率、技术进步与生产率增长: 基于DEA的实证分析[J]. 经济研究, (12): 55-65.

杨东亮, 李朋骜. 2019. 人口集聚的经济效应: 基于工具变量的实证研究[J]. 人口学刊, 41(3): 28-37.

杨浩昌, 李廉水, 刘军. 2018. 产业聚集与中国城市全要素生产率[J]. 科研管理, 39(1): 83-94.

杨浩然. 2020. 与理论相一致的全要素生产率增长率测算[J]. 经济学报, 7(1): 89-111.

杨眉, 王世新, 周艺, 等. 2011. 基于DMSP/OLS影像的城市化水平遥感估算方法[J]. 遥感信息, (4): 100-106.

杨仁发. 2015. 产业集聚能否改善中国环境污染[J]. 中国人口·资源与环境, 25(2): 23-29.

杨汝岱. 2015. 中国制造业企业全要素生产率研究[J]. 经济研究, 50(2): 61-74.

杨万平, 李冬. 2020. 中国生态全要素生产率的区域差异与空间收敛[J]. 数量经济技术经济研究, 37(9): 80-99.

姚震寰, 纪明辉. 2015. 对东北城市全要素生产率的测度与分析[J]. 税务与经济, (4): 51-58.

叶琴, 曾刚, 戴劭勍, 等. 2018. 不同环境规制工具对中国节能减排技术创新的影响: 基于285个地级市面板数据[J]. 中国人口·资源与环境, 28(2): 115-122.

叶祥松, 彭良燕. 2011. 我国环境规制下的规制效率与全要素生产率研究: 1999-2008[J]. 财贸经济, (2): 102-109, 137.

殷宝庆. 2012. 环境规制与我国制造业绿色全要素生产率: 基于国际垂直专业化视角的实证[J]. 中国人口·资源与环境, 22(12): 60-66.

尹向飞, 段文斌. 2016. 中国全要素生产率的来源:理论构建和经验数据[J]. 南开经济研究, (1): 95-116.

尤建新, 陈震, 张玲红, 等. 2012. 我国连续性全要素$CO_2$排放绩效空间差异及成因研究: 基于Sequential Malmquist-Luenberger指数分析[J]. 预测, 31(2): 57-61.

于斌斌. 2015. 产业结构调整与生产率提升的经济增长效应:基于中国城市动态空间面板模型的分析[J]. 中国工业经济,(12):83-98.

余典范,李斯林,周腾军. 2021. 中国城市空气质量改善的产业结构效应-基于新冠疫情冲击的自然实验[J]. 财经研究,47(3):19-34.

余吉祥,沈坤荣. 2019. 城市建设用地指标的配置逻辑及其对住房市场的影响[J]. 经济研究,54(4):116-132.

余森杰. 2010. 中国的贸易自由化与制造业企业生产率[J]. 经济研究,45(12):97-110.

余奕杉,卫平. 2021. 中国城市绿色全要素生产率测度研究[J]. 生态经济,37(3):43-52.

余泳泽. 2017. 异质性视角下中国省际全要素生产率再估算:1978—2012[J]. 经济学(季刊),16(3):1051-1072.

余泳泽,李启航. 2019. 城市房价与全要素生产率:"挤出效应"与"筛选效应"[J]. 财贸经济,40(1):128-143.

余泳泽,刘凤娟,张少辉. 2017. 中国工业分行业资本存量测算:1985—2014[J]. 产业经济评论,(6):5-15.

余泳泽,杨晓章,张少辉. 2019. 中国经济由高速增长向高质量发展的时空转换特征研究[J]. 数量经济技术经济研究,36(6):3-21.

余壮雄,杨扬. 2014. 大城市的生产率优势:集聚与选择[J]. 世界经济,37(10):31-51.

原毅军,谢荣辉. 2015. FDI、环境规制与中国工业绿色全要素生产率增长:基于Luenberger指数的实证研究[J]. 国际贸易问题,(8):84-93.

曾五一. 1994. 社会总供需平衡统计研究的回顾与展望[J]. 统计研究,11(3):18-24.

曾五一,任涛. 2016. 关于资本存量核算的若干基本问题研究[J]. 统计研究,33(9):104-112.

张国峰,李强,王永进. 2017. 大城市生产率优势:集聚、选择还是群分效应[J]. 世界经济,40(8):167-192.

张豪,何宇,张建华. 2017. 中国主要城市增长差异及空间溢出:基于方向性距离函数的实证分析[J]. 科技管理研究,37(8):260-266.

张浩然,衣保中. 2012. 基础设施、空间溢出与区域全要素生产率:基于中国266个城市空间面板杜宾模型的经验研究[J]. 经济学家,(2):61-67.

张吉鹏,吴桂英. 2004. 中国地区差距:度量与成因[J]. 世界经济文汇,(4):60-81.

张建升. 2018. 中国主要城市环境全要素生产率研究[M]. 成都:西南财经大学出版社.

张杰,李勇,刘志彪. 2009. 出口促进中国企业生产率提高吗?——来自中国本土制造业企业的经验证据:1999~2003[J]. 管理世界,(12):11-26.

张静晓,芦冠仰,顾杨,等. 2022. GTFP分析:影响因素与清单列表[J]. 生态经济,38(6):56-62,69.

张军. 2002. 增长、资本形成与技术选择:解释中国经济增长下降的长期因素[J]. 经济学(季刊),(1):301-338.

张军, 施少华. 2003. 中国经济全要素生产率变动: 1952—1998[J]. 世界经济文汇, (2): 17-24.

张军, 吴桂英, 张吉鹏. 2004. 中国省际物质资本存量估算: 1952—2000[J]. 经济研究, (10): 35-44.

张可云, 杨孟禹. 2016. 国外空间计量经济学研究回顾、进展与述评[J]. 产经评论, 7(1): 5-21.

张可云, 易毅, 张文彬. 2013. 区域差距与中国环境全要素生产率[J]. 发展研究, (3): 92-98.

张丽峰. 2013. 碳排放约束下中国全要素生产率测算与分解研究: 基于随机前沿分析(SFA)方法[J]. 干旱区资源与环境, 27(12): 20-24.

张苗, 彭山桂, 刘璐. 2020. 土地资源错配阻碍新旧动能转换的作用机制研究[J]. 中国土地科学, 34(11): 95-102.

张倩肖, 李丹丹. 2016. 基于半参数法的中国跨地区全要素生产率研究[J]. 华东经济管理, 30(3): 50-56.

张少华, 蒋伟杰. 2014. 中国全要素生产率的再测度与分解[J]. 统计研究, 31(3): 54-60.

张少华, 蒋伟杰. 2016. 能源效率测度方法: 演变、争议与未来[J]. 数量经济技术经济研究, 33(7): 3-24.

张绍阳, 刘琼, 欧名豪. 2018. 财政竞争、引资竞争与土地约束性指标管控政策执行偏差[J]. 中国人口·资源与环境, 28(5): 123-131.

张伟, 吴文元. 2011. 基于环境绩效的长三角都市圈全要素能源效率研究[J]. 经济研究, 46(10): 95-109.

张英浩, 陈江龙, 程钰. 2018. 环境规制对中国区域绿色经济效率的影响机理研究: 基于超效率模型和空间面板计量模型实证分析[J]. 长江流域资源与环境, 27(11): 2407-2418.

张圆. 2022. 城市数字经济对绿色全要素生产率的空间效应研究: 理论机理与实证检验[J]. 经济体制改革, (4): 43-50.

张志强. 2015. 微观企业全要素生产率测度方法的比较与应用[J]. 数量经济技术经济研究, 32(12): 107-123.

张自然. 2014. TFP增长对中国城市经济增长与波动的影响: 基于264个地级及地级以上城市数据[J]. 金融评论, 6(1): 24-37, 123-124.

章韬. 2013. 经济地理外部性与城市全要素生产率差异: 来自中国地级城市的证据[J]. 上海经济研究, 25(12): 31-48, 62.

章韬, 王桂新. 2012. 集聚密度与城市全要素生产率差异: 来自中国地级城市面板数据的证据[J]. 国际商务研究, 33(6): 45-54.

章祥荪, 贵斌威. 2008. 中国全要素生产率分析: Malmquist指数法评述与应用[J]. 数量经济技术经济研究, (6): 111-122.

赵伟, 马瑞永, 何元庆. 2005. 全要素生产率变动的分解: 基于Malmquist生产力指数的实证分析[J]. 统计研究, (7): 37-42.

赵曜. 2015. 集聚密度、集聚规模与城市生产率: 对中国地级及以上城市最优集聚密度的实证研究[J]. 中南财经政法大学学报, (5): 12-20, 158.

郑京海, 胡鞍钢. 2005. 中国改革时期省际生产率增长变化的实证分析(1979—2001年)[J]. 经济学(季刊), (1): 263-296.

郑丽琳, 朱启贵. 2013. 纳入能源环境因素的中国全要素生产率再估算[J]. 统计研究, 30(7): 9-17.

郑凌霄, 赵静敏. 2012. 环境约束下地区全要素生产率增长及影响因素研究: 基于马姆奎斯特生产率指数和环境库兹涅茨曲线分析[J]. 生态经济, (4): 47-51.

郑玉歆. 1999. 全要素生产率的测度及经济增长方式的"阶段性"规律: 由东亚经济增长方式的争论谈起[J]. 经济研究, (5): 57-62.

中共中央宣传部. 2021. 习近平新时代中国特色社会主义思想学习问答[M]. 北京: 学习出版社.

周芳丽. 2020. 城市规模与环境污染: 规模效应还是拥挤效应: 基于地级城市面板数据的实证分析[J]. 大连理工大学学报(社会科学版), 41(2): 34-41.

周杰琦, 王海娣. 2021. 环境规制与城市绿色全要素生产率增长的理论分析与中国经验[J]. 经济论坛, (12): 139-152.

周圣强, 朱卫平. 2013. 产业集聚一定能带来经济效率吗: 规模效应与拥挤效应[J]. 产业经济研究, (3): 12-22.

周五七. 2015. 绿色生产率增长的非参数测度方法: 演化和进展[J]. 技术经济, 34(9): 48-54.

朱灵君, 王学君. 2017. 中国食品工业全要素生产率测度与事实: 基于企业微观数据[J]. 世界农业, (6): 60-67.

朱启贵. 2016. "绿色+": 中国可持续发展的全新战略思维[J]. 人民论坛·学术前沿, (3): 16-27.

庄燕杰. 2012. 长三角城市体系规模分布测度及时空演进特征研究[D]. 杭州: 浙江工商大学.

Abad A. 2015. An environmental generalised Luenberger-Hicks-Moorsteen productivity indicator and an environmental generalised Hicks-Moorsteen productivity index[J]. Journal of Environmental Management, 161: 325-334.

Abay K A, Chamberlin J, Berhane G. 2020. Are land rental markets responding to rising population pressures and land scarcity in sub-Saharan Africa?[J]. Land Use Policy, 101: 105139.

Abdel-Rahman H M, Anas A. 2004. Theories of systems of cities[J]. Handbook of Regional and Urban Economics, 4: 2293-2339.

Abdel-Rahman H, Fujita M. 1990. Product variety, marshallian externalities, and city sizes[J]. Journal of Regional Science, 30(2): 165-183.

Åberg Y. 1973. I. Regional productivity differences in Swedish manufacturing[J]. Regional and Urban Economics, 3(2): 131-155.

Abramovitz M. 1956. Resource and output trends in the United States since 1870[EB/OL]. https://www.nber.org/system/files/chapters/c5650/c5650.pdf[2024-08-07].

Ackerberg D A, Caves K, Frazer G. 2005. Structural identification of production functions[EB/OL].

http://users.econ.umn.edu/~holmes/class/2005f8206/papers/ackerberg_caves_frazer.pdf[2024-08-07].

Ahmed E M. 2012. Green TFP intensity impact on sustainable East Asian productivity growth[J]. Economic Analysis and Policy, 42(1): 67-78.

Aigner D J, Chu S F. 1968. On estimating the industry production function[J]. The American Economic Review, 58(4): 826-839.

Aigner D, Lovell C A K, Schmidt P. 1977. Formulation and estimation of stochastic frontier production function models[J]. Journal of Econometrics, 6(1): 21-37.

Ali A, Seiford L M. 1990. Translation invariance in data envelopment analysis[J]. Operations Research Letters, 9(6): 403-405.

Andersen P, Petersen N C. 1993. A procedure for ranking efficient units in data envelopment analysis[J]. Management Science, 39(10): 1261-1264.

Ang F, Kerstens P J. 2017. Decomposing the Luenberger-Hicks-Moorsteen total factor productivity indicator: an application to U.S. agriculture[J]. European Journal of Operational Research, 260(1): 359-375.

Añón Higón D. 2007. The impact of R&D spillovers on UK manufacturing TFP: a dynamic panel approach[J]. Research Policy, 36(7): 964-979.

Aoki S. 2012. A simple accounting framework for the effect of resource misallocation on aggregate productivity[J]. Journal of the Japanese and International Economies, 26(4): 473-494.

Aparicio J, Kapelko M, Zofío J L. 2020. The measurement of environmental economic inefficiency with pollution-generating technologies[J]. Resource and Energy Economics, 62:101185.

Asmild M, Tam F. 2007. Estimating global frontier shifts and global Malmquist indices[J]. Journal of Productivity Analysis, 27(2): 137-148.

Ayres R U. 1995. Thermodynamics and process analysis for future economic scenarios[J]. Environmental and Resource Economics, 6(3): 207-230.

Ayres R U, Kneese A V. 1969. Production, consumption, and externalities[J]. The American Economic Review, 59(3): 282-297.

Badunenko O, Mozharovskyi P. 2020. Statistical inference for the Russell measure of technical efficiency[J]. Journal of the Operational Research Society, 71(3):517-527.

Baily M N, Hulten C, Campbell D. 1992. Productivity dynamics in manufacturing plants[J]. Brookings Papers on Economic Activity, 23(1992): 187-267.

Baldwin J R, Gu W L. 2006. Plant turnover and productivity growth in Canadian manufacturing[J]. Industrial and Corporate Change, 15(3): 417-465.

Baležentis T, Kerstens K, Shen Z Y. 2017. An environmental Luenberger-Hicks-Moorsteen total factor productivity indicator for OECD countries[EB/OL]. https://lem.univ-lille.fr/fileadmin/

user_upload/laboratoires/lem/DocTravail2017/dp2017-07.pdf[2024-08-07].

Banker R D, Charnes A, Cooper W W. 1984. Some models for estimating technical and scale inefficiencies in data envelopment analysis[J]. Management Science, 30(9): 1078-1092.

Banker R D, Maindiratta A. 1992. Maximum likelihood estimation of monotone and concave production frontiers[J]. Journal of Productivity Analysis, 3(4): 401-415.

Banker R D, Natarajan R. 2008. Evaluating contextual variables affecting productivity using data envelopment analysis[J]. Operations Research, 56(1): 48-58.

Banker R D, Zheng Z, Natarajan R. 2010. DEA-based hypothesis tests for comparing two groups of decision making units[J]. European Journal of Operational Research, 206(1): 231-238.

Barbera A J, McConnell V D. 1990. The impact of environmental regulations on industry productivity: direct and indirect effects[J]. Journal of Environmental Economics and Management, 18(1): 50-65.

Baron R M, Kenny D A. 1986. The moderator-mediator variable distinction in social psychological research: conceptual, strategic, and statistical considerations[J]. Journal of Personality and Social Psychology, 51(6): 1173-1182.

Barros C P, Ibiwoye A, Managi S. 2008. Productivity change of Nigerian insurance companies: 1994-2005[J]. African Development Review, 20(3): 505-528.

Battese G E, Coelli T J. 1992. Frontier production functions, technical efficiency and panel data: with application to paddy farmers in India[J]. Journal of Productivity Analysis, 3: 153-169.

Battese G E, Corra G S. 1977. Estimation of a production frontier model: with application to the pastoral zone of eastern Australia[J]. Australian Journal of Agricultural Economics, 21(3): 169-179.

Battese G E, Prasada Rao D S, O'Donnell C J. 2004. A metafrontier production function for estimation of technical efficiencies and technology gaps for firms operating under different technologies[J]. Journal of Productivity Analysis, 21(1): 91-103.

Batty M. 2008. The size, scale, and shape of cities[J]. Science, 319(5864): 769-771.

Baumgärtner S, Dyckhoff H, Faber M, et al. 2001. The concept of joint production and ecological economics[J]. Ecological Economics, 36(3): 365-372.

Baumol W J, Oates W E. 1988. The Theory of Environmental Policy[M]. Cambridge: Cambridge University Press.

Berg S A, Førsund F R, Jansen E S. 1992. Malmquist indices of productivity growth during the deregulation of Norwegian banking, 1980-1989[J]. The Scandinavian Journal of Economics, 94: S211-S228.

Berre D, Blancard S, Boussemart J P, et al. 2014. Finding the right compromise between productivity and environmental efficiency on high input tropical dairy farms: a case study[J]. Journal of

Environmental Management, 146: 235-244.

Berre D, Boussemart J P, Leleu H, et al. 2013. Economic value of greenhouse gases and nitrogen surpluses: society vs farmers' valuation[J]. European Journal of Operational Research, 226(2): 325-331.

Bjurek H. 1996. The Malmquist total factor productivity index[J]. The Scandinavian Journal of Economics, 98(2): 303-313.

Boussemart J P, Briec W, Kerstens K, et al. 2003. Luenberger and Malmquist productivity indices: theoretical comparisons and empirical illustration[J]. Bulletin of Economic Research, 55(4): 391-405.

Boussemart J P, Ferrier G D, Leleu H, et al. 2020. An expanded decomposition of the Luenberger productivity indicator with an application to the Chinese healthcare sector[J]. Omega, 91: 102010.

Boussemart J P, Leleu H Y, Shen Z Y. 2015. Environmental growth convergence among Chinese regions[J]. China Economic Review, 34: 1-18.

Brandt L, van Biesebroeck J, Zhang Y F. 2012. Creative accounting or creative destruction? Firm-level productivity growth in Chinese manufacturing[J]. Journal of Development Economics, 97(2): 339-351.

Briec W. 2000. An extended Färe-Lovell technical efficiency measure[J]. International Journal of Production Economics, 65(2): 191-199.

Briec W, Dervaux B, Leleu H. 2003. Aggregation of directional distance functions and industrial efficiency[J]. Journal of Economics, 79(3): 237-261.

Briec W, Kerstens K. 2004. A Luenberger-Hicks-Moorsteen productivity indicator: its relation to the Hicks-Moorsteen productivity index and the Luenberger productivity indicator[J]. Economic Theory, 23(4): 925-939.

Briec W, Kerstens K. 2009. Infeasibility and directional distance functions with application to the determinateness of the Luenberger productivity indicator[J]. Journal of Optimization Theory and Applications, 141(1): 55-73.

Briec W, Kerstens K. 2011. The Hicks-Moorsteen productivity index satisfies the determinateness axiom[J]. The Manchester School, 79(4): 765-775.

Brown M A, Southworth F, Sarzynski A P. 2008. Shrinking the Carbon Footprint of Metropolitan America[M]. Washington D C: Brookings Institution.

Burger M J, Meijers E J, Hoogerbrugge M M, et al. 2015. Borrowed size, agglomeration shadows and cultural amenities in north-west Europe[J]. European Planning Studies, 23(6): 1090-1109.

Camagni R, Capello R, Caragliu A. 2016. Static vs. dynamic agglomeration economies. Spatial context and structural evolution behind urban growth[J]. Papers in Regional Science, 95(1):

133-159.

Caves D W, Christensen L R, Diewert W E. 1982a. The economic theory of index numbers and the measurement of input, output, and productivity[J]. Econometrica, 50(6): 1393-1414.

Caves D W, Christensen L R, Diewert W E. 1982b. Multilateral comparisons of output, input, and productivity using superlative index numbers[J]. The Economic Journal, 92(365): 73-86.

Chambers R G. 1988. Applied Production Analysis: a Dual Approach[EB/OL]. https://assets.cambridge.org/97805213/14275/frontmatter/9780521314275_frontmatter.pdf[2024-08-07].

Chambers R G. 1998. Input and output indicators[M]//Färe R, Grosskopf S, Russell R R. Index Numbers: Essays in Honour of Sten Malmquist. Dordrecht: Springer.

Chambers R G. 2002. Exact nonradial input, output, and productivity measurement[J]. Economic Theory, 20(4): 751-765.

Chang T P, Hu J L, Chou R Y, et al. 2012. The sources of bank productivity growth in China during 2002–2009: a disaggregation view[J]. Journal of Banking & Finance, 36(7): 1997-2006.

Charnes A, Clark C T, Cooper W W, et al. 1984. A developmental study of data envelopment analysis in measuring the efficiency of maintenance units in the U.S. air forces[J]. Annals of Operations Research, 2(1): 95-112.

Charnes A, Cooper W W. 1984. Preface to topics in data envelopment analysis[J]. Annals of Operations Research, 2(1): 59-94.

Charnes A, Cooper W W, Rhodes E. 1978. Measuring the efficiency of decision making units[J]. European Journal of Operational Research, 2(6): 429-444.

Chen C M. 2014. Evaluating eco-efficiency with data envelopment analysis: an analytical reexamination[J]. Annals of Operations Research, 214(1): 49-71.

Chen C M, Delmas M A. 2012. Measuring eco-inefficiency: a new frontier approach[J]. Operations Research, 60(5): 1064-1079.

Chen K H, Huang Y J, Yang C H. 2009. Analysis of regional productivity growth in China: a generalized metafrontier MPI approach[J]. China Economic Review, 20(4): 777-792.

Chen T, Kung J K S. 2016. Do land revenue windfalls create a political resource curse? Evidence from China[J]. Journal of Development Economics, 123: 86-106.

Cherchye L, Moesen W, Rogge N, et al. 2007. An introduction to "Benefit of the Doubt" composite indicators[J]. Social Indicators Research, 82(1): 111-145.

Choi Y, Oh D H, Zhang N. 2015. Environmentally sensitive productivity growth and its decompositions in China: a metafrontier Malmquist-Luenberger productivity index approach[J]. Empirical Economics, 49(3): 1017-1043.

Christensen L R, Jorgenson D W. 1969. The measurement of U.S. real capital input. 1929-1967[J]. Review of Income and Wealth, 15(4): 293-320.

Christensen L R, Jorgenson D W, Lau L J. 1973. Transcendental logarithmic production frontiers[J]. The Review of Economics and Statistics, 55(1): 28-45.

Chung Y. 1996. Directional distance functions and undesirable outputs[D]. Carbondale: Southern Illinois University Carbondale.

Chung Y H, Färe R, Grosskopf S. 1997. Productivity and undesirable outputs: a directional distance function approach[J]. Journal of Environmental Management, 51(3): 229-240.

Ciccone A, Hall R E. 1996. Productivity and the density of economic activity[J]. American Economic Review, 86(1): 54-70.

Cobb C W, Douglas P H. 1928. A theory of production[J]. The American Economic Review, 18(1): 139-165.

Coelli T J, Prasada Rao D S, O'Donnell C J, et al. 2005. An Introduction to Efficiency and Productivity Analysis[M]. New York: Springer.

Coelli T J, Lauwers L, van Huylenbroeck G. 2007. Environmental efficiency measurement and the materials balance condition[J]. Journal of Productivity Analysis, 28(1/2): 3-12.

Combes P P, Duranton G, Gobillon L. 2008. Spatial wage disparities: sorting matters![J]. Journal of Urban Economics, 63(2): 723-742.

Combes P P, Duranton G, Gobillon L, et al. 2012. The productivity advantages of large cities: distinguishing agglomeration from firm selection[J]. Econometrica, 80(6): 2543-2594.

Considine T J, Larson D F. 2006. The environment as a factor of production[J]. Journal of Environmental Economics & Management, 52(3): 645-662.

Cooper W W, Park K S, Pastor J T. 1999. RAM: a range adjusted measure of inefficiency for use with additive models, and relations to other models and measures in DEA[J]. Journal of Productivity Analysis, 11(1): 5-42.

Copeland B R, Taylor M S. 1994. North-south trade and the environment[J]. The Quarterly Journal of Economics, 109(3): 755-787.

Cropper M, Oates W E. 1992. Environmental Eeconomics: a survey[J]. Journal of Economic Literature, 30(2): 675-740.

Cuesta R A, Lovell C A K, Zofío J L. 2009. Environmental efficiency measurement with translog distance functions: a parametric approach[J]. Ecological Economics, 68(8/9): 2232-2242.

Cui Q. 2021. A data-based comparison of the five undesirable output disposability approaches in airline environmental efficiency[J]. Socio-Economic Planning Sciences, 74: 100931.

Curtis E M, Lee J M. 2019. When do environmental regulations backfire? Onsite industrial electricity generation, energy efficiency and policy instruments[J]. Journal of Environmental Economics and Management, 96: 174-194.

Dagum C. 1997. A new approach to the decomposition of the Gini income inequality ratio[J].

Empirical Economics, 22(4): 515-531.

Dakpo K H, Jeanneaux P, Latruffe L. 2016. Modelling pollution-generating technologies in performance benchmarking: recent developments, limits and future prospects in the nonparametric framework[J]. European Journal of Operational Research, 250(2): 347-359.

Dakpo K H, Jeanneaux P, Latruffe L. 2020. Modelling pollution-generating technologies: a numerical comparison of non-parametric approaches[M]//Aparicio J, Lovell C A K, Pasto J T, et al. Advances in Efficiency and Productivity II: 67-85. Cham: Springer.

Dakpo K H, Lansink A O. 2019. Dynamic pollution-adjusted inefficiency under the by-production of bad outputs[J]. European Journal of Operational Research, 276(1):202-211.

Davis H S. 1955. Prouctivity Accounting[M]. Philadelphia: University of Pennsylvania Press.

de Janvry A, Emerick K, Gonzalez-Navarro M, et al. 2015. Delinking land rights from land use: certification and migration in Mexico[J]. American Economic Review, 105(10): 3125-3149.

de Loecker J. 2007. Do exports generate higher productivity? Evidence from Slovenia[J]. Journal of International Economics, 73(1): 69-98.

de Loecker J. 2011. Product differentiation, multiproduct firms, and estimating the impact of trade liberalization on productivity[J]. Econometrica, 79(5): 1407-1451.

de Loecker J. 2013. Detecting learning by exporting[J]. American Economic Journal: Microeconomics, 5(3): 1-21.

de Loecker J, Warzynski F. 2012. Markups and firm-level export status[J]. The American Economic Review, 102(6): 2437-2471.

Debreu G. 1951. The coefficient of resource utilization[J]. Econometrica, 19(3): 273-292.

Denison E F. 1962. The Sources of Economic Growth in the United States and the Alternatives Before Us[M]. New York: Committee for Economic Development.

Denison E F. 1967. Why Growth Rates Differ[M]. Washington D C: Brookings.

Denison E F. 1969. Some major issues in productivity analysis: an examination of estimates by Jorgenson and Griliches[EB/OL]. https://fraser.stlouisfed.org/title/survey-current-business-46/may-1972-part-ii-9818?page=6[2024-08-07].

Denison E F. 1979. Accounting for Slower Economic Growth: The United States in the 1970's[M]. Washington D C: Brookings Institution Press.

Denison E F. 1985. Trends in American Economic Growth, 1929-1982[M]. Washington D C: Brookings Institution Press.

Deprins D, Simar L L, Tulkens H. 2006. Measuring labor-efficiency in post offices[M]//Chander P, Drèze J, Lovell C K, et al. Public Goods, Environmental Externalities and Fiscal Competition: Selected Papers on Competition, Efficiency and Cooperation in Public Economics. Boston: Springer: 285-309.

Dhakal S. 2009. Urban energy use and carbon emissions from cities in China and policy implications[J]. Energy Policy, 37(11): 4208-4219.

di Liddo G. 2015. Urban sprawl and regional growth: empirical evidence from Italian regions[J]. Economics Bulletin, 35(4): 2141-2160.

Diewert W E. 2005. Index number theory using differences rather than ratios[J]. American Journal of Economics & Sociology, 64(1): 311-360.

Diewert W E, Fox K J. 2018. Decomposing value-added growth into explanatory factors[M]// Grifell-Tatjé E, Lovell C A K, Sickles R C. The Oxford Handbook of Productivity Analysis. Oxford: Oxford University Press: 625-662.

Doraszelski U, Jaumandreu J. 2007. R&D and productivity: estimating production functions when productivity is endogenous[EB/OL]. https://www.aeaweb.org/annual_mtg_papers/2008/2008_302.pdf[2024-08-07].

Du K R, Lu H, Yu K. 2014. Sources of the potential $CO_2$ emission reduction in China: a nonparametric metafrontier approach[J]. Applied Energy, 115: 491-501.

Duranton G, Puga D. 2003. Micro-foundations of urban agglomeration economies[EB/OL]. https://diegopuga.org/papers/urbanagg.pdf[2024-08-07].

Dyckhoff H, Allen K. 2001. Measuring ecological efficiency with data envelopment analysis(DEA)[J]. European Journal of Operational Research, 132(2): 312-325.

Ebert U, Welsch H. 2007. Environmental emissions and production economics: implications of the materials balance[J]. American Journal of Agricultural Economics, 89(2): 287-293.

Elvidge C D, Sutton P C, Ghosh T, et al. 2009. A global poverty map derived from satellite data[J]. Computers & Geosciences, 35(8): 1652-1660.

Eskelinen J, Kuosmanen T. 2013. Intertemporal efficiency analysis of sales teams of a bank: stochastic semi-nonparametric approach[J]. Journal of Banking & Finance, 37(12): 5163-5175.

Fallah B N, Partridge M D, Olfert M R. 2011. Urban sprawl and productivity: evidence from US metropolitan areas[J]. Papers in Regional Science, 90(3): 451-473.

Fan Y Q, Li Q, Weersink A. 1996. Semiparametric estimation of stochastic production frontier models[J]. Journal of Business & Economic Statistics, 14(4): 460-468.

Fang L. 2020. Opening the "black box" of environmental production technology in a nonparametric analysis[J]. European Journal of Operational Research, 286(2): 769-780.

Färe R, Grosskopf S. 1983. Measuring output efficiency[J]. European Journal of Operational Research, 13(2): 173-179.

Färe R, Grosskopf S. 1998. Shadow pricing of good and bad commodities[J]. American Journal of Agricultural Economics, 80(3): 584-590.

Färe R, Grosskopf S. 2000. Network DEA[J]. Socio-Economic Planning Sciences, 34(1): 35-49.

Färe R, Grosskopf S. 2003. Nonparametric productivity analysis with undesirable outputs: comment[J]. American Journal of Agricultural Economics, 85 (4): 1070-1074.

Färe R, Grosskopf S. 2004. Modeling undesirable factors in efficiency evaluation: comment[J]. European Journal of Operational Research, 157 (1): 242-245.

Färe R, Grosskopf S. 2009. A comment on weak disposability in nonparametric production analysis[J]. American Journal of Agricultural Economics, 91 (2): 535-538.

Färe R, Grosskopf S. 2010. Directional distance functions and slacks-based measures of efficiency[J]. European Journal of Operational Research, 200 (1): 320-322.

Färe R, Grosskopf S, Lindgren B, et al. 1992. Productivity changes in Swedish pharmacies 1980-1989: a non-parametric Malmquist approach[J]. Journal of Productivity Analysis, 3: 85-101.

Färe R, Grosskopf S, Lindgren B, et al. 1994a. Productivity developments in Swedish hospitals: a Malmquist output index approach[M]//Charnes A, Cooper W W, Lewin A Y, et al. Data Envelopment Analysis: Theory, Methodology, and Applications. Dordrecht: Springer: 253-272.

Färe R, Grosskopf S, Lovell C A K, et al. 1989. Multilateral productivity comparisons when some outputs are undesirable: a nonparametric approach[J]. The Review of Economics and Statistics, 71 (1): 90-98.

Färe R, Grosskopf S, Lovell C A K, et al. 1993a. Derivation of shadow prices for undesirable outputs: a distance function approach[J]. The Review of Economics and Statistics, 75 (2): 374-380.

Färe R, Grosskopf S, Lovell C A K. 1993b. Production Frontiers[M]. Cambridge: Cambridge University Press.

Färe R, Grosskopf S, Lundgren T, et al. 2016. Productivity: should we include bads?[M]//Färe R, Grosskopf S, Lundgren T, et al. The Impact of Climate Policy on Environmental and Economic Performance: Evidence from Sweden. London: Routledge.

Färe R, Grosskopf S, Noh D W, et al. 2005. Characteristics of a polluting technology: theory and practice[J]. Journal of Econometrics. 126 (2): 469-492.

Färe R, Grosskopf S, Norris M, et al. 1994b. Productivity growth, technical progress, and efficiency change in industrialized countries[J]. The American Economic Review, 84 (1): 66-83.

Färe R, Grosskopf S, Pasurka C A Jr. 2001. Accounting for air pollution emissions in measures of state manufacturing productivity growth[J]. Journal of Regional Science, 41 (3): 381-409.

Färe R, Grosskopf S, Pasurka C A Jr. 2007. Pollution abatement activities and traditional productivity[J]. Ecological Economics, 62 (3/4): 673-682.

Färe R, Grosskopf S, Pasurka C. 1986. Effects on relative efficiency in electric power generation due to environmental controls[J]. Resources and Energy, 8 (2): 167-184.

Färe R, Grosskopf S, Zelenyuk V. 2008. Aggregation of Nerlovian profit indicator[J]. Applied Economics Letters, 15 (11): 845-847.

Färe R, Lovell C A K. 1978. Measuring the technical efficiency of production[J]. Journal of Economic Theory, 19(1): 150-162.

Färe R, Primont D. 1995. Multi-output production and duality: theory and applications[J]. Journal of Economic Literature, 34(3): 1343-1344.

Färe R, Primont D. 2003. Luenberger productivity indicators: aggregation across firms[J]. Journal of Productivity Analysis, 20(3): 425-435.

Färe R, Zelenyuk V. 2003. On aggregate Farrell efficiencies[J]. European Journal of Operational Research, 146(3): 615-620.

Farrell M J. 1957. The measurement of productive efficiency[J]. Journal of the Royal Statistical Society: Series A (General), 120(3): 253-281.

Ferrier G D, Leleu H, Valdmanis V G. 2010. The impact of CON regulation on hospital efficiency[J]. Health Care Management Science, 13(1): 84-100.

Forslid R, Okubo T. 2014. Spatial sorting with heterogeneous firms and heterogeneous sectors[J]. Regional Science and Urban Economics, 46: 42-56.

Førsund F R. 2009. Good modelling of bad outputs: pollution and multiple-output production[J]. International Review of Environmental and Resource Economics, 3(1): 1-38.

Førsund F R. 2018. Multi-equation modelling of desirable and undesirable outputs satisfying the materials balance[J]. Empirical Economics, 54(1): 67-99.

Foster L, Haltiwanger J C, Krizan C J. 2001. Aggregate productivity growth: lessons from microeconomic evidence[C]//Hulten C R, Dean E R, Harper M. New Developments in Productivity Analysis. Chicago: University of Chicago Press: 303-372.

Fried H O, Lovell C A K, Schmidt S S, et al. 2002. Accounting for environmental effects and statistical noise in data envelopment analysis[J]. Journal of Productivity Analysis, 17(1): 157-174.

Frisch R. 1964. Theory of Production[M]. Dordrecht: Springer.

Fujii H, Kaneko S, Managi S. 2009. Changes in environmentally sensitive productivity and technological modernization in China's iron and steel industry in the 1990s[J]. Environment and Development Economics, 15(4): 485-504.

Fujii H, Managi S, Matousek R. 2014. Indian bank efficiency and productivity changes with undesirable outputs: a disaggregated approach[J]. Journal of Banking & Finance, 38: 41-50.

Fujita M, Krugman P. 2004. The new economic geography: past, present and the future[J]. Papers in Regional Science, 83(1): 139-164.

Fukuyama H, Weber W L. 2009. A directional slacks-based measure of technical inefficiency[J]. Socio-Economic Planning Sciences, 43(4): 274-287.

Gandhi A, Navarro S, Rivers D A. 2012. On the identification of production functions: how heterogeneous is productivity?[R]. Working Paper, No. 105.

Gao X W, Shi X J, Fang S L. 2021. Property rights and misallocation: evidence from land certification in China[J]. World Development, 147: 105632.

Gardiner B, Martin R, Tyler P. 2011. Does spatial agglomeration increase national growth? Some evidence from Europe[J]. Journal of Economic Geography, 11(6): 979-1006.

Gaubert C. 2018. Firm sorting and agglomeration[J]. American Economic Review, 108(11): 3117-3153.

Giuseppe D L. 2015. Urban sprawl and regional growth: empirical evidence from Italian Regions[J]. Economics Bulletin, 35(4): 2141-2160.

Glaeser E. 2011. Triumph of the City: How Our Greatest Invention Makes Us Richer, Smarter, Greener, Healthier, and Happier[M]. London: Penguin Books.

Golany B, Roll Y. 1989. An application procedure for DEA[J]. Omega, 17(3): 237-250.

Greene W. 1999. Marginal effects in the censored regression model[J]. Economics Letters, 64(1): 43-49.

Grifell-Tatjé E, Lovell C A K. 1995. A note on the Malmquist productivity index[J]. Economics Letters, 47(2): 169-175.

Grifell-Tatjé E, Lovell C A K. 1999. A generalized Malmquist productivity index[J]. Top, 7(1): 81-101.

Griliches Z, Regev H. 1995. Firm productivity in Israeli industry 1979-1988[J]. Journal of Econometrics, 65(1): 175-203.

Grosskopf S. 1996. Statistical inference and nonparametric efficiency: a selective survey[J]. Journal of Productivity Analysis, 7: 161-176.

Grosskopf S. 2003. Some remarks on productivity and its decompositions[J]. Journal of Productivity Analysis, 20(3): 459-474.

Grossman G M, Krueger A B. 1995. Economic growth and the environment[J]. The Quarterly Journal of Economics, 110(2): 353-377.

Gu B M, Liu J G, Ji Q. 2022. The effect of social sphere digitalization on green total factor productivity in China: evidence from a dynamic spatial Durbin model[J]. Journal of Environmental Management, 320: 115946.

Hailu A, Veeman T S. 2000. Environmentally sensitive productivity analysis of the Canadian pulp and paper industry, 1959-1994: an input distance function approach[J]. Journal of Environmental Economics and Management, 40(3): 251-274.

Hailu A, Veeman T S. 2001. Non-parametric productivity analysis with undesirable outputs: an application to the Canadian pulp and paper industry[J]. American Journal of Agricultural Economics, 83(3): 605-616.

Hall R E. 1988. The relation between price and marginal cost in U.S. industry[J]. Journal of Political Economy, 96(5): 921-947.

Hamidi S, Ewing R, Preuss I, et al. 2015. Measuring sprawl and its impacts: an update [J]. Journal of Planning Education and Research, 35(1): 35-50.

Hampf B. 2018. Measuring inefficiency in the presence of bad outputs: does the disposability assumption matter?[J]. Empirical Economics, 54(1): 101-127.

Hampf B, Rødseth K L. 2015. Carbon dioxide emission standards for U.S. power plants: an efficiency analysis perspective[J]. Energy Economics, 50: 140-153.

Hampf B, Rødseth K L. 2017. Optimal profits under environmental regulation: the benefits from emission intensity averaging[J]. Annals of Operations Research, 255(1): 367-390.

Hanson G H. 2005. Market potential, increasing returns and geographic concentration[J]. Journal of International Economics, 67(1): 1-24.

Hayami Y. 1969. Sources of agricultural productivity gap among selected countries[J]. American Journal of Agricultural Economics, 51(3): 564-575.

Haynes K E, Ratick S, Bowen W M, et al. 1993. Environmental decision models: U.S. experience and a new approach to pollution management[J]. Environment International, 19(3): 261-275.

Henderson D J, Simar L L. 2005. A fully nonparametric stochastic frontier model for panel data[EB/OL]. https://www.researchgate.net/publication/251630210_A_Fully_Nonparametric_Stochastic_Frontier_Model_for_Panel_Data[2024-08-07].

Henderson J V. 1974. The sizes and types of cities[J]. The American Economic Review, 64(4): 640-656.

Henderson M, Yeh E T, Gong P, et al. 2003. Validation of urban boundaries derived from global night-time satellite imagery[J]. International Journal of Remote Sensing, 24(3): 595-609.

Hicks J R. 1961. The measurement of capital in relation to the measurement of other economic aggregates[M]//Hague D C. The Theory of Capital. London: Palgrave Macmillan: 18-31.

Hoang V N, Prasada Rao D S. 2010. Measuring and decomposing sustainable efficiency in agricultural production: a cumulative exergy balance approach[J]. Ecological Economics, 69(9): 1765-1776.

Hsieh C T, Klenow P J. 2009. Misallocation and manufacturing TFP in China and India[J]. The Quarterly Journal of Economics, 124(4): 1403-1448.

Hsieh C T, Moretti E. 2019. Housing constraints and spatial misallocation[J]. American Economic Journal: Macroeconomics, 11(2): 1-39.

Hu C, Xu Z Y, Yashiro N. 2015. Agglomeration and productivity in China: firm level evidence[J]. China Economic Review, 33: 50-66.

Hua Z S, Bian Y W. 2007. DEA with undesirable factors[M]//Zhu J, Cook W D. Modeling Data

Irregularities and Structural Complexities in Data Envelopment Analysis. Boston: Springer: 103-121.

Jiang Y F, Tang Y T, Long H L, et al. 2022. Land consolidation: a comparative research between Europe and China[J]. Land Use Policy, 112: 105790.

Jondrow J, Lovell C A K, Materov I S, et al. 1982. On the estimation of technical inefficiency in the stochastic frontier production function model[J]. Journal of Econometrics, 19 (2/3): 233-238.

Jorgenson D W, Griliches Z. 1967. The explanation of productivity change[J]. The Review of Economic Studies, 34 (3): 249-283.

Jorgenson D W, Stiroh K J. 2000. Raising the speed limit: U.S. economic growth in the information age[EB/OL]. https://www.oecd-ilibrary.org/docserver/561481176503.pdf?expires=1723433520&id=id&accname=guest&checksum=41ED499D10B7511578AA0AA135C1B40D [2024-08-07].

Kendrick J W. 1961. Productivity Trends in the United States[M]. Princeton: Princeton University Press.

Kendrick J W. 1973. Postwar Productivity Trends in the United States, 1948-1969 (General Series No. 98) [M]. New York: Columbia University Press.

Ker D. 2014. Changes to national accounts: measuring and capitalising research and development[R/OL]. [2024-08-07]. https://1library.net/document/zwv26w5v-changes-national-accounts-measuring-capitalising-research-development.html.

Kerstens K, Shen Z Y, van de Woestyne I. 2018. Comparing Luenberger and Luenberger-Hicks-Moorsteen productivity indicators: how well is total factor productivity approximated?[J]. International Journal of Production Economics, 195: 311-318.

Kinoshita Y. 2000. R&D and technology spillovers via FDI: innovation and absorptive capacity[EB/OL]. https://www.cerge.cuni.cz/pdf/wp/Wp163.pdf[2024-08-07].

Klette T J, Griliches Z. 1996. The inconsistency of common scale estimators when output prices are unobserved and endogenous[J]. Journal of Applied Econometrics, 11 (4): 343-361.

Koopmans T C. 1951. An analysis of production as an efficient combination of activities[C]//Activity Analysis of Production and Allocation, Proceeding of a Conference. London: Wiley: 33-97.

Koopmans T C. 1957. Three Essays on the State of Economic Analysis[M]. New York: McGraw-Hill Book Company.

Kopp R J. 1979. Productivity Measurement and Environmental Regulation: An Engineering-Econometric Analysis[M]. London: Resources for the Future.

Korhonen P J, Luptacik M. 2004. Eco-efficiency analysis of power plants: an extension of data envelopment analysis[J]. European Journal of Operational Research, 154 (2): 437-446.

Krugman P. 1994. Defining and measuring productivity[EB/OL]. https://docslib.org/doc/9937444/

defining-and-measuring-productivity#:~:text=Paul%20Krugman%2C%20The%20Age%20of%20 Diminishing%20Expectations%20%281994%29,economy%20to%20produce%20a%20given%20 level%20of%20output[2024-08-07].

Kumbhakar S C, Lovell C A K. 2000. Stochastic Frontier Analysis[M]. Cambridge: Cambridge University Press.

Kumbhakar S C, Park B U, Simar L, et al. 2007. Nonparametric stochastic frontiers: a local maximum likelihood approach[J]. Journal of Econometrics, 137(1): 1-27.

Kumbhakar S C, Parmeter C F. 2009. The effects of match uncertainty and bargaining on labor market outcomes: evidence from firm and worker specific estimates[J]. Journal of Productivity Analysis, 31(1): 1-14.

Kuosmanen T. 2005. Weak disposability in nonparametric production analysis with undesirable outputs[J]. American Journal of Agricultural Economics, 87(4): 1077-1082.

Kuosmanen T. 2006. Stochastic nonparametric envelopment of data: combining virtues of SFA and DEA in a unified framework[EB/OL]. https://core.ac.uk/download/pdf/7082963.pdf[2024-08-07].

Kuosmanen T. 2012. Stochastic semi-nonparametric frontier estimation of electricity distribution networks: application of the StoNED method in the Finnish regulatory model[J]. Energy Economics, 34(6): 2189-2199.

Kuosmanen T, Kortelainen M. 2007. Stochastic nonparametric envelopment of data: cross-sectional frontier estimation subject to shape constraints[EB/OL]. https://www.academia.edu/283106/ Stochastic_Nonparametric_Envelopment_of_Data_Cross_Sectional_Frontier_Estimation_Subject_ to_Shape_Constraints[2024-08-07].

Kuosmanen T, Kuosmanen N. 2010. Efficiency analysis of finnish crop farms by stochastic nonparametric envelopment of data(StoNED)[J]. Suomen Maataloustieteellisen Seuran Tiedote, 26: 1-6.

Kuosmanen T, Podinovski V. 2009. Weak disposability in nonparametric production analysis: reply to Färe and Grosskopf[J]. American Journal of Agricultural Economics, 91(2): 539-545.

Kuosmanen T, Saastamoinen A, Sipiläinen T. 2013. What is the best practice for benchmark regulation of electricity distribution? Comparison of DEA, SFA and StoNED methods[J]. Energy Policy, 61: 740-750.

Laurenceson J, O'Donnell C. 2014. New estimates and a decomposition of provincial productivity change in China[J]. China Economic Review, 30: 86-97.

Lauwers L, van Huylenbroeck G, Coelli T. 2003. Materials balance-based modelling of environmental efficiency[EB/OL]. https://ageconsearch.umn.edu/record/25916?v=pdf[2024-08-07].

Lee L F, Yu J H. 2012. QML estimation of spatial dynamic panel data models with time varying spatial weights matrices[J]. Spatial Economic Analysis, 7(1): 31-74.

Leleu H. 2013. Shadow pricing of undesirable outputs in nonparametric analysis[J]. European Journal of Operational Research, 231(2): 474-480.

Levinsohn J, Petrin A. 2003. Estimating production functions using inputs to control for unobservables[J]. The Review of Economic Studies, 70(2): 317-341.

Levkoff S B. 2011. Decomposing $NO_x$ and $SO_2$ electric power plant emissions in a "By-Production" framework: a nonparametric DEA study[D]. California: University of California.

Li C Y, Zhang J N, Lyu Y W. 2022. Does the opening of China railway express promote urban total factor productivity? New evidence based on SDID and SDDD model[J]. Socio-Economic Planning Sciences, 80: 101269.

Li J L, Liu H X, Du K R. 2019. Does market-oriented reform increase energy rebound effect? Evidence from China's regional development[J]. China Economic Review, 56: 101304.

Li S E, Cheng K M. 2022. Do large cities have a productivity advantage in China–from the perspective of green total factor productivity growth[J]. Journal of Cleaner Production, 379: 134801.

Li T H, Ma J H, Mo B. 2021. Does the land market have an impact on green total factor productivity? A case study on China[J]. Land, 10(6): 595.

Liang L W, Wang Z B, Li J X. 2019. The effect of urbanization on environmental pollution in rapidly developing urban agglomerations[J]. Journal of Cleaner Production, 237: 117649.

Lin B Q, Du K R. 2015. Modeling the dynamics of carbon emission performance in China: a parametric Malmquist index approach[J]. Energy Economics, 49: 550-557.

Lin B Q, Jia H Y. 2022. Does the development of China's high-speed rail improve the total-factor carbon productivity of cities?[J]. Transportation Research Part D: Transport and Environment, 105: 103230.

Lind J T, Mehlum H. 2010. With or without U? The appropriate test for a U-shaped relationship[J]. Oxford Bulletin of Economics and Statistics, 72(1): 109-118.

Liu G T, Wang B, Cheng Z X, et al. 2020. The drivers of China's regional green productivity, 1999–2013[J]. Resources, Conservation and Recycling, 153: 104561.

Liu G T, Wang B, Zhang N. 2016. A coin has two sides: which one is driving China's green TFP growth?[J]. Economic Systems, 40(3): 481-498.

Liu Y L, Li Z H, Yin X M. 2018. Environmental regulation, technological innovation and energy consumption: a cross-region analysis in China[J]. Journal of Cleaner Production, 203: 885-897.

Lovell C A K. 2003. The Decomposition of Malmquist Productivity Indexes[J]. Journal of Productivity Analysis, 20: 437-458.

Lovell C A K, Pastor J T, Turner J A. 1995. Measuring macroeconomic performance in the OECD: a comparison of European and Non-European countries[J]. European Journal of Operational Research, 87(3): 507-518.

Lu J, Li B, Li H, et al. 2021. Expansion of city scale, traffic modes, traffic congestion, and air pollution[J]. Cities, 108: 102974.

Lucas R E, Jr. 1988. On the mechanics of economic development[J]. Journal of Monetary Economics, 22(1): 3-42.

Lucas R E, Rossi-Hansberg E. 2002. On the internal structure of cities[J]. Econometrica, 70(4): 1445-1476.

Ma H Y, Oxley L, Gibson J, et al. 2008. China's energy economy: technical change, factor demand and interfactor/interfuel substitution[J]. Energy Economics, 30(5): 2167-2183.

Mahlberg B, Luptacik M, Sahoo B K. 2011. Examining the drivers of total factor productivity change with an illustrative example of 14 EU countries[J]. Ecological Economics, 72: 60-69.

Mahlberg B, Sahoo B K. 2011. Radial and non-radial decompositions of Luenberger productivity indicator with an illustrative application[J]. International Journal of Production Economics, 131(2): 721-726.

Malmquist S. 1953. Index numbers and indifference surfaces[J]. Trabajos de Estadistica, 4(2): 209-242.

Managi S, Kaneko S. 2006. Economic growth and the environment in China: an empirical analysis of productivity[J]. International Journal of Global Environmental Issues, 6(1): 89-133.

Manello A. 2012. Efficiency and productivity analysis in presence of undesirable outputs[EB/OL]. https://aisberg.unibg.it/bitstream/10446/26695/1/A.Manello%20-%20PhD%20thesis.pdf[2024-08-07].

Marshall A. 1920. Principles of Economics[M]. London: Macmillan Publishers.

Maruyama Y. 2009. Range adjusted measure network DEA model[J]. AIP Conference Proceedings, 1168(1): 949-952.

Mayer A, Zelenyuk V. 2014. Aggregation of Malmquist productivity indexes allowing for reallocation of resources[J]. European Journal of Operational Research, 238(3): 774-785.

Meeusen W, van den Broeck J. 1977. Efficiency estimation from Cobb-Douglas production functions with composed error[J]. International Economic Review, 18(2): 435.

Mekaroonreung M, Johnson A L. 2012. Estimating the shadow prices of $SO_2$ and $NO_x$ for U.S. coal power plants: a convex nonparametric least squares approach[J]. Energy Economics, 34(3): 723-732.

Melitz M J, Polanec S. 2015. Dynamic Olley-Pakes productivity decomposition with entry and exit[J]. The Rand Journal of Economics, 46(2): 362-375.

Melo P C, Graham D J, Noland R B. 2009. A meta-analysis of estimates of urban agglomeration economies[J]. Regional Science and Urban Economics, 39(3): 332-342.

Miller S M, Upadhyay M P. 2002. Total factor productivity and the convergence hypothesis[J]. Journal of Macroeconomics, 24(2): 267-286.

Mitter P, Skolka J. 1984. Labour productivity in Austria between 1964 and 1980[J]. Empirical Economics, 9(1): 27-49.

Mohtadi H. 1996. Environment, growth, and optimal policy design[J]. Journal of Public Economics, 63(1): 119-140.

Moorsteen R H. 1961. On measuring productive potential and relative efficiency[J]. The Quarterly Journal of Economics, 75(3): 451-467.

Morita H, Hirokawa K, Zhu J. 2005. A slack-based measure of efficiency in context-dependent data envelopment analysis[J]. Omega, 33(4): 357-362.

Morrison Paul C J, Ball V E, Felthoven R G, et al. 2002. Effective costs and chemical use in United States agricultural production: using the environment as a "free" input[J]. American Journal of Agricultural Economics, 84(4): 902-915.

Murty M N, Kumar S, Paul M. 2006. Environmental regulation, productive efficiency and cost of pollution abatement: a case study of the sugar industry in India[J]. Journal of Environmental Management, 79(1): 1-9.

Murty S. 2012. On the theory of by-production of emissions[EB/OL]. https://www.researchgate.net/publication/254413391_On_the_Theory_of_By-Production_of_Emissions[2024-08-07].

Murty S, Russell R R, Levkoff S B. 2012. On modeling pollution-generating technologies[J]. Journal of Environmental Economics and Management, 64(1): 117-135.

Mussard S, Peypoch N. 2006. On multi-decomposition of the aggregate Malmquist productivity index[J]. Economics Letters, 91(3): 436-443.

Nanere M, Fraser I, Quazi A, et al. 2007. Environmentally adjusted productivity measurement: an Australian case study[J]. Journal of Environmental Management, 85(2): 350-362.

Nemoto J, Goto M. 2005. Productivity, efficiency, scale economies and technical change: a new decomposition analysis of TFP applied to the Japanese prefectures[J]. Journal of the Japanese and International Economies, 19(4): 617-634.

Nin A, Arndt C, Preckel P V. 2003. Is agricultural productivity in developing countries really shrinking? New evidence using a modified nonparametric approach[J]. Journal of Development Economics, 71(2): 395-415.

Nishimizu M, Page J M, Jr. 1982. Total factor productivity growth, technological progress and technical efficiency change: dimensions of productivity change in Yugoslavia, 1965-78[J]. The Economic Journal, 92(368): 920-936.

Nura S, Mustapha H, Abubakar B. 2020. Population growth and environmental degradation in Nigeria[J]. Academic Journal of Economic Studies, (6): 31-35.

O'Donnell C J. 2010. Measuring and decomposing agricultural productivity and profitability change[J]. Australian Journal of Agricultural and Resource Economics, 54(4): 527-560.

O'Donnell C J. 2012a. An aggregate quantity framework for measuring and decomposing productivity change[J]. Journal of Productivity Analysis, 38(3): 255-272.

O'Donnell C J. 2012b. Nonparametric estimates of the components of productivity and profitability change in U.S. agriculture[J]. American Journal of Agricultural Economics, 94(4): 873-890.

O'Donnell C J. 2014. Econometric estimation of distance functions and associated measures of productivity and efficiency change[J]. Journal of Productivity Analysis, 41(2): 187-200.

Oh D H. 2010. A global Malmquist-Luenberger productivity index[J]. Journal of Productivity Analysis, 34: 183-197.

Oh D H, Lee J D. 2010. A metafrontier approach for measuring Malmquist productivity index[J]. Empirical Economics, 38(1): 47-64.

Olley G S, Pakes A. 1996. The dynamics of productivity in the telecommunications equipment industry[J]. Econometrica, 64(6): 1263-1297.

Palmer K, Oates W E, Portney P R. 1995. Tightening environmental standards: the benefit-cost or the No-cost paradigm?[J]. Journal of Economic Perspectives, 9(4): 119-132.

Pan W R, Xie T, Wang Z W, et al. 2022. Digital economy: an innovation driver for total factor productivity[J]. Journal of Business Research, 139: 303-311.

Pang R, Zheng D, Shi M J, et al. 2019. Pollute first, control later? Exploring the economic threshold of effective environmental regulation in China's context[J]. Journal of Environmental Management, 248: 109275.

Park H, Lim J. 2009. Valuation of marginal $CO_2$ abatement options for electric power plants in Korea[J]. Energy Policy, 37(5): 1834-1841.

Partridge M D, Rickman D S, Ali K, et al. 2009. Do New Economic Geography agglomeration shadows underlie current population dynamics across the urban hierarchy?[J]. Papers in Regional Science, 88(2): 445-467.

Pastor J T, Asmild M, Lovell C A K. 2011. The biennial Malmquist productivity change index[J]. Socio-Economic Planning Sciences, 45(1): 10-15.

Pastor J T, Lovell C A K. 2005. A global Malmquist productivity index[J]. Economics Letters, 88(2): 266-271.

Pendall R, Martin J, Fulton W. 2002. Holding the Line: Urban Containment in the United States[M]. Washington D C: The Brookings institution.

Peng Y X, Chen Z, Lee J. 2020. Dynamic convergence of green total factor productivity in Chinese cities[J]. Sustainability, 12(12): 4883.

Petrin A, Sivadasan J. 2013. Estimating lost output from allocative inefficiency, with an application to Chile and firing costs[J]. Review of Economics and Statistics, 95(1): 286-301.

Peyrache A. 2014. Hicks-Moorsteen versus Malmquist: a connection by means of a radial productivity index[J]. Journal of Productivity Analysis, 41(3): 435-442.

Pham M D, Zelenyuk V. 2019. Weak disposability in nonparametric production analysis: a new taxonomy of reference technology sets[J]. European Journal of Operational Research, 274(1): 186-198.

Picazo-Tadeo A J, Prior D. 2009. Environmental externalities and efficiency measurement[J]. Journal of Environmental Management, 90(11): 3332-3339.

Pittman R W. 1983. Multilateral productivity comparisons with undesirable outputs[J]. The Economic Journal, 93(372): 883-891.

Podinovski V V, Kuosmanen T. 2011. Modelling weak disposability in data envelopment analysis under relaxed convexity assumptions[J]. European Journal of Operational Research, 211(3): 577-585.

Porter M E, van der Linde C. 1995. Toward a new conception of the environment-competitiveness relationship[J]. Journal of Economic Perspectives, 9(4): 97-118.

Pyatt G. 1972. Theory of cost and production functions[J]. The Economic Journal, 82(327): 1059-1061.

Rambaldi A N, Rao D S P, Dolan D. 2007. Measuring productivity growth performance using metafrontiers with applications to regional productivity growth analysis in a global context[C]// ESAM07. Brisbane: The University of Queensland.

Ray S C, Desli E. 1997. Productivity growth, technical progress, and efficiency change in industrialized countries: comment[J]. The American Economic Review, 87(5): 1033-1039.

Reinhard S, Lovell C A K, Thijssen G. 1999. Econometric estimation of technical and environmental efficiency: an application to Dutch dairy farms[J]. American Journal of Agricultural Economics, 81(1): 44-60.

Repetto R, Rothman D, Faeth P, et al. 1997. Has environmental protection really reduced productivity growth?[J]. Challenge, 40(1): 46-57.

Richter M K. 1966. Invariance axioms and economic indexes[J]. Econometrica, 34(4): 739-755.

Rødseth K L. 2014. Efficiency measurement when producers control pollutants: a non-parametric approach[J]. Journal of Productivity Analysis, 42(2): 211-223.

Romer P M. 1986. Increasing returns and long-run growth[J]. Journal of Political Economy, 94(5): 1002-1037.

Roshdi I, Hasannasab M, Margaritis D, et al. 2018. Generalised weak disposability and efficiency measurement in environmental technologies[J]. European Journal of Operational Research, 266(3): 1000-1012.

Sahoo B K, Luptacik M, Mahlberg B. 2011. Alternative measures of environmental technology structure in DEA: an application[J]. European Journal of Operational Research, 215(3): 750-762.

Sala-Garrido R, Molinos-Senante M, Mocholí-Arce M. 2018. Assessing productivity changes in water companies: a comparison of the Luenberger and Luenberger-Hicks-Moorsteen productivity indicators[J]. Urban Water Journal, 15(7): 626-635.

Scheel H. 2001. Undesirable outputs in efficiency valuations[J]. European Journal of Operational Research, 132(2): 400-410.

Seiford L M, Zhu J. 2002. Modeling undesirable factors in efficiency evaluation[J]. European Journal of Operational Research, 142(1): 16-20.

Seiford L M, Zhu J. 2005. A response to comments on modeling undesirable factors in efficiency evaluation[J]. European Journal of Operational Research, 161(2): 579-581.

Shen Z Y, Baležentis T, Chen X L, et al. 2018. Green growth and structural change in Chinese agricultural sector during 1997–2014[J]. China Economic Review, 51: 83-96.

Shen Z Y, Baležentis T, Ferrier G D. 2019. Agricultural productivity evolution in China: a generalized decomposition of the Luenberger-Hicks-Moorsteen productivity indicator[J]. China Economic Review, 57: 101315.

Shen Z Y, Boussemart J P, Leleu H. 2017. Aggregate green productivity growth in OECD's countries[J]. International Journal of Production Economics, 189: 30-39.

Shephard R W. 1970. Theory of Cost and Production Functions[M]. Princeton: Princeton University Press.

Shestalova V. 2003. Sequential Malmquist indices of productivity growth: an application to OECD industrial activities[J]. Journal of Productivity Analysis, 19(2): 211-226.

Shuai S, Fan Z. 2020. Modeling the role of environmental regulations in regional green economy efficiency of China: empirical evidence from super efficiency DEA-Tobit model[J]. Journal of Environmental Management, 261: 110227.

Simar L, Wilson P W. 1998. Sensitivity analysis of efficiency scores: how to bootstrap in nonparametric frontier models[J]. Management Science, 44(1): 49-61.

Simar L, Wilson P W. 1999. Estimating and bootstrapping Malmquist indices[J]. European Journal of Operational Research, 115(3): 459-471.

Simar L, Wilson P W. 2000. Statistical inference in nonparametric frontier models: the state of the art[J]. Journal of Productivity Analysis, 13(1): 49-78.

Solow R M. 1956. A contribution to the theory of economic growth[J]. The Quarterly Journal of Economics, 70(1): 65-94.

Solow R M. 1957. Technical change and the aggregate production function[J]. The Review of Economics and Statistics, 39(3): 312-320.

Song M L, Ma X W, Shang Y P, et al. 2020. Influences of land resource assets on economic growth and fluctuation in China[J]. Resources Policy, 68: 101779.

Sueyoshi T, Goto M. 2010. Should the US clean air act include $CO_2$ emission control? Examination by data envelopment analysis[J]. Energy Policy, 38(10): 5902-5911.

Sueyoshi T, Goto M. 2011a. DEA approach for unified efficiency measurement: assessment of Japanese fossil fuel power generation[J]. Energy Economics, 33(2): 292-303.

Sueyoshi T, Goto M. 2011b. Methodological comparison between two unified (operational and environmental) efficiency measurements for environmental assessment[J]. European Journal of Operational Research, 210(3): 684-693.

Sueyoshi T, Goto M. 2012. Data envelopment analysis for environmental assessment: comparison between public and private ownership in petroleum industry[J]. European Journal of Operational Research, 216(3): 668-678.

Sueyoshi T, Goto M, Ueno T. 2010. Performance analysis of US coal-fired power plants by measuring three DEA efficiencies[J]. Energy Policy, 38(4): 1675-1688.

Sun Z R, An C, Sun H C. 2018. Regional differences in energy and environmental performance: an empirical study of 283 cities in China[J]. Sustainability, 10(7): 2303.

Sveikauskas L. 1975. The productivity of cities[J]. Quarterly Journal of Economics, 89(3): 393-413.

Tahvonen O, Kuuluvainen J. 1993. Economic growth, pollution, and renewable resources[J]. Journal of Environmental Economics and Management, 24(2): 101-118.

Tan R H, Zhang T Q, Liu D Y, et al. 2021. How will innovation-driven development policy affect sustainable urban land use: evidence from 230 Chinese cities[J]. Sustainable Cities and Society, 72: 103021.

Tao F, Zhang H Q, Hu J, et al. 2017. Dynamics of green productivity growth for major Chinese urban agglomerations[J]. Applied Energy, 196: 170-179.

Tinbergen J. 1942. Zur theorie der langfristigen wirtschaftsentwicklung[J]. Weltwirtschaftliches Archiv, 55: 511-549.

Tone K. 2001. A slacks-based measure of efficiency in data envelopment analysis[J]. European Journal of Operational Research, 130(3): 498-509.

Tone K. 2002. A slacks-based measure of super-efficiency in data envelopment analysis[J]. European Journal of Operational Research, 143(1): 32-41.

Tone K. 2004. A hybrid measure of efficiency in DEA[EB/OL]. https://www.researchgate.net/publication/288870547_A_hybrid_measure_of_efficiency_in_DEA[2024-08-07].

Tone K, Tsutsui M. 2009. Network DEA: a slacks-based measure approach[J]. European Journal of Operational Research, 197(1): 243-252.

Tone K, Tsutsui M. 2010. An epsilon-based measure of efficiency in DEA a third pole of technical efficiency[J]. European Journal of Operational Research, 207(3): 1554-1563.

Tulkens H, van den Eeckaut P. 1995. Non-parametric efficiency, progress and regress measures for panel data: methodological aspects[J]. European Journal of Operational Research, 80(3): 474-499.

Vardanyan M, Noh D W. 2006. Approximating pollution abatement costs via alternative specifications of a multi-output production technology: a case of the US electric utility industry[J]. Journal of Environmental Management, 80(2): 177-190.

Varian H R. 1984. The nonparametric approach to production analysis[J]. Econometrica, 52(3): 579-598.

Wang H Q, Wei W X. 2020. Coordinating technological progress and environmental regulation in $CO_2$ mitigation: the optimal levels for OECD countries & emerging economies[J]. Energy Economics, 87: 104510.

Wang J, Wu Q, Yan S Q, et al. 2020. China's local governments breaking the land use planning quota: a strategic interaction perspective[J]. Land Use Policy, 92: 104434.

Wang K L, Pang S Q, Zhang F Q, et al. 2022. The impact assessment of smart city policy on urban green total-factor productivity: Evidence from China[J]. Environmental Impact Assessment Review, 94: 106756.

Wang Q, Yi H T. 2021. New energy demonstration program and China's urban green economic growth: do regional characteristics make a difference?[J]. Energy Policy, 151: 112161.

Wang Z H, He W J. 2017. Regional energy intensity reduction potential in China: a non-parametric analysis approach[J]. Journal of Cleaner Production, 149: 426-435.

Wen J S, Wang H Y, Chen F X, et al. 2018. Research on environmental efficiency and TFP of Beijing areas under the constraint of energy-saving and emission reduction[J]. Ecological Indicators, 84: 235-243.

Wen L J, Butsic V, Stapp J R, et al. 2020. What happens to land price when a rural construction land market legally opens in China? A spatiotemporal analysis of Nanhai district from 2010 to 2015[J]. China Economic Review, 62: 101197.

Wooldridge J M. 2009. On estimating firm-level production functions using proxy variables to control for unobservables[J]. Economics Letters, 104(3): 112-114.

Wu J, Xia Q, Li Z Y. 2022. Green innovation and enterprise green total factor productivity at a micro level: a perspective of technical distance[J]. Journal of Cleaner Production, 344: 131070.

Xie R, Yao S L, Han F, et al. 2019. Land finance, producer services agglomeration, and green total factor productivity[J]. International Regional Science Review, 42(5/6): 550-579.

Xu Y H, Deng H T. 2022. Green total factor productivity in Chinese cities: measurement and causal analysis within a new structural economics framework[J]. Journal of Innovation & Knowledge, 7(4): 100235.

Yahaya N S, Yahaya M, Bashir A B. 2020. Population growth and environmental degradation in

Nigeria[J]. Academic Journal of Economic Studies, 6: 31-35.

Yang C C, Hsiao C K, Yu M M. 2008. Technical efficiency and impact of environmental regulations in farrow-to-finish swine production in Taiwan[J]. Agricultural Economics, 39(1): 51-61.

Yang H L, Pollitt M. 2009. Incorporating both undesirable outputs and uncontrollable variables into DEA: The performance of Chinese coal-fired power plants[J]. European Journal of Operational Research, 197(3): 1095-1105.

Yang H L, Pollitt M. 2010. The necessity of distinguishing weak and strong disposability among undesirable outputs in DEA: Environmental performance of Chinese coal-fired power plants[J]. Energy Policy, 38(8): 4440-4444.

Yu D S, Li X P, Yu J J, et al. 2021. The impact of the spatial agglomeration of foreign direct investment on green total factor productivity of Chinese cities[J]. Journal of Environmental Management, 290: 112666.

Yu Y N, Wu W J, Zhang T, et al. 2016. Environmental catching-up, eco-innovation, and technological leadership in China's pilot ecological civilization zones[J]. Technological Forecasting and Social Change, 112: 228-236.

Zanella A. 2014. Assessment of performance in the presence of undesirable outputs: the promotion of livability and sustainable development of cities and countries using data envelopment analysis[D]. Porto: Universidade of Porto.

Zelenyuk V. 2006. Aggregation of Malmquist productivity indexes[J]. European Journal of Operational Research, 174(2): 1076-1086.

Zhang C H, Liu H Y, Bressers H T A, et al. 2011. Productivity growth and environmental regulations-accounting for undesirable outputs: analysis of China's thirty provincial regions using the Malmquist-Luenberger index[J]. Ecological Economics, 70(12): 2369-2379.

Zhang J S, Tan W. 2016. Study on the green total factor productivity in main cities of China[EB/OL]. https://pdfs.semanticscholar.org/9ce9/9c7697c82d2ceb148be60b676e008449c6e9.pdf[2024-08-02].

Zhang M, Sun X R, Wang W W. 2020. Study on the effect of environmental regulations and industrial structure on haze pollution in China from the dual perspective of independence and linkage[J]. Journal of Cleaner Production, 256: 120748.

Zhang N, Zhou P, Kung C C. 2015. Total-factor carbon emission performance of the Chinese transportation industry: a bootstrapped non-radial Malmquist index analysis[J]. Renewable and Sustainable Energy Reviews, 41: 584-593.

Zhong S, Li J W, Chen X, et al. 2022. A multi-hierarchy meta-frontier approach for measuring green total factor productivity: an application of pig breeding in China[J]. Socio-Economic Planning Sciences, 81: 101152.

Zhou P, Ang B W, Poh K L. 2006. Slacks-based efficiency measures for modeling environmental performance[J]. Ecological Economics, 60(1): 111-118.

Zhou P, Ang B W, Wang H. 2012. Energy and $CO_2$ emission performance in electricity generation: a non-radial directional distance function approach[J]. European Journal of Operational Research, 221(3): 625-635.

Zhou P, Zhou X, Fan L W. 2014. On estimating shadow prices of undesirable outputs with efficiency models: a literature review[J]. Applied Energy, 130: 799-806.

Zofio J L. 2007. Malmquist productivity index decompositions: a unifying framework[J]. Applied Economics, 39(18): 2371-2387.

Zofio J L, Lovell C A K. 1998. Yet another Malmquist productivity index decomposition[R]. Department of Economics. Sydney: The University of New South Wales.

# 后　　记

自罗伯特·索洛因全要素生产率的研究获诺贝尔经济学奖以来，测度全要素生产率及其对经济增长的影响成为一个持久不衰的课题。中国经济发展进入新常态后，为实现经济高质量发展，须推动经济效率变革、动力变革，大力提高全要素生产率。因此，测算全要素生产率及其增长对于政府科学决策和推动经济增长方式转变具有重要意义。

在资源环境日益成为经济增长硬性约束的背景下，将环境污染作为非期望产出引入全要素生产率测度模型，测算 GTFP 来反映经济发展质量显然更为科学。鉴于城市对经济社会发展的作用突出，城市环境问题也较显现，故而有必要开展城市 GTFP 的测算与分解。

作为经济统计学者，本人 2019 年以"中国城市绿色全要素生产率测算与分解研究"为题申请国家社会科学基金重点项目，有幸得到批准，本书是以该项目（19ATJ003）的最终成果为基础，结合 2020 年国家社会科学基金重大项目"中国城镇化阶段性特征测度与驱动效应研究"（20&ZD133）的部分阶段性成果进一步修改而成。

在书稿付梓之际，内心充盈着众多的感激之情。感谢天津财经大学/河南大学肖红叶教授、江西财经大学邱东教授、厦门大学/吉林财经大学曾五一教授、浙江财经大学李金昌教授、中国人民大学赵彦云教授、西南财经大学史代敏教授、浙江工商大学苏为华教授、上海财经大学徐国祥教授、东北财经大学蒋萍教授、山西财经大学/山东工商学院李宝瑜教授、浙江工商大学向书坚教授、江西财经大学罗良清教授、国家统计局文兼武、康君、闾海琪、许亦频研究员，以及其他众多专家、学者（限于篇幅未一一列出），多年来对本人研究工作给予的鼓励和支持。感谢项目组成员徐蔼婷教授、李海涛副教授、徐雪琪副教授、庄燕杰副教授、朱贺副教授等在研究过程中的配合与支持。

特别感谢浙江工商大学统计与数学学院的历届博士研究生李泗娥、刘琦璐、于静涵、王桂梅、洪真奕、龚石凤、高东东、滕蔓洲和硕士研究生刘书成、范佳薇、王颖为本书内容做出的贡献。其中，李泗娥博士（现为嘉兴大学数科学院教师）参与了第二章第二节"全要素生产率测度方法框架"、第三章第二节、第四章、第六章、第七章、第八章等章节的撰写；第二章第三节"非期望产出处理方法与技术"由本人和刘琦璐博士合作完成；第九章"中国城市GTFP增长的时空特征与收敛性：基于SBM-GML指数"由本人和研究生范佳薇合作完成；第十章"长三角城市GTFP测算与时空特征：基于StoNED模型"由本人和研究生王颖合作完成；第十一章"城市经济密度与GTFP的关系检验"由本人和研究生刘书成合作完成；第十二章"城市蔓延影响GTFP的机制及效应"由本人和高东东博士、庄燕杰副教授合作完成；第十三章"城市人口集聚度对GTFP的影响效应"由本人和洪真奕博士合作完成；第十四章"环境规制影响城市GTFP的效应考察"由本人和王桂梅博士合作完成；第十五章"土地供给错配与城市GTFP损失"由本人和于静涵博士合作完成。

本书出版得到国家社会科学基金重点项目"中国城市绿色全要素生产率测算与分解研究"（19ATJ003）、国家社会科学基金重大项目"中国城镇化阶段性特征测度与驱动效应研究"（20&ZD133）、浙江省登峰学科（浙江工商大学统计学）的联合资助。

本书能够顺利出版得到科学出版社魏如萍编辑的大力支持，也与李俊盼编辑严谨细致的工作分不开，特表谢意。还要感谢全国哲学社会科学工作办公室、浙江省社会科学界联合会规划处和浙江工商大学社会科学部的相关领导与老师的高效率项目管理工作。

本书研究过程中借鉴了众多学者的已有成果，文中对于他人成果的引用尽量做了标注和说明，但仍可能存在一些遗漏的思想借鉴或观点转述，若未能注明，在此深表歉意。

GTFP测度既涉及方法的科学性、合理性，更需要相关指标数据的可用性、准确性，还需考虑非期望产出处理的恰当性，所以准确测算城市GTFP及其增长绝非易事，再加上本人学识有限，书中难免存在一些不足甚至疏漏之处，敬请读者和学界同仁批评指正。

程开明
2024年8月于杭州